Stefan Loose Verlag

Unser besonderer Dank gilt neben zahlreichen weiteren Helfern in erster Linie unseren Freunden Winnie und Dr. Tilmann Eberle in Harare für ihre tatkräftige Unterstützung und ihr offenes Haus und Frau Tina Pigors / Bulawayo, für ihre aufopferungsvolle Hilfe. Weiter wollen wir danken Herrn Wimmer / Windhoek, Herrn Schregle / Gaborone, Frau Laudien / Frankfurt; und schließlich wollen wir Herrn Bob Lines / Harare erwähnen, mit dem wir kurzweilige Tage am Karibasee vebrachten.
Den unzähligen Menschen, die unsere Aufenthalte in Botswana und Zimbabwe so angenehm machten, sei ebenfalls an dieser Stelle gedacht.

Bitte schreiben Sie uns! Wir sind auf Anregungen, Ergänzungen und Korrekturen angewiesen, wenn auch dieses Buch aktuell bleiben soll. Es ist unmöglich, für die nächste Auflage alle Orte erneut zu besuchen. Dieses Buch wurde im Herbst 1999 fertiggestellt. Informationen, die von den Lesern kommen, sind sicherlich aktueller. Kein Brief bleibt ungelesen, die brauchbarsten Zuschriften belohnen wir mit einem Freiexemplar aus unserem Verlagsprogramm.

Bitte beachten: Informationen sollten so exakt wie möglich sein, v.a. Ortsangaben, Adressen etc. Hotels möglichst in einen Plan einzeichnen. Vielen Dank!

Travel Handbuch

Zimbabwe
Botswana

1. Auflage

Friedrich Köthe, Daniela Schetar

Aktuelle Reisetipps auf 512 Seiten!

Zimbabwe – Botswana
Travel Handbuch

Zossener Straße 55/2, D-10961 Berlin,
✉ info@loose-verlag.de
💻 www.loose-verlag.de

1. Auflage

Farbseiten: Matthias Grimm

Fotos: Alle Friedrich Köthe

Safari Guide: Texte und Illustrationen mit Genehmigung von Lonely Planet, PO Box 617, Hawthorn, Vic 3122, Australia,
Übersetzung: Thomas Rach

Karten: Innenteil: The Rough Guides, London/ Klaus Schindler, Umschlag außen und innen: Carlos Borrell

Lektorat: Sabine Bösz, Jessika Zollickhofer

Umschlaggestaltung und Textlayout:
Britta Dieterle

Druck & Weiterverarbeitung:
Westermann Druck Zwickau GmbH

ISBN 3-922025-82-X

Auslieferung
Österreich: Freytag-Berndt u. Artaria AG, Brunner Straße 69, A-1231 Wien
Schweiz: b + i Buch und Information AG, Obfelder Str. 35, CH-8910 Affoltern a.A.

Das **Zimbabwe – Botswana Travel Handbuch** ist erhältlich im Buchhandel oder per Post gegen Voreinsendung von 39,80 DM auf Konto Nr. 423104-104 (Stefan Loose) Postbank Berlin (BLZ 10010010) oder gegen Scheck im Brief. Titel und eigene Anschrift auf dem Überweisungsformular nicht vergessen!

Inhalt

Legende

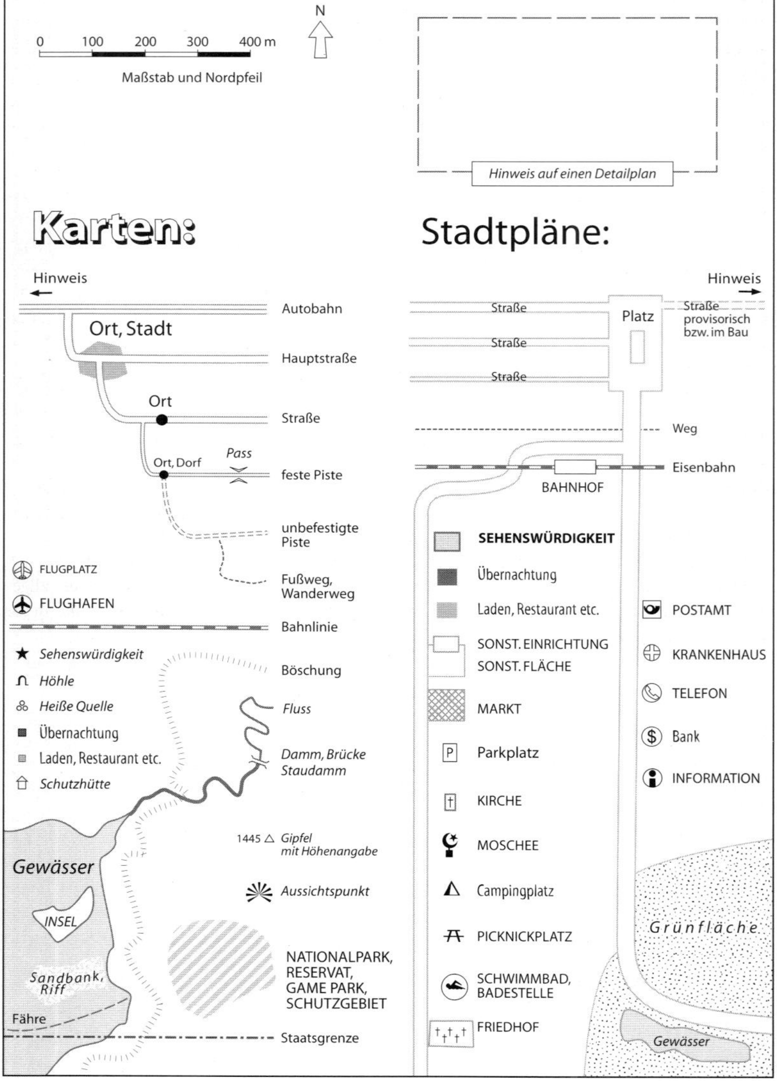
N
0
100
200
300
400 m
Maßstab und Nordpfeil
Hinweis auf einen Detailplan
Karten:
Hinweis
Autobahn
Ort, Stadt
Hauptstraße
Ort
Straße
Ort, Dorf
Pass
feste Piste
unbefestigte Piste
Fußweg, Wanderweg
FLUGPLATZ
FLUGHAFEN
Bahnlinie
Sehenswürdigkeit
Höhle
Heiße Quelle
Übernachtung
Laden, Restaurant etc.
Schutzhütte
Böschung
Fluss
Damm, Brücke
Staudamm
1445
Gipfel mit Höhenangabe
Aussichtspunkt
Gewässer
INSEL
Sandbank, Riff
NATIONALPARK, RESERVAT, GAME PARK, SCHUTZGEBIET
Fähre
Staatsgrenze
Stadtpläne:
Hinweis
Straße
Straße
Straße
Platz
Straße provisorisch bzw. im Bau
Weg
Eisenbahn
BAHNHOF
SEHENSWÜRDIGKEIT
Übernachtung
Laden, Restaurant etc.
SONST. EINRICHTUNG
SONST. FLÄCHE
MARKT
P
Parkplatz
KIRCHE
MOSCHEE
Campingplatz
PICKNICKPLATZ
SCHWIMMBAD, BADESTELLE
FRIEDHOF
POSTAMT
KRANKENHAUS
TELEFON
$
Bank
INFORMATION
Grünfläche
Gewässer

Vorwort

Wer hat noch nicht davon geträumt, eine Reise mitten in urwüchsige Landschaften und zu wilden Tieren zu unternehmen, in Hotels und Lodges herzlich empfangen zu werden, am Familienleben auf Gästefarmen teilzunehmen, Naturwunder zu besuchen, die rauen Lebensbedingungen der Buschmänner kennen zu lernen und das umtriebige Leben in den Großstädten des schwarzen Kontinentes zu erfahren. Das südliche Afrika, die Kleeblatt-Länder Namibia, Südafrika, Botswana und Zimbabwe, die all dies möglich machen, waren und sind Traumziel vieler. Ein jedes hat seine Besonderheiten und Eigentümlichkeiten, und alle vier bilden einen Kosmos, der mit seinen Unterschieden nicht gegensätzlicher sein könnte: Das urbane, dicht besiedelte Südafrika, das wüstenhafte Namibia, das Buschland Botswanas und die dichte Vegetation und Völkervielfalt Zimbabwes bieten für jeden Geschmack etwas und erfüllen alle Vorstellungen, die wir Mitteleuropäer mit dem südlichen Afrika verbinden.

Dieses Buch konzentriert sich auf Botswana und Zimbabwe. Es informiert umfassend über Praktisches und Regionales und ermöglicht so eine genaue Reiseplanung. Es vertieft das Verständnis für Menschen und Kulturen, zeigt die Wege zu den Naturwundern – den weltberühmten ebenso wie den unbekannten abseits der ausgetretenen Pfade –, erklärt die Tier- und Pflanzenwelt und macht so die Reise zu einem unvergesslichen Erlebnis.

Wir haben großen Wert darauf gelegt, eine Balance zwischen Hintergrundinformationen und praktischen Tipps zu wahren: Die Kapitel über Geschichte, Kultur, Sozialstrukturen, politische Gegebenheiten und die Probleme bei der Entwicklung zu modernen Staaten bilden die Grundlage, auf der eine vorurteilsfreie und anregende Begegnung mit den Menschen des südlichen Afrika möglich wird. Die praktischen Informationen erleichtern es unseren Lesern, die Reise sinnvoll zu planen, sie stressfrei zu genießen und die für den jeweiligen Geschmack und Geldbeutel passende Unterkunft zu wählen.

Die beiden ersten Kapitel „Reisevorbereitung“ und „Praktische Tipps“ behandeln Botswana und Zimbabwe gemeinsam, wobei für die einzelnen Länder geltende Besonderheiten gekennzeichnet sind. Anschließend folgt zunächst der Länderteil Botswana, danach Zimbabwe, beide jeweils gegliedert in ein allgemeines Kapitel über Land und Leute und in die Beschreibung der einzelnen Regionen.

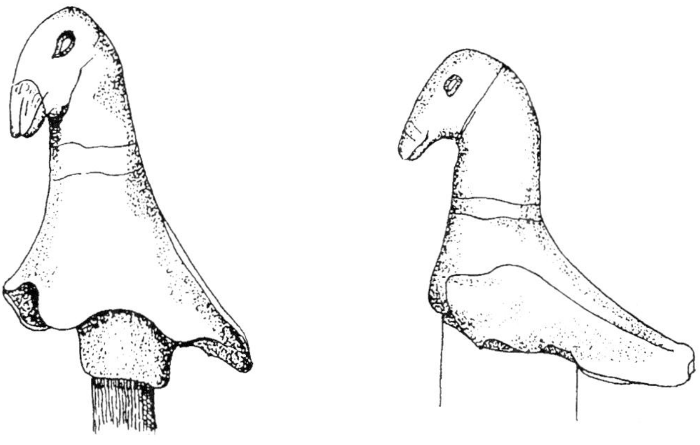

Reisevorbereitung

Ein- und Ausreiseformalitäten

Botswana

Reisende aus Deutschland, Österreich und der Schweiz benötigen **kein Visum**, lediglich einen Reisepass, der mindestens noch 6 Monate gültig sein sollte. Die jährliche Aufenthaltsdauer ist auf 90 Tage beschränkt. Bei der Einreise wird unter Umständen nur eine Aufenthaltsdauer von 30 Tagen genehmigt. Bei Außenstellen des *Immigration Departments* – falls keines vor Ort ist bei Polizeidienststellen – kann diese dann auf den Maximalaufenthalt verlängert werden. Längere Aufenthalte von mehr als 90 Tagen sollten vorab beim *Immigration Department* beantragt werden: Chief Immigration Officer, P.O. Box 942, Gaborone, Botswana.

Impfungen sind, sofern man nicht aus Seuchengebieten einreist, nicht vorgeschrieben. Trotzdem sollte man sicherheitshalber einen Internationalen Impfpass mit sich führen.

Botswana, Südafrika, Namibia, Swasiland und Lesotho sind Teil der Südafrikanischen Zollunion; wer in die Union einreist, trifft auf die üblichen **Einfuhrbestimmungen** (1 l Spirituosen, 2 l Wein, 400 Zigaretten). Wer ein Fahrzeug einführt, benötigt ein *Carnet de Passage* (s.S. 19f).

Für EU-Bürger ist die Botschaft in Brüssel zuständig, sie versendet auch Informationsmaterial. Zwei Honorarkonsulate (in Hamburg und Ratingen) können ebenfalls mit Infobroschüren weiterhelfen.

Botschaft und Konsulate von Botswana

Embassy of Botswana, 169, Avenue de Tervueren, B-1150 Bruxelles, ✆ 0032-2-735 6110 oder 735 2070, 📠 735 6318;

Honorarkonsulat von Botswana, Berzeliusstraße 45, D-22113 Hamburg, ✆ 040-732 6191, 📠 732 8506;

Honorarkonsulat von Botswana, Kieselei 42, D-40883 Ratingen, ✆ 02102-89 64 34, 📠 0211-32 70 20.

Zimbabwe

Zur **Einreise** wird ein Pass benötigt, der noch mindestens 6 Monate über das Abreisedatum hinaus gültig sein sollte. Verlangt wird außerdem die Vorlage eines Rückflugtickets in das Heimatland oder der Nachweis entsprechender finanzieller Mittel für die Rückfahrt sowie für den Lebensunterhalt während der Reise. Bei Einreise wird ein Visum ausgestellt, das US$ 10 kostet. Wer mehrmals einreisen will, sollte ein „Multiple Entry Visa" für US$25 verlangen. Die maximale Aufenthaltsdauer beträgt 6 Monate. Wenn die Grenzbeamten diesen Eintrag nicht in der vollen Länge ausstellen, kann er bei der *Immigration Control*, Linquenda House 1st floor, Baker Avenue, Private Bag 7717, Causeway, Harare, ✆ 04-791913, oder bei der *Immigration Control,* Old Income Tax building, 10th Avenue / H. Chitepo Street, Box 189, Bulawayo, ✆ 09-65621, beantragt werden.

Impfungen sind nicht vorgeschrieben, wenn man aus einem europäischen Land einreist (der Impfpass sollte dennoch im Handgepäck sein).

Zimbabwe gehört nicht der Südafrikanischen Zollunion an. Es dürfen maximal 5 l Alkohol eingeführt werden. Zur Einfuhr eines Autos s.S. 20f.

Botschaften und Konsulate von Zimbabwe

Botschaft von Zimbabwe in Deutschland, Villichgasse 7, D-53177 Bonn, ✆ 0228-356071, 📠 356309;

Botschaft von Zimbabwe in der Schweiz, 5, Chemin du Rivage, CH-1292 Chambesy / Genf, ✆ 022-732 0434, 📠 338 4954;

Konsulat von Zimbabwe in Österreich, Strozzigasse 10 / 15, A-1080 Wien, ✆ 01-407 9236, 📠 407 9238.

Informationen

Informationen im Internet

Sowohl Botswana als auch Zimbabwe sind im Internet sehr stark vertreten. Soweit die E-mail-Adressen bzw. Websites bekannt waren, wurden sie an den jeweiligen Stellen aufgenommen.

Gute Informationen über das südliche Afrika und dessen einzelne Länder bieten folgende **Internetseiten**:

www.dse.de/za/lk/laender.htm Deutscher Entwicklungsdienst (DSE), Vorbereitungsseiten für die in den jeweiligen Ländern eingesetzten Entwicklungshelfer, mit vielen Links zu weiteren Seiten.

www.sil.org/ethnologue/countries/ Ethnologue, ein Sprachenkatalog, der die weltweit gesprochenen Sprachen listet und ihren jeweiligen Ursprung erklärt.

www.louisville.edu/library/ekstrom/govpubs/goodsources/factbook.html World Fact Book der USA, eine CIA-Website, stellt aktuelle Zahlen zur Bevölkerung und Wirtschaft zur Verfügung.

www.africanews.org Africa News Online, erlaubt den Zugriff auf aktuelle Artikel aus Zeitungen des südlichen Afrika.

www.kulturgeo.uni-freiburg.de/botswana/bot-publi.html Website des Instituts für Kulturgeographie der Uni Freiburg über Botswana, mit vielen interessanten Links.

Der ***Travelguide Internet*** von Tobias Gohlis und Ralf Blittkowsky (DuMont) bietet allgemeine Tipps für die Reiseplanung per Internet sowie die Bewertung von rund 800 Internet-Adressen rund ums Reisen.

Botswana

Informationen erhält man bei der Botschaft in Brüssel oder den Honorarkonsuln in Deutschland (s.S. 12). Die Broschüren sind nicht sonderlich informativ, reichen aber für einen ersten Überblick. Weitere Informationsschriften sind nur im Lande selbst erhältlich, insbesondere über die Nationalparks und genauere Straßenkarten. Wer langfristig plant, kann auf der Internationalen Tourismusbörse in Berlin (jährlich im März) Kontakt zum Tourismusministerium von Botswana aufnehmen, das in den letzten Jahren am Stand von Südafrika vertreten war.

Die **Deutsche Gesellschaft der Freunde Botswanas e.V.**, Postfach 706, 79007 Freiburg im Breisgau, versteht sich als Kontaktforum für alle an Botswana und dem südlichen Afrika Interessierten. Zweimal im Jahr wird ein Pressespiegel in Form eines Rundbriefes an die Mitglieder herausgegeben. Auch wer spezielle Informationen benötigt, kann sich an die Gesellschaft wenden.

Eine weitere Informationsquelle ist *Dr. F. Krüger* vom **Institut für Kulturgeographie der Universität Freiburg**, Werderring 4, ✆ 0761-203 3567, ℻ 203 3575, ✉ fkrueger@ruf.uni-freiburg.de.

Landkarten

Als Überblickskarten sind *Michelin Afrika Süd* (Nr. 955) im Maßstab 1:4 000 000 und *Bertelsmann New World Edition Afrika Süd* im Maßstab 1:4 000 000 geeignet. Im Maßstab 1:2 000 000 ist der Kartenatlas *Zimbabwe, Botswana & Namibia* um einiges genauer. Die beste Karte mit einem kleinen Führer und im Maßstab 1:1 750 000 ist *The Shell Tourist Map of Botswana*, hrsg. Februar 1998. Sie enthält auch die für einige Gegenden unerlässlichen GPS-Daten (s.S. 28). Sie ist nur im Land selbst an Tankstellen, in Buchläden und bei den staatlichen Reservierungsbüros für die Nationalparks erhältlich. In Gaborone gibt es beim *Department of Surveys and Mapping*, Private Bag 0037, Gaborone, Botswana, im Regierungsviertel sehr genaue Karten bis zum Maßstab 1:50 000, eine schriftliche Bestellung und Zusendung ist allerdings nur in den seltensten Fällen von Erfolg gekrönt (s.S. 181, Gaborone, Sonstiges).

Zimbabwe

Informationen gibt das Fremdenverkehrsbüro in Frankfurt. Es versendet auch Broschüren und Karten, die für das erste Kennenlernen des Landes ausreichen:

Fremdenverkehrsbüro Zimbabwes in Deutschland,
An der Hauptwache 7, D-60313 Frankfurt/Main
✆ 069-920 7730, ℻ 9207 7315.

Zimbabwe ist ebenfalls auf der Internationalen Tourismusbörse in Berlin (ITB) vertreten.

Der **Zimbabwe Netzwerk e.V.**, Königswinterstr. 116, D-53227 Bonn, ✆ 0228-460890, ℻ 468177, gibt 14-tägig einen Rundbrief (Jahresabo für Einzelpersonen 130 DM) mit Pressespiegel der zimbabwischen Tageszeitungen und der internationalen Zeitschriften heraus und versendet in unregelmäßigen Abständen einen Rundbrief mit Schwerpunktthemen, der einzeln bezogen werden kann. Das Netzwerk entstand aus der Solidaritätsarbeit während des Befreiungskampfes im südlichen Afrika und versteht sich als Forum derjenigen, die beruflich, aber auch privat mit Zimbabwe zu tun haben.

Landkarten

Die bei Botswana erwähnten Übersichtskarten gelten ebenfalls für Zimbabwe. Generell ist in Zimbabwe wesentlich mehr Info-Material (Broschüren und Karten) erhältlich als in Botswana. Sehr gutes Kartenmaterial verkaufen das *Department of the Surveyor General,* Electra House, Samora Machel Avenue, Box CY540, Causeway, Harare, ✆ 04-749343, und die Außenstelle in Bulawayo, Tredgold Building 2nd floor, Box 1580, Bulawayo, ✆ 09-64640. Der Maßstab geht bis 1:50 000 (für manche Gebiete auch 1:20 000) hinunter. Auch hier gilt, dass die persönliche Abholung (und Bezahlung!) am verlässlichsten ist (s.S. 322, Harare, Einkaufen).

Die *Automobile Association of Zimbabwe (AA)* verkauft für 25Z$ eine recht annehmbare Touristenkarte im Maßstab 1:1 800 000:

AA of Zimbabwe,
Fanum House, Samora Machel Avenue
P.O. Box 585, Harare,
✆ 040-752779, ℻ 752522.

Eine weitere gute Karte wird von IGN herausgegeben (Maßstab 1:1 000 000), sie ist über den deutschen Buchhandel beziehbar. Nicht ganz so genau und mit weniger Informationen wartet der *Globetrotter Travel Atlas* im Maßstab 1:950 000 auf (auch über den deutschen Buchhandel erhältlich).

Klima und Reisezeiten

Klima

Das südliche Afrika liegt auf der Südhalbkugel der Erde, die Jahreszeiten sind denen der Nordhalbkugel entgegengesetzt. Herrscht hier Winter, schwitzen die Bewohner Botswanas und Zimbabwes und verbringen ihre großen Sommerferien. Allerdings sind die Temperaturunterschiede zwischen den Jahreszeiten nicht so groß wie in Europa.

Botswana

Botswana gehört zu den ariden (trockenen) Regionen Afrikas, die Niederschläge sind wegen der Binnenlage gering, im Norden und Osten etwas höher als im Süden und Westen. Die vorherrschende Windrichtung ist Ost; über dem Indischen Ozean sättigt sich die Luft mit Feuchtigkeit, aber auf dem Weg nach Botswana regnet die Feuchtigkeit bereits über Angola und Zimbabwe ab.

Im nördlichen Maun fallen 470 mm, in Malapye im Osten 460 mm und in Tshabong im äußersten Süden nur 290 mm im mehrjährigen Durchschnitt. Die Verdunstung ist so hoch, dass permanent Trockenheit herrscht. Hauptregenzeit ist der Sommer der südlichen Halbkugel, während im Winter von Mai bis September die Niederschläge gegen Null tendieren. In der Regenzeit werden die Niederschläge häufig von Gewittern begleitet, die Niederschlagsmenge geht meist in kurzer Zeit nieder. Die Luftfeuchtigkeit ist ganzjährig äußerst gering, auch in der Regenzeit wird die Luftfeuchtigkeit nach Regenfällen relativ schnell wieder abgebaut.

Da Botswana am Wendekreis des Steinbocks liegt, also relativ nah am Äquator, erklären sich die verhältnismäßig hohen Temperaturen im Jahresdurchschnitt. Die hohe Jahresbandbreite entspricht einem Binnenland, das nicht vom Temperaturausgleich großer Wasseroberflächen profitieren kann – das Land kühlt schneller ab und heizt sich schneller auf. Ein Nebeneffekt dieser hohen Tages- und tiefen Nachttemperaturen ist der Mangel an Wolkenbildung, und dieser hat wiederum

Durchschnittliche Niederschläge in mm/Monat Botswana

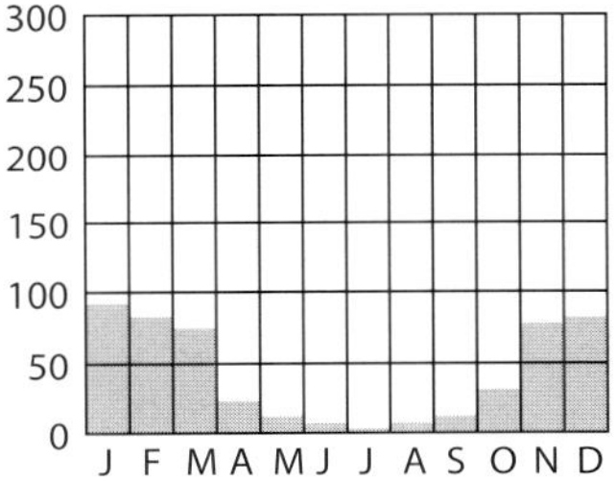

Mahalapye

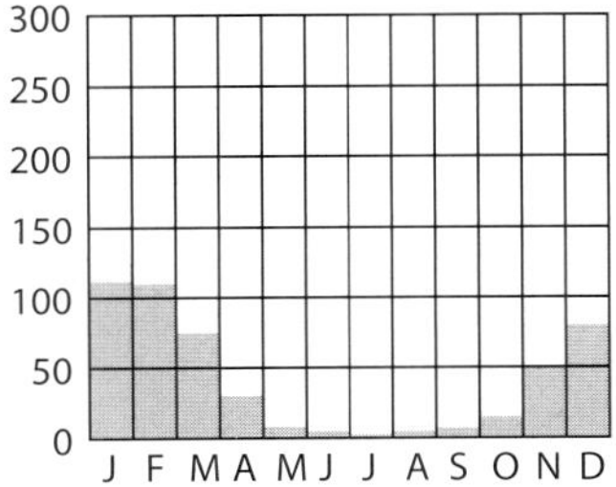

Maun

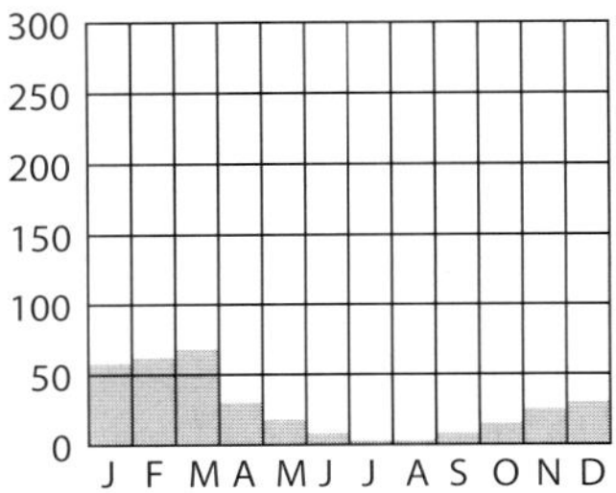

Tsabong

Temperaturen in Botswana in °C

Mahalapye	Jan	Feb	Mär	Apr	Mai	Jun	Jul	Aug	Sep	Okt	Nov	Dez
Mittl. Maximum	32,6	31,2	31,1	27,2	24,6	22,2	22,3	25,5	29,1	30,7	31,2	32,1
Mittl. Minimum	19,7	19,0	18,0	13,1	7,6	4,0	3,6	6,5	11,9	15,5	17,5	18,4

Maun	Jan	Feb	Mär	Apr	Mai	Jun	Jul	Aug	Sep	Okt	Nov	Dez
Mittl. Maximum	31,6	31,4	31,3	29,9	27,5	25,0	25,1	28,3	32,2	34,1	33,0	32,1
Mittl. Minimum	19,5	18,9	17,8	15,0	9,6	6,9	6,9	9,8	14,8	18,6	19,4	19,4

Tsabong	Jan	Feb	Mär	Apr	Mai	Jun	Jul	Aug	Sep	Okt	Nov	Dez
Mittl. Maximum	34,4	33,2	31,4	27,7	24,0	21,5	22,0	24,3	28,8	31,2	33,4	34,5
Mittl. Minimum	19,0	17,9	16,4	11,9	5,8	2,3	1,3	3,5	8,1	12,3	15,9	17,7

seine Rückwirkung auf die Temperaturen, die damit noch höher steigen und tiefer fallen

In den Monaten Mai bis September sind die Temperaturen tagsüber angenehm hoch, nachts allerdings wird es empfindlich kalt und in der Kalahari kann die 0 °C-Grenze kann schon mal erreicht werden. Im Sommer ist es tagsüber ausgesprochen heiß, auch die Nächte bringen kaum Abkühlung (außer im Südwesten). Wegen der geringen Luftfeuchtigkeit erfährt man die hohen Temperaturen des Sommers bei weitem nicht als so unangenehm wie in Gegenden mit starker Feuchtigkeitssättigung der Luft. Der Schweiß läuft nicht in Sturzbächen den Körper hinab, sondern verflüchtigt sich schnell. Da man deshalb den Flüssigkeitsverlust nicht so eindeutig wahrnimmt, sollte man immer bewusst auf eine ausreichende Flüssigkeitszufuhr achten.

Zimbabwe

Zimbabwe gehört zu den Randgebieten der Tropen. Der Regen fällt wesentlich ergiebiger aus als in den westlich und südlich angrenzenden Ländern. In den südlichen und westlichen Landesteilen beträgt die Niederschlagsmenge pro Jahr etwa 200–600 mm, in der Landesmitte steigt sie auf 800 mm, und im Norden und Osten fallen 1200 mm, im extremen Osten bis zu 1600 mm. Die Regenzeit liegt in den Monaten

Temperaturen in Zimbabwe in °C

	Jan	Feb	Mär	Apr	Mai	Jun	Jul	Aug	Sep	Okt	Nov	Dez
Harare / Mittl. Maximum	26,3	25,8	26,2	25,3	23,4	21,4	21,4	23,7	26,8	28,2	27,4	26,2
Harare / Mittl. Minimum	15,8	15,6	14,5	12,3	8,8	6,1	5,5	7,4	10,5	13,4	15,0	15,7
Vic'Falls / Mittl. Maximum	28,7	28,6	29,0	28,4	26,9	24,2	24,8	27,5	31,2	33,2	31,3	29,4
Vic'Falls / Mittl. Minimum	18,3	17,8	17,0	14,1	9,7	5,8	6,0	8,8	13,0	17,5	18,0	18,1
Nyanga / Mittl. Maximum	21,3	21,3	20,9	20,2	18,5	16,2	15,9	18,3	21,1	23,0	21,9	21,4
Nyanga / Mittl. Minimum	12,9	12,8	11,8	10,1	7,4	5,4	4,8	6,0	8,2	11,0	11,8	12,5
Bulawayo / Mittl. Maximum	28,2	27,5	27,3	25,8	23,8	21,5	21,5	24,3	27,9	29,1	28,7	27,8
Bulawayo / Mittl. Minimum	16,5	16,2	15,3	13,0	9,7	7,3	7,2	9,2	12,3	14,8	15,8	16,2
Chipinge / Mittl. Maximum	26,2	25,6	25,1	23,9	22,2	20,3	20,2	22,2	24,8	25,8	26,2	25,9
Chipinge / Mittl. Minimum	17,0	16,9	16,0	14,5	12,3	10,3	10,0	10,9	12,6	14,2	15,6	16,5
Beitbridge / Mittl. Maximum	33,2	33,0	31,7	30,5	27,9	25,2	25,4	27,4	30,2	32,2	32,9	31,2
Beitbridge / Mittl. Minimum	21,9	21,7	20,1	17,2	12,0	8,2	8,1	10,7	15,1	18,9	20,7	21,3

Durchschnittliche Niederschläge in mm/Monat

Zimbabwe

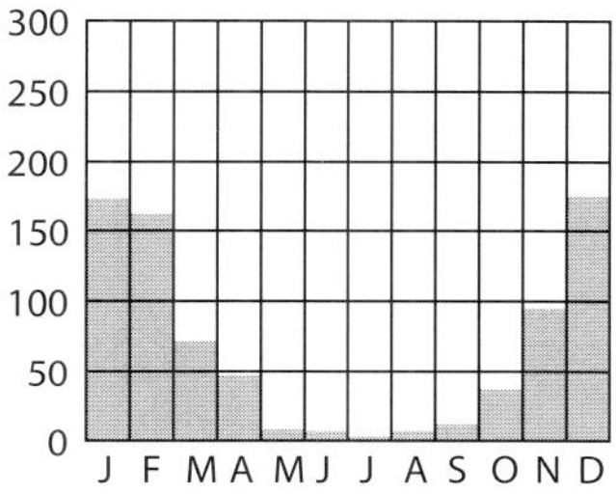

Harare

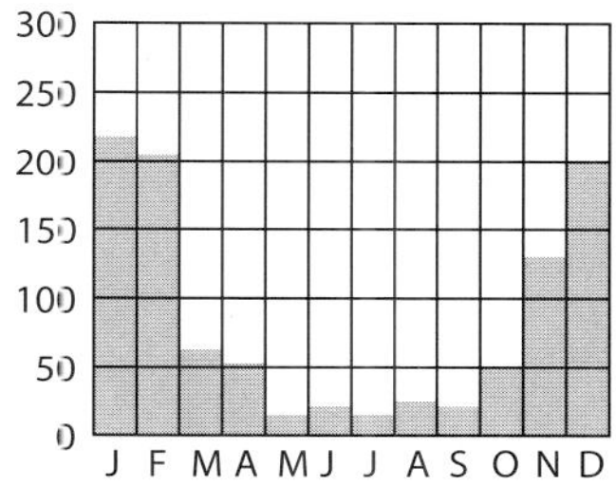

Chipinge

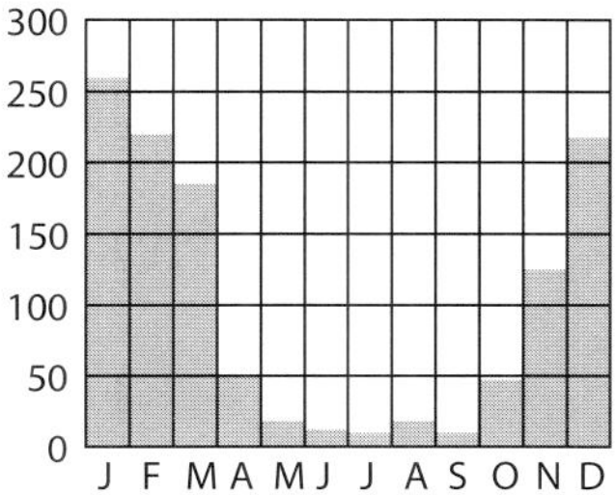

Nyanga

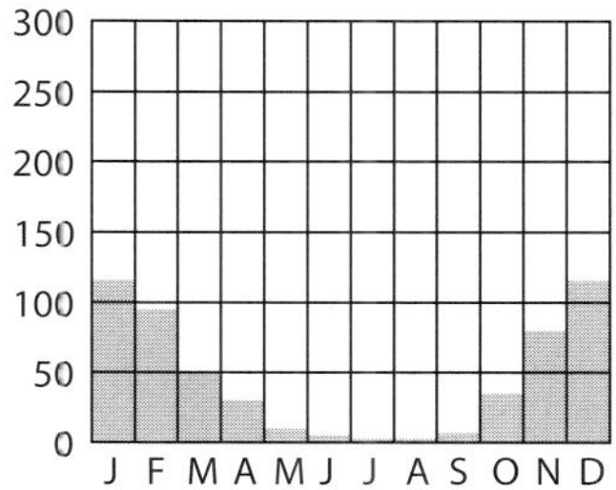

Bulawayo

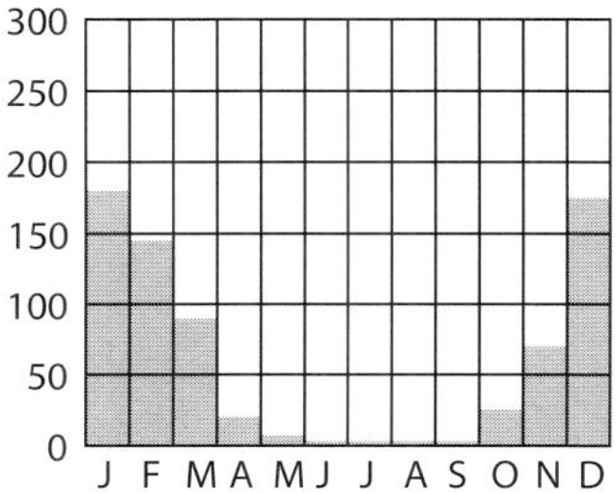

Victoria Falls

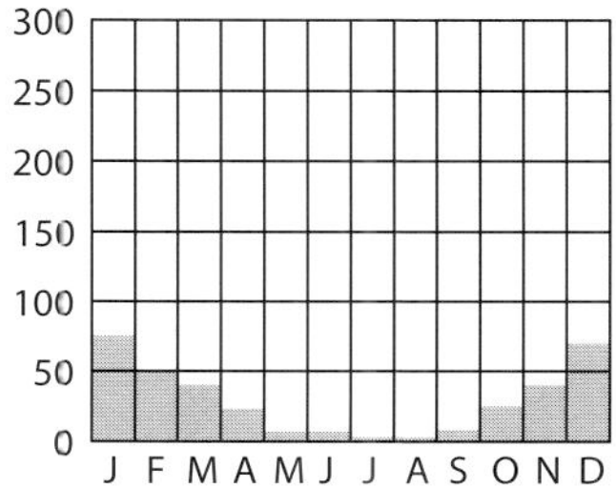

Beitbridge

November bis Februar / März, dem Sommer. In der Trockenzeit, dem Winter, von April bis Oktober / November fallen sehr wenig Niederschläge. Sintflutartige Regenstürze sorgen im Sommer für eine hohe Luftfeuchtigkeit. Da Zimbabwe durchschnittlich aber 1000 m über dem Meeresspiegel liegt, sind die Temperaturen nicht so hoch, dass sich die Luftfeuchtigkeit extrem unangenehm auswirkte. In Zimbabwe ist die Verdunstungsleistung im Vergleich zu den Regenfällen gering, was sich in einer dichten Vegetation bemerkbar macht.

Die Temperaturen steigen tagsüber während der Regenzeit auf 35 °C und darüber. Im Winter liegen sie etwa bei 25 °C, dann kühlt es nachts stark ab, manchmal fast bis auf den Gefrierpunkt.

Weitere Klimadaten zum südlichen Afrika sind erhältlich über den

Deutschen Wetterdienst,
Bernhard-Nocht-Str. 76, D-20359 Hamburg,
✆ 040-31900.

Reisezeiten

Hauptreisezeiten der Touristen aus den Nachbarländern sind April / Mai, August /September und Dezember / Januar (Sommerferien des südlichen Afrika). Dann macht sich eine Völkerwanderung in wohlgerüsteten Fahrzeugen zu den Nationalparks auf. Dort sind die Übernachtungsmöglichkeiten aber begrenzt und speziell in Botswana streng reglementiert. Ohne Vorausbuchung bleiben die Parktore dem Gast verschlossen. Eine genaue Zeitplanung und Vorausbuchung ist deshalb essentiell für alle, die zu diesen Zeiten unterwegs sein wollen. Auch wenn die Reglementierung in Zimbabwe nicht so rigide ist, sollte man hier trotzdem eine genaue Zeitplanung und Vorausbuchung für die Nationalparks vornehmen.

Botswana

Die angenehmste Reisezeit ist von Mai bis September. Die Temperaturen sind tagsüber erträglich hoch, nachts kühlt es ab, besonders in den südlichen und westlichen Landesteilen. Regen fällt praktisch nicht, der Himmel wölbt sich über den Buschlandschaften in kristallklarem Blau. Drei weitere Vorteile hat der Winter als Reisezeit: Die Wege verwandeln sich nicht wie zur Regenzeit in Schlammpfade (was die Reise erheblich zeitaufwendiger gestaltet), das Malariarisiko ist geringer (s.u. Gesundheit) und die Tiere des Landes sammeln sich an den wenigen verbliebenen Wasserstellen – die Tierbeobachtung ist also einfach, man muss sich nicht wie im Sommer auf eine lange und häufig erfolglose Suche im Busch begeben.

Zimbabwe

Wie in Botswana ist die schönste Reisezeit der Winter und die angrenzenden Monate (April–Oktober / November). Im Sommer (November–Februar / März) sind viele Nationalparks wegen der Regenfälle und der Unbefahrbarkeit der Pisten geschlossen. Siehe hierzu die Informationen bei den jeweiligen Nationalparks im Länderteil.

Anreise

Mit dem Flugzeug

Die meisten Besucher des südlichen Afrika reisen mit dem Flugzeug an, die wenigsten benutzen ein Schiff (obwohl die Passagierfahrt nach Südafrika auf Frachtschiffen möglich ist) oder ein Auto (s.u.). Die Flugverbindungen ins südliche Afrika sind ausgezeichnet. Alle europäischen Liniengesellschaften fliegen mindestens eine Destination an; *British Airways* bietet z.B. zweimal pro Woche einen Flug von London via Johannesburg nach Gaborone, *Lufthansa* fliegt dreimal pro Woche von Frankfurt nach Harare und weiter nach Windhoek, *Air Zimbabwe* zweimal pro Woche von Frankfurt direkt, *Austrian Airlines* einmal pro Woche von Wien via Johannesburg, *Swissair* zweimal pro Woche von Zürich via Johannesburg. *Air Namibia* fliegt zweimal pro Woche von Frankfurt nach Windhoek, von wo es einmal wöchentlich nach Gaborone, zweimal wöchentlich nach Harare weitergeht. *South African Airlines (SAA)* fliegt sogar fünfmal pro Woche von Frankfurt nach

Johannesburg und von dort täglich nach Gaborone und mehrmals täglich nach Harare.

Chartergesellschaften haben in den angrenzenden Ländern Windhoek (Namibia) und Kapstadt (Südafrika) im Programm, von wo Anschlussflüge nach Gaborone und Harare bzw. auch zu wichtigen touristischen Zielen wie Victoria Falls angeboten werden.

Die Flugpreise differieren erheblich, mit die günstigsten Angebote ins südliche Afrika bietet von Deutschland aus LTU (ca. 1100 DM). Liniengesellschaften haben in der Hochsaison Preise bis zu 2000 DM, in der Nebensaison (außerhalb der europäischen Ferienzeiten) gehen diese aber stark nach unten. Speziell die osteuropäischen Fluggesellschaften haben absolute Preisrenner im Angebot. Abwägen sollte man allerdings, ob man für die wenigen hundert Mark, die man spart, die ellenlangen Umwege über osteuropäische Flughäfen und schlecht gewartete Flugzeuge in Kauf nehmen will. Billigflugreisebüros geben einen Überblick über die aktuell verfügbaren Dumping-Tickets. Auch im Internet tummeln sich inzwischen viele Anbieter, die weltweit das günstigste Angebot heraussuchen, z.B.
www.flugboerse.de,
www.traveloverland.de oder
www.traxxx.de.

Nicht vergessen! Beim Ticketkauf sollte man sich informieren, ob die Airline eine Rückbestätigung des gebuchten Fluges verlangt (die der IATA angeschlossenen Gesellschaften verlangen dies üblicherweise nicht mehr, auch Chartergesellschaften sind meist davon abgekommen). Wenn ja, muss man mindestens drei Tage vor Abflug die Fluggesellschaft anrufen oder ein Reisebüro aufsuchen. Ansonsten kann es passieren, dass man bei Überbuchung der Maschine nicht mehr mitkommt oder – im Glücksfall – die freien Plätze der Business Class zugewiesen bekommt.

Bei der Buchung sollte man sich bei der Fluggesellschaft informieren, ob es günstige Flugpässe für Inlandsflüge in Verbindung mit dem internationalen Ticket gibt (häufig müssen diese Pässe nämlich vorab und im Heimatland gekauft werden). Damit steht z.B. die Möglichkeit offen, einen Wagen nur one-way zu mieten und von dessen Abgabeort per Flugzeug wieder zurück zum internationalen Abflugort zu kommen. Oder man kann am Ende der Reise günstig noch ein paar Tage an ein „Erholungsziel", z.B. nach Victoria Falls, fliegen.

Mit dem eigenen Fahrzeug

Nur wenige wagen die mühsame Anfahrt mit dem eigenen Fahrzeug auf dem Landweg, denn die politische Situation in Zentral- und Ostafrika macht derzeit ein Durchkommen unmöglich bzw. lässt es immens zeitaufwendig werden). Wer sein Fahrzeug mitnehmen will, sollte dieses beizeiten im Container per Schiff losschicken, nach Namibia oder Südafrika fliegen, sein Auto am Hafen abholen und losfahren **Fahrzeugverschiffungen** bieten folgende Firmen an:

Woick GmbH,
Plieninger Straße 21, 70794 Filderstadt,
✆ 0711-7096700, ℻ 7096770,
✉ woick@compuserve.com

Deugro,
Krahn 2, 20457 Hamburg,
✆ 040-3760070, ℻ 37600725.

Das Fahrzeug wird in Deutschland in den Container gefahren, der vom Besitzer mit Vorhängeschlössern versperrt und erst am Ankunftshafen wieder geöffnet wird. Die Laufzeit eines Containers beträgt in das südliche Afrika etwa drei bis vier Wochen; für die einfache Strecke ist mit Kosten zwischen 4000 und 5000 DM zu rechnen. Darüber hinaus sind vor Ort 500 bis 1000 DM Gebühren zu zahlen (je nach Wert des Wagens). Die Versendung ab den italienischen Häfen ist nicht günstiger. Billiger, aber riskanter ist die Versendung ohne Container (es wurde häufig von Aufbrüchen berichtet).

Die Formalitäten bei der **Einfuhr von Kraftfahrzeugen nach Botswana** variieren bei den einzelnen Grenzposten, je nachdem, wie interessiert das Personal ist und welche technische Ausstattung es besitzt. Botswana gehört zur Südafrikanischen Zollunion: Das bedeutet, dass ein Fahrzeug, das einmal in eines der Länder Südafrika, Namibia oder Botswana eingeführt worden ist, keinen Einfuhrrestriktionen bei einem Grenzwechsel zwischen diesen Ländern unterliegt. In Europa gemeldete Fahrzeuge benötigen für das südafrikanische Zollgebiet ein *Carnet de Passage* (erhältlich in Deutschland, Österreich und der Schweiz bei den Automobilclubs; eine Bankbürgschaft – die Höhe ist abhängig vom Wagenwert – muss hinterlegt werden) und eine Internationale Zulassung. Mietwagen, die in einem der der Zollunion angehörigen Nachbarländer angemietet wurden, müssen vom Vermieter für den Grenzübertritt freigeschrieben werden (bei Anmietung unbedingt abklären – unter Umständen steigt der Mietpreis für das Fahrzeug beträchtlich –, auch die Möglichkeit einer Weiterreise nach Zimbabwe sollte unbedingt geklärt werden). Für das Fahrzeug müssen an der Grenze eine Versicherung abgeschlossen sowie eine Straßengebühr und eine Zollabgabe für den in Tank und Ersatzkanistern mitgeführten Treibstoff bezahlt werden. Tatsächlich agieren die Grenzstationen unterschiedlich – mal wird auf die eine Gebühr verzichtet, mal auf die andere. Insgesamt übersteigen die Abgaben selten den Gegenwert von ein paar Mark. Ein Internationaler Führerschein ist zwar nicht Pflicht, sollte aber unbedingt mitgeführt werden.

Zimbabwe gehört nicht zur Zollunion des südlichen Afrika, Fahrzeuge müssen regelrecht eingeführt oder mit einem *Carnet de Passage* ins Land gebracht werden. Auch eine Versicherung ist abzuschließen und ein *Road Permit* zu erstehen (die Gebühren dafür bewegen sich im Bereich von wenigen Mark; angeblich wird bei in Europa angemeldeten Fahrzeugen die grüne Versicherungskarte anerkannt, verlassen sollte man sich darauf aber nicht, da die Grenzstationen unterschiedlich verfahren). Der Internationale Führerschein und die Internationale Zulassung (für in Europa gemeldete Fahrzeuge) müssen vorgelegt werden. Wer ein Fahrzeug in Zimbabwe anmietet und die Absicht hat, Zimbabwe zu verlassen, ist verpflichtet, dafür die Genehmigung des Vermieters einholen, der auch die entsprechenden Papiere beibringen muss. Umgekehrt ist eine Freischreibung von in der südafrikanischen Zollunion angemieteten Fahrzeugen durch den Vermieter notwendig, wenn man nach Zimbabwe einreisen will. Nähere Informationen erteilen die Fremdenverkehrsämter (für Österreich und die Schweiz ist das Fremdenverkehrsbüro in Deutschland zuständig), s.S. 13.

Gesundheit

Das Gesundheitsrisiko im südlichen Afrika liegt, abgesehen von einigen Besonderheiten, in etwa auf dem gleichen Niveau wie in Europa. Hier wie dort gilt: So gut eine medizinische Versorgung auch sein mag, in abgelegenen Gebieten kann man sie nicht in Anspruch nehmen. Reisende, die aus Europa kommen, benötigen keine Impfungen. Besucher des südlichen Afrika sollten jedoch den Schutz gegen Wundstarrkrampf und Kinderlähmung auffrischen lassen.

Risiken

AIDS

Botswana ist noch nicht so massiv von AIDS betroffen wie die Nachbarländer, insbesondere Zimbabwe. Die Durchseuchungsrate der Gesamtbevölkerung, inzwischen recht gut hochrechenbar, liegt zwischen 15 und 25%, je nach Gebiet und Sozialverhalten. Die Tragik liegt in der Unmöglichkeit, auf die Menschen (auch auf die Infizierten) einzuwirken, ihr sexuelles Verhalten zu ändern. Auch ist eine hochintensive Betreuung und Medikamentierung aus Kostengründen gar nicht möglich. Die Betreuung beschränkt sich daher mehr oder weniger auf die Einrichtung von Sterbehospizen, da die Familien keine Unterstützung geben wollen oder können. Die einzige hundertprozentige Sicherheit gegen eine HIV-Infektion ist, monogam zu leben. Wer es dennoch nicht lassen kann, sollte Präservative ins Reisegepäck tun und daran denken, dass in bestimmten sozialen Gruppen wie bei den Prostituierten die Durchseuchungsrate (und damit das Ansteckungsrisiko) auf 100% zugeht. Extrem hoch ist sie übrigens auch bei Polizei, Militär und Arbeitern, die gezwungenermaßen in Männergesellschaften leben, wie z.B. Bergarbeiter.

Bilharziose

Diese Infektionskrankheit fängt man sich bei Kontakt mit stehendem oder langsam fließendem Süßwasser ein (nicht nur beim Baden, auch beim Durchwaten dringen die Bilharzien über die Haut in den Körper). Fieber ist eines der Symptome. Die Krankheit ist relativ einfach und billig zu heilen, das Problem ist aber, dass man sie meist zu spät entdeckt. Auch hier gilt: bei Fieber, Schwäche oder gar blutigem Urin den Arzt über den Auslandsaufenthalt in einem Bilharziosegebiet informieren!

Darminfektionen

Das Risiko, sich eine Darminfektion einzuhandeln, ist in ländlichen Regionen höher als in städtischen, in Zimbabwe höher als in Botswana, da Ersteres dichter besiedelt ist und über keine so gute hygienische Infrastruktur in Ballungsräumen verfügt wie Botswana. Prinzipiell sollte nichts auf Märkten Gekauftes gegessen werden, was nicht geschält oder gekocht werden kann. Wasser aus zweifelhaften Quellen muss immer abgekocht oder mit Aufbereitungstabletten (z.B. Micropur) gereinigt werden. Bei schwerer Diarrhö hilft Elektrolyt-Lösung (in Trockenform in Apotheken erhältlich), ersatzweise warme Cola und Salzstangen, um dem Flüssigkeits- und Salzverlust entgegenzuwirken.

Erkältungen

Nachts kann es sehr kalt werden; viele Touristen haben sich schon eine Erkältung eingefangen, weil sie nicht entsprechend gekleidet waren. Beste Vorsorge gegen fast jede Art von Erkrankung ist, ausreichend frisches Obst zu essen und Situationen (Stress, Überanstrengung) zu vermeiden, in denen der Körper auf Dauer geschwächt wird – und damit auch die Immunabwehr. Ist kein frisches Obst erhältlich (auf Safari beispielsweise) können Vitamintabletten helfen.

Giftschlangen / Skorpione

Die Wahrscheinlichkeit, von einer Schlange gebissen oder einem Skorpion gestochen zu werden, ist relativ gering. Uns ist auf den vielen Reisen im südlichen Afrika nur einmal ein Gifttier begegnet – ein kleiner Skorpion, der in panischer Angst flüchtete. Festes Schuhwerk im Busch, das bis über den Knöchel reicht, und lange, weite Hosen aus festem Stoff schützen weitgehend (auch wenn die Einheimischen – weiße wie schwarze – in kurzen Hosen und Sandalen durch die Gegend laufen). Wer auf Wanderungen fest auftritt, verjagt die meisten Schlangen. Nur die Puffotter ist zu faul zu verschwinden, deshalb sollte man unbedingt auf den Weg schauen, nicht blind irgendwo hintreten (wenn man z.B. einen auf dem Weg liegenden Baumstamm übersteigt) und nicht in Höhlungen von Bäumen, Termitenhügeln, Felsen etc. greifen, denn Schlangen erholen sich darin von der Hitze. Auch beim Holzsammeln für das Lagerfeuer gilt: erst mit dem Fuß dagegen stoßen bzw. das Teil mit dem Fuß umdrehen. Unter Steinen verbergen sich gerne Skorpione – deshalb nie mit der bloßen Hand anfassen, sondern zunächst mit dem Fuß anstoßen und nachsehen, was darunter ist! Besonders ängstliche Menschen können im Busch auch noch eine Sonnenbrille tragen, die das Gift der Speikobra von den Augen abhält!

Wer auf Nummer sicher gehen will, spielt vielleicht mit dem Gedanken, ein Schlangenserum mit sich zu führen. Doch die dafür nötigen Ausgaben sind hinausgeworfenes Geld! Selbst wenn das Kühlungsproblem für das Serum gelöst ist, gibt es zu viele Schlangen mit zu vielen unterschiedlichen Giften, die verschieden wirken (Nervensystem, Gewebe, beides kombiniert). Laien sind kaum in der Lage, die richtige Wahl zu treffen. Zu allem Überfluss zieht eine Serumbehandlung sehr häufig einen allergischen Schock nach sich, der mit weiteren Medikamenten behandelt werden muss, die nur ein Arzt verabreichen sollte. Hilfreich ist dagegen ein Schlangenbiss-Set, mit dessen Saugnapf man die Wunde vom Gift reinigen kann. Das Abbinden eines gebissenen Körperteils ist nur sinnvoll bei Giften, die auf das Nervensystem wirken, bei Zellgiften wird die Situation nur verschlimmert. Das Beste ist immer, schnellstens einen Arzt aufzusuchen (möglichst mit der erlegten Schlange im Gepäck).

Hepatitis

Die Gelbsucht der Form A wird über infizierte Lebensmittel übertragen (z.B. kann auch Gemüse betroffen sein, wenn es mit Exkrementen infizierter Menschen gedüngt wurde). Die Impfung dagegen ist inzwischen wohl Standard. Hepatitis B wird über Schleimhaut- und Blutkontakt übertragen und ist damit eine durch Geschlechtsverkehr verbreitete Krankheit. Vielreisenden ist auch die Impfung gegen diese Form der Gelbsucht empfohlen.

Malaria

Über viele Jahre unter Einsatz von breitflächig verstreutem Gift zurückgedrängt, schlägt die Malaria nun zurück, in weitaus resistenterer Form als die Medizin es sich je vorstellen konnte. Überträger ist die Anopheles-Mücke, Übertragungsweg ihr Stich. Lange galt das südliche Afrika als weitgehend Malaria-frei, heute kann man jedoch davon ausgehen, dass wieder ganz Botswana und Zimbabwe vom Malaria-Problem betroffen sind. Das Risiko in den westlichen und südlichen Landesteilen ist etwas geringer, da es weniger Regen gibt, ebenso sinkt die Gefahr im Winter. Sie steigt während der Regenzeit im Sommer wieder an. Eine verlässliche Malariaprophylaxe gibt es nicht mehr. Auch eine Medikamentenprophylaxe schützt nicht zu 100%, da sich zum einen bereits Resistenzen herausgebildet haben, zum anderen z.B. durch Diarrhö der Wirkstoff gleich wieder ausgeschieden wird. Die beste Prophylaxe ist folglich, nicht gestochen zu werden. Feste, langärmelige Kleidung – besonders Knöchel und Handgelenke sollten bedeckt sein – und der exzessive Gebrauch von mückenabweisenden Mitteln wie *Autan* sind der beste Schutz vor Malaria. Jeder sollte selbst testen, welches Mittel am wirksamsten ist, ungeachtet der zugegebenermaßen teils giftigen Ingredienzen. Für Kinder oder Allergiker eignen sich sanftere Mittel – *Autan*-Lotion oder *Djungel olja* –, die aber entsprechend häufiger aufgetragen werden müssen. Nachts bildet ein Moskitonetz ein effektives Schutzschild vor den Blutsaugern.

Wer trotz des unsicheren Schutzes eine medikamentöse Malaria-Prophylaxe nutzen will, sollte sich bei einem Arzt seines Vertrauens, möglichst mit Facharztausbildung für Tropenmedizin, oder bei den Tropenmedizinischen Instituten (s.u.) erkundigen, wie die aktuelle Risikolage in dem jeweiligen Landesteil ist, den er oder sie besuchen will (es gibt heute sehr genaue Karten über die Verbreitungsgebiete, die ständig aktualisiert werden). Zur Zeit empfehlen Ärzte in den beiden Ländern eine Kombinationsprophylaxe aus *Palludrin* und *Resochin*, *Lariam* wird aufgrund der starken Nebenwirkungen selten verschrieben, von *Halfan* geradezu abgeraten. Bei Fieber, das nicht mit hundertprozentiger Sicherheit einer anderen Krankheit zugeordnet werden kann, sollte man davon ausgehen, dass es Malaria sein könnte, und umgehend einen Arzt aufsuchen.

Reisende, die in abgelegenen Gegenden unterwegs sind, können mit Hilfe eines Taschensets für die Selbstdiagnostik prüfen, ob sie Malaria erwischt haben *(Malaquick*, vertrieben durch Standby Diagnostics GmbH, Gutenbrunner Weg 15, 81829 München, ✆ 089-538 0654, 📠 4272 0471) und ein Malariamittel als Standby-Medikament mitnehmen. Auch nach Rückkehr aus den Ferien besteht bis weit über ein halbes Jahr hinaus noch die Möglichkeit, dass eine eingefangene Malaria ausbricht. Bei fiebrigen Erkrankungen sollte der Patient daher unbedingt den behandelnden Arzt über den Auslandsaufenthalt unterrichten.

Sonneneinstrahlung

Hut, Sonnencreme, Sonnenbrille und ausreichend Wasserzufuhr, im Sommer längere Aufenthalte im Schatten schützen vor Sonnenbrand, Sonnenstich und Hitzschlag. Sonnenbrand ist unangenehm, der Sonnenstich gefährlich, der Hitzschlag aber kann tödlich sein. Der Körper ist dann nicht mehr in der Lage, Wärme abzuführen, man stirbt an Überhitzung. Deshalb sind nur wohldosierte Sonnenaufenthalte anzuraten – auch im Hinblick darauf, dass das südliche Afrika eines der Gebiete auf der Welt mit der höchsten Hautkrebsrate ist.

Tuberkulose

Gesunde Menschen werden sich kaum mit Tuberkel-Bazillen infizieren. Tuberkulose trifft hauptsächlich Menschen, die geschwächt sind und in schlechten hygienischen Umständen leben. Dennoch sollte man im Kopf behalten, dass diese Krankheit im südlichen Afrika verbreitet ist und dort häufig zum Tod führt.

Weitere Infektionskrankheiten

Cholera und **Typhus** können in den Ländern des südlichen Afrika vorkommen, allerdings selten in Form einer lebensbedrohenden Epidemie. Wer sich an die Grundregeln der Hygiene hält und auf den Verzehr von rohem bzw. ungeschältem Gemüse und Obst verzichtet, hält das Ansteckungsrisiko gering. Eine Schutzimpfung gegen Typhus ist nur sinnvoll, wenn die Krankheit im Reiseland tatsächlich gehäuft auftritt. Choleraimpfungen können eine Ansteckung nur mit einer Wahrscheinlichkeit von 50–60% verhindern und werden deshalb ebenfalls nur im aktuellen Notfall empfohlen.

Die durch einen Stich der Tse-Tse-Fliege übertragene **Schlafkrankheit** kommt heutzutage nur noch selten vor. Durch das Versprühen chemischer Keulen wurden die Fliegen weitgehend ausgerottet. Den Tse-Tse-Stich erkennt man an der riesigen Schwellung, die er zunächst auslöst (allerdings können Allergiker auch auf Mückenstiche ähnlich reagieren). Nach einigen Wochen macht sich der Infekt mit Fieber und Kopfschmerzen bemerkbar. Ein Bluttest kann klären, ob man tatsächlich mit der Schlafkrankheit infiziert ist. Über die aktuelle Situation in Zimbabwe und Botswana und die nötigen Impfmaßnahmen informieren die Tropeninstitute und Gesundheitsämter, die man unbedingt vor einer Fernreise kontaktieren sollte (s.u.).

Weitere Informationen

Tropenmedizinische Institute

Bei den Tropenmedizinischen Instituten kann man sich gut beraten und ggf. impfen lassen.

Berlin, Spandauer Damm 130, Haus 10, 14050, ✆ 030-197 22 (Band) oder 30 11 66.
Hamburg, Bernhard-Nocht-Str. 74, 20359, ✆ 040-31 18 20.
Heidelberg, Im Neuenheimer Feld, 69120, ✆ 06221-56 29 25, ✆ 56 56 32 (Band).
München, Leopoldstr. 5, 80802, ✆ 089-33 33 22, ✆ 33 67 44 (Band), www.fit-for-travel.de
Tübingen, Wilhelmstr. 31, 72074, ✆ 07071-298 2365.

Rettungsdienste

Zwar gibt es in den größeren Städten einen Ambulanzdienst der Krankenhäuser, weit ab im Busch hat man aber meist keine Möglichkeit, den Rettungsdienst zu alarmieren bzw. ist er nicht zuständig. Bei den Firmen *MRI Medical Rescue* in Botswana und *Medical Air Rescue Service* in Zimbabwe lassen sich für solche Notfälle Versicherungen abschließen: Die Sanitäter holen den Erkrankten oder Verunglückten aus dem Busch und bringen ihn mit Fahrzeugen, Flugzeugen oder Hubschraubern in die nächste Stadt, wo die notwendige Versorgung gewährleistet ist (s.u. Versicherungen).

Reiseapotheke

Hier Anregungen für die Basisausrüstung der Reiseapotheke. Wer besondere Medikamente benötigt, sollte diese unbedingt in ausreichender Menge mitführen. Die meisten Lodges besitzen eine Notfallapotheke und können bei Erkrankungen weiterhelfen.

Antibiotika: Wer sich längere Zeit in unwegsamen Regionen aufhält, sollte unter Umständen ein Breitbandantibiotikum dabeihaben, um eine Infektion behandeln bzw. unterdrücken zu können, bis er ärztliche Hilfe findet. Der Hausarzt weiß am besten, ob und welches Mittel in Frage kommt.
Augen: Beruhigende Augentropfen gegen Reizungen, die durch Sonne und Staub hervorgerufen werden (Kontaktlinsenträger sollten deshalb unbedingt eine Ersatzbrille mitnehmen); evtl. Augensalbe gegen Gerstenkörner.
Durchfallerkrankungen: Je ein leichtes und ein starkes Medikament, dazu Elektrolytpulver, das den Wasser- und Mineralienverlust ausgleicht. Sinnvoll sind auch Brühwürfel, mit denen sich Salz in konzentrierter Form verabreichen lässt.
Erkältungen: Nasentropfen, Lutschtabletten gegen Halsschmerzen, evtl. Ohrentropfen. Stofftaschentücher können schnell ausgewaschen und wieder verwendet werden und produzieren keine Abfallberge.
Hygiene: Desinfektionsflüssigkeit oder -tücher für unhygienische Toiletten und Waschräume; Mittel gegen Fußpilz; ggf. Präservative.
Kreislauf: Leichte (pflanzliche) Kreislauftropfen oder Tabletten gegen Kreislaufstörungen, die durch das ungewohnte Klima auftreten können, auch wenn man normalerweise keine Kreislaufprobleme hat.
Malaria: Medikamente zur Prophylaxe bzw. ein Stand-by-Medikament, je nach Absprache mit dem Tropenarzt. Anti-Mücken-Lotion und Juckreiz stillende Salbe wie z.B. *Solventol*.
Schmerzen: Leichte Schmerztabletten wie *Aspirin* in ausreichender Menge, zusätzlich ein starkes Schmerzmittel (z.B. *Dolomo)* für Notfälle. Unterwegs wird man häufig von Menschen um *Aspirin* gebeten, das als Allheilmittel gilt. Man sollte sich allerdings davor hüten, Medikamente beliebig zu verteilen.
Verletzungen: Mittel zur Wunddesinfektion, Pflaster und Mullbinden in ausreichender Menge, auch um kleine Verletzungen der Einheimischen behandeln zu können. Elastische Binden gegen Prellungen etc., Salbe gegen Verbrennungen, Pinzette.

Versicherungen

Reiserücktrittsversicherung

Bei einer pauschal gebuchten Reise ist eine Rücktrittsversicherung meist im Preis inbegriffen (zur Sicherheit sollte man nachfragen). Wer individuell plant, muss sich um die Absicherung dieses Risikos selbst kümmern. Reisebüros verteilen Anmeldeunterlagen. Bei Krankheit oder Tod eines Familienmitglieds oder Reisepartners zum Beispiel ersetzt die Versicherung die Stornokosten der Reise.

Reisegepäckversicherung

Viele Versicherungen bieten die Absicherung des Verlustes von Gepäck an, einige haben sich darauf spezialisiert (z.B. Elvia). Allen Versicherungen ist gemein, dass die Bedingungen, unter denen das Gepäck abhanden kommen „darf", sehr eng gefasst sind. Deshalb ist es wichtig, die Versicherungsbedingungen genau zu studieren und sich entsprechend zu verhalten. Bei vielen Versicherungen ist das Gepäck in unbewacht abgestellten Kraftfahrzeugen zu keinem Zeitpunkt versichert, andere verweigern eine Zahlung, wenn das Fahrzeug mehr als zwei Stunden unbewacht war. Auch nachts ist häufig der Inhalt des Pkws nicht versichert, auch wenn er auf einem bewachten Parkplatz steht. Foto- und videotechnische Geräte sind entweder nur bis zu einer bestimmten Höhe oder zu einem bestimmten Prozentsatz des Neuwertes versichert, auch Schmuck unterliegt Einschränkungen, ebenso wie Bargeld.

Fotoversicherung

Um hochwertige Fotoausrüstungen voll abzusichern, ist es sinnvoll, eine zusätzliche Fotoapparate-Versicherung abzuschließen. Die ist zwar relativ teuer, aber die Geräte sind so gegen alle möglichen Risiken versichert. Reelle Versicherungsangebote macht der Gerling-Konzern, der in fast allen Städten mit Filialen vertreten ist.

Reisekrankenversicherung

Es ist ratsam, auf alle Fälle eine Reisekrankenversicherung abzuschließen. Die gesetzlichen

Buchungen über das Internet senken die Telefonkosten

deutschen Krankenkassen haben mit den Ländern des südlichen Afrika keine Übereinkunft über Kostenersatz getroffen, und nur wenige private Krankenkassen schließen den weltweiten Schutz im Krankheitsfall ein. Die meisten Reisebüros und einige Kreditkartenorganisationen bieten aber derartige Versicherungen an. Bei Krankheit – speziell Krankenhausaufenthalten – kommt u. U. sehr schnell eine erhebliche Summe zusammen, die aus eigener Tasche bezahlt werden müsste. Ist man versichert, kann man die Kosten gegen Vorlage der Rechnungen zu Hause geltend machen. Einschränkungen gibt es natürlich auch hier, besonders bezüglich Zahnbehandlungen (nur Notfallbehandlung) und chronischen Krankheiten (Bedingungen durchlesen).

Die später bei der Versicherung einzureichende Rechnung sollte folgende Angaben enthalten: Name, Vorname, Geburtsdatum, Behandlungsort und -datum, Diagnose, erbrachte Leistungen in detaillierter Aufstellung (Beratung, Untersuchungen, Behandlungen, Medikamente, Injektionen, Laborkosten, Krankenhausaufenthalt), Unterschrift des behandelnden Arztes, Stempel.

Wer im Ausland schwer erkrankt, wird zu Lasten der Versicherung heimgeholt, aber nur, wenn er plausibel darlegen kann, dass am Urlaubsort keine ausreichende Versorgung gewährleistet ist. Dann geht es mit Linienmaschinen oder auch mit eigens losgeschickten Ambulanzflugzeugen nach Hause. Die meisten Versicherungen haben inzwischen den Passus „wenn medizinisch notwendig" in das Kleingedruckte aufgenommen. Die medizinische Notwendigkeit ist aber gerade in den Ländern des südlichen Afrika mit einer relativ gut ausgebauten medizinischen Infrastruktur und dem guten Ruf, den die Ärzte und teilweise auch die Krankenhäuser besitzen, schwer zu vermitteln. Ist der Passus „wenn medizinisch sinnvoll und vertretbar" formuliert, kann man wesentlich besser für eine Rückholung argumentieren.

Krankenrücktransport innerhalb Botswanas und Zimbabwes

In Botswana und Zimbabwe kann man eine Police abschließen, so dass der schnelle Transport (Auto oder Flug) zum nächsten Krankenhaus gewährleistet ist, wo eine entsprechende Behandlung vorgenommen werden kann. Dies ist natürlich nur möglich, wenn man nicht tief im Busch steckt, sondern ein Telefon in erreichbarer Nähe zur Verfügung steht. Entsprechende Anbieter sind:

MRI Medical Rescue Botswana,
Plot 10211 Unit 2, Broadhurst Business Center,
Private Bag BR256, Gaborone,
✆ 301601, ℻ 302117;

Medical Air Rescue Service Zimbabwe,
3 Elcombe Avenue, Belgravia,
Bos HG969 Highlands, Harare,
✆ 04-737086, ℻ 734517.

Die Anmeldung geschieht per Fax. Man erhält ein Formblatt, in das die persönlichen Daten und eine kleine Krankengeschichte eingetragen werden (z.B. Allergien, chronische Krankheiten). Nach der Ankunft kann man dann gegen Zahlung der Versicherungsprämie die Mitgliedsbescheinigung abholen. Viele touristische Institutionen (Hotels, Lodges, Mietwagen- und Safariunternehmen) schließen diese Versicherung automatisch für ihre Kunden ab – deshalb nachfragen. Bei Reisen in beiden Ländern oder weiter nach Südafrika und Namibia nach günstigeren Angeboten erkundigen!

Versicherungspakete

Von der Europäischen Reiseversicherung, von Elvia und Hanse-Merkur werden Versicherungspakete angeboten, die neben der Reisekrankenversicherung eine Gepäck-, Haftpflicht-, Unfall- und Rat & Tat-Versicherung einschließen. Mit der Rat & Tat-Versicherung erhält man über eine Notrufnummer Soforthilfe während der Reise. Krankenhauskosten werden sofort von der Versicherung beglichen, und bei ernsthaften Erkrankungen übernimmt sie den Rücktransport. Ist der Versicherte nicht transportfähig und muss länger als 10 Tage im Krankenhaus bleiben, kann eine nahe stehende Person auf Kosten der Versicherung einfliegen. Auch beim Verlust der Reisekasse erhält man über den Notruf einen Vorschuss.

Gepäck

Die Anreise mit dem Flugzeug beschränkt das Gepäck auf das Notwendigste. 20 kg Freigepäck sind üblich, bei manchen Fluggesellschaften geht das Handgepäck bis zu 5 kg noch extra. Vielleicht wird bei weiteren 5 kg ein Auge zugedrückt, auf alle Fälle ist bei 30 kg in der Regel Schluss. Wer zwei bis vier Wochen bleiben will, kommt damit gut aus. Die günstigste Möglichkeit, Übergepäck zu transportieren, ist, es als unbegleitetes Fluggepäck aufzugeben. Es geht aber meist in einer anderen Maschine ins Bestimmungsland, und man muss unter Umständen mehrere Tage warten, bis man es in Empfang nehmen kann. Ein Ausweg ist, sich Ausrüstung und Kleidung im südlichen Afrika zu kaufen, wo sie 20–40% günstiger als in Europa ist. Wer also für die Reise sowieso neue Dinge braucht und ein wenig Zeit zum Shopping aufbringen kann, sollte diese Alternative wählen.

Als Koffer haben sogenannte Rucksackkoffer immer mehr Anhänger gefunden. Bei längeren Strecken zu Fuß sind sie relativ angenehm auf dem Rücken zu transportieren, in Hotels verschwinden die Träger und das Gerät wird zur unverbindlichen Reisetasche.

Ausrüstung

Einige Ausrüstungsgegenstände sind für Ausflüge in den Busch – und dazu zählt auch ein Besuch auf einer Luxuslodge im Okavango – essentiell:

- Feste Kleidung (lange Hosen, langärmelige Hemden, festes, knöchelhohes Schuhwerk)
- Sonnenschutz (Sonnenhut, Sonnenbrille, Sonnencreme)
- Moskitoschutz (Moskitonetz, Mückenschutzmittel wie z.B. *Autan*)

- Wasserflasche
- Stabile Taschenlampe
- Stabiles Taschenmesser

Die Bekleidung sollte aus Baumwolle sein (keine Synthetik-Stoffe, auch wenn sie leichter auszuwaschen sind). In den heißen Jahreszeiten ist Baumwolle angenehmer am Körper zu tragen. Will man viel wandern, sind gute Stiefel und Socken von Vorteil. Es gibt inzwischen Spezial-Socken, die der Fußform, dem jeweiligen Klima und der Aktivität optimal angepasst sind (z.B. Trekkingsocken von *Falke).*

Weitere Gegenstände hängen von den jeweiligen Bedürfnissen und Reiseplänen (Unterkunftsart, Safaris, Wanderungen etc.) ab:

- Badesachen (fast jede Unterkunft besitzt einen Pool)
- Regensachen (wenn man in der Regenzeit unterwegs ist)
- Warmer Schlafsack (im Winter wird es nachts im Busch sehr kalt)
- Baumwollschlafsack (im Sommer kühlt es nachts nicht sonderlich ab)

Dinge des persönlichen Bedarfs (Waschzeug, Hygieneartikel, normale Kleidung) seien hier nicht besonders erwähnt. Allgemein ist die Kleiderordnung eher leger, in Luxushotels können aber auch manchmal Jackett und Krawatte für den Herrn, ein Kleid für die Dame angesagt sein.

Die **Reiseapotheke** wird am besten mit dem Hausarzt abgestimmt. Vorsichtige Naturen nehmen einige Einmalspritzen und Nadeln jeweils verschiedener Größen mit, vielleicht auch Nahtmaterial (in abgelegenen Gebieten ist in Krankenhäusern nicht unbedingt mit den Standards der Großstädte zu rechnen).

Brillenträger sollten eine **Ersatzbrille** bzw. Ersatzlinsen und ausreichende Reinigungsflüssigkeit mit sich führen.

Fotoapparate / Video

Fotografen, die sich auf Wildpirsch begeben, sind mit einem Tele von mindestens 250 mm und hoher Lichtstärke für die Dämmerungsstunden gut beraten. Kameras und Objektive gehören in eine staubfeste Tasche, denn bei Pistenfahrten dringt feiner Sand durch die Ritzen der Fahrzeuge und überpudert alles; Frontlinsen der Objektive sind dankbar für einen mechanischen Schutz durch einen UV-Filter. Filme sind in Europa billiger, und die Lagerungsqualität der Geschäfte ist besser. Diese also im Heimatland kaufen, ebenso wie Batterien für die Kameras, Blitzgeräte etc.

Ferngläser

Da wohl keiner nach Botswana und Zimbabwe ohne den Hintergedanken fährt, Tiere zu beobachten, ist ein gutes Fernglas integraler Bestandteil des Gepäcks. Es kommt nicht so sehr auf die Vergrößerung an sich an. Es gibt Ferngläser mit sehr starker Vergrößerung, durch die man weniger sieht als durch ein Glas mit wesentlich geringerer Vergrößerung aber hoher – durch Linsenvergütung erreichter – Brillanz.

Auch der Leistungsabfall in der Dämmerung sollte bedacht werden. Vorzügliche und hochrobuste Ferngläser stellt die Firma *Docter Optic* (über den Fachhandel zu beziehen) in Jena her. Sie sind qualitativ vergleichbar mit Gläsern der Firma *Zeiss,* liegen aber im Preis darunter.

Dokumente

Folgende Dokumente gehören ins Gepäck: Pass, Impfpass, Tickets, Internationaler Führerschein, (Internationale Zulassung, *Carnet de Passage,* s.S. 19f), Geld (Bargeld, Reiseschecks, Kreditkarten). Sinnvoll sind Kopien der Reisedokumente (auch in verkleinerter Form), die der Reisepartner mit sich trägt, während man dessen Kopien aufbewahrt. Bei Diebstählen hat man so immer einen kompletten Satz parat, mit dem man seine Identität, Schecknummern etc. nachweisen kann.

Zum Transport der Reisedokumente und des Geldes haben sich Geldgürtel – am besten unter der Kleidung getragen – und Brustbeutel (nur wenn sie so befestigt werden, dass sie keiner „angeln" kann) bewährt.

Für Selbstfahrer

Das Fahrzeug muss der geplanten Route entsprechend ausgerüstet sein. Wer in die Zentralkalahari will, muss mehr mitnehmen, als jemand, der für ein Wochenende an den Karibasee fährt oder sich auf Asphaltstraßen von Lodge zu Lodge begibt. Ausrüstung für Selbstfahrer vermieten meist Autovermieter, die Geländewagen im Programm haben.

Ausrüstung für längere Touren – Extreme Touren benötigen eine ausgefeilte Ausstattung:

1 Grundvoraussetzung ist ein zweites Fahrzeug
2 Zweiter Ersatzreifen und Reifenflickzeug, Werkzeug für den Reifenwechsel und die Reparatur, gute Luftpumpe
3 Reifen mit hoher Lagenzahl schützen vor Durchstichen von Steinen und Ästen
4 Ausreichend Treibstoff (mindestens das Doppelte des Fahrzeugverbrauches auf Asphalt plus Sicherheitsreserve)
5 Ausreichend weitere Betriebsmittel (Öl, Kühlwasser etc.)
6 Wenigstens eine minimale Buschwerkstatt (Werkzeug, Kühlerdichtmittel, Metall- / Alu-Klebstoff, Gurte, Keilriemen etc. – wieviel, bleibt den Fähigkeiten jedes Einzelnen überlassen)
7 Einen Schutz für den Kühler (Gaze), da die Gräsersamen auf der Piste binnen Minuten den Kühler zusetzen können (die Gaze wird von außen vor dem Kühler mit Schnur an der Karosserie befestigt)
8 Bergungshilfen (Sandbleche, Seile, Winde, Schaufel)
9 Orientierungshilfen (Kompass, GPS, Karten)
10 Ausreichend Wasser (pro Kopf 3–5 l/Tag plus Sicherheitsreserve)
11 Ausreichend Verpflegung und Kochgerät
12 Zelt / Dachzelt und Schlafsack für die Übernachtung
13 Toilettenpapier

Global Positioning System (GPS)

In Zimbabwe wirft die Orientierung außerhalb der geschützten Zonen (Nationalparks) keine Schwierigkeiten auf. Botswana ist hingegen ein wildes Land, in dem es viel zu sehen gibt, was abseits der Hauptpisten und der wenigen Asphaltstraßen liegt. Eine ausreichende Ausrüstung und gutes Kartenmaterial ist für diese Gebiete absolut notwendig. Die beste Orientierung im Busch bietet das Global Positioning System (GPS). Dieses digitale Satellitennavigationssystem zur Positionsbestimmung wird in Europa vielfach für Spielerei gehalten, ist aber in Botswana üblich. Kein Prospektor und fast kein Reiseunternehmen, das Buschtouren durchführt, fährt ohne dieses technische Wunderwerk. GPS ist ein kleines handliches Gerät von der Größe zweier Zigarettenschachteln. Es ist in der Lage, die Position bis auf wenige Meter genau in Form von Koordinaten anzugeben (viele Geräte geben weitere Daten an, wie die Geschwindigkeit über Grund, die Entfernung vom Ziel, die verbleibende Fahrzeit). Auch die einzuschlagende Richtung zum Ziel (dessen Koordinaten man vorher eingibt) lässt sich abfragen. Bei der Vielzahl sich kreuzender Pisten, versandender Fahrspuren, überwachsener und nicht mehr erkennbarer Wege ist GPS nicht nur hilfreich, sondern manchmal geradezu unerlässlich. Natürlich ist zur Nutzung auch genaues Kartenmaterial notwendig. Nur dann kann man seine Position im Verhältnis zum Ziel bestimmen oder umgekehrt aus der Karte Koordinaten herauslesen, um mit dem GPS die aktuelle Position und die Richtung zum Ziel zu bestimmen. Einige Karten dieses Buches enthalten GPS-Daten, um die Orientierung zu erleichtern. Auch auf der *Shell*-Karte von Botswana sind GPS-Daten aufgeführt. Eine gute Adresse für GPS-Ausrüstungen ist

Bernd Woick GmbH,
Plieningerstraße 21, D-70794 Filderstadt
✆ 0711-709 6700, 📠 709 6770,
die auch einen dicken Katalog mit anderen Ausrüstungsgegenständen versendet.

Kompasse sind in der Handhabung komplizierter und können keine genaue Positions-

Für den schmalen Geldbeutel bietet sich die Reise auf einem Overlander-Truck an

angabe machen, und landschaftlich markante Punkte in größerer Entfernung, auf die man zufährt, sind im Busch selten zu finden.

Geld

Bargeld

Angesichts der Diebstahlsgefahr ist es prinzipiell günstiger, den Bargeldvorrat so gering wie möglich zu halten. Ein Minimum an Bargeld sollte man für unvorhergesehene Situationen aber immer bei sich haben. Da noch nicht klar ist, wie die Akzeptanz von Euro-Scheinen im südlichen Afrika sein wird (denn die Noten sind erst einmal unbekannt), ist es sicher ratsamer, sein Bargeld in Dollarnoten mit sich zu führen. Auch die DM bereitete bisher keine Schwierigkeiten. Bei Dollarnoten akzeptieren hingegen immer weniger Banken $100-Scheine, und sogar $50-Noten sind teilweise schon abgelehnt worden. Also möglichst viele $20-Noten eintauschen!

Mit Kreditkarten kann man bei den Banken Bargeld in der Landeswährung abheben. Diners arbeitet mit der *Standard Chartered Bank* zusammen, Euro- / Mastercard mit der *First National Bank*. Beide sind in Südafrika beheimatet und besitzen in Botswana und Zimbabwe ein dichtes Netz an Filialen.

Bargeld kann auch aus Europa über Western Union geschickt werden (s.u. Geldüberweisung).

Zimbabwe betreibt eine restriktive Geldpolitik. Ein- und Ausfuhr des Zimbabwe-Dollars sind verboten. Da die Inflation sehr hoch ist, werden in den internationalen Hotels US-Dollar verlangt, ebenso beim Kauf von Flugtickets.

Alle Dienstleistungen, die auch die breite einheimische Bevölkerung in Anspruch nimmt, können dagegen mit Zimbabwe-Dollar bezahlt werden. In vielen Mittelklasse-Hotels ist dies ebenfalls möglich.

Botswana akzeptiert im Gegensatz dazu keine Bezahlung in Devisen, alles muss in Pula beglichen werden.

Die Preise in diesem Buch sind in DM, US-Dollar, Rand oder in den Währungen Zimbabwe-Dollar bzw. Pula angegeben, je nachdem, wie es uns als sinnvoll erschien.

Reiseschecks

Reiseschecks werden bei Banken gegen Bargeld erworben und dabei vom Käufer unterschrieben. Im Zielland werden sie mit einer zweiten Unterschrift versehen und unter Vorlage des Passes gegen Bargeld eingetauscht. Bei Verlust der Schecks werden sie von der ausstellenden Bank ersetzt, allerdings nur, wenn man akribisch über die bereits eingewechselten Schecks (man erhält dazu eine Liste / Kaufbestätigung) Protokoll geführt hat und dieses vorweisen kann. Dies bedeutet, dass die Liste / Kaufbestätigung separat von den Schecks verwahrt werden sollte, da bei Verlust beider ein Ersatz der gestohlenen Schecks nicht möglich ist. Auch hier gilt für eine Übergangsphase: Dollar- und nicht Euro-Reiseschecks verwenden!

Kreditkarten

Gängiges Zahlungsmittel in Botswana und Zimbabwe ist die Kreditkarte. Auch in kleineren Läden in den Städten und an Tankstellen können damit Rechungen beglichen werden. Die beste Akzeptanz haben Visa, Mastercard (Eurocard) und Diners. Wer vorhat, sehr viel Geld auszugeben, bespricht sich vor Abreise mit seinem Kartenaussteller, ob ein Limit vorgesehen ist und ob man es erhöhen sollte, damit bei Prüfung im Laden oder Hotel nicht ein ablehnender Bescheid aus dem Computer rattert.

Der Verlust ist umgehend den Büros des jeweiligen Kartenausstellers mitzuteilen. Man sollte sich den Eingang der Verlustmeldung mit Datum und Uhrzeit bestätigen lassen, da ab diesem Moment die Verantwortung bei einer etwaigen Weiterverwendung der Karte für den daraus entstehenden finanziellen Verlust beim Kreditkarteninstitut liegt.

Geldautomaten sind in Botswana und Zimbabwe so gut wie unbekannt.

	Diners	Visa Card	Euro-/MasterCard
Barauszahlung	alle 14 Tage $1000, Gebühren 5,5%	Tgl. bis zu 1000 DM in $. Gebühren je nach Abrechnungsmodus 2–3%, mindestens 10 DM zum Briefkurs vom Vortag.	Alle 7 Tage bis zu $1000. Gebühren 4%, Umrechnung zum Briefkurs vom Vortag. Vertragsbank ist die First National Bank.
Verlust melden	✆ 0027-11-3588 400 (in Südafrika) ✆ 05921-861234, (in Deutschland)	✆ 069-7933 1910 (in Deutschland)	✆ 069-7933 1910 (in Deutschland)
Informationen in Deutschland	✆ 05921-861234	✆ 069-793 3220	✆ 069-79330

Geldüberweisung

Eine sehr schnelle Möglichkeit des Geldtransfers aus dem Heimatland bietet die *Reisebank AG* (ehemals *Verkehrskreditbank*, mit Filialen in fast allen deutschen Bahnhöfen und Flughäfen) in Zusammenarbeit mit *Western Union* an. In Deutschland wird das Geld bar bei einer der Filialen eingezahlt. Nach 24 Stunden kann es im südlichen Afrika bei einer *Western Union*-Agentur abgehoben werden. Der Einzahler gibt lediglich das Land und den Namen des Abhebers an. Er erhält eine Transfernummer. Wird die Transfernummer bei der Abhebung angegeben, ist der Zugriff einfacher, dies ist aber nicht unbedingt notwendig. Die Summe muss im Ganzen und innerhalb von sechs Wochen abgehoben werden.

Zur Abhebung ist ein Pass erforderlich. Wenn die Papiere gestohlen wurden, kann mit dem Einzahler auch ein Passwort ausgemacht werden. Falls man dem Abheber dieses Passwort nicht zukommen lassen kann, besteht die Möglichkeit, die Auszahlung des Geldes an eine spezielle Frage zu koppeln, die nur der Abheber beantworten kann.

Die Transferkosten sind gestaffelt: Bei 100 DM muss man mit ca. 20% rechnen, bei 3000 DM mit ca. 5%. Auch Nachrichten kann man mitversenden (bis 10 Wörter 2,80 DM, jedes weitere Wort 0,28 DM).

Weitere Informationen über die
Reisebank AG, Eschborner Landstraße 42-50, 60489 Frankfurt/Main, ✆ 069-9788 0700, 📠 9788 0719.

Wechselkurse (Stand: Herbst 1999)

Botswana

1 DM	=	2,52 Pula	10 Pula	=	3,96 DM
1 sFr	=	3,09 Pula	10 Pula	=	3,23 sFr
1 ÖS	=	0,36 Pula	10 Pula	=	27,75 ÖS
1 €	=	4,93 Pula	10 Pula	=	2,03 €

Zimbabwe

1 DM	=	20,91 Z$	100 Z$	=	4,78 DM
1 sFr	=	25,62 Z$	100 Z$	=	3,90 sFr
1 ÖS	=	2,98 Z$	100 Z$	=	0,36 ÖS
1 €	=	40,89 Z$	100 Z$	=	2,44 €

Reisekosten

Weder Botswana noch Zimbabwe sind Billigreiseländer, obwohl sie gemessen an dem, was geboten wird, unterm Strich doch günstig sind. Naturgemäß sind Mietwagen bei den riesigen Entfernungen und teilweise schlechten Straßen in der Anmietung teuer, denn sie halten nicht so lange. Lodges in den Nationalparks, weitab von jeglicher Infrastuktur, müssen alles einfliegen lassen. Auch sie sind daher nicht billig. Wer aber vorhat zu zelten, kann durchaus günstig über die Runden kommen. Das Essen in den kleinen Garküchen oder den Take-aways ist preiswert, in den Feinschmeckerlokalen der großen Städte hingegen nicht.

Günstigste Reisemöglichkeit – Mietwagen zu viert (kleiner Pkw), jede Nacht auf dem Zeltplatz, Selbstverpflegung und ab und zu essen in Take-aways wird bei 2 Wochen mit Flug pro Person etwa 3000 DM kosten.
Mittleres Budget – Mietwagen zu zweit (Pkw), je zur Hälfte Übernachtung auf dem Zeltplatz (Nationalparks) und in günstigen Lodges kostet pro Person für 2 Wochen mit Flug etwa 4500 DM.
Gehobenes Budget – Geländewagen zu zweit mit Dachzelt, Übernachtung in günstigen Lodges außerhalb der Parks, in Parks in Lodges, Essen auch einmal in besseren Restaurants kostet inkl. Flug für 2 Wochen pro Person etwa 5000–7000 DM.
Hohes Budget – Ausgerüsteter Geländewagen zu zweit, Aufenthalt in Luxuslodges oder eine mehrtägige Safari, Flug kostet für 2 Wochen pro Person ab etwa 8000 DM.

Reiseplanung

Reisetechnisch sind Botswana und Zimbabwe zwei ziemlich gegensätzliche Länder: Mit öffentlichen Verkehrsmitteln lassen sich in Zimbabwe viele reizvolle Ziele erreichen, in Botswana mit seinen immensen Naturschutzgebieten ist diese Art des Reisens dagegen sehr mühsam, ein eigenes oder Mietfahrzeug fast unabdingbar – und damit erhöht sich auch der Aufwand, die Reise vorzubereiten. Wie komplex die Reiseplanung ist, hängt also vom Ziel und der Reiseart ab. Wer mit dem Rucksack in den Städten Zimbabwes unterwegs ist, wird sich bei der Buchung von Lodges oder Hotels nicht so festlegen müssen wie Reisende, die mit dem Mietwagen in abgelegene Landesteile und die Nationalparks Botswanas fahren, wo Unterkünfte rar und häufig ausgebucht sind.

Botswana

Botswana ist für Rucksackreisende mit schmalem Geldbeutel und ohne eigenes Fahrzeug nicht geeignet. Der Zutritt in die Nationalparks ist ohne Fahrzeug verboten, abgesehen davon, dass die Parks nicht an das öffentliche Verkehrsnetz angebunden sind. Die Busverbindungen in den westlichen Landesteilen und auf Pisten sind ausgesprochen rudimentär. Trampen ist relativ unbekannt, deshalb wird man äußerst selten mitgenommen. Touristenfahrzeuge, die interessante Ziele ansteuern und deshalb eine ideale Mitfahrgelegenheit für Tramper bieten könnten, sind meist so vollgeladen und übergewichtig, dass kein Platz für weitere Personen zur Verfügung steht. Die Übernachtungsmöglichkeiten in den Nationalparks sind ausgesprochen teuer, Billigunterkünfte sind – außer in den größeren Städten im Osten – fast nicht verfügbar, die Zeltplätze in den Parks ohne Fahrzeug nicht erreichbar. Unterkünfte in den Parks sind zwingend vorauszubuchen, was heißt, dass man pünktlich ankommen muss. Alle Faktoren zusammengenommen können wir Individualreisenden, die sich keinen Mietwagen leisten möchten, nur raten, eine Gruppenreise nach Botswana zu buchen. Es gibt verschiedene Veranstalter, die preiswerte, einfache Gruppenreisen, teils mit ausgedienten Lkw oder ehemaligen Armee-Trucks, organisieren. Die meisten starten in Südafrika und klappern in mehreren Wochen den gesamten südlichen Kontinent ab. Vielen kann man sich auch unterwegs für eine Etappe anschließen.

Zimbabwe

Zimbabwe hat ein wesentlich besseres Verkehrsnetz, auch wenn man sich für sein Fortkommen nicht aufs Trampen verlassen sollte. Es gibt eine Vielzahl günstiger Übernachtungsmöglichkeiten. Die Parks müssen aber ebenfalls vorausgebucht werden. Veranstalter bieten Bustouren zu den touristischen Sehenswürdigkeiten an, so dass auch Reisende ohne Fahrzeug sie erreichen können.

Abhängig von der Reisezeit (s. auch dort) ist eine intensive Reiseplanung notwendig. Zu Zeiten, in denen das gesamte südliche Afrika in den Schulferien von der Stadt aufs Land flieht, sind die Unterkünfte, Flüge und Mietwagenfirmen voll ausgebucht. Eine rechtzeitige Planung und Reservierung ist also notwendig (in den staatlichen Reservierungsbüros kann man Parkaufenthalte bis zu sechs Monate im Voraus buchen). Generell ist es nicht anzuraten, in besiedeltem Gebiet in der freien Natur ein Zelt aufzuschlagen. Das Sicherheitsrisiko ist zu hoch. Ausnahme: Wenn man eine vertrauenswürdige Person kennen lernt und auf deren umfriedeten Gelände nächtigen kann.

Vor der Reise sollte man sich eine Liste der Orte und Landschaften zusammenstellen, die man besuchen möchte. Unabhängig davon, ob man mit dem eigenen Wagen / Mietwagen oder mit öffentlichen Verkehrsmitteln reist, ist eine Planung für die Gegenden, die nur mit Vorausbuchung betreten werden können (Nationalparks / Reservate / private Farmen), notwendig, wenn man nicht mit einem Veranstalter reist, der die Reise nach einem festen Zeitplan organisiert und die Reservierungen vornimmt.

Reservierung für Nationalparks und Reservate

Zwei der wichtigsten Adressen für die Besuche der Nationalparks in Botswana und Zimbabwe sind die staatlichen Reservierungsbüros. Dort werden die Buchungen für die Camps in den Parks koordiniert. Botswana verbietet inzwischen generell den Zugang zu den Parks, wenn keine Buchung vorgenommen wurde. Das heißt, dass die Ankunftstage genau festgelegt werden müssen – mit Luft zwischen den Anfahrstationen, um bei unvorhergesehenen Zwischenfällen (Fahrzeugschwierigkeiten, Überschwemmungen etc.) nicht den Anspruch auf einen Aufenthalt im Park zu verlieren. Näheres s.S. 67 und 72.

Zimbabwe

Central Booking Office, Causeway, National Botanic Gardens, Crn. Borrowdale Road / Sandringham Drive, P.O. Box CY140, Harare, ✆ 04-70 60 77, ✆ 72 60 89, bzw.

National Parks & Wildlife Management, Booking Office, Khame Road Ecke Herbert Chitepo Street, Eingang von der 10th Street, P.O. Box 2283, Bulawayo, ✆ 09-63646, ✆ 65592.

Botswana

Parks & Reserves, Department of Wildlife & National Parks, P.O. Box 131, Gaborone, 75, ✉ dwnpbots@global.bw, ✆ 58 07 74, ✆ 58 07, bzw. P.O. Box 11, Maun, ✆ 66 12 65, ✆ 66 12 64.

Reiseveranstalter

Folgende Reiseveranstalter haben Pauschalangebote für das südliche Afrika im Programm oder stellen individuelle Touren zusammen:

Berlin

CD Safari Services
Querstraße 8
14163 Berlin
✆ 030-8090 2497, ✆ 8090 2498

Lernidee Reisen
Dudensraße 78
10965 Berlin
✆ 030-786 5956, ✆ 786 5596

Neue Reisewelle
Goltzstraße 14
10781 Berlin
✆ 030-217 3890, ✆ 2173 8999

Safari Reisebüro
Schönhauser Allee 183
10119 Berlin
✆ 030-449 2973, ✆ 449 0469

Bonn

DSAR
Am Hof 26
53113 Bonn
✆ 0228-65 29 29, ✆ 65 89 49

Dresden

Schulz Aktiv Reisen
Görlitzerstraße 21
01099 Dresden
✆ 0351-801 1784, ✆ 802 6614

Düsseldorf

Explorer Fernreisen
Hüttenstraße 17
40215 Düsseldorf
✆ 0211-99 49 03, ✆ 37 06 30

Frankfurt/M.

Airtours International
Adalbertstraße 44
60486 Frankfurt/Main
✆ 069-79280, ✆ 792 8605
Rundreisen (organisiert oder individuell) auf hohem Level.

DER
Emil-von-Behring-Straße 6
60439 Frankfurt/Main
✆ 069-95 88 00, ✆ 9588 1010
Erfahrener Veranstalter für individuelle Programme (mit oder ohne Führung bzw. Gruppe).

Hamburg

Abenteuer & Exotik
Osterstraße 80
20250 Hamburg
✆ 040-40 44 55, ✆ 40 08 63

Koch Übersee Reisen
Glockengießerwall 12
20095 Hamburg
✆ 040-30 05 50, ✆ 3005 5200

Trekking Tours Hoffmann
Nagelshof 24
22559 Hamburg
✆ 040-81 18 63, ✆ 81 24 70
Wander- und Trekkingreisen in kleinen Gruppen

Hannover

Uhambo E Africa
Siegesstraße 1
30175 Hannover
✆ 0511-28 49 40, ✆ 284 9444

Kempten

Äquator Tours
Bahnhofstr. 13-15
87435 Kempten
✆ 0831-521 5933, ✆ 521 5954
Campingsafaris, Mietwagenrundreisen, Kanu- und Wandersafaris.

München **ADAC Reisen**
Am Westpark
81361 München
✆ 089-76760, ☏ 7676 2500
Interessante Baukastenprogramme mit Mietwagen und geführte Touren.

Afrika Tours Individuell
Sonnenstraße 32
80331 München
✆ 089-552 1560, ☏ 5521 5649

Hauser Exkursionen
Marienstraße 17
80331 München
✆ 089-2350 0630, ☏ 291 3714
Trekkingreisen mit kleinen Gruppen.

Out of Africa
Gotthardstraße 81
80689 München
✆ 089-546 0119, ☏ 546 0119

Pro-Afrika
Dachauerstraße 21a
80335 München
✆ 089-55 47 59, ☏ 550 3531

Reiseservice Afrika
Bausenweinallee 4
81247 München
✆ 089-811 9015, ☏ 811 2753

Neresheim **Zimbabwe African Tours**
Dossinger Weg 43
73448 Neresheim
✆ 07326-7475, ☏ 7500

Nürnberg **Into Africa**
Pirckheimerstraße 107
90409 Nürnberg
✆ 0911-55 33 15, ☏ 55 33 14

Ivory Tours
Johannisstraße 118
90419 Nürnberg
✆ 0911-393 8520, ☏ 393 8521

Stuttgart **Pinder Reisen**
Mörikestraße 24
70178 Stuttgart
✆ 0711-60 04 37, ☏ 649 3012

Reiseveranstalter in Zimbabwe und Botswana finden sich in den jeweiligen Ortskapiteln, in Botswana vor allem unter Maun und Kasane, in Zimbabwe insbesondere unter Harare, Bulawayo, Vic' Falls und Kariba. Im Angebot sind Foto-, Reit- und Bootsafaris, außerdem Angeltrips, Jagdsafaris und Wanderungen. Es gibt auch einige Veranstalter, die sich auf verschiedene Aktivitäten spezialisiert haben, s.S. 59, Aktivitäten.

Wer eine Überlandtour plant, dem können folgende Veranstalter weiterhelfen:

Guerba Tours – Safari & Adventures
Äquator Tours
Bahnhofstraße 13
87435 Kempten
✆ 0831-5215936, ☏ 5215954

Phoenix Expeditions
College Farm, Far Street
Wymeswold, Leicestershire LE12 6TZ
England
✆ 01509-881818, ☏ 881822

African Routes
164 Northway
Durban North 4051
Rep. South Africa
✆ 031-83 33 48, ☏ 83 72 34
Preiswerte Rundreisen durchs südliche Afrika.

Encounter Overland
267, Old Brompton Road
London SW 12 OLT
Great Britain
✆ 0181-673 0859, ☏ 675 7996
Overland-Touren durch ganz Afrika.

Co-ordinating Zimbabwe
P.O. Box 9056, Hillside
Bulawayo
Zimbabwe
✆ 09-41743, ☏ 09-41743
✉ toprange@acaia.samara.co.zw
Die Agentur bucht fast alle Unterkünfte, hat aber auch die exklusivsten Lodges und Camps als Direktvertreter im Programm, und stellt individuelle Touren zusammen.

Begegnungen mit wilden Tieren können gefährlich sein

Frauen unterwegs

Allein reisende Frauen können sich im südlichen Afrika sicher fühlen, solange sie bestimmte Vorsichtsmaßnahmen beachten: Als einzige (weiße) Frau in einer Disco, nachts alleine am Straßenrand oder auch in der (ausgestorbenen) City einer Großstadt – dies sind Situationen, die Unannehmlichkeiten und Gewalt heraufbeschwören können. Dem gegenüber steht die große Hilfsbereitschaft der einheimischen Geschlechtsgenossinnen, wenn diese die Notlage erkennen. Angenehmer reist es sich sicher zu zweit, eine Reisepartnerin kann eine psychische Stütze sein, aber auch rein physisch fühlen sich zwei Frauen meist stärker als eine allein.

Frauen haben auf Reisen den Vorteil, in die den Männern meist verschlossene Welt ihrer Geschlechtsgenossinnen eintauchen zu können – unterwegs wird eine Frau häufiger in die Familie eingeladen als ein Mann. Der Nachteil ist, dass alleinreisende Frauen jeder Kontaktaufnahme mit Vorsicht und einer gesunden Portion Misstrauen begegnen sollten. Und an Versuchen einer Kontaktaufnahme mangelt es nicht, denn Frauen ohne (männlichen) Partner wecken natürlich Neugier und Verlangen. Mit bestimmtem Auftreten und Distanz lassen sich die meisten „Anmachen" problemlos meistern – sollte die Situation eskalieren, braucht sich keine Frau zu scheuen, laut zu werden und die Aufmerksamkeit anderer auf ihre Notlage zu lenken.

Wir können nur davor warnen, Begegnungen, Verhältnisse und Beziehungen mit eurozentristisch-feministischen Maßstäben zu messen. Weder die Situation der Frauen in den Ländern des südlichen Afrika noch deren Verhältnis zur Männerwelt (und das Verhalten der Männer gegenüber den Touristinnen) passt in „unser" Konzept von geschlechtlicher Gleichberechtigung. Ganz gleich, ob es um (scheinbare) Unterdrückung, um Polygamie oder um sonstige Ungerechtigkeiten geht – zuhören und beobachten bringt mehr, als das Gesehene oberflächlich und vorurteilsvoll in Schubladen einzuordnen, die nicht dem Kulturkreis des Gastlandes entsprechen.

Mit Kindern unterwegs

Das südliche Afrika ist Disneys *König der Löwen* live – welches Kind wäre da nicht hellauf begeistert? Die Reise mit Kindern wirft weder in Botswana noch in Zimbabwe Probleme auf, vorausgesetzt, die Familie ist mit eigenem Fahrzeug unterwegs. Trampen oder Reisen mit öffentlichen Verkehrsmitteln können dagegen sehr stressig werden (endlose Wartezeiten, überfüllte Busse und Eisenbahnen). Auch die Verpflegung an den Bahnhöfen ist nicht immer kindergerecht. Mit dem eigenen Wagen kann man Pausen einlegen, wenn den Kindern die endlose Fahrerei auf den Geist geht, man kann abseits der Straße einen Picknickplatz suchen, und gegen die Langeweile hat man immer eine Sammlung an Spielen, Malstiften etc. griffbereit.

Bis auf wenige Ausnahmen nehmen die meisten Hotels und Lodges Kinder auf. Auch zu den Nationalparks haben die Kleinen Zutritt. In den offenen Camps der Naturschutzgebiete sollten Eltern ein scharfes Auge auf die Kinder haben und dafür Sorge tragen, dass sie sich nicht vom Lagerplatz entfernen. Raubtiere sind immer präsent, auch wenn man sie nicht sieht, und Tiere, die keinen Erwachsenen angreifen würden, sehen das bei Kindern ganz anders, denn diese sind kleiner und passen in das Schema der leichten Beute. Kinder sollten vor Besuchen in den *wild areas* entsprechend über Schlangen, Skorpione, Raubkatzen, Elefanten usw. sowie über deren natürliches Verhalten, Fluchtdistanzen und Zeichen der Aggression aufgeklärt werden – allerdings ohne Panik zu erzeugen. Jedes Kind versteht, dass es zu Besuch ist, sich den Konventionen der Tierwelt anpassen muss und dass ihm nichts passiert, wenn es sich entsprechend den Verhaltensmustern des Wildes verhält (Näheres s.S. 92, Wilde Tiere). Tiere sind berechenbar; fast jeder Unfall von Tier und Tourist ist auf menschliches Fehlverhalten zurückzuführen.

Damit ein Kind dies alles verstehen und sich entsprechend verhalten kann, muss es natürlich den Windeln entwachsen sein. Je nach Reife können bereits Vierjährige die wichtigsten Regeln verinnerlichen, angenehmer wird die Reise für die Familie aber sicherlich, je älter die Sprösslinge sind.

Kleinkinder können außerdem mit ihrem Wach- und Schlafrhythmus den Ablauf der Aktivitäten durcheinanderbringen, da ihre Bedürfnisse nicht immer mit den Terminen von Wildbeobachtungsfahrten, Wanderungen etc. zu vereinbaren sind. Ein Elternteil wird dann vermutlich auf Exkursionen verzichten müssen.

In Hotels und Lodges werden in der Regel (gegen Aufpreis) Dritt- oder Viertbetten für Kinder aufgestellt. In den Nationalparks gibt es Hütten, die von Haus aus mit mehreren Betten ausgerüstet sind. Empfindliche Esser könnten in Lodges und auf Farmen Probleme bereiten, denn es wird kein à-la-carte-Menü gekocht, sondern die Speisefolge ist festgesetzt. Wenn die Eltern das Personal rechtzeitig auf besondere Essenswünsche aufmerksam machen, wird man sich jedoch überall bemühen, eine kindergerechte Mahlzeit zusammenzustellen.

Ansonsten gilt für Kinder das, was auch für Erwachsene im Kapitel Gesundheit beschrieben ist.

Praktische Tipps

Übernachtung

Die Bandbreite an Unterkünften reicht vom Zeltplatz in der Wildnis oder in den Städten für US$10 bis zur absoluten Luxuslodge im Okavangodelta für US$1000 und mehr pro Nacht und Person. Unterschieden werden die staatlichen und privaten Unterkunftsmöglichkeiten in den Nationalparks (Zeltplätze mit mehr oder weniger guter Infrastruktur), auch Hütten und Chalets (bessere Hütten mit Küche und Waschräumen) und private Lodges sowie private Unterkünfte, die wieder in Camps, Lodges und Hotels unterteilt sind.

Eine südafrikanische Besonderheit sind die Zeltsafaris. Entweder werden nur das Transportmittel und die Reiseleitung gestellt oder komplett alles, inklusive Zelt, Schlafsack und Essen. Teamgeist und Mitarbeit beim Aufstellen des Lagers, bei der Zubereitung der Mahlzeiten usw. sind Vorbedingung. Allerdings gibt es auch hochexklusive Zeltsafaris, z.B. auf Elefantenrücken, wo dem Reisenden nichts zu tun bleibt als auf- und abzusteigen. Diese Art der Safari schlägt aber mit fast US$1500 pro Tag und Person zu Buche.

In den Nationalparks

Der Aufenthalt in den Nationalparks muss insbesondere in Botswana vorausgebucht werden. Die Zugangsmöglichkeiten zu den Nationalparks sind unterschiedlich geregelt, doch überall können Reisende auch übernachten. In den Camps können mehrere Gruppen in verschiedenen Behausungen (Hütten oder nur Lagerplätze) nahe beieinander (aber nicht so nahe, dass der Nachbar stören würde) unterkommen. Die Lagerplätze können aber auch sehr weit auseinanderliegen, so dass der nächste Nachbar 50 km weiter sein Zelt aufschlägt. Staatliche Unterkünfte sind relativ günstig und nur für Selbstversorger geeignet (mit Parkeintritt um US$25 p.P. und Tag), Kochgelegenheiten und Lebensmittel sind mitzubringen. Private Lodges in den Parks besitzen besondere Lizenzen. Sie sind in der Regel sehr teuer, wobei aber alle Mahlzeiten und Getränke im Preis inbegriffen sind (Einschränkungen bei alkoholischen Getränken). Die Preisspanne bewegt sich je nach Saison und Luxuriösität zwischen US$150 und US$750.

Genauere Angaben zu den einzelnen Unterkünften stehen in den jeweiligen Ortskapiteln.

Buchungen für die staatlichen Einrichtungen in den Nationalparks und für den Zutritt s.S.67f und 72f.

Safari Areas

Safari Areas sind eine Besonderheit Zimbabwes. Sie bezeichnen Regionen, die nicht den Status eines Nationalparks genießen, aber unter der Ägide des Staates stehen und besonderen Reglementierungen unterliegen. Der Staat kann für diese Gebiete Konzessionen an private Unternehmen vergeben und die Jagd erlauben oder nur die Wildbeobachtung. Der Zugang zu einigen Safari Areas wird über die staatliche Reservierungsstelle genehmigt, bei anderen über den Konzessionshalter, wieder andere sind frei zugänglich. Im Detail wird dies bei den Ortsbeschreibungen und im Kapitel Die wichtigsten Nationalparks und Reservate beschrieben.

Außerhalb der Nationalparks

Alle Hotelkategorien sind vertreten. In touristischen Städten kann man davon ausgehen, dass die Hotels der Mittelklasse etwas günstiger sind als vergleichbare in Städten, die fast nur Geschäftsverkehr abwickeln. Luxushotels haben überall etwa die gleiche Preisklasse (ca. US$200–500). Hotels werden in die international bekannten 1–5-Sterne-Kategorien unterteilt. Lodges haben keine vergleichbare Einteilung, ihre Kategorie definiert sich über den Preis. Es beginnt bei ca. US$50 und endet im Nirgendwo. Bei der Entscheidung für eine Lodge ist zu bedenken, was alles im Preis enthalten ist: Essen, Getränke, Wildbeobachtung, Autofahrten, Bootsfahrten, Anreiseflüge mit kleinen Maschinen usw.). Wer nicht unbedingt Wert auf Mahagoni-Möbel im 50 m^2-Zelt für sich allein legt, kann durchaus zwei Drittel der Kosten einsparen.

Lodges

Die Bezeichnung Lodge kann sehr in die Irre führen. Eigentlich sind Lodges Unterkünfte in der freien Natur, die nur wenige Gäste aufnehmen können. Es gibt Lodges für maximal 10 Personen im Busch. Der Begriff hat sich aber in der Zwischenzeit so eingebürgert, dass sich auch einige Hotels in den Städten Lodges nennen (das einzige Erkennungsmerkmal ist dann, dass sie relativ flach gebaut sind – ein bis zwei Stockwerke). Die ursprüngliche Lodge bestand aus reetgedeckten, alleinstehenden Häuschen und einer Lapa, einem großen und offenen Aufenthaltsraum, wo auch die Mahlzeiten eingenommen wurden. Diese Form gibt es heute noch im Busch in unterschiedlich luxuriöser Ausführung. Viele Lodges haben aber inzwischen immer weiter angebaut und beherbergen weit über hundert Gäste. Die Exklusivität definiert sich dann darüber, wie geschickt die einzelnen Hütten in die Landschaft eingefügt sind und wie weit sich der Gast mit der Natur alleine fühlen kann. In Zimbabwe gibt es Lodges in den Nationalparks, die von den staatlichen Stellen verwaltet werden. Sie bezeichnen keinen Unterkunftsbetrieb, sondern nur ein luxuriös eingerichtetes Gebäude, das angemietet werden kann und in dem man sich selbst versorgen muss. In der Regel sind sie voll eingerichtet mit Bettwäsche und Geschirr. Wegen ihrer jeweils einmaligen Lage an besonders schönen und abgeschiedenen Stellen sind sie häufig Monate im Voraus ausgebucht.

Hotels

Zimbabwe teilt seine Hotels in die 1-5-Sterne-Kategorien ein. Botswana hat keine offizielle Klassifizierung, besitzt aber zwei Luxushotels in Gaborone *(Gaborone Sun* und *Sheraton)* und je ein sehr gutes in Francistown *(Marang Motel)*, in Kasane *(Cresta Mowana Safari Lodge)* und in Maun *(Riley's)*. Die Hotels entsprechen in jeder Hinsicht internationalem Standard.

Die Preise der reinen Geschäftshotels sind leicht höher als die der Touristenhotels vergleichbarer Kategorie (von Victoria Falls einmal abgesehen). Billigunterkünfte gibt es nur in den Großstädten Zimbabwes, in touristischen Regionen Botswanas haben Backpacker die Möglichkeit, preiswert in einfachen Camps unterzukommen.

Camps

Die Bandbreite reicht vom Lagerplatz mit ebener Fläche als einziger Infrastruktur über den einfach, aber sinnvoll ausgestatteten Platz mit Latrine und Feuerstelle bis zum Luxuscamp mit Wasseranschluss, bereitgestelltem Feuerholz, WC und Duschen *(ablution blocks)*. In den Nationalparks und auf vielen privaten Camps ist die Begegnung mit Wild eine kostenlose Zugabe.

Einige Camps bieten auch einfache Hütten, die lediglich die Zeltleinwand ersetzen (aber nicht das Moskitonetz), und besser ausgestattete Bungalows mit Nasszelle.

Safaris

Safaris sind immer mehrtägig. Sie können von einem fest installierten Camp zum nächsten führen, oder die Ausrüstung wird mittransportiert und das Zelt jeden Abend aufgeschlagen. Man kann sich mit dem eigenen Wagen anschließen oder auch mitfahren, sei es im kleinen Geländewagen oder zum Dutzend im Overlander. Auch Safaris auf Pferde- oder Elefantenrücken sind im Angebot. Der Komfort, die Qualität des Essens und des Unterhaltungsprogrammes hängen vom jeweiligen Veranstalter ab – und vom Preis.

Essen und Trinken

Jede kleinere Stadt besitzt einen Supermarkt, der ein breites Sortiment an Lebensmitteln und Getränken verkauft. Auch in Dörfern in den abgelegensten Gebieten gibt es zumindest einen kleinen Laden mit Grundnahrungsmitteln. Fertiggerichte gibt's bei Straßenküchen und Take-aways. Dies ist neben der Selbstversorgung die billigste Art der Verköstigung. Die Take-aways sind im allgemeinen recht gut, die Speisen schmackhaft und sättigend.

Sowohl in Botswana als auch in Zimbabwe bildet Porridge mit Gemüsebeilagen die Grundnahrung der schwarzen Bevölkerung. Die Wohlhabenderen und die Weißen ziehen Gerichte vor, die zum großen Teil auf Fleisch oder Fisch basieren. Fisch wird in vielen Seen Zimbabwes und im Okavango-Delta gefangen. Die Fleischportionen sind fast durchweg riesig und für mitteleuropäische Mägen nur mühsam zu verkraften.

An Getränken sind die bekannten Softdrinks im Angebot, von den jeweiligen Ländern gebraute Biere, die vorzüglichen aus Südafrika importierten und die dagegen wesentlich abfallenden zimbabwischen Weine. Daneben gibt es noch einige schwarzgebraute und -gebrannte Alkoholika, die man probieren kann, wenn man nicht zu Kopfschmerzen neigt. Geistige Getränke werden in speziellen Läden, den *bottle stores,* verkauft. Diese Läden sind hochgesichert, mit Gittern versehen und häufig mit einem Wachmann besetzt (was seinen Grund haben wird).

Botswana

Die botswanische Küche ist zweigeteilt – in Speisen für die Landbevölkerung und für die Städter und Touristen. Die einheimische Küche mag ihren Reiz haben, wenn man an Hirsebrei oder Millipap (Maisbrei) Gefallen findet, die meisten Touristen werden aber die internationale Küche in den Hotels und Camps vorziehen, wobei sich „international" nur auf die Beilagen bezieht. Das Fleisch, Wild oder Rind, ist köstlich und mit den wasserhaltigen Brocken europäischer Metzgereien nicht vergleichbar.

Wer sich tiefer in die Landesküche einweihen lassen möchte, sollte die Veldkost der San probieren, dies ist nicht nur ein kulinarisches Ereignis, sondern auch ein Naturerlebnis, bei dem man Speisen erschmeckt, von denen man nie geahnt hätte, dass es sie gibt.

Fastfood

Überall wo es Verkehr gibt, finden sich kleine Fastfood-Läden, häufig an Knotenpunkten den Tankstellen angegliedert, aber auch in den Ortskernen. Meist sind die hygienischen Verhältnisse gut. Das Sortiment reicht von Frikadellen über **Biltong** (getrocknetes Rind- oder Wildfleisch am Stück oder geraspelt und unterschiedlich gewürzt) und Hühnchenteile bis zum Omelett. Die Preise sind günstig.

Selbstversorgung

In den größeren Städten verkaufen die Supermärkte alles, was man auch in Europa in den Auslagen zu finden gewöhnt ist (zu etwas niedrigeren Preisen). Auf dem Land hat jedes Örtchen einen kleinen Laden, dessen Regale aber nur das Nötigste bieten: Konserven. Selten ist dort Frisches erhältlich, da die Bauern es für sich selbst ziehen.

Alkoholische Getränke sind nur in *bottle stores* (geöffnet Mo–Sa 10–19 Uhr, So geschlossen) bzw. auf dem Land in Bars auch außer Haus (manchmal bis in die frühen Morgenstunden) erhältlich.

In Botswana ist es Tradition zu grillen. Jeder Tourist aus dem südafrikanischen Raum ist mit Rost, Feuerholz und ausreichend Fleisch ausgestattet (Bier nicht zu vergessen). Schweinefleisch, Rind und Wild und die berühmte *boerwors* – eine lange, schneckenförmige Bratwurst, nach Familienrezepten hergestellt oder im Supermarkt gekauft – werden mit viel Alkohol heruntergespült. Eine solche Grillrunde, **Braai** genannt, ist ein gesellschaftliches Ereignis, ohne das ein Landausflug oder der Feierabend zu Hause nicht vorstellbar ist. Alternativ wird das Fleisch nicht gebraten, sondern in einem großen, gusseisernen Topf mit drei Beinen mit Gemüse über dem offenen Feuer gedämpft. Bis das Essen gar ist, unterhält man sich in der Runde um das Lagerfeuer und erzählt sich die neuesten Geschichten aus dem Busch.

Hotelküche

Die Hotels in den größeren Städten haben Restaurants mit internationaler Küche à la carte. Das Fleisch ist durchweg hervorragend, auch der Fisch ist nicht zu verachten. Das Preisniveau ist mit dem europäischer Hotelketten vergleichbar. Viele Hotels bieten auch mindestens einmal pro Woche Themenbuffets mit folkloristischer Unterhaltung an.

In den Lodges im Busch wird abends ein festes Menü gereicht, das bis zu fünf Gänge haben kann. Tagsüber wird man ebenfalls ausreichend und vorzüglich versorgt: Morgenkaffee, Frühstück, Mittagessen, Fünf-Uhr-Tee.

Die Getränke reichen von internationalen Spirituosen und Softdrinks über südafrikanische Weine bis zum lokalen (sehr guten) Bier.

Landesküche

Die Traditionsspeise der ländlichen Bevölkerung und der ärmeren Schichten in den Städten ist Mabele – Sorghum, eine Hirseart, die an die wasserarmen Landschaften gut angepasst ist. Es wird mit Wasser zu **Bogobe** verarbeitet, dem Hirsebrei, der als Hauptspeise gegessen wird, sich aber auch als Beilage auf dem Teller findet. In manchen Hotels wird er zum Frühstück gereicht (man kann ihn dann mit Milch verfeinern). Heutzutage wird Sorghum zunehmend durch Mais ersetzt, der in Südafrika billiger produziert werden kann und den Markt überschwemmt – der Maisbrei heißt auf Afrikaans Millipap.

Man wird selten in den Genuss kommen, auf dem Land zu einem Familienessen eingeladen zu werden. Wenn doch, gilt es, sich auf einige Traditionen der Tswana-Völker einzustellen. Ursprünglich haben die Männer auf den Viehposten nur von Rindfleisch und Milch (frisch oder als Sauermilch) gelebt, während die Frauen in den Dörfern sich von Feldfrüchten ernährten. Auch besitzt jedes Tswana-Volk ein oder mehrere **Totemtiere**, deren Gattung zu verspeisen streng untersagt ist. Ein für alle Tswana gültiges Totem ist das Krokodil. Auch Fisch wird nicht auf den Tisch gebracht. Die Okavango-Völker leben hingegen notwendigerweise auch von Fisch, den sie im Delta fangen.

Traditionelle alkoholische Getränke gibt es aus Sorghum, Zucker und Palmmilch gebraut und aus Kuhmilch fermentiert in verschiedenen Stärkegraden und mit Kopfschmerzkoeffizienten. Sie werden bis auf Bier aus Sorghum – Handelsname **Chibuku** – bislang nicht offiziell verkauft, da sie zu Hause halb illegal hergestellt und im privaten Kreis getrunken werden.

Veldkost

Die traditionell als Jäger und Sammler lebenden San essen von den ihnen bekannten Pflanzen 79, davon allerdings regelmäßig nur 13 Arten. Die Pflanzen dienen nicht allein der Versorgung mit Kalorien, sondern in vielen Fällen auch der Wasserversorgung. Zu diesen stark wasserhaltigen Gewächsen gehört die **Tsama-Melone** (Mokate, bis zu 90% aus Wasser bestehend) und die unterirdische Knolle der **Morama** (die oberirdischen Bohnen sind ebenfalls genießbar). Auch die **Mokapane** gehört zu dieser Gattung, wobei sie das Jahr über komplementär zur Tsama-Frucht wächst, so dass zu jeder Zeit Wasser zur Verfügung steht. Bis zu 3 Liter benötigt ein San an heißen Tagen. Für unsere Augen sind die Früchte nicht immer zu erkennen, ein San findet jedoch auch die kleinste Wurzel, die ihm das so notwendige Nass spendet.

Nicht jedermanns Geschmack sind **Mopane-Würmer**, die geröstet als Delikatesse gelten und auch von vielen weißen Botswanern gerne genossen werden. Zur „Erntezeit“ werden sie am Straßenrand verkauft und (selten) in den Hotels gereicht. Sie schmecken ein wenig wie gut gewürzte Pommes frites. Als Veldkost gilt alles, was der Busch hergibt: Nüsse, Beeren, Reptilien, Ameiseneier und Wild.

Zimbabwe

Die zimbabwische Küche ist wie die botswanische in die einfachen Speisen der Landbevölkerung und die für die vermögenden Weißen geteilt. Grundlage der einheimischen Küche ist Sadza, das reine Kohlenhydrat, das einer europäischen Zunge kaum mundet.

Fastfood

In den Städten und an Verkehrsknoten auf dem Land – hauptsächlich an Tankstellen, gibt es Fastfood-Stände. Die Bandbreite reicht vom Hamburger im No-Name-Laden bis zu Nando's Kitchen und Kentucky Fried Chicken, von asiatischen Snacks bis zu belegten Brötchen.

Selbstversorgung

Die im ganzen Land zu findenden Supermärkte haben ein breites, aus Europa und Südafrika importiertes Angebot. Alkoholische Getränke werden auf dem Land in *bottle stores* und in der Stadt in den Supermärkten verkauft.

Hotelküche

Die größeren Hotels haben Restaurants mit internationaler Küche à la carte. Das Fleisch ist durchweg hervorragend, der Fisch aus den vielen künstlichen Stauseen ist vorzüglich – hauptsächlich werden Karpfen und Forellen serviert. Das Preisniveau ist mit dem europäischer Hotelketten vergleichbar. Viele Hotels bieten auch mindestens einmal pro Woche Themenbuffets mit folkloristischer Unterhaltung an.

In den Lodges im Busch wird abends ein festes Menü gereicht, das bis zu fünf Gänge haben kann. Tagsüber wird man ebenfalls ausreichend und vorzüglich versorgt: Morgenkaffee, Frühstück, Mittagessen, Fünf-Uhr-Tee.

Die Getränke reichen von internationalen Spirituosen und Softdrinks über südafrikanische Weine bis zum einheimischen Wein.

Landesküche

Die Traditionsspeise der ländlichen Bevölkerung und der ärmeren Schichten in den Städten ist das aus Maismehl gekochte **Sadza**, das mit stundenlang gekochtem Gemüse und etwas Fleisch, das hauptsächlich aus Fett besteht aufgewertet wird – eine unglaublich einseitige und wenig nährstoffhaltige Kost.

Getränke

Das traditionelle alkoholische Getränk ist das Bier aus Sorghum – **Chibuku** – das in Zimbabwe inzwischen industriell hergestellt und in Bars und Supermärkten in Zweiliterflaschen verkauft wird. Die Weine aus dem Nordosten des Landes haben einen ausgezeichneten Ruf. Sie tragen den Handelsnamen Mukuyu und sind in allen Läden erhältlich. Rot, weiß und rosé sind im Angebot, es werden verschiedene Rebsorten gekeltert.

Rhodesische Küche

Die rhodesische Küche ist eine Abwandlung der englischen unter Verwendung der Feldfrüchte des Landes und qualitativ besserer Grundzutaten. Kraut mit Speck, zum Frühstück Würstchen, die diesen Namen auch verdienen, viel gebratenes Fleisch und Gemüse. Auch asiatische Einflüsse haben ihren Weg in den Kochtopf gefunden.

Nachtleben

Diskotheken und Bars gibt es in den meisten größeren Städten. Besonders Zimbabwe hat eine sehr bunte Kneipen- und Musikszene, die ein ganz anderes Bild vom Land vermittelt als die Bars in den internationalen Hotels. Wer nachts durch die Clubs tingelt, setzt sich allerdings einer recht hohen Überfallgefahr aus. Deshalb ist es sinnvoll, sich von einem Taxi hinbringen und abholen zu lassen. Empfehlenswerte Diskotheken und Bars haben wir in den jeweiligen Städten aufgelistet. Generell sollte man die Lokalitäten möglichst verlassen, bevor sich der Alkoholkonsum in Schlägereien Luft macht, was leider sehr häufig der Fall ist. Botswana ist in punkto Abendunterhaltung ein wesentlich ruhigeres Pflaster. Die Szene konzentriert sich auf Gabarone und Maun.

Das Abendprogramm in den Lodges läuft überall nach dem gleichen Muster ab: Es beginnt mit dem „Sundowner“ – die Gäste genießen bei Sonnenuntergang einen Drink. Danach wird zum Abendessen getrommelt. Sundowner, Abendessen und evtl. ein Gute-Nacht-Drink werden von allen Gästen gemeinsam eingenommen. Das Verwalter- bzw. Eigentümerehepaar nimmt ebenfalls daran teil und vermittelt so eine sehr persönliche Atmosphäre. Spätestens um 23 Uhr werden die Lichter gelöscht – schließlich muss man am nächsten Morgen um 6 Uhr aus den Federn, wenn man Wild beobachten will.

Verkehrsmittel

Das wichtigste touristische Verkehrsmittel ist der Mietwagen. Gerade in Botswana ist er unerlässlich, um die Nationalparks oder andere Sehenswürdigkeiten zu erreichen. Erst an zweiter Stelle stehen Busse und Eisenbahnen. Das Eisenbahnnetz Zimbabwes ist relativ gut ausgebaut, in Botswana gibt es nur eine Linie von Francistown nach Gaborone und jeweils weiter in die Nachbarländer. Das Fernbusnetz auf den Asphaltstraßen Botswanas in nord-südlicher Richtung und allgemein in Zimbabwe ist recht gut. Minibusse sind das Verkehrsmittel der schwarzen Arbeiter, die von ihrer Arbeitsstelle nach Hause und zurück fahren. Für Wagemutige, die kaum einen Gedanken an (Verkehrs-) Sicherheit verschwenden, ist die Reise mit diesen Kleinbussen sicherlich eine kostengünstige Alternative. Taxis gibt es in den Städten Zimbabwes zuhauf, und sie sind relativ billig. Botswana besitzt praktisch keine Taxis, selbst in Gaborone wird man sie selten finden, wenn man sie braucht. Die Inlandreise mit dem Flugzeug ist wegen der großen Entfernungen eine durchaus übliche Fortbewegungsart. Auch Flugzeugcharter von kleinen Maschinen wird angeboten.

Mietwagen

Zimbabwe hat ein gut ausgebautes, geteertes Straßennetz, das die meisten Orte des Landes miteinander verbindet. Botswanas Straßen sind nur auf einigen Fernstrecken asphaltiert, der Rest des Landes ist über Pisten erreichbar. Je nachdem, welche Gebiete man bereisen will, benötigt man einen Pkw oder ein ausgerüstetes, geländefähiges Fahrzeug. Die Preisunterschiede bei diesen beiden Wagenkategorien sind gewaltig. Wer nicht direkt nach Gaborone oder Harare fliegt, ist besser beraten, sein Fahrzeug in Namibia oder Südafrika anzumieten, da sie dort etwas billiger sind. Mietwagen aus Namibia müssen für die Nachbarländer vom Vermieter freigeschrieben werden, zusätzliche Kosten entstehen bei Reisen nach Botswana meist nicht, nach Zimbabwe unter Umständen schon. Die Freischreibung gilt auch für Mietwagen aus Südafrika, nur dass dort relativ sicher mit höheren Mietpreisen für die Freischreibung zu rechnen ist, da das Mietniveau um einiges unter dem Botswanas / Zimbabwes liegt.

Bei der Buchung ist mehreres zu beachten: Was ist alles im Preis enthalten, welche Versicherungen, wieviel Freikilometer pro Tag, wie schnell können bei Schäden Ersatzfahrzeuge bereitgestellt werden, wie alt ist das Fahrzeug und in welchem Zustand? Eine Anmietung vor Ort ist nicht unbedingt günstiger, bei Schwierigkeiten und rechtlichen Auseinandersetzungen gilt der Gerichtsstand des Anmietungsortes. Wer auf Nummer sicher gehen will, mietet den Wagen dehalb besser über einen europäischen Veranstalter oder internationale Mietwagenfirmen in Europa an, die dem europäischen Reiserecht unterliegen.

Neben den internationalen Firmen wie ***Avis***, ***Hertz*** und ***Europcar*** bieten auch ***ADAC***, Am Westpark 8, D-81373 München, ✆ 089-7676 4130, 📠 743 9153, und die ***Bernd Woick GmbH***, Plieningerstraße 21, D-70794 Filderstadt, ✆ 0711-709 6700, 📠 709 6770, Mietfahrzeuge an.

Der Selbstbehalt ist relativ hoch, kann aber durch zusätzliche Versicherungen auf ein Minimum reduziert werden. Inklusive der möglichen Versicherungen und mit unbegrenzten Freikilometern kostet ein kleiner Pkw (z.B. Toyota Corolla) abhängig von der Saison und der Mietzeit 125–175 DM, ein Geländewagen (Toyota Hilux) 200–300 DM pro Tag, ein Landrover 350–400 DM. Die Versicherungen reduzieren den Selbstbehalt bei Schäden auf Pisten und bei Diebstahl (sofern der Autoschlüssel zurückgegeben wird) auf etwa 5–10% des Wagenwertes.

Bei der Übernahme sollte das Fahrzeug genau geprüft werden. Wie ist der Zustand der Reifen, des Bordwerkzeugs, der Ersatzreifen? Es ist sinnvoll, sich über den empfohlenen Reifendruck auf Asphalt und auf Piste zu informieren und die Wagendokumente zu checken (ist die Notfallnummer des Vermieters angegeben?). Wer Piste fahren will, sollte sich dafür einweisen lassen; die meisten Unfälle passieren auf

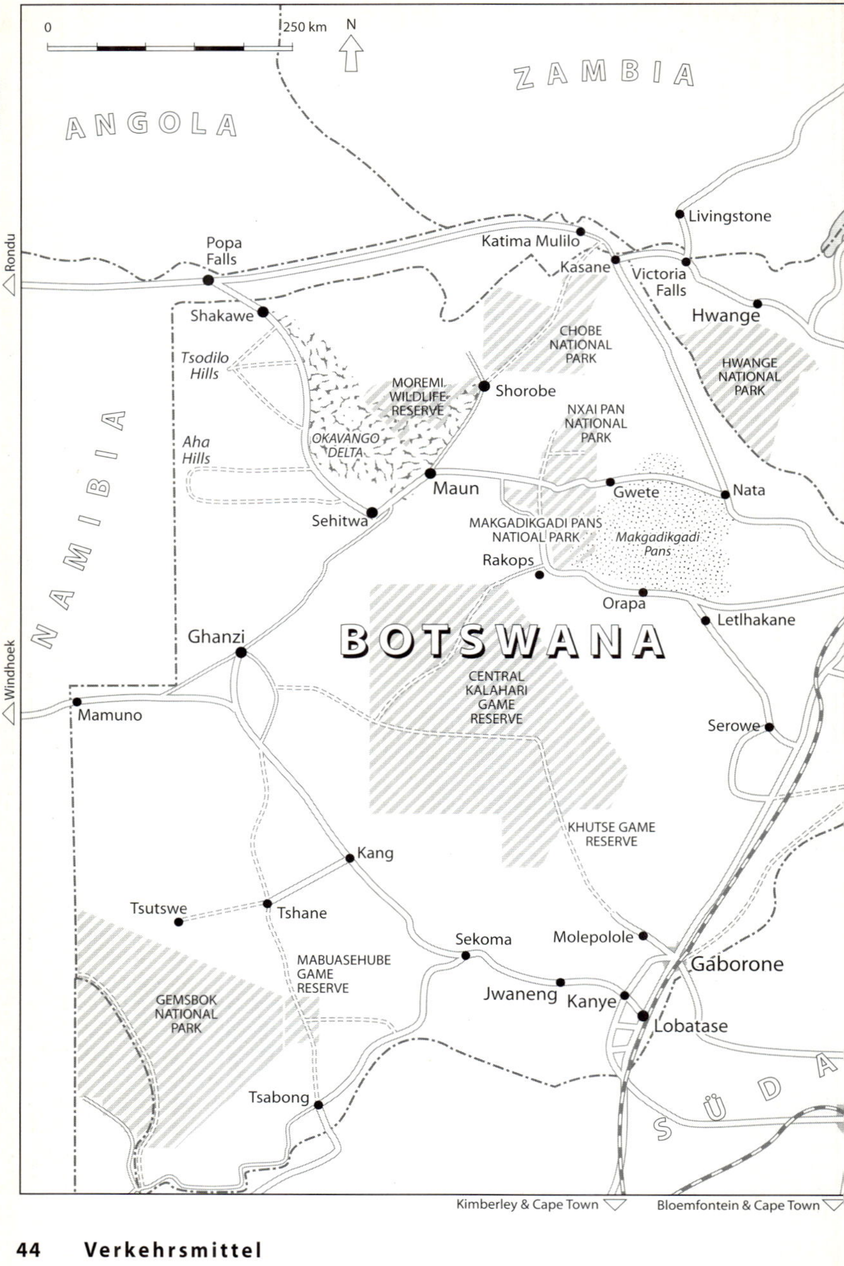
0
250 km
N
ZAMBIA
ANGOLA
NAMIBIA
BOTSWANA
SÜDA
Rondu
Windhoek
Popa Falls
Katima Mulilo
Livingstone
Kasane
Victoria Falls
Hwange
Shakawe
Tsodilo Hills
CHOBE NATIONAL PARK
HWANGE NATIONAL PARK
MOREMI WILDLIFE RESERVE
Shorobe
NXAI PAN NATIONAL PARK
Aha Hills
OKAVANGO DELTA
Maun
Gwete
Nata
Sehitwa
MAKGADIKGADI PANS NATIOAL PARK
Makgadikgadi Pans
Rakops
Orapa
Letlhakane
Ghanzi
CENTRAL KALAHARI GAME RESERVE
Mamuno
Serowe
KHUTSE GAME RESERVE
Kang
Tsutswe
Tshane
Sekoma
Molepolole
Gaborone
MABUASEHUBE GAME RESERVE
GEMSBOK NATIONAL PARK
Jwaneng
Kanye
Lobatase
Tsabong
Kimberley & Cape Town
Bloemfontein & Cape Town

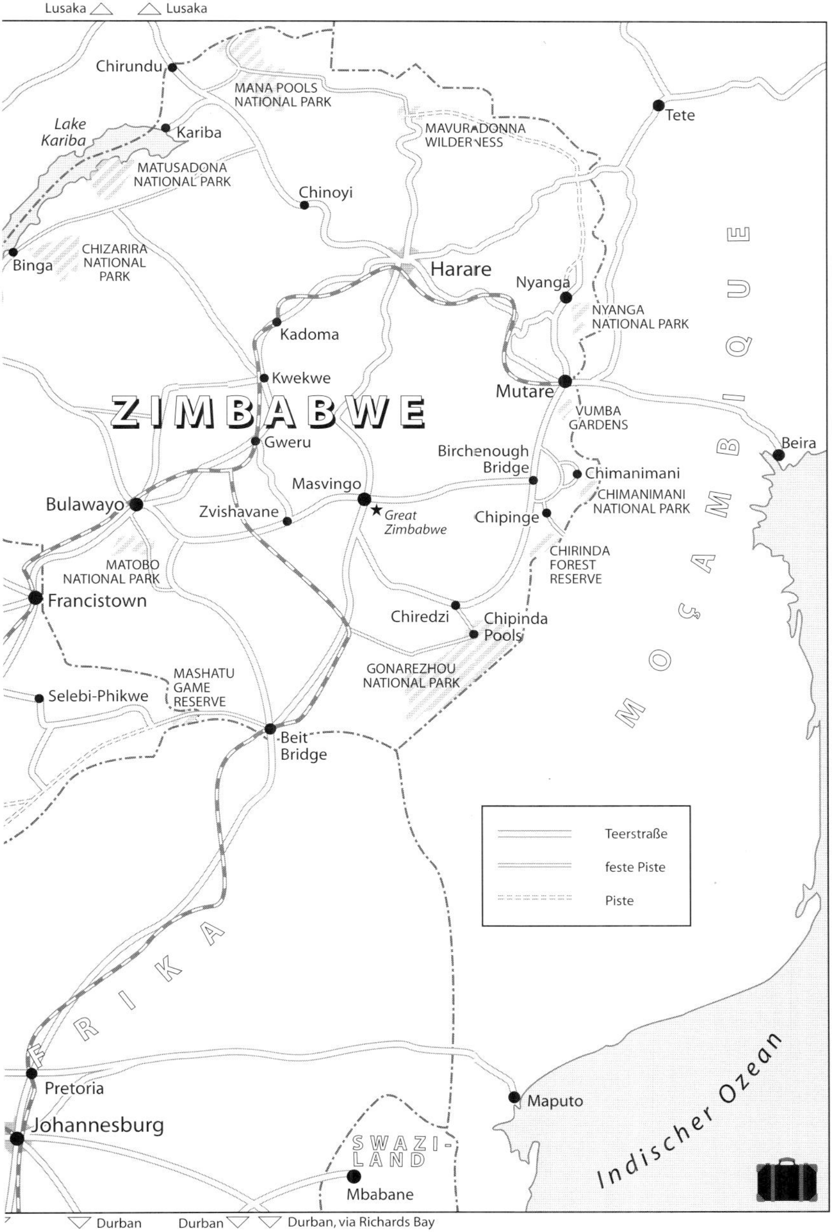
Lusaka
Lusaka
Chirundu
MANA POOLS NATIONAL PARK
Tete
Lake Kariba
Kariba
MAVURADONNA WILDERNESS
MATUSADONA NATIONAL PARK
Chinoyi
Binga
CHIZARIRA NATIONAL PARK
Harare
Nyanga
NYANGA NATIONAL PARK
Kadoma
Kwekwe
Mutare
ZIMBABWE
VUMBA GARDENS
Gweru
Birchenough Bridge
Beira
Masvingo
Chimanimani
CHIMANIMANI NATIONAL PARK
Bulawayo
Zvishavane
Great Zimbabwe
Chipinge
MATOBO NATIONAL PARK
CHIRINDA FOREST RESERVE
Francistown
Chiredzi
Chipinda Pools
GONAREZHOU NATIONAL PARK
MASHATU GAME RESERVE
Selebi-Phikwe
MOÇAMBIQUE
Beit Bridge
Teerstraße
feste Piste
Piste
AFRIKA
Pretoria
Maputo
Johannesburg
Indischer Ozean
SWAZI-LAND
Mbabane
Durban
Durban
Durban, via Richards Bay

Piste, oft mit tödlichem Ausgang und ohne Beteiligung anderer (siehe auch Fahrverhalten).

Die Adressen der Autovermietungen in Botswana und Zimbabwe finden sich in den jeweiligen Ortskapiteln (siehe für Botswana unter Gaborone, Francistown, Maun, Kasane, für Zimbabwe unter Harare, Bulawayo, Victoria Falls, Gweru und Mutare).

Verkehrshinweise

Die meisten Hauptstraßen Zimbabwes sind geteert, abseits der Hauptstrecken und in Parks wird man auf Pisten stoßen, die aber (in der Trockenzeit) keine Probleme aufwerfen sollten, wenn man ein angemessenes Tempo nicht überschreitet. In Botswana sind auch Fernstrecken nicht geteert, hier werden mit hohen Geschwindigkeiten auf Pisten lange Entfernungen überbrückt. Deshalb – neben den allgemeinen Verkehrsregeln – einige Sätze zum Fahren auf Pisten und eine Warnung: Die meisten Unfälle, in die Touristen verwickelt sind, geschehen auf der Piste, weitab von jeglicher Hilfe und ohne Beteiligung Dritter oder von Tieren. Ein Arzt ist nie erreichbar, und deshalb enden viele Unfälle tödlich. Aus diesem Grund sollte man unbedingt eine moderate Geschwindigkeit, abhängig vom Pistenzustand, wählen.

Auf harter Piste empfiehlt sich eine Durchschnittsgeschwindigkeit von 50–70 km/h, auf schlechter von 30–50 km/h, auf tiefsandiger oder schlammiger von unter 20 km/h. Auf Asphaltstraßen kommt man je nach Ausbauzustand mit 70–100 km/h voran. Bei einer reinen maximalen (!) Fahrzeit von 6 Stunden pro Tag variiert die Tageskilometerleistung je nach Wegzustand zwischen 80 und 450 km. Aus diesem gewaltigen Unterschied ergibt sich schon die Notwendigkeit für eine Planung der Tagesstrecken auf der Basis der Wegverhältnisse. In der Karte sind drei Kategorien von Wegverhältnissen eingezeichnet: Teerstraßen, gute Pisten und Pisten in tiefsandigem Zustand bzw. Pisten, die in der Regenzeit schwer passierbar werden. Generell sollte für Pisten, auch wenn sie als in gutem Zustand klassifiziert sind, ein Geländewagen vorgezogen werden.

Verkehrsregeln

- Es herrscht Linksverkehr.
- Die Höchstgeschwindigkeit innerhalb von Ortschaften beträgt 60 km/h, außerhalb in Botswana 120 km/h, in Zimbabwe 100 km/h (mit Anhänger 80 km/h). Durch Beschilderung kann die Höchstgeschwindigkeit weiter verringert sein. Beide Länder nutzen Radarfallen und kassieren vor Ort ab. Die Radarfallen funktionieren auf große Entfernungen nach dem Laser-Prinzip und sind vorab nicht zu entdecken.
- Es gilt rechts vor links, wenn nicht anders durch Schilder geregelt. Hat jede Einmündung an einer Kreuzung ein Stoppschild *(Four-Way-Stop)*, darf derjenige zuerst fahren, der zuerst an die Kreuzung gekommen ist.
- Es besteht Anschnallpflicht.

Fahrverhalten allgemein

- Generell sollte man speziell auf den Pisten die erlaubte Höchstgeschwindigkeit nicht ausnutzen. Auf glatter, gerade aufbereiteter Piste ist 80 km/h eine hohe Geschwindigkeit, bei schlechtem Pistenzustand können 50 km/h schon zu viel sein, ebenfalls bei nasser, schlammiger Fahrbahn (s.o.).
- Auch auf Teerstraßen vorsichtig fahren! Überland und in Städten immer mit Unvorhergesehenem rechnen: Das können andere Fahrzeuge sein, Fußgänger, spielende Kinder, aber auch Tiere, die besonders in den Dämmerungsstunden auf ihrem Weg zu den Wasserstellen die Straßen kreuzen.
- Unter allen Umständen Nachtfahrten vermeiden! Man sieht keine Schlaglöcher, Tiere springen, von den Scheinwerfern geblendet, vor das Auto; unbeleuchtet abgestellte Gegenstände und Fahrzeuge auf den Straßen sind unüberwindliche Hindernisse; nahe den Ortschaften – besonders im dicht besiedelten Zimbabwe

In den Nationalparks sollte man das Transportmittel nicht verlassen

fast überall – sind auf den Straßen und an deren Rand immer ganze Kolonnen von Fußgängern unterwegs.

- Nach schnellen Pistenfahrten regelmäßig die Reifen und die Stoßdämpfer überprüfen!
- Bei Safaris ausreichend Ersatzteile mitführen (zwei Ersatzreifen sind notwendig) und Wasser- und Treibstoffbedarf großzügig kalkulieren!
- Safaris in abgelegene Gebiete – dazu gehören auch bestimmte Nationalparks beider Länder – sollten nie mit nur einem Fahrzeug durchgeführt werden.
  Bei irreparablen Schäden hat man sonst keine Chance, Hilfe herbeizurufen, und es kann Tage dauern, bis jemand vorbeikommt.
- Auf Pisten bilden sich in Fahrtrichtung neben den Spuren Bodenwellen aus weichem Sand. Bei abrupten Ausweichmanövern kommt man deshalb leicht ins Schleudern. Am Fahrbahnrand bilden sich erhöhte Bankette, die bei Überfahren mit hoher Geschwindigkeit die Funktion einer Sprungschanze übernehmen.
- Höchste Vorsicht bei Überholmanövern: Auf Pisten bilden sich abhängig vom Untergrund hinter dem Vordermann dichteste Staubwolken, in denen man auch ein mit Licht fahrendes, entgegenkommendes Auto nicht mehr sieht.
- Pisten nehmen nach einiger Zeit die Gestalt von Wellblech an. Die Rinnen liegen dann quer zur Fahrtrichtung und setzen das Fahrzeug in Vibration. Man kann entweder sehr schnell darüber fahren (ca. 80 km/h, abhängig von Wagen- und Reifengröße), so dass die Reifen immer nur Kontakt zu den obersten Punkten der Wellen haben und dadurch eine Beruhigung eintritt (entsprechend gering ist natürlich die Brems- und Lenkwirkung, entsprechend hoch die Schleudergefahr) oder sehr langsam (5–15 km/h). Fast jeder wählt die erste Alternative. Dann sollte man aber sehr vorausschauend fahren und nicht abrupt lenken oder bremsen.

Fahrverhalten in unwegsamem Gelände

- Die Ausrüstung muss gut verpackt und festgezurrt werden. Schlaglöcher und kleine Hügel bringen das Fahrzeug zum Springen, und nicht festgebundene Gegenstände können quer durchs Auto katapultiert werden.
- Steckt man in tiefem Sand fest, nicht weiter die Räder durchdrehen lassen. Wenn das Fahrzeug mit der Karosserie aufliegt, schaufelt man Stunden um Stunden. Lieber gleich zu schippen anfangen und Sandbleche unterlegen.
- Vor tiefen Sandstrecken den Luftdruck in den Reifen auf 0,8–1,0 herablassen. Damit gewinnt das Auto eine größere Auflagefläche und bleibt nicht so leicht stecken. Lieber nach der Sandpassage halbe Stunde pumpen, als Stunden graben. Wechselt das Gelände zu steiniger Piste, unbedingt den ursprünglichen Luftdruck wieder herstellen, die Steine durchstechen sonst sofort die Karkasse.
- Regelmäßig die Reifen auf Beschädigungen kontrollieren. Zweige können sich hineinbohren und werden nach und nach durch die Karkasse gepresst. Entdeckt man ihn rechtzeitig, kann man den Zweig entfernen. Auch Dornen durchdringen Reifen.
- Nach langen Fahrten im Staub prüfen, ob der Luftfilter / Treibstofffilter noch funktionsfähig ist. Auch auf Grasspelzen in den Kühlerrippen achten.

6 Schlamm- und Wasserdurchfahrten vorher (mit einem Stock) auf Tiefe und Hindernisse prüfen, dann mit niedriger Geschwindigkeit, aber hoher Drehzahl mit Geländeuntersetzung und Differentialsperren durchfahren.

- Bei Fahrten auf grasbewachsenen Pisten den Kühler mit einer Gaze gegen Spelzen schützen, die innerhalb von Minuten die Rippen zusetzen können und den Motor zum Kochen bringen.
- Bei Motorüberhitzung Heizung anstellen, die als zweiter kleiner Kühler wirkt, Fahrzeug in Windrichtung bringen, u.U. Motorhaube öffnen und warten, bis die Temperatur sich wieder normalisiert. Es gibt kein Fahrzeug, das in tiefem Sand, bei niedriger Geschwindigkeit, 40 °C und Rückenwind keine Temperaturprobleme bekäme.
- Bei tief ausgefahrenen Spurrinnen nicht mit Kraft gegenlenken, das belastet lediglich die Mechanik, die Räder gehen von alleine den Weg des geringsten Widerstandes.
- Auf Salzpfannen nur auf den existierenden Spuren fahren, andernfalls kann man einbrechen – was sich darunter an Untiefen verbirgt, steht in den Sternen.
- Dunkle Flecken auf Salzpfannen deuten auf einen feuchten Untergrund hin. Wenn man darauf gerät: nicht lenken oder bremsen, sondern ausrollen lassen bzw. versuchen, die Geschwindigkeit zu halten und auf festeren Untergrund zu kommen.
- Nach Regenfällen sind Salzpfannen unbedingt zu meiden. Das Salz ist aufgeweicht und wird zu Schlamm, der das Fahrzeug unwiderruflich und unbergbar festhält, schlimmstenfalls bricht es ein und verschwindet auf immer.
- Bei defektem Fahrzeug in der Wildnis bleibt die Besatzung beim Wagen, das 2. Auto holt Hilfe. Ist man ohne Begleitfahrzeug, muss man beim Fahrzeug bleiben, bis Hilfe kommt. Einsame Wanderungen im Busch sind gefährlicher und unangenehmer als eine mehrtägige Wartezeit.

Grenzübergangsstellen

Einige Grenzübergänge sind unbefestigt und führen durch eine Furt. Genaueres steht bei den jeweiligen Ortsbeschreibungen. In der Regenzeit sollte man sich auf alle Fälle nach der Passierbarkeit erkundigen. Im Folgenden die Öffnungszeiten der einzelnen Grenzstationen an der jeweiligen Strecke und in Klammern die Namen der Grenzstationen auf beiden Seiten.

Botswana – Zimbabwe	🕓
Kazungula–Vic' Falls (Kazungula / Kazungula)	6–18
Bulawayo–Francistown (Ramokgwebana / Plumtree)	6–18

Botswana – Zambia	
Kazungula–Livingstone (Fähre)	6–18

Botswana – Namibia	
Kasane–Katima Mulilo (Ngoma / Ngoma)	6–18
Shakawe–Rundu (Mohembo / Mohembo)	6–18
Ghanzi–Gobabis (Mamuno / Buitepos)	8–16

Botswana – Südafrika	
Gemsbok Nationalpark–Upington (Bokspits / Bokspits)	Tageslicht
Khuis–Middelpits (Middelpits / Middelpits)	unterschiedl.
Tshabong–Kuruman (Tshabong / McCarthy's Rest)	unterschiedl.
Sekoma–Vryburg (Makopong / Werda Drift)	8–16
Sekoma–Vryburg (Hereford / Bray)	8–16
Kanye–Vryburg (Pitshane-Molopo / Makgobistad)	7.30–16.30
Lobatse–Mafikeng (Ramatlabama / Ramatlabama)	7–20
Lobatse–Zeerust (Pioneer Gate / Skilpadshek)	7–19
Gaborone–Zeerust (Ramotswa / Swartkopfonteinhek)	7–19
Gaborone–Zeerust (Tlokweng / Kopfontein)	7–22
Gaborone–Pietersburg (Sikwane / Derdepoort)	7–19
Mahalapye–Pietersburg (Parr's Halt / Stockpoort)	8–16
Palapye–Pietersburg (Martin's Drift / Groblersburg)	6–18
Sefophe–Pietersburg (Zanzibar / Zanzibar)	8–16
Bobonong–Pietersburg (Platjan / Platjan)	8–16
Bobonong–Messina (Pontdrift / Pontdrift)	8–16

Zimbabwe – Zambia	
Vic' Falls–Livingstone (Vic' Falls / Vic' Falls)	6–18
Kariba–Kafue (Kariba / Siavonga)	6–18
Chirundu–Kafue (Chirundu / Chirundu)	6–18

Zimbabwe – Moçambique	
Harare–Tete (Nyamapanda / Nyamapanda)	6–18
Mutare–Beira (Mutare / Machipanda)	6–18

Zimbabwe – Südafrika	
Masvingo–Pietersburg (Beitbridge / Beitbridge)	6– 18

Eisenbahn

Das Eisenbahnnetz Zimbabwes reicht von Mutare im Osten (Anbindung an Johannesburg) über Harare nach Gweru und von dort nach Beitbridge / Südafrika oder über Bulawayo (von dort weiter nach Gaborone) nach Victoria Falls. Von Südafrika nach Victoria Falls verkehrt ein Luxusreisezug (Rovos Rail, s.S. 52), ein weiterer verbindet Bulawayo mit Victoria Falls (s. dort).

Das Netz Botswanas beschränkt sich auf eine Linie, die von Francistown (Anschluss nach Bulawayo) nach Gaborone (von dort weiter nach Südafrika) geht.

Es gibt drei Klassen, in dem Expresszug von Bulawayo nach Pretoria nur zwei. Für die Strecke Harare–Vic' Falls muss im Schlafwagen mit Z$250, in der zweiten Klasse mit Z$200 gerechnet werden.

Die Strecke Bulawayo–Pretoria kostet im Schlafwagen etwa Z$750, in der zweiten Klasse Z$550 (diese Preise basieren auf dem südafrikanischen Rand und können sich den Wechselkursschwankungen entsprechend ändern).

Eisenbahnverbindungen

Harare – Mutare – Harare		tgl.		tgl.
Abfahrt	Harare	21.30	Mutare	21.00
	Ruwa	22.16	Odzi	21.48
	Marondera	23.50	Nyazura	23.15
	Macheke	00.50	Rusape	00.20
	Headlands	02.58	Headlands	01.27
	Rusape	03.23	Macheke	02.49
	Nyazura	03.55	Marondera	04.00
	Odzi	05.05	Ruwa	05.17
Ankunft	Mutare	06.00	Harare	06.00
Bulawayo – Harare – Bulawayo		tgl.		tgl.
Abfahrt	Bulawayo	21.00	Harare	21.00
	Shanghai	23.14	Norton	22.06
	Somabhula	00.01	Chegutu	23.19
	Gweru	01.10	Kadoma	00.01
	Kwekwe	02.28	Kwekwe	01.21
	Kadoma	04.00	Gweru	03.00
	Chegutu	04.40	Somabhula	03.44
	Norton	05.53	Shanghai	04.29
Ankunft	Harare	06.55	Bulawayo	06.40
Bulawayo – Chiredzi – Bulawayo		tgl.		tgl.
Abfahrt	Bulawayo	21.30	Chiredzi	15.40
	Shanghai	00.20	Triangle	16.32
	Somabhula	01.15	Lundi	17.12
	Ngezi	05.36	Rutenga	19.25
	Rutenga	08.23	Ngezi	21.53
	Lundi	10.16	Somabhula	02.48
	Triangle	11.13	Shanghai	04.40
Ankunft	Chiredzi	11.58	Bulawayo	07.25

Dampflokomotiven stehen bei Nostalgiezügen noch im Dienst

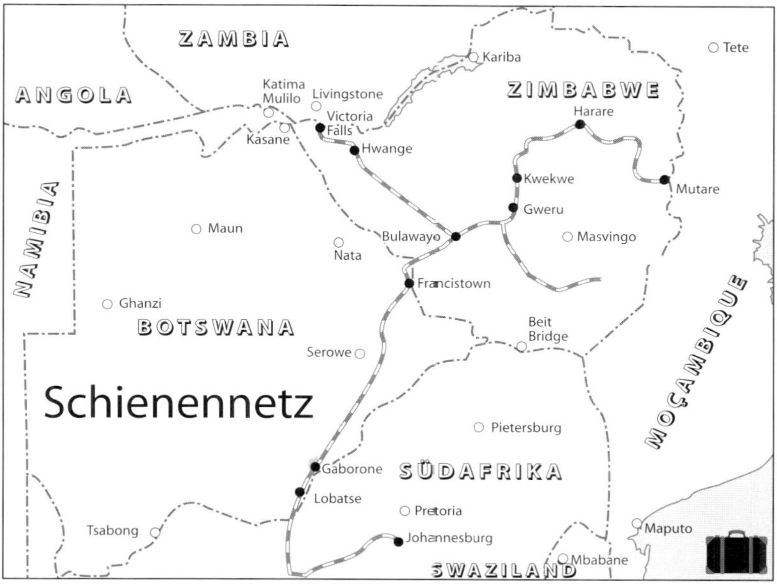

Bulawayo – Vic' Falls – Bulawayo		tgl.		tgl.
Abfahrt	Bulawayo	19.00	Vic' Falls	18.30
	Nyamandlov	20.15	Hwange	22.22
	Gwaai	22.48	Dete	00.45
	Dete	03.30	Gwaai	03.07
	Hwange	03.09	Nyamandlov	05.47
Ankunft	Vic' Falls	07.00	Bulawayo	07.05

Bulawayo – Lobatse – Bulawayo		tgl.		tgl.
Abfahrt	Bulawayo	09.00	Lobatse	19.10
	Khami	15.05	Gaborone	21.05
	Figtree	15.35	Francistown	06.45
	Marula	16.30	Plumtree	09.30
	Plumtree	17.15	Marula	10.29
	Francistown	21.20	Figtree	11.17
	Gaborone	06.30	Khami	11.48
Ankunft	Lobatse	08.25	Bulawayo	12.15

Bulawayo – Pretoria – Bulawayo		Do		Di
Abfahrt	Bulawayo	09.00	Pretoria	09.00
	Plumtree	12.21	Germiston	09.58
	Francistown	14.53	Jo'burg	10.32
	Gaborone	23.45	Krugersdorp 11.43	
	Lobatse	03.03	Mafikeng	18.10
	Mafikeng	06.20	Lobatse	19.52
	Krugersdorp	11.10	Gaborone	21.18
	Jo'burg	12.15	Francistown 06.07	
	Germiston	12.37	Plumtree	09.00
Ankunft	Pretoria	13.24	Bulawayo	11.00

Rovos Rail bietet exklusive Fahrten mit zwei speziellen Zügen an, die nur jeweils 72 Passagiere aufnehmen. Die Abteile besitzen Bäder, die Restaurantwagen sind im Stil der Jahrhundertwende eingerichtet, das Personal ist vorzüglich geschult, und die Preise sind wie zu erwarten gesalzen.

Es ist möglich, von Kapstadt über Pretoria nach Vic' Falls und weiter nach Dar-es-Salam (Tanzania) zu fahren (auch Teilstrecken können gebucht werden). Die Gesamtstrecke von Kapstadt nach Dar-es-Salam schlägt im „einfachen" Luxusabteil mit US$7200 p.P., in der Royal Suite mit US$8800 zu Buche.

Pretoria – Vic' Falls wird als Inlandstrecke behandelt und in Rand berechnet (ab Rand 6500 p.P.).

Die Fahrten Kapstadt–Vic' Falls finden wöchentlich statt, nach Dar-es-Salam wird nur im Juli gestartet. Die Fahrt geht nicht durch, sondern es werden an den Haltepunkten Besichtigungstouren unternommen. Abfahrten in Kapstadt montags, Ankunft in Pretoria zwei Tage später am Mittwoch. Die Weiterfahrt nach Vic' Falls findet dann am nächsten Tag statt (Do). Zurück von Vic' Falls nach Pretoria am Samstag, von Pretoria nach Kapstadt am Dienstag und Freitag. Die Übernachtung in Jo'burg kostet 1200 Rand p.P.

Buchungsadressen in Südafrika:

P.O. Box 2837, Pretoria
✆ 012-323 6052, 📠 323 0843
P.O. Box 50241, Kapstadt,
✆ 021-214020, 📠 214022

Kapstadt–Vic' Falls–Kapstadt

	Ankunft	Abfahrt
Kapstadt		Mo 11.00
Matjesfontein	18.00	21.00
Kimberley	Di 13.00	17.00
Johannesburg	Mi 10.00	11.00
Pretoria	12.00	
Pretoria		Do 10.00
Bulawayo	15.00	18.00
Vic' Falls	Sa 11.00	
Vic' Falls		18.00
Bulawayo	So 08.00	10.00
Pretoria	16.00	
Pretoria		Di / Fr 16.30
Johannesburg	18.30	19.00
Kimberley	Mi / Sa 10.00	13.00
Majesfontein	Do / So 08.15	10.30
Kapstadt		18.00

Bus

Es gibt mehrere Busarten. **Minibusse** verkehren innerstädtisch, regional und auch überregional. Sie sind in privatem Besitz und häufig in schlechtem Zustand. Man hält sie am Straßenrand an, steigt zu und zahlt dem Fahrer oder dem Begleitpersonal den Fahrpreis. Minibusse tragen in Botswana die Hauptlast des Verkehrs. In den Städten haben sie einen festen Abfahrtsplatz und starten von dort in die Regionen oder zu anderen großen Städten. Feste Abfahrtszeiten existieren nicht, losgefahren wird, wenn der Bus, meist japanischer Herkunft, vollbeladen ist. Gepäck kann nur beschränkt mitgenommen werden.

Die überregionalen großen Busse, auch **Fernbusse**, sind ebenfalls in einem eher bemitleidenswerten Zustand. Auch sie fahren von den Busbahnhöfen ab, die Destinationen sind an der Windschutzscheibe angeschrieben oder stehen am Bahnhof auf Tafeln. Unter Umständen muss man nachfragen.

In Zimbabwe unterscheidet man diese Busse in „Volvos" – die in relativ gutem Zustand sind – und in die „Chicken Buses" – Buskarosserien, die vor Jahrzehnten auf ein Lkw-Fahrgestell montiert worden sind und sich schwarz qualmend ihrem Ziel entgegenquälen, an jeder Steigung in Kriechtempo fallend. Größter Betreiber letzterer ist ZUPCO, dessen noch fahrende Wracks im ganzen Land zu sehen sind.

Alle drei oben genannten Buskategorien sollte man bei Nachtfahrten meiden. Die Beleuchtungseinrichtungen funktionieren häufig nicht, und ob die Bremsen in Notsituationen angemessen reagieren, steht in den Sternen. An den Busstationen besteht größte Gefahr, dass das Gepäck abhanden kommt (auch bei Stopps überland sollte man ein Auge darauf haben, wenn es auf dem Dach deponiert wurde).

Luxusbusse sind um einiges teurer, aber gut gewartet und bequem. Sie verbinden die größeren Städte untereinander und haben einen festen Fahrplan. Abfahrten sind nicht an den großen Busbahnhöfen – jede Gesellschaft hat ihren eigenen Bahnhof oder eine eigene Haltestelle (z.B. vor Hotels).

Für die Strecke Harare–Bulawayo muss man für eine einfache Fahrt mit den überregionalen Bussen oder Minibussen etwa Z$60–100 zahlen, mit den Luxusbussen etwa Z$300.

Busverbindungen in Botswana

In Botswana ist ein verlässlicher Busverkehr nur auf den Asphaltstraßen im Osten des Landes und nach Maun gegeben, das bedeutet, dass es lediglich zwei Hauptstrecken gibt, die bedient werden:

Lobatse–Gaborone–Francistown (tgl.) und weiter nach **Bulawayo** (einmal wöchentlich), außerdem
Francistown–Nata–Kasane / Maun (von Maun weiter nach **Shakawe**).
Auf den Pisten gibt es keinen Linienverkehr.

Buchungen für die Strecke **Francistown–Gaborone** und **Francistown–Maun** über ***Mahube Express***, Kudumatse Drive, Gaborone, ✆ 32 26 60, und Francistown, ✆ 21 20 74.

Busverbindungen in Zimbabwe

Blue Arrow Luxury Coach Services hat folgende Strecken im Programm (Preise jeweils einfach):

Harare–Chivu–**Mvuma**–Gweru–**Bulawayo** und zurück tgl. (Z$290, 6 Std.)
Harare–Chegutu–**Kadoma**–Kwekwe–Gweru–**Bulawayo** und zurück tgl. (Z$290, 6 Std.)
Harare–Marondera–Macheke–Headlands–Rusape–Nyazura–**Mutare** und zurück jeden Mi, Fr und So (Z$200, 4 Std.)
Harare–Chinoy–Karoi–Makuti–**Kariba** und zurück jeden So, Mo, Mi und Fr (Z$280, 5 Std.)
Harare–Masvingo–Bubye River–Beitbridge–Pietersburg–Pretoria– **Johannesburg** und zurück jeden Mo, Di, Mi, Do, Fr und So (Z$1298, 16 Std.)
Bulawayo–Gwanda–Beitbridge–Pietersburg–Pretoria–**Johannesburg** und zurück jeden Di, Mi, Do, Fr, Sa und So (Z$1034, 12 Std.)
Bulawayo–Dete (Hwange) und zurück tgl. (Z$325, 6 Std.)

Translux fährt die Strecke Harare–Masvingo–Johannesburg.
Express Motorways bedient die Strecken Harare–Mutare–Harare (tgl.), Harare–Bulawayo–Harare (tgl.), Harare–Kariba–Harare (einmal pro Woche). Nach Gaborone und zurück wird einmal pro Woche gefahren.

Reservierungen

Blue Arrow
Harare: Chester House, Speke Avenue, ✆ 04-729514, 📠 729572;
Bulawayo: Unifreight House, 73a Fife Street, ✆ 09-65548, 📠 65549;
Johannesburg: Park City Transit Center, Leydes Street, ✆ 011-830 1301.

Translux
Harare: Hungwe House 3rd floor, 69 J. Moyo Avenue, ✆ 04-725132, 📠 725247;
Johannesburg: Rotunda Building, Rotunda, ✆ 011-774 3333.

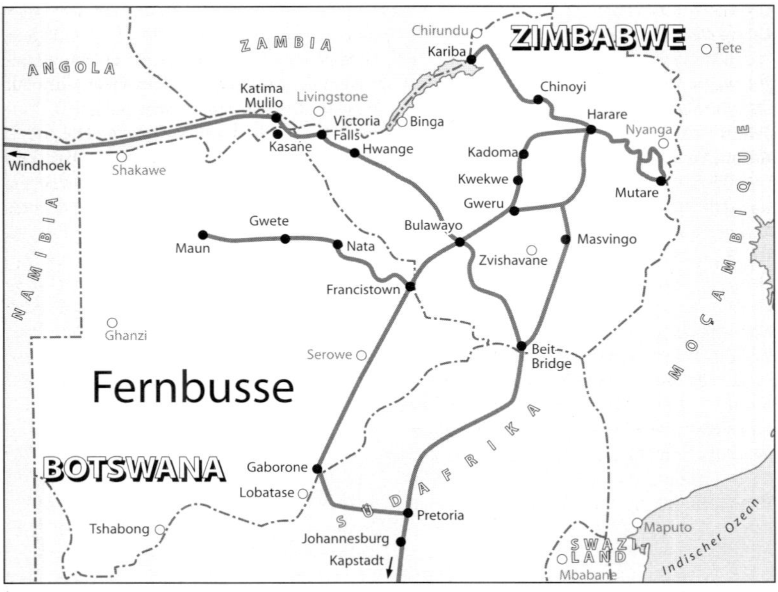

Busse bilden das Rückgrat des öffentlichenVerkehrs

Express Motorways
Harare: Rezende Street, ✆ 04-737438, ℻ 573828;
Bulawayo: Appex Garden Center, J. Moyo Street, ✆ 09-78071;
Gweru: First Mutual Building, ✆ 054-3316;
Mutare: Victory House, Aerodrome Road, ✆ 020-62501;
Masvingo: R. Mugabe Street, ✆ 039-62131;
Gaborone: Lobatse Road, ✆ 304470.

Taxi

Während es in Botswana keine Taxis gibt (auch nicht in Gaborone), stehen in Zimbabwe an jeder Ecke der größeren Städte Fahrer, die auf Kundschaft warten. Es gibt solche und solche – Wagen wie Fahrer. Ist es noch einfach, sich für einen Wagen zu entscheiden (Kriterium: wie gepflegt ist er?), stellt sich die Qualität der Fahrer erst hinterher heraus. Hat man einmal einen guten Fahrer gefunden, sollte man mit ihm die nächsten Fahrten absprechen Ältere Fahrer kann man durchaus bevorzugen: es heißt schon etwas, viele Jahre auf den Straßen Harares überlebt zu haben.

Hat das Fahrzeug kein Taxameter, handelt man den Fahrpreis vorab aus oder setzt ein Maximum fest, wenn man schon einige Erfahrung hat. Besonders nachts ist darauf zu achten, dass der Fahrer einen direkt an der Haustür absetzt, so dass etwaige Überfälle erschwert werden. Es ist nicht auf Anhieb zu erkennen, ob sich ein lizenziertes Taxi anbietet (auf Lizenznummer achten!).

Taxis haben meist einen festen Standplatz, zu dem sie immer wieder zurückkehren. Vor Hotels hat das den Vorteil, dass sie (hoffentlich!) dem Hotelpersonal bekannt sind und so die Gefahr eines Raubes minimiert ist. Für Stadtfahrten in Harare rechnet man etwa mit Z$10–30.

Flugverbindungen

Air Zimbabwe

		Abflug	Ankunft
Harare–Bulawayo	tgl.	07.30	08.20
	Mo–Fr, So	17.00	17.50
	Sa, So	18.00	18.50
	Fr	19.00	19.50
	Mo–Do, Sa, So	19.45	20.35
Bulawayo–Harare	So	06.30	07.20
	Mo–Fr	07.30	08.20
	Di, Do, Sa, So	08.50	09.40
	Mo, Mi, Fr	15.00	15.50
	Mo–Fr, So	18.20	19.10
	Sa, So	19.20	20.10
	Fr	20.20	21.10
Harare–Kariba	Mo, Mi, Fr–So	08.00	08.45
	Di, Do	09.00	09.45
Kariba–Harare	tgl.	16.20	17.05
Harare–Vic' Falls	Mo–Sa	07.00	08.00
	So	07.30	08.30
	Mo, Mi, Fr	09.00	11.00
	Di, Do, Sa, So	10.30	11.30
Vic' Falls–Harare	Mo–Sa	08.30	09.30
	So	09.00	10.00
	Di, Do	15.15	16.15
	Sa	16.00	17.00
	Mo, Mi, Fr	17.00	18.00
	So	17.30	18.30
Kariba–Hwange	Mo, Mi, Fr–So	09.10	10.00
	Di, Do	10.10	11.00
Hwange–Kariba	tgl.	15.05	15.55
Hwange–Vic' Falls	Mo, Mi, Fr–So	10.20	10.50
	Di, Do	11.20	11.50
Vic' Falls–Hwange	tgl.	14.15	14.45
Harare–Jo'burg	Fr	08.00	09.45
	Mo–Do, Sa, So	09.00	10.45
	So	18.00	19.45
Jo'burg–Harare	So	11.45	13.30
	Fr	16.35	18.20
	Di, Do, Sa	17.00	18.45
	Mo	17.35	19.20
	Mi	18.30	20.15
	So	20.50	22.35
Harare–Gaborone	Mo, Mi, Sa	13.00	15.20
Gaborone–Harare	Mo, Mi, Sa	08.00	10.20
Harare–Lilongwe	Mi, So	11.00	12.05
	Fr	15.00	16.05

Flug-verbindungen

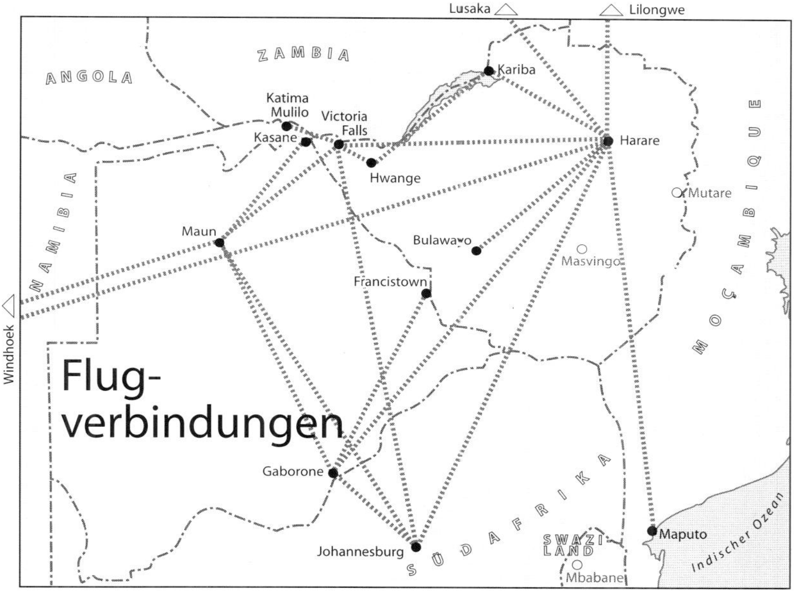

Lilongwe–Harare	Mi, So	13.00	14.05
	Fr	17.00	18.05
Harare–Lusaka	Mo, Sa	10.30	11.30
	Di	15.00	16.00
Lusaka–Harare	Mo, Sa	12.15	13.15
	Di	16.45	17.45
Harare–Maputo	Do	11.05	14.00
	Mo	12.15	13.40
Maputo–Harare	Do	07.30	10.25
	Mo	14.20	15.40

Air Botswana		Abflug	Ankunft
Gaborone–Francistown	Di, Fr	06.40	07.50
	Di, Fr	16.40	17.50
Francistown–Gaborone	Di, Fr	08.20	09.30
	Di, Fr	18.20	19.30
Gaborone–Maun	Do, So	07.15	08.45
	Fr, Sa	09.50	11.20
	Mo, Mi	13.45	15.15
Maun–Gaborone	Do, Fr, So	14.45	16.15
	Mo, Mi, Sa	16.30	18.00
Maun–Kasane	Mo, Do, Sa	13.00	13.55

Kasane–Maun	Mo, Do, Sa	14.30	15.25
Gaborone–Jo'burg	Mo–Sa	07.30	08.30
	So–Fr	10.00	11.00
	tgl.	17.00	18.00
Jo'burg–Gaborone	Mo–Sa	08.00	09.00
	So–Fr	12.00	13.00
	tgl.	18.45	19.45
Gaborone–Harare	Mo, Mi, Sa	08.00	10.20
Harare–Gaborone	Mo, Mi, Sa	13.00	15.20
Maun–Windhoek	Do, So	09.25	11.15
Windhoek–Maun	Do, So	12.25	14.15
Maun–Jo'burg	tgl.	16.15	18.35
Jo'burg–Maun	tgl.	10.00	12.20
Maun–Vic' Falls	Mi, Fr, So	13.00	14.00
Vic' Falls–Maun	Mi, Fr, So	14.45	15.45

Air Namibia		Abflug	Ankunft
Maun–Windhoek (Eros)	Mi	16.10	16.55
	Fr	14.30	15.55
Maun–Windhoek (Intl.)	So	10.00	10.50
Windhoek (Eros)–Maun Di		08.00	10.45
	Fr	09.15	12.45
Windhoek (Intl.)–Maun	So	11.35	14.25
Harare–Windhoek	Mi	07.00	09.15
Windhoek–Harare	Di	15.45	20.00
Vic' Falls–Katima Mulilo	Mo	13.00	12.30
	Mi	14.00	13.30
	Fr	14.50	14.20
Katima Mulilo–Vic' Falls	Mi	11.50	13.20
	Fr	12.40	14.10
Vic' Falls–Mokuti	Di, Do	11.45	12.05

SAA		Abflug	Ankunft
Vic' Falls–Jo'burg	Di, Mi, Sa	13.30	15.10
	So	14.30	16.10
Jo'burg–Vic' Falls	Di, Mi, Sa	10.20	12.05
	So	11.35	13.20
Harare–Jo'burg	Mo, Di	11.40	13.25
	Mi	13.45	15.30
	So	14.20	16.05
	Fr, Sa	14.25	16.10
	Do	15.05	16.50
Jo'burg–Harare	Mo, Di	09.00	10.30
	Mi	10.55	12.25
	So	11.30	13.00
	Fr, Sa	12.10	13.40
	Do	12.35	14.05

Mutige entdecken Zimbabwe mit dem Fahrrad

Aktivitäten

Den Aktivitäten sind in Botswana und Zimbabwe keinerlei Grenzen gesetzt. Angefangen mit der Wildbeobachtung vom Auto und vom Boot aus oder auch zu Fuß, mit kurzen Spaziergängen, ein- oder mehrtägigen Wanderungen bis zum wochenlangen Trekking, über Angeln und Fischen, Golfspielen, Bungee-Jumping, Kanufahren oder (abenteuerlicher) dem Riverrafting bis hin zum Jagen (siehe dazu Kasten) – die Grenze wird lediglich vom eigenen Unternehmungsgeist bestimmt. Wer reiten will, kann auf dem Pferderücken mehrere Tage auf Safari verbringen – aber auch auf Elefanten wird dies angeboten, allerdings zu stolzen Preisen. Fast alle Lodges organisieren Ausflüge mit dem Wagen zur Tierbeobachtung oder ggf. mit dem Boot. Spezielle Fotosafaris werden ebenfalls angeboten, wobei hier der Übergang zu professionellen Fotosafaris fließend ist.

Entsprechende Anbieter in Botswana und Zimbabwe finden sich in den jeweiligen Ortskapiteln. Es gibt auch eine Reihe deutscher Unternehmen, die sich auf besondere Aktivitäten spezialisiert haben (s.u.).

Jagen

Fast alle Safariveranstalter bieten auch Jagdsafaris an. Normalerweise wird darauf geachtet, dass sich Jäger und „normale" Touristen nicht gleichzeitig auf einer Lodge oder in einem Camp aufhalten. Dies liegt zum einem am völlig anderen Tagesrhythmus der Jäger, dem sich dann das gesamte Lodgeleben unterwirft, zum anderen aber auch an der Gefahr von Animositäten zwischen den beiden Gruppen. Wer jagen möchte, bekommt Informationen in Zimbabwe über die *Zimbabwe Hunters Association,* 3 Carr Close, Harare, ✆ 04-339248, in Botswana über den Veranstalter *Safari South,* PO Box 40, Maun, ✆ 66 02 11, 📠 66 03 79. Jagdsaison ist in beiden Ländern zwischen April und September / Oktober.

Wer eine Jagdsafari nach deutschem Reiserecht unternehmen will, kann sich z.B. an *Profi Jagdreisen,* Rennweg 43, 85435 Erding, ✆ 08122-5047, 📠 4485, wenden.

Über die Jagd Das Thema Jagd ist für viele Besucher ein „heißes Eisen": Jagdgegner sollten sich aber hüten, Vorverurteilungen zu treffen, sondern sich zunächst einmal über die Hintergründe informieren und sich entsprechend den Konventionen der Länder verhalten. Im südlichen Afrika ist die Jagd etwas durchaus Übliches und ein wichtiger wirtschaftlicher Faktor. Den meisten Farmern liefert die Jagd (auf ihrem Grund) die Fleischeinlage für die Kochtöpfe; kaum jemand käme auf die Idee, Zuchttiere für den Eigenbedarf zu schlachten, denn Rinder und mitunter auch Schafe sind ein Kapital, mit dem die Menschen ihren Lebensunterhalt bestreiten. Gegessen wird vielmehr, was die Natur bereithält – natürlich entsprechend den staatlichen Vorgaben zur Regulierung des Wildbestandes. Insofern ist die Jagd im südlichen Afrika etwas ganz Alltägliches und hat nichts mit der umstrittenen Trophäenjagd gemein. Diese wird im südlichen Afrika natürlich auch praktiziert.

Die Jagdtouristen kommen sicherlich nicht, um die heimische Küche mit Antilopenfleisch zu bereichern, sondern wegen der Trophäe. Über die Motive, dieses Hobby auszuüben, mag jeder seiner Einstellung gemäß urteilen. Wir möchten die Trophäenjagd hier nur im gesamtwirtschaftlichen und im ökologischen Zusammenhang darstellen. Denn hier hat sie durchaus eine wichtige Funktion für die südafrikanischen Länder: Zwar schlagen sich die Jagdtourismuszahlen nicht unwesentlich auf das Gesamttourismuseinkommen nieder, wesentlicher ist der Jagdtourismus aber mittel- und langfristig gesehen für das Einkommen der Bewohner ländlicher Gebiete und für den Erhalt und die Pflege der Nationalparks. Über Jahrzehnte hinweg hatten die Einheimischen nichts von den Nationalparks. Deren Tierbestand, vor allem Elefanten, trat ihnen gegenüber nur als Zerstörer der angrenzenden Plantagen auf. Die Wilderer *(poacher)* dezimierten mit Wissen der Bevölkerung die als lästig empfundenen Tierarten. Selbst stärkste Sicherheitsmaßnahmen – die bei der Weite der Landschaften notwendigerweise nicht besonders effektiv sein konnten – fruchteten nichts.

Man legte deshalb neue Konzepte vor, um den Tierbestand in den Nationalparks wieder vergrößern zu können und ihn auf einem den Parks entsprechenden Niveau zu halten. Die regulierte Jagd sollte die Bewohner der Region an den Einnahmen aus den Nationalparks beteiligen und deren Bewusstsein über den ökonomischen Nutzen des Wildes verändern. Auf der einen Seite wird so der Tierbestand auf ökologisch vertretbarem Niveau gehalten (Überpopulationen bestimmter Arten können nicht entstehen), auf der anderen Seite wird die Begrenzung auf bestimmte Tierzahlen durch Abschießen *(culling)* kommerziell so genutzt, dass die Menschen im Umkreis der Parks daran verdienen. Dabei werden zwei Fliegen mit einer Klappe geschlagen: Die Wilderei wird zurückgedrängt (denn die Menschen verdienen nun am offiziell geschossenen Wild), und in Regionen, die sonst keinerlei ökonomische Infrastruktur aufweisen, entsteht eine neue Einkommensquelle. Erste Erfolge wurden bereits verzeichnet. Jagdgegner mögen die Motive der Großwildjäger aus der „Ersten Welt" verurteilen, die des bloßen Jagdvergnügens wegen US$20 000 für einen abgeschossenen Elefanten hinblättern – im Land selbst ist dieses Geld eine willkommene Einnahmequelle, mit der viel für den Erhalt der Parks getan wird und infrastrukturelle Maßnahmen in den Nachbargemeinden unterstützt werden, die vom Wild „heimgesucht" werden. Jedes Jahr werden die Zahlen der zum Abschuss vorgesehenen Tiere auf der Basis der bestehenden Populationen neu bestimmt. Voran geht eine genaue Zählung der Tiere, in die auch die lokale Bevölkerung eingebunden ist. Somit ist der Komplex der Jagd wesentlich facettenreicher, als man erst einmal meint.

Vor dem Hintergrund der massiven Überpopulation, vor allem der Elefanten in Zimbabwe und Botswana, sind auch die Versuche der beiden Länder zu sehen, das Verbot des Elfenbeinhandels zu lockern. Es spricht für die Beschränktheit der „Ersten Welt", dass ein regulierter und kontrollierter Elfenbeinhandel regelmäßig von der Artenschutzkonferenz abgelehnt wird. Elfenbein ist eine natürliche Ressource des südlichen Afrika, die Elefanten müssen zahlenmäßig begrenzt werden, und es nützt niemandem, dass das in den Lagerhäusern angesammelte Elfenbein verbrannt wird, wenn es doch viel bessere Dienste leisten könnte.

Golf

In bester britischer Tradition kann man in Zimbabwe auf über 70 herrlich gelegenen Plätzen das Einputten üben. Allein in Harare warten 17 Anlagen auf Spieler. In fantastischer Landschaft liegen die Greens in den Eastern Highlands, beispielsweise um Mutare (Hillside, Mutare Golf Club, Leopard Rock) und in Chimanimani und Chipinge. Der traditionsreichste Platz ist das Green des Royal Harare Golf Club. Die Gebühren sind durchweg niedriger als in Europa; die Ausrüstung kann man in den jeweiligen Clubs leihen. Das aride Botswana hat bislang aus Rücksicht auf den labilen Wasserhaushalt auf das Golfvergnügen verzichtet. Golftouren nach Zimbabwe können auch in Deutschland gebucht werden bei: *Bushman Tours,* Hasenweg 2, 55442 Stromberg, ✆ 06724-93090, 📠 8605.

Trekking

Walking Safaris und Wandertouren finden im südlichen Afrika immer mehr Anhänger. Beliebt sind z.B. Kombinationen von Bootssafaris und Wanderungen im Okavango-Delta. In Zimbabwe bieten die Eastern Highlands vielfältige Wandermöglichkeiten. Wanderungen in den Nationalparks dürfen allerdings mit Ausnahme des Mana-Pools-Nationalparks nie alleine, sondern nur in Begleitung eines Führers unternommen werden, der das Angriffs- und Fluchtverhalten des Wildes kennt und in kritischen Situationen notfalls mit seinem Gewehr eingreifen kann. Zahlreiche Veranstalter vor Ort bieten Walking Safaris an. In Deutschland gilt *Trekking Tours Hoffmann,* Nagelshof 24, 22559 Hamburg, ✆ 040-811863, 📠 812470, als kompetenter Spezialist für Wanderreisen.

Reiten

Reitsafaris durch die Nationalparks oder über private Konzessionsgebiete werden ebenfalls von vielen lokalen Veranstaltern angeboten, in Zimbabwe vor allem in den Eastern Highlands und um Victoria Falls, in Botswana im Okavango-Delta, wo man bei entsprechender Bezahlung luxuriös auf Elefantenrücken durch die Landschaft schaukeln kann. Informationen zu Pferdesafaris gibt es u.a. bei: *The Legendary Adventure Company,* PO Box 40, Maun, Botswana, ✆ 66 02 11, 📠 66 03 79, und *Safari Par Excellence,* PO Box 108, Victoria Falls, Zimbabwe, ✆ 013-4424, 📠 4510.

Rafting und Wildwasserfahrten

Zentrum der Rafter ist Victoria Falls, wo abenteuerliche Fahrten zu den Wasserfällen unternommen werden. Mehrtägige Kanuwanderungen auf dem Zambezi werden ebenfalls angeboten. Ein erfahrener Veranstalter ist Shearwater Adventures, PO Box 125, Victoria Falls, Zimbabwe, ✆ 013-4471, 📠 4341

Angeln

In den vielen Flüssen und den künstlich angelegten Stauseen in Zimbabwe können Forellen (vor allem in den Eastern Highlands), Brassen, Barsche und Karpfen geangelt werden. Im Karibasee kommen der Tigerfisch und der Vundu vor, der mit einem Gewicht von 20–30 kg als einer der größten Süßwasserfische des südlichen Afrika gilt. Den Angelschein gibt es in den Hotels bzw. Lodges vor Ort.

In Botswana wird besonders im Panhandle (dort, wo sich der Okavango verzweigt) und im Okavango-Delta gefischt.

Von *Drotsky's Cabin* (s.S. 235) aus werden spezielle Touren zum Tigerfischangeln veranstaltet.

PRAKTISCHE TIPPS

Feste und Feiertage

	Botswana	Zimbabwe
Neujahr	1.+2.1.	1.1.
Karfreitag	beweglich	beweglich
Ostersamstag	beweglich	
Ostermontag	beweglich	beweglich
Unabhängigkeitstag		18.4.
Tag der Arbeit		1.5.
Afrikatag		25.5.
Präsidententag	(3. Mo+Di im Juli)	beweglich
Tag der Verteidigungsstreitkräfte	2.8.	
Tag der Bauern	(1. Mo im August)	beweglich
Heldentag		11.8.
Nationalfeiertag	30.9.+1.10.	
Weihnachtsfeiertag	25.+26.12.	25.+26.12.

Einige Feiertage wie beispielsweise der Unabhängigkeitstag werden in beiden Ländern mit Paraden und Festen begangen, bei denen auch traditionelle Kleidung und Tänze vorgeführt werden. Einen Überblick über das Literaturschaffen und den Buchmarkt des südlichen Afrika gibt alljährlich im August die **Buchmesse von Harare**, die weltweit Aufmerksamkeit findet. Begleitet wird die Messe von verschiedenen Veranstaltungen, bei denen junge Autoren gefördert und die Werke Prominenter gelesen werden. Kernpunkt des Rahmenprogramms ist ein Diskussionsforum, in dem es neben der Literatur um gesellschaftspolitische Belange geht.

Ein Fest ganz anderer Art verspricht das ebenfalls jährlich stattfindende **Houses of Stone Music Festival**, bei dem sich die Stars des Afropop ein Stelldichein geben. Wer sich für Landwirtschaft interessiert, sollte die große **Landwirtschaftsmesse** nicht versäumen, zu der die Farmer und Viehzüchter Zimbabwes Ende August in Harare zusammenkommen. Gelegentlich gibt es dabei auch Folkloreveranstaltungen. Informationen über die genauen Termine dieser Veranstaltungen gibt die *Harare Publicity Association* unter ✆ 014-70 50 85.

Botswanas Fest- und Kulturleben ist wesentlich ärmer als das seiner Nachbarn. Als herausragendes Ereignis organisiert der Botswana National Cultural Council alljährlich in Gabarone das **Matisong Festival**, bei dem alle Aspekte der modernen Kultur – Literatur, Theater, bildende Kunst, Musik – vorgestellt werden. Dabei nehmen Künstler aus afrikanischen Nachbarländern einen größeren Platz ein als jene aus Botswana. Ähnlich sieht es beim jährlichen **Music Camp** aus. Informationen über das Kulturleben kann man dem vom Cultural Council herausgegebenen Faltblatt *Marang A Ngwao – Rays of Culture* entnehmen, das in unregelmäßigem Abstand erscheint (Kontaktadresse: Private Bag 00185, Gabarone, ✆ 30 92 22, 📠 30 92 27).

Außerhalb des Rahmens offizieller Festlichkeit kommen Reisende (wenn überhaupt) nur durch Zufall in den Genuss, einer traditionellen Feier beizuwohnen. Die wichtigen Stationen des Lebenslaufs – Beschneidung, Initiation, Heirat, Geburt und Tod – finden im Kreis der Familie oder Dorfgemeinschaft statt, und zufällig anwesende Fremde sind dabei nicht immer gern gesehen.

Medien

Zeitungen

In beiden Ländern erscheinen englischsprachige Zeitungen. In Botswana erscheint als einzige Zeitung täglich die *Daily News,* wöchentlich werden *The Midweek Sun, The Mirror, The Botswana Gazette* und *Mmegi* verkauft (Preise zwischen 1–2 Pula). Kostenlose Anzeigenblätter mit Hinweisen auf Veranstaltungen erscheinen freitags, in Gaborone der *Botswana Advertiser* und in Francistown der *Northern Advertiser.* Die Zeitungen können das Informationsbedürfnis nach mitteleuropäischen Maßstäben nicht befriedigen. Besser ist es, südafrikanische Zeitungen zu kaufen.

Naturgemäß hat Zimbabwe mit seiner hohen Bevölkerungszahl eine breitere Presselandschaft. Täglich erscheinen *The Herald* in Harare und *The Chronicle* in Bulawayo, sonntags

The Sunday Mail in Harare und *The Sunday News* in Bulawayo. Wochenzeitungen sind die *Financial Gazette, Weekend Gazette* und *The People's Voice,* die Zeitung der regierenden Partei ZANU. In Kwekwe erscheinen die Tageszeitungen *The Midlands Observer,* in Masvingo *The Provincial Star* und in Mutare die *Manica Post.* Die gebildete Schicht greift bei Informationsbedarf auf südafrikanische Zeitungen zurück, da die inländischen in ihrem Gehalt eher als dünn oder gefärbt gelten, da ein Großteil dem in staatlichem Besitz befindlichen *Mass Media Trust* angehört. Für Informationen über Veranstaltungen und die großen weltpolitischen Ereignisse (wenigstens in Schlagzeilen) sind sie aber ausreichend.

Internationale Publikationen (meist englische) sind nur in den großen Hotels der Städte erhältlich, und auch dort nur mit einer Verzögerung von mehreren Tagen (außer bei den internationalen Hotelketten), oder in den Buchläden in den beiden Hauptstädten.

Radio und Fernsehen

Die **Deutsche Welle** ist im südlichen Afrika als Radio- und Fernsehsendung zu empfangen. Weitere deutsche Sender werden über Satellit ausgestrahlt und sind mit einem Decoder zu empfangen. Große Hotels (eine Empfangsschüssel von über 4 m Durchmesser ist notwendig) haben meist deutsche Programme in ihren Decodern, versorgen aber nicht immer die Zimmer mit deren Sendungen. Man kann das Management bitten, wichtige Sendungen auf die internen Leitungen des Hotels zu legen.

Das Radioprogramm der Deutschen Welle ist auf der KW-Frequenz 9545 (31 m Band) fast durchgängig zu empfangen, wobei die Hauptversorgungszeit zwischen 18 und 22 Uhr UTC (Universal Time Coordinated, früher GMT – Greenwich Mean Time) liegt. In der Hauptversorgungszeit sind auch die Frequenzen 6075 (49 m Band), 7185 und 7215 (41 m Band), 11795 (25 m Band), 15275 (19 m Band) und 17860 (16 m Band) nutzbar.

Das erste Programm von **Radio Zimbabwe** ist ein Informationssender in englischer Sprache, südafrikanische Popmusik kann man auf dem zweiten Rundfunkkanal, **Radio 2**, empfangen. **Radio 3** spielt die internationalen Gruppen und Hits. In Botswana sendet **RB1** Nachrichten, Features und Informationsprogramme in Englisch und Setswana, **RB2** beschallt Hörer mit Musik aller Stilrichtungen. Das Fernsehprogramm beider Länder ist stark vom südafrikanischen Nachbarn und von den internationalen Serienproduktionen geprägt.

Währung

Wechselkurse (Stand: Herbst 1999)

Botswana

1 DM	=	2,52 Pula	10 Pula	=	3,96 DM
1 sFr	=	3,09 Pula	10 Pula	=	3,23 sFr
1 ÖS	=	0,36 Pula	10 Pula	=	27,75 ÖS
1 €	=	4,93 Pula	10 Pula	=	2,03 €

Zimbabwe

1 DM	=	20,91 Z$	100 Z$	=	4,78 DM
1 sFr	=	25,62 Z$	100 Z$	=	3,90 sFr
1 ÖS	=	2,98 Z$	100 Z$	=	0,36 ÖS
1 €	=	40,89 Z$	100 Z$	=	2,44 €

Botswana

In Botswana wird mit Pula bezahlt. Ein Pula ist in 100 Thebe unterteilt. Im Gegensatz zu Zimbabwe wird im Land keine andere Währung akzeptiert (außer der Rand in den Grenzgebieten zu Südafrika). Es gibt Münzen zu 1, 2, 5, 10, 25, 50 Thebe und zu 1 Pula. Scheine sind in 1, 2, 5, 10, 20 und 50 Pula gestückelt. Die Restriktionen sind nicht so gravierend wie in Zimbabwe, ein Rücktausch kann aber Schwierigkeiten machen, so dass man nur seinen wirklichen Bedarf eintauschen sollte. Fast überall in den Städten und in den großen Überland-Tankstellen werden die gängigen Kreditkarten akzeptiert, die Banken wechseln Reiseschecks ein.

Bei der Einreise sollte man einige Pula in der Tasche haben, da Grenzstationen für den Zoll auf Treibstoff, Versicherung, Straßennutzungsgebühr außer dem englischen Pfund keinerlei Fremdwährung akzeptieren und Wechselstellen nicht vorhanden sind. Die einzige Möglichkeit, hier an Pula zu kommen, ist sonst die, mit Ausreisenden deren Restbeträge an Pula zu tauschen.

Zimbabwe

Die zimbabwische Währung ist der Zimbabwe Dollar (Z$). Er ist in 100 Cent unterteilt. Es gibt Münzen zu 1, 5, 10, 20, 50 Cent und 1 Z$ sowie Scheine zu Z$ 2, 5, 10, 20, 50 und 100. Die Ein- und Ausfuhr von Devisen und Zimbabwe Dollar unterliegt strengen Restriktionen. Bei der Einreise wird eine Devisendeklaration verlangt, die bei der Ausreise unter Umständen kontrolliert wird. Deshalb sind die Wechselquittungen aufzuheben, und man sollte nicht auf dem Schwarzmarkt tauschen. Zimbabwe Dollar dürfen weder ein- noch ausgeführt werden. Der Rücktausch bei den Banken gestaltet sich relativ schwierig, so dass man gegen Ende der Reise darauf achten sollte, dass man nicht mehr eintauscht, als man noch verbrauchen will.

In den großen Hotels und bei den Tourenveranstaltern müssen Übernachtungen bzw. Reiseleistungen in Devisen beglichen werden. In Hotels kann man in den Restaurants aber mit Z$ zahlen.

Die gebräuchlichsten Kreditkarten werden im ganzen Land akzeptiert (außer von der Reservierungsstelle für die Nationalparks). Banken wechseln Reiseschecks und alle Devisen (bei 50- und 100-US$-Noten entstehen allerdings immer häufiger Schwierigkeiten, da viele Blüten ins Land gekommen sind).

Banken

Das Bankensystem hat ein hohes Niveau, und man kann überall Devisen tauschen (Noten zu US$50 und US$100 machen jedoch Schwierigkeiten, s.o.), Reiseschecks einwechseln und Bargeld mit der Kreditkarte abheben. Diners arbeitet mit der *Standard Chartered Bank* zusammen, Euro-/Mastercard mit der *First National Bank;* beide sind in Südafrika beheimatet und besitzen in Botswana und Zimbabwe ein dichtes Netz an Filialen. Die Bank muss allerdings in Südafrika anrufen und eine Freigabe erfragen. Diese Aktion kann durchaus eine Stunde dauern. Das Geld wird in der Landeswährung ausgezahlt.

Die Banken in Botswana haben je nach Bankkette Mo–Fr von 8.15 oder 8.30 Uhr bis 12.45 Uhr, am Sa nur bis 10.45 Uhr geöffnet, in Zimbabwe Mo,Di, Do, Fr von 8 oder 8.30 bis 14 oder 15 Uhr, Mi nur bis 12 oder 13 Uhr, Sa bis 11 Uhr.

Post und Telekommunikation

Post

Öffnungszeiten

	Botswana	**Zimbabwe**
Mo–Fr	8.30–16 Uhr	8.45–12.45 Uhr 14–16 Uhr
Sa	8.30–11.30 Uhr	8.30–11.30 Uhr

Botswana besitzt keine Postzustellung bis zur Haustür. Es ist daher unerlässlich, dass die Adresse ein Postfach enthält, ansonsten wird die Post zurückgesandt oder weggeworfen. Es gibt keine Postleitzahlen.

Postlagernde Sendungen können nach Gaborone gesandt werden. Um Verwirrung bei der alphabetischen Ablage zu vermeiden, sollte der Familienname an erster Stelle (ohne Hinzufügung von Anrede oder Titel) in fetter Schrift stehen. Beispiel:

Müller, Lieschen
General Delivery
Main Post Office
Gaborone
Botswana

Im Gegensatz zu den anderen Ländern des südlichen Afrika hat **Zimbabwe** eine Postzustellung direkt zur Haustür. Man hat also die Wahl, die Straßenadresse oder die Postfachadresse anzugeben. Die Adresse kann also z. B. lauten:

Mustermann, Hans
P.O.Box 00000
Harare
Zimbabwe
oder
Mustermann, Hans
000, Jason Moyo Avenue
Harare
Zimbabwe

Postlagernde Sendungen können an alle größeren Städte gesandt werden (Adressierung: Familienname, Vorname, General Delivery, Main Post Office, Harare, Zimbabwe).

Die Kosten für Luftpostbriefe von Zimbabwe nach Europa betragen Z$50, von Botswana 1 Pula.

Telefonieren nach / von Botswana

Botswana besitzt ein gut ausgebautes, effizientes Telefonnetz, allerdings sind öffentliche Telefonzellen (Münztelefon) eher rar. Mit Sicherheit findet man sie bei den jeweiligen Postämtern. Von dort innerhalb Botswanas zu telefonieren bereitet wenig Probleme; internationale Gespräche müssen beim Operator (✆ 101) angemeldet werden und erfordern längere Wartezeiten. Sie lassen sich daher vom Hotel aus einfacher führen.

Innerhalb Botswanas existieren keine Vorwahlen, man wählt sofort die Teilnehmernummer.

Die **Ländervorwahl von Botswana** lautet 00267. Von Deutschland kostet die Minute bei der Telekom unabhängig von der Tageszeit 3,18 DM. Andere Anbieter sind z.T. erheblich billiger. Über den günstigsten Anbieter informiert die Website www.teltarif.de.

Von Botswana nach Deutschland kostet die Minute 5,60 Pula, in der Zeit von 20 bis 7 Uhr und Samstag ab 13 bis Montag 7 Uhr 4,48 Pula.

Wichtige Telefonnummern

	Zimbabwe:	Botswana:
Auskunft (nat.)	962	192
Auskunft (int.)	965	267300932
Operator	963	100 (nat.) 101 (int.)
Notruf	999	siehe Polizei
Feuerwehr	993	998
Polizei	995	999
Rettungswagen	994	997
Med.Rescue		911
Vorwahl BRD	0049	0049
Schweiz	0041	0041
Österreich	0043	0043
Südafrika	0027	0027
Namibia	00264	00264

Telefonieren nach / von Zimbabwe

Telefonzellen befinden sich auch in Zimbabwe fast immer beim Postamt, doch wird in den letzten Jahren das Netz etwas verdichtet. Seit 1996 gibt es in Zimbabwe Telefonkarten, was das Telefonieren im Land erheblich erleichtert. Allerdings ist das Telefonnetz nicht so belastbar, so dass man u. U. eher eine Verbindung nach Deutschland als von Harare nach Vic' Falls bekommt.

Für lokale Gespräche wird nur die Teilnehmernummer gewählt, für interregionale Gespräche muss die jeweilige Vorwahl (ohne die 0) gewählt und dieser **01 vorangestellt** werden. Will man also von Bulawayo nach Harare (Vorwahl 04) telefonieren, wählt man 01-4. Ruft man aus dem Ausland an, entfällt die 01.

Will man aus Zimbabwe ins Ausland telefonieren, wählt man den Zugriffscode für internationale Gespräche 110, ohne der Ländervorwahl zwei Nullen voranzustellen (s.o.). Die ersten 3 Minuten nach Europa kosten, wenn das Gespräch über einen Operator läuft, je nach Tageszeit Z$61,89–71,17, jede weitere Minute Z$20,63–23,72.

Zimbabwe ist aus Europa unter der **Ländervorwahl** 00263 erreichbar, Harare also unter 00263-4, gefolgt von der Teilnehmernummer. Von Deutschland kostet die Minute bei der Telekom unabhängig von der Tageszeit

3,18 DM. Andere Anbieter sind z.T. erheblich billiger (zur Zeit der Drucklegung bietet z.B 3U Communications über die Vorwahl 01078 Tarife an, die nur ein Drittel der Telekomkosten ausmachen). Über den günstigsten Anbieter informiert die Website www.teltarif.de.

Internet

Das Internet ist inzwischen in beiden Ländern weit verbreitet, in Zimbabwe noch mehr als in Botswana, da in Letzteren die Überlandleitungen zu den abgelegenen Orten die hohe Datenübertragungsrate nicht so gut verkraften.

Wer bis jetzt noch ohne ist, bzw. seine eigene E-Mail-Adresse nicht übers Internet abfragen kann, kann sich für die Reise eine kostenlose Adresse zulegen, z.B. über www.hotmail.com oder www.yahoo.com – das geht natürlich auch noch unterwegs.

Medizinische Versorgung

Die medizinische Versorgung gilt in beiden Ländern als gut, soweit man sich in Großstädten befindet. Naturgemäß ist bei den weiten Entfernungen im Busch eine medizinische Versorgung sehr erschwert, obwohl es Buschkliniken gibt, die allerdings wegen ihrer begrenzten Ausstattung eher improvisieren müssen. In den Hauptstädten finden sich Kliniken, die europäischem Standard entsprechen und in die die weiße und wohlhabende schwarze Bevölkerung geht, neben Krankenhäusern, die der Versorgung der weniger betuchten Einheimischen dienen und deren Standard bei weitem nicht unsere Erwartungen an medizinische Versorgung erfüllt.

Eine Alternative bei schwerer Krankheit (soweit man transportfähig ist) ist ein Flug nach Windhoek, wo sich deutschsprachige Ärzte fast jeder Fachrichtung finden.

Kriminalität

Die Kriminalität ist quantitativ und qualitativ nicht mit der in Südafrika vergleichbar. In **Botswana** ist sie nicht der Rede wert. Gelegenheitsdiebstähle kommen zwar ab und zu vor, im Großen und Ganzen wird der Reisende aber nicht mit Verbrechen konfrontiert, insbesondere, da sich die meisten Touristen abseits der großen Siedlungen bewegen. In Maun haben in den letzten Jahren Diebstähle etwas zugenommen, bei normaler Vorsicht ist man aber dagegen gefeit.

In **Zimbabwe** sieht es etwas anders aus. Zwar kommt es bislang auch dort nicht zu gegen Touristen gerichteten schweren Vergehen, wie Körperverletzung, schwerer Raub, Totschlag etc., aber der Diebstahl hat sich in den Großstädten schon fast zu einer Art Volkssport entwickelt. Vor Wechselstuben warten ganze Gruppen wohlgekleideter Jugendlicher und hängen sich an die Touristen, wenn diese mit einem Bündel Geld durch die Stadt schlendern. Autos werden aufgebrochen, Hand- und Fototaschen geraubt, und wenn irgend möglich, wird von hinten aus den Rucksäcken alles geklaut, was irgendwie zu versilbern ist. Also Augen auf!

Den Einheimischen ist es ins Blut übergegangen, bei Stadtgängen mit Argusaugen nach allen Seiten zu spähen und auf Gruppen zu achten, die auf Raubzüge aus sind.

Ganze Banden haben sich darauf spezialisiert, Touristenwagen zu folgen und auf eine günstige Gelegenheit für einen Raub zu warten.

Die Polizei ist machtlos und hat mit der Aufnahme der Anzeigen gut zu tun.

Äußerst selten wird eine Bande dingfest gemacht, da auch die Bevölkerung einen Diebstahl an Touristen eher für ein sportliches Ereignis hält, sich über deren Dummheit wundert und die Fingerfertigkeit der Diebe bewundert.

Bei Diebstählen wendet man sich an die nächste Polizeidienststelle und meldet den Vorfall (auch wegen eines etwaigen Schadenersatzes durch eine Versicherung in Europa).

Speziell in Harare gibt es einige *no-go-areas,* die nicht nur nachts gemieden werden sollten. Auch tagsüber darf man nur in Begleitung schwarzer Einheimischer in diese Zonen – sonst ist es ein Spiel mit dem Leben. Es betrifft hauptsächlich die ehemaligen Townships und die Gegenden, in denen *squatters* (Landflüchtige und Asylanten aus anderen Ländern in Wellblech- oder Papphütten) leben.

Nachts kommt es in vielen Diskotheken immer wieder an einen Punkt, an dem die Gäste so stark alkoholisiert sind, dass Streit und Schlägereien entstehen. Fremde sollten auf Alarmzeichen achten und rechtzeitig von der Bildfläche verschwinden.

Die Entwicklung für die Zukunft ist schwer zu kalkulieren. Es mehren sich die Stimmen, die sagen, dass aus Südafrika verstärkt professionelle Kriminelle nach Zimbabwe und Botswana einreisten, um die „Felder zu begrasen". Wegen der Möglichkeit, sich schnell über die Grenze abzusetzen, hätte die Polizei mit ihrer recht einfachen Ausrüstung keinerlei Chance, dieser Entwicklung entgegenzuwirken.

Neben den speziellen Vorsichtsmaßnahmen, wie auf mögliche Diebesgruppen zu achten und gefährliche Plätze (auf die in den Ortsbeschreibungen hingewiesen wird) zu meiden, gelten natürlich die überall notwendigen Verhaltensmaßregeln:

So wenig Bargeld wie möglich bei Spaziergängen dabeihaben, Taschen nicht einfach umhängen, sondern zusätzlich sichern, wichtige Dokumente am Körper tragen, Hotelsafes nutzen, in den Hotelzimmern nichts offen herumliegen lassen, was irgendeinen Wert hat (und in den armen Ländern hat alles einen Wert!), und keinesfalls an den Bankschaltern und Wechselstuben Geld offen zählen!

Nationalparks und Reservate

Für eine effektive Routenplanung ist es wichtig, die Zugangsvoraussetzungen, Besonderheiten, Kosten und Lage der Nationalparks, Reservate und Erholungsparks zu kennen.

Diese Informationen finden sich in den folgenden Abschnitten sowie in der Tabelle, s.S. 69f und 73f.

Botswana

Der Zugang zu den Nationalparks ist nur mit einer Vorausbuchung möglich. Für Besucher ohne Buchung besteht die Anordnung, ihnen für maximal eine Nacht einen Platz zuzuweisen und sie dann zurück nach Maun oder Gaborone zu schicken. Ob ein Platz verfügbar ist, wird über Funk in Gaborone abgeklärt, was Stunden dauern kann. Buchungen sind bis zu einem Jahr im Voraus möglich (Post, Fax, E-Mail).

Man erhält eine Rechnung, die per Überweisung zu begleichen ist. Sie ist aufgeteilt in Übernachtungs- und Parkzutrittsgebühren. Die Übernachtungsgebühr muss auf alle Fälle vorher beglichen werden, der Eintritt kann im Park bezahlt werden (nur Bargeld und nur in Pula). Bis 30 Tage vor Buchungstag kann die Buchung gegen 20% Gebühr storniert werden, danach nicht mehr; nur eine einmalige Umbuchung auf einen anderen Park oder einen anderen Zeitpunkt ist möglich.

Ausländer *(non-residents),* Ausländer mit temporärem Wohnsitz in Botswana *(residents)* und Bürger von Botswana *(citizens)* zahlen unterschiedliche Gebühren.

Private Reservate sind ebenfalls vorauszubuchen (bei deren Verkaufsbüros), wenn es in der Beschreibung im jeweiligen Regionalteil nicht anders vermerkt ist. Die Tore der staatlichen Parks und Reservate sind meist zwischen Sonnenauf- und -untergang geöffnet.

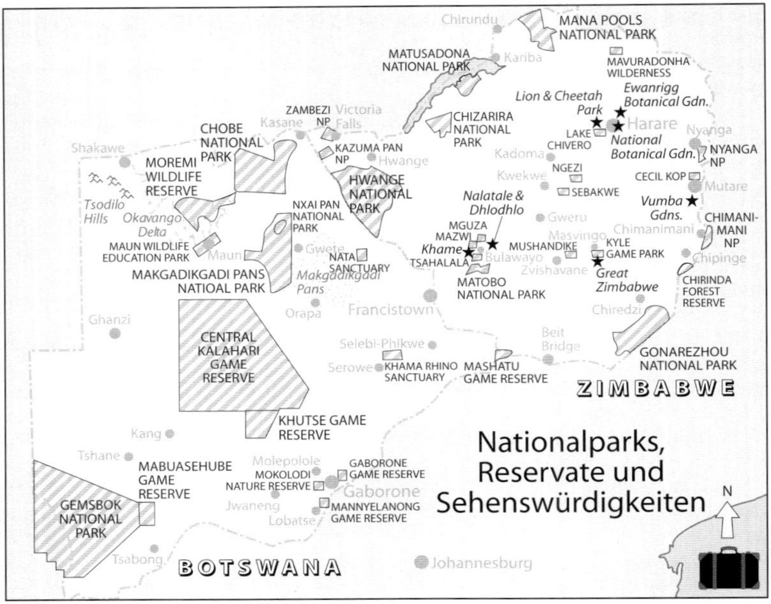

Nationalparks, Reservate und Sehenswürdigkeiten

Gebühren

für Ausländer p.T. Pula

	residents	*non-residents*
Übernachtung		
Erwachsene	10 Pula	20 Pula
Kinder (8–15 Jahre)	2 Pula	10 Pula
Kinder (bis 7 Jahre)	–	–
Eintritt		
Erwachsene	10 Pula	50 Pula
Kinder (8–15 Jahre)	5 Pula	25 Pula
Kinder (bis 7 Jahre)	–	–

Zufahrtsgebühr für Fahrzeuge p. T.

Kennzeichen aus Botswana	2 Pula
Kennzeichen anderer Länder	10 Pula

Fahrzeuge über 3500 kg Gesamtgewicht je darüber hinausgehende 450 kg 250 Pula.

Buchungen

Parks & Reserves Reservations Office,
Department of Wildlife & National Parks
Gaborone: P.O. Box 131, ✆ 580774, 📠 580775,
✉ dwnpbots@global.bw
Maun: P.O. Box 11, ✆ 661265, 📠 661264
Beide Büros haben Mo–Sa (auch feiertags) von 7.30–12.30 und 13.45–16.30 Uhr geöffnet, So nur bis 12 Uhr.

Die Zufahrtswege zu den Parks sind sehr unterschiedlich. Im Westen und Süden sind lange Anfahrtswege in tiefem Sand zu bewältigen, bevor man zum Eingangstor der Parks kommt. Jeder Park hat ein oder mehrere Wildhütercamps, wo der Eintritt zu zahlen ist bzw. die Buchung geprüft wird. Die Pisten in den Parks sind so angelegt, dass man unweigerlich auf eines dieser Camps stößt. Die Camps zu umfahren, ist unmöglich, und schon der Versuch wird mit schwersten Strafen geahndet.

Nationalparks in Botswana

Bei Fauna, Flora / Landschaft und Aktivitäten sind nur Besonderheiten angegeben.

Name	**Central Kalahari Game Reserve**
Größe	52 000 km^2
Lage	NW von Gabarone
Anfahrt	50 km feste Piste ab Rakops (N)
PKW	nur im nördlichen Teil
Gelände	tiefer Sand, Salzpfannen
Camps / Lodges	keine
Fauna	Gnus, Elanantilopen, Oryxe
Flora / Landschaft	–
Aktivitäten	Wildbeobachtung
siehe Seite	228

Name	**Chobe National Park**
Größe	12 000 km^2
Lage	Ländereck Zimbabwe / Namibia / Botswana im Norden
Anfahrt	ab Maun, Kasane oder Ngoma / Namibia
PKW	nein
Gelände	sandig in der Trockenzeit, in der Regenzeit sumpfig
Camps / Lodges	Luxushotels und -lodges, einfache Camps
Fauna	Elefanten, Löwen
Flora / Landschaft	Galeriewälder am Chobe
Aktivitäten	Wildbeobachtung, Kanutouren
siehe Seite	244

Name	**Gemsbok National Park**
Größe	28 400 km^2
Lage	SW an der Grenze zu Südafrika / ab Tshane oder Tshabong
Anfahrt	–
PKW	nein
Gelände	tiefer Sand, Salzpfannen, Dünen
Camps / Lodges	einfache Camps
Fauna	Antilopen
Flora / Landschaft	Kalahari-Vegetation
Aktivitäten	Wildbeobachtung
siehe Seite	219

Name	**Khama Rhino Sanctuary**
Größe	43 km^2
Lage	250 km NO von Gabarone
Anfahrt	an der Straße Serowe-Orapa
PKW	ja
Gelände	sandig
Camps / Lodges	gut ausgestattete Camps
Fauna	etwa ein Dutzend Weiße Nashörner
Flora / Landschaft	–
Aktivitäten	Wildbeobachtung schwierig
siehe Seite	211

Name	**Khutse Game Reserve**
Größe	2600 km^2
Lage	südlich des Central Kalahari Game Reserve
Anfahrt	Gabarone–Molepolole–Lethlakeng, danach Piste
PKW	nein
Gelände	tiefer Sand, Busch, Salzpfannen, selten befahren
Camps / Lodges	rudimentär
Fauna	Antilopen, Löwen
Flora / Landschaft	–
Aktivitäten	Wildbeobachtung
siehe Seite	225

Name	**Mabuasehube Game Reserve**
Größe	1800 km^2
Lage	NW von Tshabong, O des Gemsbock National Park
Anfahrt	von Süden, Norden und Osten, alle tiefsandig
PKW	nein
Gelände	sandig, aber fest; selten befahren
Camps / Lodges	einfache Camps
Fauna	gute Löwenbeobachtung
Flora / Landschaft	–
Aktivitäten	Wildbeobachtung
siehe Seite	216

Name	**Makgadikgadi Pans Game Reserve**
Größe	4100 km^2
Lage	N zwischen Maun und Francistown
Anfahrt	von S auf harter Piste, von N auf Asphalt
PKW	nein
Gelände	sehr sandig, Dünenquerungen, Salzpfannen
Camps / Lodges	rudimentär
Fauna	Zebras, große Antilopenherden, Flamingos
Flora / Landschaft	Baobabs, Schirmakazien
Aktivitäten	Wildbeobachtung
siehe Seite	202

Name	**Moremi Wildlife Reserve**
Größe	1800 km^2
Lage	NW des Okavango-Deltas
Anfahrt	ab Maun auf Asphalt, später feste Piste
PKW	u.U. möglich, besser Geländewagen
Gelände	häufig befahren, meist fest, in der Regenzeit schlammig
Camps / Lodges	einfache Camps, Luxuslodges
Fauna	Elefanten, Raubtiere, Flusspferde
Flora / Landschaft	dichte grüne Vegetation
Aktivitäten	Wildbeobachtung
siehe Seite	242

Name	**Nata Sanctuary**
Größe	230 km^2
Lage	bei Nata
Anfahrt	–
PKW	ja
Gelände	teils Wasser, teils Land
Camps / Lodges	Zeltplatz
Fauna	Vögel
Flora / Landschaft	Grasland, Wälder, Wasserlöcher
Aktivitäten	Vogelbeobachtung
siehe Seite	198

Name	**North East Tuli Game Reserves**
Größe	Mashatu Game Reserve (300 km^2), Tuli Game Reserve (75 km^2)
Lage	O, Grenze zu Südafrika
Anfahrt	Asphalt, später Kies von Gabarone bzw. Francistown
PKW	ja bis zu den Lodges
Gelände	nur geführte Touren möglich
Camps / Lodges	Luxuslodges, Camps
Fauna	Elefanten, Büffel
Flora / Landschaft	vielfältige Vegetation, Galeriewälder, Granitformationen
Aktivitäten	Wildbeobachtung, geführte Wanderungen
siehe Seite	207

Name	**Nxai Pan National Park**
Größe	2600 km^2
Lage	N von Makgadikgadi Pans
Anfahrt	35 km tiefsandige Piste ab Straße Maun-Nata
PKW	nein
Gelände	tiefer Sand, Salzpfannen
Camps / Lodges	einfache Camps
Fauna	große Antilopenherden
Flora / Landschaft	Baines-Baobabs, offene Savanne
Aktivitäten	Wildbeobachtung
siehe Seite	204

Name	**Okavango-Delta**
Größe	15 000 km^2
Lage	ab Maun per Flugzeug oder Mokoro
Anfahrt	–
PKW	nein
Gelände	sandige Pisten, teils überflutet, nur geführte Touren
Camps / Lodges	Lodges und Camps aller Kategorien
Fauna	alles Wild in großen Herden, großer Vogelreichtum
Flora / Landschaft	Galeriewälder, offene Savannen, Papyrus und Wasserlilien
Aktivitäten	Wildbeobachtung zu Fuß, per Boot oder per Geländewagen
siehe Seite	237

In den Parks ist kein Treibstoff erhältlich, auch andere Versorgungsgüter werden nicht verkauft. Auf Ausnahmen wird bei der Beschreibung der Parks in den Länderteilen hingewiesen.

Zimbabwe

Der Aufenthalt in den Parks und Erholungsgebieten in Zimbabwe muss vorausgebucht werden, wenn eine Übernachtung geplant ist. Tagesbesucher haben ohne Reservierung Zutritt. Im Gegensatz zu Botswana wird die Vorausbuchung nicht so streng gehandhabt. Wenn noch Platz vorhanden ist, kann man ab einer bestimmten Uhrzeit (meist Sonnenuntergang) nachfragen, ob man doch noch hineingelassen wird. Auch bei einem ersten negativen Bescheid kann es sinnvoll sein, noch zu warten. Durch das nicht sehr effiziente Reservierungssystem sind die Parks meistens nicht vollständig ausgebucht.

Lodges und Cottages sind voll ausgestattet, Erstere enthalten sogar Geschirr; Chalets haben eine Außenküche und teilen sich Duschen und Toiletten mit anderen, Lagerplätze haben meist gemeinsame Toiletten und Duschen.

Gebühren

Eintritt p.T. (in US$ zu zahlen)
für Vic' Falls US$10
alle anderen Parks US$5–10

Fahrzeuge	Pkw	Z$ 10
	Geländewagen	Z$ 20
	Lkw	Z$ 20
	Campingwagen	Z$ 30

Unterkunft

Lodges	8 Betten	Z$ 400–600
	4 Betten	Z$ 300
	2 Betten	Z$ 150
Cottages	4 Betten	Z$ 200
	2 Betten	Z$ 100
Chalets	4 Betten	Z$ 100
	2 Betten	Z$ 50
Camp	normal	Z$ 30
Fischcamp		Z$ 50
Berghütte in Chimanimani		Z$ 100/Erw.
		Z$ 50/Kind

Auf Unterkünfte wird in den Monaten Februar, März, Juni, Oktober und November von Mo–Do ein Preisnachlass von 50% gewährt.

Buchungen

Für alle Parks außer dem Lake Matobo Recreational Park über:
National Parks & Wildlife Management, Ministry of National Resources and Tourism,
Central Booking Office, Causeway, Harare Botanic Gardes, Crn. Borrowdale Road / Sandringham Drive, P.O. Box CY140, Harare, ✆ 04-70 60 77, 📠 72 60 89. Geöffnet Mo–Fr 8–16 Uhr, bzw.
National Parks & Wildlife Management, Ministry of National Resources and Tourism,
Bulawayo Booking Agency, Cr. Herbert Chitepo Street / 10th Avenue, P.O. Box 2283, Bulawayo, ✆ 09-63646. Geöffnet Mo–Fr 8–16 Uhr.
Für den Lake Matobo Recreational Park ist nur das Büro in Bulawayo zuständig.

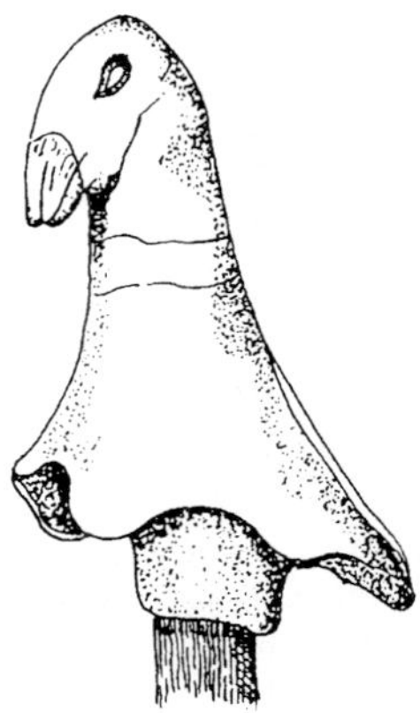

Zimbabwe-Vogel (Great Zimbabwe)

Nationalparks in Zimbabwe

Name	**Bangala Recreational Park**
Größe	12 km²
Lage	100 km südwestlich von Masvingo
Anfahrt	auf Piste an Great Zimbabwe NM vorbei
PKW	ja
Gelände	Bangala-See
Camps / Lodges	Zeltmöglichkeit, keine Infrastruktur
Fauna	Vögel, Fische
Flora / Landschaft	Seenlandschaft
Aktivitäten	Angeln, Wassersport
siehe Seite	494

Name	**Bunga Forest Botanical Reserve**
Größe	0,5 km²
Lage	im Vumba-Gebirge
Anfahrt	ab Mutare 12 km nach S, dann über Vumba Road nach SW
PKW	ja
Gelände	Vumba-Gebirge, Botanischer Garten
Camps / Lodges	keine, s. Vumba
Fauna	–
Flora / Landschaft	Bergflora
Aktivitäten	Wandern
siehe Seite	465

Name	**Cecil Kop Nature Reserve**
Größe	20 km²
Lage	nördlich Mutare
Anfahrt	–
PKW	ja
Gelände	gebirgiges Grasland, Pfannen, Wälder
Camps / Lodges	nein
Fauna	–
Flora / Landschaft	Naturführungen
Aktivitäten	Wandern
siehe Seite	460

Name	**Charara Safari Area**
Größe	1700 km²
Lage	30 km von Kariba
Anfahrt	letzte Kilometer Piste
PKW	Geländewagen empfohlen
Gelände	Pisten
Camps / Lodges	Lodges und Camps
Fauna	Krokodile, Büffel, Elefanten
Flora / Landschaft	Mopanewald, Galeriewälder
Aktivitäten	Jagd, Angeln, Wildbeobachtung
siehe Seite	404

Name	**Chete Safari Area**
Größe	1081 km^2
Lage	am Karibasee
Anfahrt	von Binga 20 km Teer, 25 km gute Piste
PKW	nur in der Trockenzeit, Geländewagen empfohlen
Gelände	Pisten
Camps / Lodges	keine
Fauna	Elefanten, Büffel, Affen, Fischadler
Flora / Landschaft	Mopanewald
Aktivitäten	nur Jagd
siehe Seite	386

Name	**Chewore Safari Area**
Größe	3400 km^2
Lage	Grenze zu Zambia
Anfahrt	Straße Kariba-Mushumbi-Pools durchquert die Area
PKW	nein
Gelände	Pisten
Camps / Lodges	private Jagdkonzession, keine
Fauna	Spitzmaulnashörner, Elefanten
Flora / Landschaft	Mopanewälder, Zambezi-Schlucht
Aktivitäten	nur Jagd
siehe Seite	410

Name	**Chibwatata Hot Springs Recreational Park**
Größe	1 km^2
Lage	am Karibasee
Anfahrt	oberhalb von Binga
PKW	ja
Gelände	Wege
Camps / Lodges	keine
Fauna	–
Flora / Landschaft	heiße Quellen, Grasland
Aktivitäten	Erholungsgebiet
siehe Seite	386

Name	**Chimanimani National Park**
Größe	170 km^2
Lage	an der Grenze zu Moçambique
Anfahrt	von Chipinge 65 km nach Chimanimani, 20 km auf Piste nach O
PKW	nein
Gelände	Wanderwege
Camps / Lodges	Hotels, Berghütten
Fauna	Rappenantilopen, Leoparden
Flora / Landschaft	Orchideen, Hibiskus, Proteen, Aloen, Gebirgslandschaft
Aktivitäten	Wandern und Trekking, Angeln
siehe Seite	478

Name	**Chimanimani Eland Sanctuary**
Größe	18 km^2
Lage	4 km nördlich von Chimanimani
Anfahrt	–
PKW	–
Gelände	feste Pisten
Camps / Lodges	keine
Fauna	Elenantilopen
Flora / Landschaft	Kiefernaufforstung
Aktivitäten	Wildbeobachtung
siehe Seite	476

Name	**Chinhoyi Caves Recreational Park**
Größe	1,5 km^2
Lage	125 km NW von Harare auf dem Weg nach Kariba, 10 km W von Chinhoyi
Anfahrt	Asphalt
PKW	ja
Gelände	–
Camps / Lodges	Camp
Fauna	–
Flora / Landschaft	Tropfsteinhöhle, See
Aktivitäten	Höhlenbesichtigung
siehe Seite	332

Name	**Chipinge Safari Area**
Größe	26 km^2
Lage	im W, nahe der Grenze zu Moçambique
Anfahrt	20 km westlich von Chipinge, südlich von Mutare
PKW	nein
Gelände	Pisten
Camps / Lodges	private Jagdkonzession
Fauna	alles
Flora / Landschaft	Mopanewald, Grasland
Aktivitäten	Jagd
siehe Seite	484

Name	**Chirinda Forest Recreational Reserve**
Größe	10 km^2
Lage	Grenze zu Moçambique
Anfahrt	40 km südlich von Chipinge
PKW	nein
Gelände	Wanderwege
Camps / Lodges	keine
Fauna	Leoparden
Flora / Landschaft	Mahagoni, Orchideen, Farne
Aktivitäten	Wandern, Botanik
siehe Seite	484

Name	**Chirisa Safari Area**
Größe	1700 km^2
Lage	nahe Karibasee, SO vom Chizarira National Park
Anfahrt	ca. 260 km nordwestlich von Kwekwe, dann Piste
PKW	nein
Gelände	Pisten
Camps / Lodges	Jagdkonzession
Fauna	Elefanten (Forschung)
Flora / Landschaft	Mopane, Flussvegetation, Sengwa-Canyon
Aktivitäten	Jagd, Wildbeobachtung

Name	**Chisekera Hot Springs**
Größe	1 km^2
Lage	SO, Grenze zu Moçambique
Anfahrt	von Chiredzi 20 km nach O, dann 2 km nach N, auf schlechter Piste links 10 km weiter
PKW	nein
Gelände	Piste
Camps / Lodges	keine
Fauna	–
Flora / Landschaft	heiße Quelle
Aktivitäten	Wandern

Name	**Chizarira National Park**
Größe	2000 km^2
Lage	im SO des Karibasees
Anfahrt	75 km südlich von Binga
PKW	nein
Gelände	schlechte Pisten
Camps / Lodges	einfache Camps, Privatlodge am N-Eingang
Fauna	Büffel, Elefanten, Raubkatzen
Flora / Landschaft	Mopanewälder, Grassavanne, Schluchten
Aktivitäten	Wildbeobachtung, geführte Wanderungen
siehe Seite	387

Name	**Dande Safari Area**
Größe	500 km^2
Lage	im äußersten NO am Zambezi, Grenze zu Moçambique und Zambia
Anfahrt	über Chinhoyi oder Mvuri auf Pisten
PKW	nein
Gelände	Pisten
Camps / Lodges	Jagdkonzession, temporäre Camps
Fauna	Elefanten, Spitzmaulnashörner
Flora / Landschaft	Mopanewald
Aktivitäten	Jagd

Name	**Doma Safari Area**
Größe	–
Lage	unterhalb von Chewore, im N
Anfahrt	von Chinhoy 70 km Teer, 40 km Piste
PKW	nein
Gelände	Pisten
Camps / Lodges	Jagdkonzession, keine
Fauna	Elefanten
Flora / Landschaft	Mopanewälder, Busch
Aktivitäten	Jagd
siehe Seite	333

Name	**Ewanrigg Botanical Garden**
Größe	3 km^2
Lage	NO von Harare
Anfahrt	40 km in Richtung Bindura
PKW	ja
Gelände	Wanderwege
Camps / Lodges	keine
Fauna	–
Flora / Landschaft	Aloen, Zykaden
Aktivitäten	Wandern, Botanik
siehe Seite	314

Name	**Deka Safari Area**
Größe	500 km^2
Lage	S des Hwange National Park
Anfahrt	von Hwange 20 km nach S
PKW	nein
Gelände	nur geführte Touren
Camps / Lodges	Lodges
Fauna	Großwild
Flora / Landschaft	Mopanewälder
Aktivitäten	Wildbeobachtung, Jagd
siehe Seite	384

Name	**Gonarezhou National Park**
Größe	5000 km^2
Lage	SO an der Grenze zu Moçambique
Anfahrt	von Chiredzi 60 km erst nach O, dann nach S
PKW	nein
Gelände	schlecht unterhaltene Pisten
Camps / Lodges	Camps verschiede Kategorien, Lodges
Fauna	Elefanten, Flusspferde, Büffel
Flora / Landschaft	Flusslandschaft, Savannen
Aktivitäten	Wildbeobachtung
siehe Seite	489

Name	**Great Zimbabwe National Monument**
Größe	7,5 km^2
Lage	27 km südlich von Masvingo
Anfahrt	Asphalt
PKW	ja
Gelände	Spazierwege
Camps / Lodges	Lodges, Hotels, Camps
Fauna	–
Flora / Landschaft	Ruinen von Great Zimbabwe, UNESCO-Monument
Aktivitäten	Besichtigung
siehe Seite	353

Name	**Gweru Antelope Park**
Größe	–
Lage	bei Gweru / Richtung Bulawayo, am Fairmile Motel abbiegen, 10 km
Anfahrt	–
PKW	ja
Gelände	45 km Wanderwege
Camps / Lodges	keine
Fauna	Raubkatzen (eingezäunt), Antilopen
Flora / Landschaft	Parklandschaft
Aktivitäten	Wandern
siehe Seite	344

Name	**Haroni und Rusitu Forest**
Größe	2 km^2
Lage	S von Chimanimani National Park
Anfahrt	schlechte Piste
PKW	nein
Gelände	Pisten
Camps / Lodges	keine
Fauna	Vögel
Flora / Landschaft	Regenwald im Tiefland, Orchideen
Aktivitäten	Botanik, Vogelbeobachtung
siehe Seite	483

Name	**Hartley Safari Area**
Größe	700 km^2
Lage	N von Kadoma
Anfahrt	ab Kadoma 40 km auf schlechter Piste
PKW	nein
Gelände	Pisten
Camps / Lodges	keine
Fauna	Großwild
Flora / Landschaft	Mopanewald
Aktivitäten	Jagd

Name	**Hurungwe Safari Area**
Größe	2900 km^2
Lage	N: zwischen Karibasee und Mana Pools National Park
Anfahrt	100 km von Kariba
PKW	nein
Gelände	–
Camps / Lodges	Jagdkonzession, keine
Fauna	Großwild
Flora / Landschaft	Gebirgslandschaft im W, Galeriewälder am Zambezi
Aktivitäten	Jagd, Wandern
siehe Seite	404

Name	**Hwange National Park**
Größe	15 000 km^2
Lage	NW an der Grenze zu Botswana
Anfahrt	an der Straße Bulawayo – Victoria Falls
PKW	ja
Gelände	teils gut befahrbar in der Trockenzeit, teils sandig
Camps / Lodges	Camps und Lodges
Fauna	dichteste Tierpopulation weltweit
Flora / Landschaft	Mopane im N, Kalahari im S
Aktivitäten	Wildbeobachtung, Reitsafaris, Wanderungen
siehe Seite	414

Name	**Imire Game Ranch**
Größe	–
Lage	75 km südöstlich von Harare
Anfahrt	Asphalt in Richtung Mutare
PKW	ja
Gelände	nur geführte Touren
Camps / Lodges	Sable-Lodge
Fauna	Antilopen
Flora / Landschaft	Savanne
Aktivitäten	Farmrundfahrt, ökologische Wild- und Nutzviehhaltung
siehe Seite	454

Name	**Iwaba Wildlife Estate**
Größe	100 km^2
Lage	60 km nordöstlich von Kwekwe
Anfahrt	Straße nach Shamwari 14 km nordöstlich von Harare, 35 km weiter Abzweigung nach N zum Camp, 10 km
PKW	ja
Gelände	nur geführte Touren
Camps / Lodges	–
Fauna	Elefanten, Antilopen, Nashörner
Flora / Landschaft	Mopanewald, Flussvegetation
Aktivitäten	Wildbeobachtung, Wandersafaris

Name	**Khame Ruins National Monument**
Größe	1,5 km^2
Lage	22 km westlich von Bulawayo
Anfahrt	–
PKW	ja
Gelände	Spazierwege
Camps / Lodges	Camp
Fauna	–
Flora / Landschaft	–
Aktivitäten	Besichtigung

Name	**Kazuma Pan National Park**
Größe	300 km^2
Lage	SW, Matabeleland
Anfahrt	von Victoria Falls Richtung Bulawayo ca. 50 km, dann rechts an Matetsi vorbei auf Piste ca. 45 km
PKW	nein
Gelände	schwere Pisten
Camps / Lodges	einfache Camps
Fauna	alle, geringe Stückzahl
Flora / Landschaft	Mopanewald, Salzpfannen
Aktivitäten	Wildbeobachtung
siehe Seite	384

Name	**Lake Chivero Recreational Park,** s.u. McIlwaine Recreational Park

Name	**Lake Cunningham Recreational Park**
Größe	40 km^2
Lage	O von Bulawayo
Anfahrt	99km von Bulawayo Richtung Zvishavane, dann ca. 30 km nach N
PKW	ja
Gelände	–
Camps / Lodges	keine
Fauna	–
Flora / Landschaft	Seenlandschaft
Aktivitäten	Angeln, Wandern
siehe Seite	346

Name	**Lake Kariba Recreational Park**
Größe	2830 km^2
Lage	NW des Landes
Anfahrt	ab Victoria Falls (schlechter Straßenzustand) oder Harare (Asphalt)
PKW	ja
Gelände	Straßen / Pisten untersch. Kategorie
Camps / Lodges	Camps, Lodges, Hotels
Fauna	Elefanten am Karibasee, Fische, Vögel, Büffel
Flora / Landschaft	See, Inseln, Galeriewälder
Aktivitäten	Wildbeobachtung per Boot, Angeln, Wassersport
siehe Seite	397

Name **Lake Kyle Recreational Park,** s.u. Lake Mutirikwe Recreational Park

Name **Lake Manyame Recreational Park**
Größe 110 km^2
Lage W von Harare
Anfahrt von Harare 41 km Asphalt Richtung Norton
PKW ja
Gelände Wanderwege
Camps / Lodges keine
Fauna –
Flora / Landschaft Seenlandschaft am Darwendale Dam
Aktivitäten Angeln, Wandern
siehe Seite 330

Name **Lake Matobo Recreational Park**
Größe 20 km^2
Lage N des Matobo National Park
Anfahrt Straße nach Bulawayo
PKW ja
Gelände Pisten
Camps / Lodges keine, nur im Matobo National Park
Fauna –
Flora / Landschaft Granithügel
Aktivitäten Wandern
siehe Seite 441

Name **Lake Mushandike Sanctuary**
Größe 1300 km^2
Lage 27 km westlich von Masvingo
Anfahrt Straße Bulawayo–Masvingo
PKW –
Gelände –
Camps / Lodges Zeltplatz
Fauna Nashörner, Antilopen
Flora / Landschaft ruhige Seenlandschaft
Aktivitäten Wildbeobachtung
siehe Seite 347

Name **Lake Mutirikwe Recreational Park**
Größe 170 km^2
Lage SO von Masvingo, N von Great Zimbabwe
Anfahrt ab Masvingo 35 km zum nördlichen Eingang, ab Great Zimbabwe 10 km zum südlichen
PKW ja
Gelände Wanderwege
Camps / Lodges Camps, Lodges
Fauna „Tierpark" mit allen Wildarten
Flora / Landschaft Seenlandschaft
Aktivitäten Wandern, Angeln

Name	**Lake Robertson Recreational Park,** s.u. Lake Manyame Recreational Park

Name	**Malapati Safari Area**
Größe	162 km^2
Lage	S des Gonarezhou National Park
Anfahrt	s. Gonarezhou National Park
PKW	nein
Gelände	Pisten
Camps / Lodges	keine
Fauna	s. Gonarezhou National Park
Flora / Landschaft	Galeriewald, Flusslandschaft
Aktivitäten	z.Zt. ungenutzt

Name	**Mana Pools National Park**
Größe	2200 km^2
Lage	N am Zambezi zwischen den Safarigebieten Hurungwe und Sapi
Anfahrt	von Chinhoyi nach N auf Asphalt bis Marongora, dann Piste
PKW	fast überall ja
Gelände	gut unterhaltene Pisten
Camps / Lodges	Lodges und Camps
Fauna	Schwarze Nashörner, alle Großwildarten
Flora / Landschaft	Mahagoni, Ebenholz, Feigenbäume, Akazien
Aktivitäten	UNESCO-Monument, Wandern, Angeln, Kanutouren, Wildbeobachtung
siehe Seite	405

Name	**Manjinji Bird Sanctuary**
Größe	3 km^2
Lage	S des Gonarezhou National Park
Anfahrt	s. Gonarezhou National Park
PKW	nein
Gelände	Pisten
Camps / Lodges	keine
Fauna	Vögel
Flora / Landschaft	Salzpfanne
Aktivitäten	Vogelbeobachtung
siehe Seite	492

Name	**Manjirenji Recreational Park**
Größe	35 km^2
Lage	SO-Zimbabwe
Anfahrt	60 km nördlich von Chiredzi Richtung Zaka, dann 12 km Piste nach O
PKW	Anfahrt ja
Gelände	Wanderwege
Camps / Lodges	keine
Fauna	kaum Wild
Flora / Landschaft	Wälder, Seenlandschaft
Aktivitäten	Wandern, Angeln
siehe Seite	494

Name	**Matetsi Safari Area**
Größe	3000 km^2
Lage	NW-Zimbabwe
Anfahrt	von Victoria Falls ca. 35 km Asphalt Richtung Kasane, dann Piste
PKW	nur in der Trockenzeit
Gelände	Pisten
Camps / Lodges	im N-Teil Lodges
Fauna	Elefanten, Büffel, Löwen
Flora / Landschaft	Mopanebusch, Kalaharivegetation
Aktivitäten	Wildbeobachtung, im S-Teil Jagd
siehe Seite	383

Name	**Matobo National Park**
Größe	425 km^2
Lage	35 km S Bulawayo
Anfahrt	Asphalt
PKW	Anfahrt ja, im Park je nach Pistenzustand
Gelände	Pisten
Camps / Lodges	Camps, Lodges
Fauna	Nashörner, Leoparden, Felsenadler
Flora / Landschaft	Granithügellandschaft
Aktivitäten	Wildbeobachtung, Wandern, Reiten, Fischen
siehe Seite	383

Name	**Matopos Hills National Park,** s.u. Matobo National Park

Name	**Matusadona National Park**
Größe	1400 km^2
Lage	am Karibasee
Anfahrt	von Karoi auf Asphalt, nach 40 km auf schlechter Piste (insgesamt ca. 250 km) nach Tashinga
PKW	nein
Gelände	Pisten, Wanderwege
Camps / Lodges	Camps, Lodges
Fauna	250 Vogelarten, Geparde, Elefanten, Büffel
Flora / Landschaft	Mopanewald
Aktivitäten	Wandern, Angeln, Kanufahren
siehe Seite	390

Name	**Mawari Raphia Palm Botanical Reserve**
Größe	0,35 km^2
Lage	NO-Zimbabwe
Anfahrt	Von Chinhoyi 125 km nach NO, ab Guruve 40 km nach O
PKW	ja
Gelände	Fußwege
Camps / Lodges	keine
Fauna	–
Flora / Landschaft	Raphiapalmen
Aktivitäten	Botanik

Name	**Mbaze Pan Sanctuary**
Größe	0,4 km^2
Lage	S-Zimbabwe zwischen Bulawayo und Kwekwe
Anfahrt	Von Bulawayo 160 km nach N auf Asphalt, ab Nkayi 30 km nach NW auf Piste
PKW	ja
Gelände	Wege
Camps / Lodges	keine
Fauna	Vögel
Flora / Landschaft	Salzpfannenvegetation
Aktivitäten	Vogelbeobachtung

Name	**McIlwaine Recreational Park**
Größe	60 km^2
Lage	westlich von Harare
Anfahrt	30 km auf Asphalt Richtung Bulawayo
PKW	ja
Gelände	–
Camps / Lodges	Camps und Lodges
Fauna	im eingezäunten Wildgehege alle Arten
Flora / Landschaft	Steppenlandschaft
Aktivitäten	Wildbeobachtung, Wassersport, Angeln, Reiten
siehe Seite	328

Name	**Mtarazi Falls National Park**
Größe	25 km^2
Lage	S des Nyanga National Park
Anfahrt	von Nyanga 30 km auf Asphalt nach S, dann 20 km auf fester Piste
PKW	ja
Gelände	Wanderweg
Camps / Lodges	Zeltplatz
Fauna	–
Flora / Landschaft	höchster Wasserfall Zimbabwes
Aktivitäten	Wandern
siehe Seite	475

Name	**Mushandike Sanctuary**, s.u. Lake Mushandike Sanctuary

Name	**Mutirikwe Recreational Park**, s.u. Lake Mutirikwe Recreational Park

Name	**Ngezi Recreational Park**
Größe	60 km²
Lage	SW von Harare
Anfahrt	abseits der Strecke Harare – Chivu, 50 km befestigte Piste
PKW	ja
Gelände	befestigte Pisten
Camps / Lodges	Camps, Lodges
Fauna	Krokodile
Flora / Landschaft	Seenlandschaft
Aktivitäten	Wildbeobachtung, Angeln
siehe Seite	342

Name	**Nyanga National Park**
Größe	3500 km²
Lage	SO von Harare
Anfahrt	Asphalt von Rusape
PKW	auf Hauptrouten
Gelände	Asphalt, Pisten, Wanderwege
Camps / Lodges	Camps, Lodges
Fauna	Antilopen, Vögel, Leoparden
Flora / Landschaft	reich bewaldete Gebirgslandschaft, Flüsse, Stauseen, Ruinen
Aktivitäten	Wandern, Ponytouren, Rafting, Klettern, Kajakfahren
siehe Seite	471

Name	**Nyazengu Private Nature Reserve**
Größe	20 km²
Lage	vom Mare Camp im Nyanga National Park auf 12 km Piste
Anfahrt	–
PKW	nein
Gelände	schwere Piste, Wanderwege
Camps / Lodges	Zeltplätze
Fauna	wie Nyanga
Flora / Landschaft	wie Nyanga
Aktivitäten	Wandern
siehe Seite	474

Name	**Rhodes Nyanga National Park**, s.u. Nyanga National Park

Name	**Sapi Safari Area**
Größe	1200 km²
Lage	N-Zimbabwe, östlich Mana Pools National Park
Anfahrt	Straße Kariba-Mana Pools-Mushumbi Pools passiert die Area
PKW	nein
Gelände	nur geführte Touren
Camps / Lodges	Jagdkonzession, temporäre Camps
Fauna	alles, UNESCO-Monument
Flora / Landschaft	Orchideen, Sumpfflora, Steppenvegetation, Mopane
Aktivitäten	Jagd
siehe Seite	410

Name	**Sebakwe Recreational Park**
Größe	26 km^2
Lage	S von Harare
Anfahrt	39 km Asphalt und 13 km Piste von Kwekwe nach O
PKW	ja
Gelände	Pisten, Wanderwege
Camps / Lodges	Camps
Fauna	Krokodile, Vögel
Flora / Landschaft	Seenlandschaft
Aktivitäten	Angeln, Wandern
siehe Seite	339

Name	**Sibilobilo Safari Area**
Größe	22 km^2
Lage	Karibasee
Anfahrt	nicht zugänglich
PKW	–
Gelände	–
Camps / Lodges	keine
Fauna	Büffel, Rappenantilopen, Kudus
Flora / Landschaft	22 Inseln
Aktivitäten	nicht entwickelt, kein Besuch möglich

Name	**Tingwa Raphia Palm**
Größe	3 km^2
Lage	NO-Zimbabwe
Anfahrt	von Chinhoyi 125 km nach NO, ab Guruve 40 km nach O
PKW	ja
Gelände	Fußwege
Camps / Lodges	keine
Fauna	–
Flora / Landschaft	Raphia-Palmen
Aktivitäten	Botanik

Name	**Tshabalala Sanctuary**
Größe	11 km^2
Lage	bei Bulawayo
Anfahrt	10 km nach S Richtung Matobo
PKW	ja
Gelände	Straßen, Wanderwege
Camps / Lodges	keine
Fauna	Zebras, Antilopen
Flora / Landschaft	Steppenlandschaft
Aktivitäten	Wandern, Reiten
siehe Seite	438

Name	**Tuli Safari Area**
Größe	400 km^2
Lage	SW-Zimbabwe
Anfahrt	von Gwanda 50 km Asphalt, dann 90 km raue Piste
PKW	nein
Gelände	Pisten
Camps / Lodges	Camp
Fauna	Großwild
Flora / Landschaft	Steppenlandschaft
Aktivitäten	Jagd

Name	**Umfuli Recreational Park**
Größe	125 km^2
Lage	Zentral-Zimbabwe
Anfahrt	140 km von Harare nach W, dann 20 km Piste von Chakari nach N
PKW	–
Gelände	–
Camps / Lodges	keine
Fauna	–
Flora / Landschaft	–
Aktivitäten	–

Name	**Umfurudzi Safari Area**
Größe	76 000 ha
Lage	NO von Harare
Anfahrt	100 km Asphalt und 10 km Piste über Shamva
PKW	Anfahrt ja
Gelände	
Camps / Lodges	ja
Fauna	Antilopen, Fische
Flora / Landschaft	Seenlandschaft
Aktivitäten	Wandern, Reiten Fischen
siehe Seite	330

Name	**Victoria Falls National Park**
Größe	23 km^2
Lage	NW an Grenze zu Zambia
Anfahrt	von Francistown oder Kasane (Botswana) auf Asphalt
PKW	ja
Gelände	teils Asphalt, teils Pisten
Camps / Lodges	Lodges, Hotels, Camps
Fauna	Elefanten
Flora / Landschaft	Victoriafälle (UNESCO-Monument), teils tropischer Regenwald
Aktivitäten	Wandern, Rafting, Bungee, Ultralight, Reiten etc.
siehe Seite	366

Name	**Vumba Botanical Garden u. Vumba Forest Botanical Reserve**
Größe	7,4 km^2
Lage	O-Zimbabwe
Anfahrt	27 km südlich von Mutare
PKW	ja
Gelände	Wanderwege
Camps / Lodges	Camp
Fauna	Ducker, Buschschweine, Vögel
Flora / Landschaft	immergrüner Bergwald
Aktivitäten	Wandern
siehe Seite	464

Name	**Zambezi National Park**
Größe	560 km^2
Lage	NW-Zimbabwe
Anfahrt	an der Straße Victoria Falls–Kasane
PKW	abseits der Hauptstraße: nein
Gelände	–
Camps / Lodges	Lodges, Camps
Fauna	Flusspferde, Elefanten
Flora / Landschaft	Mopanewald, Flussvegetation
Aktivitäten	Wildbeobachtung, Angeln
siehe Seite	381

Die Schutzgebiete am Karibasee sind auch mit dem Boot zu erreichen

Verhalten im Busch

In den vielen Parks und abgelegenen Gegenden der beiden Länder muss der Buschreisende sich an einige Regeln halten:

- Die Flora darf nicht beschädigt oder gepflückt werden.
- Das Sammeln von Feuerholz ist in den geschützten Gebieten verboten (meist gibt es Holz gebündelt an den Eingängen zu kaufen), im freien Busch sollte man ebenfalls darauf verzichten, da es erstens über Fäulnisprozesse wieder dem Boden zugute kommt und zweitens für die Einheimischen eine lebensnotwendige Ressource ist (sie benötigen es selbst oder verkaufen es an Durchreisende).
- Feuerstellen müssen immer beaufsichtigt werden, damit kein Buschbrand entstehen kann. Das Feuer sollte nur so groß wie tatsächlich notwendig sein, bei Verlassen des Camps ist es zu löschen.
- Wild darf nicht verschreckt werden, ein gebührender Abstand ist einzuhalten, die Zerstörung von Tierbauten oder Entfernung z.B. von Vogeleiern ist untersagt und unnötig. Die Verfolgung von Tieren mit dem Kfz ist verboten.
- Hunde sind in den meisten Parks und Safarigebieten verboten.
- In den Camps sollte man nicht lärmen oder laut Musik hören, auch wenn das Nachbarlager Kilometer entfernt ist – ungewohnte Geräuschkulissen verschrecken die Tierwelt.
- Jeglicher Abfall ist mitzunehmen, soweit nicht für Entsorgungsmöglichkeiten gesorgt ist. Das Vergraben von Abfällen ist verboten und kann zum Tode von Tieren führen, wenn diese ihn wieder ausgraben und sich an Splittern oder scharfen Kanten verletzen.
- Alles was in den Park mitgebracht wurde, ist wieder aus der Wildnis herauszubringen (d.h. alles, was nicht den Weg durch den Magen gefunden hat).
- Sind keine Latrinen vorhanden, wird ein Loch gegraben, das der Notdurftverrichtung dient. Das benutzte Toilettenpapier wird anschließend nicht mit dem Rest mit Erde / Sand bedeckt, sondern in der Kuhle verbrannt. Erst dann wird das Loch geschlossen.
- Bei Unfällen zwischen Kraftfahrzeugen und Tieren ist der nächstliegende Rangerposten zu informieren.
- Man sollte nicht zögern, bei Schwierigkeiten die Ranger um Hilfe zu bitten.

Sonstiges

Behinderte

Spezielle, behindertengerechte Einrichtungen findet man in beiden Ländern nicht oder nur in den internationalen Hotels. Öffentliche Verkehrsmittel mit ihrer bedrängenden Enge sind für behinderte Reisende sicherlich nicht geeignet. Bei von Veranstaltern organisierten Rundtouren dürfte es aber kein Problem geben, auch einen Rollstuhl unterzubringen und den behinderten Mitreisenden entsprechend zu betreuen. Generell sind die ungepflasterten Straßen und Wege, die überquellenden Märkte etc. nicht ideal für Rollstuhlfahrer, aber da die meisten Afrikaner ein wesentlich normaleres und selbstverständliches Verhältnis zu körperlichen Behinderungen haben als wir Europäer, wird fast immer tatkräftig geholfen, wenn es Probleme gibt. Geistig behinderten Menschen gegenüber hegen viele Einheimische hingegen eine gewisse Scheu, denn diese „Krankheit" wird in der traditionellen Kultur mit dem Wirken magischer oder göttlicher Kräfte in Verbindung gebracht.

Deutsche, Österreichische und Schweizer Botschaften und Konsulate

Deutsche Botschaft,
Professional House, Broadhurst,
Segodithsane Way, P.O. Box 315,
Gaborone,
✆ 353 1443, ☏ 353038.

Für Österreicher und Schweizer in Botswana sind die jeweiligen Vertretungen in Südafrika zuständig:

Schweizer Botschaft,
818, George Avenue, Arcadia, Pretoria,
✆ 012-437788, Fax 342 1819;

Schweizer Generalkonsulat,
21, Cradock Avenue, Cradock Heights, Johannesburg, ✆ 011-442 7500, Fax 442 7891;

Österreichische Botschaft,
405, Church Street, Apollo Centre, Pretoria,
✆ 012-322 7790, Fax 322 7793.

Österreichisches Generalkonsulat,
109, Duncan Street, Waterkloof, Johannesburg, Südafrika, ✆ 012-463361, Fax 462483;

Deutsche Botschaft,
14, Samora Machel Avenue, P.O. Box 2168, Harare, ✆ 04-731955, Fax 790680.

Schweizer Botschaft,
9, Larnak Road, Harare,
✆ 04-703997, Fax 794925.

Österreichische Botschaft,
New Shell House, room 216, 30 Samora Machel Avenue, ✆ 04-702921.

Elektrizität

Das Stromnetz von Botswana und Zimbabwe arbeitet mit 220V. Die Steckdosen entsprechen zumeist britischem Standard (drei rechteckige Buchsen im Dreieck angeordnet). Deshalb sollte man unbedingt einen Steckdosenadapter dabeihaben (in Ausrüstungsshops zu kaufen).

Homosexualität

Homosexualität wird in den Ländern des südlichen Afrika als ein Phänomen der weißen Gesellschaft angesehen; in den traditionellen afrikanischen Kulturen gilt sie als nicht existent. In Zimbabwe sind homosexuelle Beziehungen sogar strafbar. Für internationales Aufsehen sorgte ein Verbot des Infostandes von Schwulen und Lesben anlässlich der Buchmesse von Harare 1995, das trotz internationaler Proteste von Mugabe durchgesetzt wurde. Die Regierung wird mit ihrer Ablehnung von großen Teilen der Bevölkerung unterstützt. Schwule oder lesbische Paare tun daher besser daran, ihre Liebe nicht öffentlich zur Schau zu stellen.

Öffnungszeiten der Geschäfte

Sowohl in Botswana als auch in Zimbabwe haben die Geschäfte Mo–Fr von 8 oder 9–13 Uhr und von 14–17 oder 20 Uhr, Sa von 8 oder 9–13 Uhr geöffnet.

In großen Städten haben Supermärkte auch längere Öffnungszeiten, auf dem Land haben kleine „Tante-Emma-Läden" sogar bis tief in die Nacht auf, verlassen sollte man sich darauf aber nicht.

Sprache

In **Botswana** ist die offizielle Landessprache (noch) Englisch. Sie wird auf Behörden und von einem Großteil der Bevölkerung gesprochen, die Medien benutzen ebenfalls das Englische als Hauptsprache. Setswana ist die Hauptstammessprache. Zur Zeit wird überprüft, ob auch Setswana als Amtssprache zugelassen werden soll.

In **Zimbabwe** sind die offiziellen Landessprachen Englisch, Shona und Ndebele. In den Städten und auf Behörden kommt man mit Englisch auf alle Fälle durch, auf dem Land wird man immer jemanden finden, der ins Englische übersetzen kann.

Ein Sprachführer findet sich im Anhang.

Trinkgeld

Das Lohnniveau in Botswana und Zimbabwe ist außerordentlich niedrig. Ein schwarzer Führer in einer Lodge – eine überaus privilegierte Position – verdient im Monat um 500 DM, ein Farmarbeiter weit unter 100 DM, ein Hotelangestellter liegt in etwa zwischen diesen beiden. Damit ist das Trinkgeld eine willkommene Einkommensaufbesserung und wird erwartet (es ist von den touristischen Institutionen bei der Gehaltsfindung schon eingeplant). Unsinnig ist aber die „10%-Klausel", die überall herumgeistert. Wer in einem Edelrestaurant speist, ist nicht gut beraten, 10% der Rechnungssumme zu verteilen. Das Trinkgeld hängt von der Dienstleistung ab, die man in Anspruch nimmt. Ein Führer in einer Lodge, der sich persönlich um die Gäste kümmert, sie morgens und abends auf den Wildfahrten begleitet und nachts auf ihr Zimmer eskortiert (wegen der wilden Tiere mit einem Gewehr), wird pro Tag etwa 10–20 DM erwarten. Ein Taxifahrer, der eine innerstädtische Strecke absolviert hat, ist mit 5–10% des Fahrpreises zufrieden (je höher der Fahrpreis, desto weniger); wenn der Wagen für eine ganztägige Ausflugsfahrt gemietet wurde, sind höchstens 10 DM als Trinkgeld angemessen. Ein Zimmermädchen bekommt etwa 1–2 DM pro Tag, ein Gepäckträger ungefähr 0,50 DM pro Gepäckstück in den internationalen Hotels, auf Busbahnhöfen wesentlich weniger (0,10–0,20 DM). Viele Hotels auf dem Land und Lodges besitzen eine Tipp-Box, eine überaus sinnvolle Einrichtung. Man gibt das gesamte Trinkgeld am Tag der Abreise hinein, muss sich nicht mit Kleingeld herumärgern und hat die Gewissheit, dass auch der Teil des Personals, der ohne Gästekontakt im Hintergrund für das Wohlergehen sorgt, etwas vom Kuchen abbekommt. Der oben angesprochene Führer erhält allerdings als einziger ein zusätzliches Trinkgeld.

Verhaltenstipps

Neben den allgemeinen Sicherheitsvorkehrungen sollten einige für beide Länder geltende Besonderheiten berücksichtigt werden. Sowohl Botswana als auch Zimbabwe waren in der Vergangenheit Leidtragende der Apartheidspolitik Südafrikas. Diese Politik hat auf zwei Ebenen gewirkt. Zum einen wurde die schwarze Bevölkerung in Armut und Unwissen gehalten, zum anderen waren ihr geographisch nur bestimmte Teile der Länder zugänglich. Erst 1966 wurde Botswana in die Unabhängigkeit entlassen, während Zimbabwe die ersten freien Wahlen 1980 abhielt. Was in Hunderten von Jahren an Strukturen angelegt wurde, kann nicht in wenigen Jahrzehnten umgedreht werden. Deshalb ist der Großteil der weißen Bevölkerung vermögend, der Großteil der schwarzen Bevölkerung aber arm. Aufgrund dieses Missverhältnisses kommt es immer wieder zu Spannungen zwischen Weiß und Schwarz, denn die Hautfarbe ist mit ein Synonym für Reichtum bzw. Armut, und die Klassenschranken fallen teilweise mit der Hautfarbe zusammen. Jeder Weiße gilt mithin als reich, besonders Touristen, die zu ihrem Vergnügen in der Weltgeschichte herumfahren können (sei es auch nur mit dem Rucksack). Es ist nicht so, dass die Menschen Reisenden mit Misstrauen oder gar Aggressivität begegneten, aber die Verhältnisse sind immer klar definiert. Deshalb sollte man **mit seinem Besitztum nicht protzen** oder ihn zur Schau stellen. Schlimmstenfalls führt ein solches Verhalten zum Verlust der Barschaft oder des Reisegepäcks, denn es zieht notwendigerweise Diebe an, und der Beutezug wird von großen Teilen der Bevölkerung nur als Kavaliersdelikt und vielleicht sogar als „gerechte Umverteilung“ angesehen. Davon abgesehen vertieft arrogantes Auftreten die ohnehin große Kluft zwischen Weiß und Schwarz und die gegenseitigen Vorurteile.

Auf dem Land ist man immer wieder mit der **Bitte um Geschenke** konfrontiert. Geschenke zu geben ist zwar in Ordnung, nur sollte eine konkrete Gegenleistung damit verbunden sein, eine Information, eine Hilfe etc. Durch das Land zu fahren und wild mit Geschenken um sich zu werfen, führt zu einem Fehlverhalten der Empfangenden, das erst der nächste Besucher erfährt, auf den wild eingestürmt wird.

Im Busch wird man auch immer wieder auf Dörfer treffen, deren Bewohner **medizinische Hilfe** brauchen. Wer kein Arzt ist, sollte die Finger davon lassen. Zu oft haben sich gutgemeinte Ratschläge in ihr Gegenteil verkehrt, die Menschen sind nach der Behandlung kränker gewesen als vorher. Wer es nicht lassen kann, sollte sich auf eine Tagesdosis Aspirin beschränken oder auf das Verbinden von Wunden, Arzneien wie Antibiotika sind absolut tabu.

Eine strenge **Kleiderordnung** existiert nicht. Im Busch kann man sich anziehen, wie man lustig ist. In den Städten bei Behördenbesuchen ist eine etwas formellere Kleidung sicherlich hilfreich. In den internationalen Hotels werden zum Dinner teilweise lange Hosen und Hemd bei den Herren verlangt, die Damen sind dann in Shorts und Top ungern gesehen. In den Städten sollten Frauen abseits des Hotel-Pools auch eine Knie und Oberkörper bedeckende Form der Kleidung wählen.

Das **angemessene Fotografierverhalten** unterscheidet sich nicht von dem in anderen Ländern. Wer Tiere abbilden will, liest den Absatz über wilde Tiere, wer Menschen aufs Foto bannen will, muss vorher fragen. Es ist eine absolute Unart, jemanden ohne Erlaubnis zu fotografieren. Von Allem, was in irgendeiner Form auch nur minimal von militärischer Bedeutung sein könnte, sollte man keine Fotos machen – auch nicht an Flugplätzen (außer den Landepisten im Busch) oder an den Grenzeinrichtungen. Es kann sonst passieren, dass man in Diskussionen mit der Polizei oder dem Miltär verwickelt wird, dass der Film beschlagnahmt oder man schlimmstenfalls verhaftet wird.

Wilde Tiere

Wer im Busch und in den Nationalparks unterwegs ist, begegnet vielen wilden Tieren, von Löwen über Elefanten bis zu Krokodilen. „Wild" ist eigentlich ein falscher Begriff, da er etwas von Unberechenbarkeit verströmt. Tiere sind in 99% der Fälle berechenbar, und wenn man sich angemessen verhält, kommt es zu keinerlei Zwischenfällen. Die beiden wichtigsten Begriffe zur Einschätzung des Tierverhaltens sind **Fluchtdistanz** und **Fluchtlinie**. Ein Tier kann friedlich grasen und wird plötzlich zum Berserker, sobald man einen gewissen Abstand nicht einhält. Diese Abstandsstrecke ist von Tierrasse zu Tierrasse unterschiedlich, aber auch von Tier zu Tier, je nachdem, wie weit es an Menschen gewöhnt ist, die es betrachten, oder ob diese in einem Auto sitzen oder zu Fuß unterwegs sind (die Wildhüter wissen darüber Bescheid). Nun kann es aber auch passieren, dass man außerhalb der normalen Fluchtdistanz steht und ein Tier dennoch angreift. Man kann relativ sicher sein, dass das Tier sich dann in die Enge getrieben fühlt und keinen anderen Ausweg mehr sieht. Ihm fehlt der Fluchtweg. Flusspferde haben z.B. einen Fluchtweg, der auf direktem Wege zum Wasser führt. Ist dieser versperrt, nützt es gar nichts, dass es hinter sich Meilen um Meilen freie Fläche hat – es wird zur Attacke übergehen.

Prinzipiell muss man auf die Anweisungen der Wildhüter hören, sie kennen die Gegend wie ihre Westentasche und können die Tiere abschätzen. Wer alleine unterwegs ist, muss größte Sorgfalt walten lassen und darf nicht wegen eines Fotos für den Dia-Abend zu Hause sein Leben riskieren.

Zauberei und traditionelle Medizin

Zauberei und traditionelle Medizin nehmen in der Gesellschaft einen hohen Rang ein und bilden einen wichtigen Gegenpol zur westlich organisierten Administration und Gesetzgebung.

Die meisten weißen und schwarzen Südafrikaner sind christlich erzogen und praktizieren ihre Religion auch. In der schwarzen Bevölkerung ist das Christentum jedoch stark mit traditionellen Glaubensinhalten aus vorchristlicher Zeit durchmischt. Dies gilt nicht nur für die unteren, sondern auch für die oberen Bevölkerungsschichten. Auch Weiße wenden sich gelegentlich an traditionelle Heiler, sobald sie einmal die Wirkung der traditionellen Medizin (wobei dieser Begriff sehr weit gefasst ist und auch Verzauberung beinhaltet) erlebt haben. Außenstehenden mögen manche Glaubensvorstellungen und -praktiken lächerlich erscheinen, doch sollte man sich hüten, dies auch zu äußern. Es ist nicht nur arrogant, sich über den Glauben anderer lustig zu machen, sondern spricht geradezu für die Borniertheit des Betrachters, der Traditionen aus ihrem Zusammenhang reißt und nicht in der Lage ist, deren Relevanz für das jeweilige Kultursystem zu akzeptieren. Näheres zur Religion s.S. 136 und 267.

Zeitverschiebung

Für beide Länder gilt im europäischen Winter die **MEZ** (Mitteleuropäische Zeit) **+ 1 Stunde**. Während unserer Sommerzeit gilt in Europa die gleiche Zeit wie in Botswana / Zimbabwe.

Die MEZ entspricht der **UTC** (Universal Time Coordinated) + 1 Stunde (MEZ-Sommerzeit: UTC + 2 Std.), so dass in Botswana / Zimbabwe also UTC + 2 Stunden gilt. Südafrika hat die gleiche Zeit wie Zimbabwe / Botswana, Namibia stellt von April bis Okt. die Uhren um eine Stunde zurück und liegt damit während dieser Zeit eine Stunde hinter Botswana, Zimbabwe und Mitteleuropa zurück.

Botswana und seine Bewohner

Das Gebiet des heutigen Botswana wird seit 3000 Jahren bevölkert. Die Urbevölkerung bestand aus Khoi, die sich der Viehzucht widmeten, und aus San, Jägern und Sammlern. Vor ca. 1500 Jahren drangen bantusprachige Gruppen, die Landwirtschaft betrieben und schon die Eisenbearbeitung kannten, in das Gebiet vor. Sie kamen hauptsächlich aus den alten Königreichen Zimbabwes und aus der heutigen südafrikanischen Provinz Gauteng. Obwohl es im 19. Jahrhundert immer wieder zu Kämpfen mit vordringenden Buren kam und Missionare ihrer Arbeit nachgingen, beginnt die eigentliche Kolonialzeit erst 1885, als die Briten das als Betschuanaland bekannte Gebiet zum Protektorat erklärten. 1966 erhielt Botswana die Unabhängigkeit. Wegen seiner Binnenlage war und ist es auf gute Beziehungen zu den Nachbarländern angewiesen.

Die Fläche Botswanas misst 580 000 km^2, auf ihr leben ca. 1,7 Mill. Menschen (2,6 Einwohner/km^2). Zum Vergleich: Deutschland hat 360 000 km^2 und 82 Mill. Menschen (230 Einwohner/km^2). Da weite Flächen Botswanas Wüste sind und sich die Menschen in den wenigen fruchtbaren Zentren angesiedelt haben, tendiert die Einwohnerzahl im größten Teil des Landes gegen Null.

Das Land lebt mehr oder weniger von den reichen Bodenschätzen, vor allem von der Diamantenförderung. Die Diamantenausfuhr nimmt fast 70% des gesamten Exportvolumens ein. In den letzten Jahren gewinnt der Tourismus volkswirtschaftlich aber zusehends an Bedeutung. Haupthandelspartner sind die Europäische Union und der südafrikanische Raum.

Botswana ist eine stabile Präsidialrepublik mit einem Parlament und einem House of Chiefs, das beratende Funktion hat und die Belange der einzelnen Stämme vorbringen soll.

Die größte Fläche des Landes wird geologisch der Kalahari zugerechnet, die eher Halbwüste als Wüste ist. Der gesamte Westen und Süden ist buschbestanden, nur nach Norden und Osten (Okavango) breitet sich eine reichere Vegetation aus. Hier gibt es auch eine einzigartige Vielfalt von Wild. Wegen der geringen Bevölkerung und der frühzeitigen Erklärung weiter Gebiete zu geschützten Zonen finden die Tiere ideale Lebensbedingungen vor – Grundvoraussetzung für den hochklassigen Tourismus.

Geographie

Botswana erstreckt sich von Ost nach West auf 1100 km zwischen dem 20. und 29. Längengrad (Ost) und von Nord nach Süd auf fast 1000 km zwischen dem 18. und 27. Breitengrad (Süd). Es grenzt im Osten an Zimbabwe, im Süden an Südafrika, im Westen an Namibia und im Norden an Namibia und auf kurzer Strecke an Zambia. Der Hauptfluss des Landes ist der Okavango, der drittgrößte Fluss des südlichen Afrika; er versickert in einem Binnendelta. An der südlichen Grenze fließt der Malopo und an der südöstlichen der Limpopo. Der Nossob im Südwesten (die Grenze zum südafrikanischen Kalahari Gemsbok Park) und der Boteti (der das Okavango-Delta mit den Salzpfannen Sowa und Ntwetwe im Nordosten verbindet) sind Trockenflusstäler, die nur in guten Regenjahren Wasser führen.

Das Land ist bis auf wenige **Berge** flach und besitzt eine durchschnittliche Seehöhe von 1100 m. Die einzigen Erhebungen sind im Westen die Aha und Tsodilo Hills und die Ghanzi-Bergkette, im Osten die Tswapong, Mokgware und Shoshong Hills und im Südosten der Otse Peak, mit fast 1500 m Seehöhe der höchste Berg des Landes. Am tiefsten liegt die Makgadikgadi-Region mit ca. 900 m. Das umliegende **Kalahari-Becken** ist durchschnittlich 1000 m hoch und steigt in Richtung Namibia unmerklich auf ca. 1200 m an. 70% der Landesfläche werden der Halbwüste Kalahari zugerechnet. Sie ist ein Becken, das mit einer bis zu 100 m hohen Sandschicht gefüllt ist, die sich im ganzen Land immer wieder zu Dünen auftürmt – vornehmlich aber im äußersten Süd- und Nordwesten sowie im Nordosten. In Zentralbotswana herrschen flache Sandfelder vor.

Die Sande der Kalahari wurden wohl durch Winde nach einer Feuchtperiode vor ca. 15 000 Jahren abgelagert, als die Kalahari noch ein

Binnensee war. Aus dieser Zeit mit starken Regenfällen stammen auch die **Salzpfannen**, in denen sich in der nachfolgenden Verdunstungsperiode das Wasser sammelte, da sie niedriger lagen als das sie umgebende Land. Nach und nach verflüchtigte sich das Wasser auch hier, zurück blieb die Salzschicht. Eine weitere Ablagerung sind Sumpfreste, eine Mischung aus organischen und anorganischen Stoffen. Den Untergund des Kalaharibeckens bilden hauptsächlich jüngere Gesteinsschichten aus der Karoo-Zeit (vor 200 bis 300 Millionen Jahren) – Sandstein und Basalt, Schiefer und Kohle –, aber auch Quarzite, Sandsteine und Schiefer aus der Damara-, Waterberg- und Transvaal-Zeit von vor 700 bis 2200 Millionen Jahren. In etwa auf einer Nord-Süd-Achse durch die Landesmitte finden sich mehrere **Kimberlit-Felder**. Kimberlit ist vulkanischen Ursprungs und enthält Diamanten. Der Name Kimberlit stammt von dem berühmten, südafrikanischen Diamantenfundort Kimberley und benennt das Ergebnis eines geologischen Vorgangs: Durch vulkanische Aktivität wurde Magma in einem Schlot nach oben getrieben, und mit ihm wurden Diamanten transportiert. In den folgenden 2700 Millionen Jahren erstarrte das Magma, Erosion glättete die Oberfläche, und Ablagerungen überdeckten die Gebiete.

Nur im äußersten Osten des Landes treten die 3000 Millionen Jahre alten Gesteinsarten vulkanischen und metamorphen Ursprungs an die Oberfläche, ansonsten bleiben sie unter den jüngeren Gesteinsschichten verborgen. Diese alten Gesteinsschichten mit vielen Verwerfungen und Falten enthalten Kupfer und Nickel.

Geologisch interessant sind noch die zwei unter dem Okavango-Delta verborgenen Hauptverwerfungen im Norden des Landes – die Gumare- und Thamalakane-Verwerfungen. Sie gelten als Fortsetzung des ostafrikanischen Rift Valleys.

Einzigartig ist das **Okavango-Delta**, ein natürliches Bewässerungssystem, das in zwei Richtungen funktioniert. Es wird gespeist aus Zentral-Angola, wo am Bié-Plateau die Flüsse Cuato/Cubango und Cuito entspringen, die sich in Namibia zum Okavango vereinigen. Dieser fließt bei Shakawe nach Botswana und verästelt sich dort in die unzähligen Arme des Okavango-Deltas. In der Regenzeit fließen die Wassermassen nach Süden und füllen das Delta nach und nach auf, in guten Regenjahren erreicht das Wasser über den Trockenfluss Boteti sogar die Salzpfanne Ntwetwe in der Makgadikgadi-Region. In der Trockenzeit fließt das nicht verdunstete Wasser (es verbleiben lediglich 5%) langsam wieder nach Norden, das Delta leert sich. Durch diesen im Jahresrhythmus pulsierenden Vorgang ist im Bereich des Caprivi Strip eine dauernde Bewässerung gewährleistet. Tiere finden damit in der botswanischen Trockenzone durchgängig Bedingungen vor, die ein Überleben gewährleisten – deshalb der Tierreichtum.

Flora und Fauna

In Botswana gibt es drei Hauptvegetationstypen: Savanne, Wald/Forst und Grasland mit Sümpfen. Die Savanne wird weiter unterteilt in Mopane-Buschfeld, Baum-/Strauchsavanne, Buschsavanne, aride Strauchsavanne und Grassavanne. **Mopane-Buschfeld** findet sich hauptsächlich im äußersten Osten nördlich von Mahalapye. Neben Mopanebäumen wachsen dort Baobabs (Affenbrotbäume), Morula und Akazien. Wegen Wassermangels verlieren Mopanebäume in der Trockenzeit ihre Blätter. Auch der Baobab schützt sich vor der Verdunstung und wirft seine Blätter in der Trockenzeit ab. Nur die Akazien widerstehen mit ihren kleinen Blättern und tiefen Wurzeln regenarmen Zeiten. Der Grasbewuchs in diesen Gegenden ist ausgesprochen dünn, auch in Jahren mit starken Regenfällen.

Die **Baum-/Strauchsavanne** besteht einer Mischung von Bäumen, die im Jahreswechsel ihre Blätter abwerfen, besonders der Silberpappel, und aus Akazien sowie niedrigen Büschen. Diese Savanne zieht sich in Zentralbotswana auf einem breiten Gürtel von Nordwest nach Südost. **Buschsavanne** im Süden des Landes ist typisch für die Kalaharilandschaft. Die Bäume werden kleiner, und Sträucher überwiegen. Hier wächst z.B. die Kerzenakazie. In der **ariden Strauchsavanne** im äußersten Südwesten überleben hauptsächlich nur noch niedrige, dornige oder stachelige Büsche, die tief wurzeln. Auf den Dünen sieht man in der Regenzeit ein wenig Gras. Hier wachsen auch die Tsama-Melonen, früher ein wichtiges Nahrungsmittel der San. **Grassavanne** findet sich um die Salzpfannen Sowa und Ntwetwe. Weite Grasflächen vor dem Hintergrund der Pfannen ergeben ein unglaublich schönes Landschaftsbild, nur selten von Palmengruppen unterbrochen.

Wald und Forst wird unterschieden in hohe **Uferbewaldung** am Chobe und Limpopo mit Lianen und Kletterpflanzen und **Trockenwald** mit wenigen Büschen und nur partiellen Grasflecken in der Chobe-Region abseits des Flusses. Hier gedeihen unter anderem Teakhölzer. In den **Wäldern der Hügellandschaft** im Osten um Mahalapye wachsen Laubbäume, aber wenig Akazien. In Schluchten findet man Farne und Moose, Kletterpflanzen und hohe Bäume, die alle vom häufig vorkommenden Oberflächenwasser profitieren.

(weiter Seite 129)

Safari Guide

Index der beschriebenen Tiere:

Primaten

Pavian *(engl.: Baboon)*

Papio ursinus (Bärenpavian, *engl.: Chacma Baboon)*

Am häufigsten begegnet man im südlichen Afrika dem Bärenpavian, einer von fünf Pavianarten. Durch seine hundeähnliche Schnauze scheint er aggressiver als die meisten anderen Primaten mit menschlicheren Gesichtszügen, aber wenn man ihn spielen oder einfach nur dasitzen und die Gegend betrachten sieht, fällt es schwer, keine Vergleiche mit dem Menschen anzustellen.

Paviane leben in einer großen, von einem Männchen angeführten Herde von bis zu 150 Tieren, die ein ca. 30 km^2 umfassendes Gebiet beansprucht. Sie beschäftigen sich ausgiebig mit der Suche nach Insekten, Spinnen und Vogeleiern. Inzwischen haben sie herausgefunden, dass auch Lodges, Camping- und Picknickplätze einträgliche Futterquellen sein können, vor allem wenn dumme Touristen Lebensmittel an sie verfüttern oder ihre Zelte offen lassen. Häufig werden die Paviane zu einer solchen Plage, dass die Parkwächter zu rigorosen Maßnahmen schreiten müssen. Also bitte nicht füttern – auch wenn es schwer fällt! Der größte Feind des Pavians ist, abgesehen vom Menschen, der Leopard, dessen Lieblingsspeise er ist. Junge Paviane fallen z.T. auch Löwen oder Jagdhunden zum Opfer.

Galago *(engl.: Bushbaby)*

Otelemur crassicaudatus (Riesengalago, *engl.: Greater* oder *Giant Bushbaby)*, Galago senegalensis (Maholi oder Senegalgalago, *engl.: Lesser Bushbaby)*

Der Riesengalago, ein kleiner, etwa hasengroßer Halbaffe, zählt zu den Lemuren. Er ist im Osten Zimbabwes heimisch, man bekommt ihn jedoch nur selten zu sehen, da er nachtaktiv ist. Zu seinen charakteristischen Merkmalen zählen ein kleiner Kopf, große runde Ohren, ein dunkelbraunes Fell sowie ein dicker, buschiger Schwanz und die für Nachtaktive typischen riesigen Augen. Ein ausgewachsenes Tier wiegt im Durchschnitt weniger als 2 kg und wird 80 cm lang, wovon alleine 45 cm auf den Schwanz entfallen.

Der Senegalgalago ist etwa halb so groß wie der Riesengalago und ist in der gesamten Region verbreitet. Er besitzt ein hellgraues Fell, das an den Beinen in einen gelblichen Farbton übergeht.

Weißkehlmeerkatze *(engl.: Samango Monkey oder auch White-Throated Guenon)*

Cercopithecus albogularis

Die Weißkehlmeerkatze ist in Waldgebieten im Osten Zimbabwes ansässig. Ihr Gesicht zeigt eine gräuliche bis schwarze Färbung, der Großteil des Rückens sowie die Flanken und oberen Gliedmaßen sind dagegen grünlich, die unteren Gliedmaßen schwarz und der Rumpf gelb. Die Stimmlaute der Männchen ähneln einem Husten, die der Weibchen und Jungen beiderlei Geschlechts einem Zwitschern und Knattern. Weißkehlmeerkatzen gehen am frühen Morgen und späten Nachmittag in hohen Baumkronen auf Nahrungssuche, tagsüber begeben sie sich in schattenreichere Zonen weiter unten im Baum. Meist leben sie in Gemeinschaften von 4–12 Tieren und ernähren sich von jungen Trieben, Blättern, Moosen, Pilzen, Früchten, Beeren, jungen Vögeln, Insekten und Eiern. Bisweilen rauben sie sogar Hühner. Zu ihren Feinden gehören Leoparden, Pythonschlangen und Adler.

Grüne Meerkatze *(engl.: Vervet Monkey oder auch Savanna Monkey)*

Cercopithecus aethiops

Die verspielte Grüne Meerkatze ist die am weitesten verbreitete Meerkatzenart im südlichen Afrika. Man kann sie leicht an ihrem dunklen, von weißem Haar umrahmten Gesicht erkennen. Die übrige Körperbehaarung ist gelblichgrau, außer auf der Unterseite, wo sie wieder weißlich ist. Auffälliges Merkmal der Männchen ist ein kräftig blaues Skrotum.
Der Lebensraum der Grünen Meerkatzen ist normalerweise die Baumsteppe, wo sie in Gruppen von bis zu 30 umherziehen. Sie sind äußerst dreist und neugierig, was man bei einem Picknick in einem der Wildreservate leicht selbst feststellen kann. Viele der Tiere haben sich an den Menschen gewöhnt. Gerne laden sie sich selber zu einem Mahl an den gedeckten Tisch ein oder durchstöbern Zelte und Autos, und durch nichts lassen sie sich davon abhalten, Essen oder auch Informationsblätter zur Parksicherheit zu stibitzen.

Raubtiere

Löffelfuchs oder Löffelhund
(engl.: Bat-Eared Fox)

Otocyon megalotis

Seinem Namen entsprechend ist der Löffelfuchs im Grunde nichts anderes als ein Fuchs mit längeren Beinen und enorm großen Ohren. Er hat einen sehr buschigen Schwanz und ein braunes, stellenweise weiß gemustertes Fell. Die Spitzen seiner Ohren sind schwarz. Zur Hauptnahrung des Löffelfuchses zählen Insekten, kleinere Tiere, Früchte und Beeren. Sein Hörsinn ist außerordentlich gut ausgeprägt. Bei der Futtersuche nimmt er auch die leisesten Geräusche von unterirdisch lebenden Insekten wahr. Indem er seinen Kopf neigt und die Ohren parallel aufstellt, gelingt es ihm, die genaue Position seiner möglichen Beute auszumachen. Sodann folgt ein Ausbruch wilden Grabens, um sie zu fassen. Der Löffelfuchs ist nachtaktiv, besonders unmittelbar nach Sonnenuntergang. Im Allgemeinen bewohnt er einen mit mehreren Kammern und Ausgängen ausgestatteten Bau, den er entweder selbst gräbt oder übernimmt. Seine einzigen Feinde sind große Raubvögel und Hyänen. Man begegnet ihm in Botswana und im Südwesten Zimbabwes.

Den Löffelfuchs kann man höchstens mit dem Kap- oder Kamafuchs (Vulpes chama) verwechseln, der in den trockeneren Gebieten Botswanas zuhause ist. Er hat jedoch kleinere Ohren, eine hellere Färbung und ähnelt mehr einem europäischen Fuchs.

Manguste oder Mungo *(engl.: Mongoose)*

Mungos mungo
(Zebramanguste,
engl.: Banded Mongoose)

Mungos sind im südlichen Afrika weit verbreitet. Besonders gesellig ist die Zebramanguste. Sie ist braun oder grau, misst in ihrer Länge ca. 40 cm und wiegt 1,3–2,3 kg. Sie ist leicht durch ihre dunklen Querstreifen zu erkennen, die sich vom Nacken bis zum Schwanz ziehen. Zebramangusten leben in Verbänden von 30–50 Tieren. Droht Gefahr, stoßen sie Fauch- und Zischlaute aus, ähnlich denen einer Hauskatze.
Die Tiere nehmen gerne ein Sonnenbad, abends kehren sie in ihre Höhlen in Felsspalten, hohlen Baumstämmen und verlassenen Ameisenbauten zurück.
Zu den bevorzugten Speisen der Mangusten zählen Insekten, Maden und Larven, aber sie fressen auch Amphibien, Reptilien, Vögel, Eier, Früchte und Beeren. Ihre Hauptfeinde sind Raubvögel, sie werden aber auch von Löwen, Leoparden und Hyänenhunden gejagt.

Schabrackenschakal *(engl.: Black-Backed Jackal)*

Canis mesomelas

Der Schabrackenschakal ist in der gesamten Region außer im Norden und Osten von Zimbabwe verbreitet. Die graue Einfärbung seines Rückenfells wird vom Nacken aus zum Schwanz hin schmaler. Obwohl er zur Familie der Hunde zählt, ähnelt er mit seinem buschigen Schwanz und seinen großen Ohren mehr einem Fuchs.
Schakale sind überwiegend Aasfresser, die im Allgemeinen geduldig in der Nähe gerissener Tiere ausharren, bis sie einen Bissen abbekommen. Ansonsten jagen sie oftmals Insekten, Vögel, Nagetiere und manchmal sogar kleinere Antilopen. Sie halten sich auch in der Nähe von Farmen auf, wo sie Schafen, Federvieh, jungen Kälbern und Fohlen nachstellen.
Jedes Schakalpaar sucht sich ein Heimatrevier von ca. 250 ha Größe. Die Weibchen werfen 5–7 Junge, die nach etwa einem Jahr ausgewachsen sind, aber meist schon nach 2 Monaten auf sich gestellt sind und dann für Feinde, wie z.B. Leoparden, Geparden und Adler, eine leichte Beute abgeben. In den Waldgebieten von Zimbabwe sowie im Norden Botswanas ist auch der etwas größere und gleichmäßiger grau gefärbte Streifenschakal (Canis adustus, *side-striped jackal)* anzutreffen.

Kap-Fingerotter *(engl.: Cape Clawless Otter)*

Aonyx capensis

Dieser Flussotter lebt an Gewässern in Zimbabwe und Nord-Botswana. Sein Rückenfell zeigt eine helle, graubraune Färbung, die Schnauze, das Gesicht und die Kehle sind weiß oder cremefarben, und auf jeder Wange sitzt ein großer, rechteckiger Fleck. Im Gegensatz zu den meisten Ottern wachsen ihnen keine Schwimmhäute zwischen den Zehen. Während einige keine Klauen besitzen, verfügen andere an der dritten und vierten Zehe über kleine, spitze Krallen.

Mit ein wenig Glück kann man Otter den ganzen Nachmittag über schwimmen, tauchen und herumtollen sehen. In Gebieten, in denen sie gejagt werden, haben sie ihre aktive Phase jedoch auf die Nacht verlegt. Ihre Hauptnahrung sind Fische, Krebse, Frösche, Vogel- und Krokodileier. Das Krokodil ist sein einziger natürlicher Feind.

Wüstenluchs oder Karakal *(engl.: African Lynx)*

Felis caracal

Der Wüstenluchs oder Karakal wird den Wildkatzen (Felis) zugerechnet. Trotz seiner bisweilen etwas schläfrigen Erscheinung ist er die schnellste unter den Katzen vergleichbarer Größe. Er ist in der gesamten Region weit verbreitet, aber man braucht Glück, um ihn zu sehen. Zu seinen charakteristischen Merkmalen zählen eine Schulterhöhe von ca. 50 cm, ein kleiner Kopf, lange, schmale Pinselohren, ein fehlender Backenbart und lange, kräftige Beine. Die Färbung seines Fells reicht von Rotbraun bis Gelbgrau, die Unterseite bleibt weiß, und von der Nase zieht sich eine schwarze Linie bis zu den Augen. Wüstenluchse erreichen eine Körperlänge von 80–120 cm (einschließlich des 20–30 cm langen Schwanzes) und wiegen 13–23 kg. Sie leben in Erdlöchern von Stachelschweinen, in Felsspalten oder dichter Vegetation. Ihr bevorzugter Lebensraum sind die Baum- und Buschsteppe.

Der Wüstenluchs pirscht sich an seine Beute, vor allem Vögel und kleine Säugetiere, heran, bis er sie mit einem blitzschnellen Spurt oder Sprung überwältigen kann. Normalerweise ist er dämmerungsaktiv, jagt aber bei heißem Wetter auch nachts oder bei kühler Witterung tagsüber. Im Allgemeinen sind Wüstenluchse Einzelgänger, bisweilen sieht man sie aber auch in Paaren mit Jungen. Man nimmt an, dass sie in einem festen Revier leben, dessen Grenzen sie mit ihrem Harn markieren. Ihre Rufe sind typisch für Katzen – Miauen, Knurren und Fauchen. Die Weibchen werfen das ganze Jahr über 1–4 Junge, meist 3. Nach 10–25 Wochen werden sie aus der elterlichen Obhut entlassen, und mit 6 Monaten können sie sich ihrerseits paaren.

Gepard *(engl.: Cheetah)*

Acinonyx jubatus

Der schlanke, stromlinienförmige und graziöse Gepard ist eine der wunderbarsten Schöpfungen der Natur. Er ist in der gesamten Region verbreitet – mit Ausnahme der trockensten und bewaldeten Gebiete. Auf den ersten Blick scheint er dem Leoparden zu gleichen, tatsächlich ist er aber länger und leichter, besitzt einen leicht gekrümmten Rücken und einen wesentlich kleineren, runderen Kopf. Seine Schulterhöhe beträgt etwa 80 cm, die gesamte Körperlänge, einschließlich des Schwanzes, 210 cm, und sein Gewicht liegt zwischen 40 und 60 kg. Normalerweise jagt der Gepard am frühen Morgen oder am späten Abend. Dabei pirscht er sich so nah wie möglich an seine Beute heran.

Im rechten Augenblick läuft er in einem unglaublichen 100-m-Sprint los, bei dem er eine Geschwindigkeit von bis zu 110 km/h erreicht. Diese phänomenale Schnelligkeit kann er allerdings nur über kurze Distanzen durchhalten. Gelingt es ihm nicht, seine Beute zu Fall zu bringen, gibt er auf und versucht es andernorts von neuem. Das Opfer, meist eine kleine Antilope, wird durch einen Schlag zwischen die Beine zum Stolpern und schließlich zu Fall gebracht. Andere bevorzugte Beutetiere sind Hasen, Schakale und junge Warzenschweine.

Die paarungsintensive Zeit der Geparde liegt zwischen März und Dezember, wenn die Weibchen 2–4 Junge werfen. Nach ungefähr einem Jahr sind die Jungen ausgewachsen, bleiben danach aber noch länger beim Muttertier, um das Jagen und andere Überlebenstaktiken zu lernen. Geparden kämpfen nur selten. Sie können selbst zur Beute von Löwen, Leoparden und Hyänen werden; meist trifft es die Jungen.

Zibetkatze *(engl.: Civet)*

Viverra (Civetticus) civetta, (Afrikanische Zibetkatze, *engl.: African Civet)*

Die Zibetkatze hat eine Schulterhöhe von etwa 40 cm, eine Körperlänge von 90 cm (ohne Schwanz) und kurze Krallen, die sie ein Stück zurückziehen kann. Das lange, borstige, überwiegend graue Fell ist von unterschiedlichen schwarzen Flecken durchsetzt, von den Ohren bis in den Nacken und entlang der oberen Hinterbeine ziehen sich schwarze Streifen. Der Kopf ist grau bis weißlich gefärbt, und die kleinen, runden Ohren sind weiß umsäumt. Beim Laufen streckt das Tier den Schwanz horizontal von sich. Die Stinkdrüsen am After produzieren eine übel riechende, ölige Substanz zur Markierung des Reviers. Dieser Duftstoff wird für die Parfümherstellung verwendet, in westlichen Ländern gewinnt man ihn von in Gefangenschaft gehaltenen Tieren. Zibetkatzen sind sowohl in Botswana als auch in Zimbabwe weit verbreitet. Sie sind nachtaktive Einzelgänger und schwer zu erspähen. Tagsüber machen sie es sich im Dickicht, in hohem Gras oder in verlassenen Erdhöhlen gemütlich. Ihre Nahrung ist vielfältig: Nagetiere, Vögel, Eier, Reptilien, Amphibien, Schnecken, Insekten – vor allem Ameisen und Termiten –, Beeren, junge Triebe und Früchte. Das Weibchen wirft bis zu 4 Junge, die eine etwas hellere Färbung als die ausgewachsenen Tiere besitzen.

Ginsterkatze *(engl.: Genet)*

Genetta genetta (felina), (Gemeine Ginsterkatze, *engl.: Small Spotted Genet),*
Genetta tigrina (Großfleckginsterkatze, *engl.: Large Spotted Genet)*

Die Ginsterkatze ähnelt der Hauskatze, allerdings ist ihr Körper und Schwanz um einiges länger. Ihr langes, borstiges Fell besitzt einen markanten Haarkamm entlang der Wirbelsäule. Aus ihrem grauen bis rehbraunen Fell sticht eine dunkelbraune bis schwarze Fleckung hervor, und der in einer weißen Spitze auslaufende Schwanz zeigt 9 oder 10 ähnlich gefärbte Ringe. Die Gemeine Ginsterkatze ist in der gesamten Region außer im Norden und Osten Zimbabwes verbreitet, während die Großfleckginsterkatze in Zimbabwe und im Norden Botswanas vorkommt. Ginsterkatzen leben meist allein oder paarweise in Flusswäldern, trockener Buschsavanne und in freiem Gelände. Die behenden Kletterer sieht man selten, da sie nur nachts aktiv werden. Tagsüber schlafen sie in einem verlassenen Bau, einer Felsspalte, einem hohlen Baumstamm oder auf hohen Ästen, wohin sie anscheinend täglich wieder zurückkehren. Sie fressen Früchte und plündern Vogelnester, jagen aber normalerweise auf der Erde kleine Nagetiere, Vögel, Reptilien und Insekten. Flach am Boden kriechend schleichen sie sich an ihre Beute heran. Sie gelten als verschwenderische Räuber, da sie oft nur einen kleinen Bissen vertilgen. Treibt man sie in die Enge, fauchen und zischen sie wie Hauskatzen. Ein Wurf besteht für gewöhnlich aus 2 oder 3 Jungen.

Honigdachs
(engl.: Honey Badger oder Ratel)

Mellivora capensis

Der Honigdachs ähnelt in Körperbau und Größe dem europäischen Dachs und besitzt auch dessen Kühnheit. Er greift sogar so große Tiere wie den Afrikanischen Büffel an! Er ist in ganz Zimbabwe sowie im Nordosten Botswanas verbreitet.

Normalerweise ist er ab der Dämmerung bis zum Morgengrauen aktiv.

Auf seinem Speiseplan stehen Fische, Frösche, Skorpione, Spinnen, Reptilien, darunter auch Giftschlangen, und manchmal sogar junge Antilopen, zudem ernährt er sich von Wurzeln, Honig, Beeren und Eiern und ist geschickt im Plündern von Mülleimern.

Hyänenhund *(engl.: Hunting Dog oder Wild Dog)*

Lycaon pictus

Mittlerweile ist der etwas verwahrlost aussehende Hyänenhund (auch Wildhund genannt) selten geworden und in dieser Region am ehesten in Botswana anzutreffen. Sein Körper entspricht dem eines großen Haushundes. Im Gegensatz zu diesem besitzt der Hyänenhund jedoch große, runde Ohren, ein scheckiges, schwarz, braun und weiß gefärbtes Fell und einen weißen Schwanz.

Hyänenhunde fressen nur selten Aas, sie bevorzugen es, selbst Beute zu erlegen. Dazu jagen sie in Rudeln von 4–40 Tieren in guter Teamarbeit. Ist das Beutetier ausgewählt, konzentrieren sich zwei Meuteführer intensiv auf die Hetzjagd, während das restliche Rudel nebenher mitläuft; ermüdet das erste Paar, wird es von einem anderen abgelöst usw., bis das Beutetier schließlich erschöpft ist. Zur bevorzugten Beute zählen Springböcke, Schwarzfersenantilopen und andere mittelgroße Antilopen, Hyänenhunde können aber auch Tiere erlegen, die die Größe eines Büffels besitzen.

Das Weibchen bringt in einem mit Gras ausgelegten Bau zwischen 7 und 15 Junge zur Welt, die mit 6 Monaten das Jagen gelernt haben und dann den Bau verlassen.

Der Hyänenhund besitzt im Allgemeinen keine Feinde, unbeaufsichtigte Junge können jedoch zur Beute für Hyänen und Adler werden.

Hyäne *(engl.: Hyena)*

Crocuta crocuta (Tüpfelhyäne, *engl.: Spotted Hyena)*, Hyena brunnea (Braune Hyäne, auch Schabrackenhyäne oder Strandwolf, *engl.: Brown oder African Laughing Hyena)*
Hyänen sind im Allgemeinen größer und stärker gebaut als ein durchschnittlicher Hund. Sie haben einen breiten Kopf, große Augen, ein schwächer entwickeltes Hinterteil und einen abfallenden Rücken, wodurch ihre charakteristischen Sprungbewegungen beim Laufen entstehen. Ihr kurzes Fell ist dunkelgrau bis braun und zeigt, außer im Bereich der Kehle, eine schwarz getupfte Musterung. Mit ihren kräftigen Kiefern und Zähnen kann die Hyäne Knochen zerkleinern und vertilgen, weshalb ihr Kot eine charakteristische weiße Färbung hat.

Während die Tüpfelhyäne in beiden Ländern zu Hause ist, findet sich die Braune Hyäne zwar in ganz Botswana, aber nur im äußersten Südwesten Zimbabwes. Obwohl die Tiere nachtaktiv sind, kann man sie auch häufig tagsüber sehen, insbesondere in der Nähe der Beute von Löwen oder Geparden, wo sie ungeduldig mit den Geiern um ihren Anteil am Kadaver zanken. Ansonsten verbringen Hyänen ihren Tag in hohem Gras, verlassenen Erdferkelhöhlen oder in einem großen Bau, den sie bis zu einem Meter tief in die Erde graben. Nachts kann man oft ihr markerschütterndes Jaulen hören, das sich bis zu einem hohen Kreischen steigert. Vor allem nach erfolgreicher Futter- oder Partnersuche geben sie ein „Lachen" von sich, das wie ein Hohngelächter klingt.

Hyänen haben einen ausgeprägten Geruchssinn sowie ein scharfes Seh- und ein feines Hörvermögen – wichtige Eigenschaften für das Aufspüren von Nahrung und das Erkennen von Rudelangehörigen und Partnern. Als Aasfresser folgen sie meist in respektvollem Abstand Löwen und Hyänenhunden; manchmal verjagen sie auch größere Tiere von deren Riss. Hyänen können auch jagen und Geschwindigkeiten von bis zu 60 km/h erreichen. Oftmals schlagen sie im Rudel kleine Antilopen, Weißschwanz-Gnus oder Zebras. Auch an werfende Antilopen pirschen sie sich heran, um deren frisch geborene Kälber zu reißen – und manchmal das Muttertier gleich dazu. Vieh ist ebenfalls nicht sicher vor ihnen.

Während der Paarungszeit und vor allem bei Mondschein versammeln sich die Tiere in großen Gruppen, um in einen lauten nächtlichen Chor einzustimmen, der sich anhört, als hätte die Hölle ihre Pforten geöffnet. Nach einer Tragzeit von 110 Tagen werfen die Weibchen in ihrem Bau bis zu 4 Junge. Nach 6 Wochen hört das Muttertier auf, die Jungen zu säugen, und kurz darauf müssen diese für sich selbst sorgen.

Wenn eine Hyäne sich einer gerissenen Beute nähert, kann es passieren, dass ein Hyänenhund sie tötet. Ihr einziger wirklicher Feind ist jedoch der Mensch.

Leopard / Panther

Panthera pardus

Leoparden zählen zu den im südlichen Afrika am weitesten verbreiteten Raubtieren. Allerdings sind sie in Zentral-Zimbabwe nahezu ausgerottet.
Sie sind überwiegend nachtaktiv und deshalb nicht leicht zu beobachten. Die geschickten, Hauskatzen ebenbürtigen Kletterer ruhen sich tagsüber meist in Bäumen in einer Höhe von bis zu 5 m aus. Ihre Beute zerren sie ebenfalls auf den Baum, um sie außer Reichweite von Aasfressern und anderen Schmarotzern zu schaffen.
Das kurze, orangefarbene Fell ist mit eng stehenden Ringflecken gemustert. Die Unterseite des Tieres ist weiß und hat weniger Flecken. Manche Tiere – oft als Panther bezeichnet – sind jedoch vollkommen schwarz. In Savannen lebende Leoparden haben generell ein helleres Fell als jene, die in Wäldern leben. Meist hört man die Tiere eher, als dass man sie sieht, wobei sich ihre Laute anhören, als würde ein Stück Metall von einer Säge zertrennt.
Der kräftig gebaute Leopard ist ein schlauer Jäger, zu seiner Beute zählen hauptsächlich Vögel, Reptilien und Säugetiere, wie z.B. große Nagetiere, Klippschliefer, Warzenschweine, kleine Antilopen, Affen und Paviane, Letztere ein besonderer Leckerbissen für ihn.
Manchmal reißen Leoparden auch Haustiere wie Ziegen, Schafe, Geflügel und Hunde, weshalb sie bei Menschen häufig einen sehr schlechten Ruf genießen.
Leoparden sind Einzelgänger, nur in der Paarungszeit finden sich Männchen und Weibchen zusammen. Nach einer Tragzeit von 3 Monaten wirft das Weibchen bis zu 3 Junge.

Löwe *(engl.: Lion)*

Panthera leo

Löwen sind in den Nachmittagsstunden am aktivsten, verbringen dennoch viel Zeit damit, sich an gemütlichen Orten auszuruhen. Am leichtesten sind sie während der Trockenperiode in der Nähe von Wasserstellen zu erspähen. Normalerweise sind Löwen keine Menschenfresser, allerdings greifen ältere oder gereizte Tiere vereinzelt Menschen an, weshalb man die Warnung, sein Fahrzeug in den Parks nicht zu verlassen, ernst nehmen sollte. Die gefährlichsten Löwen sind jene, denen es nicht mehr gelingt, schnelle Tiere zu erbeuten. Meist räumen sie aber schon bei dem ersten ungewöhnlichen Laut oder einer plötzlichen Bewegung blitzartig das Feld.

Ein Rudel aus bis zu 3 Männchen, 15 Weibchen und ihren Jungen verteidigt ein Revier, das je nach Nahrungsangebot 20–400 km^2 groß ist. Im Allgemeinen treiben die Männchen die Beute zu den versteckt lauernden Weibchen, die dann das Tier reißen. Obwohl sie gut zusammenarbeiten, scheitern vier von fünf Versuchen.

Junge kommen in Würfen von 2–3 Tieren zur Welt und erreichen nach 1 1/2 Jahren die Geschlechtsreife. Kurz danach werden die männlichen Tiere aus dem Rudel vertrieben. Sie sind erst mit 6 Jahren ausgewachsen. Auf unbeaufsichtigte Junge machen Hyänen, Leoparden, Pythonschlangen und Hyänenhunde Jagd. Löwen sind in ganz Botswana sowie im äußersten Norden und Süden von Zimbabwe verbreitet.

Serval

Felis (Lepitailurus) serval

Diese Wildkatzenart hat die Größe einer Hauskatze, aber wesentlich längere Beine. Der Serval bewohnt dichtes Busch- und hohes Grasland in Zimbabwe sowie die feuchteren Gebiete in Botswana. Seine Schulterhöhe beträgt ca. 50 cm und seine Körperlänge 130 cm einschließlich des Schwanzes. Das verwaschene gelbe Fell hat eine Tüpfelfleckung, die sich in Streifen am Körper entlangzieht. Andere hervorstechende Merkmale sind große Stehohren, ein langer Hals und relativ kurzer Schwanz. Der gewandte Jäger bevorzugt Vögel, Hasen sowie Nagetiere und kann dank seines Sprungvermögens auch fliegende Vögel erbeuten. Da er nachtaktiv ist, kann man ihn meist nur am frühen Morgen oder am späten Abend beobachten.

Ein Wurf besteht aus bis zu 4 Jungen, die ihre Mutter nach einem Jahr verlassen, aber erst mit 2 Jahren geschlechtsreif werden.

Huftiere
Antilopen

Buschbock oder Schirrantilope
(engl.: Bushbuck)

Tragelaphus scriptus

Das Verbreitungsgebiet des Buschbocks erstreckt sich über Zimbabwe und den Norden Botswanas. Den scheuen Einzelgänger bekommt man jedoch nur selten zu Gesicht.

Seine Schulterhöhe beträgt ca. 80 cm, und sein Fell hat eine kastanien- bis dunkelbraune Farbe. Weiße vertikale Streifen zwischen Nacken und Rumpf und zwei horizontale Streifen lassen das Tier wie angeschirrt erscheinen. Hinzu kommen eine Reihe weißer Tupfen an den Oberschenkeln sowie eine weiße Fleckung am Hals. Im Allgemeinen wachsen nur den männlichen Tieren Hörner, die durchschnittlich 30 cm lang, gerade und leicht um ihre Längsachse verdreht sind.

Buschböcke finden sich selten zu Gruppen von mehr als 2 Tieren zusammen. Sie halten sich in dichtem Buschwerk auf, das sie bei drohender Gefahr unter lautem Getöse verlassen.

Sie streifen während der Nacht durch ihr Terrain, das sie nur selten verlassen. Trotz ihrer Scheu können sie aggressiv und gefährlich werden, wenn man sie in die Enge treibt. Leoparden und Pythonschlangen sind ihre Hauptfeinde.

Kronen- oder Steppenducker
(engl.: Common or Grey Duiker)

Silvicapra grimmia

Der Kronen- oder Steppenducker ist die häufigste der 16 Duckerarten Afrikas und in der ganzen Region verbreitet. Allerdings ist er überwiegend nachtaktiv und wird daher nur sporadisch gesichtet. Die schützende Busch- und Dickichtgebiete bevorzugenden Ducker leben für gewöhnlich paarweise.

Die Schulterhöhe des Kronenduckers beträgt lediglich 60 cm, sein Fell ist gräulich-hellbraun, seine Unterseite weiß, und über das Gesicht zieht sich ein dunkelbrauner Längsstreifen.

Die geraden und spitzen Hörner der Männchen können bis zu 20 cm lang werden.

Kronenducker sind fast ausschließliche Pflanzenfresser, scheinen ihre Nahrung aber durch Insekten und Perlhuhnküken zu ergänzen. Sie können lange Perioden ohne Wasser überstehen, trinken es aber bei jeder verfügbaren Gelegenheit.

Elenantilope *(engl.: Eland)*

Taurotragus oryx

Die Elenantilope lebt in Botswana sowie im Westen und Osten Zimbabwes. Sie ist mit einer Schulterhöhe von 170 cm die größte Antilopenart; ein ausgewachsener Bulle kann bis zu 1000 kg wiegen. Kurioserweise ähnelt das Tier indischen Rinderarten. Das Fell der Elenantilope ist hellbraun und am Körper mit bis zu 15 senkrechten, schwer zu erkennenden Streifen durchsetzt. Beide Geschlechter sind mit ca. 65 cm langen Hörnern ausgestattet, die im unteren Bereich spiralförmig gewunden sind und gerade nach hinten ragen. Die Bullen haben einen wesentlich stärkeren Fellwuchs am Kopf als die Kühe, und ihre Hörner sind dicker und kürzer.

Elenantilopen ziehen Buschsavannen offenen Landschaften vor, meiden jedoch dichte Wälder. Am frühen Morgen und späten Nachmittag, aber auch in mondbeschienenen Nächten, fressen sie Gras und Blätter. In Ausnahmefällen können sie einen Monat oder länger ohne Wasser auskommen.

Für gewöhnlich leben Elenantilopen in Gruppen von 6–12, in Ausnahmefällen auch bis zu 50 Tieren. In größeren Herden können aufgrund einer strikten Hierarchie auch mehrere Bullen vorkommen. Mit 2 Jahren werden die Kühe geschlechtsreif und gebären in ihrem Leben jeweils im Oktober/November bis zu 12 Kälber.

Spießbock
(engl.: Gemsbok, South African Oryx)

Oryx gazella

Der in Botswana verbreitete Spießbock ist eine graue Antilope mit 120 cm Schulterhöhe und kräftiger, erhabener Statur. Das Tier hat eindrucksvolle lange, gerade Hörner und ein hübsches, graubraunes Fell, das an den Flanken eine schwarze, auf der Unterseite eine weiße Färbung zeigt. Das Gesicht ist schwarzweiß gemustert, und der buschige Schweif ähnelt dem eines Pferdes.

Spießböcke sind in erster Linie Grasfresser, bedienen sich aber auch an den Blättern dorniger Büsche. Sie können lange Zeit ohne Wasser überleben.

Ihre Herden umfassen 5–40 Tiere, die Böcke bevorzugen jedoch meist das Einzelgängertum.

Großer Kudu *(engl.: Greater Kudu)*

Tragelaphus strepsiceros

Der schöne Große Kudu mit einer Schulterhöhe von ca. 1,5 m und einem Gewicht von bis zu 250 kg zählt zu den größten Antilopenarten. Sein Lebensraum ist die gesamte Region, mit Ausnahme der extrem trockenen Gebiete.

Der Große Kudu ist eine majestätische Erscheinung, hat einen langen Hals und große Ohren. Sein Körperfell ist hellgrau gefärbt und an den Seiten von 6–10 senkrechten Streifen durchzogen. Zwischen den Augen verläuft ein V-förmiger, weißer Streifen. Nur die Bullen haben Hörner, die große Spiralen formen – bei einem alten Bullen bis zu drei komplette Windungen. Kudus leben in kleinen Herden aus bis zu 5 Kühen und deren Jungen, die sich während der Regenzeit jedoch oftmals auflösen. Allein lebende Bullen schließen sich manchmal kleineren Herden an.

Zur Nahrung der Großen Kudus zählen Blätter, Zweige, Früchte und sogar für andere Tiere giftige Laubsorten. Obwohl sie etwas unbeholfen wirken, können sie Hindernisse von über 2 m mühelos überqueren. Sie sind dafür berüchtigt, dass sie vor herannahende Fahrzeuge springen.

Greisböckchen *(engl.: Grysbok)*

Raphicerus melanotis sharpei (Nördliches Greisböckchen, *engl.: Sharpis Grysbok)*

Das Nördliche Greisböckchen mit einem rotbraunen Fell und einer blasseren Unterseite ist eine kleine, gedrungene Antilopenart mit einer Schulterhöhe von ca. 50 cm und einem Gewicht von weniger als 9 kg. Der Rücken und die Flanken sind vom Nacken bis zu den Hinterbacken mit einzelnen weißen Haaren durchsetzt. Die Männchen tragen ein kleines, spitzes und gerades Gehörn.

Nördliche Greisböckchen leben in Zimbabwe sowohl in Busch- und Baumsavannen als auch in felsigem Gelände. Sie ernähren sich von jungen Trieben und Blättern. Daneben kauen sie in Feuchtgebieten gern Riedgras. Greisböckchen sind Einzelgänger, nur selten sieht man mehr als zwei Tiere zusammen. Am aktivsten sind sie von morgens bis zum späten Nachmittag, nachts ruhen sie in dichtem Buschwerk und Felsverstecken.

Kuhantilope (engl.: Hartebeest)

Alcelaphus buselaphus caama (Kaama, *engl.: Red Hartebeest),* Alcephalus buselaphus lichtensteinii (Lichtenstein-Hartebeest, *engl.: Lichtenstein's Hartebeest)*

Die Kuhantilope ist eine mittelgroße Antilopenart. Man erkennt sie leicht an ihrem langen, schmalen Gesicht und den kurzen Hörnern, die sich durch einen markanten Knick und Querwülste auszeichnen und bei beiden Geschlechtern eine Herzform beschreiben – daher rührt auch der Name „Herztier" (hartebeest) in Afrikaans. Der hellbraune Rücken fällt von den buckligen Schultern zu den helleren Hinterbacken ab. Auch die Unterseite ist heller.

Kuhantilopen bevorzugen zum Grasen ebene Weiden, man findet sie aber auch in spärlich bewaldeten Savannen oder in hügeliger Landschaft. Sie sind ausschließliche Grasfresser und trinken im Allgemeinen zweimal täglich, können aber notfalls monatelang ohne Wasser auskommen.

Die geselligen Kuhantilopen mischen sich oft unter andere Tiere wie Zebras oder Gnus. Mit ca. 2 Jahren werden sie geschlechtsreif. Die Weibchen können das ganze Jahr über trächtig werden, die paarungsintensiven Monate sind jedoch Februar und August. Zu ihren Feinden zählen hauptsächlich die großen Raubkatzen, Hyänen und Hyänenhunde.

Die Kaama-Art ist in ganz Botswana verbreitet, das Lichtenstein-Hartebeest dagegen nur in kleinen Gebieten in Süd-Zimbabwe (Goanrezhou National Park).

Schwarzfersenantilope oder Impala

Aepyceros melampus

Die elegante Schwarzfersenantilope ist in Zimbabwe und Nordost-Botswana vertreten. Die Tiere erreichen ein Körpergewicht zwischen 50 und 60 kg und eine Schulterhöhe von ca. 80 cm. Das rotbraune Fell ist glänzend, an den Flanken allerdings blasser, Unterseite, Hinterteil, Kehle und Kinn sind weiß. Von der Mitte des Rumpfes zieht sich ein schmales schwarzes Band etwa bis zur Hälfte des Schwanzes hinunter, und an den Hinterschenkeln verläuft ebenfalls ein schwarzer senkrechter Strich. Die männlichen Tiere tragen ein durchschnittlich 75 cm langes, geschwungenes Gehörn.

Schwarzfersenantilopen sind Blatt- und Grasfresser und sowohl tagsüber als auch nachts aktiv. Sie sind in hohem Maße von Wasser abhängig, können aber eine relativ lange Zeit ihren Durst an Tau stillen.

Schwarzfersenantilopen sind Herdentiere. Ein Bulle kann über einen „Harem" mit bis zu 100 Kühen verfügen, für gewöhnlich sind es jedoch zwischen 15–20. Junggesellen schließen sich zu Gruppen zusammen und liefern sich während der Brunftzeit heftige Konkurrenzkämpfe.

Die normale Tragzeit beträgt 6–7 Monate, sie kann jedoch bei geringen Niederschlägen und spärlichem Graswuchs, der für eine Ernährung der Jungen nicht ausreicht, verlängert werden. Meist verlassen die Jungbullen vor der Geschlechtsreife die Herde.

Schwarzfersenantilopen sind sowohl für ihre Schnelligkeit als auch ihr Sprungvermögen bekannt: Mit einem Satz können sie bis zu 10 m weit oder 3 m hoch springen, was sie oft selbst dann tun, wenn es gar nichts zu überspringen gibt! Sie haben Glück, dass sie es können, denn die „Hasen Afrikas" sind für alle größeren Raubtiere, wie z.B. Löwen, Leoparden, Geparden, Hyänenhunde und sogar Hyänen eine schmackhafte Beute.

Klippspringer *(engl.: Klipspringer)*

Oreotragus oreotragus

Der zierliche, kleine Klippspringer (Schulterhöhe 50 cm) mit einem grünlich getönten und gefleckten, groben Fell ist ein scheues, schreckhaftes Tier. Seine Hufe sind zum Zwecke der Balance und für einen festen Halt auf felsigem Untergrund steil aufgestellt. Das weit auseinanderstehende, 10 cm lange Gehörn tragen nur Böcke. Klippspringer leben in felsigem Gelände in Zimbabwe und im Südosten Botswanas. Sie wagen sich auch in umliegende Weidegebiete vor, ziehen sich jedoch bei drohender Gefahr auf die sicheren Felsen zurück. Die geschickten Tiere können sicheren Fußes schroffe Felsklippen hochspringen. Ihr Flüssigkeitsbedarf wird von ihrer aus Laub bestehenden Nahrung gedeckt. Sie können lange Perioden ohne zu trinken überstehen. Am aktivsten sind sie mittags, wobei die Böcke oftmals von einem günstigen Platz aus Wache halten. Jeder Bock verfügt über ein Revier, in dem er mit ein oder zwei Kühen lebt. Mit etwa 1 Jahr werden Klippspringer geschlechtsreif. Die Kühe tragen zweimal pro Jahr ein Kitz aus. Die Jungen bleiben bisweilen bis zu einem Jahr bei ihren Eltern, normalerweise suchen sich die männlichen Jungtiere aber schon früher ein eigenes Revier. Zu den Feinden der Klippspringer zählen hauptsächlich Leoparden, Kronenadler, Schakale und Paviane.

Nyala

Tragelaphus angasii (Tiefland-Nyala, *engl.: Common Nyala)*

Das mittelgroße Nyala gehört zu den seltensten und schönsten Antilopen. Die Männchen zeichnen sich durch ein graues Fell, eine Mähne sowie langen Fellwuchs an Kehle und Hinterbeinen aus. Entlang ihres Rückens verlaufen senkrechte Streifen.
Ihr geschwungenes Gehörn endet in einer weißen Spitze. Die Weibchen haben ein rötliches Fell, aber keine Hörner.
Nyalas findet man nur in Waldgebieten im äußersten Norden und Süden Zimbabwes. Sie ernähren sich von jungen Trieben, Knospen, Rinde, Früchten sowie Blättern. Während der Trockenzeit sind sie morgens und abends aktiv, während der Regenperiode oft nachts.
Die Weibchen und ihre Jungen leben in kleinen Gruppen mit einem älteren, dominanten Männchen, das sie beschützt und gegen Jungbullen, die eigene soziale Verbände bilden, verteidigt. Nyalas setzen sich tapfer gegen Menschen und andere Feinde – hauptsächlich Leoparden und Löwen – zur Wehr. Die Jungen können jedoch zur Beute von Pavianen und Raubvögeln werden.

Bleichböckchen oder Oribi

Ourebia ourebi

Das kleine, dem Ducker in Gestalt ähnliche Bleichböckchen ist relativ schwierig zu sichten. Es lebt in Nord-Botswana und Zentral-Zimbabwe.
Bleichböckchen sind gleichmäßig goldbraun gefärbt, wobei der Bauch und die Innenseiten der Beine weiß bleiben. Die Männchen verfügen über ein 10 cm langes, gerades Gehörn. Charakteristische Merkmale des Bleichböckchens sind ein runder, nackter, schwarzer Fleck unterhalb des Ohrs und der kurze, in einer schwarzen Quaste endende Schwanz.
Das kleine Bleichböckchen hat viele Feinde, u.a. die größeren Raubkatzen. Meist weidet es auf den höher gelegenen Ebenen der Grassavanne, wo es vor Räubern gut geschützt ist. Es kann gänzlich ohne Wasser auskommen, trinkt es aber, wann immer es verfügbar ist. Bei drohender Gefahr flieht es in wilden, unregelmäßigen Sprüngen, wobei es alle Viere starr von sich streckt. Vermutlich hilft ihm das bei der Orientierung im hohen Gras. Nach ungefähr 100 m hält es an, um die Gefahr erneut abzuschätzen.
Bleichböckchen leben meist paarweise. Weibchen bringen zweimal im Jahr ein Junges zur Welt, das mit 1 Jahr geschlechtsreif ist.

Riedbock *(engl.: Reedbuck)*

Redunca arundinum (Großriedbock, *engl.: Common Reedbuck)*

Den graubraunen Großriedbock findet man in Feucht- oder Flussgebieten nahe einer permanenten Wasserquelle in Zimbabwe und Nord-Botswana.

Die mittelgroßen Antilopen erreichen eine Schulterhöhe von ca. 80 cm.
Die Männchen tragen ein markantes, nach vorne gebogenes Gehörn.
Der Bauch, die Innenseite der Schenkel, die Kehle und die Unterseite des buschigen Schwanzes sind weiß.
Die standorttreuen Riedböcke leben in Kleingruppen, die meist aus einem älteren Männchen und mehreren Weibchen mit Jungen bestehen. Sie ernähren sich fast ausschließlich von Gräsern und Blättern.
Haben sie mit 1 1/2 Jahren die Geschlechtsreife erreicht, liefern sich die Böcke zur Paarungszeit beherzte Kämpfe. Die Weibchen bringen jeweils ein Junges zur Welt. Große Raubkatzen, Hyänen und Hyänenhunde sind ihre Feinde.

Ellipsenwasserbock
(engl.: Ringed oder Common Waterbuck)

Kobus ellipsiprymnus

Der Ellipsenwasserbock, der seinen Namen dem Band verdankt, das sich über seinen Hinterbacken abzeichnet, ist im Gesicht und an der Kehle weiß. Er ist ein kräftiges Tier mit einem dicken, zotteligen, dunkelbraunen Fell, das an der Schenkelinnenseite weiß gefärbt ist, einem relativ langen Hals und kurzen Beinen. Man begegnet ihm in Feuchtgebieten in Zimbabwe und Nord-Botswana.

Die Männchen tragen Hörner, die sich zunächst nach außen biegen, um sich dann bis zu einer Gesamtlänge von ca. 75 cm steil nach oben fortzusetzen. Zum Revier der guten Schwimmer gehört immer eine Wasserquelle. Die kleinen Herden bestehen aus Kühen, Kälbern und einem ausgewachsenen Bullen, während die jüngeren Bullen in kleinen Gruppen abseits der Herde leben.

Sie fressen Gräser, aber auch Blätter. Nach einem Jahr sind sie geschlechtsreif, doch die Männchen nehmen in der Herde erst mit 5 Jahren eine beherrschende Stellung ein. Bullen in der Brunft gestatten Weibchen und jüngeren Männchen, ihre Reviere nach Belieben zu durchstreifen. Für Raubtiere sind junge Kälber und Kühe eine schmackhafte Beute, dagegen verschmähen sie ausgewachsene Wasserböcke aufgrund der Zähigkeit und des eigentümlichen Geschmacks ihres Fleisches.

Pferdeantilope ***(engl.: Roan Antelope)***

Hippotragus equinus

Die seltene Pferdeantilope, die tatsächlich einem Pferd ähnelt, kann man in Nord-Botswana sowie Nord- und Ost-Zimbabwe in hohem Gras und Gebieten mit reichlich Schatten und Frischwasser sehen. Nach Elenantilope und Kudu ist die Pferdeantilope mit einer Schulterhöhe von bis zu 150 cm die drittgrößte Antilopenart.

Die Farbe des Fells variiert zwischen Rehbraun und dunklem Fuchsrot, wobei die Unterseite weiß bleibt. Vom Nacken bis zu den Schultern zieht sich eine auffällige, steife Mähne mit schwarzen Haarspitzen. An der Nackenunterseite zeichnet sich das Tier durch weiteren, aus langen, dunklen Haaren bestehenden, mähnenähnlichen Fellwuchs aus. Seine langen, spitz zulaufenden Ohren enden in einem Haarpinsel. Das Gesicht besitzt ein markantes Schwarzweißmuster. Beide Geschlechter tragen nach hinten geschwungene, bis zu 70 cm lange Hörner. Pferdeantilopen beginnen schon als Jungtiere miteinander zu kämpfen, was Räuber abschreckt. Die meiste Zeit leben sie in kleinen Herden von unter 20 Tieren, die von einem Leitbullen angeführt werden. In der Brunftzeit werden die bis zu 270 kg schweren Bullen jedoch zu Einzelgängern. Sie paaren sich mit einem Weibchen aus der Herde und bleiben bis zur Geburt des Jungen bei ihm, danach bilden die Weibchen und die Jungen eine eigene Herde. Zu Beginn der Trockenzeit kehren die Weibchen mit den Jungen zur ursprünglichen Herde zurück.

Rappenantilope *(engl.: Sable Antelope)*

Hippotragus niger

Rappenantilopen begegnet man in Zimbabwe und im Nordosten Botswanas. Sie sind etwas kleiner als Pferdeantilopen, aber kräftiger gebaut. Ihr Körper ist dunkelbraun bis schwarz, wobei der Bauch weiß bleibt und das Gesicht eine Musterung zeigt. Beide Geschlechter tragen ca. 80 cm lange, weit geschwungene Hörner, die der Bullen sind jedoch länger und runder. Hauptsächlich ernähren sie sich von Gräsern, zu 10% auch von Blättern.

Rappenantilopen leben in standorttreuen Herden von bis zu 25 Tieren – in Trockenperioden auch mehr – und sind meist am frühen Morgen und späten Nachmittag aktiv. Jede Herde bewohnt ein eigenes Gebiet, in dem jedes Männchen ein individuelles, bis zu 30 ha großes Revier besitzt.

Mit 3 Jahren werden die Weibchen geschlechtsreif und werfen im Januar und September Junge. Rappenantilopen, die wie Pferdeantilopen erbitterte Kämpfer sind, haben schon angreifende Löwen getötet. Andere Feinde sind Leoparden, Hyänen und Hyänenhunde.

Springbock ***(engl.: Springbok)***

Antidorcas marsupialis

Der Springbock lebt in den trockeneren Gebieten Botswanas. Man erkennt ihn am weißen Kopf und dem sich von der Nase zu den Augen ziehenden schwarzen Band. Der rehbraune Rücken und der weiße Bauch werden durch einen rötlichen Streifen an den Flanken getrennt. Männchen und Weibchen tragen geriffelte, mittellange, geschwungene Hörner. Eine Herde kann mehrere hundert Tiere umfassen, meist sind es jedoch 20–100. Die Männchen zeigen während der Brunft territoriales Verhalten, wenn sie ihren „Harem" gegen Rivalen verteidigen. Ansonsten bestehen die Herden aus gemischten Gruppen, allerdings hat man schon oft reine Junggesellengruppen beobachtet. Springböcke sind am Morgen und vom späten Nachmittag bis zur Dämmerung aktiv, bei hellem Vollmond auch nachts . Zu ihrer Nahrung gehören Gräser und die Blätter niedrig wachsender Sträucher, manchmal graben sie zudem nach Wurzeln und Knollen. Die Weibchen kalben zwischen Dezember und Januar. Springböcke trinken oft, können aber lange Perioden ohne Wasser überstehen. Bisweilen unternehmen große Herden bei anhaltender Dürre weite Wanderungen auf der Suche nach Wasser; während einer großen Wanderungsbewegung 1896 erstreckte sich der Zug von Millionen Springböcken über 220 km Länge und 25 km Breite.

Steinböckchen *(engl.: Steenbok)*

Raphicerus campestris

Das Steinböckchen hat eine sowohl dem Ducker als auch dem Greisbock, siehe Seiten 13 und 15, ähnliche Gestalt mit einem kurzen Schwanz und vergleichsweise langen, schlanken Beinen. Der Rücken und die Hinterbacken zeigen eine helle rotbraune bis dunkelbraune Färbung, und über der Nase sitzt eine schwarze keilförmige Fleckung. Die Männchen tragen kleine, weit auseinanderstehende, gerade Hörner. Steinböckchen leben meist in offenen Landschaften überall in der Region, außer in Nord-Zimbabwe. Die Einzelgänger kommen nur während der Paarungszeit zusammen.

Normalerweise sind Steinböcke morgens und abends aktiv, wenn der Mond abends besonders hell scheint, auch länger. Während der übrigen Zeit suchen sie im hohen Gras oder in Löchern von Erdferkeln Schutz vor Feinden, zu denen Leoparden, Adler, Pythonschlangen, Warane, Schakale und Hyänen zählen.

Leier- oder Halbmondantilope *(engl.: Tsessebe, Topi)*

Damaliscus lunatus

Zwar ist die Leier- oder Halbmondantilope der Kuhantilope nicht unähnlich, doch ist ihr Fell dunkler – manchmal fast violett – und an den oberen Hinterschenkeln, den Vorderbeinen sowie im Gesicht hat sie eine schwarze Fleckung. Beide Geschlechter tragen ein Gehörn, das sanft geschwungen zunächst nach außen und dann nach hinten ragt.

Der geselligen Leierantilope begegnet man im Norden Botswanas und in Zentral-Zimbabwe in Herden von mindestens 15 Tieren, die oft mit Gnus, Kuhantilopen und Zebras größere Verbände bilden. Während der Paarungszeit suchen sich die Bullen einen Platz, den sie klar abgrenzen und gegen jeden Rivalen verteidigen, während die Kühe zwischen diesen Plätzen hin und her wandern. Nach der Paarung lösen sich die Herden in männliche und weibliche Gruppen auf.

Leierantilopen sind ausschließliche Grasfresser. Obwohl sie sich von trockenen Gräsern, die andere Antilopen verschmähen, ernähren können, bevorzugen sie als Lebensraum Überschwemmungs- und Feuchtgebiete mit saftigen Weiden. Ist Wasser vorhanden, trinken sie häufig. Solange genügend Gras verfügbar ist, können sie lange Zeiten ohne Wasser auskommen. Ihr Hauptfeind ist der Löwe.

Streifengnu ***(engl.: Blue Wildebeest oder Brindled Gnu)***

Connochaetes taurinus

Das nach seinen tiefen, trägen Lauten benannte Gnu ist für die afrikanische Savanne das, was das Bison einst für die amerikanischen Prärien war. Gnus sind kontaktfreudige Tiere, die unter einer Kakophonie amüsanten Schnaubens und tiefen Grunzens in Herden von über zehntausend Tieren im Verband mit Zebras und anderen Pflanzenfressern umherziehen. Man sieht sie in Botswana und Süd-Zimbabwe.

Sein plumpes, ungelenkes Erscheinungsbild macht das Gnu so unverwechselbar: Es ist kräftig gebaut, besitzt einen großen Kopf und eine wilde, zottelige Mähne. Vorne gleicht es einem Ochsen, hinten einer Antilope mit dem Schweif eines Pferdes! Darüber hinaus ist das Gnu für sein exzentrisches Verhalten bekannt, d.h. für sein Schnauben, ungestümes Umherspringen, wildes Kopfschütteln, Bocken, Im-Kreis-Laufen und Sich-im-Staub-Wälzen, was als Reaktion auf die Larve der Dasselfliege *(diptera oestridae)* zurückgeführt wird, die durch die Nüstern des Tieres zum Gehirn gelangt.

Während der Paarungszeit sammeln bis zu 3 Bullen Gruppen von bis zu 150 Kühen mit ihren Jungen um sich und verteidigen ein begrenztes Revier gegen jeden Rivalen, selbst wenn dieser sich bereits zurückzieht. Unter den Bullen herrscht keine Hierarchie. Am Ende der Paarungszeit mischen sich die Gruppen wieder unter die ursprüngliche Herde.

Gnus sind fast ausschließliche Grasfresser, die auf ständiger Wanderschaft nach saftigen Weiden und Wasser suchen. Da sie vorzugsweise täglich trinken und nur 5 Tage ohne Wasser auskommen, wandern sie bis zu 50 km, um eine Quelle zu finden. In der Regenzeit grasen sie in loser, scheinbar unzusammenhängender sozialer Ordnung, in der Trockenperiode sammeln sie sich dagegen in trauter Verbundenheit an den Wasserstellen.

Zu ihren Feinden zählen Löwen, Geparde sowie Hyänenhunde. Hyänen haben eine Vorliebe für Gnukälber.

Andere Huftiere

Afrikanischer Büffel oder Kaffernbüffel *(engl.: African oder Cape Buffalo)*

Syncerus caffer

Den Afrikanischen Büffel findet man in Botswana und Zimbabwe. Sein charakteristisch geschwungenes Gehörn wölbt sich erst nach außen, um dann über der Stirn fast wieder zusammenzutreffen. Die Hörner der Kühe sind schwächer ausgebildet. Die Färbung des Fells variiert von Rötlichbraun bis Schwarz.

Den Büffeln ist ein durchdringender Blick eigen. Im Allgemeinen gehen die friedfertigen, bis 800 kg schweren Tiere Menschen aus dem Weg, können aber sehr gefährlich sein und sollten entsprechend vorsichtig behandelt werden. Am aggressivsten sind Einzelgänger und Kühe, die ihre Kälber beschützen.

Die Büffel sind standorttreu und entfernen sich vor allem während der Trockenperiode nie zu weit von einer Wasserstelle. Bei ausreichender Nahrung können sich die rund 100 Tiere umfassenden Herden auf ein Gebiet von 100 km Durchmesser verteilen.

Giraffe

Giraffa camelopardalis

Giraffen findet man von Nord- und Zentral-Botswana bis Süd-Zimbabwe. Der Name Giraffe stammt vom arabischen Wort *zarafah* („die, die schnell geht"). Das hervorstechendste Merkmal der Massai-Giraffe ist ihr unregelmäßiges, sternenförmiges Muster gegenüber der geometrischen Fellzeichnung der Netzgiraffe, die überdies eine dunklere Braunfärbung hat. Die männlichen Tiere werden durchschnittlich 5 1/2 m groß.

Die Weibchen, die normalerweise ein helleres Fell und eine weniger ausgeprägte Zeichnung haben, wirken dagegen mit ihren 4 1/2 m wie Zwerge. Beide Geschlechter haben „Hörner" – tatsächlich nur kurze, von Haut überzogene Knochenauswüchse, die auf ein einstiges Geweih hinweisen könnten. Trotz ihres unglaublich langen Halses besitzt die Giraffe nur 7 Halswirbel – genauso viele wie alle anderen Säugetiere und der Mensch.

Giraffen sind am frühen Morgen und Nachmittag aktiv, wenn sie Blätter und Zweige der Akazien fressen. Es überrascht vielleicht, sie auch Knochen zermalmen zu sehen – eine Technik, die als *pica* bezeichnet wird und auf einen Mineralienmangel deutet. Steht die Sonne hoch, entspannen sich Giraffen an einem schattigen Ort. Auch nachts ruhen sie mehrere Stunden.

Giraffen suchen meist am späten Nachmittag oder frühen Abend eine Wasserstelle auf, aber um an das Wasser heranzukommen, müssen sie alle möglichen akrobatischen Verrenkungen anstellen. Beim Trinken scheinen sie stets zögerlich und nervös zu sein, da sie dann am leichtesten angreifbar sind. Kommt ihnen die Situation riskant vor, verzichten sie sogar ganz auf das Trinken.

Flusspferd *(engl.: Hippopotamus)*

Hippopotamus amphibius

Flusspferde findet man an Wasserläufen in Zimbabwe und Nord-Botswana. Bekanntermaßen sind sie riesige, dicke Tiere mit einem enormen Kopf und kurzen Beinen, die ausgewachsen 1350–2600 kg wiegen. Ihre Augen und Ohren können unauffällig über die Wasseroberfläche ragen, selbst wenn sie untergetaucht sind.

Die meiste Zeit des Tages verbringen Flusspferde unter Wasser, um Pflanzen vom Grund des Gewässers zu vertilgen. Nur ab und zu tauchen sie auf, um Luft zu schnappen. Lediglich nachts verlassen sie das Wasser und wandern oft einige Kilometer von ihren angestammten Futterplätzen weg, um zu grasen. Unersättlich wie sie sind, können sie jede Nacht bis zu 60 kg Pflanzen, meist verschiedene Gräser, verdrücken. Urin und Exkremente scheiden sie in markierten Revieren aus – meist im Wasser –, wobei sie die Exkremente mit ihrem Schwanz verteilen.

Sie lieben die Gemeinschaft und leben in hierarchischen Verbänden von 25–30 Tieren, manchmal auch mehr, mit der gleichen Anzahl von Bullen und Kühen mit Kälbern. Flusspferde mögen zwar sanft erscheinen, tatsächlich tragen die Bullen aber oft Machtkämpfe aus, die mitunter schaurige Verletzungen nach sich ziehen. Praktisch jeder Bulle ist von solchen Narben gezeichnet.

Statistisch gesehen sind Flusspferde die für Menschen gefährlichsten Tiere Afrikas. Die meisten Unfälle ereignen sich, wenn sie unter Booten oder Kanus auftauchen, jemand sein Camp an einem ihrer Pfade in Flussnähe aufschlägt oder ihren Weg zum Wasser blockiert. Sie sehen zwar schwerfällig aus, sind aber recht schnell und kümmern sich nicht darum, wer oder was ihnen im Weg steht.

Flusspferde erreichen nach 4 Jahren die Geschlechtsreife und werden ca. 30 Jahre alt. Es gibt keine feste Paarungszeit. Die Kühe gebären nach einer Tragzeit von 230 Tagen ein Kalb, das sie 4–6 Monate lang säugen, bis es zu grasen beginnt.

Die einzigen natürlichen Feinde des Flusspferdes sind Löwen und Krokodile, die Jagd auf ihre Jungen machen. Obwohl Flusspferde sich manchmal in Fischnetzen verfangen, betrachtet man sie mit Wohlwollen, da sie den Grundschlamm aufwühlen und ihre Exkremente einen wertvollen Dünger abgeben, der das Wachstum von Wasserorganismen fördert.

Nashorn *(engl.: Rhinoceros)*

Diceros bicornis (Spitzmaul- oder Schwarzes Nashorn, *engl.: Black oder Hook-lipped Rhinoceros)*, Ceratotherium simum (Breitmaul- oder Weißes Nashorn, *engl.: White oder Square-lipped Rhinoceros)*

Nashörner gehören zu den am stärksten gefährdeten großen Tierarten Afrikas, was hauptsächlich mit dem asiatischen Aberglauben zusammenhängt, ihre Hörner hätten medizinische und aphrodisische Wirkung, sowie mit der jemenitischen Überzeugung, wahre Männer bräuchten einen Dolch aus Nashorn. In der Vergangenheit haben sich die Nashornbestände durch Wilderer dramatisch reduziert, so dass sie in vielen Ländern bereits ausgerottet sind. Spitzmaulnashörner sind heute nur noch in kleinen Gebieten in Botswana und im Tal des Zambesi in Zimbabwe anzutreffen, während Breitmaulnashörner lediglich in einigen wenigen Reservaten zu beobachten sind.

Spitzmaulnashörner sind Äser, die überwiegend im Dickicht leben und sich hauptsächlich von Blättern, jungen Trieben und Knospen ernähren, während Breitmaulnashörner Weidetiere sind, die offene Landschaften bevorzugen. Beide Arten fressen in den kühleren Morgenstunden oder am späten Nachmittag.

Während Breitmaulnashörner als generell friedlich betrachtet werden, neigen Spitzmaulnashörner bei Gefahr eher zu einem Angriff. Allerdings ist ihr Sehvermögen so schwach, dass sie ihr Ziel meist verfehlen. Es ist schon vorgekommen, dass sie Eisenbahnzüge und Elefantenkadaver angegriffen haben! Das Revier eines Spitzmaulnashorns kann abhängig von der Geländebeschaffenheit und der verfügbaren Nahrung 2–50 km^2 umfassen, aber nur Breitmaulnashornbullen verteidigen ihre Reviere aktiv. Mit 5 Jahren werden Nashörner geschlechtsreif, die Kühe kalben jedoch frühestens mit 7 Jahren. Die Jungen wiegen bei ihrer Geburt durchschnittlich 40 kg und steigern dieses Gewicht innerhalb der ersten 3 Monate auf 140 kg. Ausgewachsene Spitzmaulnashörner wiegen 800–1100 kg, das wesentlich größere Breitmaulnashorn bringt hingegen 1200–1600 kg auf die Waage. Beide sind Einzelgänger, die sich nur zur Paarungszeit mit Artgenossen zusammenfinden. Kälber bleiben bis zu 3 Jahre bei der Mutter, sind aber bereits nach einem Jahr selbständig.

Warzenschwein *(engl.: Warthog)*

Phacochoerus aethiopicus

Warzenschweine kommen in Zimbabwe und Botswana vor. Ihr Name rührt von den warzenähnlichen Auswüchsen in ihrem Gesicht. Für gewöhnlich leben sie in Rotten, zu denen ein Keiler, eine Bache und 3 oder 4 Frischlinge gehören. Wenn sie sich davontrollen, strecken sie ihren dünnen, mit einer Quaste versehenen Schwanz wie eine Antenne steil in die Höhe.

Keiler, die in der Regel größer als Bachen sind, werden bis zu 1 m lang und ca. 100 kg schwer. Sie sind mit zwei Paar Eckzähnen ausgestattet, von denen sich das obere Paar, das bis zu 60 cm lang werden kann, seitwärts in einem Bogen nach oben krümmt; das untere Paar ist meist kürzer als 15 cm.

Warzenschweine ernähren sich von Gräsern, fressen aber auch Früchte und Baumrinde. Bei Nahrungsknappheit graben sie mit ihrer Schnauze nach Wurzeln und Knollen. Zum Ausruhen und Gebären suchen sie einen verlassenen Erdbau auf, manchmal graben sie auch eine Höhle in einen unbewohnten Termitenhügel. Bachen bringen je Wurf 2–8 Frischlinge zur Welt.

Steppenzebra *(engl.: Common oder Burchell's Zebra)*

Equus burchelli

Steppenzebras kennzeichnen Schattenlinien zwischen den schwarzen Streifen. Sie sind in großen Teilen Zimbabwes und Botswanas vertreten.

Zebras sind Grasfresser, bisweilen vertilgen sie auch Blätter oder knabbern an Sträuchern. Da sie täglich trinken müssen, entfernen sie sich nie weit von einer Wasserstelle. Sie mischen sich oft unter andere Tiere, wie z.B. Gnus, Elefanten und Schwarzfersenantilopen.

Während der Paarungszeit liefern sich die Hengste erbitterte Kämpfe um die Herrschaft über eine Stutenherde. Nach 12 Monaten bringt die Stute ein Fohlen zur Welt. Löwen zählen zu den ärgsten Feinden der Zebras, aber auch Hyänen und Hyänenhunde machen Jagd auf sie.

Andere Tiere

Erdferkel
(engl.: Aardvark, Antbear)

Orycteropus afer

Das Erdferkel besitzt eine dicke, faltige, fahlrosa Haut, die spärlich mit borstigem, gräulichem Haar bedeckt ist. Es hat eine spitz zulaufende, rüsselartige Schnauze und eine runde, klebrige, rosa Zunge, mit der es Ameisen und Termiten aufleckt, die es aus Nestern und moderigem Holz gräbt. Die meterlangen Erdlöcher der Erdferkel werden auch von vielen anderen Tieren als Behausung genutzt. Normalerweise sind sie nachtaktiv, aber am Morgen nach einer kalten Nacht nehmen sie bisweilen ein Sonnenbad, bevor sie sich zur Ruhe zurückziehen. Ist ein Erdferkelbau bewohnt, wird der Eingang bis auf kleine Luftlöcher versiegelt. Sieht sich ein Erdferkel einem Feind gegenüber, schlägt es unter lautem Blöken Purzelbäume oder gräbt sich, sofern die Zeit reicht, in die Erde ein. In die Enge getrieben, wehrt es Angriffe mit Vorderklauen, Schultern und dem Schwanz ab. Erdferkel sind, bis auf Mütter mit ihren Jungen, Einzelgänger. Man findet sie über die ganze Region verbreitet bis auf den äußersten Nordosten Zimbabwes. Sie leben auch zwischen Rindern auf Farmen.

Steppenschuppentier *(engl.: Ground Pangolin)*

Manis temminckii

Das Steppenschuppentier ist die einzige im südlichen Afrika lebende Art der 4 afrikanischen Schuppentierarten. Die manchmal auch als Pangoline bezeichneten Schuppentiere sind am Rücken und Schwanz von großen runden Schuppen bedeckt und nur im Bereich der Augen und Ohren, an den Wangen und am Bauch behaart. Ihre Nahrung besteht aus Ameisen und Termiten, die sie sich aus zuvor freigelegten Termitenhügeln, moderndem Holz oder Dunghaufen holen. Sie laufen auf den Außenkanten ihrer Füße mit nach innen gerichteten Krallen und graben sich nur selten eigene Bauten, sondern bevorzugen verlassene Erdferkelhöhlen. Steppenschuppentieren begegnet man überall in der Region. Für gewöhnlich halten sie sich in trockenen, buschbestandenen Gebieten auf, insbesondere in Gegenden mit leichtem, sandigem Boden. Da sie hauptsächlich zwischen Mitternacht und dem Morgengrauen aktiv sind, bekommt man sie nur selten zu Gesicht.

Afrikanischer Elefant

Loxodonta africana
Der Afrikanische Elefant ist größer als sein asiatischer Artgenosse, seine Ohren sind außerdem großflächiger und dünnhäutiger. Ein ausgewachsener Bulle kann über 6 1/2 Tonnen wiegen.
Elefanten leben in Botswana sowie in den nördlichen und westlichen Grenzgebieten Zimbabwes. Die Stoßzähne einer Kuh sind im Allgemeinen kürzer als die eines Bullen, die 15–25 kg pro Stück wiegen, bei alten Bullen aber auch bis zu 50 kg auf die Waage bringen. Elefanten leben in Verbänden von 10–20 Tieren, es kommen aber auch Herden mit bis zu 50 Tieren vor. Sie bestehen aus einem ausgewachsenen Bullen, mehreren Jungbullen, Kühen und Kälbern. Alte Bullen scheinen den Herdeninstinkt zu verlieren und verlassen den Verband, um als Einzelgänger weiterzuleben und nur zur Paarungszeit zurückzukehren. Da sich Elefanten mittels einer Vielzahl von Geräuschen verständigen, herrscht innerhalb einer Herde oftmals großer Lärm: Mit dem Rüssel oder Maul produzieren sie schnaubende, grollende, ratternde und rülpsende Laute. Am bekanntesten ist wohl das ohrenbetäubende Trompeten, das sie aus Furcht oder als Drohgebärde ausstoßen.

Die Herden sind Tag und Nacht auf der Suche nach Wasser und Futter unterwegs, von denen sie beides in ungeheuren Mengen konsumieren. Ein erwachsener Elefant braucht durchschnittlich 250 kg Nahrung am Tag. Die breite Palette seiner pflanzlichen Nahrung umfasst Gräser, Blätter, Zweige, Baumrinde, Wurzeln und Früchte. Oft fällen Elefanten sogar Bäume, um an die Blätter heranzukommen. In Dürrejahren können sie in kurzer Zeit dichtes Baumland in offene Graslandschaft verwandeln. Daher werden sie oft als ernste Gefahr für das empfindliche ökologische Gleichgewicht betrachtet. Von anderer Seite werden diese Schäden als notwendiger Bestandteil im natürlichen Zyklus des Bushvelds angesehen. Elefanten benötigen außerdem Mineralsalze, die sie von Salzlecken mit den Stoßzähnen aus der Erde graben und in großen Mengen verschlingen.
Die Dickhäuter paaren sich das ganze Jahr über. Kühe sind 22–24 Monate trächtig und verlassen dann mit ein oder zwei anderen Kühen für ein paar Tage die Herde, um an einem abgelegenen Ort zu kalben. Die Kälber wiegen bei der Geburt ca. 130 kg und sind fast 1 m groß. Die sehr verspielten Jungtiere werden fürsorglich und liebevoll behütet, bis sie mit ca. 2 Jahren selbständig werden. Zwischen ihrem 10.–12. Lebensjahr erreichen sie die Geschlechtsreife, und erst nach 20 Jahren sind sie ausgewachsen. Die durchschnittliche Lebenserwartung eines Elefanten beträgt 60–70 Jahre, einige Tiere können sogar 100 Jahre und älter werden.

Schliefer (engl.: Hyrax)

Procavia capensis (Klipp- oder Wüstenschliefer, *engl.: Rock Hyrax oder Dassie)*

Der im südlichen Afrika (aber seltener in Botswana) verbreitete, ungefähr hasengroße, aber kräftige Klipp- oder Wüstenschliefer hat eine kurze, spitze Schnauze, große Ohren und einen dichten Pelz. Der Schwanz ist entweder nicht vorhanden oder lediglich stummelförmig ausgebildet.

Klippschliefer leben meist in Kolonien von bis zu 60 Tieren in felsigem, buschbestandenem Gebiet. Sie fressen morgens und abends, wobei sie sich von Gräsern, Knollen, Wurzeln, Grashüpfern und Heuschrecken ernähren. Die restliche Zeit des Tages sonnen sie sich auf Felsen oder spielen Fangen. Dort, wo sie an den Menschen gewöhnt sind, sind sie oft sehr zahm, ansonsten sausen sie bei drohender Gefahr unter sehr schrillen Lauten in die Felsspalten. Ihr Hör- und Sehvermögen ist außerordentlich gut ausgebildet.

Schliefer können sich das ganze Jahr über fortpflanzen. Die Tragzeit beträgt 7 Monate, was für ein Tier dieser Größe bemerkenswert lang ist. Ein Wurf umfasst bis zu 6 Junge, um die sich die ganze Kolonie kümmert. Zu den Feinden zählen Löwen, Hyänenhunde, Adler, Mangusten und Pythonschlangen.

Südafrikanisches Stachelschwein *(engl.: Cape Porcupine)*

Hystrix africaeaustralis

Dieser stachelige Geselle ist das größte afrikanische Nagetier mit einem Gewicht von bis zu 24 kg und einer Körperlänge von maximal 1 m. Es ist weit verbreitet, aber nicht leicht zu entdecken, da es nachtaktiv ist. An kühleren Tagen kommt es gelegentlich bei Tageslicht aus seinem Erdloch gekrochen.

Das Stachelschwein trägt von den Schultern bis zum Schwanz ein Kleid aus langen, schwarzweiß geringelten Stacheln. Eine Mähne langer, borstiger Haare, die bei drohender Gefahr aufgerichtet wird, zieht sich von seinem Nasenrücken über den Kopf bis zu den Schultern.

Als Unterschlupf dienen Stachelschweinen entweder Felshöhlen oder gegrabene Erdbauten. Sie ernähren sich von Rinde, Knollen, Samen sowie vielfältigen Pflanzen und Laub. Die Jungen kommen in Würfen von einem oder zwei während der heißen Sommermonate zur Welt.

Entlang der Flussarme des Okavango-Delta breiten sich **Sumpfpflanzen** wie Papyrus, hohe Gräser und Bäume, u.a. Palmen, aus. Auf den Wasserflächen schwimmen Seerosen.

Im ganzen Land, auch in den trockensten Gebieten der Kalahari, findet der Besucher eine reiche **Tierwelt**. Das Wild wandert allerdings im Rhythmus der Jahreszeiten. In Trockenperioden tummeln sich die meisten Tiere im Norden im Okavango-Delta und an den Grenzflüssen. Da aber in fast allen Regionen für die Tiere künstliche Wasserlöcher existieren, wird man immer „fündig". Die Fauna gilt weltweit als einzigartig. Auch wenn in den letzten Jahrzehnten durch unkontrollierte Bejagung, Dürre und Seuchen die Bestände stark abnahmen, wird heute ein Status quo gehalten. Jagd findet im Großen und Ganzen nur noch zur Wahrung des ökologischen Gleichgewichtes statt. Wegen der dünnen Besiedelung des Landes und der großen Fläche an geschützten Gebieten finden die Tiere ideale Lebensumstände vor und können sich, abgesehen von den Veterinärzäunen, die der Seuchengefahr begegnen sollen (s.S. 165, Kasten), frei bewegen und von Park zu Park ziehen.

Die tierreichste Region ist das ganze Jahr über das **Okavango-Delta** und die nördlichen Grenzgebiete mit ihrem Wasserreichtum. Hier leben neben den als „Big Five" bekannten Elefanten, Büffeln, Nashörnern, Löwen und Leoparden eine Vielzahl verschiedenster Antilopenarten, Zebras, Giraffen, Warzenschweine, Flusspferde, Geparde, Hyänen und viele mehr. Die Vogel- und Reptilienwelt gilt als ausgesprochen reich, der größte Vertreter der Vögel ist der Strauß, der Reptilien das Krokodil. In den trockenen **Nationalparks der Landesmitte** und des Südens leben hauptsächlich Antilopen und Raubtiere, wobei Makgadikgadi als ausgesprochenes Vogelparadies gilt. Im **Tuli-Block** im äußersten Osten wird der Artenreichtum am Limpopo wieder größer.

Ökologie

Ein so dünn besiedeltes Land wie Botswana kann nichts anderes machen, als mit seinen natürlichen Pfunden zu wuchern und zu versuchen, seine Natur zu bewahren. Da das natürliche Gleichgewicht bei so wenig zur Verfügung stehendem Wasser ausgesprochen fragil ist, ist dies immer auch ein Eiertanz. So muss permanent eine neue Balance gefunden werden zwischen den Bedürfnissen der Bewohner, den Anforderungen des Industriesektors und der Tourismusbranche. Auf der anderen Seite kann Botswana es sich mit seinen Bodenschätzen leisten, das ökologische Gleichgewicht zu einem wesentlichen Ziel zu erklären.

Dies war nicht immer so. Die Viehwirtschaft (Rinderzucht) hat bereits große Flächen der Kalahari-Region durch Überweidung zerstört. Die zur Eindämmung von Viehseuchen aufgestellten Veterinärzäune (s.S. 165, Kasten) führten in Dürrejahren zu einem abrupten Stop der Wanderbewegungen des Wildes – vor allem bei Antilopen – und teilweise zum Verdursten von 90% ganzer Populationen, da sie nicht mehr die angestammten Wasserstellen erreichten. Ein Vergleich des Bestandes einzelner Tierarten von 1980 und 1995 zeigt ein erschreckendes Bild:

Jahr/Anzahl	1980	1995
Gnus	260 000	15 000
Kuhantilopen	270 000	45 000
Elenantilopen	24 000	13 000
Büffel	72 000	30 000
Zebras	65 000	47 000

Die Dezimierung ist hauptsächlich auf die Verdurstung der Tiere zurückzuführen, nicht auf die Jagd. Die Elefanten, deren Bestand sich im selben Zeitraum fast verdoppelte (von 45 000 auf 80 000), entwickelten sich dagegen nahezu zu einer Landplage für die Bevölkerung.

Der Naturschutz greift an verschiedenen Stellen ein. Zum einen wird versucht, einen umweltverträglichen Tourismus zu schaffen, was relativ einfach über den Preis zu regeln ist:

Geringe Besucherzahlen erreicht man durch hohe Eintrittspreise in die Nationalparks, durch Besucherkontingente und eine Lizenzvergabe zum Lodge-Bau an Tourismusunternehmen, die erklärtermaßen im oberen, exklusiven Bereich tätig sind. Zweitens wird versucht, die Bevölkerung durch Einbindung in Tourismusprojekte davon zu überzeugen, dass der Tourismus auch für sie profitabel ist. Vor allem die Landbevölkerung, die am stärksten von der hohen Arbeitslosigkeit (20%) betroffen ist, soll in der Tourismusindustrie Beschäftigung finden. Damit kann die Viehwirtschaft eingeschränkt werden, Wild wird nicht mehr als Nahrungskonkurrent des Viehs gejagt, und die Bevölkerung sieht durch die Geldeinnahmen aus dem Tourismus die Notwendigkeit des Naturschutzes ein. Drittens wird durch eine Begrenzung der Wildpopulationen mittels der Jagd versucht, die Anzahl der Tiere pro Gebietseinheit auf einem verträglichen Niveau zu halten, so dass kein Populationsdruck entsteht. Dazu gehört auch, das Gleichgewicht zwischen einzelnen, einander jagenden Rassen zu wahren. Nebenprodukt der regulierten Jagd sind (hohe) Geldeinnahmen aus den Abschusslizenzen, die ausländische Großwildjäger bezahlen. Damit wird auch der Naturschutz finanziert.

Bevölkerung

Botswanas Bevölkerung, 1998 ca. 1,7 Mill., erscheint auf den ersten Blick sehr homogen: Ca. 70–80% davon stellt die Sotho-Tswana-Gruppe, die den Südost-Bantu zugerechnet wird. Bantustämmige Völker haben zwischen 500 und 1500 n. Chr. von ihren ursprünglichen Siedlungsgebieten im nördlichen Zentralafrika ausgehend den gesamten Süden des Kontinents besiedelt. Die Sotho bildeten dabei die Vorhut, während die Tswana-Stämme später folgten.

Im Zuge der Wanderungen, Vertreibungen, Eroberungen und Vermischungen der letzten 1000 Jahre haben sich innerhalb der Sotho-Tswana zahlreiche Untergruppen gebildet, die durchaus autonome Kultur- und Sprachmerkmale besitzen. So ist die gerne von offizieller Seite propagierte Homogenität der Tswana in Botswana eigentlich nur ein auf dem Papier existierendes Idealbild, das mit der Realität wenig gemein hat. Sie erfüllt in erster Linie einen politischen Zweck, denn die „Dynastie" des botswanischen Präsidenten Seretse Khama entstammte einer dominanten Tswana-Untergruppe, die durch den Mythos einer gemeinsamen Herkunft ihren Herrschaftsanspruch über alle, wenn auch noch so entfernt verwandten Tswana, legitimierte. Der moderne Staat Botswana hat ebenfalls ein Interesse, die Geschichte als eine gemeinsame der Botswaner zu interpretieren, um das Nationalitätsgefühl zu stärken. Zur Verdeutlichung der verschiedenen Abspaltungen s.S. 136, Kasten!

Neben den Sotho-Tswana findet man in Botswana kleine bis winzige Volksgruppen, die sich nach ihrem Siedlungsgebiet grob in **Okavango-** und **Kalahari-Völker** unterteilen lassen. Weitere 1,3% der Bevölkerung sind Menschen anderer Hautfarbe (Weiße, „Mischlinge", Asiaten), hinzu kommen Angehörige der Subia, Ndebele und Herero. Die Gruppe der Sotho-Tswana setzt sich zusammen aus ca. 45% Ngwato, 15% Ngwaketse, 15% Kwena, 10% Tawana, 10% Kgatla, 3% Malete, 2% Rolong und 1% Tlokwa. Da viele Ereignisse der Immigration und Migration bei der Besiedelung des Landes durch schwarze Völker im Dunkeln liegen, sind die einzelnen Völker nicht immer scharf voneinander zu trennen.

90% der Fläche Botswanas gelten als dünn oder gar nicht besiedelt. Auf 70% des Gebietes der westlichen Hälfte des Landes leben 30% der Bevölkerung, vornehmlich in Städten und in zu *clustern* zusammengeschlossenen Dörfern. Auf 5–10% der Landesfläche um Gaborone herum leben weitere 30%.

Um 1900 zählte Botswana 120 000 Bewohner, um 1950 bereits 300 000. Die Millionengrenze wurde 1984 erreicht. Die Bevölkerung des Landes gehörte noch vor wenigen Jahren zu den am schnellsten wachsenden Afrikas. Die aktuelle Geburtenrate beträgt 3,2%, die Sterberate liegt bei 1,8%, das Bevölkerungswachstum mithin bei 1,4%. Die Lebenserwartung – 1995 bei 51 Jahren – ist für 1999 mit etwa 44 Jahren angegeben. Dieser frappierende Rückgang der durchschnittlichen Lebenserwartung in wenigen Jahren um 15% ist auf Aids zurückzuführen. Ca. 20% der Gesamtbevölkerung sollen HIV-positiv sein.

Volksnamenentsprechungen

Herero – Ovaherero
Kalanga – Bakalanga – Vakalanga – Makalaka – Bakalaka
Kgatla – Kxatla – Bakgatla
Kgalagadi – Bakgalagadi – Kalahari – Makgalagadi
Kwena – Bakwena
Malete – Balete – Bamalete – Lete
Ngwato – Mangwato – Bangwato – Bamangwato
Mbukushu – Hambukushu – Bukushu – Buksu – Ghuva – Haghuva
Ndebele – Amandebele
Ngwaketse – Mangwaketse – Bangwaketse
Pedi – Bapedi
Rolong – Barolong
San – Buschmänner
Sarwa – Basarwa – Masawa
Subia – Subyia – Supia – Basbiya – Bekuhane
Tawana – Tauana – Batawana
Tlokwa – Batlokwa
Tswana – Batswana – Bechwana – Betschuaner – Motswana
Yeye – Bayei – Yei – Wayeyi – Koba

Die Tswana-Völker

Die Tswana des südlichen Afrika werden zu den Südost-Bantu gerechnet und haben weit über 4 Mill. Mitglieder, wobei die größte Gruppe mit 3 Mill. in Südafrika lebt (Süd-Tswana). Ca. 15 000 siedeln in Namibia, ca. 40 000 in Zimbabwe, der Rest in Botswana (Transvaal-Tswana oder Botswana). Die botswanischen Tswana kann man grob in zwei Großgruppen und mehrere kleinere Linien unterteilen: die von den **Kwena** abgespalteten Völker (Kwena, Ngwaketse, Ngwato und Tawana), die **Kgatla** mit Untergruppen (Kgafela Kgatla, Mmanaana Kgatla und Kleinstvölker) sowie **Rolong**, **Pedi** und **Malete**. Ihre Sprache ist das Setswana, das zugleich die Verkehrssprache im modernen Botswana darstellt, obwohl die Amtssprache Englisch ist. Das Setswana zerfällt in die Dialekte Kwena, Ngwato, Kgatla und Rolong. Die Tswana widmen sich traditionell der Rinderhaltung.

Worterklärungen

Batswana hat zwei Bedeutungen: Einmal umfasst es die Stammesgruppen, die der Tswana-Sotho-Gruppe angehören, zweitens bezeichnet es heute die gesamte Bevölkerung des Landes Botswana – unabhängig vom stammesgeschichtlichen Ursprung.

Kgalagadi entspricht dem Wort Kalahari und bezeichnet einen Volksstamm sowie die Region Kalahari.

Kgosi bezeichnet die Position, die der Herrscher eines Volkes innehat, ist aber mit Chief oder König nur unzureichend übersetzt. Der Kgosi ist in jeder Hinsicht – auch in spiritueller – das Oberhaupt eines Volkes oder eines Zusammenschlusses mehrerer Völker. Die korrekte Pluralform ist di-Kgosi, im Text wurde der Einfachheit halber aber auch für die Mehrzahl der Singular verwendet.

Merafe bezeichnet einen lockereren oder festeren Zusammenschluss verschiedener Gruppierungen eines Volkes, aber auch verschiedener Völker zum Zweck z.B. der Sicherung von Handelswegen oder als Bündnis gegen einen Aggressor.

Kgotla bezeichnet die traditionelle Institution eines Volkes oder eines Zusamenschlusses von Völkern in Botswana, die parlamentarisch-beratende, aber auch Entscheidungsfunktion hat. Gleichzeitig ist der Kgotla auch der physische Ort dieser Institution. Die korrekte Pluralform lautet di Kgotla (im Text wird der Einfachheit halber auf diese Form verzichtet).

Die Kwena-Gruppe

Das Tswana-Volk der **Kwena** gilt als Urvolk, aus dem durch Abspaltung die drei anderen bedeutenden botswanischen Tswana-Gruppen, die Ngwaketse, Ngwato und Tawana, hervorgegangen sind. Unter diesen haben die Kwena heute von der Bevölkerungszahl her gesehen nur die dritte Position. Allerdings erkennen die drei anderen Völker ihren Ursprung von den Kwena an und beugen sich diesen in Religionsfragen. Alle vier Untergruppen besitzen ein gemeinsames Totemtier, das Krokodil *(kwena)*. Es darf weder gejagt noch gegessen werden und spielt in der Ahnenverehrung eine Rolle. Die Kwena beherrschten im 19. Jh. die Handelswege durch die Kalahari und siedelten um Molepolole, das Königssitz war. Mit Beginn der Kolonialzeit zogen viele Kwena als Arbeiter auf die Farmen der Weißen und in die Städte.

Die **Ngwato** stellen fast die Hälfte der botswanischen Tswana. Sie sind aus einer Abspaltung von den Kwena Mitte des 18. Jahrhunderts hervorgegangen. Ihr Hauptsiedlungsgebiet war traditionell der Central und der Northeastern District. Aus ihren Reihen stammte Botswanas erster Präsident Sir Seretse Khama.

Die **Ngwaketse** stellen mit einem Drittel der Kwena-stämmigen Bevölkerung die drittgrößte Tswana-Gruppe. Ihr traditionelles Siedlungsgebiet lag um Kanye. Sie entstanden aus einer Abspaltung von den Kwena um 1730. In der Kolonialzeit durch die Hüttensteuer und von der Tse-Tse-Fliege verbreiteten Epidemien verarmt, verdingten sich viele Ngwaketse als Wanderarbeiter.

Die **Tawana** sind das nordwestlichste Tswana-Volk und die kleinste Gruppe der Abspaltungen von den Kwena. Sie waren wie die Kwena im Kalahari-Handel engagiert, besaßen großen Reichtum und die mächtigsten Rinderherden, die wiederholt durch Tse-Tse-Fliegen dezimiert wurden. Ein Großteil der Bevölkerung war später wie die Ngwaketse gezwungen, den Familienunterhalt als Wanderarbeiter zu bestreiten, während sich eine kleine wirtschaftliche Elite auch weiterhin mit der Rinderzucht beschäftigte. Die Kgosi-Dynastie der Moremi-Könige hat Botswanas berühmtem Moremi-Nationalpark ihren Namen gegeben.

Die Kgatla-Gruppe

Die Kgatla zerfallen in fünf Linien; unter ihnen sind die Kgafela die zahlreichsten und die Mmanaana, eine Abspaltung der Kgafela, die einzigen, die nur in Botswana anzutreffen sind. Die Mmanaana siedeln um Moposa. Die Kgafela entstanden aus einer Abspaltung von den Mosetlha-Kgatla im südafrikanischen, westlichen Transvaal um 1790. Um 1870 flüchteten sie im Zuge der Landnahme durch die Buren und siedelten sich um Mochudi an.

Rolong

Eine Hauptgruppe der Rolong kam um 1900 aus dem südafrikanischen Oranje Freistaat und ließ sich bei Moroka nördlich von Francistown nieder. Allerdings waren sie schon vorher in Botswana, besaßen aber keine Hauptsiedlungsgebiete, sondern verteilten sich über das ganze Land.

Pedi

Die Pedi gelten nicht als reines Tswana-Volk, sondern werden der übergeordneten Sotho-Tswana-Gruppe zugerechnet. Sie sprechen das Sepedi, eine Nordsotho-Sprache. Einige Tswana- und Kalanga-Gruppen glauben, ihren Ursprung bei einem früheren Pedi-Volk zu haben. Das traditionelle Siedlungsgebiet der Pedi ist die Region des Tati Blocks um Francistown.

Tlokwa und Malete

Ihren Ursprung haben die **Tlokwa** im Transvaal, aus dem sie von den Buren verdrängt wurden. Sie siedelten hauptsächlich um die Ortschaft Tlokweng, die heute de facto zum Vorort von Gaborone geworden ist. Neben den Malete sind sie die einzigen Tswana, die traditionelle Initiationsriten über die Kolonialzeit ins moderne Botswana gerettet haben.

Die **Malete** gehörten ursprünglich zum Volk der Ndebele, spalteten sich aber ab und siedelten zwischen den Tswana im westlichen Transvaal, wo sie deren Kultur und Sprache annahmen. Um 1875 zogen sie schließlich nach Ramotswa im heutigen South Eastern District.

Die Okavango-Völker

Zu den Okavango-Völkern werden fünf ethnische Gruppen gerechnet, die Mbukushu, die Yeye, die nur in geringer Zahl im Okavango-Delta lebenden Diriku (auch Dxeriku, Gceriku oder Niriku genannt) und zwei San-Gruppierungen, die Bugakwe (auch Kxoe oder Kwnego genannt) und die Xanekwe (auch Sumpf-Buschleute).

Mbukushu

Die Mbukushu, ein Bantu-Volk, kamen aus dem heutigen Angola, wo sie am Cuando/Kwando lebten. Davor, um 1750, waren sie aus einer Gegend etwa 250 km nördlich der Victoriafälle emigriert, wo sie als Vasallen des Luyi-Reiches gelebt hatten. Zu Beginn des 19. Jahrhunderts siedelten sie am Chobe und am Okavango, zogen aber wieder weiter und erreichten den Ngami-See. Die Mbukushu waren ursprünglich Jäger und Fischer, die auf Einbäumen (Mokoro) den Okavango durch das Delta bis hinunter zum Ngami-See befuhren und mit Trockenfisch und Wildfellen handelten. Sie waren matrilinear organisiert (die Vererbungslinie war an die Mutter gebunden), durch den Kontakt mit den Tswana im neuen Siedlungsgebiet übernahmen sie jedoch patrilineare Bestandteile. Mittelpunkt des religiösen Lebens war der Regenmacherkult. Er hat seine Ursprünge in der Zeit, als die Mbukushu noch dem Luyi-Reich angehörten. Der Regenmacherhäuptling war zugleich weltliche und religiöse Autorität; seine Position wurde matrilinear an den Sohn seiner Schwester vererbt. Die wichtigste Feierlichkeit im Jahreszyklus war das Erntefest, zu dem einer der Gottheiten – Dikithi, einer einäugigen, einbeinigen Gestalt – Menschenfleisch geopfert wurde.

Die Regenmacherhäuptlinge hatten wegen der autokratischen Herrschaftsausübung und der immer exzessiver eingeforderten Menschenopfer für Dikithi die Unterstützung durch ihre Stammesgruppe bald weitgehend verloren.

Heute leben die Mbukushu teilweise von der Viehwirtschaft, sind aber auch, z.B. als Bootsfahrer *(poler)* bei Mokoro-Touren im Delta, in die Tourismusindustrie eingebunden und produzieren Flechtwaren. Ihre Sprache, das Mbukushi, wird heute noch von ca. 15 000 Menschen in Botswana gesprochen.

Yeye

Die ersten Yeye, ein den Südwest-Bantu zugerechnetes Volk, sind wohl im 14. Jahrhundert aus dem südlichen Zambia eingewandert und bilden heute die größte Bevölkerungsgruppe im Ngamiland. Als sich die Tswana in der Gegend niederließen, unterwarfen sie, trotz zahlenmäßiger Unterlegenheit, dank ihrer straffen militärischen Organisation die Yeye, untersagten ihnen das Recht an Besitz, ihre Kinder zu erziehen oder sich Befestigungen zur Verteidigung zu bauen. Mit der Zeit wurden die Yeye von Fischern und Bauern zu Viehzüchtern. Die Herero und Mbukushi stehen zu den Yeye in linguistischer Verwandtschaft. Das Yeye wird heute von ca. 25 000 Menschen gesprochen.

Kalanga

Die Kalanga werden den Völkern des Südkongo und innerhalb dieser Kategorie der Hemba-Gruppe zugeordnet. Sie werden in Lilima (Balilima) und Nyayi (Banyayi) unterschieden, leben im Nordosten des Landes und sprechen Ikalanga, das Teile des in Zimbabwe verbreiteten Shona übernommen hat. Die Lilima, ursprünglich eine von mehreren Untergruppen, haben sich von den Kalanga abgespalten und begreifen sich heute als eigenständig. Kalanga bedeutet „Volk der Sonne" und bezieht sich auf ihren mystischen Ursprung. Die Kalanga gründeten das Reich Butwa, das über Jahrhunderte den Handel mit Gold, Elfenbein und Salz kontrollierte. Ursprünglich wurde es von Zimbabwe aus regiert, erkämpfte sich aber im Laufe der Zeit Autonomie. Ikalanga wird heute von ca. 180 000 Menschen gesprochen.

Die Kalahari-Völker

Kgalagadi

Kgalagadi (Kalahari) bezeichnet einen Volksstamm und ist gleichzeitig der korrekte geographische Begiff für die Wüstenregion. Die Kgalagadi gelten als ehemalige Tswana, die sich in früheren Zeiten wahrscheinlich mit der Urbevölkerung, den San, vermischten. Die Kgalagadi zeigen teilweise starke ethnische Ähnlichkeiten mit den San: Hohe Wangenknochen, leicht geschlitzte Augen und eine hellere Hautfarbe. Dies ist mit ein Grund dafür gewesen, dass sie, wie die San, in der schwarzen Hierarchie weit unten angesiedelt waren. Man benutzte sie als Tierhüter und Dienstpersonal, teilweise als Jagdhelfer. Zu Beginn des 18. Jahrhunderts wurden die Kgalagadi-Stämme zersplittert, verließen ihre ursprünglichen Siedlungsgebiete in der Kalahari und verteilten sich über das ganze Land. Ihre Sprache, das Sekgalagadi ist eine Sprache der Sotho-Tswana-Gruppe, abgeleitet vom Setswana, aber nicht mit ihm identisch. Die Kgalagadi spielten im 19. Jahrhundert eine bedeutende Rolle als Jäger im Transkalahari-Handel, wurden aber später als Viehhüter für die Ngakwetse, Ngwato und Kwena geknechtet. Kgalagadi wird heute von etwa 40 000 Menschen gesprochen.

San

Die San, auch Buschmänner genannt, gelten als die Urbevölkerung des Raumes des heutigen Namibia und Botswana. Sie sind zartgliedrige Menschen mit heller Hautfarbe, hochstehenden Wangenknochen und einem besonderen Haarwuchs, dem „Pfefferkornhaar" (dicht beieinanderliegende Haarinseln auf dem Schädel). Sie gehören der Khoisan-Sprachgruppe an, wie auch die Khoikhoi, deren frühere Bezeichnung Hottentotten inzwischen verpönt ist. Ursprünglich nahm dieses Wort Bezug auf die Klicklaute in der Sprache der San, die von europäischen Ohren entfernt als Stottern wahrgenommen wurden. Zwar sind Khoikhoi und San gleichen Ursprungs – im heutigen Botswana werden sie als Basarwa oder Sarwa zusammengefasst –, die Khoikhoi wurden aber sesshaft, während die San weiter als Jäger und Sammler weitestgehend ohne Grundbesitz lebten. Ihre Sprache Khoisan zerfällt in viele, voneinander extrem unterschiedliche Dialekte. In Botswana werden heute elf Hauptgruppen gezählt, die wiederum unterteilt sind. Unter ihnen finden sich die Xanekwe und die Bugakwe, die sich insofern von den anderen San unterscheiden, als sie als einzige neben der Jagd auch dem Fischfang nachgingen. Ihr traditionelles Streifgebiet war das Okavango-Delta.

Die gesellschaftliche Stellung der Khoisan-Gruppe ist bis heute niedrig – sie steht in der Hierarchie auf der untersten Stufe. Noch bis ins 20. Jahrhundert wurden regelrechte Treibjagden auf Khoisan unternommen, und man hielt sie als Sklaven. Ihre Herren waren erst die Kgalagadi, und dann, als die Tswana-Stämme einwanderten, die Tswana, die die Kgalagadi gleich mit unterwarfen.

Heute lebt nur noch ein verschwindend geringer Anteil von San als Jäger, Fischer und Sammler. Die meisten sind fest angesiedelt worden und arbeiten als Viehhirten in den abgelegenen Gebieten im Westen des Landes. Ihre soziale Situation wird zur schlechtesten des ganzen Landes gezählt. Hauptursache dafür ist die Unfähigkeit der San, sich in größeren Verbänden zu organisieren und so ihre Interessen gegenüber der Administration zu formulieren und durchzusetzen, da sie über Jahrtausende in der kargen Natur der Kalahari notwendigerweise in herumstreifenden, kleinsten Familienverbänden lebten und keine über diese Verbände hinausgehende Gruppenorganisation entwickelten.

Die San gelten gemeinhin als die Urheber der Felsmalereien und -gravierungen (s.S. 270), obwohl sie heute keine mehr erstellen und das Wissen um deren Erstellung verloren gegangen ist.

Weitere Volksstämme

Subia

Die Subia leben im Norden des Landes, nördlich des Chobe-Nationalparks und an der Grenze zu Zambia, ihr Ursprung liegt im Dunkeln. Sie werden den Südost-Bantu zugerechnet und gelten dort als der Lozi-Völkergruppe zugehörig. Um 1750 besiegten die Subia im heutigen Zambia die Mbukushu und bewegten diese zur Wanderung in das Ngamiland. Sie selbst kamen um 1870 in die Region um den Chobe-Fluss und behielten eine relative Eigenständig-

Ein Mädchen der San

keit gegenüber den Tswana-Gruppen – obwohl die Tawana im frühen 20. Jahrhundert versuchten, sie zu dominieren. Die Subia gelten als herausragende Holz- und Maskenschnitzer. In Botswana leben ca. 14 000 Nachkommen, die Chikuhane sprechen.

Ndebele

Die Ndebele kamen zu Beginn des 19. Jahrhunderts in einer Fluchtbewegung vor den Zulu unter Häuptling Shaka in den Grenzbereich des heutigen Zimbabwe und Botswana. Nach Kämpfen mit den Tswana-Gruppen der Kwena und Ngwato wurden sie Ende des 19. Jahrhunderts von den Tawana besiegt und siedelten sich fest im Osten Botswanas um Mahalapye an. Heute sprechen wenige Tausende ihre Sprache Sindebele.

Herero

Die ersten Herero tauchten um 1890 in Botswana auf, die eigentliche Einwanderungswelle folgte erst 1904, nachdem die Herero von den deutschen Schutztruppen nach der Schlacht am Waterberg im heutigen Namibia aus ihrem angestammten Siedlungsgebiet in die Omaheke-Wüste gezwungen worden waren. Dort verdursteten 10 000 Herero (s.S. 150); der Rest rettete sich über die Grenze. Ca. 20 000 sprechen heute noch die Sprache Ochiherero. Ihr Siedlungsgebiet liegt um das Okavango-Delta zwischen den Völkern der Mbukushu und Yeye.

Sonstige Bevölkerungsgruppen

Mit 20 000 Menschen stellen Weiße, *Coloureds* und Asiaten zahlenmäßig nur unbedeutende Bevölkerungsgruppen.

Die ersten **Weißen** waren Jäger, Händler und Missionare, die Anfang bis Mitte des 19. Jahrhunderts auf der Bildfläche erschienen. Mehrere Einwanderungswellen von Buren und Briten folgten. Ihre Sprachen sind Afrikaans und Englisch.

Als **Coloureds** werden Menschen bezeichnet, deren Vorfahren Verbindungen von Schwarzen mit Weißen oder Asiaten entstammen. Meist ist ihre Sprache Afrikaans und Englisch, viele beherrschen aber auch die Sprachen ihrer jeweilgen schwarzen Vorfahren.

Asiaten kamen Ende des 19. Jahrhunderts aus Südafrika ins Land, hauptsächlich als Händler, die Läden eröffneten. Eine zweite Welle folgte um 1910, als Inder direkt aus ihrem Ursprungsland einreisten. Um 1960 war der Großteil der Läden in Botswana in indischer Hand. Heute ist ihre wirtschaftliche Dominanz jedoch gebrochen. Weiße und Asiaten stellen zusammen 1,3% der botswanischen Bevölkerung.

Religionen

Die traditionelle Glaubenswelt

Die Region des südlichen Afrika wurde kulturell von zwei Gruppen unterschiedlicher Herkunft geprägt: den alteingesessenen Khoisan-Völkern, die möglicherweise die „Urbevölkerung" darstellen, und den ab dem 6. Jahrhundert zugewanderten Bantugruppen. Khoisan und Bantu besitzen sehr unterschiedliche, in vielen Bereichen sogar gegensätzliche gesellschaftliche Merkmale, die sich in der Religion und der in Grundzügen bereits beschriebenen Sozialordnung manifestieren. Innerhalb der Großgruppen gibt es weitere Unterschiede, auf die hier allerdings nicht eingegangen werden kann.

Khoisan wie Bantu kennen und verehren einen **Schöpfergott**, der in der Alltagsreligion allerdings kaum eine Rolle spielt. Häufig wird er mit dem Wirken der Naturgewalten in Verbindung gebracht (Blitz, Donner) und mit einem Gestirn (bei den Khoisan dem Mond) identifiziert. Gebete an den „Schöpfer" sind selten, in den rituellen Praktiken wendet man sich nicht an ihn. Zwischen den Menschen und der höchsten Gottesgestalt gibt es ein **Pantheon von Göttern**, die zum Teil auch als Vermittler fungieren. Wie bei den meisten afrikanischen Völkern sind diese Götter an Naturphänomene gebunden; sie symbolisieren den Regen, die Winde oder treten in Tiergestalt auf. Um die Götterwelt ranken sich viele Geschichten und Legenden.

Auch Stammesgründer oder Urväter bzw. -mütter von Familienverbänden können im

Einwanderungswellen und Volksabspaltungen

vor 1000	Vorfahren der Sotho-Tswana-Gruppe, der Kgalagadi und der Kalanga wandern ein; der Toutswe-Staat entsteht.
um 1400	Die Kgalagadi wandern in größeren Gruppen ein; die ersten Yeye siedeln im Ngamiland.
um 1450	Das Kalanga-Königreich entsteht (Butwa).
um 1500	Gruppen der Tswana, Subia und Pedi wandern ein.
um 1650	Kwena lassen sich im südöstlichen Landesteil nieder.
um 1680	Die Lilima spalten sich von den Kalanga ab und lassen sichin der Gegend nordwestlich des heutigen Francistown nieder.
um 1730	Die Ngwaketse spalten sich von den Kwena ab.
um 1750	Die Ngwato spalten sich von den Kwena ab.
um 1790	Die Tawana spalten sich von den Kwena ab; die Kgafela spalten sich von den Mosetlha-Kgatla im südafrikanischen westlichen Transvaal ab.
um 1800	Die Mmanaana-Kgatla spalten sich von den Kgafela ab.
um 1825	Die Mbukushi wandern ein und siedeln im Ngamiland.
um 1860	Die Mmanaana-Kgatla lassen sich um Moposa nieder.
um 1870	Die Kgafela-Kgatla flüchten im Zuge der Landnahme der Buren und siedeln sich um Mochudi an.
um 1875	Die Malete siedeln sich bei Ramotswa an.
um 1887	Die Tlokwa aus dem Transvaal lassen sich bei Tlokweng nieder.
um 1897	Die Selekwa Rolong aus Südafrika lassen sich bei Moroka nieder.

Laufe der Zeit einen gottähnlichen Status erhalten und nehmen dann ihren Platz in der Stammesmythologie ein. Eine besondere Rolle kommt einem **Halbgott** zu, den Khoisan wie Bantu kennen und der eine sehr ambivalente Persönlichkeit besitzt. Ethnologen nennen diese Gestalt „Trickster", er ist je nach Situation gut oder böse, hilft oder ärgert die Menschen und wird mit entsprechendem Respekt und Furcht verehrt. Bei den Khoikhoi wird er Heitsi Eibib genannt; ihm zu Ehren schichten die Menschen an bestimmten Wegpunkten oder -kreuzungen Steine oder Zweige auf; jeder Vorübergehende fügt sein „Opfer" hinzu. Die Steinhaufen werden auch als „Gräber" bezeichnet, denn Heitsi Eibib wird bei seinen Abenteuern immer wieder getötet und kehrt dann erneut ins Leben zurück.

Zauberei spielt sowohl bei den Khoisan als auch bei den Bantu eine große Rolle. Die Magie dient positiven Zielen, kann aber auch negativ als Krankheits- oder gar Todesbringer eingesetzt werden. Der wichtigste Zauber der Völker in ariden Regionen ist die **Beschwörung des Regens**. Dazu muss beispielsweise bei bestimmten San-Gruppen der Magier den „Regenbullen" einfangen oder ihn möglichst weit übers Land treiben. Dies passiert meist im Zustand der Trance oder Besessenheit, der durch Tanz und die Einnahme bestimmter Kräuter erreicht wird. Bei den bantustämmigen Tswana hat der Stammespriester **Ngama** die Aufgabe, durch Regengebete und -rituale das erwartete Nass heraufzubeschwören. Früher waren bei einigen Bantugruppen besondere Opfer, auch Menschenopfer, dafür nötig, und der Priester besaß durch seine Verfügungsgewalt über das Leben seines Stammes einen immensen Einfluss. Heute sind die Ngaka durch das Christentum ihrer sozialen Bedeutung auf Stammesebene beraubt, im individuellen Bereich aber nach wie vor sehr wichtig. Die Regengebete werden inzwischen auch bei christlichen Gottesdiensten gesprochen.

Schwarze Magie wird häufig Hexen zugeschrieben, die sich in Tiergestalt – meist als Hyänen – über die Menschen hermachen und ihnen schaden. Analogiezauber ist vor allem unter Bantustämmigen verbreitet: Eine von dem Opfer angefertigte Puppe oder ein Gegenstand aus dessen persönlichem Besitz wird verletzt oder zerstört und damit das Opfer angegriffen. Trotz des Einflusses christlicher Religionen hat der Glaube an Schwarze Magie einen festen Rückhalt unter den Menschen, und man konsultiert den Zauberer ebenso selbstverständlich (oder noch häufiger) als den „weißen" Magier der westlichen Medizin.

In der **Behandlung Verstorbener** gibt es einen großen Unterschied zwischen Bantu- und Khoisanvölkern. Die Khoisan besitzen eine ausgeprägte Totenfurcht, die so weit geht, dass sie eine Siedlung oder ein Lager aufgeben, sobald darin jemand gestorben ist. Der Besitz des Toten wird einfach zurückgelassen, weil die Menschen fürchten, dass der Verstorbene sich sein Eigentum bei den Lebenden zurückholen könnte; Grabstätten werden als Sitz der Totengeister gemieden. Die bantustämmigen Völker kennen dagegen einen intensiven Ahnenkult. An die hochverehrten verstorbenen Vorfahren wendet man sich auch, wenn man Hilfe benötigt. Sie dienen häufig als Mittler zwischen den Lebenden und dem höchsten Wesen Modimo und sorgen für das Wohlergehen ihrer Familie, indem sie die Verwandten für Wohlverhalten belohnen und ihnen Reichtum und Gesundheit schenken, oder aber sie bestrafen sie durch Krankheit. Verstorbene wurden in unmittelbarer Nähe des Hauses oder im Viehkraal beigesetzt (heute, unter dem Einfluss der Missionen, nur noch selten).

Reifeweihen werden von beiden Volksgruppen abgehalten; jene für die jungen Männer sind meistens aufwendiger und bedeutungsvoller als die für die Mädchen. Der Sozial- und Wirtschaftsstruktur entsprechend lernen die Jungen in einer längeren Seklusionszeit die Mythologie ihres Volkes kennen und werden durch magische Praktiken auf ihr zukünftiges Leben als Jäger (San) oder Bauern und Viehzüchter vorbereitet. Die Magiere der Khoisan fügen den Initianden Schnittwunden an Rücken und Bauch zu, in die die Asche oder das Blut eines Tieres gerieben werden. Der Jüngling soll dadurch fortan ebenso schnell wie eine Antilope laufen, so geschickt wie ein Raubtier jagen können oder so stark wie ein Elefant oder Büffel werden. Bei vielen Bantugruppen wie beispielsweise den Tswana durchlaufen die Initianden abgeschlossen von der Familiengemeinschaft eine bestimmte Lehrzeit im Busch, während der sie alles Wichtige über die Ahnen und die Mythologie lernen und zu Arbeiten, die der Gemeinschaft zugute kommen, herangezogen werden. Weiß bemalt präsentieren sie sich in dieser Zeit als Geistergestalten, die nicht mehr der Kinderwelt angehören und noch nicht zum Erwachsenenstatus aufgestiegen sind. Mit der Beschneidung wird die Initiation zeremoniell beendet, der Initiierte wird dadurch nicht nur erwachsen, sondern auch ein Mitglied der Gemeinschaft. Mädchen durchlaufen eine ähnliche Lehrzeit, jedoch meist innerhalb des Familienverbandes und nicht so streng von der Außenwelt abgeschirmt. Sie werden auf ihre Aufgabe als Ehefrau und Mutter vorbereitet. Bei einigen Bantugruppen endet auch die Initiation der Mädchen mit der Beschneidung (Excision), die Khoisan-Völker kennen diese Praktiken hingegen nicht.

Missionen und unabhängige Kirchen

Mit dem 19. Jh. begann im Raum des heutigen Botswana auch die missionarische Arbeit christlicher Glaubensverkünder. Da die **Missionare** mit einem geschickten Kunstgriff (der christliche Hochgott erhielt den Tswana-Namen des Schöpfergottes Modimo) die Kluft zwischen traditioneller Religion und dem Christentum verkleinerten, gelang es ihnen recht schnell, Anhänger zu finden. Andere Religionselemente wie die Ahnenverehrung konnten mit Korrekturen ebenfalls im christlichen Weltbild untergebracht werden – nur der unausrottbare Glaube an die Magie bereitete den Missionaren immer wieder Kopfzerbrechen. Auf Stammesebene gelang es einigen Missionaren, die traditionellen Priester aus ihrer Beraterrolle bei den Häuptlingen zu verdrängen. Sobald die Chiefs das Christentum angenommen hatten – was die meisten eher aus politischen Erwägungen denn aus innerer Überzeugung taten –, hatte der Ngama an ihrer Seite ausgespielt und wurde durch den Missionar als spirituellen Berater ersetzt. Unter der einfachen Bevölkerung war der Einfluss der Ngama trotz dieser Veränderungen aber ungebrochen.

Natürlich wurden die Grundzüge der traditionellen Religionen durch die nachhaltige Christianisierung verwischt. So haben Missionare durch ihre Arbeit eine Verschiebung im traditionellen Göttergefüge bewirkt: der Hochgott, früher nur als abstrakte Idee präsent, besitzt heute eine wesentlich größere Bedeutung und ist mit dem christlichen Götterbild verschmolzen. Die Rolle anderer Göttergestalten hat sich verändert – so setzen viele Khoikhoi ihren Halbgott Heitsi Eibib wegen seines ambivalenten Charakters mit dem Teufel gleich. An den Grundfesten der Glaubensvorstellungen, der Totenfurcht und der allgegenwärtigen Magie, konnte das Christentum allerdings nicht rütteln.

Die Initiation wurde vielerorts durch die **Konfirmation** ersetzt, manchmal bildeten die Missionare auch „Konfirmationsregimenter“, die zum Wohle der Gemeinschaft Arbeiten ausführten, um an die integrative Bedeutung der Initiation für das Gemeinschaftsleben anzuknüpfen. Die Entwicklung hat aber gezeigt, dass mit dem Verschwinden der traditionellen Initiationsriten auch die Loyalität gegenüber der Gemeinschaft gesunken ist. So fühlen sich die jungen Erwachsenen der familienübergreifenden Stammesgruppe kaum noch verpflichtet.

Der Einfluss der südafrikanischen, vom kalvinistischen Gedanken beseelten Kirchen führte Anfang des 20. Jahrhunderts zur Abspaltung sogenannter **unabhängiger Kirchen**, die von der schwarzen Bevölkerungsmehrheit getragen wurden, denn diese hatte im kalvinistischen Gebäude vor allem der burischen Siedler keinen Platz bzw. war in deren Auslegung des christlichen Glaubens durch göttliche Ordnung zu einem Leben in Apartheid verdammt. Die **Äthiopische** und später die **Zionistische Kirche** dagegen versprachen den Schwarzen die gleiche gesellschaftliche Position wie den Weißen, im rituellen wie im weltlichen Bereich. Kein Wunder, dass der Zustrom zu den beiden inzwischen in eine Vielzahl von Einzelkirchen und -sekten zerfallenen Gemeinschaften beträchtlich war. Erstaunlich ist, wie schnell Elemente der traditionellen Religionen Eingang in die unabhängigen Kirchen fanden: Schon bald verstanden sich deren Gruppierungen mehr als „Heilungsinstanzen" denn als Kirchen. Mit Hilfe von Besessenheitskulten, Geistheilungen und Zungenreden wurden die Gläubigen vom Übel geläutert. Zwar wehrt sich die Zionistische Kirche gegen „abergläubische" Vorstellungen der traditionellen Glaubenswelt und verurteilt beispielsweise den Hexenglauben, in ihren Praktiken sind aber eben diese Inhalte der traditionellen Religionen aufs Deutlichste präsent.

Trotz ihres Ursprungs spielte die Äthiopische Kirche im Kampf gegen die Apartheid in Südafrika eine Mitläuferrolle und betätigte sich stabilisierend für das alte Regime. Heute hat sie weitgehend an Bedeutung verloren. In Botswana ist nur die Zionistische Bewegung mit 159 registrierten Kirchen und 519 Gemeinden vertreten (laut Zählung von 1989).

Kunst und Kultur

Einen dem deutschen Wort Kunst entsprechenden Begriff kennt das Setswana nicht. Kunst lebte nicht als vom Alltäglichen abgespaltenes Etwas, sie war Teil des täglichen Lebens und manifestiert sich in Geschichten und Gebrauchsgegenständen. Literatur existierte bis zur Neuzeit nicht, dafür aber die Kunstform der mündlichen Überlieferung, die am Lagerfeuer weitergegeben wurde (s. Kasten). Kunst – Bilder, Schmuck und Skulpturen – entstand nicht um ihrer selbst willen, sondern war Teil der Jagd, diente ihrer Vorbereitung (die Zeichnungen und Ritzungen der San), gehörte zum Haushalt (Flechtwaren, Töpfereien, Steinwerkzeuge), war Mittel zur Statusbeschreibung (Schmuck, der je nach Position und Lebensabschnitt variierte) oder hatte rein rituelle Funktion.

Erst seit der Unabhängigkeit entstehen zarte Triebe bildender Künste (Malerei und Bildhauerei). Die Künstler sind aber international nicht bekannt und ihre Werke nur in den Galerien im Land zu besichtigen bzw. werden im Land verlegt und sind international nicht oder nur unter Schwierigkeiten erhältlich.

Kunsthandwerk wird neben dem Verkauf direkt bei den Herstellern landesweit über die *Botswana Craft Marketing PTY* (Gaborone, P.O. Box 486, The Mall, ✆ 32 44 71, 📠 32 26 89), eine Art zentrale Einkaufs- und Vertriebsgesellschaft, vermarktet. Sie beliefert auch die Curio-Shops in den Hotels und Lodges. Die Preise sind relativ einheitlich, in sehr teuren Hotels werden sie allerdings der entsprechend zahlungskräftigen Kundschaft angepasst.

Literatur

Das literarische Schaffen Botswanas beschränkt sich, wie oben ausgeführt, in erster Linie auf Märchen und Legenden, die mündlich weitergegeben werden. Eine Ausnahme ist die in Südafrika geborene Autorin **Bessie Head** (1937–1986), die 1964 vor der Apartheid floh und fortan in Botswana lebte und schrieb. Sie war die Tochter einer Weißen und eines unbekannten Schwarzen – für das damalige Südafrika eine Ungeheuerlichkeit. Ihre Mutter kam noch vor der Geburt in eine Anstalt für Geisteskranke, die sie nie mehr verließ. Bessie wuchs bei einer farbigen Ziehmutter auf, wurde Reporterin und begann schließlich Kurzgeschichten und Romane zu schreiben. In deutscher Übersetzung erschienen bisher *Sternenwende,* Lamuv-Verlag 1997, *Die Farbe der Macht,* Orlanda Frauenverlag 1987, *Die Schatzsammlerin* (vergriffen), *Maru,* Lamuv-Verlag 1998, *Orangen und Zitronen,* Lamuv-Verlag 1999. Die Bücher sind teils autobiographisch geprägt, teils im Reportagestil gehalten. Gemeinsam ist ihnen allen, dass sie viel Wissenswertes über das Land und die Geisteshaltung seiner Bewohner vermitteln.

Über die San und die Kalahari hat der weiße Südafrikaner **Laurens van der Post** eindringliche Bücher verfasst: *Die verlorene Welt* *der Kalahari,* Diogenes Verlag 1992, *Das Herz des kleinen Jägers,* Diogenes Verlag 1994.

Ein wissenschaftliches Buch mit Erzählungen der Ju/'hoan, der größten Sprachgruppe der San, erschien von der Namibierin Megan Biesele 1993: *Women like Meat,* Witwatersrand University Press, Südafrika.

Felsbilder

Felsbilder gelten als das einzige, über Jahrhunderte beständige Zeugnis eines „Kunstschaffens" der Buschmänner oder San. Man findet sie überall im südlichen Afrika an Felswänden oder Gebirgsstöcken in den Savannen und Halbwüsten, also dort, wo Jäger und Sammler einen idealen Unterschlupf hatten, von dem aus sie die umliegenden Ebenen und die Wanderungen der Wildherden beobachten konnten. Da Regen in den Klüften und Spalten der Gebirgsregionen besser gespeichert wurde als im flachen Land, wo er schutzlos der Verdunstung preisgegeben war, fanden die Jäger hier eine üppigere Vegetation und Wasserstellen vor. Fast an allen Gebirgsstöcken in der Namib und der Kalahari haben die frühen Bewohner des südlichen Afrika Felsbilder hinterlassen. Sie haben Wild abgebildet (Antilopen, Giraffen, Fluss-

Der Störenfried – Ein Märchen aus Botswana Schon viele Jahre waren der Schakal und der Löwe enge Freunde. Jeder von ihnen jagte in seinem eigenen Revier, wenn der eine aber Beute hatte, rief er den anderen, um sie zu teilen und die neuen Geschichten auszutauschen, die im Busch kursierten.

Sunguru der Hase aber war eifersüchtig auf die Freundschaft zwischen den beiden. Er beschloss daher, zwischen dem Löwen und dem Schakal Zwietracht zu säen. Als er die beiden das nächste Mal sah, versteckte er sich schnell und sah zu, wie jeder seinem Jagdrevier zueilte. Als der Löwe plötzlich rief: „Komm, mein Freund, ich habe Honig entdeckt, lass ihn uns teilen!", antwortete der Hase mit der Stimme des Schakals: „Friss selber, ich bin unsere Freundschaft leid".

Der Löwe war traurig und verstand nicht, warum der Schakal sich so grausam aufführte, sagte aber nichts und ging eine Zeit lang seiner Wege. Der Schakal war verwundert, nichts von seinem Freunde zu hören, als er aber Jagdglück hatte, rief er nach dem Löwen: „Komm schnell, ich habe ein Warzenschwein erlegt!" „Friss es alleine, du bist nicht mehr mein Freund", antwortete der Hase mit der Stimme des Löwen, so gut er es eben konnte. Der Schakal konnte diese Reaktion nicht fassen und war so enttäuscht, dass er ebenfalls seiner Wege ging.

Nun war das Leben für die beiden nicht mehr, wie es einmal gewesen. Doch ohne Freundschaft wollte der Löwe nicht sein, und so machte er sich nach Wochen, als er eine fette Beute gerissen hatte, auf die Suche nach dem Schakal und rief immer wieder seine Essenseinladung. Aber es antwortete nur der Hase und wies die Freundschaft mit der Stimme des Schakals von sich. Der Löwe beschloss daraufhin, diese Gemeinheit zu ahnden, indem er den Schakal beim nächsten Treffen töten würde. Durch Zufall trafen sie eines Tages aufeinander, doch bevor der Löwe seinen Vorsatz in die Tat umsetzen konnte, versteckte sich der Schakal in einer Höhle und warf dem Löwen in bösen Worten an den Kopf, was er von dessen Verhalten, einfach die Freundschaft aufzukündigen, halte. Darüber kamen sie ins Gespräch und erfuhren so, dass jemand absichtlich Zwietracht gesät hatte. Sie beschlossen, dem Störenfried eine Falle zu stellen. Der Löwe ging jagen und rief den Schakal zur Mahlzeit. Als der Hase wieder antwortete, war es um ihn geschehen. Der Schakal hatte nur abgewartet, wer sich melden würde, und fing den Missetäter. Löwe und Schakal saßen dann über den Hasen zu Gericht, verurteilten ihn zum Tode und vollstreckten den Schuldspruch an Ort und Stelle. Seitdem jagt der Schakal den Hasen, und der Löwe lädt den Schakal zum Mahle, wann immer er etwas erbeutet hat.

Die Kunst des Erzählens verschwindet, die modernen Medien halten Einzug

pferde, Löwen), Jäger mit den traditionellen Buschmannwaffen, Pfeil und Bogen, dargestellt, aber auch geheimnisvolle, anthropomorphe Gestalten, halb Tier, halb Mensch, in die Felsen geritzt oder gemalt. Eine genaue Interpretation der Bilder ist heute kaum noch möglich, denn die San selbst können sie nicht erklären und behaupten im Übrigen, ein anderes, mystisches Volk hätte sie hinterlassen.

Der Hauptfundort solcher Felsbilder in Botswana sind die Tsodilo Hills im Nordwesten des Landes. Die völlig isolierte Berggruppe ist nur über sehr schlechte Pisten zugänglich. Den Buschleuten gelten die Inselberge als heilig; sie sehen darin eine versteinerte Familie (Mann, Frau, Kind und „verstoßene" Erstfrau). Über 4000 Felsbilder schmücken Felswände, Überhänge und Kuppen der Tsodilo Hills; die ältesten sollen um das 9. Jahrhundert n. Chr. entstanden sein, die jüngsten sind knappe 100 Jahre alt. Im Gegensatz zu den namibischen Felsbildern, die fast alle in das Gestein geritzt wurden, sind die Motive hier mit rostroter Farbe aufgetragen. Felsgravuren und -malereien kommen im südlichen Afrika fast nie gleichzeitig vor; es scheint, als hätten die jeweiligen Stämme ausschließlich entweder die eine oder die andere Technik bevorzugt, um die geheimnisvollen Bilder herzustellen.

Besonders häufig findet sich die Elenantilope dargestellt, die mächtigste und von den Buschleuten als heilig verehrte Antilopenart. Überraschenderweise fehlen aber Bilder von Pflanzen und Bäumen – ein Hinweis darauf, dass die Felszeichnungen in erster Linie der Jagdmagie dienten? Dies scheint im Augenblick der einzig schlüssige Interpretationsansatz bei der Erklärung der Felsbilder. Die Hoffnung, sie genauer entschlüsseln zu können, wird sich wohl nicht erfüllen, nachdem die San selbst sie nicht als ihr eigenes Werk betrachten.

Eine Renaissance haben die stark stilisierten Zeichnungen durch die Tourismusindustrie erlebt. Die Silhouetten der Jäger und des Wildes zieren heute Stoffe, Straußeneier und T-Shirts als dekorativer Schmuck, und in der modernen Kunst aus dem südlichen Afrika kehren die Motive in abstrakten Formen ebenfalls wieder.

Flechtwerk

Flechtwerk als Kunstform mit vielen verschiedenen, farbigen Mustern war den Batswana-Völkern ursprünglich unbekannt (wobei einfache Flechtwaren zur Aufbewahrung von Getreide, Saat etc. natürlich überall verwendet wurden). Es hielt erst Einzug mit den Fluchtbewegungen der Mbukushu aus Angola, weshalb die Hochburg für die feinen Arbeiten das Ngamiland ist, wo sich die Mbukushu niederließen. Die Arbeiten entstehen aus aufbereiteten Palmfasern, die mit natürlichen Ingredienzen (Blut, Erde, Pflanzen) eingefärbt werden. Früher waren die Muster nicht figürlich, sondern abstrakt, erst um dem Geschmack der Touristen zu genügen, wurden Tierbilder eingeflochten. Die ursprünglichen Muster hatten aber Namen, die auf eine Tierverbindung hinweisen: Zebrastirne, Schlangenrücken, Schwalbenflug, Giraffenträne, Büffelspur, Schildkrötengelenk oder Straußenlauf. Einen mittelgroßen Korb feinster Qualität herzustellen dauert zwei bis drei Wochen (ohne die Vorbereitung und Färbung der Fasern). Dies sollte man bei Preisverhandlungen bedenken. In und um Francistown werden ebenfalls Korbwaren produziert (allerdings vornehmlich aus Gras, nicht aus Palmfasern). Deren Qualität ist nicht so hoch, was sich auch im Preis ausdrückt.

Holzschnitzerei

Überall dort, wo Touristen sind, finden sich Schnitzer, die in kleinen Hütten oder unter einem Sonnendach am Straßenrand Holzschnitzereien feilbieten. Ursprünglich wurde nur für den Haushalt geschnitzt, so entstanden Küchenutensilien und Möbel. Heute – durch die Flüchtlingswelle aus Angola – umfasst das Sortiment (den Touristen angepasst) hauptsächlich Tiere in allen erdenklichen Abstraktionsgraden und Größen: Elefanten, die in Hosentaschen passen, bis zu Giraffen mit einer Höhe von zwei Metern. Wer einkaufen will, sollte sich vorher den Transport gut überlegen. Die Tiere bestehen aus Hartholz und können mehrere Zentner auf die Waage bringen.

Schmuck

Für Schmuck sind die San zuständig. Sie verarbeiten Knochen und Eierschalen zu Perlen und mit Leder weiter zu Armbändern, Kopfreifen und Halsketten, die hübsch und nicht teuer sind. Alles geschieht in Handarbeit. Mit Glück kann man in der Kalahari bei der Produktion zuschauen: Frauen zerbrechen Straußeneier, runden die Splitter, bringen mit vorsintflutlich anmutendem Werkzeug Löcher an und fädeln die Teile auf – eine zeitintensive Beschäftigung, aber die einzige, mit der sie ein wenig am touristischen Geldsegen teilhaben können.

Weniger geeignet als Souvenir ist die farbenprächtige Schmuckbekleidung der Hererofrauen im Stil der viktorianischen Zeit und mit Hüten, deren zwei Spitzen Rinderhörner symbolisieren. Dafür kann man diese Kleider im Kleinen auf Puppen erwerben – ein nettes Mitbringsel.

Töpferei

Töpferwaren entstehen im ganzen Land, die dem Touristengeschmack am meisten entsprechenden jedoch in Lobatse und um Gaborone. Töpferarbeiten sind wie Korbwaren für die traditionelle Landwirtschaft unabdinglich. Sie werden zur Lagerung von Flüssigkeiten, aber auch von festen Stoffen verwendet. Da die Krüge früher so gebrannt wurden, dass sie porös blieben, konnte die Flüssigkeit in geringem Maße austreten und verdunsten, das Innere wurde gekühlt und blieb länger frisch. Heute werden die Töpferwaren teilweise glasiert.

Weberei

Das ursprünglich in der Mongolei lebende Karakulschaf hat im südlichen Afrika einen seiner einstigen Umgebung sehr ähnlichen Platz gefunden und gedeiht speziell in Namibia, aber auch in Botswana hervorragend. Seine widerstandsfähige Wolle wird in Webereien mit zeitgenössischen Motiven versehen (Tiere, Jagdszenen, aber auch abstrakte Motive). Man kann auf Bestellung arbeiten lassen und erhält geschmackvolle und haltbare Souvenirs: Teppi-

Mit Schnitzhandwerk verdienen sich die Menschen im Busch ein Zubrot

che, Wandbehänge, Überdecken etc. Die bekanntesten Hersteller sind in Lobatse und in Odi zu finden (s. S. 000 und 000).

Geschichte

Frühgeschichte

Die **San** gelten als die **Urbevölkerung** des südlichen Afrika. Alle schwarzen Völker, die heute im südlichen Afrika leben, sind erst in den letzten 2000 Jahren aus Zentralafrika in den Süden migriert. Die Herkunft der San ist ungeklärt. Die Theorie, dass sie dem asiatischen Raum zugerechnet werden müssten, geboren aus den leicht schräg gestellten Augen und den hohen Wangenknochen, hat die moderne Ethnologie verworfen. Am wahrscheinlichsten ist, dass sie wie die schwarzen Völker einst aus dem Norden einwanderten. Die San lebten hauptsächlich von der Jagd.

Um die Zeitenwende und Tausende von Jahren nach der Einwanderung der San folgten Gruppen von **Khoikhoi** (früher Hottentotten genannt) aus dem Gebiet des südafrikanischen West-Kaps. Sie führten die **Viehzucht** ein und mischten sich teilweise mit den San.

Die nächste Gruppe, die **Bantu**, kam wohl ab 500 n. Chr. in einer stetigen Wanderung von Norden und kannte bereits **Ackerbau** und die Werkzeugherstellung aus Eisen. Ihr Wissen gab sie an die San und Khoikhoi weiter, mit denen sie regen Handel trieb und sich ebenfalls mischte. Aus dieser Zeit sind keine Kämpfe oder mit Waffengewalt ausgetragene Konflikte bekannt.

Der Toutswe-Staat

Einige Jahrhunderte später – um 800 n. Chr. – ließ die Einwanderung der ersten Tswana und Kgalagadi im Gebiet des heutigen Central District im Dreieck Palapye – Letlhakane – Francistown den Toutswe-Staat entstehen. Rückgrat dieser Gesellschaft waren immense Rinderherden und der Handel mit Gold, Elfenbein und Fleisch, der sich bis an die ostafrikanische Küste erstreckte (Muschelfunde datieren aus dieser Zeit). Fast 500 Jahre währte die Herrschaft des Staates, bis um 1300 der Aufstieg der Kultur von Great Zimbabwe und der ungeklärte Verfall der Rinderherden Toutswe untergehen ließen. Geblieben sind die Siedlungsreste im Tswana-Stil und Töpferwaren, die im Stil denen der Great Zimbabwe-Kultur ähneln. Die Theorie, dass die Verkleinerung der Herden und der Untergang des Reiches auf Überweidung (immerhin sollen die Herden so zahlreich wie heute gewesen sein) zurückzuführen ist, wurde mittlerweile verworfen; wahrscheinlicher ist, dass Viehseuchen die Herden dezimierten, da die Region in der Folge weiterhin relativ dicht bevölkert war, was gegen Überweidung oder Dürre spricht.

Das Butwa-Reich

Great Zimbabwe konstituierte um 1450 mit das Butwa-Reich, das größte bekannte Staatsgebilde des vorkolonialen südlichen Afrika. Es beherrschte das westliche Zimbabwe und das nordöstliche Botswana für 400 Jahre. Noch heute sind die Ruinen beeindruckender Bauwerke zu sehen. Die Gründer von Butwa waren die Kalanga. Es sind zwei Dynastien bekannt. Die erste – begründet von **Chibundule** – rekrutierte sich aus der Linie der Lilima, die nachfolgende (ab 1680) – begründet von **Nichasike** – aus der Linie der Nyayi. Die Nichasike-Dynastie, auch Rozwi genannt, war so mächtig, dass sie eine Attacke der Portugiesen in offenem Kampf zurückschlagen konnte. Regierungssitze waren Festungen wie Great Zimbabwe. Butwa übernahm vom Toutswe-Staat die Kontrolle über den Handel aus dem Landesinneren bis an den Indischen Ozean. Erst gegen Ende der zweiten Dynastie errang ein hoher Würdenträger für in Botswana gelegene Teile des Reiches einen autonomen Status. Nach heutigem Wissenstand war Butwa kein Shona-, sondern ein reiner Kalanga-Staat, wenngleich die Kalanga Elemente der Shona-Kultur übernommen hatten.

Etwa um die Zeit der Gründung des Königreiches Butwa etablierten sich die ersten Subia und Yeye im Ngamiland, größere Tswana-Gruppen wanderten ein und die ersten Pedi ließen sich im äußersten Osten nieder. Zur Zeit des Dynastiewechsels des Butwa-Reiches besetzten die Kwena den Südosten von Botswana, und es entstanden Siedlungen mit weit über 10 000 Bewohnern. Das folgende 18. Jahrhundert steht im Zeichen der relativ friedlich verlaufenen **Aufspaltung des Kwena-Volkes** in die heute vier größten Gruppen der Tswana: Kwena, Mangwato, Ngwaketse und Tauana. In diese Zeit fällt auch die Entwicklung der Militärkultur der Tswana, die im 19. Jahrhundert eminent wichtig werden sollte. So war die **Büffelkopftaktik** (eine Gefechtsaufstellung mit einer zentralen Kampfgruppe und zwei vorgezogenen Flanken, die den Feind umgehen und ihm in den Rücken fallen sollten) keine Innovation des Zulu-Häuptlings Shaka, wie häufig behauptet wurde. Die Kalanga und Tswana hatten diese militärische Taktik schon lange vor ihm aus der Jagdtechnik größerer Gruppen auf Wild entwickelt.

Die erste Hälfte des 19. Jahrhundert war durch die **Mfecane** (ein Zulu-Wort für „Vernichtung", auf Sesotho auch Difaqane genannt) bestimmt. Mfecane beschreibt die Jahre bis 1844, als Völker aus Natal und dem südlichen Highveld Südafrikas in den Westen und Norden vordrangen und Krieg über das Land brachten. Ein Ergebnis dieser Kriege war der Niedergang des Butwa-Reiches und zugleich eine neue Einigkeit und Stärke der Tswana-Völker, die politisch und militärisch schlagkräftige **Merafes** bildeten. So wurden die Grundlagen für die künftige Nation Botswana geschaffen.

Die Ursache für die Landnahme der eindringenden Völker Kololo und Ndebele lag im Aufbau des Zulu-Reiches unter dessen König Shaka in Südafrika, das andere Gruppen verdrängte. Hinzu kamen Hungersnöte, die einer längeren Dürreperiode folgten, und die Expansion burischer Trekker.

1823 drangen die **Kololo**, ein der Sotho-Tswana-Gruppe angehöriges Volk, unter ihrem Führer **Sebetwane** ins heutige Botswana ein, schlugen 1825 in mehreren Schlachten nacheinander die Kwena, Ngwaketse und Kgatla, wurden aber von den Ngwaketse unter **Sebego I.** am 28. August 1826 in der **Schlacht von Dithubaruba** im südlichen Botswana gestoppt, wobei die Kololo schwerste Verluste hinnehmen mussten. Im folgenden Jahr lagerten sie in der Gegend um Mochudi, um wieder zu erstarken, und begannen 1827 einen etwa 13 Jahre währenden Plünderungszug durch die östlichen und nördlichen Gebiete, wo sie alles Vieh in ihren Besitz brachten und viele Tswana assimilierten. Schließlich gelangten sie nach Zambia, wo sie sich endgültig niederließen.

Während sich die Kololo bei Mochudi erholten, feierte 1828 das **Butwa-Reich** seinen letzten großen Sieg in der **Schlacht bei Matopos**. Die **Mangwato** unter **Kgari I.** drangen in das Gebiet der Kalanga ein, trafen zuerst nur auf wenig Widerstand und gelangten immer weiter nach Norden, wurden dann aber von den Kalanga bei den Matopos-Bergen vernichtend geschlagen, wobei auch Kgari I. den Tod fand. Allerdings war das Butwa-Reich mit diesem verlustreichen Sieg am Ende seiner Kräfte angelangt.

Kriegszüge der Ndebele

1823 zogen die **Ndebele** (Amandebele, auch Matebele) unter **Mzilikazi**, einem ehemaligen Mitstreiter von Shaka, von Natal nach Norden und schließlich in das westliche Transvaal. 1822 führte Mzilikazi auf Befehl Shakas einen Raubzug durch, da er aber einen Teil der Beute für sich behielt, musste er mit 300 Kriegern fliehen. Auf seiner Flucht führte er Krieg gegen die in den durchzogenen Gebieten lebenden Clans und befolgte die Strategie Shakas, die überrannten Siedlungen zu zerstören und die Überlebenden in seiner Gruppe zu assimilieren. Sein Hauptlager errichtete er schließlich um 1830 bei Zeerust in der Nordwestprovinz des heutigen Südafrika südlich von Lobatse. Von hier aus unternahm er Raubzüge in die unweit gelegenen Siedlungsgebiete der Tswana Botswanas und schickte Steuereintreiber, sobald seine Macht gefestigt war. Nur die Ngwaketse unter Sebego I. waren in der Lage, ihnen Einhalt zu gebieten. Sie töteten 1834 die Steuereintreiber und lockten die daraufhin von Mzilikazi losgeschickte Strafexpedition in die unwirtlichen Gegenden der Kalahari, wo sie geschwächt und in der **Schlacht von Dutlwe** von Sebegos Kriegern vernichtet wurden (einige Überlebende sollen sich den Kgalagadi angeschlossen haben). 1838 zogen die Ndebele – inzwischen eine Konglomeration unterschiedlichster Stämme, die nur über die straffe Organisation und die gemeinsame Sprache zusammengehalten wurden – durch Ostbotswana nach Norden und ließen sich 1841 bei Bulawayo in Zimbabwe nieder. Nur 15% der Ndebele kamen noch aus Natal oder waren deren Nachkommen. 25% hatten ihre Herkunft bei den Sotho-Tswana, 60% bei den Shona. Die Ndebele unternahmen noch **drei weitere Versuche der Landnahme** in den Gebieten der Mangwato, wurden aber von diesen unter der Führung von **Sekgoma I.**, der seine Soldaten mit Feuerwaffen ausgerüstet hatte, bei den Shoshong-Hügeln nahe dem heutigen Mahalapye 1842 und 1844 zurückgeschlagen. Nach 19 Jahren Waffenstillstand zwischen den zwei Völkern wurde die letzte Attacke der Ndebele von dem Sohn Sekgomas I., **Khama III.**, 1863 am gleichen Ort vereitelt. Die drei Gefechte sind als die **Schlachten von Shoshong** bekannt. Der Sohn von Mzilikazi, **Lobengula**, übernahm 1870 die Königswürde. In seine Regierungszeit fallen noch einige Attacken gegen das Gebiet der Tauana (1882 und 1884), wo er in Konkurrenz zu den Mangwato stand, da dort reiche Bodenschätze vermutet wurden. 1893 schloss sich Khama III. der **British South Africa Company (BSAC)** von Cecil Rhodes an und im gleichen Jahr noch wurden die Armeen der Ndebele von der schlagkräftigen Betschuanaland Border Police aufgerieben. Lobengula starb ein Jahr später.

Die weißen Händler und Jäger, die bislang im Lande tätig gewesen waren, hatten noch keinen nennenswerten Einfluss, sieht man von der Einführung der Feuerwaffen einmal ab. Auch die frühen Missionare waren nicht sonderlich erfolgreich: Man duldete sie hauptsächlich als Schutzschild gegenüber Aggressoren und ihre Missionen als Treffpunkte von Händlern, über die man heimlich an moderne Waffen gelangte, denn die burischen Staaten des heutigen Südafrika bekämpften heftig die Waffenlieferungen an die Tswana. Erst zu der Zeit, als die Ndebele sich im heutigen Zimbabwe niederließen, läutete David Livingstone – Missionar und Entdecker der Viktoriafälle – die eigentliche Ära der Kolonialzeit ein, als er 1847 bei Kolobeng seine Missionsstation errichtete.

Kgosi und Präsidenten, die Herrscher in Botswana

Sekgoma Letsholathebe (1874–1914), Kgosi der Tauana von 1891–1906
Sebego I. (1800–1844), Kgosi-Regent der Ngwaketse von 1825–1844
Sechele I. (1810–1892), Kgosi der Kwena von 1829–1892
Sebele I. (1838–1911), Kgosi der Kwena von 1892–1911
Sechele II. (1860–1918), Kgosi der Kwena von 1911–1918
Sebele II. (1892–1939), Kgosi der Kwena von 1918–1931
Kgari I. (1775–1826), Kgosi der Mangwato von 1817–1826
Sekgoma I. (1810–1883), Kgosi der Mangwato von 1835–1857, 1859–1866, 1873–1875
Macheng (1832–1873), Kgosi der Mangwato von 1857–1859, 1866–1872
Khama III. (1835–1923), Kgosi der Mangwato 1872/1873 und von 1875–1923
Sekgoma II. (1869–1925), Kgosi der Mangwato von 1923–1925
Tshekedi Khama (1905–1959), Kgosi-Regent der Mangwato von 1925–1959
Sir Seretse Khama (1921–1980), Präsident der Republik Botswana von 1966–1980
Sir Quett Ketumile Masire (*1925), Präsident der Republik Botswana von 1980–1998
Festus Mogae (*1939), Präsident der Republik Botswana seit 1998

Sechele I. eint die Tswana gegen die Buren

Im Juli 1852 machten sich 450 Buren unter Piet Scholtz mit schwarzen Hilfstruppen auf, die Tswana des heutigen Botswana zu unterwerfen (ein Mitglied dieser Expedition war der spätere Präsident des Buren-Staates Transvaal Paul Kruger) – der **Erste Batswana-Buren-Krieg** begann. Ein halbes Jahr zuvor hatten die Buren mit den Briten die Übereinkunft getroffen, künftig die schwarzen Völker vom Waffenhandel abzuschneiden und ihnen damit die Möglichkeit zur Verteidigung zu nehmen. Nun ging es darum, die schon in Besitz der Tswana befindlichen Feuerwaffen zu vernichten und die Herrschaft über Transvaal hinaus auf die Gebiete nördlich des Molopo-Flusses auszudehnen, um den Pakt mit den Briten über den Waffenhandel – bekannt unter dem Namen **Sand Town Convention** – auch durchsetzen zu können. Nach einigen Scharmützeln, bei denen auch die bestehenden Missionen zerstört wurden, erreichten die Buren am 28. August 1852 Dimawe, eine befestigte Stellung der vereinten Tswana unter **Sechele I.** von den Kwena. Nach zwei Tagen fruchtloser Verhandlungen, während derer Sechele sich weigerte, mit den Buren Knebelverträge abzuschließen, begann die **Schlacht von Dimawe**, als deren Ergebnis sich Sechele auf Dithubaruba zurückzog, wo die Tswana schon einmal eine Schlacht für sich hatten entscheiden können, und seine Kräfte auf zwei Stellungen verteilte. Die Buren waren nicht in der Lage, diese Positionen zu nehmen und kehrten schließlich am 3. September plündernd und alle versklavend, derer sie habhaft werden konnten, nach Transvaal zurück. Die Attacke der Buren erlaubte Sechele, sein Merafe und damit seinen Einfluss zu erweitern und in den Folgemonaten Angriffe gegen die Gebiete der Buren zu starten, die so erfolgreich waren, dass sich die burischen Farmer von der Grenze zurückzogen. Ihre Siedlungen übernahmen schwarze Teilvölker, die hofften, so der für sie unerträglichen Situation auf den burischen

Ländereien zu entkommen. Der Krieg endete im Februar 1853 mit einem **Waffenstillstand** zwischen Sechele I. und Andries Pretorius, dem Präsidenten der gerade zuvor gegründeten Südafrikanischen Republik.

Zwar war das Waffenembargo noch nicht aufgehoben, aber in den folgenden Jahren wurde es immer weiter aufgeweicht, bis es de facto nicht mehr bestand. Missionare, hauptsächlich Mitglieder der **Londoner** und der **Hermannsburger Missionsgesellschaft**, kamen ins Land. Sechele I. festigte seine Macht weiter. Er war bereits in den 40er Jahren des 19. Jahrhunderts zum christlichen Glauben konvertiert, und die Überlieferung spricht von ihm als gerechtem und weitsichtigem Führer, der durch diplomatisches Geschick den Grundstein für den Zusammenschluss der Völker Botswanas legte. Bis 1881 herrschte Ruhe im Land, die nur durch Attacken der Ndebele aus Zimbabwe und 1864 hegemoniale Bestrebungen der Buren gestört wurde. Sechele war zum mächtigsten Kgosi Botswanas geworden, der sich auch in die inneren Angelegenheiten der anderen Tswana-Linien einmischte. So trug er Sorge, dass Khama III., der Kgosi der Mangwato, in die Königswürde eingesetzt wurde.

Die Kolonialzeit

Khama III. hatte sich unter dem Einfluss von Sekgoma, dem mächtigsten Herrscher der Tswana, schon als Kind taufen lassen und war von diesem wohl schon als sein Nachfolger als Kgosi der Mangwato vorgesehen. Der erste Versuch Khamas III. als Kgosi scheiterte jedoch 1872 an der Uneinigkeit der Mangwato, die in eine christliche und eine traditionelle religiöse Linie gespalten waren. Zuvor hatte Sechele den Vater von Khama III. – Sekgoma I., den Sieger über die Ndebele – abgesetzt und 1857 durch dessen Halbbruder **Macheng** als Regenten ersetzt, da ihm Sekgoma als zu mächtig erschienen war. Macheng allerdings koalierte mit den Ndebele (bei denen er 15 Jahre als Gefangener verbracht hatte), weshalb Sechele für die Rückkehr Sekgomas sorgte. Doch fiel Sekgoma erneut in Ungnade, und Macheng erhielt noch

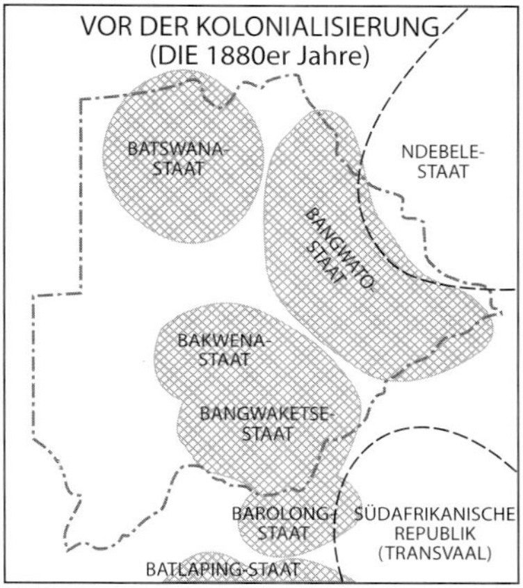

einmal kurz die Königswürde, starb aber 1872. Khama III. wurde sein Nachfolger. Er wollte seine Herrschaft nach christlichen Prinzipien ausrichten und fand dafür wenig Gegenliebe in seinem Volk. Für drei Jahre kam Sekgoma wieder an die Macht, 1875 schließlich wurde Khama III. endgültig Kgosi und blieb es 50 Jahre bis zu seinem Tod 1923.

Der **Zweite Batswana-Buren-Krieg** begann 1881 und dauerte fast drei Jahre. Er fand nicht auf dem Gebiet des heutigen Botswana statt, sondern in British Bechuanaland, das westlich des Transvaal an der Grenze zu Botswana lag. Buren und britische Händler, die aus wirtschaftlichen Gründen und ohne Rückversicherung durch ein Staatsgebilde auf Landnahme aus waren, erkämpften sich von den dort siedelnden Tswana große Gebiete und riefen zwei „Republiken" aus – Stellaland und Goshen. Damit holten sie die Briten auf den Plan, die bislang aus verwaltungstechnischen und Kostengründen ein stärkeres Engagement in dieser Region abgelehnt hatten. Da sie sich keine ökonomischen Vorteile versprachen – die von **Karl Mauch** 1867 entdeckten **Goldvorkommen** im Tati Block wurden als nicht abbaubar erachtet – waren sie damit zufrieden, dass die Handelswege für jedermann offen blieben. Doch nun meldete sich **Cecil Rhodes** mit massiven wirtschaftlichen Interessen zu Wort, und auch Missionare und andere Händler, denen der Weg nach Norden versperrt war, forderten ein Eingreifen. Hinzu kam, dass Deutschland Südwestafrika zum Schutzgebiet erklärte und die Briten einen Schulterschluss zwischen Buren und Deutschen und einen Sperrriegel zum restlichen Kontinent fürchten mussten. Sie erklärten daher kurzerhand **British Betschuanaland** im Februar 1884 zum **britischen Protektorat**, beendeten damit den Krieg und schufen sich einen Korridor in den Norden zu den erwarteten reichen Bodenschätzen Zimbabwes. Gesichert wurden die Grenzen von der in dieser Zeit von Charles Warren gegründeten Betschuanaland Border Police.

Die Tswana Botswanas indessen waren vom ungebrochenen Expansionsstreben der Buren verunsichert und fürchteten, einem massiven Vorstoß nicht Widerstand leisten zu können. Schon mehrfach hatte Khama III. deshalb versucht, von den Briten einen Schutzbrief für seine Gebiete zu erhalten. Dies hatte die Londoner Regierung immer wieder abgelehnt. 1885 machte sich schließlich eine 4000 Mann starke Expedition unter Warren nach dem heutigen Botswana auf, reiste nach Kanye, Molepolole, Mochudi und Shoshong und wurde von Khama III. herzlich empfangen, der Warren die Situation der Tswana im Verhältnis zu den Buren noch einmal darlegte. Am 30. September 1885 erhielt daraufhin das **Betschuanaland** nördlich des Molopo ebenfalls den Status eines **britischen Protektorates**, das Gebiet des heutigen Botswana war damit in einen südlichen und einen nördlichen Teil gespalten, die Grenze lag etwa bei einer Linie von Ghanzi bis zum Tuli-Block am 22. Breitengrad. Die Schutzgebiete wurden von Vryburg aus verwaltet, die Polizeitruppe hatte ihr Hauptquartier in Mafikeng. Der Vorteil der Einstufung als Protektorat lag im geringen Verwaltungsaufwand, zog aber im Gegensatz zu Kolonien oder gar Krongebieten auch eine relative Autonomie der Bewohner des Schutzgebietes nach sich.

Von Vryburg aus koordinierte auch **Cecil Rhodes** seine Geschäfte. Seine Interessen führten zur Gründung der **British South Africa Company (BSAC)**, deren Ziel (die Ausbeutung der Bodenschätze in den Protektoraten) 1889 von der englischen Regierung abgesegnet und offiziell wurde. Zeitgleich kam der administrative Vorstoß des britischen Verwaltungsbeamten **Sidney Shippard**, der die Ausweitung des Einflusses der Krone auf die internen Angelegenheiten der Tswana auf die Tagesordnung der **Konferenz von Kopong**, an der alle wichtigen Tswana-Kgosi teilnahmen, setzte. Zwar drang Shippard mit seinen Vorschlägen nicht durch, da außer Khama III. keiner die Einmischung in die internen Angelegenheiten akzeptierte, den Batswana schwante aber Übles. Fast hätten sie ein Attentat auf Shippard verübt, hätte Khama III. es nicht verhindert. Die Tswana waren in der Zwickmühle – auf der einen Seite standen die Buren, denen sie ohne britische Hilfe unterlegen waren, auf der anderen die Briten, die ihre Macht ausbauen wollten.

Der zweite Vorstoß der Briten kam 1893/1894 während eines Krieges der **BSAC**, die die Schutztruppe BBP zusammen mit Kämpfern der Mangwato gegen die Ndebele unter Lobengula aussandte, dessen Königreich zerstörte und ihm ein für alle Mal jegliches Expansionsbestreben austrieb. Die britische Administration unter der Leitung des inzwischen zum höchsten Kronbeamten beförderten Shippard entschloss sich, alle administrativen Aufgaben des Protektorates an die BSAC abzugeben. Damit erhielt die Idee der Filibuster höchste staatliche Weihen: Eine Privatgesellschaft sollte die Herrschaft über ein Land erhalten. Dies war in all den Jahren zuvor sorgfältig vorbereitet worden, indem Cecil Rhodes alle wichtigen Beamten der Administration und der Polizeikräfte mit Anteilsüberschreibungen seiner Firma korrumpierte. Folgerichtig wurde Shippard 1895 einer der Direktoren der Gesellschaft. Die Kgosi konnten sich auf einen offenen Konfikt nicht einlassen, und Sechele I., Bathoen I. und Khama III. beschlossen, nach London zu reisen, um bei Joseph Chamberlain – damals noch Staatssekretär des Kolonialministeriums – gegen die BSAC zu petitionieren. Chamberlain war lediglich bereit, der Abordnung zuzusichern, dass ein Teil ihrer angestammten Gebiete außerhalb

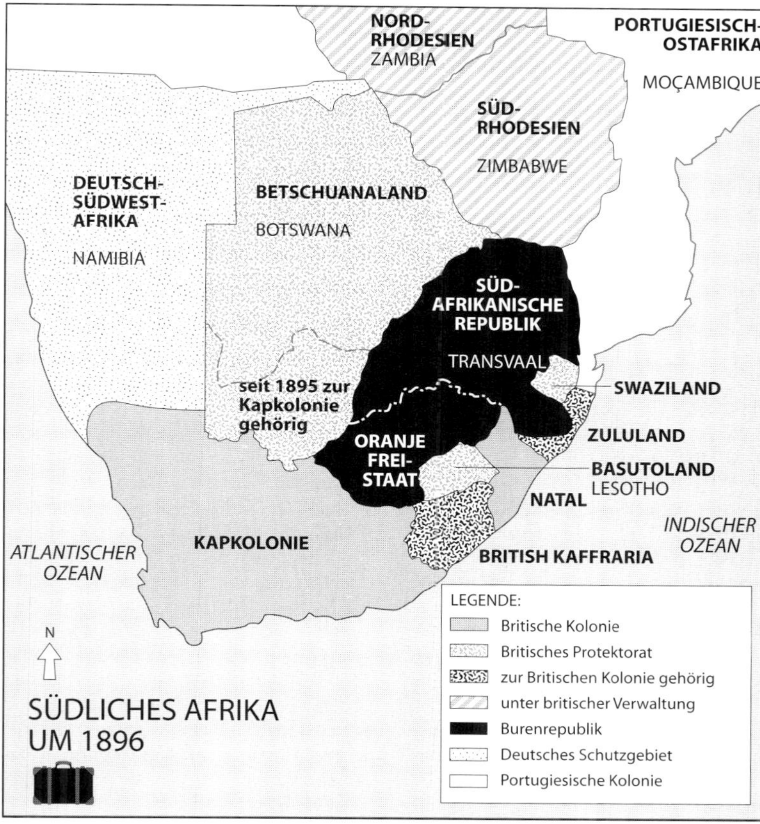

des Einflusses von Rhodes bleiben sollte. Da bekamen die Tswana Beistand aus gänzlich unerwarteter Richtung: Rhodes manövrierte sich selbst aus.

Am 29. Dezember 1895 machte sich **Leander Starr Jameson** mit einer Streitmacht aus Kräften der BBP, die mit der Übernahme Bechuanalands durch die BSAC in British South Africa Police umfirmiert worden war, auf nach Transvaal. Jameson war in der BSAC zuständig für Rhodesien (heute Zambia und Zimbabwe). Sein Auftrag lautete, den Einfluss von Rhodes und seiner Aktionäre auf Gebiete der Südafrikanischen Republik auszudehnen. Man war siegessicher und hatte den Angriff mit der Bildung und Finanzierung einer Dritten Kolonne vorbereitet, die ihr Geld von dem BSAC-Konto „Neuerwerbungen" erhielt.

Der **Jameson Raid** endete vier Tage später mit der Festnahme von Jameson durch Militär der Südafrikanischen Republik. Rhodes war für die Briten nicht mehr haltbar, die BSAC musste die Verwaltung des Protektorats und die erworbenen Konzessionen (außer jener für die Eisenbahn) abgeben. Kurz darauf wütete die Rinderpest in Botswana und rottete fast alle Tiere aus, eine Dürre kam hinzu, und die Tswana kämpften nun um das schiere Überleben. Ein Fünftel der Menschen starb. Währenddessen setzten die Briten auf leisen Sohlen das durch, was Shippard auf der Konferenz von Kopong schon versucht hatte: Die Teilung des Landes in Reservate und Kronland und die Einführung einer allgemeinen Steuer (Hüttensteuer).

Zu Hilfe kamen den Briten Grenzstreitigkeiten zwischen den einzelnen Linien der Tswana. 1899 wurde die Katze aus dem Sack gelassen: Das Land war in **Reservate** für die Tswana mit Eigenverwaltung (Ngwaketse, Kwena, Mangwato, Kgatla und Tauana) und Gebiete, die der britischen Krone gehörten, aufgeteilt worden. Vom Krongebiet wurde in den folgenden Jahren Land an Farmer abgegeben (Barolong und Ghanzi Farms, Lobatse, Gaborone und Tuli-Block) oder als Konzession (Tati) vergeben. Später entstanden noch die beiden Reservate Tati und Malete. Botswana existierte nun in seinen endgültigen Grenzen, der Abwehrkampf der Tswana gegen die Fremdherrschaft war jedoch verloren.

General von Trothas Genozid an den Herero aus Namibia

1904 bgeann der Krieg zwischen den Herero und der Deutschen Schutztruppe. Die Herero hatten von Plänen gehört, denen zufolge sie in ein Reservat am Waterberg im nordöstlichen Namibia umgesetzt werden sollten. Sie revoltierten. Bei den Kämpfen kamen auch Siedler ums Leben. Dies nahm General von Trotha, der Kommandeur der Schutztruppe, zum Anlass, gegen die Herero massiv ins Feld zu ziehen. Nicht ohne heftige Kritik aus den eigenen Reihen verstärkte er seine Mannschaften, jagte die Herero im August des gleichen Jahres in die Gegend um den Waterberg und kesselte sie am 11. August ein. Den Herero gelang ein Ausbruch in östlicher Richtung, und sie flüchteten in die Kalahari. Mit einer Proklamation ließ von Trotha sie unmissverständlich wissen, dass er eine Rückkehr mit allen Mitteln zu unterbinden wüsste – nämlich durch die Tötung der sich Ergebenden. Die Herero sollen zum Großteil in der unwirtlichen Wüste verdurstet sein. Die Wissenschaft ist sich uneins über die Zahl der Toten, die Angaben variieren von mehreren Tausend bis zu mehreren Zehntausend. Vier- bis achttausend Flüchtlinge sollen Betschuanaland erreicht haben. Als gewichtiges Volk Namibias hatten die Herero aufgehört zu existieren.

Der Beginn des 20. Jahrhunderts – Bur oder Brit

Die ersten Jahre des 20. Jahrhunderts standen im Zeichen des mit ausgesprochener Brutalität auch gegen die Zivilbevölkerung geführten **Krieges zwischen Briten und Buren**. Dabei wurde das Land der Batswana als Aufmarschgebiet benutzt, was die Tswana an der Seite der Briten in den Krieg hineinzog (nicht zuletzt deshalb, weil sie diesen eher zugetan waren als den Buren). Ab Oktober 1899 belagerten Kommandos der Buren die Briten bei Mafikeng. Um einen Entsatz Mafikengs aus Richtung Rhodesien zu vereiteln, unternahmen die Buren einen Feldzug nach Palapye, den sie aber wegen des starken Widerstandes abbrechen mussten. Stattdessen errichteten sie ein Bollwerk aus befestigten Lagern an der Grenze zum Protektorat Bechuanaland. Im November griffen sie Lobatse und Gaborone an und sammelten Verstärkungen bei Derdepoort (der heutigen Grenzstation Sikwane). Am 25. November griffen Truppen der Kgatla das Lager bei Derdepoort an, in der folgenden **Schlacht von Derdepoort** drängten sie die Buren auf den Belagerungsring um Mafikeng zurück und erlaubten damit den britischen Truppen aus Rhodesien, entlang der Bahnlinie vorzudringen. Aber erst im Mai 1900 schlugen sich die britischen Kräfte mit Unterstützung der Tswana nach Mafikeng durch und befreiten es.

In den folgenden Jahren agierten die Kgatla im westlichen Transvaal als Guerilla gegen die Buren und banden nicht unerhebliche Kräfte. Sie kontrollierten am Ende des Krieges 1902 die ganze Gegend südlich des Limpopo bis nach Rustenburg. Das Ergebnis war eine Vereinbarung zwischen Briten und Buren im **Staatsvertrag von Vereeniging**: In einem Passus wurde ausdrücklich nicht ausgeschlossen, dass das Protektorat Betschuanaland eines Tages unter die Regierung des Burenstaates Transvaal käme.

Die Klausel wurde auch 1909 nur unwesentlich verändert in den **Act of Union** aufgenommen. Dieser Vertrag schuf die Grundlage für die **Union von Südafrika** – den Zusammenschluss von Natal, Oranje Freistaat, der Kapprovinz und Transvaal am 31. Mai 1910. Absehbar war, wie die weiße Administration dieses neuen Staatsgebildes mit den schwarzen Bewohnern umgehen würde. Zu schnell waren die ersten repressiven, gegen die Schwarzen und Farbigen gerichteten Gesetze auf den Weg gebracht worden: Ausbildungsbeschränkung, Militärverbot, Passgesetz. Und der neue Burenstaat hatte mit Brief und Siegel das königlich-britische Einverständnis, Betschuanaland zu inkorporieren.

Schon vor dieser Vereinbarung waren die Eingriffe der Briten in die internen Angelegenheiten der Tswana immer stärker geworden. So setzten sie 1906 König Sekgoma Letsholathebe von den Tauana ab und brachten den gefügigeren Mathiba auf den Thron. Ab 1908 opponierte **Sebele I.** von den Kwena als erster Tswana öffentlich gegen die Idee der Inkorporation. Er wandte sich direkt an den Hochkommissar **Lord Selbourne**. Selbourne antwortete nicht nur ausweichend, er informierte das Kolonialministerium in London sogar über die Notwendigkeit einer baldigen Inkorporation und fügte dem Entwurf des Act of Union einen Zeitplan für die Eingliederung hinzu. Die Kwena organisierten inzwischen den Widerstand im Land. Wieder erhielten die Tswana unerwartete Hilfe. Der Eifer der Südafrikaner, die Ratifizierung des Act of Union im Londoner Parlament zu beschleunigen, führte zu Verzögerungen, und die gewonnene Zeit nutzten die Tswana, durch einen Mittelsmann dem Londoner Parlament eine **Petition** zukommen zu lassen. Zwar wurde diese ignoriert, aber die *Times* gab den Gegnern der Inkorporation immerhin ein Forum. Nun folgten weitere Petitionen – an jener von 1910 nahm auch Khama III. teil, der sich bislang der Gegnerschaft verschlossen hatte –, alle hatten den Inhalt, den Status quo aufrecht zu erhalten. Die Inkorporation wurde weiter verzögert. Allerdings endete der Eiertanz erst mit der Unabhängigkeit 1966. Bis dahin versuchten die Südafrikaner immer wieder, die „Bald-gehören-sie-uns-Klausel" durchzusetzen.

Zwischen den Weltkriegen – Die Apartheid hält durch die Hintertür Einzug

Ein wesentliches konstitutives Merkmal der Apartheid war die Trennung von Arbeitsplatz und Lebensmittelpunkt: die Wanderarbeit. Der Grundstein dafür wurde bereits Mitte des 18. Jahrhunderts gelegt, als Batswana begannen, auf Farmen im heutigen Südafrika zu arbeiten, und setzte sich mit der Entdeckung der Goldvorkommen bei Kimberley 1867 fort, als der Bedarf an Minenarbeitern aus der Region nicht mehr gedeckt werden konnte. Doch die massive Rekrutierung wurde erst zu Beginn des 20. Jahrhunderts mit der Einführung der **Hüttensteuer** durch die Briten erfolgreich und erreichte ihren Höhepunkt zwischen den Weltkriegen. Die Hüttensteuer wurde 1899 Gesetz und konfrontierte die Tswana zum ersten Mal auf breiter Ebene mit der Notwendigkeit, sich Bargeld zu besorgen – um es an die britische Administration abzuführen.

Die Hüttensteuer wurde 1907 in eine Kopfsteuer umgewandelt und 1919 kam eine so genannte **Eingeborenensteuer** hinzu, die zur Verbesserung der Lebensumstände der schwarzen Bevölkerung verwendet werden sollte. Im Land konnten diese Summen wegen der immer wiederkehrenden **Dürrekatastrophen** und mit dem Zusammenbruch der Märkte für landwirtschaftliche Güter anlässlich der **Weltwirtschaftskrise** in den 20er Jahren des 20. Jahrhunderts nicht aufgebracht werden. Man musste daher Arbeit im Ausland suchen. Hinzu kam, dass die Südafrikaner 1924 die Einfuhr botswanischen Rindfleisches untersagten. Damit sorgten sie für eine weitere Verschärfung der ökonomischen Situation, schützten ihre eigene Landwirtschaft und setzten die Briten unter Druck, Botswana endlich zu südafrikanischem Gebiet zu machen (der Importbann wurde erst 1939 wegen und mit Beginn des Zweiten Weltkrieges aufgehoben).

In den 30er Jahren des 20. Jahrhunderts war schließlich fast ein Drittel der männlichen Bevölkerung Botswanas in Südafrika beschäftigt. Erst mit dem Erschließen der eigenen Bodenschätze um 1960 wurde diese Situation etwas abgemildert.

Um 1990 beschränkten die Südafrikaner außerdem die Zahl der Wanderarbeiter aus dem benachbarten Ausland. Die Steuereinführung, speziell der Eingeborenensteuer, hatte noch eine weitere Konsequenz: Die Briten mischten sich damit nicht mehr nur fallweise in die Innenpolitik der Tswana-Völker ein, sie brachen mit der Regel der relativen Autonomie der Tswana und der bisherigen Anerkennung des Führungsanspruches der Kgosi. Deren Macht wurde immer weiter beschnitten.

1934, 1938 und 1943 traten trotz des Widerstandes der Tswana diverse Gesetze und Verwaltungsbestimmungen *(Native Administration Proclamations)* zumindest teilweise in Kraft, durch die die Kgosi zu Kolonialangestellten umgedeutet und allen Reservaten Briten als höchste Autorität zugeordnet wurden, so genannte **District Commissioners**. Sie überwachten alle Tätigkeiten der traditionellen Institutionen (Gerichtsbarkeit, Stammesräte, Verteilung des Geldes) und konnten Kgosi nun wegen Gehorsamsverweigerung ihrer Posten entheben.

Dass die Möglichkeiten der Gesetze nicht voll ausgeschöpft wurden, war dem seit 1925 regierenden **Tshekedi Khama** zu danken, der als mächtigster Kgosi bis 1950 die Teilautonomie der Tswana immer wieder stärkte (s.u.). Hinzu kam der Wunsch der Briten, in der Zeit des Zweiten Weltkrieges in den Kolonien Ruhe zu haben und auf deren Ressourcen zurückgreifen zu können.

Der Zweite Weltkrieg Die britische Armee besaß ein eigenes Truppenkontingent, für das sie Bewohner der Kolonien und Dominions rekrutierte, das **African Auxiliary Pioneer Corps (AAPC)**. In ihm dienten 10 000 Tswana an den Kriegsschauplätzen des Mittelmeeres, in Tunesien, Italien und Frankreich. In südafrikanischen Einheiten dienten weitere Tswana, so dass 20% der männlichen, erwachsenen Bevölkerung in Kriegsdienst stand. Die Kgosi selbst sorgten für diese hohe Beteiligung, den höchsten Prozentsatz aller britischen Kolonien. Man dachte, dass der Loyalitätsbeweis es den Briten nach dem Krieg unmöglich machen würde, Botswana an Südafrika auszuliefern.
Aus den botswanischen Teilen des AAPC entstand nach dem Krieg auf freiwilliger Basis eine kleinere Einheit des High Commission Territory Corps, das unter anderem in Palästina engagiert war, wo es im Vorfeld der Gründung des israelischen Staates zu blutigen Auseinandersetzungen zwischen Juden, Arabern und Briten kam.

Auf dem Weg in die Unabhängigkeit

Während des Zweiten Weltkrieges wurden Zeitungen und eine Radiostation gegründet, um das Informationsbedürfnis der Bevölkerung zu befriedigen. Gleichzeitig entstanden in diesen und den Folgejahren weiterführende Schulen (nicht so sehr von den Briten, als von den Missionsgesellschaften befürwortet). Die Waffenbrüderschaft führte dazu, dass privilegierte Tswana die Möglichkeit bekamen, im Ausland zu studieren. Einer der Studenten, die in London eine juristische Ausbildung erhielten, war **Seretse Khama**, Sohn des Kgosi Sekgoma II. der Mangwato. Sekgoma starb 1925, als Seretse Khama vier Jahre alt war, und Seretses 20 Jahre alter, gerade in Südafrika studierender Onkel **Tshekedi Khama** übernahm als Regent die politischen Geschäfte. Er gehörte zu den schärfsten Gegnern der Inkorporation und bekämpfte z.B. die Annexion Namibias als Provinz durch Südafrika, da ihm dessen Angliederung als Wegbereiter für das eigene drohende Schicksal erschien. Er war ein Machtmensch, der viele Familienmitglieder, von denen eine Gefahr für seine Regentschaft hätte ausgehen können, verhaftete oder exilierte. Als die Zeit gekommen war, die Macht an seinen Neffen Seretse Khama abzugeben, suchte und fand er einen Aufhänger, weiter als Kgosi zu fungieren: Seretse Khama hatte 1948 eine Weiße geheiratet, die bürgerliche Engländerin Ruth Williams. Ein Aufschrei ging durch das Land. Als Erbe der Kgosi-Würde hätte Seretse gleichgestellt heiraten müssen. Tshekedi verweigerte ihm daher die Thronfolge. Auch die Weißen stöhnten auf. Die Südafrikaner, inzwischen voll auf dem Gaspedal der Apartheid, setzten die Briten unter Druck, unter keinen Umständen einen Kgosi in einer gemischtrassigen Ehe zuzulassen. Seretse Khama aber rief 1949 kurzerhand eine Versammlung (Kgotla) ein und ließ sein Volk abstimmen. Mit überwältigender Mehrheit wurde er daraufhin als Kgosi eingesetzt, Tshekedi musste abdanken. Allerdings opponierten die Briten gegen den Volksentscheid, beorderten Seretse Khama nach London, boten ihm eine Beamtenstelle auf Jamaika und untersagten die Rückkehr nach Botswana, als er ablehnte. Er musste in London und die Mangwato ohne Kgosi bleiben. Die Mangwato hielten dennoch an Seretse fest. 1953 kam es in der Kgotla zu einem Aufstand, bei dem Polizisten getötet wurden. 1956 erlaubten die Briten Seretse schließlich, nach Botswana zu reisen. Bedingung war ein Treffen mit Tshekedi und beider **Verzicht auf die Thronfolge**.

1959 verstarb Tshekedi und Seretse wurde zum mächtigsten Mangwato. Zwischenzeitlich hatte sich das politische Gewicht in London verlagert. Großbritannien war vom Zweiten

Die Parteienlandschaft 1961 gründete Seretse Khama in Lobatse die **Botswana** (anfangs Bechuanaland) **Democratic Party (BDP)**, deren Mitglieder zuerst hauptsächlich die Mangwato um Serowe waren. Zur Stärkung der Partei in den südlichen Gebieten Botswanas wurde als zweiter Mann **Quett Masire** berufen (er folgte nach dem Tod Seretse Khamas in der Präsidentschaft nach). In der Partei galt Seretse Khama als Garant für eine moderate Politik bei der Überführung des Landes in die Unabhängigkeit. Auch die Briten favorisierten ihn bei den Vorbereitungen zu den ersten allgemeinen Wahlen. Die Parteiklientel bildete in den Anfangsjahren die ländliche Bevölkerung. Durch Protektion seitens der Briten und gute Öffentlichkeitsarbeit erhielt die BDP bei den ersten freien Wahlen 80% der Stimmen.

Die **Botswana** (früher Bechuanaland) **People's Party (BPP)** entstand schon vorher – 1960 – als Protestbewegung gegen Rassismus und soziale Ungerechtigkeit. Viele ihrer führenden Köpfe waren in die Rassenkonflikte in Südafrika involviert gewesen und nach Vorkommnissen wie dem Massaker von Sharpeville nach Botswana geflohen. Größten Rückhalt genoss die Partei bei den unterprivilegierten Schichten in infrastrukturell relativ gut gerüsteten Regionen. Der anfängliche Erfolg (sie erhielt 1965 etwa 15% der Stimmen) wurde aber durch mehrere Spaltungen zunichte gemacht, und heute ist die Partei nicht mehr in der Nationalversammlung vertreten.

Die **Botswana Independence Party (BIP)** wurde 1964 als Abspaltung der BPP von Motsamai Mpho gegründet. Sie erhielt bei den ersten Wahlen keinen Sitz.

Die **Botswana National Front (BNF)** war ein Zusammenschluss verschiedenster Interessengruppen, hauptsächlich aus dem südlichen Landesteil, die 1965 unter Kenneth Koma zur Partei wurden. Bis zum Jahr 1969 spielte die BNF parlamentarisch keine nennenswerte Rolle. Mit einigen Sitzen in der Nationalversammlung profilierte sie sich aber über die Jahre so, dass sie 1994 schließlich 37% der Stimmen und ein Drittel der Sitze erreichen konnte und heute eine ernst zu nehmende Opposition zur Regierungspartei darstellt. Ihre Hauptwähler sind in den Städten zu finden. 1998 hat sie sich in die BNF und die neue **Botswana Congress Party (BCP)** gespalten.

Weltkrieg noch schwer angeschlagen und sah sich außerstande, sein Imperium in der bisherigen Form zu halten. Es wurde restrukturiert und verkleinert. Außerdem trat die Welt in die postkoloniale Phase ein, die öffentliche Meinung wandelte sich, die Selbstbestimmung der Völker wurde zum politischen Postulat. Man kam endgültig von einer Eingliederung Botswanas in Südafrika ab und bereitete die Unabhängigkeit vor. Seretse Khama, die Zeichen der Zeit erkennend, verkündete im September 1961 dem Kgotla in Serowe die **Gründung der Bechuanaland (später Botswana) Democratic Party (BDP)**, verweigerte die Kgosi-Würde, die ihm 1963 noch einmal von seinem Volk angedient wurde, baute ein enges Flechtwerk zur Unterstützung seiner Partei im ganzen Land auf und erhielt schließlich 1965 in einer **demokratischen Wahl** trotz starker Gegenparteien mit 80% der Stimmen den Auftrag, Botswana in die **Unabhängigkeit** zu führen. Er wurde Premierminister und im Folgejahr nach der Unabhängigkeit Präsident, der er bis 1980 blieb. Kurz nach der Unabhängigkeit wurde er von den Briten geadelt.

Frontstaat

Am 30. September 1966 erhielt Botswana von der britischen Krone die Unabhängigkeit. Der Präsident Seretse Khama war demokratisch gewählt worden, und der Übergang verlief vollends gewaltfrei. Die Botswaner hatten der Welt gezeigt, dass demokratische Willensbildung nicht etwas war, was sie erst zu erlernen hatten, sondern eine Praxis, der sie seit Jahrhunderten in den Kgotla folgten.

Wenn in der Region etwas undemokratischen Prinzipien entsprach, dann waren das die politischen Systeme der Nachbarn Südafrika und Südrhodesien, das spätere Zimbabwe. Botswana war eingekesselt von Staaten, die direkt die **Apartheidspolitik** vertraten: Südafrika im Süden, Namibia als dessen provinziales Anhängsel im Westen und Norden und Südrhodesien im Osten (das sich 1965 von der britischen Krone als Rhodesien unabhängig erklärte und der Apartheidspolitik folgte). Nur wenige Kilometer Grenze gab es zu Zambia, dem 1964 von der britischen Krone unabhängig gewordenen Nordrhodesien. Andererseits war Botswana als Binnenland aus wirtschaftlichen Gründen auf durchgängige Grenzen zu seinen Nachbarn angewiesen. Die Viehwirtschaft, trotz Entdeckung abbauwürdiger Bodenschätze eine der Hauptsäulen des Exportes, benötigte die Absatzmärkte bei den Nachbarn. So begann wieder ein Eiertanz: Diesmal im Spannungsfeld zwischen burischer Rassismuspolitik und den Ideen und Aktionen der sich immer stärker herausbildenden Freiheitsbewegungen.

In den Jahren bis 1980 versuchte Botswana zum einen, die Unabhängigkeits- und Befreiungsbewegungen in Rhodesien und Südafrika zu unterstützen, zum anderen, keine Situation aufkommen zu lassen, die den beiden Ländern Argumente für einen Einmarsch hätten liefern können: also Unterstützung der Befreiungsbewegungen auf internationalem Parkett, Asylangebote an Flüchtlinge, aber keine Trainings- und Rückzugslager für Freiheitskämpfer, diplomatische Bemühungen in der Region die Situation zu entschärfen, 1974 Gründung der Vereinigung der **Frontstaaten** mit Angola, Zambia unter Kenneth Kaunda, Moçambique und Tanzania, um den diplomatischen Druck zu erhöhen. Trotzdem unternahmen Südafrikaner und Rhodesier einige Überfälle. Sie begannen 1977 mit der Zerstörung der Fähre bei Kazungula nach Zambia. Als Antwort darauf schuf Seretse Khama die **Botswana Defence Force (BDF)**. Man wandelte flugs Polizeitruppen um, die Offiziere erhielten ihre Ausbildung in England und in den USA. Die kleine Truppe konnte aber weitere Attacken und **Grenzzwischenfälle** nicht verhindern, bis zur Gründung Zimbabwes auch aus dem Osten, danach aus Namibia und hauptsächlich aus Südafrika im Raum um Gaborone. 1979 gründeten die Frontstaaten zusammen mit Zimbabwe, Malawi, Lesotho und Swaziland die SADCC. Die **Southern African Development Coordination Conference** sollte Südafrika in der Region weiter isolieren und die wirtschaftliche Unabhängigkeit der Teilnehmer stärken.

1980, nach dem Tod Seretse Khamas, übernahm der bisherige Vizepräsident und Mitbegründer der Regierungspartei **Dr. Quett Masire** die Präsidentschaft. Da er nicht die Persönlichkeit und den Stammesrückhalt wie Seretse besaß, war Masire zuerst ein Unsicherheitsfaktor für die internationale und regionale Politik. Nachdem sich die Verteidigungsstreitkräfte 1981 mit russischen Waffen versorgt hatten, testeten die Südafrikaner den neuen Präsidenten. Ein Sturm der Entrüstung über ein „angolanisches" (von Kubanern unterstütztes) Botswana brach im Blätterwald Südafrikas los. Kühl und rigoros wies Masire die Südafrikaner zurecht: Nur zu südafrikanischem Schutz habe man sich russische Waffen besorgt – um die Grenze nach innen zu sichern, auf dass Guerillatruppen nicht auf südafrikanisches Gebiet vordringen könnten. So blieb es bei der Nadelstichtaktik mit **sporadischen Überfällen**, meist im Raum von Gaborone (1984,1986 und 1988), die destabilisierend wirken und eine konterrevolutionäre Stimmung in Botswana schaffen sollten. Inwischen war aber die Regierung zu gefestigt, der wirtschaftliche Aufschwung, der 1970 mit der Eröffnung der Diamantenminen begonnen hatte, zu massiv und der Nationalstolz in dem politisch stabilen Land zu groß, als dass eine Gegenguerilla wie in Moçambique oder Angola hätte entstehen können. Mit der vom seit 1989 regierenden südafrikanischen Präsidenten De Klerk 1990 verfügten Freilassung Nelson Mandelas war der Spuk schließlich vorbei.

Botswana heute

Nachdem im südlichen Afrika endlich Frieden herrscht und Botswana als der afrikanische Staat mit den höchsten Wachstumsraten dasteht, ist das Land mit der Alltäglichkeit konfrontiert. Dazu gehören Landflucht, Aids, eine klaffende Einkommensschere und einige Querelen mit dem Nachbarland Namibia, das wie Botswana eine kleine Insel am Grenzfluss im Caprivi Strip zu seinem Gebiet erklärt (s.S. 158).

1994 gewann Sir Quett Masire mit der BDP die Wahlen, allerdings nicht mehr in einem Erdrutschsieg. Die BNF fand neue Anhänger, die sich vornehmlich aus den urbanen Siedlungen rekrutierten, wo die Einkommensungleichheit am augenfälligsten ist, und aus den vielen Arbeitslosen (20%). Masire zog sich am 31. März 1998 aus der Politik zurück und gilt damit als der einzige bekannte Politiker Schwarzafrikas, der seine Ämter freiwillig aufgab. Sein Nachfolger wurde **Festus Mogae** von der BDP. Im Mai 1998 nominierte Mogae den Sohn von Sir Seretse Khama, den früheren Kommandeur der Botswana Defence Force **Ian Khama**, zum Vizepräsidenten. Mit diesem Schachzug soll der Bevölkerung Kontinuität in der Politik gezeigt und an die charismatische Gestalt Seretse Khamas erinnert werden, stehen doch Ende 1999 neue Wahlen an. Und es ist nicht gesichert, dass die großen Rivalen der BDP – die BNF mit der BCP zusammen – keine Chancen zur Regierungsübernahme hätten.

Regierung und Politik

Regierungsform

Staatsform ist die **parlamentarische Präsidialrepublik**, die Verfassung wurde 1966 mit der Unabhängigkeit rechtskräftig und basiert auf römischem Recht. Alle fünf Jahre werden allgemeine und geheime Wahlen für das Parlament und die Präsidentschaft abgehalten, das aktive Wahlrecht liegt bei 18 Jahren.

Der Präsident ist Regierungschef und Staatspräsident in Personalunion. Er wird direkt gewählt und besetzt das Kabinett nach seinen Vorstellungen. Dieses besteht aus elf Ministern und vier Ministern mit eingeschränkter Funktion.

Das Parlament besteht aus zwei Kammern: der **Nationalversammlung** mit 36 direkt gewählten Sitzen und vier weiteren, die von der Mehrheitspartei frei besetzt werden können, und dem **House of Chiefs**, dem die Kgosi der acht Hauptvölker Botswanas, vier weitere direkt gewählte und drei vom House of Chiefs bestimmte Mitglieder angehören. Bei Entscheidungen über Landbesitztitel, regionale Belange und traditionelle Rechtssprechung – seien es deren Einschränkung, Ausweitung oder Veränderung – ist die Nationalversammlung verpflichtet, das House of Chiefs mit einzubeziehen. Dieses wird von den verschiedenen, einander über- oder untergeordneten Kgotlas (Familie, Bezirk, Volk) über Wünsche und Kritik der Bevölkerung informiert.

Das Land ist in **neun Verwaltungsdistrikte** unterteilt: Kweneng, North-West, Ghanzi, Central, North-East, Kgatleng, Southern, South-East und Kgalagadi. Hinzu kommen noch **vier städtische Verwaltungseinheiten**: Francistown, Gaborone, Lobatse und Selebi-Phikwe. Jedem Distrikt steht ein District Commissioner vor, der die Belange der Zentralverwaltung mit der traditionellen Administration abstimmt, die in der Form von Councils weiter Bestand hat und den Kgotla fortführt.

Nationalhymne

Fatshe leno la rona,
Ke mpho ya Modimo,
Ke boswa jwa borraetsho;
A le nne ka kagiso.

Tsogang, tsogang! banna, tsogang!
Emang, basadi, emang, tlhagafalang!
Re kopaneleng go direla
Lefatshe la rona.

Ina lentle la tumo
La chaba ya Botswana,
Ka kutlwano le kagisano,
E bopagantswe mmogo.

(Übersetzung)
Gesegnet sei dies prächtig Land
Geschenkt durch Gottes starke Hand
Durch unsre Väter uns beschieden
Es möge immer sein in Frieden

Ihr Männer stehet auf, erwacht
Ihr Frauen steht dazu, gebt acht
Die Arbeit tun wir Hand in Hand
Für unser selig glücklich Land

Dein Name ist voll Glanz und Pracht
Botswana du bist unsre Macht
In Frieden, Eintracht, Einigkeit
Stehn wir zusammen alle Zeit

Flagge Die Nationalfahne besteht aus fünf horizontalen Streifen: himmelblau, weiß, schwarz, weiß, himmelblau. Die blaue Farbe steht für das so notwendige Wasser und den Regen, Schwarz und Weiß symbolisieren die unterschiedlichen Hautfarben der Bewohner des Landes.

Staatswappen Das zentrale Motiv des Staatswappens sind drei Wellen, die die Abhängigkeit des Landes von Wasser symbolisieren. Die Zahnräder und der Rinderkopf auf dem Schild weisen auf die Bedeutung der Industrie und der Viehzucht hin. Umrahmt ist das Schild von zwei Zebras, die zwischen ihren Läufen einen Elefantenstoßzahn und eine Kornähre tragen; sie symbolisieren Wildreichtum und Ackerbau als weitere Standbeine Botswanas.
Der Schriftzug „Pula" nimmt nicht auf die Währung Bezug: Der Währungsname ist abgeleitet von dem Wort *pula,* das „Regen" und „Willkommen" bedeutet und auch als Trinkspruch gebraucht wird.

Der Kgotla

Der Kgotla ist konkret der **traditionelle Versammlungsplatz** der Tswana und besteht ursprünglich aus einem halbrunden Palisadenzaun, der an den Viehkraal *(lesaka)* anschließt. In den Palisadenzaun ist eine Hütte *(leobo)* eingefügt. Im Halbrund findet sich ein Feuerplatz *(leiso)* und der eigentliche Kgotla, der Versammlungsplatz, häufig unter einem Baum. Ausgerüstet ist der Kgotla mit Tierhäuten und Hörnern, die zeremoniellen Ursprungs sind, sowie Stühlen. Den Stühlen kommt eine besondere Bedeutung zu. Jeder Kgotla besitzt zumindest einen Stuhl, der nur vom Familienoberhaupt bzw. Führer oder Kgosi benutzt werden darf. Er heißt *setilo sa kgotla,* wird aus bestimmten Hölzern gebaut und darf nicht aus dem Kgotla entfernt werden. Seine Benutzung durch andere als die vorgesehenen Führer gilt als Beleidigung und wird geahndet. Die Volks-Kgotlas haben außerdem feste Stühle für die Ratsherren des Kgosi, die ebenfalls nur von die-

Noch sind es unbeschwerte Tage, nach dem Schulabschluss droht die Arbeitslosigkeit

sen benutzt werden dürfen. Andere Teilnehmer am Kgotla bringen zu Beratungen und Versammlungen ihre eigenen Stühle mit und nehmen sie wieder mit nach Hause.

Darüber hinaus bezeichnet Kgotla die Versammlung an sich, bei der alle wichtigen Belange einer sozialen Gruppe besprochen und diskutiert werden, bis eine Lösung gefunden ist.

So wie es Versammlungen der unterschiedlich großen Verbände gibt – Familien, Dorfviertel, ganzer Dörfer und ganzer Völker -, gibt es auch für jede dieser Versammlungen unterschiedliche Versammlungsplätze. Der Familien-Kgotla kommt nach dem Volks-Kgotla *(main kgotla)* und dem Bezirks-Kgotla *(ward kgotla)* in der Hierarchie an dritter Stelle.

Der **Familien-Kgotla** umfasst meist nicht mehr als 10 Familien, gewöhnlich einen kleiner Weiler, in dem Brüder, Onkel und Tanten zusammen leben, aber auch Kgotla nur einer Familie kommen vor. Der Familien-Kgotla ist ein Platz mit einer Einfriedung aus Holz und dient der Diskussion und dem Empfang von Besuchern. Auch wird er als Küche und Aufenthaltsplatz der männlichen Bevölkerung genutzt. Ein Feuer brennt Tag und Nacht. Frauen nehmen nur an Sitzungen teil, wenn Themen besprochen werden, die sie involvieren, wie z.B. eine Werbung oder Heirat. Der Familien-Kgotla besitzt im Gegensatz zum Volks- oder Bezirks-Kgotla nicht notwendigerweise einen Kraal.

Der **Bezirks-Kgotla** ist der Versammlungsort mehrerer Familienverbände, die in einem Dorf oder einem Viertel einer größeren Siedlung zusammenleben. Der Führer der Gemeinschaft wohnt direkt gegenüber dem Kgotla. Jeder Bezirks-Kgotla besitzt einen Kraal, eigene Felder, die gemeinsam bewirtschaftet werden, und einen eigenen Namen. Die Mitglieder des Bezirks-Kgotla sind verpflichtet, auch für die Allgemeinheit des Kgotla zu arbeiten und anderen Mitgliedern beizustehen, wenn dies notwendig sein sollte. Normalerweise sind die Chiefs des Bezirks-Kgotla auch Mitglieder des Volks-Kgotla. Dort benutzen sie einen eigenen, nur ihnen zugewiesenen Eingang.

Der **Volks-Kgotla** gehört der Stammesgemeinschaft und ist der Platz, wo die Belange dieser Gemeinschaft besprochen werden und der Kgosi oder Führer Recht spricht. Der Volks-

Kgotla liegt gegenüber dem Hof des Kgosi. Um ihn und den Kgotla gruppieren sich in einem Halbrund die Höfe der Brüder und weiterer Verwandter des Führers, geordnet nach dem Senioritätsprinzip und dem Verwandschaftsverhältnis (je geringer der Verwandtschaftsgrad, desto größer ist die Entfernung zum Kgotla). Heute ist der *main kgotla* der Dorfplatz selbst, wo sich auch die moderne Verwaltung, die Polizei, Lagerhallen oder Silos und die modernen Kommunikatonseinrichtungen (abhängig vom Einzugsgebiet nur eine Telefonzelle, aber auch ein Postamt ist möglich) ansiedeln.

Politik

Botswana hat eine lange demokratische Tradition und gilt als eines der stabilsten Länder Afrikas. Mit der Entdeckung der Bodenschätze und deren Abbau wurde auch die Grundlage für eine relative Prosperität geschaffen. Seit der Unabhängigkeit versuchen die Regierungen im Spannungsfeld des südlichen Afrika als ausgleichendes Moment zu wirken und Konflikten auf diplomatischem Wege zu begegnen. Erst in neuerer Zeit tendiert die Politik auch in Richtung einer etwas härteren Gangart gegenüber dem Nachbarn Namibia im Konflikt um eine Insel im Chobe-Grenzfluss zu Namibia im **Caprivi Strip**. Seit vielen Jahren reklamieren die beiden Länder die Insel jeweils für sich. Sie ist unbewohnt und wird von Bauern zum Feldbau genutzt. Der Ursprung der Querelen geht auf den deutsch-britischen Helgoland-Sansibar-Vertrag zurück, der 1890 dem deutschen Schutzgebiet Südwest den Caprivi Strip (als zukünftige Verbindungslinie zu den deutschen ostafrikanischen Gebieten) und Helgoland (das damals britisch war) im Austausch gegen die Insel Sansibar zusprach. Die Grenzziehung erfolgte damals ungenau und richtete sich nach dem Hauptarm des Chobe, der allerdings mal südlich, mal nördlich der Insel verläuft, die bei Hochwasser noch dazu des öfteren vollständig versinkt. Da die Gegend abgelegen ist, besitzt sie keinerlei strategischen Wert, auch Bodenschätze sind nicht bekannt. Beide Länder haben dort aber eine massive Militärpräsenz aufgebaut. Verschärft wurde der Konflikt Mitte der 1990er Jahre, als Namibia seine Wasserknappheit mit dem Anzapfen des Okavango-Deltas lösen wollte (die Pläne wurden nicht nur von Botswana, sondern auch von Wissenschaftlern zurückgewiesen, die eine Zerstörung des sensiblen Gleichgewichtes des Deltas befürchteten), und 1998, als eine Gruppe von über 100 bewaffneten namibischen Staatsbürgern aus dem Caprivi Strip in Botswana um Asyl nachsuchte. Die Gruppe war durchaus hochkarätig besetzt: Ein ehemaliger Vorsitzender der zweitgrößten Partei Namibias, der Gouverneur des Caprivi Strips, ein Mitglied des namibischen Oberhauses und ein Häuptling eines der Hauptstämme des Caprivi-Strips waren darunter. Angeblich kamen sie mit der Flucht einer Razzia der namibischen Polizei auf ein geheimes militärisches Lager zuvor, in dem Kämpfer ausgebildet wurden, die für die Unabhängigkeit Caprivis von Namibia streiten wollten. Das UN-Hochkommissariat für Flüchtlinge hat den Fliehenden einen Asylantenstatus zuerkannt, und Botswana verweigerte die von Namibia geforderte Auslieferung der „Terroristen". Aus dem Konflikt im Kongo, dem ehemaligen Zaire, wo sich Namibia, Zimbabwe und neuerdings auch Südafrika die Rebellen und Uganda als Feinde ausgesucht haben und Kabila unterstützen, hält sich Botswana heraus; zumindest gab es bislang kein militärisches Engagement.

Innenpolitisch hat Botswana trotz seines Reichtums einige Klippen zu umschiffen: hohe Arbeitslosigkeit, eine immer weiter auseinanderklaffende Einkommensschere, eine umstrittene Umsiedlungspolitik bei den Kalahari-Völkern (siehe Kasten), die mit der Diamantenförderung als Hauptdevisenbeschaffer fast monoindustrielle Ausrichtung und das sensible Gleichgewicht der Natur, deren Nutzung für touristische Zwecke sehr vorsichtig erfolgen muss.

1996 stellte der damalige Präsident eine Arbeitsgruppe auf, die unter dem Namen **Vision 2016** einen Zwanzigjahresplan ausarbeiten sollte. Bisher wurden die gesellschaftlichen Ziele definiert. Botswana soll sich auf die fünf Grundprinzipien Demokratie, Entwicklung,

Die San als Störfaktor Seit Jahrtausenden lebten die San in der Kalahari als umherstreifende Jäger und Sammler. Sie haben sich nie um Grenzen gekümmert, und als die kolonialen Landkarten entstanden, sind sie weiter über die von Politikern am grünen Tisch entlang der Breiten- und Längengrade phantasierten Linien gezogen. Auch Nationalparks waren für ihr Leben ohne Belang, außer, dass die Zugangsrestriktionen sie vor weißen und schwarzen Jägern und vor aufdringlichen Touristen bewahrten. Jedem modernen Staatsgebilde aber ist eine nicht kalkulierbare, durch die Gegend ziehende Bevölkerungsgruppe, die noch dazu nie gelernt hat, Abordnungen zu senden oder Ansprechpartner zu benennen, ein Dorn im Auge.
Nach der Unabhängigkeit des Landes lebten die San dennoch zunächst unbehelligt im Central Kalahari Game Reserve, und nur wenigen Besuchern war es nach aufreibenden Genehmigungsverfahren vergönnt, diese Region zu besuchen. Mitte der 1990er Jahre aber wurde das Reservat für den Tourismus geöffnet – zwar in kleinem Rahmen und wohl dosiert, aber immerhin – man wollte auf dieses Tourismuspotential nicht verzichten, wie es offiziell hieß. Hinter vorgehaltener Hand erzählte man sich, dass die Prospektoren mit Bodenschätzen fündig geworden seien, man zur Zeit aber nicht an einen Abbau denke, da an anderen Stellen genügend Potential vorhanden sei, langfristig aber die Claims gesichert und der rechtliche Hintergrund für eine Nutzung geschaffen werden sollten. Wie auch immer: Die San stören, weil sie nur begrenzt überwachbar sind und einen möglichen Abbau von Diamanten oder fossilen Energieträgern erschweren würden.
Also votierte die Administration für eine Umsiedlung. Um die Fauna zu schützen und um die Buschleute aus ihrem „erbärmlichen Leben mitten unter den Tieren" zu „befreien". Hatte man bisher Buschkliniken und Schulen als Kristallisationspunkte an den Rand der Nationalparks der Kalahari gestellt und das Prinzip der Freiwilligkeit der Ansiedelung verfochten, wird nun mit sanfter Gewalt die Umsetzung betrieben. Die San sind demgegenüber hilflos, wie folgende Aussage eines Buschmanns belegt: „Ich möchte meine Heimat nicht verlassen, hier lebt mein Geist und meine Seele; ich verstehe die Gesetze nicht, die uns zu Vieh machen, das in die Schlachthöfe der Botswana Meat Corporation getrieben wird."

Autonomie, Eintracht und *botho* – auf Setswana Wohlverhalten, Respekt, Solidarität – gründen. Darauf aufbauend soll die Ausbildung verbessert und die Informationstechnologie breitflächig eingeführt werden, Landwirtschaft und Industrie sollen im Vergleich zum Diamanten- und Erzabbau gestärkt werden.

Besonderes Augenmerk wird auf die Umwelt gelegt, auf deren Schutz durch einen gesteuerten Tourismus und auf die Nutzung erneuerbarer Energiequellen.

Weitere Hauptpunkte sind eine gerechtere Einkommensverteilung und die Eindämmung der aus Südafrika herüberschwappenden und auch im eigenen Land stärker aufkommenden Kriminalität.

Wirtschaft

Seit Menschengedenken gab es im heutigen Botswana Siedlungen, die Viehwirtschaft betrieben, und zwar nicht in Subsistenzwirtschaft, denn sie versorgten ganze Regionen und wirkten arbeitsteilig. Archäologische Funde bezeugen die Existenz größerer Wohnverbände, und mündliche Überlieferungen und Berichte der ersten weißen Jäger und von Forschungsreisenden belegen, dass die Batswana-Staaten schon immer Angehörige unterworfener Stämme als Hirten einsetzten. Mit dem Aufkommen des Handels mit der Ostküste wurden die Batswana immer vermögender und ihre Viehherden größer und größer. Hauptsächlich tauschten und verkauften sie Jagdprodukte – Felle, Federn und Elfenbein – und erhielten dafür Pferde, Wagen und Waffen. Vor allem das Elfenbein war aber ab 1880 nicht mehr zu bekommen, die übrig gebliebenen Elefanten hatten das Land nach Norden und Westen verlassen. Hinzu kamen Dürrejahre, der Bau der Eisenbahn, der die ebenfalls für die Wirtschaft der Batswana wichtige Kontrolle über den Transport mit Ochsenwagen beendete, und schließlich die Maul- und Klauenseuche der Jahre 1896/1897, die die Viehherden bis auf einen kläglichen Rest dahinraffte. Als ob das nicht genug gewesen wäre, führten die Briten 1899 die Hüttensteuer ein. Die Batswana waren nun gezwungen, ihren Lebensunterhalt und die Abgaben durch Lohnarbeit zu finanzieren. Dies war im Land faktisch nicht möglich, also zog die männliche Bevölkerung in die Minen Südafrikas. Der dort erarbeitete Lohn war eine der wichtigsten Einnahmequellen des britischen Protektorates. Nach dem Ersten Weltkrieg hatten sich zwar die Rinderherden wieder erholt, die Südafrikaner erließen aber Handelsrestriktionen, so dass der Hauptmarkt nicht mehr zugänglich war. Die Weltwirtschaftskrise tat ihr Übriges, und die Wanderbewegung zu den Minen des ungeliebten Nachbarn hielt an. Die Briten entwickelten das Land nur sehr verhalten, denn England hatte an einer infrastrukturellen Verbesserung der Situation kein Interesse. Nicht einmal im Dienstleistungsbereich der Administration konnten Arbeitsplätze entstehen, war doch die Verwaltung außerhalb des Landes angesiedelt. Die einzigen Projekte der Engländer waren Bohrlöcher, Staudämme und unter anderem eine kleine Schlachterei. Daran änderte sich bis nach dem Ende des Zweiten Weltkrieges nichts. Vielleicht als Dank für die Mitwirkung der Batswana im Krieg, sicherlich aber auch wegen der anstehenden Unabhängigkeit, die man nicht in einer Katastrophe enden lassen wollte, begann dann spärlich, aber zumindest kontinuierlich, eine Art Entwicklungshilfe zu fließen, und man konnte einige größere Projekte verwirklichen, die auch Arbeitsplätze schufen: Vorwiegend in der Bauwirtschaft, in einem großen Schlachthof in Lobatse und beim Ausbau von Gaborone als zukünftiger Hauptstadt. Zum Zeitpunkt der Unabhängigkeit 1966 waren aber noch 75 000 Menschen – bei einer Gesamtbevölkerung von knapp 600 000 – arbeitslos. Botswana rangierte mit einem jährlichen Pro-Kopf-Einkommen von US$35 als fünftärmstes Land der Welt.

Das wichtigste wirtschaftliche Ereignis nach der Unabhängigkeit war die Entdeckung der Diamantenvorkommen 1967. In Zusammenarbeit mit dem südafrikanischen *De Beers*-Konzern (der 50% der Anteile hielt, die andere Hälfte gehörte dem botswanischen Staat) wurde 1971 in der Orapa-Mine mit dem Abbau begonnen. 1977 eröffnete die Mine in Letlhakane und 1982 in Jwaneng. 1984 wurden 13 Millionen Karat gefördert. Damit ergoss sich ein wahres Füllhorn über das Land und seine Bevölkerung. 1984 lag das Bruttosozialprodukt pro Kopf bei US$910, 1991 bei US$2790. Zwischen 1971 und 1991 lagen die jährlichen Wachstumsraten damit immer zwischen 10 und 20%. Botswana war das Land mit dem weltweit schnellsten Wirtschaftswachstum.

Die hohen Wachstumszahlen und die Teilanbindung des 1976 eingeführten Pula an den inflationsgefährdeten südafrikanischen Rand (in einem Währungskorb dominiert der Rand mit 70%) führten zu einer hohen Inflationsrate, die sich in den letzten Jahren um die 10% bewegte, 1997 jedoch auf 7,8% zurückging.

Eine Gefahr liegt auch in der einseitigen Ausrichtung auf die Diamantenförderung. Die Schwankungen des Weltmarktpreises schlagen voll auf das Staatsbudget durch. Dies war erstmals 1992/93 der Fall, als der Haushalt ein leichtes Defizit verzeichnen musste. Zwar wird hart daran gearbeitet, von der Abhängigkeit der Diamanten wegzukommen, aber die bislang erreichten Ergebnisse haben den Internationalen Währungsfond 1998 veranlasst, Botswana neben einem Lob für die erreichte 3. Position in der Wettbewerbsfähigkeit afrikanischer Staaten hinter Tunesien und Mauritius eine ernste Mahnung auszusprechen: Immer noch würde das Land zu 50% durch die Diamanten finanziert, und die hohen Wachstumsraten von jährlich durchschnittlich 5% hätten nur zu einer

Erhöhung der Arbeitsplätze um 1% geführt. In der allgemeinen Wirtschaftskrise, die die Welt 1998 erfasst hat, steht Botswana aber mit prognostizierten Wachstumszahlen für 1999 um 3% und immens hohen Devisenreserven (sie haben sich von 1984–1994 auf 12 Milliarden Pula fast verzehnfacht) noch äußerst gut da.

Bergbau

Diamanten werden an vier Standorten abgebaut, in Jwaneng, bei Orapa, im nahe gelegenen Letlhakane und in der Region von Tswapong beim Dorf Lerala (Eröffnung der Mine im Jahr 2000). Zwischen dem ersten Diamantenfund bei Orapa 1967 und der Entdeckung von Bodenschätzen im Tati-Distrikt lagen genau hundert Jahre.

1867 fand Karl Mauch **Gold**. Der folgende Goldrausch führte zwar zur Gründung von Francistown, man merkte aber schnell, dass der Abbau nicht wirtschaftlich war und die Vorkommen in Südafrika wesentlich ertragreicher waren. Die Minen wurden geschlossen, die *diggers* zogen weiter. 1991 wurde die Monarch Mine zwar wiedereröffnet, da moderne Abbaumethoden nun eine ökonomische Förderung zuließen, die Vorkommen sollen aber nur bis 2001 reichen. Immer wieder erhoffte man sich, auf Mineralien zu stoßen, die abbauwürdig wären – auch *Cecil Rhodes* einziges Interesse an der Schaffung eines Imperiums war der Bergbau und die durch ihn erhofften Schätze. Zimbabwe und Südafrika erschienen ihm schließlich gewinnträchtiger – und er behielt Recht.

1967 wurde der Abbau von **Kupfer** und **Nickel** bei Selebi Phikwe in großem Maßstab begonnen. Die Verhüttung und Produktion der beiden Metalle wurde 1974 aufgenommen. Praktisch von Anfang an waren jedoch der Abbau und die Verarbeitung unwirtschaftlich, das Gestein nicht erzhaltig genug, die Weltmarktpreise fallend. Nur zur Sicherung der Arbeitsplätze (die Minen sind der wichtigste Arbeitgeber der Region) wurde die Förderung aufrechterhalten. Inzwischen ist die Minengesellschaft mit weit über 1 Milliarde US-Dollar verschuldet.

Diamanten Botswana steht hinter Australien und vor Zaire, Russland und Südafrika an zweiter Stelle der weltweiten Diamantenproduktion. Den Löwenanteil (ca. 35%) der Produktion dieser fünf Länder von jährlich etwa 90 Mill. Karat schafft Australien. Botswana fördert 16 Mill. Karat (ein Karat entspricht 0,2 Gramm).

Konzessionshalter in Botswana ist die *De Beers Botswana Mining Company,* **Debswana Diamond Company**. Anteilseigner sind je zu 50% *De Beers Consolidated Mines Limited*/Südafrika und der botswanische Staat.

Der Abbau findet bislang als Tagebau statt. Die diamanthaltigen Schichten können so bis auf eine Tiefe von 350 m verfolgt werden, dann beginnt der Untertagebau. Das mit Baggern geschürfte Erz wird auf Lkw zu Brechwerken transportiert und auf eine Größe reduziert, die die Weiterbehandlung in Zyklonen erlaubt. Dort findet die erste Separierung von diamanthaltigem Gestein und Abfall statt – in einer Flüssigkeit mit einem spezifischen Gewicht, das zwischen denen der beiden liegt und den Abfall aufschwimmen, die Diamanten absinken lässt. Anschließend werden die Diamanten in mehreren Stufen mit Röntgenstrahlen automatisch aussortiert – mit Lufthochdruck werden die unter Röntgenstrahlung fluoreszierenden Edelsteine vom Förderband in Behälter geblasen. Abschließend wird der Abfall in Handarbeit vom Band genommen, um die letzten Diamanten herauszuholen.

Die Rohware kommt nach Gaborone, wo man sie sortiert und gradiert, in Industrie- und Schmuckdiamanten einteilt und nach Farbe, Größe, Reinheit und Form unterscheidet. Ein Teil wird dann nach Serowe gebracht, wo die Diamanten geschliffen und poliert werden.

Der Rest kommt direkt zur **Central Selling Organization** in London, von dort nach Zürich und schließlich zu den Haupthandelsorten in Belgien, den Niederlanden, Indien, USA und Israel.

Nicht wesentlich profitabler scheint der Abbau der **Steinkohlevorkommen** bei Serowe für die Energieerzeugung und die Gewinnung von Sodaasche in der Sowa-Pfanne im Dreistädteeck Orapa – Nata – Francistown, die 1991 nach dem Bau einer aufwendigen Infrastruktur wie einer eigenen Eisenbahnlinie begonnen wurde. Heute hat die Sodaasche einen Anteil am Export von unter 1%, und es ist fraglich, ob sich das eingesetzte Kapital betriebswirtschaftlich ausreichend verzinst. Auch volkswirtschaftlich ist diese Anstrengung, Arbeitsplätze zu schaffen, vielleicht nicht sinnvoll gewesen, zu gering ist der Beitrag zum Bruttosozialprodukt gemessen am Aufwand.

Immer wieder mahnt der Internationale Währungsfond die Privatisierung der Staatsbetriebe an (an Bergbaubetrieben ist der botswanische Staat prinzipiell mit mindestens 50% beteiligt). Doch die Sicherung der Arbeitsplätze wird zur Zeit von der Regierung noch höher eingeschätzt als die Maxime der Privatisierung. Auch erhält die Regierungspartei gehörigen Druck von den Gewerkschaften, die schon der Privatisierung der weniger arbeitsintensiven Bereiche wie der Telekommunikation mit Skepsis gegenüber stehen.

Aber unter dem Boden der Kalahari ruhen weitere Bodenschätze, über die die Öffentlichkeit noch nicht offiziell informiert wurde. Die Zukunft wird zeigen, wie sich der Bergbau neben den Diamanten weiter entwickelt.

Landwirtschaft

Nur 5% der Fläche Botswanas erhalten ausreichend Wasser (entweder durch Regen oder künstliche Bewässerung) und besitzen geeignete Böden, um intensiven Feldbau zu betreiben. Diese Ländereien liegen hauptsächlich im Osten des Landes und erzeugen fast die Hälfte der Ernteprodukte. Die andere Hälfte wird über Subsistenzwirtschaft von Klein- oder Nebenerwerbsbauern gezogen. Das Ergebnis einer Ernte schwankt von Jahr zu Jahr ausgesprochen stark, je nachdem wie die Regenperiode ausfiel. So können in einem Jahr 190 000 ha geerntet werden, im Folgejahr dagegen nur 80 000 ha. Der Feldfrüchteanbau gestaltet sich also äußerst risikoreich. Auch die Viehwirtschaft auf den großen Flächen an Grasland ist nicht risikolos. Bleibt der Regen aus oder verzögert er sich, stirbt das Vieh in großer Zahl und mancher Farmer, auch wenn er nicht der Ärmste ist, wird in den Ruin getrieben. Heute trägt die Landwirtschaft nur noch 3% zum Bruttosozialprodukt bei.

In Botswana sind verschiedene Formen des Grundbesitzes oder besser von Besitztiteln an Land bekannt. **Staatsland** (etwa 23% der Gesamtfläche) besteht hauptsächlich aus Nationalparks, Wildreseraten und Forsten. **Kommunalland** (70% der Fläche) ist die älteste Form des Besitzrechtes an Land in Botswana, es wurde vom Kgosi verwaltet und von diesem an Unterführer zur Verteilung an individuelle Haushalte weitergegeben; heute übernehmen Landkommissionen die Verteilung. Bei **privatem Grundbesitz** ist die freie Nutzung des Landes (auch Belastung, Verkauf etc., was bei Kommunalland nicht möglich ist) erlaubt, es gibt aber nur wenige Regionen, wo Land (noch in der Kolonialzeit) an private Besitzer vergeben wurde (Gaborone-Lobatse-Block, Ghanzi Block, Tuli und Tati Block). Eine weitere Form des Besitztitels ist **Pachtland**: Der Farmer erhält über einen längeren Zeitraum hinweg das Recht, das Land zu nutzen, und damit eine langfristige Perspektive, die auch Investitionen erlaubt. Aus diesem Grund wird die Verpachtung vom Staat forciert und dafür auch Staats- und Kommunalland zur Verfügung gestellt.

Ackerbau

Obwohl die Zahl der Menschen, die Ackerbau betreiben, in den letzten zwei Dekaden scharf abgefallen (von 150 000 auf 50 000) und die Selbstversorgung des Landes mit den wichtigsten Getreidearten nur noch zu 50% möglich ist, spielt der Ackerbau für die Wirtschaft immer noch eine wesentliche Rolle – nicht so sehr der kommerziell geführte, als der traditionelle, da die in der Industrie und dem Dienstleistungssektor tätigen Familienangehörigen bei Schwierigkeiten immer wieder auf die fa-

Nach dem Regen verzerrt sich der Boden in der Sonne zu bizarren Mustern

miliären Strukturen der Subsistenzwirtschaft zurückgreifen können. Zweitens bildet der Ackerbau (und auch die Viehwirtschaft) in den meisten abgelegenen Gebieten neben dem Tourismus die einzige Einkommensquelle. Deshalb subventioniert der Staat den Ackerbau, indem er Mindestpreise garantiert.

Der traditionelle Ackerbau wird meist zusammen mit Viehwirtschaft betrieben (zwei Drittel der Ackerbauern besitzen durchschnittlich 2 Rinder und 12 Ziegen oder Schafe) und ist extensiv, d.h. es werden keine künstlichen Dünger oder veredelte Samen verwandt und wenn der Boden nach einer mehrjährigen Periode des Anbaus ausgelaugt ist, wird ein neues Stück gerodet. Eine durchschnittliche Farm ist nicht größer als fünf Hektar, notgedrungen findet nur ein geringer Kapitaleinsatz statt. Ein Drittel der Bauern besitzt keine Zugtiere für die Pflüge und muss sich diese von anderen Bauern leihen. Das hat zur Konsequenz, dass sie nicht zum klimatisch günstigsten Zeitpunkt säen und ernten können, da erst die Besitzer der Zugtiere ihre Felder bestellen, bevor sie die Tiere verleihen. Damit ist der Ertrag auch geringer.

Die angepflanzten Hauptfrüchte sind **Sorghum**, **Mais**, **Hirse** und **Bohnen**. Ein Vergleich der Jahre 1980 bis 1989 zeigt die extremen Schwankungen bezogen auf die bewirtschaftete Fläche, die dann geerntete Fläche und den Ertrag pro Hektar.

	1980	1981	1982	1983	1984	1985	1986	1987	1988	1989
Bewirtschaftete Fläche (pro 1000 ha)	287	290	204	229	203	211	243	290	367	409
Geerntete Fläche (pro 1000 ha)	218	222	76	66	67	106	122	130	300	283
Ertrag pro ha, durchschn., in kg	172	201	93	65	39	91	90	76	295	191

Ausgerechnet die Hauptfrüchte kosten die Farmer wesentlich mehr als sie einnehmen. Sorghum und Mais produzieren das Vierfache an Kosten des Ertrages, Hirse das Doppelte, und Hülsenfrüchte decken nur 80% des eingesetzten Kapitals. Nur Nebenfrüchte wie Wassermelonen bringen beispielsweise das 50-fache des Einsatzes. Dies liegt in der Arbeitsintensität begründet: Sorghum gilt beispielsweise als extrem arbeitsintensiv, weil die Vögel von den Feldern vertrieben werden müssen und dies nur durch eine dauernde Anwesenheit möglich ist. Die Bauern können also nur überleben, wenn Familienmitglieder mitarbeiten (75% der Gesamtarbeitskraft im Ackerbau) und außerdem mit der hochrentablen Viehwirtschaft ein Gegengewicht bilden.

Nur auf den Ländereien in Privateigentum und einigen verpachteten, zu Großfarmen zusammengeschlossenen Gebieten wird Ackerbau mit künstlicher Bewässerung und einem modernen Maschinenpark betrieben, und dort können die Herstellungspreise teilweise zumindest mit dem Weltmarkt mithalten. Da diese Form des Anbaus aber nur kapital- und nicht arbeitsintensiv ist, hat sie lediglich im Rahmen der Nahrungsmittelautonomie Bedeutung.

Eine Besonderheit des Ackerbaus bildet der Feldfrüchteanbau in den Überschwemmungsgebieten des Okavango und der angrenzenden Flüsse. Der mit dem Wasser im Jahreszyklus angeschwemmte Boden ist sehr fruchtbar und speichert über einen längeren Zeitraum Feuchtigkeit. Gegenwärtig werden 5000 ha für den Feldbau in den Überschwemmungsgebieten (den sogenannten Molapoanbau) genutzt. Die Regierung will diese Fläche mit Maßnahmen der Flutregulierung durch Be- und Entwässerung auf 25 000 ha erhöhen.

Viehwirtschaft

Viehzucht ist der traditionelle Lebensunterhalt der Tswana-Völker. Sie ist hochrentabel, bringt aber in dem ariden Land das Problem der **Überweidung** mit sich, was zu einer Verbuschung der Landschaften führt. Die Grasflächen werden durch Dornbüsche verdrängt, der Boden versandet und erodiert und wird von Winden abgetragen.

10–20% des Viehs werden auf kommerziellen Farmen gehalten, der Rest in Kleinbetrieben mit durchschnittlich 30 Rindern. Nur etwa 55% der Haushalte besitzen überhaupt kein Vieh, ein Drittel hat zwischen 1 und 39 Tiere. Die Gesamtzahl an Rindern bewegt sich um 2 Mill., nach mehreren hintereinander liegenden sehr guten Regenjahren kann die Zahl auf bis zu 3 Mill. ansteigen, in Dürreperioden auf 1,5 Mill. oder weniger abfallen. Gibt es viele Rinder, geht es den Botswanern gut. Wer viele Rinder hat, gewinnt im traditionellen Denken seinen Mitmenschen gegenüber an Prestige. Deshalb tun sich die Bauern auch so schwer, die Menge des Viehs in Dürrezeiten den Gegebenheiten anzupassen und zu reduzieren, auch wenn die Regierung jedes Jahr Empfehlungen ausspricht, wieviel Hektar Weidefläche für eine Großtiereinheit zur Verfügung gestellt werden sollte (je nach Region und Jahr kann ein Rind bis zu 20 ha zum Überleben benötigen). Die Konsequenz: Das Vieh verdurstet und ist nicht mehr auf den Markt zu bringen.

Die Bedeutung der Viehhaltung für das Gesellschaftssystem dokumentiert die Verteilung der Rinder zwischen traditioneller Viehhaltung und Massentierhaltung. Nur etwa 15% werden auf Großfarmen gezogen, der Rest traditionell gehalten. Während auf den Großfarmen jährlich 30% der Tiere verkauft werden, sind dies in der traditionellen Haltung nur etwa 10%. Auch hier zeigt sich, dass bei der Rinderzucht in der Bevölkerung nicht so sehr ökonomische Gründe im Vordergrund stehen.

Die traditionelle Rinderrasse, das **Tswana-Rind**, gehört zur Rasse der Sanga, wie auch das Tuli-Rind aus Zimbabwe und das Afrikander aus Südafrika. Gerne werden die Tswana-Rinder mit den Rassen Simmenthal und Brahman aus Europa gekreuzt, da diese mehr Fleisch geben, während das Tswana-Rind sehr gut an die Lebensumstände angepasst ist. Durch Einkreuzung versucht man immer wieder in etwa ein Gleichgewicht von 50 zu 50 zu wahren.

Botswana hat drei große Schlachtbetriebe, die alle von der staatlichen **Botswana Meat**

Commission betrieben werden: Francistown, Maun und der größte in Lobatse, dem auch eine Konservenfabrik und eine Gerberei zur Weiterverarbeitung der Häute angeschlossen ist.

Die traditionelle Rinderhaltung funktioniert nach dem Prinzip der **Viehposten.** Die Viehposten liegen weit ab von den Wohnstätten (bis zu 150 km) auf gutem Grasland mit künstlichen oder natürlichen Wasserlöchern. Sie liegen aber auch von den Ackerbauregionen entfernt, um zu vermeiden, dass das Vieh die Ernte zerstört. Das Schlachtvieh wird alljährlich in Trecks zu den Bahnhöfen mit Verlademöglichkeit getrieben, nur die wenigsten Tiere werden in Lkw zur Eisenbahn oder zu den Schlachthöfen direkt gebracht, denn dies wäre zu kostenintensiv.

Die Viehzucht in Botswana dient fast ausschließlich der **Fleischproduktion**, Milchwirtschaft wird fast nicht betrieben (die dafür zur Verfügung stehende Zahl von Kühen bewegt sich im Promillebereich). Die aride Umwelt und hauptsächlich die langen Transportwege von den Viehposten zu weiterverarbeitenden Betrieben erlauben keine effektive Herstellung von Molkereiprodukten.

Neben der Rinderzucht ist auch die **Ziegen- und Schafhaltung** für die kleinen Farmen von einiger Bedeutung. Die Kleintiere (etwa 2 Mill.) gelten als die „Rinder der Armen", und ihr Besitz ist wesentlich breiter gestreut als der von Großvieh. Zwar werden auch nur etwa 5% der Gesamtzahl jährlich verkauft, dies liegt aber daran, dass Ziegen und Schafe die Fleisch- und Milchlieferanten der Familien sind. Auch Hühner finden sich auf jedem Viehposten und in den Dörfern. Erst Mitte der 1980er Jahre hat man mit einer Massentierhaltung begonnen; sie explodierte geradezu: die **Hühnerfleisch- und Eierproduktion** verzehnfachte sich bis 1995.

Um der Unwägbarkeit der Regenfälle entgegenzusteuern, gibt es in Botswana einige Projekte, die eine „ökologische" Tiernutzung in der fragilen Natur erlauben sollen: **Antilopen- und Straußenzucht**. Man versucht ein der Wasserversorgung angepasstes Gleichgewicht zu halten zwischen der Zahl an Rindern und Antilopen. In regenschwachen Zeiten wird die Antilopenzahl vergrößert (da diese mit Trockenheit besser zurechtkommen), die der Rinder verkleinert (teilweise werden die Weideflächen auch in stärkerem Maße mit Ziegen und Schafen besetzt). In regenreichen Jahren wird dann das Schwergewicht wieder auf die Rinder gelegt, die Antilopen geschossen und das Fleisch und die Häute lukrativ verkauft. Auch der Strauß lässt sich vielfältig nutzen. Er kommt mit der ariden Umwelt gut zurecht, seine Eier und das Fleisch sind wohlschmeckend, seine Federn gut zu vermarkten, ebenso wie die widerstandsfähige Haut, die man zu Taschen und Jacken verarbeitet. Deshalb wird die Straußenhaltung im südlichen Afrika immer beliebter.

Veterinärzäune Das Land wurde in den letzten Jahrhunderten immer wieder von grausamen Rinderseuchen heimgesucht, die bis zu 90% des Bestandes dahinrafften. Besonders die Maul- und Klauen- und die Lungenseuche wüteten in unbeschreiblichem Ausmaß. Deshalb begann man schon Ende des 19. Jahrhunderts im südlichen Afrika lange Zäune zu errichten, die ganze Landesteile abgrenzten. Das System der Veterinärzäune wurde seitdem immer weiter verfeinert, überzieht inzwischen ganz Botswana und teilt es in Zonen: rinderfreie Zone, Impfungszone, Überwachungs-(Puffer-)zone und die Maul- und Klauenseuche-freie Zone. Sobald eine neue Seuche auftritt (die meist aus den angrenzenden Ländern kommt), werden zur Eindämmung sofort neue Zäune gezogen (zuletzt 1995 drei gestaffelte Sperren im Ngamiland mit einer Gesamtlänge von fast 1000 km). Dies wäre in dieser Konsequenz nicht unbedingt zur Abschottung notwendig. Da Botswana aber insbesondere in die Europäische Union Fleisch exportieren will (sie nimmt die Hälfte der Exporte ab und zahlt Preise, die wesentlich über den Weltmarktpreisen liegen), muss es den im Lomé-Abkommen festgelegten Kriterien genügen.

Afrikanische Rinderrassen sind am besten an die Trockenheit des botswanischen Buschs angepasst

An und für sich wären die Zäune, abgesehen von ästhetisch-landschaftlichen Gesichtspunkten, kein Problem. Leider stören sie aber die gewohnten Migrationswege der Wildtiere. In Zeiten großer Trockenheit sammelte sich alles Wild im Okavango-Delta, auch jenes Wild, das normalerweise in der Kalahari verbleibt, weil den Tieren die Wasserversorgung im Delta instinktiv als gesichert gilt. Nun sind die Wege von Süden nach Norden und von Osten nach Westen versperrt. Die Antilopen verdursteten deshalb in den 1970er und 1980er Jahren zu Zehntausenden an den Zäunen oder wurden, wenn sie die Viehweideflächen erreichten, als Nahrungskonkurrenten zu den Rindern von den Farmern abgeschossen.

Die Tragödien gelangten in die internationale Presse und Botswana damit unter Druck. Die Exportfähigkeit der Viehindustrie wurde aber von der Regierung höher bewertet als der Imageverlust.

Zwischenzeitlich sind neue Impfungsmethoden gegen die Rinderseuchen so erfolgreich, dass die Abzäunung nicht mehr notwendig wäre. Auch die Durchsetzung der GATT-Vereinbarungen, die den freien Wettbewerb auf den Weltmärkten sicherstellen sollen, wird mittelfristig zu einer Nivellierung der Preise und einer international vergleichbaren Preisfindung führen (die EU darf dann nicht mehr höhere Preise zahlen), so dass die Zäune als Voraussetzung für den EU-Import ebenfalls obsolet sein werden.

Wasserwirtschaft

Da Botswana keine ständigen Oberflächengewässer besitzt (bis auf die Grenzflüsse, die ohne Genehmigung der Nachbarländer nicht angezapft werden können), reduziert sich die Wasserwirtschaft auf das Sammeln von Regenwasser und Bohrungen, um an das Grundwasser zu gelangen. Nur im Norden des Landes ist Grundwasser in einer Tiefe von weniger als 40 m zu finden, im Zentrum liegt es meist bei 60 m und im Südwesten bei weit unter 60 m. Auch ist Grundwasser eine versiegende Ressource, da es nicht so schnell ersetzt werden kann, wie es entnommen wird. So bleibt als einziges Mittel, den steigenden Wasserbedarf der Bevölkerung und der Industrie durch das Sammeln von Oberflächenwasser zu decken. Dies geschieht im Osten des Landes durch den **Bau von Dämmen und Pipelines** zu den größeren Siedlungen. Die ländlichen Gebiete werden bisher durch **Bohrlöcher** versorgt, die durchschnittlich 165 m tief sind.

Probleme der Wasserversorgung Die Verdunstung in Botswana liegt um das Drei- bis Fünffache über der Menge des erhaltenen Regens. Zusammen mit anderen, regelmäßig auftretenden atmosphärischen Vorgängen, die den Feuchtigkeitsgehalt der Ostwinde reduzieren, führt dies zu einer extremen Empfindlichkeit des Landes in Hinsicht auf Trockenheit. Gesamtklimatische Phänomene wie El Niño und das wachsende Ozonloch tun ihr Übriges, um das empfindliche Klimagleichgewicht zu destabilisieren. Botswana besitzt keinen Puffer, um das Ergebnis ausbleibender Regenfälle oder Regenfälle zum falschen Zeitpunkt abzufangen.

Da die Regenfälle nicht ausreichen, den Wasserverbrauch des Landes zu ersetzen und die Wasserstauung und -lagerung in Dämmen nicht möglich ist (die Topographie des Landes erlaubt keinen effizienten Dammbau und die ständig wasserführenden Flüsse Limpopo und Chobe bilden internationale Grenzen, so dass auch hier ein Dammbau nicht möglich ist), muss auf Grundwasser zurückgegriffen werden. 60% der Bevölkerungs- und der Viehversorgung wird aus dem Grundwasser bestritten, das im Norden bei etwa 40 m, im Südwesten tiefer als 60 m liegt. Ca. 20 000 Bohrlöcher unterschiedlicher Größe fördern pro Jahr 75 000 000 m^3 Wasser zutage. 30% davon verbrauchen menschliche Siedlungen, 30% benötigt die Viehwirtschaft, 20% nutzt die Industrie, vornehmlich der Bergbau und dessen Veredelungsstufen. Die verbleibenden 20% teilen sich Forstwirtschaft und Wildtiere. Da das Grundwasser nicht unendlich ist und nur minimal ersetzt wird, man aber andererseits mit wesentlicher Erhöhung des Verbrauchs rechnet (die Hochrechnungen sprechen von einer Verfünffachung), steht Botswana vor dem Problem, wie das Wasser zukünftig verwaltet werden soll. Ein Masterplan sieht den Bau von Pipelines, Dämmen und die Möglichkeit von Wasserrecycling vor, und eine ganze Latte von Verhaltensmaßregeln soll helfen, den Verbrauch zu reduzieren: Strafpreise bei exzessivem Wasserverbrauch, Druckreduzierung in den Leitungen, Restriktionen für wasserarme Jahre, Hausbau mit Regenauffangvorrichtungen und unterirdischen Sammelbehältern, um der Verdunstung entgegenzuwirken, Unterstützung bei der Anlage von Gärten mit geringem Wasserbedarf etc. Da absehbar ist, dass diese Projekte nicht ausreichen, versucht Botswana mit den Nachbarländern über ein Anzapfen von deren Ressourcen bzw. der gemeinsamen Ressourcen der Grenzflüsse zu verhandeln. Auch Namibia, das ein ähnlich großes, wenn nicht größeres Wasserproblem hat, würde gerne auf das fragile ökologische System des Okavango-Deltas zurückgreifen, das unterirdische Ausläufer in namibischem Gebiet besitzt. So wird das Wasserproblem in den wasserarmen Ländern des südlichen Afrika niemals autark, sondern nur gemeinsam in einem Versorgungsverbund gelöst werden können.

In den größeren Städten kann man fast alles kaufen

Um der Grundwasserentnahme gegenzusteuern, sind besondere Programme aufgelegt worden: Neubauten, die so angelegt sind, dass Regenwasser über die Dächer und große Bodensammler aufgefangen und für den menschlichen Gebrauch in Zisternen abgeleitet wird, werden subventioniert. Auf den Weiden werden mehrere Hektar große Gebiete abgezäunt, mit Drainagen und am tiefsten Punkt mit Sammelbecken versehen, um die Rinder zu versorgen.

Die Industrie ist angehalten, in **Wiederaufbereitungsanlagen** für Wasser zu investieren. Abwasser wird für die Bewässerung von Pflanzungen und zur Schaffung von Sumpflandschaften genutzt, das Bewußtsein der Bevölkerung für Wasser als eine Mangelressource trainiert. Die Preise werden nach einem durchschnittlichen Bedarf festgelegt, je mehr verbraucht wird, desto teurer werden die Kosten pro Einheit, so dass exzessiver Konsum bestraft wird. Man besinnt sich beim Ackerbau auf Setzlinge, die der ariden Natur angepasst sind und wenig Wasser benötigen. Ebenso werden verstärkt Tiere gezüchtet, die keine künstlichen Wasserlöcher benötigen, z.B. Strauße und Antilopen.

Es existieren auch **Notstandspläne** für das Regulieren und Anzapfen des Okavango in extremen Dürreperioden. Noch sind diese Pläne nicht Wirklichkeit geworden, und die Ökologen haben keine Ahnung, welche Konsequenzen deren Anwendung für die Balance des Deltas hätte. Im Falle einer längeren, bedrohlichen Trockenzeit werden die Pläne aber sicherlich aus der Schublade geholt.

Verarbeitende Industrie und Handel

Die verarbeitende Industrie – hauptsächlich der leichten Art – trägt weniger als 10% zum Bruttoinlandsprodukt des Landes bei. Hauptzweig ist die Fleischverarbeitung, gefolgt von der weiterverarbeitenden Getreide- und Milchwirtschaft. Getränke- und Textilherstellung, chemische Produkte und Metallverarbeitung spielen eine untergeordnete Rolle.

Das Schwergewicht liegt auf hochpreisigem Tourismus

Dank der Diamanten besitzt Botswana eine in etwa **ausgeglichene Handelsbilanz**, Ein- und Ausfuhren halten sich die Waage. Wird die Handelsbilanz um die Diamantenausfuhr bereinigt, sieht die Sache anders aus. Dann stehen z.B. 1995 Importwaren im Wert von 5,5 Milliarden Pula nur 1,5 Milliarden Pula Erlös für Exportwaren gegenüber. Auch die Handelsströme sind extrem ungleichgewichtig. Die meisten importierten Waren stammen aus dem Raum der südafrikanischen Zollunion (74%), Botswana exportiert dorthin aber nur 21%. Auf der anderen Seite fließen in die EU 73% der Waren, aus der EU werden hingegen nur knapp 10% importiert.

Botswana versucht durch den Aufbau einer Leichtindustrie von dem Wirtschaftsgiganten Südafrika unabhängig zu werden, allerdings mangelt es an Fachkräften, und die Bevölkerung in den nichturbanen Regionen kann davon nicht profitieren.

Tourismusindustrie

Die Tourismusindustrie steht an dritter Stelle nach dem Bergbau und der Landwirtschaft und gewinnt zusehends an Bedeutung, obwohl das Ziel der Regierung nicht der Massen- sondern der **Exklusivtourismus** ist. Erklärtermaßen lautet die Politik, so viel Geld wie möglich von so wenig Touristen wie möglich zu erhalten. Dahinter steckt nicht nur die Idee der Gewinnmaximierung, tatsächlich hat Botswana gar keine für den Massentourismus geeignete Natur (wie Strände) zu bieten, die Besucher kommen gerade wegen der Einsamkeit der Natur und der wilden Tiere in unverbrauchter Umgebung. Ein Massentourismus würde auch vorab immense Investitionen in den Aufbau einer Infrastruktur erforderlich machen (und zugleich die Einzigartigkeit zerstören). Deshalb hat der Staat sich für das Prinzip entschieden, privaten Firmen nur das Recht zuzuerkennen, in geschützten Gebieten kleine Tourismuseinrichtungen aufzubauen. Die „Konzessionen" werden in der Form von Ausschreibungen vergeben, wobei nicht nur die

Höhe der Pacht für die Vergabe eine Rolle spielt, sondern auch die Schlüssigkeit des Konzeptes im Hinblick auf Naturschutz und die Anzahl an Arbeitsplätzen, die in der Wildnis für die dort ansässigen Menschen geschaffen werden.

1997 kamen etwa 250 000 Touristen nach Botswana (ca. 25% des gesamten Einreiseaufkommens), davon etwa 80% aus dem südafrikanischen und 10% aus dem europäischen Raum. Interessant für das Land ist der Tourismus aus Übersee, da die Besucher aus den angrenzenden Ländern meist mit Sack und Pack als Selbstversorger durch das Land reisen und wenig Geld da lassen. Das bedeutet, dass die Infrastruktur in den Hauptbesuchsgebieten Okavango, Moremi und Chobe einem sehr exklusiven Personenkreis zur Verfügung steht, der entsprechende Preise zahlen kann. Ein Teil des Geldes fließt allerdings Tourismusunternehmen zu, die häufig ihren Sitz außerhalb des Landes haben (Südafrika, USA und Großbritannien). Der Staat profitiert aber von der direkten Arbeitsplatzbeschaffung in den Einrichtungen und angegliederten Serviceleistungen, wie der Produktion von Kunsthandwerk. Man geht ungefähr von der gleichen Anzahl an Leuten aus, die direkt im Tourismussektor Arbeit finden und die informal davon profitieren (jeweils etwa 10 000).

Ohne intakte Tierwelt kein Tourismus – dieser Prämisse wird zwar versucht nachzukommen, aber einige Hürden sind zu nehmen. Wilderei ist immer noch ein immenses Problem, wenngleich sie nicht industriell betrieben wird. (Näheres zu Ökologie s.S. 129 und zu Jagd S. 60).

Da Botswana als kleines Land nicht das für einen Ausbau des Tourismus eigentlich notwendige Marketing finanzieren kann, steht in naher Zukunft ein Zusammenschluss des Landes mit Namibia, Südafrika und Zimbabwe für die internationale Vermarktung bevor: als **Regional Tourism Organization for Southern Africa – RETOSA**. Auf diese Weise will man gemeinsam vom Tourismus in der Region profitieren.

Gaborone und Umgebung

Highlights:

- Mokolodi Nature Reserve
- St. Claire Lion Park
- Manyelanong Vulture Park
- Kolobeng / Livingstone Memorial

Gaborone und seine Umgebung ist der dicht besiedelste Raum in ganz Botswana und das kulturelle Zentrum des Landes. Die Hauptstadt ist zwar klein, die Vororte ziehen sich jedoch immer weiter in das Farmland, wo Rinderwirtschaft und Maisanbau betrieben werden. In der weiteren Umgebung dominiert hingegen die typische trockene Buschlandschaft; die sandigen Böden werden nur ab und zu von niedrigen Felskämmen unterbrochen. Die Grenze nach Südafrika liegt nicht einmal 20 km weit weg und der Ballungsraum Johannesburg / Pretoria nur 340 km – näher als Francistown, das zweite wirtschaftliche Zentrum Botswanas.

Gaborone

Der Besucher darf von Gaborone nicht zu viel erwarten. Die Stadt entstand mit der Unabhängigkeit in den 60er Jahren und war als administratives Zentrum geplant, das zu keinem Zeitpunkt seiner Existenz mit dem stürmischen Zuzug der Botswaner Schritt halten konnte. Heute leben wohl 180 000 Menschen in der Stadt (genau weiß es keiner).

Das Fehlen alter Kolonialbauten, die Skyline des Regierungsviertels und die klare Anlage der Straßen im Zentrum sind gleichermaßen verantwortlich für den modernen Charakter wie den fehlenden Charme der Stadt. Auch der Vergnügungssüchtige kommt nicht auf seine Kosten. Diskotheken, Bars, Kneipen, kurz: ein Nachtleben außerhalb der Hotels, gibt es praktisch nicht. Wer hier herkommt, will Geschäfte tätigen und mit der Regierung verhandeln, Ärzte konsultieren oder einkaufen.

Geschichte

1887 ließen sich die Tlokwa unter ihrem Kgosi Gaborone, der 1820 geboren und im hohen Alter von 112 Jahren (!) gestorben sein soll, aus dem Transvaal kommend bei Moshwaneng am Fluss Ngotwane nieder. Der Ort wurde von den Tlokwa Tlokweng und von den Briten Gaberone (nach dem Kgosi) genannt. Neben dem Dorf der Tlokwa wurde zeitgleich von den Briten das Fort Gaberone nördlich von Tlokweng gegründet.

Ab 1891 wurde das Fort Sitz der britischen Außenverwaltung für den südlichen Teil des Protektorates, die Hauptverwaltung verblieb aber in der nördlichen Kapprovinz in Mafikeng im heutigen Südafrika. 1897 wurde die Eisenbahn gebaut, und der erste Bahnhof entstand. Der Ort war ein wichtiger Zwischenhalt auf dem Weg nach Zimbabwe mit seinen reichen Bodenschätzen.

1905 erhielt die *British South Africa Company (BSAC)* von Cecil Rhodes die Rechte an der Region, und Kgosi Gaborone sollte mit seinem Volk in das Reservat der Kwena bei Molepolole umgesiedelt werden. Angesichts seines hohen Alters verzichtete man jedoch darauf und verschob den Umzug bis zu Gaborones Tod – der ließ allerdings, wohl für alle überraschend, 27 Jahre auf sich warten. Aber auch dann blieb das Volk der Tlokwa von einer Umsetzung verschont, denn die britische Regierung erwarb das Land 1932 zurück und erklärte es zum Reservat für die Tlokwa.

Als klar war, dass Botswana unabhängig werden würde, begann man Anfang der 60er Jahre zunächst mit dem Bau des Verwaltungszentrums am Platz des alten Forts, des heutigen Viertels The Village, und dann mit dem des modernen Gaborone. Da der Ort über ausreichend Wasser und genügend Staatsland verfügte, konnte ohne Bedenken auf der grünen Wiese geplant werden. 1965 bezogen die ersten Ministerien ihre Gebäude.

In den 70er und 80er Jahren wuchs die Bevölkerung der Stadt mit Raten von bis zu 25% jährlich rapide; es entstand die moderne Skyline des Regierungsviertels im Westen der Stadt und das Zentrum mit der Fußgängerzone The Mall. Immer weiter breiteten sich die Industrie- und Wohnviertel in das Umland aus, und Ortschaften wie Tlokweng und Mogoditshane wurden quasi zu Vororten der Hauptstadt. Gaborone galt als die am schnellsten wachsende Stadt ganz Afrikas. Heute liegt das Bevölkerungswachstum bei etwa 10% pro Jahr.

*Die Kunstgalerie im National-
museum von Gaborone*

Orientierung

Wer am Spätnachmittag von Westen und Molepolole kommend über die Eisenbahnbrücke fährt und das Regierungsviertel in der Abendsonne vor Augen hat, wird erstaunt sein über die Sauberkeit und die hoch aufragenden modernen Gebäude im Halbkreis des Regierungsviertels, das umfahren werden muss, wenn man die Haupteinkaufsstraße The Mall erreichen will. Diese Fußgängerzone, das Herz der Stadt, wird von Geschäftshäusern umrahmt und auf jeder Seite von einer Hauptstraße flankiert. Im Osten und Westen der Mall zweigen Straßen in eleganten Bögen zur Nord-Süd-Achse ab, die südlich als Old Lobatse Road in das Hauptindustrieviertel, nördlich als Nelson Mandela Avenue in das feine Viertel Broadhurst führt. Nach Westen verbindet die Molepolole Road das Zentrum mit dem neuen Viertel Gaborone West (und weiter mit Molepolole).

Im Zentrum ist die Orientierung einfach, außerhalb und abseits der Hauptverkehrsadern hingegen relativ schwierig, weil Adressen dort nur aus einer Blocknummer in Verbindung mit dem Viertelnamen bestehen. Zum Auffinden eines Geschäfts oder Unternehmens ist deshalb ein spezieller Stadtplan notwendig, der in den Buchläden verkauft wird *(Plot & Street Guide to Gaborone, Department of Surveys & Mapping)*. Für normale Bedürfnisse genügt einer der kleinen Pläne, die von den Hotels ausgegeben werden.

Sehenswürdigkeiten

Die Sehenswürdigkeiten im Stadtgebiet sind an einer Hand abzuzählen: Das Regierungsviertel mit The Mall und das Nationalmuseum mit der Kunstgalerie liegen im Zentrum und sind leicht zu Fuß abzugehen. Zum Burenfriedhof und dem Fort Gaberone im Viertel The Village östlich des Zentrums ist es hingegen ein sehr langer Spaziergang.

Das **Regierungsviertel** in seiner heutigen Form entstand in den 80er Jahren. Hier finden sich kompakt die gesamte Administration und staatliche Firmen wie die Telefongesellschaft. Wochentags herrscht viel Betrieb auf den Hauptstraßen. Beamte und Besucher eilen zu ihren Terminen oder zum Mittagessen, Ministerfahrzeuge sausen im Konvoi vorbei, und Wachmannschaften kümmern sich um die Einhaltung der Parkregeln. Wer sich genaue Landkarten besorgen, einen Patz in einem der Parks reservieren oder eine Visumsverlängerung beantragen will, kommt um einen Besuch des Regierungsviertels nicht herum.

Nach Osten führt **The Mall** zum Nationalmuseum, wo sich die beiden die Mall im Norden und Süden flankierenden Straßen zum Churchill Way vereinen. The Mall ist die Haupteinkaufsstraße der Stadt, auch wenn in den anderen Vierteln immer mehr neue Einkaufszentren entstehen. Die breite Fußgängerzone wird von flanierenden Tagträumern, Geschäftsleuten und kleinen Ständen, die Kunsthandwerk und Feldfrüchte anbieten, belebt. An der Mall liegt auch das *Hotel President*, die zentralste Unterkunft Gaborones mit etwas angestaubtem Luxus. Kurz vor der Independence Avenue kümmert sich das Tourist Office rechter Hand mehr recht als schlecht um die Belange der Besucher.

Zur **African Mall** führt ein 5–10-minütiger Spaziergang die Independence Avenue entlang nach Süden und kurz vor der Kenneth Kaunda Road nach rechts (hinter der Ben Thema-Schule). Hier vermitteln günstige Restaurants und Läden ein wenig afrikanische Atmosphäre.

An der Independence Avenue, Ecke Queens Road, findet sich das **Nationalmuseum** mit der **Kunstgalerie**, ⌚ Di–Fr 9–18 Uhr, Sa und So 9–17 Uhr, Mo und an Feiertagen geschlossen, Eintritt frei. Das interessante Nationalmuseum ist in fünf Abteilungen gegliedert: die prähistorische, historische, Tier-, Kalahari- und Okavangoabteilung. Jede Ausstellung arbeitet mit Schaukästen, in denen Szenen aus dem Leben der Tiere und Menschen in den unterschiedlichen Epochen dargestellt sind. Dazu geben Aushänge detaillierte Informationen. Eine kleine Broschüre zu den Ausstellungen *(Teachers Guide)* ist am Eingang erhältlich. Der angeschlossene Laden, ⌚ Mo–Fr 9–16.30 Uhr, verkauft Kunsthandwerk und Souvenirs zu günstigen Preisen. Die Kunstgalerie gleich nebenan zeigt in einer ständig wechselnden Ausstellung zeitgenössische afrikanische Kunst – Gemälde, Skulpturen, Fotos –, die man meist auch erwerben kann.

Das traditionelle Haus der Tswana

Die traditionellen Häuser der Tswana wurden aus Ziegeln gebaut, die man aus Lehm, Kuhdung und Wasser herstellte. Man schichtete sie aufeinander, so dass eine runde oder auch rechteckige Mauer entstand. Dies war Aufgabe der Frauen. Die Männer errichteten daraufhin die Dachabstützung und deckten das Dach mit Gras. Die knapp mannshohen Mauern des Hofes wurden ebenfalls von den Frauen gebaut und dann mit Verzierungen *(lekgapho)* versehen.

Dem Hof *(lewapa)* kommt als Lebensraum eine wesentliche Bedeutung in der Tswana-Tradition zu. Er ist der Wohn- und Empfangsraum und manchmal mit einer Feuerstelle versehen, auf der kleinere Mahlzeiten oder Tee gekocht werden. Man sitzt um das Feuer, diskutiert oder erzählt einander Geschichten. Zur Ausstattung eines Tswana-Haushaltes in diesem offenen Bereich gehört ein großer Mörser mit Stößel – beide aus Holz –, um Mehl zuzubereiten, ein Besen aus Reisig und ein Tontopf für Wasser oder Bier. Bier wird aus Sorghum zubereitet, mehrmals gekocht und fermentiert und dann durch einen Filter aus Gras gegossen. Im *lewapa* finden sich auch ein Melkeimer aus Holz und ein Transportschlitten für schwere Lasten mit zwei Holzkufen, dem Ochsen vorgespannt werden.

Im Haus gehören Löffel, Rührgeräte und weitere Kochutensilien aus Holz zum Haushalt, außerdem Kalebassen *(diphafana)* und Tontöpfe *(dinkgwana)* zur Aufbewahrung von Lebensmitteln. Die Männer sitzen auf Stühlen aus Holz mit einer Sitzfläche aus Lederstreifen, die Frauen auf Ledermatten, die auch als Schlaffläche benutzt werden, auf dem Boden. Größere Mahlzeiten werden im Haus in einem eisernen Topf gekocht.

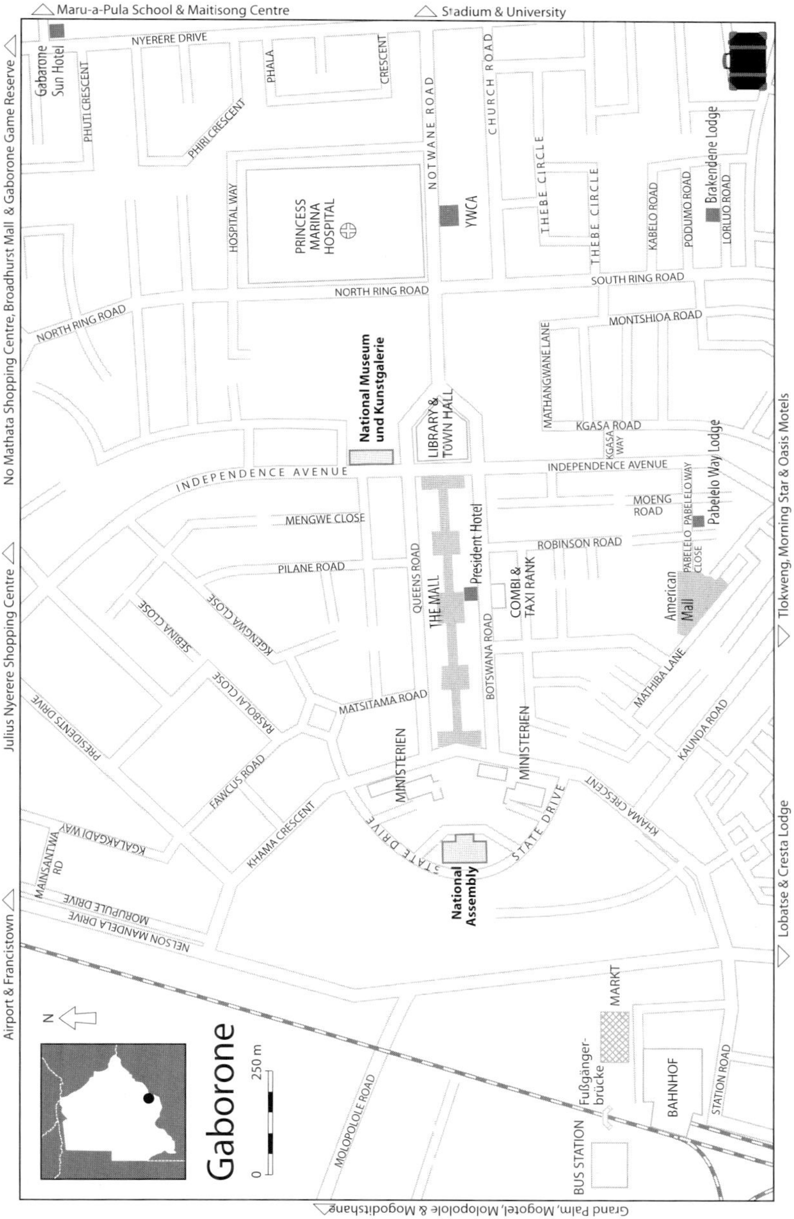
Gaborone
0
250 m
N
Maru-a-Pula School & Maitisong Centre
Stadium & University
No Mathata Shopping Centre, Broadhurst Mall & Gaborone Game Reserve
Julius Nyerere Shopping Centre
Airport & Francistown
Grand Palm, Mogotel, Molopolole & Mogoditshane
Lobatse & Cresta Lodge
Tlokweng, Morning Star & Oasis Motels
Gaborone Sun Hotel
NYERERE DRIVE
PHUTI CRESCENT
PHIRI CRESCENT
PHALA
CRESCENT
NOTWANE ROAD
CHURCH ROAD
THEBE CIRCLE
THEBE CIRCLE
Brakendene Lodge
KABELO ROAD
PODUMO ROAD
LORLUO ROAD
YWCA
HOSPITAL WAY
PRINCESS MARINA HOSPITAL
NORTH RING ROAD
NORTH RING ROAD
SOUTH RING ROAD
MONTSHIOA ROAD
MATHANGWANE LANE
National Museum und Kunstgalerie
LIBRARY & TOWN HALL
KGASA ROAD
KGASA WAY
INDEPENDENCE AVENUE
INDEPENDENCE AVENUE
MOENG ROAD
PABELELO WAY
Pabelelo Way Lodge
MENGWE CLOSE
ROBINSON ROAD
PABELELO CLOSE
PILANE ROAD
QUEENS ROAD
THE MALL
President Hotel
COMBI & TAXI RANK
American Mall
SEBINA CLOSE
KGENGWA CLOSE
BOTSWANA ROAD
MATHIBA LANE
RASBOLAI CLOSE
MATSITAMA ROAD
KAUNDA ROAD
PRESIDENTS DRIVE
MINISTERIEN
MINISTERIEN
FAWCUS ROAD
KHAMA CRESCENT
KHAMA CRESCENT
STATE DRIVE
STATE DRIVE
KGALAKGADI WAY
MAINSANTWA RD
National Assembly
MORUPULE DRIVE
NELSON MANDELA DRIVE
MARKT
Fußgänger-brücke
BAHNHOF
STATION ROAD
MOLOPOLOLE ROAD
BUS STATION
GABORONE UND UMGEBUNG

Außerhalb des Zentrums und zu Fuß fast nicht mehr erreichbar liegen einige Shopping Malls, die neben vielen Läden für den täglichen Bedarf auch mit Kunsthandwerkshops aufwarten und mit Restaurants der unterschiedlichsten Preiskategorien für das leibliche Wohl sorgen. Neben der African Mall südlich des Zentrums (s.o.) sind dies hauptsächlich das **Nyerere Drive Shopping Center**, Nyerere Drive, Ecke Phage Road, und das **Broadhurst Shopping Center** nahe dem Gaborone Private Hospital, Segoditshane Way, Ecke Lemmenyana Drive.

Ein ebenfalls langer Spazierweg (besser mit dem Wagen fahren) führt in das **Village** (Tlokweng). An der Baratani Road, Ecke Motloutse Road, liegt gegenüber der *Central Transport Organization* ein alter, behelfsmäßig umzäunter Buren-Friedhof, **The Boer Cemetery**, mit Gräbern aus dem 19. Jahrhundert. Auf den Grabsteinen stehen die Namen von Soldaten und Polizisten. Etwas südlich an der Baratani Road, Ecke Maratadiba Road, sind die kärglichen Reste von **Fort Gaberone** (auch The Village Fort) zu besichtigen. Das Fort entstand 1890 als Teil der Befestigung des Korridors vom britischen Gebiet im Süden zum heutigen Zimbabwe.

Die außerhalb der Stadtgrenzen liegenden Sehenswürdigkeiten sind in den an Gaborone anschließenden Kapiteln beschrieben.

Übernachtung

Billige Übernachtungsmöglichkeiten im näheren Zentrum existieren nicht, sieht man einmal vom YWCA nördlich der Mall ab. Mit schmalem Geldbeutel ist man gezwungen, die einzige empfehlenswerte Billigunterkunft zu wählen und auf der Lobatse Road 15 km südlich zum Mokolodi Game Reserve hinaus zu fahren. Da Gaborone eine reine Geschäfts- und Verwaltungsstadt ist, gibt es eine Reihe, aber auch nicht viele, Hotels und Lodges der gehobenen Preisklasse. Eine günstige Übernachtungsmöglichkeit in angenehmem Rahmen im Stadtgebiet bieten einige Lodges, die eher der Kategorie Bed & Breakfast zuzurechnen sind.

UNTERE PREISKLASSE – ***Boiketlo Lodge***, P.O. Box 1968, Kaunda Road, ✆ 35 23 47, einfache Unterkunft bei der Dutch Reformed Church, B&B, EZ P70, DZ P90.

Mogo Motel, P.O. Box 1352, ✆ 37 33 38, 📠 30 11 54, in Mogoditshane, 5 km außerhalb der Stadt Richtung Molepolole, noch hinter dem *Grand Palm Hotel*. Zwei Sterne, einfach, sauber und billig, wird auch von Pärchen für mehr oder weniger kurze Aufenthalte genutzt. EZ P60, DZ P85.

Mokolodi Game Reserve, P.O. Box 170, ✆ 31 14 14, 📠 31 39 73, 15 km außerhalb Richtung Lobatse, an der Hauptstraße, die beste Wahl unter den billigen Unterkünften, Chalets mit vier und sechs Betten (P120–200), auch Betten in Schlafsaal (P50). Ruhig, sauber, in schöner Landschaft.

Morning Star Motel / Mphatlalatsane, P.O. Box 177, ✆ 32 83 01, Tlokweng Road, 4,5 km außerhalb der Stadt in Richtung Zeerust. Einfaches Hotel (2 Sterne), wegen des hiesigen Nachtlebens nicht für jedermann zu empfehlen. EZ P50, DZ P70.

Morula Lodge, P.O. Box 635, ✆ 32 85 00, Tlokweng Road, einfache Unterkunft, 500 m hinter dem *Oasis Motel*, B&B, EZ P60, DZ P80.

Pabalelo Way Lodge, P.O. Box 20661, ✆ 35 16 82, Pabalelo Way, unweit der African Mall in einer Seitenstraße der Independence Avenue. B&B, EZ P30, DZ P55.

Tsodilo Lodge, P.O. Box 1105, ✆ 32 85 54, Tlokweng Road, 200 m südwestlich der *Morula Lodge*, einfache Unterkunft. B&B, EZ P65, DZ P85.

YWCA, P.O. Box 359, Notwane Road, ✆ 35 36 81, nur für Frauen, zentral gelegen. P50 p.P.

MITTLERE PREISKLASSE – ***Cresta Gaborone Travel Inn***, Private Bag 127, ✆ 32 27 77, 📠 32 27 27, Molepolole Road, direkt am Bahnhof / Busbahnhof, häufig ausgebuchtes Mittelklassehotel (drei Sterne). Bar mit Live-Gruppen am Freitag und Samstag, Restaurant. EZ P180, DZ P220.

Oasis Motel, P.O. Box 30331, ✆ 35 63 69, 📠 31 29 68, Tlokweng Road, 4 km außerhalb der Stadt in Richtung Zeerust. Schwimmbad

Kunsthandwerk wird in Gaborone auf der Mall angeboten

und Restaurant, 3-Sterne-Unterkunft in Zimmern oder Chalets. EZ P100, DZ P140.

Brackendene Lodge, P.O. Box 621, ✆ 31 28 86, ℻ 30 62 46, Tati Road, unweit der Mall, angenehme Unterkünfte im Stadtgebiet verteilt, auch Familienzimmer, Mahlzeiten (außer Frühstück) müssen vorab bestellt werden. Auch komplette Apartments mit Kochmöglichkeit. B&B, EZ P100, DZ P110.

Lolwapa Lodge, P.O. Box 1829, ✆ 30 12 00, Maakakgang Close, Frühstückspension zwischen Zentrum und Tlokweng, unweit des Kreisels Tlokweng Road / Mobuto Drive. B&B, EZ P90, DZ P100. Auch Zimmer mit Kleinküche verfügbar.

EAOD Guesthouse, Private Bag 00167, Makhubu Hillroad, ✆ 37 11 38, ℻ 37 31 73, Gästehaus der *Exporters Association of Botswana*, Buchungen laufen über das Hauptbüro in der Mall im Tswana House, dort wird auch der Transfer organisiert, da das Gästehaus im Westen der Stadt liegt. EZ P165, DZ P210.

OBERE PREISKLASSE – ***Gaborone Sun Hotel***, Private Bag 0016, ✆ 35 11 11, ℻ 30 25 55, Nyerere Drive, Ecke Maruapula Road, 5-Sterne-Luxushotel mit vielen Geschäftsreisenden und einigen Touristengruppen. Die Restaurants sind gut, die Preise entsprechen der Hotelklasse: EZ P300, DZ P400. Das angeschlossene Kasino und der Nachtclub laden zu gehobener Unterhaltung. Der Pool ist immer gut besucht, Squash und Tennis sind möglich, ebenfalls Golfspielen auf dem Platz hinter dem Hotel. Das Zentrum ist auch zu Fuß noch ganz gut erreichbar.

The Grand Palm Hotel, Private Bag BR105, ✆ 31 29 99, ℻ 31 29 89, Molepolole Road. Ehemals der *Sheraton*-Kette zugehöriges 5-Sterne-Hotel, bietet alles, was Geist und Körper zur Erholung brauchen: Pool, Fitnessbereich, mehrere Restaurants und ein Kasino. EZ P280, DZ P350. Die kastenartige Außenfassade schreckt allerdings ab. Das Hotel liegt außerhalb des Stadtgebietes in der Molepolole Road Richtung Mogoditshane beim Bonnington Shopping Center (ca. 4 km).

Cresta Lodge, Private Bag BO00126, ✆ 37 53 75, ℻ 30 06 35, Samora Machel Drive, 4-Sterne-Hotel im Lodgestil, mit allen Annehmlichkeiten, liegt in Höhe des Messegeländes südlich des Zentrums. EZ P240, DZ P310.

President Hotel, P.O. Box 200, ✆ 35 36 31, ℻ 35 18 40, The Mall, das am zentralsten gelegene Hotel Gaborones. Gehobene Mittelklasse (drei Sterne), bedarf dennoch langsam einer Renovierung. Das Terrassenrestaurant steht auch Kaffeetrinkern offen, die dem Treiben auf der Mall zusehen wollen. EZ P330, DZ P360.

CAMPING – ***City Camp***, P.O. Box 20222, Legolo Road, ✆ 31 19 12, ℻ 31 19 12. Neben dem Lokal *Bull & Bush* nördlich des Zentrums, sauberer Platz, auch für Caravans. Stellplatz P25. Auch Zimmer verfügbar.

St. Clair's Lion Park, P.O. Box 2380, ✆ 30 42 30, 20 km vom Zentrum Richtung Lobatse, sauberer Platz in einem großen Areal; die Löwen sind in ein Freigehege gesperrt und brüllen. Stellplatz P20.

Mogo Motel (s.o.) bietet Gästen auch an, im Hof zu zelten; nicht sehr empfehlenswert.

Essen

Neben den üblichen Fast-food-Ketten in den Malls und Einkaufszentren, wie *Nando's* und *Kentucky Fried Chicken* und kleineren Takeaways gibt es viele Restaurants, mit der ganzen Bandbreite an Spezialitäten und Preiskategorien.

Baobab Restaurant & Cafeteria, ✆ 35 24 88, Tlokweng Road, Ecke Mobuto Drive. In der Cafeteria gibt es Tswana-Spezialitäten, im Restaurant auch anderes, Mahlzeit P20–40.

Bull & Bush, ✆ 37 50 70, Legolo Road, bodenständige Fleischküche, südafrikanische Atmosphäre, im Sommer Tische im Freien, Montag Spare Rib-Special-Abend, Mahlzeit ca. P40.

Caravela, ✆ 31 42 84, Malaue Close bei der Moeding Road, bürgerlich portugiesische Küche, Tische im Freien, Mahlzeit ca. P50.

Chatters Grill, ✆ 37 53 75, Samora Machel Drive, in der *Cresta Lodge,* guter Grill, Mahlzeit ca. P80.

Chobe Grill, ✆ 31 29 99, Molepolole Road, im *The Grand Palm Hotel,* internationale Küche, Mahlzeit ca. P100.

Gumbai Restaurant, ✆ 35 11 11, Nyerere Drive, Ecke Maruapula Road, im *Gaborone Sun Hotel,* sehr gutes Essen internationaler Prägung, deutscher Küchenchef, Mahlzeit ca. P100.

Hippopotamus, ✆ 37 50 70, Legolo Road, dem *Bull & Bush* angeschlossen, italienische Küche, Mahlzeit ca. P50.

Maharadja, ✆ 31 10 60, Legolo Road, sehr gute indische Küche, Mahlzeit ca. P50.

Mokolodi Restaurant, ✆ 32 86 92, Lobatse Road, im Mokolodi Nature Reserve (s.o.), beliebtes Ausflugsziel für die Hauptstädter zum Abendessen in romantischer Atmosphäre, während man den Sonnenuntergang genießt, Mahlzeit ca. P100.

Orient Express, ✆ 35 62 87, Shashe Road North, chinesische Küche, Tische im Freien, am Wochenende manchmal Jazzaufführungen, Mahlzeit ca. P60.

Pavillon, ✆ 37 55 55, auf dem Messegelände, deutscher Küchenchef, internationale Küche, Mahlzeit ca. P60.

Reflections Restaurant, ✆ 35 63 69, Tlokweng Road, im *Oasis Motel,* Fischspezialitäten in angenehmer Atmosphäre, Reservierung empfehlenswert, Mahlzeit ca. P80.

Shebeen, ✆ 35 14 56, African Mall, eher ein Pub mit lauter Musik, man kommt nicht wegen des Essens, sondern um sich zu treffen, Mahlzeit ca. P40.

Swiss Chalet, ✆ 32 51 72, Tlokweng Road, 7 km außerhalb Richtung Zeerust. Unter der Führung eines Schweizer Ehepaares, ausgezeichnete Küche, geschmackvoll eingerichtet, Freiluftbar, Mahlzeit ca. P100.

Taj, ✆ 31 35 69, African Mall, indische Spezialitäten, gute Curries, Mahlzeit ca. P60.

Unterhaltung

Spielpläne und Hinweise auf weitere Veranstaltungen sind im *The Botswana Advertiser*, einem Anzeigenblatt, abgedruckt, das wöchentlich erscheint und in den Hotels ausliegt. Eine weitere Möglichkeit, an Informationen zu kommen, speziell über Musik- und Theaterfestivals, ist ein Anruf bei Radio Botswana, ✆ 30 95 35.

Der Pionierfriedhof von Gaborone

Das Nachtleben Gaborones ist nicht sonderlich ausgeprägt. Neben den Hotelbars trifft man sich in Pubs, in denen an Wochenenden **Livemusik** gespielt wird. Dazu gehört u.a. das *Bull & Bush* (s.o.). Ab und an geben die Militärkapellen der BDF öffentliche **Konzerte**. Sie spielen keine Märsche, sondern hörenswerte afrikanische Musik.

Das Lichtspieltheater *Stardust* im *The Grand Palm Hotel* und das **Kino** im Village (Tlokweng) im Maitisong Cultural Centre zeigen neuere und ältere Filme.

Die Stadt besitzt zwei **Kasinos**, im *Gaborone Sun Hotel* und im *The Grand Palm Hotel,* für alle, die das Zocken nicht lassen können.

Maitisong Cultural Centre, Private Bag 0045, ✆ 37 18 09, Maruapula Road, Filmvorführungen, kulturelle Veranstaltungen aller Arten: Moderne Musik, Folklore, Theateraufführungen verschiedener lokaler Schauspieltruppen.

Gaborone Club, P.O. Box 10116, ✆ 35 63 33, Moselebe Road, in Tlokweng, gelegentlich folkloristische Veranstaltungen.

The Cameo Club, ✆ 35 63 69, Tlokweng Road, im *Oasis Motel,* Auftritte von Gruppen aus Botswana und dem südlichen Afrika – Jazz mit Einflüssen traditioneller Musik.

Shebeen, ✆ 35 14 56, African Mall, Live-Auftritte lokaler Gruppen.

Legends, ✆ 30 98 35, Maruapula Shopping Centre, Metsemasweu Road, hinter dem *Gaborone Sun Hotel*. Einzige echte Diskothek Gaborones, mit angeschlossenem Restaurant, auch Live-Auftritte, Eintritt P10, Frauen frei.

Morula Lodge, ✆ 32 85 00, Tlokweng Road, Freitag und Samstag Disko, laut und voll.

Einkaufen

BÜCHER / LANDKARTEN – ***Botswana Book Center***, P.O. Box 91, ✆ 35 29 31, ℻ 37 43 15, The Mall, Bücher, Zeitschriften, Zeitungen, Karten. Wer an Hintergrundinformationen interessiert ist, findet in den einzelnen Abteilungen viel Wissenswertes.

Department of Surveys and Mapping, Private Bag 0037, ✆ 35 32 51, ℻ 35 27 04, Khama Crescent, Ecke Old Lobatse Road, genaues Kartenmaterial.

CAMPINGAUSRÜSTUNG – ***Safari Center***, Private Bag 00310, ✆ 37 23 90, 📠 37 23 90, Gaborone West, Gadikao Road.
Woolworths, P.O. Box 1072, ✆ 37 47 46, 📠 35 60 40, Broadhurst Industrial Area, Nelson Mandela Avenue.

KUNSTHANDWERK / SOUVENIRS – Landesweit wird Kunsthandwerk über die ***Botswana Craft Marketing PTY*** in Gaborone, P.O. Box 486, The Mall, ✆ 32 44 71, 📠 32 26 89, ✉ bcraft@info.bw, eine Art zentrale Einkaufs- und Vertriebsgesellschaft, vermarktet. Sie beliefert auch die Curio-Shops in den Hotels und Lodges und hat eigene Geschäfte in The Mall (der Hauptsitz und der Verkaufsladen befinden sich an unterschiedlichen Standorten in der Mall), ✆ 35 35 77, und am Flughafen, ✆ 31 22 09.
In **The Mall** stellen jeden Morgen fliegende Händlerinnen und Händler Stände mit Kunsthandwerk (Schnitzereien, Flechtwaren) auf oder breiten die Waren auf Decken auf dem Boden aus. Man findet dort teilweise schöne Stücke, die Preise sind verhandelbar. Neben dem Verkauf auf der Straße gibt es auch einige Läden, deren Preise meist fest sind.
Außerhalb von Gaborone gibt es drei Stellen, wo direkt beim Erzeuger eingekauft werden kann: ***Pelegano Crafts*** in Gabane, 17 km auf der Straße nach Kanye (Töpferwaren), ***Mokolodi Kooperative***, 12 km Richtung Lobatse, dann 3 km nach Osten (u.a. Kleidung), und ***Thamaga Pottery*** in Thamaga, 42 km nach Westen (Töpferwaren).
National Museum, ✆ 35 15 00, Independence Avenue, Souvenirladen, der mit die günstigsten Preise im Land hat – sofern man nicht direkt beim Künstler kauft.
Camphill Furniture and Craft, ✆ 32 30 38, 📠 32 28 07, Old Molepolole Road, kurz nach dem Busbahnhof, großes Möbelkaufhaus mit günstigem Kunsthandwerk.
Jewel of Africa, ✆ 31 43 59, The Mall, ebenfalls gute Auswahl an Kunsthandwerk.

SELBSTVERSORGER – In den Malls und Shopping Centers erhält man alle notwendigen Lebensmittel, auch frisches Obst und Gemüse. An den meisten Ausfallstraßen sind den großen Tankstellen mehrere Läden und Supermärkte angeschlossen, so dass Großeinkäufe direkt und leicht in das Fahrzeug umgepackt werden können.

Sonstiges

AUTOVERMIETUNGEN – ***Avis Rent-a-car***, P.O. Box 790, ✆ 31 30 93, 📠 31 22 05, Sir Seretse Khama Airport.
Imperial Car Rental, Bag SK10, ✆ 30 72 33, 📠 30 44 60, Sir Seretse Khama Airport.
Lokale Firmen: ***Car Hire***, P.O. Box 1999, ✆ 37 54 91; ***Overdrive Car Rentals***, P.O. Box 1298, ✆ 30 90 59.

BOTSCHAFTEN – ***Deutsche Botschaft***, P.O. Box 315, ✆ 35 31 43, 📠 35 30 38, Broadhurst, Professional House, Segodithsane Way.
Für Österreicher und Schweizer ist die jeweilige Vertretung in Südafrika zuständig, s.S. 90.
Angolanische Botschaft, Private Bag BR 111, ✆ 30 02 04, 📠 37 50 89, Broadhurst, Kopanyo House, Nelson Mandela Drive.
Südafrikanischer Hochkommissar, Private Bag 00402, ✆ 30 48 00, 📠 30 55 02, Broadhurst, Kopanyo House, Nelson Mandela Drive.
Zambischer Hochkommissar, P.O. Box 362, ✆ 35 19 51, 📠 35 39 52, Zambia House, The Mall.
Zimbabwischer Hochkommissar, P.O. Box 1232, ✆ 31 44 95, 📠 30 58 63, Government Enclave.

GELD – Mit Kreditkarten kann man bei den Banken Bargeld in der Landeswährung abheben. Diners arbeitet mit der ***Standard Chartered Bank***, The Mall, ✆ 35 29 11, Zweigstelle Professional House, ✆ 30 22 21, zusammen, Euro-/Mastercard mit der ***First National Bank***, The Mall, ✆ 35 94 22. American Express besitzt ein eigenes Büro (s. Reisebüros). 🕓 (je nach Bank unterschiedlich) Mo–Fr 8.15 (8.30)–12.45, Sa 8.15 (8.30)–10.45 Uhr.

GEPÄCKAUFBEWAHRUNG – Die meisten Hotels und Lodges bieten einen Aufbewahrungsservice auch über den Abreisezeitpunkt hinaus (gegen geringes Entgelt). Am Bahnhof hat die Gepäckaufbewahrung Mo–Fr 8–12 und 14–16 Uhr geöffnet.

INFORMATIONEN – ***Tourist Office***, Private Bag 0047, ☏ 35 30 24 / 31 33 14, ☏ 30 86 75, Koh-I-Noor House, The Mall. Das Büro ist zwar bemüht, hat aber fast keine Unterlagen, und mündliche Informationen fließen ebenfalls spärlich.
Department of Wildlife & National Parks, P.O. Box 131, ✉ dwnpbots@global.bw, ☏ 58 07 74, ☏ 58 07 75, Botswana Road, Ecke Khama Crescent im Regierungsviertel. Die richtige Anlaufstelle bei Fragen zum Besuch der Nationalparks und für Buchungen.
Department of Surveys and Mapping, Private Bag 0037, ☏ 35 32 51, ☏ 35 27 04, Khama Crescent, Ecke Old Lobatse Road. Gutes Kartenmaterial in allen Maßstäben. Die Mitarbeiter sind sehr hilfsbereit und kopieren notfalls Karten, wenn diese nicht mehr lieferbar sind.
The Kalahari Conservation Society, P.O. Box 859, ☏ 37 45 57, Botsalano House, The Mall. Auskünfte über die abgelegenen Gebiete des Landes, die über die Infos der staatlichen Stellen hinausgehen.
The Botswana Society, c/o National Museum, P.O. Box 71, ☏ 35 15 00, Independence Avenue. Die Gesellschaft führt häufig Lesungen zur Kultur des Landes durch. Normalerweise nur für Mitglieder, aber manchmal werden auch Gäste zugelassen – fragen!
Friedrich-Ebert-Stiftung, P.O. Box 18, ☏ 35 24 41, ☏ 35 72 12, Infos über die Projekte der Stiftung mit Schwergewicht auf der Unterstützung von Kleinfirmen und ökologischen Verbesserungen (Wassersparmaßnahmen).
Botswana Bird Club, P.O. Box 71, Gaborone. Ornithologen erhalten bei Mitgliedschaft (P70/Jahr) interessante Informationen. Treffen mit Vorträgen werden monatlich im Nationalmuseum abgehalten.

NOTFÄLLE – ***Ambulanz***, ☏ 997.
Polizei, ☏ 999.
Central Police Station, ☏ 35 22 22, Botswana Road, beim *President Hotel*.
Feuerwehr, ☏ 998.
Medical Air Rescue, Private Bag BR256, ☏ 30 16 01, ☏ 30 21 17, Plot 10211 Unit 2, Broadhurst Business Center. Notfalltransporte.
Gaborone Private Hospital, Private Bag BR130, ☏ 30 19 99, ☏ 30 19 98, Broadhurst, Mica Way, Privatklinik mit hohem Standard, 24-Stunden-Notdienst.
Princess Marina Hospital, ☏ 35 32 21, für leichtere Erkrankungen.
Bei schweren Krankheiten oder Verletzungen sollte man erwägen, nach Johannesburg oder Windhoek (deutschsprachiges Personal) auszufliegen.

POST – ***General Post Office*** (Hauptpost), P.O. Box 100, The Mall, ⏲ Mo–Fr 8.30–16, Sa 8.30–11.30 Uhr.
DHL Worldwide (Kurierdienst), P.O. Box 1077, ☏ 31 20 00, ☏ 37 41 68, Barclay's House, Khama Crescent.
TNT Express Worldwide (Kurierdienst), Private Bag T028, ☏ 30 37 17, ☏ 35 23 95, Tlokweng.

REISEBÜROS – ***American Express***, c/o Manica Travel Service, P.O. Box 1188, ☏ 35 20 21, ☏ 30 55 52, Botsalano House, The Mall.
Kalahari Holiday Tours, P.O. Box 128, ☏ 31 35 28, ☏ 35 75 94, Plot 891, Kaunda Road.

TELEFON – ***Botswana Telecom***, P.O. Box 700, ☏ 35 80 00, ⏲ Mo–Fr 9–13, 14–16.30, Sa 8.30–11.30 Uhr.

VISAVERLÄNGERUNGEN – ***Department of Immigration***, P.O. Box 942, ☏ 37 45 45, ☏ 35 29 96, Khama Crescent, Ecke State Drive.

Nahverkehrsmittel

Taxis sind in Gaborone auch vor den Hotels äußerst selten zu finden, und die Entfernungen sind groß, wenn man in einer der günstigeren Unterkünfte in der Peripherie nächtigt, die keinen Shuttlebus zur Verfügung stellen. Ein eigenes Fahrzeug ist deshalb von Vorteil. Wer keines besitzt, muss auf die **Kleinbusse** ausweichen, die bestimmte Routen abfahren. Sie fahren bis in die Abendstunden ab dem Bahnhof in die Vororte, die sie auf unterschiedlichen Strecken erreichen; deshalb ist es sinnvoll, das genaue Ziel anzugeben. Der Fahrpreis bewegt sich im untersten Bereich, dafür stehen und sitzen die Passagiere mehr auf- als nebeneinander.

Transport

BUSSE – Der Busbahnhof ist neben dem Eisenbahnhof auf der anderen Seite der Schienen. Einen zentralen Kartenverkauf gibt es nicht, die Abfahrtszeiten sind nicht regelmäßig; man muss sich bei den Passagieren erkundigen – meist geht es los, wenn der Bus voll ist. Die einzige Information, die man offiziell erhält, sind die Abfahrtspunkte für die einzelnen Zielorte auf Tafeln an den Verkehrsinseln. Der *Greyhound*-Busdienst nach JOHANNESBURG hält bei der *Shell*-Tankstelle Kudu Station im Zentrum in der Queens Road. Buchungen für diese *Greyhound*-Busse erledigen die Reisebüros.
Buchungen für GABORONE – FRANCISTOWN und FRANCISTOWN – MAUN bei ***Mahube Express***, Kudumatse Drive, ✆ 32 26 60.

EISENBAHN – Railway Station, Station Road, westlich des Regierungsviertels, Zugauskünfte ✆ 35 14 01, Verbindungen nach FRANCISTOWN und weiter nach BULAWAYO und LOBATSE (Näheres s. S. 185f). Hat man eine Hotelbuchung, kann man sich abholen lassen.

FLÜGE – Der Sir Seretse Khama Airport liegt 6 km nördlich der Stadt – hinter Broadhurst von der Straße nach Francistown links abbiegen, Flugauskünfte ✆ 31 45 18. Es gibt keinen verlässlichen Shuttle-Service in die Stadt, auch Taxis sind meist nicht verfügbar. Die Hotels holen ihre Gäste ab – falls noch Platz vorhanden ist, können auch Nicht-Gäste mit in die Stadt fahren (vorher mit dem Fahrer den Preis verhandeln).
Air Botswana, P.O. Box 92, ✆ 35 19 21, ℻ 37 48 02, BIC Building, The Mall.
Air Botswana handelt die Flüge und verkauft Tickets für die meisten Fluggesellschaften (auch *Lufthansa, Swissair, KLM* und *SAS*).
British Airways, P.O. Box 40299, ✆ 37 25 94, Hernamo Center, Broadhurst, BBS Mall.
Air France, Private Bag 42307, ✆ 30 43 26, ℻ 30 43 27, Sir Seretse Khama Airport.
Zu den angebotenen Flugverbindungen s.S. 56f.

Von Gaborone nach Norden

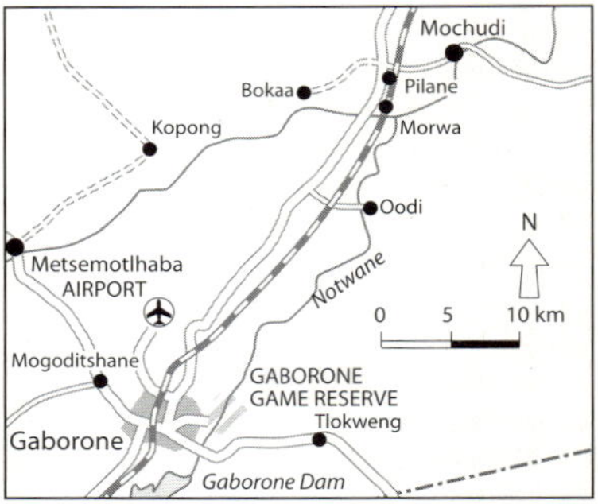

Gaborone Game Reserve

Verlässt man Gaborone in nordöstlicher Richtung auf der Mathatha Road kommt man nach 5 km an die Ufer des Notwane und zum Gaborone Game Reserve, das in den 1980er Jahren von der *Kalahari Conservation Society* begründet wurde. Auf dem 500 ha großen Gelände kann man auf einer Pirschfahrt Antilopen, kleinere Raubtiere wie Schakale und Zebras und Nashörner (in einem eigenen Gehege) sehen. Am Wochenende kommen Besucher aus Gaborone und verbringen hier den Tag auf den

Picknickplätzen. Bei den Pirschfahrten darf das Fahrzeug nicht verlassen werden.

Informationen über ✆ 37 45 57, ⌚ von Sonnenauf- bis -untergang, Eintritt 2 Pula.

Oodi: Lentswa-la-Oodi Weavers

20 km nördlich von Gaborone auf der Hauptstraße nach Francistown kommt man an eine Abzweigung zur Grenzstation Sikwane / Derdepoort nach Südafrika. 5 km auf dieser Straße führen zur Ortschaft Oodi. Sehenswert ist hier die Weberei **Lentswa-la-Oodi Weavers** (P.O. Box 954, Gaborone, ✆ 39 22 68), die als schwedisches Entwicklungshilfeprojekt 1973 entstand, um in der Form einer Kooperative der Bevölkerung Arbeitsplätze zu schaffen. Alles wird in Handarbeit gemacht, die Wolle gewaschen, gefärbt, gesponnen und gewebt. Man kann dabei zusehen, bevor man im Laden einkauft. Die Motive sind hauptsächlich in einen mythologischen Zusammenhang eingebundene Tiere. Die Weber/innen erklären auf Nachfrage gern die Bedeutung der Bilder. Es entstehen Teppiche, Decken, Kissenbezüge und Bekleidung. Die Preise sind auf internationalem Niveau, da in alle Welt exportiert wird. Da die Motive von den Künstlern selbst entworfen werden, ist es durchaus ratsam, sich die Produktion anzuschauen und vielleicht ein Stück zu erwerben, dessen Geschichte man vom Künstler persönlich erfährt. ⌚ Mo–Sa 8–16 Uhr, So 14–16.30 Uhr.

Pilane und Mochudi

35 km nördlich von Gaborone auf der Hauptstraße nach Francistown kommt man an einen weiteren Abzweig zur Grenzstation Sikwane / Derdepoort nach Südafrika. Gleich östlich der Kreuzung liegt Pilane, 8 km weiter der interessante Ort Mochudi. Pilane ist nur als Übernachtungsplatz von Interesse, da Mochudi kein Hotel besitzt.

Mochudi war der erste Siedlungsort der Kwena im Botswana des 15. Jahrhunderts (einige nicht besonders sehenswerte Ruinen in den Hügeln der Umgebung zeugen davon). Heute ist es das angestammte Siedlungsgebiet der Kgatla.

Aus der Zeit um die Jahrhundertwende stammt das Gebäude der Dutch Reformed Church.

Ansonsten ist Mochudi ein traditionell organisierter Ort mit Hüttenansammlungen, Kraals und der Kgotla unterhalb des Phuthadikobo Museums. Die Stimmung ist angenehm, und die Menschen sind freundlich und aufgeschlossen.

Phuthadikobo Museum

Das Museum (P.O. Box 367, Mochudi, ✆ 37 72 38), befindet sich in einem Schulgebäude aus den 20er Jahren des 20. Jahrhunderts auf dem Hügel im alten Ortszentrum. Ihm zu Füßen liegt die Kgotla und die Dutch Reformed Church. Das Museum beschreibt die Geschichte des Ortes als Siedlung der Kgatla mit Fotos, Waffen, rituellen Gegenständen und Ausstellungsstücken des täglichen Gebrauchs. Interessant sind die Beschreibungen der Regenmacher- und Initiationsriten. So wie das Schulgebäude durch Spenden und die Arbeit der Bewohner Mochudis, ist das Museum ebenfalls kraft eigener Leistung 1976 entstanden und strömt deshalb Authentizität aus. Es wurde nicht nach abstrakten Vorstellungen von Wissenschaftlern angelegt, sondern aus dem Willen der Bevölkerung heraus, den eigenen Kulturkreis darzustellen. ⌚ Mo–Fr 8–17 Uhr, Sa/So 14–17 Uhr, Eintritt frei, Spende erwünscht.

Der angeschlossene Museumsladen verkauft Seidenwaren, die in den Gebäuden der Schule im Siebdruckverfahren bedruckt wurden, zu günstigen Preisen und in reicher Auswahl. Die Siebdruckwerkstatt hat ein deutscher Entwicklungshelfer um 1980 aufgebaut. Die Druckmotive kommen aus der traditionellen Gedankenwelt der Kgatla, aber auch modern verzierte T-Shirts sind erhältlich (gleiche Öffnungszeiten wie Museum).

Anfahrt: Bei der Tankstelle an der T-Kreuzung nach links, kurz vor dem Hospital rechts bis zur Kgotla und dann auf beschildertem Weg den Hügel hinauf.

Kgotla, königlicher Kraal und Dutch Reformed Church

Die Kgotla darf von Außenstehenden nicht betreten werden, doch ist es auch spannend, bei einer Versammlung die Ankunft der Teilnehmer zu beobachten. Gegenüber der Kgotla liegt der königliche Kraal mit Grabstätten zweier Stammesführer der Kgatla: Lentswe Pilane I. und Molefi Kgamanyane Pilane. Weitere sind in der königlichen Abteilung des Friedhofs der Dutch Reformed Church bestattet.

Matsieng-Felsgravierungen

8 km von der Abzweigung nach Pilane / Mochudi von der Hauptstraße und 3 km nach dem Abzweig in den Westen nach Lentsweletau geht es rechts (nach Osten) ab zu den Matsieng-Felsgravierungen in einer Höhle (knapp 1 km). Das Nationalmonument gilt den Tswana als Entstehungsort aller Lebewesen. Hier sollen die Menschen und Tiere aus der Höhle gekrochen und auf ihrem Weg die heute erkennbaren Abdrücke hinterlassen haben. Auch Gravierungen sind zu sehen. ⌚ von Sonnenauf- bis -untergang, Di/Mi geschlossen.

Übernachtung und Essen

Einzige Übernachtungsmöglichkeit ist das rudimentäre ***Sedibelo Motel*** in Pilane (P.O. Box 1242 / Mochudi), ✆ 32 93 27, ca. 100 Pula p.P.
Einfache Mahlzeiten gibt es im
Good Hope Restaurant, ✆ 37 72 67,
Road and Rail Restaurant, ✆ 37 73 92, und im
Marang Restaurant, ✆ 37 74 49.
Im Supermarkt ***3MPS*** an der Hauptstraße erhält man frisches Fleisch und Gemüse.

Informationen

Informationen bekommt man im Museum, ✆ 37 72 38, wo auch sporadisch eine Informationsbroschüre über Mochudi erhältlich ist.

Von Gaborone nach Süden

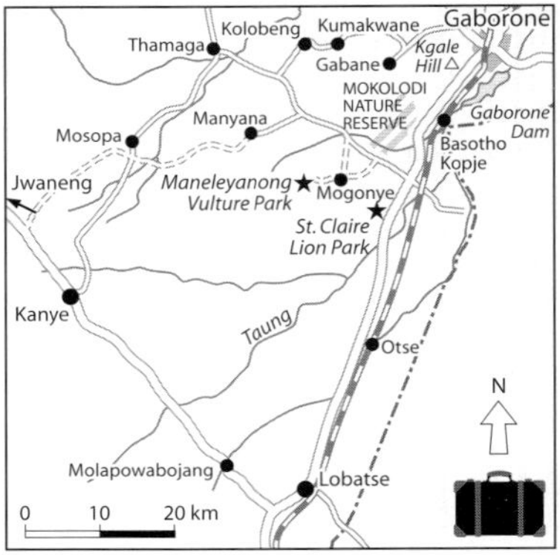

Kgale Hill

Auf der Hauptstraße von Gaborone nach Süden Richtung Lobatse kommt man nach 8 km zum Mount Kgale, der auch von Gaborone aus sichtbar ist. Tatsächlich sind es zwei Gipfel, die etwa in Höhe der dort stehenden großen Satellitenschüssel über einen Zauntritt (eine kleine Holztreppe über einen Zaun) und einen mit weißen Steinen markierten Wanderweg erreichbar sind (ca. 45 Min. zu Fuß). Es geht durch Aloen und Dornbusch unter Marulabäumen hindurch hinauf – wegen der Hitze besser am frühen Morgen. Die Aussicht ist fantastisch.

Gaborone Dam

Der Gaborone Dam liegt 8 km südlich von Gaborone, 5 km östlich der Hauptstraße nach Lobatse in einer kargen Gegend. Er staut den Notwane und versorgt die Hauptstadt mit Wasser. Am Wochenende ist er ein beliebtes Ausflugsziel: Es wird gefischt (Welse und Karpfen), die Braaifeuer lodern, und auf dem Wasser tummeln sich Windsurfer und Wasserskifahrer. Schwimmen ist jedoch verboten. Dafür kommen Vogelfreunde hier voll auf ihre Kosten. Der Damm selbst darf nicht betreten werden (eine Sondergenehmigung ist erhältlich bei der *Water Utilities Corporation,* Luthuli Road, neben dem Bahnhof, ✆ 360 4400).

Basutho Kopje

Auf der Hauptstraße von Gaborone nach Süden Richtung Lobatse kommt man nach 9 km östlich der Bahnlinie an die Basutho Kopje. 1900 griffen hier die Buren an und zerstörten die Eisenbahnbrücke. Um weiteren Attacken vorzubeugen, bauten die Engländer ein Fort, von dem noch einige Mauerreste sichtbar sind. Auch Gräber liegen noch in der Landschaft. Nördlich des Kopje befindet sich die Ochsenwagenfurt, die die Buren zu Beginn des 19. Jahrhunderts auf ihrem Weg in den Norden nutzten.

Mokolodi Nature Reserve

15 km außerhalb Gaborones, knapp 2 km von der Straße Richtung Lobatse, liegt das Mokolodi Nature Reserve (P.O. Box 170, Gaborone, ✆ 31 14 14, 📠 31 39 73) mit Übernachtungsmöglichkeit und einem schönen, guten und vielbesuchten Restaurant (s.u. Gaborone). Eintritt 10 Pula p.P. und Fahrzeug.

Das Reservat entstand zu Beginn der 90er Jahre, um die Tiere und Pflanzen der Region zu schützen und zugleich Schülern Wissenswertes darüber zu vermitteln. Neben vielen Antilopenarten gibt es Giraffen, Zebras, Warzenschweine, Elefanten, Weiße Nashörner, Schakale und Hyänen. Mit Glück sind auch Leoparden zu sehen.

Die Besucher werden auf Pirschfahrten (tagsüber und nachts) und auf Pirschwanderungen mitgenommen (20–40 Pula). Man kann zwar auch auf eigene Faust unterwegs sein, es ist aber besser, sich einem Ranger anzuschließen, denn er weiß, wo die einzelnen Tierarten sich bevorzugt aufhalten.

St. Claire Lion Park

20 km südlich von Gaborone direkt an der Hauptstraße nach Lobatse liegt der St. Claire Lion Park (P.O. Box 2380, Gaborone, ✆ 30 42 30). In einem großen Freigehege sind Löwen zu besichtigen. Die eigentliche Attraktion für die Hauptstädter sind aber die großen Rasenflächen unter Bäumen – am Wochenende ist der Park entsprechend proppenvoll mit Picknickgästen. In einem kleinen Reservat kann man wandern, reiten und Gamedrives unternehmen. Am Empfang kann man sich nach Führungen zu einer steinzeitlichen Ausgrabungsstätte erkundigen (etwa 40 Pula). Für Kinder gibt es einen Streichelzoo.

🕒 für Besucher 10–18 Uhr, Eintritt 2 Pula, Stellplätze verfügbar für 20 Pula, Restaurant vorhanden.

Manyelanong Vulture Park

Die Anfahrt zum Manyelanong Vulture Park geschieht über den Ort Otse, 45 km südlich von Gaborone an der Hauptstraße nach Lobatse. Man überquert die Bahnlinie, kommt nach 3 km zum Registrierungsbüro (kein Eintritt) und nach weiteren 2 km zu einem Tor, das man selbst öffnet. Dann geht es durch Dornbusch auf schmalen, aber festen Pisten zum Fuß des Berges, der alles dominiert. Am blauen Himmel kreisen die Raubvögel zu Dutzenden. Ihre Nester haben sie in den steilen Klippen des Berges. Das Reservat wurde besonders zum Schutz des vom Aussterben bedrohten Kapgeiers geschaffen. Eine Übernachtung im Areal ist verboten. Der Park ist von Sonnenauf- bis -untergang geöffnet.

An der nordwestlichen Seite des Hügels findet sich die **Refuge Cave**, eine Höhle, in der Tswana Zuflucht fanden, als die Buren und Ndebele in das Land einfielen. Hier wurden Töpferwaren aus dieser Zeit gefunden.

Lobatse

Lobatse liegt 70 km südlich von Gaborone. Die Stadt wurde Ende des 18. Jahrhunderts von den Ngwaketse gegründet. Während der Zeit des britischen Protektorates war in dem Ort die Gerichtsbarkeit angesiedelt (High Court of Bechuanaland Protectorate), während die Regierung in Mafikeng auf südafrikanischem Gebiet saß. Heute ist es ein lebhaftes Städtchen, das für den größten Schlachthof des Landes – einem der größten Afrikas – und das Hospital für geistig Behinderte bekannt ist. Bei der Unabhängigkeit wäre Lobatse beinahe zur Hauptstadt gekürt worden. Wegen der schlechten Wasserversorgung entschied man sich aber schließlich für Gaborone. Dafür durfte Lobatse den höchsten Gerichtshof behalten und ist heute Sitz des High Court of Botswana. In Lobatse war bei der Unabhängigkeit das einzige Stück geteerte Straße des Landes zu finden – asphaltiert zu Ehren des britischen Königs George VI., dem man bei seinem Besuch 1947 auf dem Weg vom Bahnhof zum Hohen Gericht ein Durchgeschütteltwerden ersparen wollte. Neben der **Anglikanischen Kirche St. Mark's** mitten in der Stadt und dem Schlachthof – ebenfalls mitten im Zentrum – gibt es nichts zu sehen und außer Einkaufen nichts zu tun.

Der Schlachthof der staatlichen Gesellschaft **Botswana Meat Corporation (BMC)** liegt zwischen dem Einkaufszentrum und dem einzigen Hotel der Stadt *(Cumberland Cresta)*. Wer sich für Fleischproduktion interessiert und sich von Blut nicht schrecken lässt, kann sich zu einer Führung durch den Schlachthof anmelden (werktags, ✆ 33 03 21, keine Gebühr).

Übernachtung

Cumberland Cresta Hotel, Khama I Avenue, P.O. Box 135, Lobatse, ✆ 33 02 81, 📠 33 21 06, 100–180 Pula p.P., gehobene Mittelklasse.
Wenn das Gästehaus der BMC nicht ausgebucht ist, kann man u.U. dort unterkommen: ***BMC Guesthouse***, ✆ 33 02 88, ca. 50 Pula p.P.

Essen

Essen gehen kann man im Grill des ***Cumberland Cresta Hotels*** (s.o.).
In der Bathoen I. Avenue gibt es einige Takeaways, ebenso in den Einkaufszentren / Supermärkten um den Busbahnhof herum.
Einfache Restaurants sind: ***Danna***, ✆ 33 03 38, ***The Palace***, ✆ 33 04 46, und ***Rainbow***, ✆ 33 05 65.

Sonstiges

EINKAUFEN / INFORMATIONEN – Einkaufszentren / Supermärkte sind beim Busbahnhof östlich des Zentrums zu finden. Teppiche und Kleidung aus Karakul-Wolle stellen die ***Tiro-ya-Diatla Weavers*** an der Khama I. Avenue her (auch Führungen durch die Manufaktur und Informationen zur Stadt). 🕒 Mo–Fr 8–13 und 14–17 Uhr, Sa 8–13 Uhr.

AKTIVITÄTEN – Golfclub, P.O. Box 261, Lobatse, ✆ 33 06 69.

Transport

BUSSE – Der Busbahnhof befindet sich in der Mokgosi I. Avenue. Tgl. über GABORONE nach FRANCISTOWN und von dort 1x wöchentlich weiter nach Bulawayo.

EISENBAHN – Bahnhof in der Bathoen I. Avenue, ✆ 33 03 12. Tgl. Verbindung nach BULAWAYO über GABORONE und FRANCISTOWN. Außerdem Do über JOHANNESBURG nach PRETORIA. Fahrplan s.S. 50f.

FLÜGE – Flugfeld im Norden der Stadt, aber ohne regulären Dienst.

Kanye

Kanye liegt 45 km westlich von Lobatse und 85 km südwestlich von Gaborone und ist das Zentrum der Ngwaketse, die sich von Lobatse kommend um 1860 hier niederließen. Der Ort hat eine lang gezogene Ein- und Ausfahrt und besteht aus einem Mischmasch aus modernen Gebäuden und traditionellen Hütten. Einige Hotels und Restaurants empfangen Reisende. Die kleinen Läden und Handwerkerbetriebe am Straßenrand vermitteln Betriebsamkeit.

Kanye ist wegen seiner Schlucht ein touristisches Ausflugsziel: Die grünen Weiden und die grasenden Kühe zwischen den Hügeln erinnern an Oberbayern. Die **Kanye-Schlucht** erreicht man, indem man an der BP-Tankstelle nach Osten zur Sepapitsu Secondary School

Kleinbusse verbinden Lobatse mit dem Rest der Welt

abbiegt, nach 1 km direkt davor nach links, dann nach 1 km beim Restaurant *RIIC / Mmakgodumo* nach rechts abbiegt und auf Piste 1,5 km bis zum Schluchteingang weiterfährt. Die Schlucht war Zufluchtsort der Ngwaketse vor den Ndebele. An ihrem Ende, etwa 2 km Fußmarsch entfernt, finden sich noch die Ruinen des Dorfes aus dem 18. Jahrhundert. Die fruchtbare Landschaft ist beeindruckend.

Übernachtung und Essen

Marapalalo Lodge, P.O. Box 17, Kanye, ✆ 34 03 08, gegenüber von *Halley's Comet Bar* 500 m hineinfahren, dann links, Unterkunft auf niedrigstem Niveau, 55 Pula p.P.

The Center, Abzweig 6 km außerhalb im Osten Richtung Lobatse, dann 1,5 km schlechte Piste zum Hotel, P.O. Box 10164, Kanye, ✆ 34 08 85, ✆ 34 01 99, ✉ center@info.bw, neues und schönes Resort-Hotel mit Konferenzeinrichtungen, 100–200 Pula p.P.

RIIC / Mmakgodumo, ✆ 34 03 92, auf dem Weg zur Schlucht (s.o.), leckere einheimische Gerichte, Di–Sa Mittags- und Abendtisch.

Jwaneng

Jwaneng liegt 77 km nordwestlich von Kanye an der Transkalahari-Route von Gaborone nach Windhoek / Namibia und entstand – wie Orapa und Letlhakane – zum Zweck, Diamanten abzubauen. Wer aus der Kalahari kommt, hat in Jwaneng die erste Möglichkeit, in einem Hotel den Staub loszuwerden und in den Supermärkten die Vorräte zu ergänzen. Die **Diamantenmine** im Norden direkt an die Stadt anschließend ist Sperrgebiet. Führungen können beim Security Officer Regina Matsisi (✆ 38 02 20, Nebenstelle 4223 verlangen) beantragt werden.

Nachdem 1978 die ersten Diamanten gefunden worden waren, zeigte sich schnell, dass sich bei Jwaneng eines der größten Vorkommen der Edelsteine befindet. 1982 begann die Mine mit der Arbeit, und die kleine Rundhütten-Siedlung wurde zur modernen Stadt mit heute etwa 20 000 Einwohnern.

Übernachtung und Essen

Mokala Lodge, The Mall, P.O. Box 376, Jwaneng, ✆ 38 06 14, ✆ 38 08 39, DZ ab 160 Pula

p.P., saubere Zimmer zu einem Innenhof, gutes Restaurant.
Essen bieten die ***Mokala Lodge*** (beste Wahl) und ***Jacaranda Butchery & Restaurant***, Goodhope Crescent, ✆ 38 08 67, einfach, auch *bottle store.*

Sonstiges

APOTHEKE – ***Downtwon Chemist***, ✆ 38 16 63.

NOTFALL – **Polizei:** in der Mall. **Krankenhaus:** ✆ 38 02 71.

POST – In der Mall.

Von Gaborone nach Westen

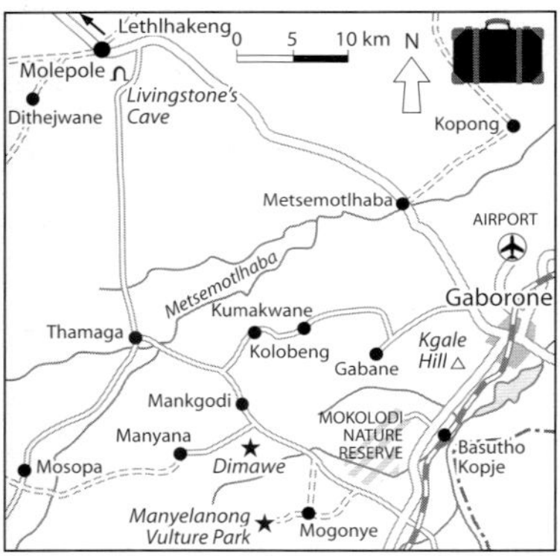

Gabane

Gabane liegt 15 km außerhalb von Gaborone an der Straße nach Kanye. Das kleine Dorf befindet sich irgendwo im Nirgendwo zwischen einem traditionellen Dorf mit Tswana-Architektur und einer Vorstadt von Gaborone mit stürmischer Bauentwicklung. Hier findet sich eine Handwerkskooperative, die Töpferwaren herstellt und verkauft, die **Pelegano Pottery**, ◷ Mo–Fr 8–16 Uhr, Sa 8–14 Uhr, P.O. Box 464, Gaborone, ✆ 34 70 52. Die Gegenstände für den täglichen Gebrauch sowie die Masken und Tierfiguren sind teilweise handbemalt und hübsch anzusehen.

Kolobeng und Livingstone Memorial

30 km außerhalb von Gaborone in Richtung Kanye kurz hinter dem Fluss Kolobeng geht es auf kurzer Piste zum Livingstone Memorial (WGS84: 24°39'16"S / 25°39'45"O), dem ehemaligen Standort der Mission von Kolobeng, die David Livingstone leitete. Nahebei stand der Kgotla von Sechele I. Die Buren zerstörten die Gebäude 1852, weil sie Livingstone verdächtigten, Sechele I. mit Waffen zu versorgen. Heute erinnern einige Gräber und die Fundamente von Gebäuden an die Mission. Kolobeng war der Standort der ersten Kirche und der ersten Schule Botswanas. ◷ 9–12 und 13–18 Uhr, Di/Mi geschlossen.

Dimawe

Das **Schlachtfeld von Dimawe** erreicht man, wenn man von Gaborone 25 km in Richtung Lobatse fährt und auf staubiger Piste weitere 20 km, bis man wieder auf die Teerstraße stößt (angenehmer ist die Fahrt auf Teer über Kolobeng). Man folgt der Straße links nach Manyana. Die Granithügel im Südosten von Manyana waren am 30. August 1852 Schauplatz einer Schlacht zwischen 430 Buren und deren Hilfskräften unter dem Kommandeur Scholtz und den Kwena mit Abordnungen der Ngwaketse und anderer Tswana unter Sechele. Das Dorf der Kwena wurde zwar zerstört und die Buren heimsten eine erkleckliche Zahl Rinder ein, letztendlich zogen sie sich aber wegen des starken Widerstandes zurück. Da Sechele persönlich fünf Buren erschossen haben soll, während seine Frau die Gewehre nachlud, ist Dimawe eines der wichtigsten Monumente Botswanas auf seinem Weg zur Nation, da die Stämme hier im Kampf zusammenfanden.

Livingstone's Tree muss inzwischen vor Schnitzern aus dem Ausland geschützt werden

Manyana / Livingstone Tree

Manyana (Anfahrt siehe Dimawe) liegt 3 km nordwestlich des Dimawe-Schlachtfeldes. Im Ort mit seinen verstreut liegenden Hütten ist es nicht einfach, sich zu orientieren. Kinder helfen einem jedoch gegen ein kleines Entgelt bei der Suche nach den Felszeichnungen und Livingstones Baum. Allerdings muss zuvor der Schlüssel geholt werden. Wenn keine Kinder unterwegs sind, fragt man sich durch (WGS84: Schlüssel 24°46'03"S/25°35'08"O, Felszeichnungen 24°45'52"S/25°35'28"O, Livingstones Tree 24°46'20"S/25°34'57"O). Die **Felszeichnungen** im abgezäunten Areal sind nur schwer zu entdecken, auch deshalb ist es hilfreich, einen Führer zu nehmen. Die mehrfarbigen Zeichnungen sind im Zimbabwe-Stil – eine Seltenheit in der Gegend – und wahrscheinlich älter als die Gravierungen von Matsieng. Man sieht Giraffen, Antilopen und einen Elefanten abgebildet. Der **Livingstone Tree** ist ebenfalls abgezäunt. Der Legende nach wurde der Motlhatsa-Baum zu Lebzeiten Livingstones gepflanzt. Er ist nicht besonders hoch, hat aber eine weit gespannte Krone.

Thamaga

45 km außerhalb von Gaborone in Richtung Kanye liegt die kleine Ortschaft Thamaga, bekannt für die **Botswelelo Handicrafts**, P.O. Box 90, Thamaga, ✆ 39 92 20, die zusammenklappbare Kgotla-Stühle aus Holz mit Sitzflächen aus geflochtenen Lederstreifen anfertigen. Wer mit dem eigenen Wagen unterwegs ist, kann sich eine kleine Sitzgruppe einpacken (ein Stuhl wiegt ca. 12 kg). Außerdem werden Töpferwaren im traditionellen Tswana-Design hergestellt. ⌚ tgl. 8–17 Uhr.

Molepolole

Molepolole erreicht man auf der Teerstraße nach Nordwesten nach 52 km. Die Siedlung wurde schon im 16. Jahrhundert begründet, die eigentliche Hochzeit kam aber erst mit den Kwena in den 60er und 70er Jahren des 18. Jahrhunderts, als der Transkalahari-Handel mit Straußenfedern und Elfenbein blühte. Auf dem Hügel Ntsweng im Zentrum war die Residenz des Kgosi der Kwena. 1901 wurde der Kgotla dann unter Sebele I. ins Tal verlegt.

14 Jahre später spaltete sich der Ort, als der Sohn Sebeles I. den Kgotla wieder auf den Hügel verlegte und viele seiner Unterhäuptlinge ihm die Gefolgschaft aufkündigten. Die Briten zwangen die Bewohner 1937 zu einem Kompromiss-Kgotla, der zwischen den beiden vorhandenen lag. Im Zuge dieser Umstrukturierung des Ortes wurden die meisten historischen Bauwerke zerstört.

Molepolole ist heute die größte ländliche Stadt Botswanas (40 000 Bewohner). Die *Lazar Kaplan Company* betreibt im Industriegebiet eine der beiden Diamantenschleifereien des Landes (die andere arbeitet in Serowe und gehört *Debswana).* Der Ort gilt als „Gateway to the Kgalagadi" – wer nordwestlich Richtung Letlhakeng weiterfährt, kommt sofort in die Kalahari, und dort sind die Versorgungsmöglichkeiten stark eingeschränkt bzw. nicht vorhanden, deshalb sollte man in Molepolole auftanken und die Vorräte ergänzen.

Das kleine **Museum Kgosi Sechele I.** liegt an der Hauptstraße 1 km östlich des Hotels *Mafenya-Tlala* (P.O. Box 1301, Molepolole, ✆ 32 09 17). Das Museum besitzt eine Freiluftausstellung mit Hütten und im Gebäude Stücke zur Geschichte der Region und der Kwena. ⌚ Di–Fr 9–12 und 14–16 Uhr, Sa 11–16 Uhr, So/Mo geschlossen, Eintritt frei.

Übernachtung und Essen

***Mafenya-Tlala Hotel**,* P.O. Box 1993, Gaborone, an der Hauptstraße, ✆ 32 05 22, 📠 32 06 63, DZ 120–140 Pula, im Aufbau begriffenes Hotel, Bungalowzimmer, großes Hauptgebäude, Pool in Planung, Braai-Einrichtungen. Gutes Restaurant.

Sonstiges

EINKAUFEN – Supermärkte an der Hauptstraße, Tankstelle mit Ersatzteilen gegenüber dem Hotel (umtriebige indische Leitung).

INFORMATIONEN – Der Besitzer des Hotels *Mafenya-Tlala* ist sehr hilfsbereit.

Die Umgebung von Molepolole

Der große **Aloe Forest** westlich des Ortsendes hinter dem Hospital besteht aus *Aloe marlothii,* einer Aloenart, die im Frühling wunderschön aufblüht. Eine Legende besagt, dass Buren Mitte des 19. Jahrhunderts Sechele I. angreifen wollten, um seinem Volk die Waffen abzunehmen. Als sie nachts an den Wald kamen, erschraken sie beim Anblick der Aloen, die sie in der Dunkelheit für Krieger der Kwena hielten, derart, dass sie sich wieder zurückzogen.

5 km im Süden von Molepolole liegt **Ntsweng**, zwischen 1863 und 1937 die Hauptstadt der Kwena. Heute sieht man noch königliche Gräber und Mauerreste.

Knapp 5 km auf fester Piste Richtung Thamaga kommt man an einen Berg und sieht hoch oben eine Höhle, die **Kobokwe's / Livingstone Cave**. Die mündliche Überlieferung besagt, dass Hexen in der Höhle gefangen gehalten wurden. Angeblich ist die Höhle auch der Grund für die Bekehrung von Sechele I: Trotz der Warnung an Livingstone, in der Höhle drohe ihm der Tod, betrat dieser die Höhle – und überlebte, woraufhin Sechele I. Christ wurde.

Knapp 1 km südlich der Höhle von Kobokwe liegen rechts die Ruinen der **London Missionary Society**-Mission von Roger und Elisabeth Price, die von 1866 bis 1884 hier arbeiteten.

Francistown und der Nordosten

Highlights:

- Nata Bird Sanctuary
- Sowa Pan und Kubu Island
- Makgadikgadi Pans National Park
- Nxai Pan National Park
- Tuli Nature Reserve
- Khama Rhino Sanctuary

Francistown, die zweitgrößte Stadt des Landes, ist das Einfallstor für Reisende, die von Bulawayo (Zimbabwe) aus ins Land kommen, oder Zwischenstopp für Besucher aus dem Süden, die zu den Pfannen und Nationalparks Nxai und Makgadikgadi und weiter zum Okavango-Delta wollen.

Während die Region um Francistown herum von leichten Hügeln aufgelockert wird, ist die Landschaft in Richtung Westen flach wie ein Brett und von Busch bewachsen; dominiert wird sie von den Salzpfannen in den Nationalparks, die in gleißendem Weiß in der Sonne glitzern.

Francistown

Francistown ist für die Verhältnisse in Botswana mit 85 000 Bewohnern eine Großstadt. Nur sieht man es nicht. Das Zentrum ist klein, und der Betrieb hält sich in Grenzen. Auch wenn Francistown die erste Stadt des Landes war, haben inzwischen moderne Gebäude alles verdrängt, was historisch von Interesse gewesen wäre. So beschränkt sich die Stadtbesichtigung auf das Museum, ansonsten bleibt nur Shopping.

Bereits seit Zehntausenden von Jahren war die Umgebung von Francistown Siedlungsgebiet der San bzw. deren Vorfahren, was Werkzeugfunde sowie Felsgravierungen und -malereien belegen. 1000 Jahre v. Chr. schürften Kalanga nach Gold, und zu Beginn der christlichen Zeitrechnung ließen sich Bauern der Bantu nieder. In der Zeit des Butwa-Reiches der Kalanga war das heutige Francistown in die Handelswege eingebunden. Deshalb wird in der Stadt und der Umgebung Ikalanga gesprochen.

Die moderne Geschichte beginnt 1880, als Lobengula von den Ndebele einer Gruppe von weißen Geschäftsleuten die Goldschürfrechte verkaufte. (1867 hatte der deutsche Forscher Karl Mauch in der Tati-Region Gold gefunden, und kurz darauf begann der Abbau in der Monarch Mine.) Die Tati Company wurde gegründet. Einer der Direktoren war Daniel Francis. Nach ihm wurde der 1897 offiziell gegründete Ort benannt. Die Versorgungsstation für die Goldminen am Schnittpunkt der alten Straße von der Monarch Mine und der gerade fertig gestellten Eisenbahnlinie von Mafikeng (Südafrika) über Gaborone nach Bulawayo (Zimbabwe) wurde auf dem Reißbrett entworfen. Acht Avenues (ost-westlich) und acht Streets (nord-südlich) wurden gebaut, die Quartiere geteilt und die Teile versteigert. Für die Farbigen und Schwarzen wurden Townships außerhalb geschaffen. Da sich der Bergbau bald nicht mehr lohnte, verkaufte die Tati Company, die die Rechte an allem Land besaß, nach und nach Farmen, allerdings nur an Weiße, und entwaldete riesige Gebiete, um aus Feuerholz Profit zu schlagen. Die selbstherrliche Verwaltung ganzer Landstriche durch die Company endete endgültig erst 1969, einige Jahre nach der Unabhängigkeit.

Das **Supa Ngwao Museum** im alten Gericht (P.O. Box 766, Francistown, ✆ 20 30 88) beschreibt die lokale Geschichte der Kalanga und ihre Lebensweise, ein kleiner Laden verkauft Kunsthandwerk, Bücher und Postkarten. Manchmal finden Veranstaltungen statt. 🕒 Di–Sa 9–13 und 14–17 Uhr.

Übernachtung

UNTERE PREISKLASSE – ***YWCA / YMCA***, 2 km südlich der Stadt, Teemana Drive, ✆ 21 30 46, 50 Pula p.P., für beide Geschlechter.

Tati Hotel, Lobengula, Ecke Haskin Street, P.O. Box 666, Francistown, ✆ 21 22 55, 📠 21 64 04, 70 Pula p.P., einfach, heruntergekommen, Barbetrieb, deshalb nicht unbedingt für allein reisende Frauen geeignet.

Grand Lodge, Haskin, Ecke Selous Avenue, P.O. Box 1713, Francistown, ✆ 21 23 00, 📠 21 23 09, DZ 80 Pula p.P., einfach, sauber, viele Gitter zur Absicherung.

MITTLERE PREISKLASSE – ***Marang Hotel***, Budget-Zimmer für 110 Pula (s.u.).

Satellite Guesthouse, 2,5 km außerhalb, 250 m abseits der Old Gaborone Road in Höhe der Schule für Taube, P.O. Box 10707, Tati Town,

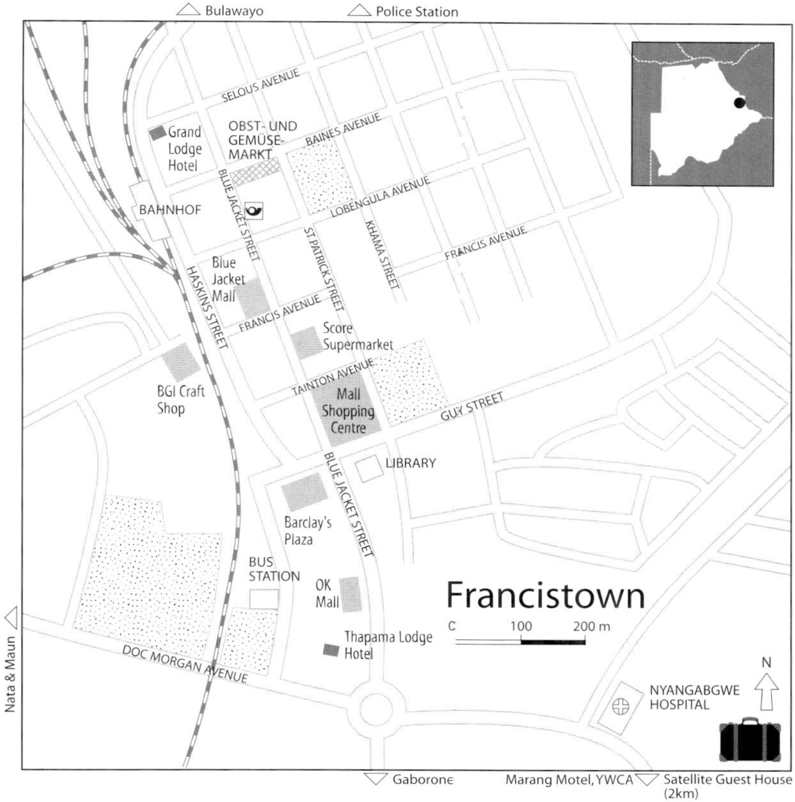

☏ 21 46 65, ℻ 20 21 15, DZ 100 Pula p.P., angenehm, aber ohne eigenen Wagen nicht einfach zu erreichen.

Oasis Lodge, 30 km außerhalb Richtung Gaborone am Shashe-Fluss, P.O. Box 481, Francistown, ☏ 28 48 80, ℻ 28 48 80, DZ 110–130 Pula, sauber, angenehm, Restaurant.

OBERE PREISKLASSE – ***Thapama Hotel Cresta***, Blue Jacket Street, Ecke Doc Morgan Avenue, P.O. Box 31, Francistown, ☏ 21 38 72, ℻ 21 37 66, DZ 250 Pula p.P., 4-Sterne-Hotel mit Kasino, viele Geschäftsreisende, Konferenzen.

Marang Hotel, 5 km außerhalb am Tati-Fluss gelegen, Old Gaborone Road, P.O. Box 807, Francistown, ☏ 21 39 92, ℻ 21 39 91, DZ 300 Pula (egal ob EZ oder DZ), beste Wahl, schöne Bungalows auf Stelzen, hervorragende Küche.

CAMPING – Am ***Marang Hotel***, s.o., Stellplatz 20 Pula p.P.

Essen

Marang Hotel, 5 km außerhalb am Tati-Fluss gelegen, Old Gaborone Road, ☏ 21 39 92, bietet die beste Küche der Stadt. Wer Interna-

tionales mag, kommt auf seine Kosten, aber die Köche produzieren auch traditionelle botswanische Gerichte.
Milano Restaurant, Barclay's Plaza, ✆ 21 00 66, serviert Pizza.
Silver Spur Steak House, Blue Jacket Plaza, ✆ 21 49 20, Restaurantkette mit den Standardgerichten aus Rindfleisch.
In der **Blue Jacket Street** gibt es eine ganze Reihe von kleinen Fast Food-Restaurants und Take-aways, z.B. Filialen von *Nando's Chicken* und *Kentucky Fried Chicken*.

Unterhaltung

In der Blue Jacket Street befinden sich einige **Diskotheken**, die am Wochenende offen haben. Man sollte aber bedenken, dass die Hauptgäste Minenarbeiter sind, die bei harten Getränken und Tanz den Staub loswerden wollen, und es hier daher zu fortgeschrittener Stunde häufig hoch hergeht.
Ruhiger und ohne Tanz unterhält man sich im ***HO-Café***, Tainton Avenue, ✆ 21 38 07 und im ***Francistown Café***, Haskin Street, ✆ 21 22 60.
Das einzige Kino der Stadt, ***Cine 2000***, liegt an der Blue Jacket Street.

Einkaufen

BÜCHER – gibt es im ***Botswana Book Centre***, Blue Jacket Mall, ✆ 21 55 68.

KUNSTHANDWERK – ist im kleinen **Museumsladen** (s.o.) erhältlich. Weitere Läden sind ***BGI Craft Shop*** (über die Fußgängerbrücke über die Eisenbahn, dann gleich links) mit guten Flechtwaren und Ledererzeugnissen,
Bushman Products, New Maun Road, ✆ 21 38 21, mit Souvenirs der San-Kultur, und ***Tswana Weaving***, Tati Town, ✆ 21 45 54, mit Webarbeiten aus Karakulwolle.

LEBENSMITTEL – Die Versorgung mit Lebensmitteln ist in den Einkaufszentren im Herzen der Stadt möglich; die Auswahl reicht von frischem Obst und Gemüse bis zu allen erdenklichen Leckereien, die man auch in Europa in den Supermarkt-Regalen findet.

Sonstiges

APOTHEKE – ***Hana Pharmacy***, OK Centre, kein Ruhetag, ✆ 21 60 26.

AUTOVERMIETUNGEN – ***Avis Rent-a-car***, Flughafen, ✆ 21 39 01, 📠 21 28 67.
Hertz Rent-a-car, Lobengula Avenue, Ecke Blue Jacket Street, ✆ 21 45 24, 📠 21 45 26.
Holiday Car Rental, Blue Jacket Street, ✆ 21 45 24, 📠 21 45 26.

GEPÄCKAUFBEWAHRUNG – am Bahnhof, 🕒 Mo–Fr 5–12.30 und 14–21 Uhr, Sa 5–10.30 und 17–21 Uhr.

INFORMATIONEN – Touristische Informationen erhält man im Museum (s.o.). Geschäftsreisende wenden sich für Informationen über das Wirtschaftsleben an den Francistown Town Council, P.O. Box 40, Francistown, ✆ 21 10 50, 📠 21 24 27.

NOTFÄLLE – **Ambulanz**, ✆ 997
Polizei, ✆ 999, Polizeiwache in der Haskin Street, kurz vor der New Maun Road.
Nyangabgwe Krankenhaus, bei der *Thapama Lodge*, ✆ 21 10 00.

POST – Blue Jacket Street.
Kurierdienst: *DHL Worldwide Express*, ✆ 21 67 55, 📠 21 01 78.

REISEBÜRO – ***VIP-Travel***, Lobengula Avenue, Ecke Blue Jacket Street, ✆ 21 66 00.

VISAVERLÄNGERUNGEN – Blue Jacket Street, in Höhe des Kinos, ✆ 21 42 04, Flughafen ✆ 21 22 19.

Transport

BUSSE – Busbahnhof: Guy Street, Ecke Doc Morgan Avenue. ***Mahube Express***, ✆ 21 20 74, Tati Town, ✆ 21 21 12, und ***Khanda Express***,

Dumela Industrial Area, ✆ 21 64 71. Zumindest einer der Busse dieser Gesellschaften sollte tgl. über GABORONE nach LOBATSE verkehren. Die Verbindungen über NATA nach MAUN bzw. KASANE sind nicht regelmäßig.

EISENBAHN – Bahnhof im Zentrum in der Haskin Street, ✆ 21 34 44. Der Zug hält auf der Strecke BULAWAYO – LOBATSE tgl. in beiden Richtungen in Francistown. Außerdem Do auf dem Weg nach PRETORIA, Di von Pretoria nach Bulawayo. Fahrplan s.S. 50f.

FLÜGE – Flughafen: New Maun Road Richtung Nata, ✆ 21 23 94. ***Air Botswana,*** Blue Jacket Plaza, ✆ 21 23 93, ✆ 21 38 34, fliegt Di und Fr jeweils 1x morgens und 1x abends in 70 Min. nach GABORONE.

Von Francistown nach Westen

190 km von Francistown nach Nordwesten führt die (meist schnurgerade) Teerstraße nach Nata. Auf dem Weg dorthin kreuzt man etwa 15 km vor der kleinen Ortschaft Dukwe zweimal die zum Abbau von Sodaasche angelegte Bahnlinie und kommt kurz vor Dukwe zum Dukwe-Veterinärzaun mit Tor, wo die übliche Kontrolle nach Rinderprodukten stattfindet.

Der Ort **Dukwe** (150 km von Francistown) war ursprünglich ein Flüchtlingslager für Menschen, die vor dem Befreiungskampf in Zimbabwe flohen. Heute sind hier Asylsuchende aus Angola untergebracht. Auf den verbleibenden Kilometern passiert man das Nata Bird Sanctuary und die Nata Lodge und kommt schließlich an die Kreuzung der Überlandstraßen von Kasane aus dem Norden und Maun aus dem Westen (in beide Richtungen vollständig geteert).

Nata

Nata ist nicht viel mehr als ein Versorgungspunkt für den Fernverkehr von Francistown nach Maun und Kasane. Tankstellen, Takeaways und Werkstätten vervollständigen das Bild von einem ungastlichen Ort. Wenn es nicht das Vogelreservat gäbe und die Salzpfannen, die man von Nata aus ganz gut erforschen kann, ließe sich kein Grund finden, hier länger Halt zu machen. Nata profitiert etwas vom Abbau der Sodaasche in der Sowa Pan, für den

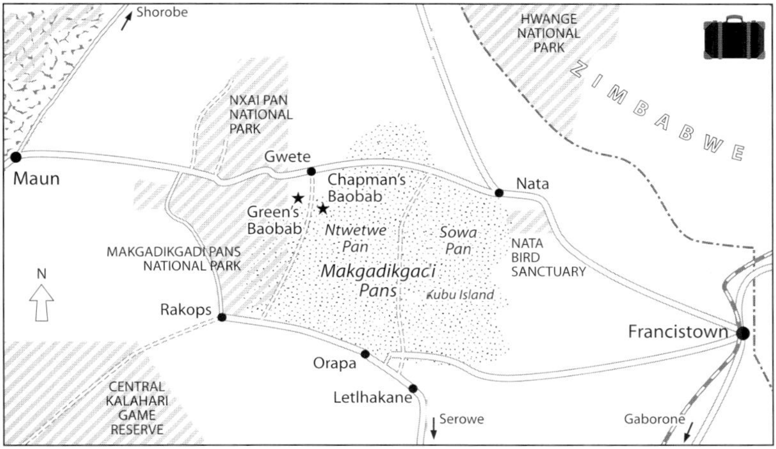

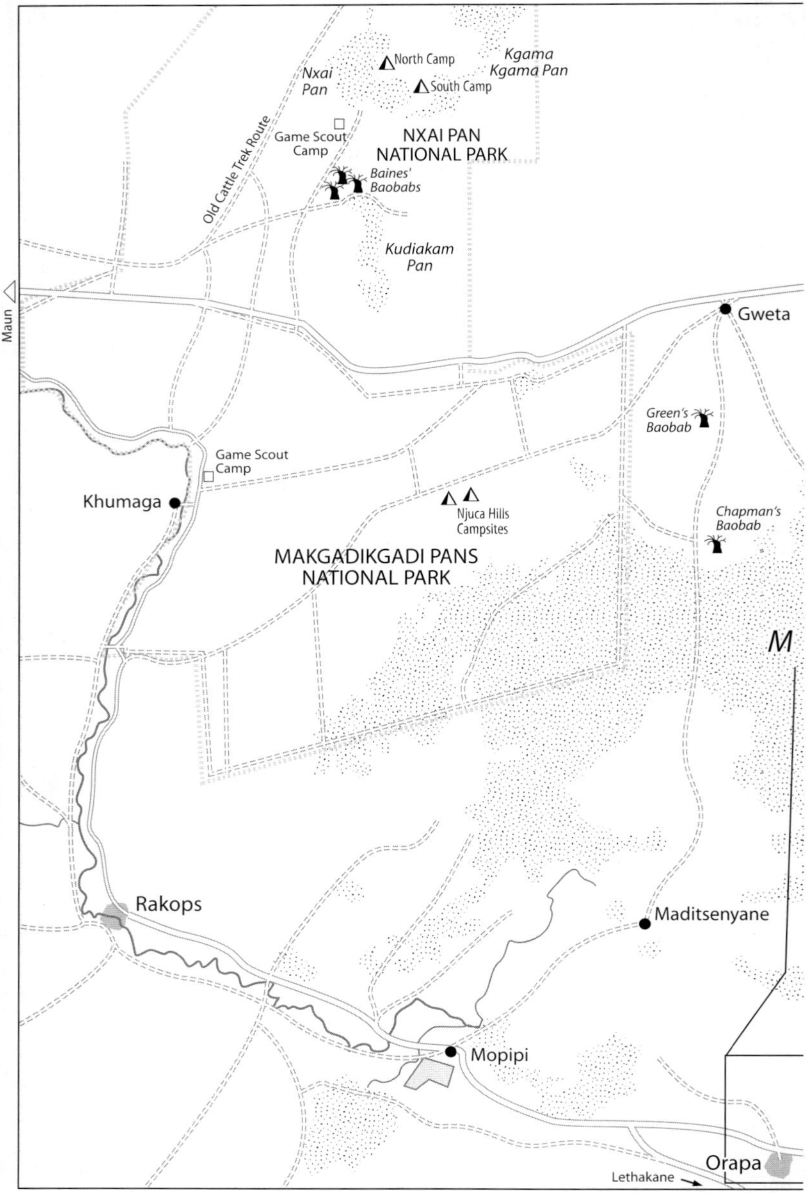
Nxai Pan
North Camp
South Camp
Kgama Kgama Pan
Game Scout Camp
NXAI PAN NATIONAL PARK
Old Cattle Trek Route
Baines' Baobabs
Kudiakam Pan
Maun
Gweta
Green's Baobab
Game Scout Camp
Khumaga
Njuca Hills Campsites
Chapman's Baobab
MAKGADIKGADI PANS NATIONAL PARK
M
Rakops
Maditsenyane
Mopipi
Orapa
Lethakane

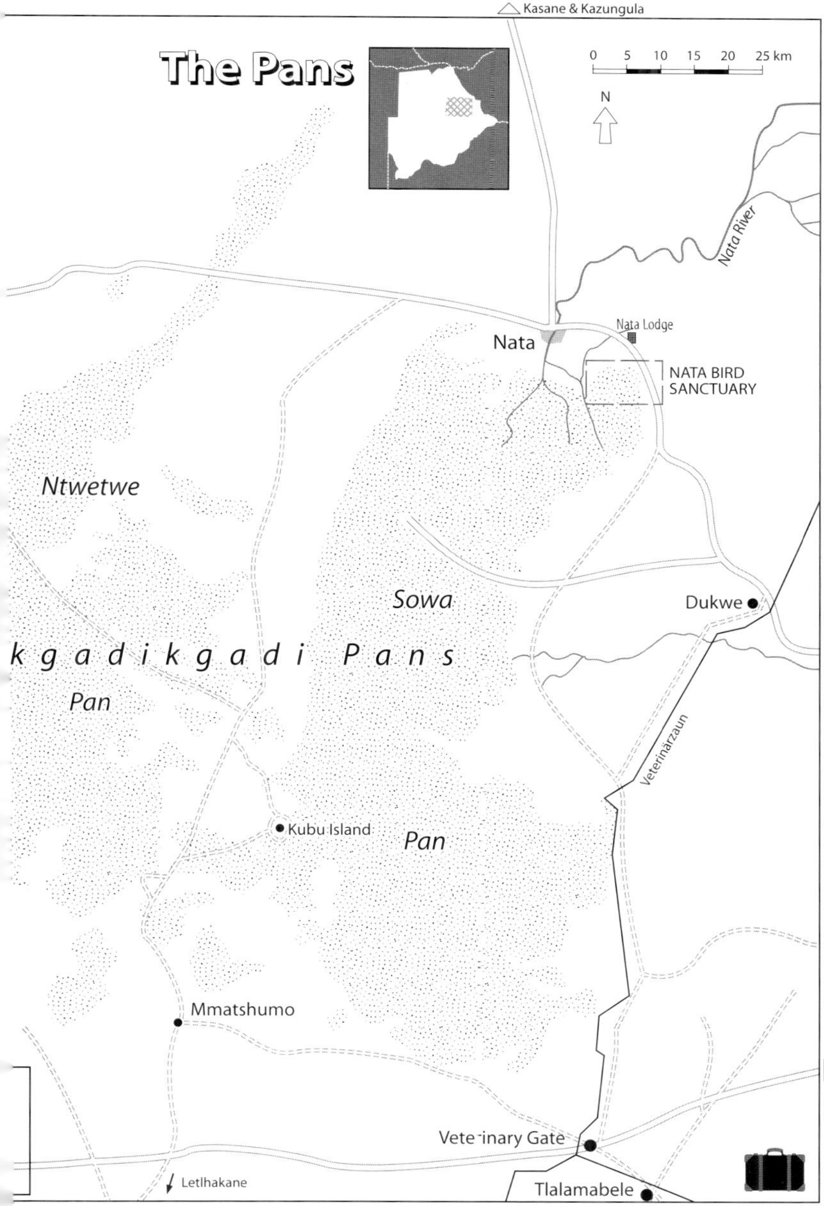
The Pans
Kasane & Kazungula
0 5 10 15 20 25 km
N
Nata River
Nata Lodge
Nata
NATA BIRD
SANCTUARY
Ntwetwe
Sowa
Dukwe
Francistown
kgadikgadi Pans
Pan
Veterinärzaun
Kubu Island
Pan
Mmatshumo
Francistown
Vete·inary Gate
Letlhakane
Tlalamabele

man eigens eine Eisenbahnlinie gebaut hat. Wer in den Pfannen unterwegs ist, wird immer wieder in der Ferne die riesigen Türme der Abbau- und Verarbeitungseinrichtungen wie eine Fata Morgana in der Hitze des Tages über dem Boden schweben sehen.

In Nata lebte Sekgoma, der Sohn von Khama III., im Exil, und auch heute noch haben die Mangwato ihre Rinder auf den Viehposten um Nata stehen. Erst in der 40er Jahren des 20. Jahrhunderts wurde der abgeschiedene Ort von den Briten administrativ stärker eingebunden und die *de facto* Versklavung der armen Bevölkerungsschichten abgeschafft.

Übernachtung

Nata Lodge, 10 km außerhalb Richtung Francistown, P.O. Box 10, Nata, ✆ 61 12 60, 📠 61 12 10, Bungalows 250 Pula (max. 4 Personen), Stellplatz 20 Pula p.P., Treff von Overlandern, die unglaublich laut im Pool ihren Staub abwaschen; heruntergekommen und überteuert. Das Restaurant ist nicht besser und bietet Essen mit ranzigem Curry (nachdem man einen Essensgutschein erworben hat, darf man an das Buffet). Die Lodge soll verkauft werden, vielleicht tut sich dann etwas.

Sua Pan Lodge, direkt an der Kreuzung bei der Tankstelle, P.O. Box 1, Nata, ✆ 61 12 20, 📠 61 12 20, Zimmer und Rondavels (Rundhütten) 60–100 Pula p.P., Budget-Zimmer, Stellplatz 15 Pula p.P., durch Lkw-Verkehr ziemlich laut, aber sauber und freundliches Personal, Restaurant, Pool, auch Camping – die bessere Wahl.

Camping auch im ***Nata Bird Sanctuary*** (s.u.) mit sauberen Plätzen und WC/Duschen.

Nata Bird Sanctuary

Das Nata Bird Sanctuary (P.O. Box 198, Francistown) befindet sich 17 km außerhalb in Richtung Francistown. Die Zufahrt ist in der Trockenzeit mit einem Pkw möglich. Der Campingplatz befindet sich schön gelegen in den Mopanewäldern nahe dem Eingang. Warme Duschen, Toiletten und Braai-Plätze sorgen für einen angenehmen Aufenthalt. Picknickplätze und Aussichtsplattformen sind verfügbar. Eintritt 15 Pula p.P., Fahrzeug 10 Pula, Camping 15 Pula p.P., 🕓 für Tagesbesucher von Sonnenauf- bis -untergang.

In der Regenzeit benötigt man, wenn man alles erkunden will, ein geländegängiges Fahrzeug. Das kommunale Projekt Vogelreservat wurde 1988 eröffnet. Heute leben auf den 230 km^2, je zur Hälfte Grasland und Salzpfanne, hauptsächlich Vögel – über 150 Arten –, aber auch Antilopen, Zebras und kleine Raubtiere. Wenn der Nata-Fluss Wasser führt, füllt sich die Salzpfanne langsam und die Wasservögel kommen zu Hunderten: Flamingos, Gänse, Enten und Pelikane – ein eindrucksvolles Erlebnis. Vor 10 000 Jahren muss die Gegend dicht besiedelt gewesen sein. Damals war die Salzpfanne ein See, der die Anrainer mit Fisch versorgte.

Der Gewinn aus dem Reservat kommt den Dörfern der Umgebung zugute, die mit der Kalahari Conservation Society im Verwaltungsrat vertreten sind. Die Nata-Frauen verkaufen am Eingangstor geflochtene Körbe, eine weitere Einkommensquelle in dem nicht gerade an Verdienstmöglichkeiten reichen Landstrich.

Sowa Pan und Kubu Island

Die Felsblöcke von Kubu Island werden als Insel bezeichnet, weil sie sich gering über das Weiß der Salzpfanne erheben – wild stechen die nackten Äste der Affenbrotbäume in den blauen Himmel, Grasinseln machen die Salzpfanne zu einer Seenlandschaft – ein idealer Ort für ein Picknick oder eine Übernachtung: Man ist mit der Natur allein, jeder Eindringling kündigt sich schon aus weiter Ferne an.

Auf dem Felsen wurden Werkzeuge und Mauerreste gefunden, die man aber nicht genau datieren konnte. Man geht davon aus, dass Kubu Island vor etwa 1000 Jahren besiedelt war, als die Natur hier noch nicht so harsch mit den Menschen umging und Wasser zur Verfügung stand.

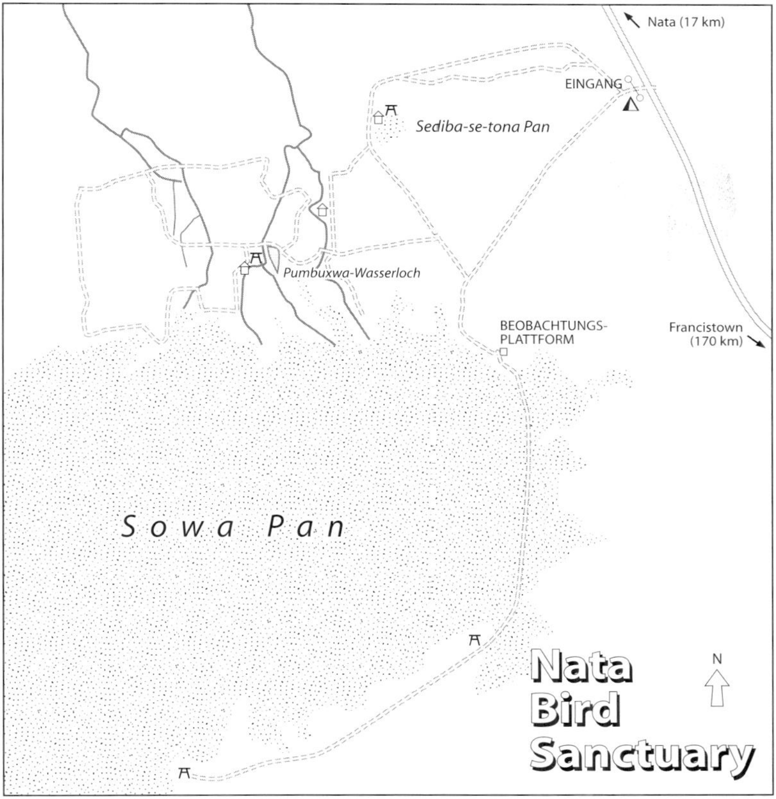

Organisatorisches

Für die Fahrt von Nata über Kubu Island nach Letlhakane benötigt man ein geländegängiges Fahrzeug. Die Landschaft ist fast menschenleer, deshalb sollte das Fahrzeug gut ausgerüstet sein. Da die Pistenverläufe nicht eindeutig sind, ist auch ein GPS-System äußerst hilfreich. Die Strecke von Nata nach Letlhakane (nächste Tankstelle) beträgt etwas mehr als 200 km. Auf den Pisten kann der Treibstoffverbrauch bis auf das Doppelte ansteigen. Wasser für 2–3 Tage – für den Notfall – sollte mitgeführt werden, ebenfalls zwei Ersatzreifen und Flickzeug; denn die Dornen durchstechen jede Karkasse. Da die Pisten mit hohem Gras bewachsen sein können, deren Grasspelzen den Kühler zusetzen, ist es dringend angeraten, diesen mit einer Gaze zu schützen. Die Fahrt ist in einem Tag zu schaffen, schöner ist es jedoch, auf Kubu Island zu nächtigen (kein Wasser, keine Versorgungsmöglichkeit).

Route

Wenn man Nata nach Westen in Richtung Maun verlässt, gibt es mehrere Abfahrten nach Süden in den Busch zu kleinen Ortschaften. Etwa bei Km 28 (WGS84: 20°09‘36“S/ 25°54‘40“O) fährt man nach Süden und er-

Baobab auf Kubu Island

reicht eine breitere Piste (WGS84: 20°10'09"S/25°55'09"O). Dieser zwei Kilometer folgen, bis man einige Hütten erreicht (WGS84: 20°10'15"S/25°56'12"O). Weiter geht es durch Mopanewald und schließlich zu einer mit Gras bewachsenen Pfanne. Kurz danach kommt eine Kreuzung, an der man sich Richtung WSW hält (WGS84: 20°11'18"S/25°56'14"O). Nach 6 km geht es an einer Kreuzung (WGS84: 20°12'44"S/25°53'49"O) nach SSW, und nach 3 km erreicht man eine Gruppe von acht Baobabs (WGS84: 20°14'17"S/25°52'59"O). Nach weiteren 3 km kommt man an ein altes Zementwerk (WGS84: 20°15'21"S/25°52'39"O), wo man sich nach SSO hält. Nach 5 bzw. 10 km stehen Viehposten. Am Zweiten (WGS84: 20°19'56"S/25°52'04"O) geht es nach SO durch dornigen Busch. Nach 5 km ist die Ortschaft **Depa** erreicht, eine Ansammlung von Hütten (WGS84: 20°21'41"S/25°53'20"O). Nun 15 km in Richtung SW und S fahren. Nach 15 km kommt man an den Rand der **Sowa Pan** und auf einen Damm (WGS84: 20°28'33"S/25°51'07"O), dem man folgt. Die Aussicht auf das Weiß der Pfanne ist fantastisch. Nach 22 km erscheint wieder ein Viehposten (WGS84: 20°39'48"S/25°49'47"O) und 6 km danach ein Dorf mit Baobabs (WGS84: 20°42'38"S/25°47'48"O). Die Piste verläuft nach SW und nach 3 km an einem weiteren Dorf nach W (WGS84: 20°43'20"S/25°46'07"O). Die Piste wird nun zunehmend fester und weniger staubig. Nach 7 km ist ein Veterinärzaun erreicht (WGS84: 20°45'47"S/25°44'20"O). Nach 2 km kommt eine Gabelung, an der man sich nach SO hält. Wieder nach 2 km passiert man einen Viehposten. 16 km dahinter ist **Kubu Island** erreicht (WGS84: 20°53'20"S/25°49'44"O).

In weitem Bogen wird der Fels umrundet und auf dem (in der Trockenzeit) festen Untergrund geht es mit hoher Geschwindigkeit nach Westen über die Pfanne. Sicherheitshalber sollte man auf alle Fälle auf der klar erkennbaren Piste bleiben – ein Fahrzeug, das im Salz versinkt, ist nicht mehr zu bergen. 18 km hinter dem letzten Wegpunkt (Kubu Island) geht es aus der Pfanne heraus (WGS84: 20°56'01"S/25°39'59"O) und in eine weitere hinein. Nach 8 km ist wieder ein Veterinärzaun erreicht (WGS84: 20°58'36"S/25°37'410"O), und es geht nach S. 6 km dahinter geht es endgültig aus den Salzpfannen heraus und in Mopanewald hinein (Viehposten). Nun sind es noch 15 km bis einen die Zivilisation in Form einer breiten Wellblechpiste an einer Ortschaft empfängt (WGS84: 21°08'32"S/25°39'18"O). Es geht rüttelnd und scheppernd nach SSW, und nach 23 km kommt man auf Teer (WGS84: 21°19'29"S/ 25°33'43"O). Nach 9 km passiert man das Hotel *Mikelele Motel* und nach weiteren 4 km die Hauptstraße von Gaborone nach Maun bei Letlhakane (WGS84: 21°25'31"S/25°34'45"O).

Letlhakane

Letlhakane ist der Standort einer der Diamantenminen des Landes. Den Diamanten wird nachgesagt, dass sie zwar nicht so zahlreich zu finden seien wie bei Orapa, aber weniger Einschlüsse und eine bessere Farbe besäßen. Neben Tankstellen gibt es eigentlich nur die Häuser der Minenarbeiter, administrative Niederlassungen und zwei Übernachtungsmöglichkeiten.

Übernachtung und Essen

Mikelele Motel, P.O. Box 16, Letlhakane, ✆ 27 85 94, Zimmer mit Toilette 75 Pula, einfache, saubere Unterkunft.
Granny's Guesthouse, P.O. Box 200, Letlhakane, ✆ 27 82 46, einfache, saubere Zimmer, 40 Pula p.P.
Man kann auch in Nata übernachten (s.o.).
Granny's Kitchen, ✆ 27 82 46, bei der *Shell*-Tankstelle, gut und günstig, aber man darf sich nicht darauf verlassen, dass geöffnet ist.

Orapa

Orapa ist eine verschlossene Stadt. 1967 wurden hier die ersten Diamanten gefunden, seitdem wuchs eine Stadt, die nur den Zweck hat, die kostbaren Steine der Erde zu entreißen. Zäune versperren jedem Besucher den Weg hinein und öffnen sich nur denjenigen, die lange vorher eine Genehmigung zur Besichtigung beantragt haben (die nicht in jedem Fall erteilt wird). Permits sind erhältlich bei *Debswana*, Debswana House, The Mall, P.O. Box 329, Gaborone, ✆ 35 11 31, 📠 35 61 10.

Gweta und die Ntwetwe Pan

Gweta liegt exakt 100 km westlich von Nata und ist auf einer ereignislosen Teerstraße erreichbar. Die Hüttensiedlung hat außer gut gelaunten Menschen, einer Tankstelle und einer Lodge nichts zu bieten. In der Umgebung allerdings liegt die Ntwetwe Pan, deren Baobab-Route bekannt und beliebt ist. Man kann entweder alleine fahren (ein geländegängiges und gut ausgerüstetes Fahrzeug ist Voraussetzung) oder an einer vom Gweta Rest Camp organisierten Tour teilnehmen, bei der man eine Nacht auf der Pfanne in einem stationären Zeltlager übernachtet. Im Gweta Rest Camp, eigentlich mehr eine Bungalowanlage, kann man auch Pferde mieten.

Übernachtung

Gweta Rest Camp, im Ort, P.O. Box 124, Gweta, ✆ 61 22 20, 📠 61 22 20, DZ 90 Pula p.P., Stellplatz 20 Pula p.P., Restaurant, angenehme Unterkunft mit Schwimmbad und schönem Innenhof.

Green's Baobab und Chapman's Baobab

Die Strecke ist nur in der Trockenzeit zu befahren, nach Regenfällen wird der Staub zu einem undurchdringlichen Matsch, der sich im Übrigen getrocknet nur noch mit einem Pressluft-hammer entfernen ließe. Nach der Fahrt sollte man den Wagen innen und außen aus diesem Grund nicht mit Wasser, sondern erst mit einem Besen reinigen.

Man verlässt Gweta an der Tankstelle links vorbei nach Süden. Am Ortsausgang nimmt man die linke Piste, die anfangs zwar schmal, aber fest ist. Binnen kurzer Zeit macht man Bekanntschaft mit dem feinen grauen Zementstaub der Pfannen. Die Räder wirbeln ihn auf, er bleibt minutenlang in der Luft stehen und kriecht durch jede Ritze in das Fahrzeug. Es geht 26 km durch diesen zum Husten reizenden Staub (Tuch vor den Mund binden); immer wieder wird man versuchen, dem fliegenden Zement zu entkommen und auf angenehmeren Untergrund zu gelangen – eine Zickzackfahrt ist die Folge. **Green's Baobab** ist bei WGS84: 20°25'30"S/25°13'49"O erreicht. Er ist eingezäunt, um zu vermeiden, dass die Touristen es den ersten Pionieren gleichtun und sich mit einem Messer im Stamm verewigen. Seinen Namen erhielt der Baum von den Forschern Green, zwei Brüdern, die 1852 hier vorbeizogen und ihren Namen in der Rinde hinterließen. Das Gleiche tat der Großwildjäger und Händler Hendrik van Zyl, der über 10 Jahre lang in Ghanzi daran arbeitete, für seine Grausamkeit und Habgier in der ganzen Kalahari berühmt zu werden (s.S. 223, Ghanzi).

Nach 11 km weiter Richtung Süden sollte eigentlich eine Piste nach Osten auf 6 km zu Chapman's Baobab führen, nur sind die Spuren zugewachsen und nicht mehr auffindbar. Es heißt daher: 11 km nach Green's Baobab und 2 km vor Beginn der Salzpfanne von Ntwetwe nach Osten durch den Busch abbiegen und im Zickzackkurs den undurchdringlichen Teilen des Dornbusches ausweichend sich auf die Wegmarke WGS84: 20°29'24"S/25°14'59"O zuzubewegen. Wer Pech hat, muss den Reifen wechseln, der Untergrund ist hart und dornenreich. **Chapman's Baobab** ragt über einem Viehposten auf. Um direkt hinzugelangen, muss man den Stacheldraht umfahren. Durch seine Größe und Mächtigkeit (25 m Umfang) war er in früheren Zeiten eine wichtige Landmarke, und so haben sich auch hier diverse Reisende in der Rinde verewigt – unter anderem James Chapman, der dem Baum seinen Namen gab.

Makgadikgadi Pans National Park

Der Nationalpark

Gnus, Elenantilopen, Oryxe, Springböcke und Zebras leben in großen Herden im Makgadikgadi-Park, ebenfalls Elefanten und Löwen, Geparden, Leoparden und Hyänen. Morgens ziehen die Zebras zu Hunderten durch den Park zu den Wasserstellen und produzieren riesige Staubwolken. Durch die Lage an der Hauptstrecke nach und von Maun ist der Park immer recht gut besucht. Wenn in den Salzpfannen Wasser steht, wird Makgadikgadi zum Vogelparadies. Dann sind große Schwärme von Flamingos und anderen Wasservögeln zu bewundern.

Ursprünglich war Makgadikgadi Staatsland, die trockene Region nicht bewohnt, nur in Zeiten großer Dürre kamen Hirten, um die Rinder grasen zu lassen, da der Boteti immer etwas Wasser aus dem Okavango hierher transportiert (zumindest unterirdisch). Etwa alle 10 Jahre beginnt der Boteti oberirdisch zu fließen und bringt Wasser in die Pfanne, danach trocknen die permanenten Tümpel langsam, aber sicher über die Jahre aus, bis der Fluss wieder fließt. 1970 wurde Makgadikgadi zum Tierreservat und 1992 zum Nationalpark erklärt. Er bedeckt heute eine Fläche von 4900 km². Der Park ist nicht eingezäunt und erlaubt den Tieren die Migration im Rhythmus der Jahreszeiten.

Eine Legende besagt, dass die Menschen aus Gweta in früheren Zeiten die Gegend erforschten, um ein neues Siedlungsgebiet zu finden. Sie wanderten über die flimmernden Salzflächen und hielten die Spiegelungen in der Ferne für Wasser. Tagelang versuchten sie das kostbare Nass zu erreichen, doch es blieb immer in der gleichen Entfernung zu ihnen. Nach und nach verdurstete einer nach dem anderen, bis nur einer übrig blieb; er gelangte halbtot nach Hause zurück und erzählte von dem „Wunder des wandernden Wassers".

Organisatorisches

Da im Park immer wieder tiefsandige Dünenauf- und -abfahrten vorkommen, ist ein geländegängiges Fahrzeug notwendig. Es gibt im Park keinerlei Versorgungsmöglichkeiten, Trink- und Waschwasser ist ausreichend mitzunehmen (das Wasser bei Khumaga schmeckt abscheulich nach Schwefel). Auch Feuerholz ist nicht erhältlich und das Sammeln im Park ver-

Die Früchte des Baobabs sind schackhaft und vitaminreich

boten. Häufig fallen auch die Pumpen aus, so dass die Duschen nicht funktionieren. Eine Vorausbuchung für den Park ist eigentlich notwendig, meist lassen die Ranger aber abends auch Gäste ohne Reservierung hinein.

Der Zeltplatz bei Khumaga (hinter dem Eingangstor zum Park) unter Akazien besitzt Wassertoiletten und Duschen (wenn die Pumpen funktionieren). Der herrlich gelegene Zeltplatz mit Weitsicht bei den Njuca Hills mit zwei Stellplätzen besitzt lediglich Latrinen. Man wird aber durch die Einsamkeit und die Landschaft belohnt.

Route

Der Park hat zwei Haupteingänge, jeweils mit einem Ranger Camp:

Khumaga liegt an der westlichen Seite – von Süden kommend fährt man über Rakops, von Norden über Motopi (65 km), jeweils auf Wellblechpiste, die aber asphaltiert werden soll –; der nördliche Eingang ist von Gweta aus anfangs auf Asphalt (50 km) und dann auf Piste (9 km) erreichbar.

In Khumaga (WGS84: 20°28'12"S/24°30'28"O) biegt man von der Wellblechpiste nach Osten ab. Ein Schild weist zum Xwaraga Campsite außerhalb des Parks (6 km nach Norden). Das Büro der Ranger ist nach der Durchquerung des Boteti nach 3 km erreicht (WGS84: 20°27'27"S/24°30'59"O). Die Fahrt geht nach Osten durch eine Gasse durch dichten Busch. Immer wieder kommen tiefsandige Passagen, wenn es die Dünenkämme hinauf oder hinunter geht. Durch den Dornbusch stürmen morgens und abends, wenn sich ein Fahrzeug nähert, riesige Zebraherden in immensen Staubwolken zu ihren Wasserlöchern.

Nach 25 km erreicht man eine weite Grasebene, Gnus stehen hier vereint mit Zebras herum, und Springböcke bilden große Ansammlungen. Nach 11 km erreicht man den Abzweig zu den beiden Stellplätzen bei den Njuca Hills (WGS84: 20°23'08"S/24°50'03"O). Es geht 6 km nach Süden und 3 km nach Osten. Weiter nach Nordosten an Makalani-Palmen vorbeifahren. Nach 14 km gelangt man zum zweiten Camp der Ranger (WGS84: 20°17'00"S/

24°54'23"O). Die Piste führt zunächst nach Westen und nach 3,5 km nach Norden (WGS84: 20°17'07"S/24°52'28"O). Nach weiteren 5 km Piste ist der Asphalt von Gweta nach Maun erreicht (WGS84: 20°14'39"S/24°51'58"O).

Übernachtung

Xwaraga Campsite, an den Ufern des Boteti, 6 km nördlich des westlichen Eingangs bei Khumaga (P.O. Box 47, Rakops), ✆ 43 02 32, Stellplatz 12 Pula p.P., warme Duschen, Toiletten, Braai-Plätze.

Khumaga Campsite und ***Njuca Hills Campsite*** im Park, zu buchen über *Parks & Reserves Reservations Office*, Department of Wildlife & National Parks, Gaborone und Maun.

Jack's Camp, an der östlichen Grenze des Parks, 50 km südlich von Gweta, Vorausbuchung unerlässlich, man wird in Gweta abgeholt oder landet auf der eigenen Landepiste, Buchung über P.O. Box 173, Francistown, ✆ 21 22 77, 📠 21 34 58, ab 500 Pula p.P. alles inklusive, zwei Luxuscamps mit Zelten (eigene Bäder), Teppichen und Damasttischdecken, Fahrten auf Quadbikes in die Pfanne, Wandersafaris.

Sonstiges

Kleine Läden für das Allernotwendigste in Gweta und Khumaga, Tankstellen in Gweta und Rakops.

Nxai Pan National Park

Die Anfahrt erfolgt in tiefem Sand und ist für Pkw unter keinen Umständen zu bewältigen. Wer im Park übernachten will, muss eine Vorausbuchung besitzen (über *Parks & Reserves Reservations Office*, Department of Wildlife & National Parks, Gaborone und Maun, Adresse s.S. 181).

Nxai Pan schließt, nur durch die Teerstraße getrennt, an den Norden von Makgadikgadi an. Der Abzweig liegt 136 km von Maun und 65 km von Gweta (jeweils Asphalt) entfernt. Der Park ist 2600 km² groß und besteht hauptsächlich aus offener Savanne und Dornbusch. Neben Antilopen finden sich Giraffen und Elefanten, Zebras und Raubtiere.

Im Park liegen die Baines Baobabs, eine Gruppe riesenhafter Bäume am Rand einer Salzpfanne. Benannt wurden sie nach Thomas Baines, der sie im 19. Jahrhundert gemalt hat, auch wenn sie weit älter sind als ihr Abbild. Die Baobabs sind nicht nur für Fotografen ein gefundener Augenschmaus.

Die Anfahrt von der Teerstraße zu den Baobabs direkt ist verboten: Man muss erst bis zum Eingangstor fahren und den Eintritt bezahlen, dann geht es zurück und zu den Bäumen (Näheres s.u.).

Westlich der Nxai Pan verlief zwischen 1950 und 1963 die „Old Cattle Trek Route", die Ngamiland mit Kazungula im Norden verband. Heute wird diese Piste für Gamedrives benutzt. Würde man der Viehroute nach Süden folgen (was mit Fahrzeugen nicht möglich ist), käme man hinter einigen kleinen Pfannen zu den Bushman Pits, einem Jagdrevier der San, die hier Löcher gruben, in denen sie sich versteckten, um dem Wild aufzulauern.

Nxai Pan wurde 1970 zum Tierreservat erklärt und erhielt 1992 den Status eines Nationalparks. Das Gebiet wurde dabei von 1700 auf 2600 km² erweitert, um die Region der Baines Baobabs zu schützen.

Zwei Campsites befinden sich direkt an der Pfanne, einer nördlich (North Camp), der andere südlich (South Camp), Wasser ist meist verfügbar, Feuerholz muss mitgebracht werden. Das Büro der Ranger befindet sich ebenfalls an der Salzpfanne, 37 km von der Teerstraße und 18 km vom Abzweig zu den Baines Baobabs im Norden. Bei den Baobabs darf (nach Anmeldung im Büro) gezeltet werden, allerdings gibt es dort keine Infrastruktur.

Nahrungsmittel und eine Tankstelle finden sich in Gweta und Maun.

Zu den Baines Baobabs

Man verlässt die Asphaltstraße (WGS84: 20°13'44"S/24°38'57"O) auf einer schmalen Piste, die abwechselnd mit sandigem Wellblech und tiefem Sand den Wagen malträtiert. Eine Ausweichmöglichkeit ist nicht gegeben. Nach

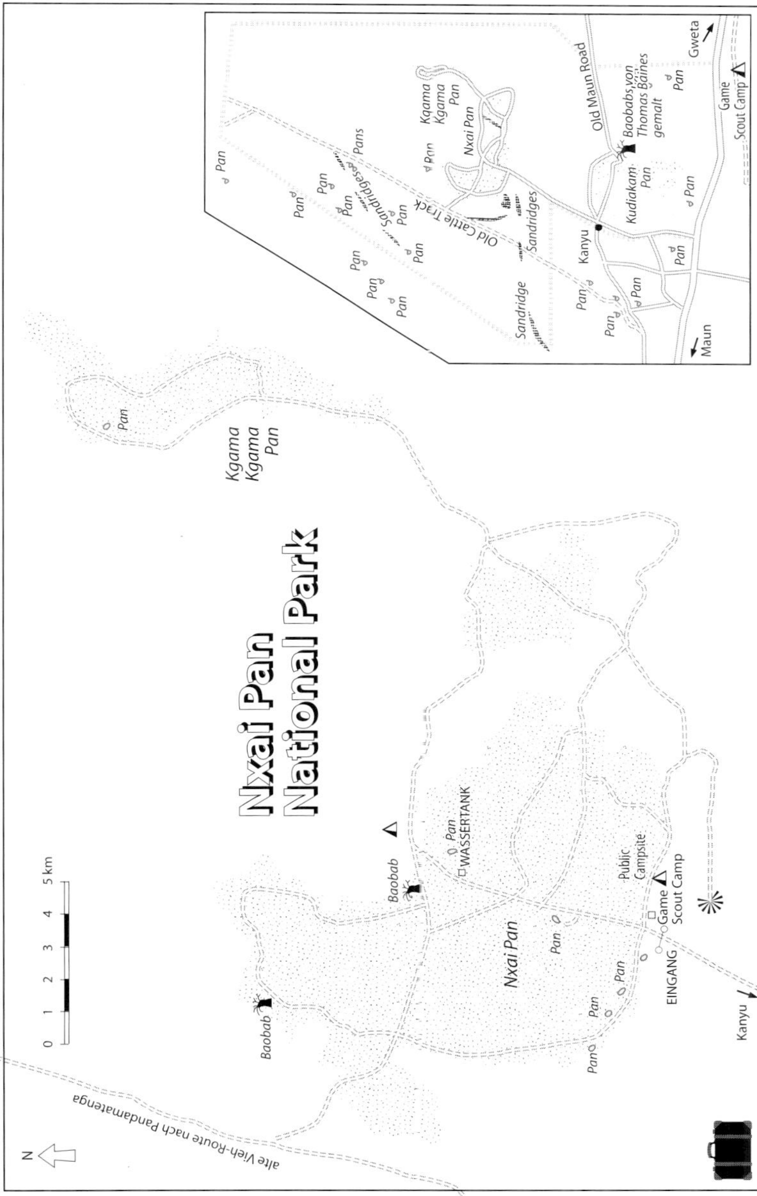
Nxai Pan
National Park
Kgama
Kgama
Pan
Pan
Nxai Pan
Baobab
Baobab
Pan
WASSERTANK
Public
Campsite
Game
Scout Camp
EINGANG
Kanyu
alte Vieh-Route nach Pandamatenga
0 1 2 3 4 5 km
N
Old Maun Road
Gweta
Baobabs von
Thomas Baines
gemalt
Game
Scout Camp
Kudiakam
Pan
Kanyu
Maun
Old Cattle Track
Sandridges
Sandridge
Pans
Nxai Pan

19 km langsamer Fahrt geht es rechts nach Osten ab (WGS84: 20°04'13"S/24°40'19"O), man muss aber erst geradeaus fahren um zum 18 km entfernten Camp der Ranger zu gelangen (WGS84: 19°56'03"S/24°45'42"O). Dort entrichtet man den Eintritt und kehrt zum Abzweig zurück. Auf etwas besserer Piste geht es an einem vor Jahren ausgebrannten und wohl bis ans Ende der Tage hier verbleibenden VW-Bus vorbei zu den Baobabs. Nach 10 km hat man die Kudiakam Pan erreicht, fährt 2 km darüber und dann auf die Insel mit der Gruppe der berühmten Affenbrotbäume (WGS84: 20°06'42"S/24°46'05"O).

Von Francistown nach Osten

Selebi-Phikwe

Die Stadt liegt 220 km südöstlich von Francistown und 400 km nördlich von Gaborone. Selebi-Phikwe wurde erst 1967 gegründet, nachdem in der Umgebung Kupfer, Nickel und Kobalt gefunden wurde. Heute ist es die drittgrößte Stadt im Land, kein Ort für Touristen, außer diese sind an Bergbau interessiert oder wollen in den Tuli-Block und wechseln hier den Bus.

Die Erzfunde bei Selebi und Phikwe werden von der *Bamangwato Concessions Ltd.* ausgebeutet. Pro Jahr werden 2,5 Millionen Tonnen Gestein bewegt. Dazu sind eine Menge Arbeiter angestellt (die Minengesellschaft ist der größte private Arbeitgeber des Landes), die alle in der Stadt leben, der man der Einfachheit halber den Namen der beiden Minen gab. Vor 1967 stand hier lediglich ein Viehposten. An der Hauptstraße The Mall liegen Läden und Supermärkte.

Übernachtung

Bosele Hotel, Tshekedi Road im Zentrum, P.O. Box 177, Selebi-Phikwe, ✆ 81 06 75, 📠 81 10 83, DZ 150 Pula p.P., 3-Sterne-Hotel, hauptsächlich für Geschäftsleute, Kasino, Schwimmbad.

Syringa Lodge, Independence Road, Ecke Dr. Meyer Road, auf dem Weg zum Flughafen, P.O. Box 254, Selebi-Phikwe, ✆ 81 04 44, 📠 81 04 50, ✉ syringa@info.bw, DZ 130 Pula p.P., gleiche Kategorie, Schwimmbad.

Essen

Red Lobster, in der *Syringa Lodge*, ✆ 81 04 44, auch wenn keine Meeresfrüchte auf den Tisch kommen, ist es das beste Restaurant der Stadt. In The Mall sind einige Schnellrestaurants und Take-aways, empfehlenswert ist das ***Pioneer Restaurant and Fast Foods***, ✆ 81 03 41.

Sonstiges

APOTHEKE – ***Botshabelo Pharmacy***, The Mall, ✆ 81 07 44, nach Geschäftsschluss ✆ 81 04 84.

AUTOVERMIETUNGEN – ***Holiday Car Rental***, Syringa Lodge, P.O. Box 264, Selebi-Phikwe, ✆ 81 04 44, 📠 81 04 50.

EINKAUFEN/INFORMATIONEN – Der ***Selebi-Phikwe Bookshop***, The Mall, ✆ 81 05 58, ist gut sortiert. Hier erhält man auch eine jeweils freitags im Ort verlegte Broschüre, *Phikwe Bugle*, die über die Ereignisse (vergangene und kommende) in der Stadt informiert.

NOTFÄLLE – **Polizei:** The Mall. **Krankenhaus:** nördlich der Mall, Hospital Avenue, ✆ 81 09 97.

POST – **Postamt** in The Mall, **Kurierdienst**: *DHL Worldwide Express*, ✆ 81 38 77.

Transport

Motlogelwa's Express, ✆ 81 51 78, täglich nach FRANCISTOWN, MAUN und LOBATSE über GABORONE.
Maswibili Bus Service, ✆ 81 06 50, täglich nach Francistown und MARTIN'S DRIFT.
Bamangwato Coach Tours, ✆ 81 09 24, täglich nach Francistown, SEROWE und Gaborone.

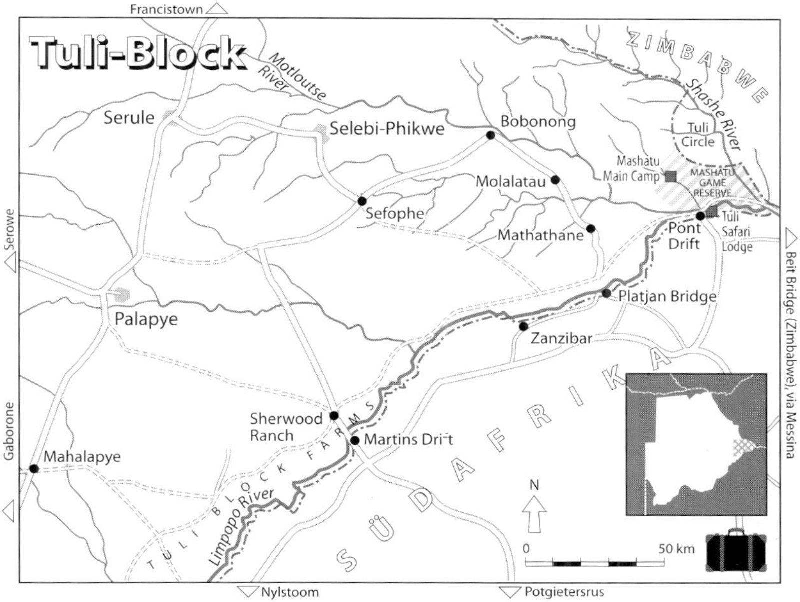

Tuli Nature Reserve

Tuli und Mashatu Game Reserves

Das Reservat ist nur Übernachtungsgästen zugänglich, die sich vorher angemeldet haben. Transitfahrer nach und von Südafrika dürfen im Reservat nicht die Hauptstraße verlassen.

Das Tuli Nature Reserve zerfällt in zwei Konzessionsgebiete: Tuli Game Reserve und Mashatu Game Reserve. Beide Reservate sind privat und dienen nur dem Zweck, die Gäste in den exklusiven Lodges und Camps mit Gamedrives zu erfreuen. Mashatu besitzt die weitaus exklusiveren Einrichtungen (es gehört zur in Südafrika sehr bekannten Mala Mala Lodge, das Beste was es auf dem Lodge-Sektor gibt) mit einer zentralen, hochluxuriösen Lodge und einem Zeltcamp als Satelliten, der in puncto Luxus den Zentralgebäuden in nichts nachsteht. Beide Wildreservate lassen eine direkte Anfahrt nicht zu, man wird in Pont Drift abgeholt und in die Lodges gebracht (eigene Fahrzeuge bleiben bei Pont Drift).

Die Wildhüter, die die Gamedrives durchführen, sind ausgezeichnet ausgebildet und kennen die Landschaft aus dem Effeff. Man bittet um einen Leoparden und kann sicher sein, dass nach einiger Suche einer gefunden wird – vielleicht wie er sich gerade an einer soeben gerissenen Antilope gütlich tut. Wer Löwen will, bekommt Löwen. Elefanten und Flusspferde sind Basics, da muss man nicht erst auf Pirsch gehen.

Die Mahlzeiten werden in Mashatu abends unter freiem Himmel eingenommen, die Tische (für jeden Gast einen fein gedeckten) sind in einem Halbrund um das Lagerfeuer angeordnet, ein dienstbarer Geist erscheint vor jedem Gang und verkündet, was als Nächstes auf die Tische kommt. Nach dem Essen begibt man sich in die offene Bar über einem Wasserloch, das künstlich beleuchtet wird. Während man seinen Cognac genießt, planschen die Elefanten im Wasser. Man geht aber nicht zu spät zu Bett, denn am Morgen heißt es um 5 Uhr aufstehen und wieder auf Pirsch gehen. Ausruhen kann man sich mittags in der größten Hitze am Pool. Das Tented Camp ist mitten im Busch versteckt, kleiner und ruhiger. Wer das absolute Buscherlebnis sucht, aber auf Luxus nicht verzichten will, ist hier richtig.

Die Landschaft des Naturreservates besteht aus mit Dornbusch und Wäldern bewachsenen Hügeln und Flusstälern mit felsigen Uferklippen. Akazien, Baobabs und Mopane wechseln sich ab. Hier wächst auch der Mashatubaum, der dem Reservat seinen Namen gab.

Vierradantrieb Bei Pont Drift erschien Anfang der 90er Jahre, als der Limpopo Hochwasser führte, ein Deutscher und fragte die Zöllner auf südafrikanischer Seite, ob man mit dem Wagen durch den Fluss käme. Da der Wasserstand niedrig war, bejahten diese mit der Einschränkung, dass ein *four by four* nötig wäre. Der Deutsche stieg wieder in seinen Audi Quattro, fuhr los und soff ab. – Geländegängigkeit bedeutet nicht allein Vierradantrieb, es ist auch eine hohe Bodenfreiheit und Robustheit notwendig.

Anfahrt

Die Anfahrt zum Tuli Nature Reserve und zur Grenzstation Pont Drift geschieht bis auf die letzten Kilometer auf Teer. (Die Grenzstation ist von 8–16 Uhr geöffnet; da beim Grenzübertritt der Limpopo zu durchqueren ist, kann Südafrika bei Regenfällen nicht erreicht werden; es gibt keine Versorgungsmöglichkeit). Man verlässt Selebi-Phikwe Richtung Süden und Sefophe. Kurz vor Sefophe biegt man östlich nach **Bobonong** ab, das man nach weiteren 52 km erreicht. Eine Kirche aus kolonialer Zeit bestimmt das Stadtbild. Von dem kleinen Ort ist ein Abstecher an die Grenze zu Zimbabwe und an den Shashe-Fluss möglich (25 km feste Piste), wo die Ausläufer der Matobo Hills sich nach Botswana hineinziehen. Hier heißen sie **Lepokole Hills**. Sie sind ein altes Siedlungsgebiet der San; man findet Felsmalereien und -gravierungen an den Klippen und unter Felsvorsprüngen. Auch eine Ruine aus der Zeit von Great Zimbabwe ist zu sehen (15. Jahrhundert).

68 km hinter Bobonong kommt man an eine Kreuzung (WGS84: 22°17‘29“S/28°54‘31“O) – **Lekkerpoot**. Links geht es nach Pont Drift (rechts nach Martin‘s Drift). Hier beginnt die Piste. Nach 10 km weist ein Schild auf die Talana Farms hin und nach 6 km sprechen die Farmer auf einem weiteren Schild vor einer Furt eine ernst gemeinte Warnung aus: **Talana Towing Charge 350 Pula – No cash, no tow!** (WGS84: 22°13‘29“S/28°59‘02“O.) Bei Hochwasser sollte man rechtzeitig seine Geldscheine zählen, denn die Warnung ist wörtlich zu nehmen. 8 km hinter der Furt erreicht man das Tuli Nature Reserve, 9 km weiter den Abzweig zur Tuli Safari Lodge und nach 4 km Pont Drift, die Grenze zu Südafrika, sowie das Büro des Mashatu Game Reserve (WGS84: 22°12‘49“S/ 29°08‘16“O). Bei Hochwasser ist die Grenze nicht passierbar, aber eine Seilbahn bringt Gäste der beiden Game Reserves über den Limpopo.

Tuli-Block Der Tuli-Block zieht sich 350 km entlang den Ufern des Limpopo, vom Zusammenfluss von Limpopo und Shashe im Grenzgebiet Südafrika, Botswana, Zimbabwe nach Westen. Er ist zwischen 10 bis 20 km breit.
Ursprünglich war es das Stammesland der Mangwato. Die britische Verwaltung übergab das Land aber an die BSACO, die es für den Eisenbahnbau für sich reklamierte. Khama III. war einverstanden, weil er die Eisenbahn für sein Volk als wichtig ansah. Nur konnten die Schienen nicht entlang des Limpopo verlegt werden, da die Brückenbauten über die Zuflüsse des Limpopo die Kosten so in die Höhe getrieben hätten, dass die Frachtkosten zu teuer gekommen wären.
Man entschied sich daher für eine Trasse weiter westlich über Francistown. Da man das Land aber nun einmal besaß, gab man es mit Gewinn an weiße Farmer ab, die die Gegend bis heute hauptsächlich für die Rinderwirtschaft nutzen.

Übernachtung

Mashatu Game Reserve, Pont Drift, P.O. Box 2575, Randburg, Südafrika, ✆ 0027-11-789 2677, 📠 886 4382, ✉ jhb@malamala.com, DZ ab 550 Pula p.P., im Tented Camp DZ ab 450 Pula, jeweils alles inklusive, hochluxuriös, eine der besten Lodges in Botswana, wenn nicht die Beste.

Tuli Safari Lodge, Pont Drift, P.O. Box 32533, Braamfontein, Südafrika, ✆ 0027-11-482 2634, 📠 482 2635, DZ ab 400 Pula p.P. alles inklusive, Tented Camp für Selbstversorger ab 150 Pula p.P.

Von Francistown nach Süden

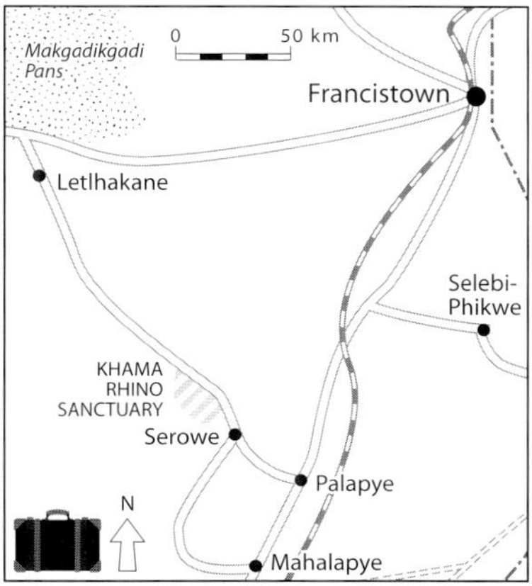

Palapye

Palapye liegt 5 km abseits der Hauptverbindung von Gaborone (270 km) nach Francistown (160 km). Touristisch ist es nicht interessant. Zwar war es ab 1889 der Hauptsitz der Mangwato, aber schon 1902 zwang die herrschende Dürre Kgosi Khama III., die Hauptstadt nach Serowe zu verlegen. Heute ist Palapye dank seiner Kohlevorkommen und dem 1986 fertig gestellten Kohlekraftwerk eine wachsende Stadt mit Hotels und guten Einkaufsmöglichkeiten.

Bei den Tswapong Hills befinden sich die Ruinen einer gotischen Kirche, die Khama III. in dreijähriger Bauzeit ab 1889, der Ankunft seines Volkes aus Shoshong, erbauen ließ. Die Mauerreste sind nicht weiter interessant und schwer zu finden. Man verlässt die Stadt im Osten über die Bahnlinie und um das riesenhafte Wasserbecken herum und hält sich immer in etwa nach Osten in Richtung des Ortes Malaka, quer durch schmale Buschpisten mit vielen Gabelungen gelangt man zum nordwestlichen Ende der Hügel. In der Ortschaft angekommen, fragt man am besten Kinder nach den Kirchenruinen.

Übernachtung

Palapye Guesthouse, kurz vor der Stadt auf der rechten Seite, P.O. Box 34, Palapye, ✆ 42 22 74, 📠 42 04 15, DZ 60 Pula p.P., einfache Unterkunft.

Palapye Hotel, am Bahnhof, P.O. Box 1, Palapye, ✆ 42 02 77, DZ 70 Pula p.P., einfaches, nettes Hotel.

Botsalo Travel Inn, am Abzweig nach Palapye, P.O. Box 35, Palapye, ✆ 42 02 45, 📠 42 05 87, DZ 140 Pula p.P., Standard der Hotelkette *Cresta*, Schwimmbad, Restaurant.

Essen und Einkaufen

Im Engen Shopping Center gibt es alles, was das Herz begehrt.

Sonstiges

APOTHEKE – ***Palapye Pharmacy***, Engen Shopping Complex, ✆ 42 11 58, nach Geschäftsschluss ✆ 42 11 59.

NOTFÄLLE – **Polizei:** Hauptstraße. **Krankenhaus:** Francistown Road, ✆ 42 03 31.

POST – in der Hauptstraße; **Kurierdienst:** *DHL Worldwide Express*, ✆ 42 22 41.

Transport

Busse an der Hauptkreuzung bei den Tankstellen.
Züge nach GABORONE / LOBATSE und FRANCISTOWN. Bahnhof im Ort, ✆ 42 02 03.

Mahalapye

Mahalapye (200 km von Gaborone, 230 km von Francistown und 73 km südlich von Palapye) ist lediglich als Tankstopp, Übernachtungsort und zur Auffrischung der Vorräte interessant.

Shoshong Hills 43 km westlich von Mahalapye – auf Teer erreichbar – liegt Shoshong am Fuße der gleichnamigen Hügel. Bis 1889 und zum Umzug der Mangwato nach Malaka östlich von Palapye lag hier das mächtige Zentrum der Mangwato. Shoshong war durch den Transkalaharihandel reich geworden, die Mangwato mussten aber schließlich der Dürre weichen und wanderten weiter. Ruinen erinnern noch an die London Missionary Society und die Hermannsburger Mission, die um 1850 in Shoshong mit ihrer Arbeit begannen. Der Schotte John MacKenzie von der LMS (der zunächst auf der von Livingstone verlassenen Mission arbeitete, bevor er nach Shoshong kam) wurde besonders dafür bekannt, dass er den Einfluss der Briten auf die Mangwato verstärken wollte, um ein Gegengewicht gegen die burischen Expansionsbestrebungen zu bilden. In den Hügeln von Shoshong belegen Funde, dass hier bereits im 8. Jahrhundert Erz geschürft wurde.

Übernachtung und Essen

Mahalapye Hotel, hinter dem Postamt beim Kreisverkehr links (2 km), P.O. Box 526, Mahalapye, ✆ 41 02 00, DZ 80 Pula p.P., einfache Unterkunft.
Kaytee's Restaurant & Takeaway, ✆ 41 07 95, überall wärmstens empfohlener Traditionshalt der Fernfahrer.

Sonstiges

APOTHEKE – ***Phodisong Pharmacy***, ✆ 41 14 36.

NOTFÄLLE – **Krankenhaus:** ✆ 41 03 33.

Transport

Züge nach GABORONE / LOBATSE und FRANCISTOWN. Bahnhof im Ort, ✆ 41 13 75.

Serowe

Serowe liegt 50 km von Palapye (auf Teer erreichbar). Es wurde nach Shoshong und Malaka (bei Palapye) 1902 zur Hauptstadt der Mangwato. Mit knapp 40 000 Bewohnern hat es sich aber immer noch seinen dörflichen Charakter bewahrt: Auch wenn zunehmend moderne Gebäude entstehen, sind die traditionellen Tswana-Hütten noch in der Überzahl.

Serowe war der Geburtsort von Sir Seretse Khama, dem ersten Präsidenten des unabhängigen Botswana. Seinem Großvater zu Ehren wurde das Museum **Khama III. Memorial Museum** genannt. Es hat die Geschichte der Khama-Familie und des Ortes Serowe zum Gegenstand. ⏲ Di–Fr 8–12.30 und 14–16 Uhr, Sa 11–16 Uhr, Eintritt frei. Der kleine angeschlossene Laden verkauft Kunsthandwerk. Das Museum, ✆ 43 05 19, liegt 2 km vom *Tshwaragano Hotel* Richtung Khama Rhino Sanctuary.

Das Zentrum des Ortes bildet die **Kgotla**, wo prinzipiell viel Betrieb herrscht – kein Wunder bei der wichtigen Stellung der Königsfamilie über die Jahre. Am Hang mit Blick über das Herz der Stadt liegt das *Tshwaragano Hotel*.

Wandert man den die Stadt dominierenden Hügel hinauf, kommt man an die **Grabstätten der Khama-Familie**. Manchmal sind sie frei zugänglich, es kann aber auch passieren, dass einem der Zutritt ohne offizielle Begleitung verweigert wird (im Museum nachfragen).

Ebenfalls auf dem Hügel sind Ruinen eines Dorfes aus dem 11. Jahrhundert zu finden.

Übernachtung

Khama III. Museum, s.o., 2 Rondavels (Rundhütten) für je 50 Pula, Camping möglich (15 Pula p.P.).
Tshwaragano Hotel, P.O. Box 102, Serowe, ✆ 43 03 77, 📠 43 17 00, Rondavel mit Bad für 2 Personen 150 Pula, schöne Lage über dem Zentrum, aber heruntergekommen.
Serowe Hotel, vom Zentrum Richtung Palapye, P.O. Box 150, Serowe, ✆ 43 02 34, DZ ohne Bad für 2 Personen 140 Pula, einfach, aber sauber, Restaurant.
Bungalows und Camping auch im Khama Rhino Sanctuary, s.u.

Essen

Central Supermarket & Restaurant, Khama Crescent, ✆ 43 08 01, asiatische Küche.
Mom's Kitchen, Hauptstraße, ✆ 43 21 42, einfache Gerichte, Take-away.
The Chicken Inn, Khama Crescent, ✆ 43 38 78, Take-away, Hühnergerichte.

Sonstiges

APOTHEKE – ***Phodisong Pharmacy***, ✆ 43 03 00.

AUTOVERMIETUNGEN – ***Holiday Car Rental***, Shinga House, Serowe, ✆ 43 05 20, 📠 43 05 20.

NOTFÄLLE – **Polizei**: im Zentrum bei der Kgotla. **Krankenhaus**: ✆ 43 03 33.

POST – Im Zentrum bei der Kgotla.

Transport

Kein fester Busfahrplan nach Serowe. Am besten fragt man in Palapye an der Kreuzung der Hauptstraße nach.

Khama Rhino Sanctuary

Das Khama Rhino Sanctuary (P.O. Box 10, Serowe, ✆ 43 07 13, 📠 43 07 13), 30 km nörd-

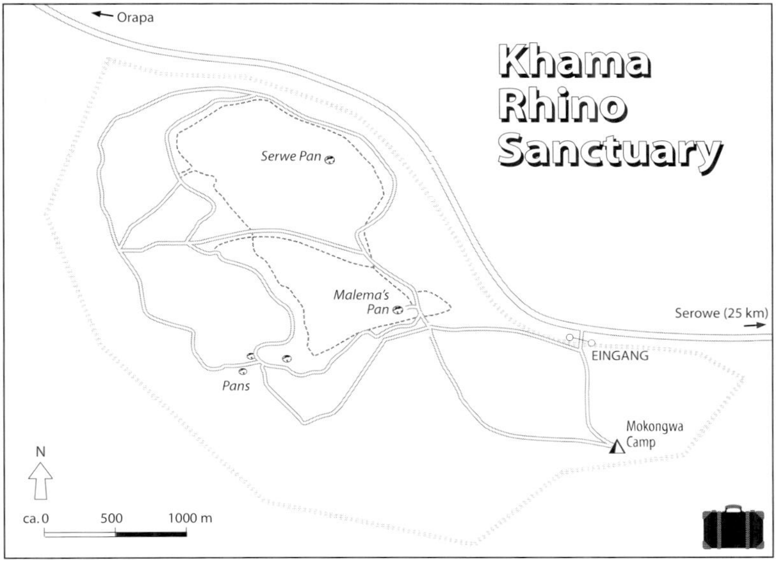

lich von Serowe, ist der kleinste Park Botswanas. Es muss nicht über die Zentrale vorausgebucht werden, sondern man kann es direkt anfahren und dort übernachten, wenn es Platz gibt. Der Park hat eine Größe von 43 km^2 und wurde geschaffen, um die vom Aussterben bedrohten Weißen Rhinos zu schützen. Praktischerweise liegt das Sanctuary direkt neben einem Militärstützpunkt, der weithin sichtbare Wachtürme zum Schutz der Tiere aufgestellt hat. Khama ist damit das bestbewachte Tierreservat der Welt. Die Anzahl der Nashörner bewegt sich um ein halbes Dutzend, und man muss schon sehr lange herumfahren, um sie zu entdecken.

1989 wurde die Idee geboren, ein Tierreservat um die Serwe-Pfanne aufzubauen. Die Pfanne war bis dahin lediglich ein Viehposten; man wollte die Region wieder ihrer früheren Bestimmung als Lebensraum für das Wild zuführen. 1993 schließlich führte das Mangwato Land Board als Rechtsträger des Landes das Gebiet dem Khama Rhino Sanctuary Trust zu. Das 4300 ha große, typische Sandveld mit seinen Grasebenen und natürlichen Wasserlöchern erschien als Habitat für Nashörner besonders geeignet. Heute ist das Gebiet unter Treuhandverwaltung der Kommunen von Serowe, Paje und Mabeleapudi, Aufsichtsrat ist Generalleutnant Ian Khama, derzeit oberster Führer der Mangwato.

Die Einrichtung der Camps (Stellplatz 15 Pula) ist vorzüglich, auch Chalets (150 Pula für 4 Personen) können angemietet werden. Eintritt 5 Pula, Fahrzeug 10 Pula, Feuerholz 5 Pula / Bündel.

Wer aus der Kalahari kommt, wird die heißen Duschen genießen. Es gibt allerdings keine Versorgungsmöglichkeit: Wer ein kühles Bier will, muss 8 km Richtung Serowe fahren und auf der Teerstraße zum Dorf Paje hinauf; am Ende steht eine Bar, wo man sich seinen Durst mit den vielen Soldaten vor Ort teilt oder das Bier zum Zelt mitnimmt.

Die Kalahari

Highlights:

- Mabuasehube Game Reserve
- Gemsbok National Park
- Kalahari Gemsbok National Park (Südafrika)
- Khutse Game Reserve
- Central Kalahari Game Reserve

Die Kalahari mit ihren flachen, buschbestandenen Ebenen, die vom roten Sand der grasbewachsenen Dünen und den immer wieder aufblitzenden grellweißen Salzpfannen unterbrochen wird, hat ihren eigenen Reiz. Im Süden und im Zentrum des Landes kann man diese Landschaft in den Nationalparks genießen, ohne auf andere Menschen zu treffen. Die früheren Bewohner, die San, leben heute außerhalb der Parks in neu geschaffenen Siedlungen im Busch. Es wird von der Administration nicht gerne gesehen, wenn Fremde sie besuchen. Begegnet man ihnen jedoch zufällig, wird man freundlich empfangen und versteht unweigerlich, dass diese zarten Menschen in der modernen Welt keinen leichten Stand haben.

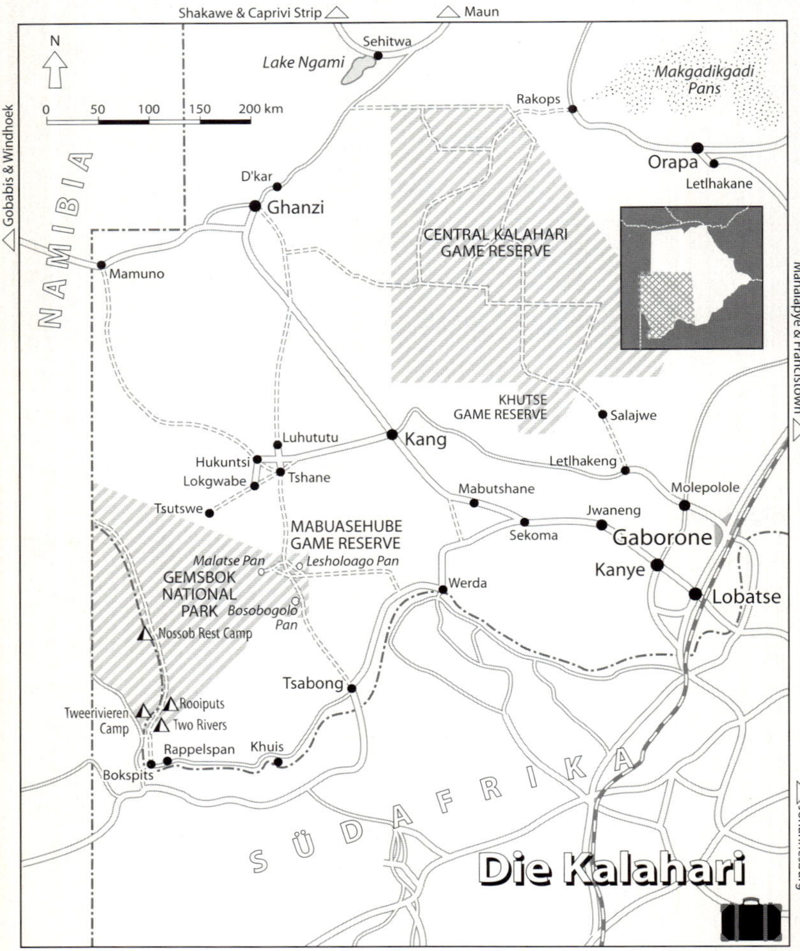

Tsabong

Wer in den Kalahari Gemsbok oder den Mabuasehube National Park will, passiert meist die kleine Ortschaft Tsabong, 540 km südwestlich von Gaborone und 26 km vom Grenzübergang nach Südafrika mit dem schönen Namen McCarthy's Rest (🕓 8–16 Uhr). Man merkt der Streusiedlung – letzte Außenstelle der Zivilisation und das Ende der Teerstraße – schon die Wüste an, der Sand ist auch im „Zentrum" allgegenwärtig. Wer sich mit Grundnahrungsmitteln und Brot zufrieden gibt, kann seine Vorräte auffrischen. Getankt werden muss auf jeden Fall: Durch den Mabuasehube-Park sind es 300 km tiefer Sand und zum Grenzübergang Bokspits nach Südafrika (🕓 8–16 Uhr) am äußersten südwestlichen Zipfel Botswanas führt eine sandige Wellblechpiste am Trockenflusstal des Molopo entlang, die ebenfalls den Treibstoffverbrauch nach oben schnellen lässt (260 km).

Wer über Bokspits ein- oder ausreist, wird auf botswanischer Seite keinen Grenzposten finden. Man muss sich drei Kilometer vor der südafrikanischen Grenzstation an der Polizeistation, die sich durch eine Fahne von den anderen Gebäuden unterscheidet (WGS84: 26°53'32"S/20°41'52"O), ab- oder anmelden. Wer einreist, erhält ein Visum für maximal 14 Tage, in dieser Zeit muss man es bei einem Immigration Office verlängern lassen.

Eigentlich wäre Tsabong gottverlassen, hätte es da nicht etwas Besonderes: das **Berry Bush Camp**. Der Abzweig dorthin liegt 8 km außerhalb im Osten (WGS84: 25°57'42"S/ 22°27'00"O). Es geht auf guter Piste 4 km bis zum Farmhaus (WGS84: 25°56'47"S/ 22°25'38" O). Jill und Keith empfangen die Gäste bei sich zu Hause herzlich mit einem kühlen Bier, und man ist sofort ein Mitglied der Familie. Wenn man seine Tagesstrecke durchgesprochen hat, wird man zur Erfrischung entweder ins Gästezimmer (mit Bad) oder in eine Boma (abgegrenzter Lagerplatz aus Palisaden) geführt, um im exzellenten „Ablution Block" heiß zu duschen. Ein Lagerfeuer wird entzündet und das Braai vorbereitet. Fleisch und Gemüse, Bier und Schnaps, Cola und Wasser gibt es satt und dazu viele Geschichten über das Land, die Politik und die Natur. Bier und Essen werden berechnet, „natural beauty, magnificent sunsets, brilliant stars and abundant birdlife" sind hingegen eine kostenlose Beigabe. Jill und Keith Thomas haben eine der wenigen privaten Farmen in dieser Gegend, nicht groß, aber fruchtbar. Sie wird nachhaltig bewirtschaftet, jedoch nicht überweidet; droht die Verbuschung, werden die Dornsträucher herausgerissen und als Dünger liegen gelassen. Bei einer Farmrundfahrt wird man erstaunt sein, wie unterschiedlich die Fertilität des Bodens sein kann – je nachdem wie ernst es einem mit dem Erhalt der Fruchtbarkeit ist. Im Gegensatz zur Landschaft der Umgebung steht bei den Thomas' das Gras hoch und die Kühe sind fett. Sie haben zwar nicht so viele, dafür bringen diese aber einen guten Preis. Jill hat auch einen kleinen Laden in Tsabong, in dem sie Andenken verkauft, Geld wechselt, Buchungen für die Nationalparks erledigt und Informationen über die Gegend erteilt.

Wer interessiert ist, kann sich gegenüber der kleinen Ladenzeile hinter der Tankstelle traditionelle Wasserlöcher der Tswana anschauen, die immer noch genutzt werden. Neben Jill's Laden ist ein Bäcker und ein Metzger, ein Stückchen weiter das *Tsabong Restaurant*, 📞 54 00 19, mit einfacher Küche.

Übernachtung

Berry Bush Camp, s.o., P.O. Box 209, Tsabong, 📞 54 05 40, 📠 54 05 40, Stellplatz mit sehr guter Infrastruktur 25 Pula p.P., Gästezimmer mit Bad 50 Pula p.P.
Desert Motel, hinter dem Hospital, 📞 54 00 20, kleines Motel, 80 Pula p.P., 5 einfache Rondavels Selbstversorgung.

Sonstiges

INFORMATIONEN – ***Jill's Shop***, Zentrum, 📞 54 05 40, neben der Buchung für die Nationalparks gibt es hier auch profunde Informationen über die Kalahari und die Parks. Keith Thomas unternimmt selbst häufig Fahrten mit

Gästen in den Busch westlich von Mabuasehube, eine Gegend, in die man auf eigene Faust nie kommen würde.

NOTFÄLLE – Krankenhaus: ✆ 54 02 32. **Reifenreparatur:** östlich des Tennisplatzes.

Mabuasehube Game Reserve

Das Reservat

Mabuasehube liegt nordwestlich von Tsabong (120 km). Als Tiereservat ist es Teil des Gemsbok National Park, an den es im Osten direkt anschließt, und genießt den gleichen Schutzstatus. Im 1800 km^2 großen, rechteckigen Mabuasehube Reserve wächst typische Kalahari-Vegetation: Dornbüsche und Gras. Das Reservat besitzt neben der Dünenwelt aus rotem Sand sieben größere zugängliche Pfannen, in denen sich an bestimmten Stellen weit über die Regenzeit hinaus Wasser hält und die Tiere anzieht. Einige Pfannen besitzen auch künstliche Bohrlöcher. Die Tiere merken sich den Ort verlässlicher Wasserversorgung und kehren immer wieder zur Tränke zurück (Mabuasehube, Lesholoago und Mpoathutlwa).

Neben den vielen Antilopenarten (Kuhantilope, Oryx, Weißschwanzgnu, Elenantilope, Springbock) und kleinen Raubtieren wie Hyänen und Schakalen hat man gute Chancen, Löwen zu erpirschen. Auch Leoparden und Geparden sind mit Glück zu sehen. Die hohen Dünen im Süden der Pfannen sind ein Habitat für Sekretärsvögel, Adler und Geier – eigentlich für die Kalahari untypisch. Über 120 Vogelarten wurden in Mabuasehube bereits gesichtet.

Der Park ist wegen seiner Lage weit ab von den normalen Touristenströmen eines der Reservate, in denen man sich recht einsam bewegt. Eine Weiterfahrt in den Gemsbok National Park ist nicht möglich, u.U. wird aber mittelfristig der 4x4 Wilderness Trail des Gemsbok Parkes nach Mabuasehube verlängert.

Während des Jahreszeitenwechsels vom Winter zum Frühling ziehen große Herden von Oryx und Elenantilopen durch den Gemsbok National Park (Gemsbok = Oryx / Spießbock).

Organisatorisches

Das Reservat ist über drei Zufahrten zu erreichen: von Süden, Norden und Osten. Die Zufahrten sind alle tiefsandig, im Park selbst sind die Pisten etwas härter und gut zu befahren. Ein Geländewagen ist Voraussetzung. Die Camps sind ohne Infrastruktur. Es ist alles an Vorräten mitzunehmen, inkl. Feuerholz und Wasser. Bei den Treibstoffvorräten sind nicht nur die direkte Strecke zur nächsten Tankstelle (200 km) und der Mehrverbrauch durch den tiefen Sand zu kalkulieren, sondern auch die Abstecher im Park zur Wildbeobachtung. Die gesamte Fahrtstrecke ist weder an einem Tag zu schaffen, noch wäre dies sinnvoll. Eine Übernachtung ist aber auf alle Fälle im Voraus bei der zentralen Reservierungsstelle in Gaborone oder Maun zu buchen, andernfalls wird man zurückgeschickt.

Route

Man verlässt Tsabong (WGS84: 26°00'55"S/22°24'18"O) gegenüber dem Tennisplatz nach Nordwesten. Nach 200 m weist ein Schild mit dem Hinweis „Mabuasehube 129 km" nach Norden. Nun folgt 20 km tiefer Sand, danach wird es etwas besser. 81 km hinter Tsabong (WGS84: 25°22'47"S/22°09'03"O) gabelt sich die Straße. Die rechte Spur führt um das Reservat herum und an den Außengrenzen entlang nach Tshane (trifft aber am nördlichen Ende des Reservates wieder auf die Piste durch den Park). Folgte man der Außenroute, käme man nach 35 km an den Wegpunkt (WGS84: 24°58'26"S/21°59'18"O), wo die Piste aus Osten von Werda kommend (123 km Sand und vor Werda 35 km Asphalt) in den Park führt.

Anstatt der Außenroute nimmt man an der Gabelung die linke Piste, die in das Schutzgebiet führt. Die Piste wird fester und besser, hohe Geschwindigkeiten aber erreicht man auch hier nicht, da sich der Weg durch den Busch windet. 23 km nach dem Eingang kommt man an die **Bosobogolo Pan** (WGS84: 25°13'31"S/22°03'49"O) mit mehreren Camps, die aber nicht offiziell ausgewiesen sind (nur ein paar Schilder) und deshalb nur nach An-

Immer wieder trifft man in der Kalahari auf Viehposten

weisung der Ranger genutzt werden dürfen. Einen Kilometer weiter zweigt die Piste zu den **Monamodi Pans** nach Nordosten ab (20 km, WGS84: 25°13'06"S/22°03'39"O). 20 km hinter diesem Abzweig ist die **Mpoathutlwa Pan** erreicht (WGS84: 25°04'16"S/21°59'53"O). Einen Kilometer weiter geht es rechts wieder zu den Monamodi Pans (12 km), und nach weiteren 3 km ist auf einem 500 m langen Seitenweg (Schild) das **Büro der Ranger** erreicht (WGS84: 25°02'48"S/21°59'28"O). Die Übernachtung muss schon bei der Buchung bezahlt werden, hier wird daher nur der Eintritt in den Park gezahlt, das Gatter öffnet sich und der Ranger ist vermutlich traurig, wieder allein zu sein. 7 km hinter dem Büro zweigt die Piste nach Osten zur Umrundung der **Mabuasehube Pan** ab (WGS84: 24°59'07"S/21°59'10" O), 1 km weiter (WGS84: 24°58'26"S/21°59'319"O) die Piste nach Westen zur **Khiding Pan** (11 km) und **Malatso Pan** (weitere 9 km, dem äußersten westlichen erreichbaren Ende des Parkes, solange der 4x4-Trail des Gemsbok Parkes noch nicht angeschlossen ist). Nach 2 km kommt der Abzweig zur **Lesholoago Pan** (WGS84: 24°57'47"S/21°59'17" O) und nach weiteren 13 km verlässt man das Reservat (WGS84: 24°51'09"S/21°58'43"O). Nun ist die Piste wieder tiefsandig und eingegraben. Bei entgegenkommenden Fahrzeugen hat man auch mit Differentialsperren Schwierigkeiten, auf die hohen Seitendünen auszuweichen. Dies ist nur mit Schwung möglich.

19 km nach Verlassen des Parkes stößt von Osten wieder die Umgehungspiste auf die Hauptstrecke (WGS84: 24°41'07"S/21°56'44" O). 55 km weiter führt eine breite sandige Piste nordöstlich nach **Tshane** (10 km, WGS84: 24°13'1"S/21°51'06"O), geradeaus erreicht man nach 15 km die Streusiedlung **Lokgwabe** und den Asphalt (WGS84: 24°06'56"S/21°46'56"O), auf dem es 7 km bis Hukuntsi sind.

Übernachtung

Bosobogolo Campsite, 2 Stellplätze, keine Einrichtungen.
Mpoathutlwa Campsite, 2 Stellplätze, Latrine, Wasserloch zur Tierbeobachtung.

Mabuasehube Campsite, 4 Stellplätze, Latrine, Wasserloch zur Tierbeobachtung.
Khiding Campsite, 2 Stellplätze, Latrine.
Lesholoago Campsite, 2 Stellplätze, Latrine, Wasserloch zur Tierbeobachtung.

Tshana / Hukuntsi / Lokgwabe / Lehututu

Die vier Ortschaften bilden ein Konglomerat und werden als Village Cluster bezeichnet. Es ist nicht ganz klar, wo welcher Ort anfängt bzw. aufhört. Verbunden sind sie mit der Außenwelt durch die Piste nach Kang (ab hier Asphaltstraße). Übernachtungsmöglichkeiten gibt es so gut wie keine, dafür rudimentäre Versorgungsmöglichkeiten (Grundnahrungsmittel und Bier) und Tankstellen – *Kalahari at it's best:* Man hat sein Fleisch ja in der Kühltruhe.

Hukuntsi, der Verwaltungssitz des Clusters, besticht durch seine Bars, die am Wochenende Treffpunkte der gesamten Ortschaft sind, Tshane durch seine wesentlich schönere Lage über der grellweißen Salzpfanne, auf der sich die Kühe ein Stelldichein geben, Salz lecken oder das geförderte Brackwasser schlürfen, das für die Menschen des Dorfes erst nach der Entsalzung genießbar wird. Tshane besaß einmal ein hübsches Vielzweckgebäude aus kolonialer Zeit – Polizeistation, Gericht und Gefängnis. Es wurde jedoch abgerissen, um Platz für die moderne Polizeistation zu machen, die nun über der Salzpfanne thront.

Übernachtung

Es gibt ein einfaches Gästehaus der Regierung, das inmitten der immer gleichen Häuschen liegt, die in Schnellbauweise entstanden sind. Man erkennt es von außen nicht und muss sich durchfragen. Wenn es nicht ausgebucht ist, darf man in einfachen Zimmern mit nicht sonderlich vertrauenerweckenden Sanitäreinrichtungen nächtigen, vorausgesetzt der diensthabende Regierungsbeamte ist auffindbar und stimmt zu. Pro Person kostet der Spaß 15 Pula.

Die San-Siedlung Tsutswe

Nur für Geländewagen, hin und zurück 120 km, mit Aufenthalt einen Tag rechnen.

Man verlässt Hukuntsi hinter der Landpiste nach NNW (WGS84: 23°59'40"S/21°45'20"O) an einem Kraal und fährt rechts an der Salzpfanne vorbei. Nach 1,2 km fährt man auf die Salzpfanne (WGS84: 23°59'16"S/21°44'54"O) nach Westen und verlässt diese wieder nach 1,2 km an einer kleinen Siedlung. Es geht auf 5 km flach, aber stetig und tiefsandig hoch und dann eindeutig auf einer tief ausgefahrenen Sandpiste nach Tsutswe, das man nach insgesamt 58 km erreicht (WGS84: 24°08'10"S /21°15'32"O). Die wirklich kleine Streusiedlung besteht nur aus einigen um die Salzpfanne von Tsutswe angeordneten Hütten, einem kleinen Laden mit dem Allernotwendigsten, einer Landebahn und einem Souvenirladen, wo die

Eine Sanfrau stellt Perlen aus Straußeneierschalen her – seit Jahrhunderten nach dem gleichen Prinzip

Ein kleiner Laden ist die einzige Versorgungsmöglichkeit in Tsutswe

San Kunsthandwerk verkaufen. So völlig abgeschieden, wie das Dorf ist, sollte man sich auf alle Fälle eine Erinnerung mitnehmen und die niedrigen Preise nicht verhandeln.

Interessant ist das Dorf auch wegen eines Bewässerungsprojektes. Am Rand der Salzpfanne wurden niedrige Mäuerchen erbaut, die triangelförmig das seltene Regenwasser in Richtung Salzpfanne leiten, wo es in einer Zisterne gesammelt wird. Mit diesem einfachen Prinzip wird auch tatsächlich zusätzlich zum Wasser aus den Bohrlöchern kostbares Nass gewonnen. Das abgezäunte Areal befindet sich direkt neben dem Lebensmittelladen.

Gemsbok National Park

Der über 28 400 km² große Park liegt im extremen Süden des Landes an den Grenzen zu Namibia und Südafrika. Im Westen wird er durch den südafrikanischen Kalahari Gemsbok National Park (9600 km²) begrenzt, mit dem er eine landschaftliche Einheit bildet. Aus diesem Grund stehen die beiden Parks schon lange unter gemeinsamer Verwaltung und sollen in naher Zukunft unter dem Namen Kalahari / Kgalagadi Transfrontier Park zusammengefasst werden. Grenzzäune entlang des Nossob-Tales zwischen den beiden Parks existieren nicht, die Tiere können also frei migrieren.

Der Park war bis 1998 nicht entwickelt, abgesehen von einem einfachen Camp bei Two Rivers (heute auch mit WCs und heißen Duschen), das über den südafrikanischen Park angefahren werden konnte. Tief ins Innere des Parkes konnte man nicht gelangen. Jetzt ist ein Four-by-four-Trail entwickelt worden, der durch den Park führt (3 Tage, 2 Übernachtungen). Dafür ist eine gute Vorbereitung unerlässlich. Die Strecke ist tiefsandig und erfordert eine gewisse Erfahrung als Allradfahrer. Näheres s.u.

Zwei weitere Campsites am Nossob-Tal sind hinzugekommen: Rooiputs und Polentswa, beide bislang ohne Infrastruktur. Die Anfahrt zu den Camps geschieht von der Piste auf südafrikanischer Seite, die man nutzen darf, auch wenn man nicht aus Botswana ausgereist ist.

Auf südafrikanischer Seite befinden sich zwei weitere, sehr gut ausgestattete Camps mit Versorgungsmöglichkeiten (ein drittes liegt an der südafrikanischen Grenze zu Namibia 120 km von Two Rivers entfernt abseits der Grenze zu Botswana). Die Infrastruktur dieser drei Camps darf ebenfalls genutzt werden.

Die Landschaft des Parks ist charakteristisch für die trockenen Zonen der Kalahari mit fossilen Flusstälern und dazugehörigen Galeriewäldern, hohen Sanddünen, Grasebenen und mit Dornbusch umrahmten Salzpfannen. Von März bis Mai wandern große Herden von Oryxen, Gnus, Springböcken und Elenantilopen durch den Park. Die berühmten Kalahari-Löwen mit ihrer schwarzen Mähne wird man auf jeden Fall sehen, ebenso wie Hyänen und Schakale. Um die flinken Geparden oder Leoparden zu beobachten, braucht man hingegen etwas Glück.

Organisatorisches

Die Tour muss in den zentralen Reservierungsbüros in Gaborone oder Maun vorausgebucht werden (Adresse s.S. 181). Voraussetzung ist ein Konvoi aus mindestens zwei geländegängigen Fahrzeugen. Alles ist mitzubringen (Treibstoff, Wasser, Essen, Feuerholz). Die Ausrüstung der Wagen muss zwei Ersatzreifen und Flickzeug beinhalten. Die Piste ist teilweise tiefsandig, man muss also mit doppeltem Treibstoffverbrauch rechnen. 10 Liter Wasser pro Tag und Person werden empfohlen. Feuerholz darf nicht vor Ort gesammelt werden. Wegen des hohen Grases auch auf den Wegen muss der Kühler gegen Grasspelzen gesichert sein. Ggf. muss, um die Auflagefläche des Wagens im Sand zu erhöhen, der Luftdruck der Reifen abgelassen werden. Damit der Druck anschließend wieder erhöht werden kann, muss eine Pumpe mitgeführt werden. Es darf nur auf den gekennzeichneten Wegen gefahren werden, und der Zeitplan ist genau einzuhalten, damit man nicht mit der folgenden Gruppe kollidiert. Ansonsten gelten die allgemeinen Regeln für die Nationalparks (Toilettenpapier nach der Notdurft verbrennen, Lagerfeuer bei Verlassen löschen und die Asche vergraben etc.).

Der Park ist von Sonnenauf- bis -untergang geöffnet. Innerhalb dieser Zeit müssen die Lager erreicht sein.

Gemsbok Wilderness Trail

Die Anfahrt von Botswana aus geschieht von **Bokspits**, dem Grenzposten nach Südafrika. Von hier sind es 53 km bis Two Rivers. Touristen, die aus Südafrika kommen und den botswanischen Park besuchen wollen, müssen zunächst beim Grenzposten Bokspits nach Botswana einreisen (s.u. Tsabong) und können nicht die Piste nach Twee Rivieren (westlich von Two Rivers) zum südafrikanischen Kalahari Gemsbok National Park nutzen. Bei **Two Rivers** geschieht die Anmeldung, auch die Abmeldung hier ist obligatorisch – bleibt sie aus, wird ein Suchtrupp losgeschickt. Anschließend fährt man auf der Piste auf südafrikanischer Seite bis **Grootbrak** (167 km) und wechselt auf die botswanische Seite nach **Polentswa**, wo der eigentliche Trail beginnt, der noch einmal 300 km lang ist. Deshalb wird je eine Übernachtung vor Beginn und am Ende des Trails im Park empfohlen (gesonderte Buchung erforderlich).

Auf dem gesamten Trail gilt freie Übernachtungswahl, empfohlen werden aber drei Plätze – wegen der Schönheit der Landschaft und der dort anzutreffenden Tierwelt: **Tweelina Rambuka** nach 40 km Wegstrecke, **Setsatsewe Pan** nach weiteren 60 km und **Lang Rambuka** nach nochmals 140 km. Die Entfernungen mögen für drei Fahrtage als nicht besonders lang erscheinen, man muss aber mit einer Durchschnittsgeschwindigkeit von maximal 20 km/h rechnen, und plötzliche Sandstürme können im Sommer den Zeitplan durcheinanderbringen – außerdem will man ja keinen Stress, sondern Tiere erpirschen und abends gemütlich sein Lager errichten.

Es wird im Übrigen dringend angeraten, nicht im Freien zu nächtigen und die Zelte abends zu verschließen. Löwen sind immer hungrig und Touristen im Schlafanzug eine leckere und leichte Beute.

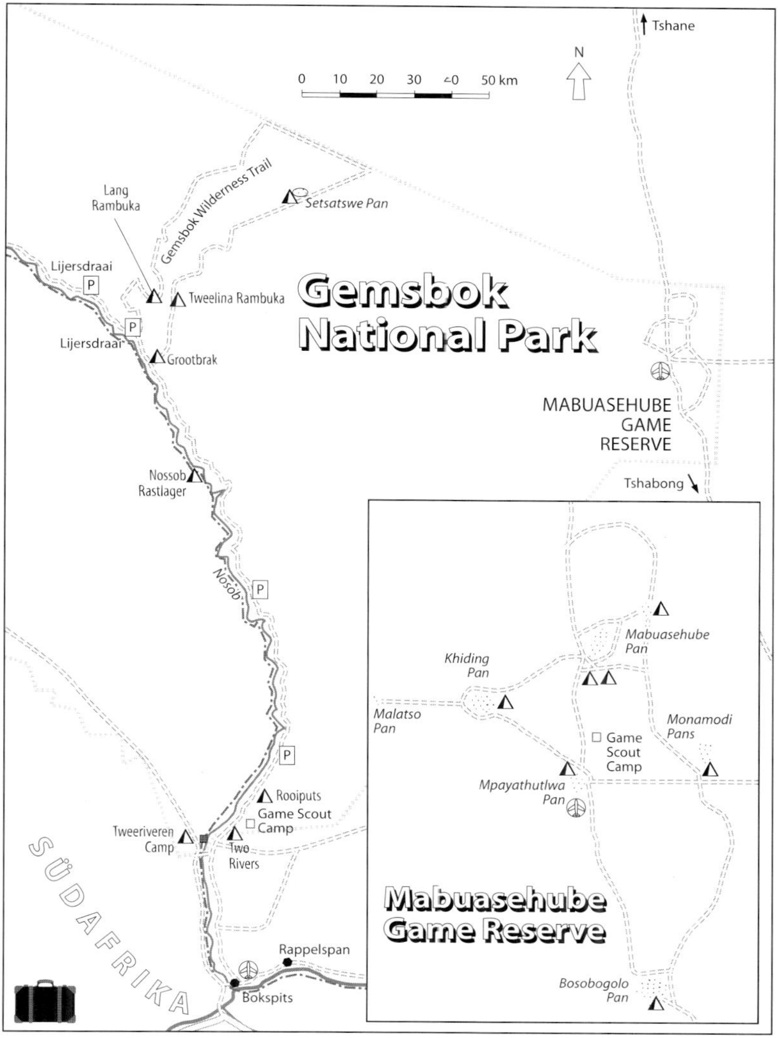

Übernachtung

Camps: ***Two Rivers***, ***Rooiputs*** und ***Polentswa*** sowie auf dem Gemsbok Wilderness Trail ***Tweelina Rambuka***, ***Lang Rambuka*** und ***Setsatswe Pan.*** Die Camps des Trails haben keine Infrastruktur, Rooiputs und Polentswa rudimentäre Einrichtungen. Two Rivers besitzt WCs und heiße Duschen. Die Camps auf südafrikanischer Seite, ***Twee Rivieren***, ***Mata Mata*** und ***Nossob*** haben eine sehr gute Infrastruktur mit Tankstellen und Läden (Buchungen s.u. Kalahari Gemsbok National Park).

Molopo Lodge, in deutschem Besitz, 60 km von Twee Rivieren / Two Rivers entfernt im Süden bei Askham auf dem Anfahrtsweg zum südafrikanischen Park, genächtigt wird in netten Bungalows, im Pool gebadet und im Hauptgebäude auf der Terasse *à la carte* gespeist; Ausflüge in die Umgebung (in ein privates Wildreservat oder zu Salzpfannen) werden unternommen; DZ 230 Rand p.P. inkl. Frühstück, P.O. Box 32, Askham, Südafrika, ✆ 0027-11-915 3178, 📠 915 3014, ✉ charm.tours@pixie.co.za, Camping ist möglich.

Von Bokspits nach Tsabong

Versorgungsmöglichkeit: Askham (Südafrika), Tsabong. Von der Polizeistation bei Bokspits (WGS84: 26°53'32"S/20°41'52"O) – Einreiseformalitäten s.S. 215, Tsabong – geht es auf 17 km am Ufer des Trockenflusses Molopo auf sandiger Wellblechpiste nach **Rappelspan** (WGS84: 26°49'31"S/20°49'03"O). Die folgenden 120 km führen weiter am Ufer entlang, auf südafrikanischer Seite ist immer wieder der Grenzzaun zu sehen und die Piste auf deren Seite, die aber in noch schlechterem Zustand ist. Bei Gakhibane (WGS84: 26°43'09"S/21°46'25"O) verlässt man das Tal und erreicht nach 12 km Khuis und nach weiteren 4 km **Middlespits** (WGS84: 26°39'55"S/21°53'06"O), die Grenzstation nach Südafrika (🕓 8–16 Uhr). Nach 15 km erreicht man Kolonkwaneng und fährt wieder in das Tal hinunter, dem man nun auf 50 km folgt, bis sich die Zivilisation mit dem Ort Logaganeng ankündigt und nach weiteren 10 km Tsabong erreicht ist (WGS84: 26°01'29"S/22°24'01"O).

In Tsabong wird der Wasserstand einer Zisterne kontrolliert

Kalahari Gemsbok National Park (Südafrika)

Der südafrikanische Nationalpark gilt als einer der Höhepunkte für Touristen, die durch Südafrika reisen – weil sie hier zum ersten Mal der Kalahari pur begegnen. Kommt man dagegen aus Botswana, ist der Park bei weitem nicht so eindrucksvoll, die Landschaft lässt den weiten Blick über die Salzpfannen missen, man bewegt sich immer in den Tälern des Nossob und des Aoub, nur kurze Auffahrten aus den Tälern heraus lassen die beeindruckende Landschaft erahnen. Allerdings zieht der Park durch seine vielen permanenten Wasserlöcher zahlreiche Tiere an, und die Beobachtung von Löwen ist garantiert. Im Park sollen 250 Löwen, 100 Leoparden, 100 Geparden und 250 Hyänen leben.

Die Anfahrt in den Park geschieht von Südafrika aus. Die Hauptpiste verläuft im südafrikanischen Teil und darf auch von Besuchern benutzt werden, die den botswanischen Teil des Parkes bereisen, von wo aus Stichpisten für Geländewagen in den südafrikanischen Teil führen.

Der Grenzübergang nach Namibia bei Mata Mata ist gesperrt, soll aber in naher Zukunft eröffnet werden (die Grenze bei Union's End am nördlichsten Punkt bleibt auch in Zukunft zu).

Im Park kann man sich auf den festen Pisten mit einem normalen Pkw vorwärtsbewegen (dann ist allerdings die Anreise über Botswana nicht möglich), die Infrastruktur ist sehr gut, es gibt Tankstellen, Läden und im Lager Twee Rivieren auch ein Schwimmbad.

🕓 Sep.–März 6.30–19.30 Uhr, Apr.–Aug. 7–18.30 Uhr (Mai–Juli nur bis 18 Uhr). Zu diesen Zeiten muss man die Lager erreicht haben, da dann dort die Tore schließen. Da man sich bei Lagerwechsel abmelden muss, werden Trupps losgeschickt, die die verspäteten Touristen einsammeln, da außerhalb der Lager nicht übernachtet werden darf.

Übernachtung

Bis auf die Campingplätze ist der Park vorauszubuchen, aber wenn diese voll sind, hat man Pech und muss den Park verlassen. Buchungen über: ***Zentrales Buchungsbüro***, Südafrika, ✆ 0027-12-343 1991, 📠 343 0905 oder im Büro des Parks 0027-21-22 28 10, 📠 24 62 11. Es werden auch Bungalows, Chalets und Familienhütten vermietet. Nahrungsmittel gibt es in den Läden und Bücher über den Park in den Souvenirshops.

Wer im Park keinen Platz mehr findet, muss 60 km zurück zur *Molopo Lodge* fahren (dort auch Campingmöglichkeit, s.u. Übernachtung beim Gemsbok National Park).

Ghanzi

Ghanzi liegt mitten in der Kalahari und war lange Zeit der botswanische Vorposten in der Wüste – schwer erreichbar und wenig entwickelt. Seit der Fertigstellung des Transkalahari-Highways 1998 liegt es an der durchgängig geteerten Hauptverbindungsstrecke zwischen Gaborone und Windhoek (Namibia), über die nicht nur der Verkehr vom Hafen Walvis Bay nach Botswana abgewickelt wird, sondern auch ins nördliche Südafrika, das viele Importgüter aus Walvis Bay erhält, weil die Frachtraten und Wegkosten geringer ausfallen als beim Weg über die östlichen südafrikanischen Häfen. Entsprechend viele Lkw fahren heute auf dem Highway. Ghanzi wird immer stärker davon profitieren und als Zwischenstopp größer werden.

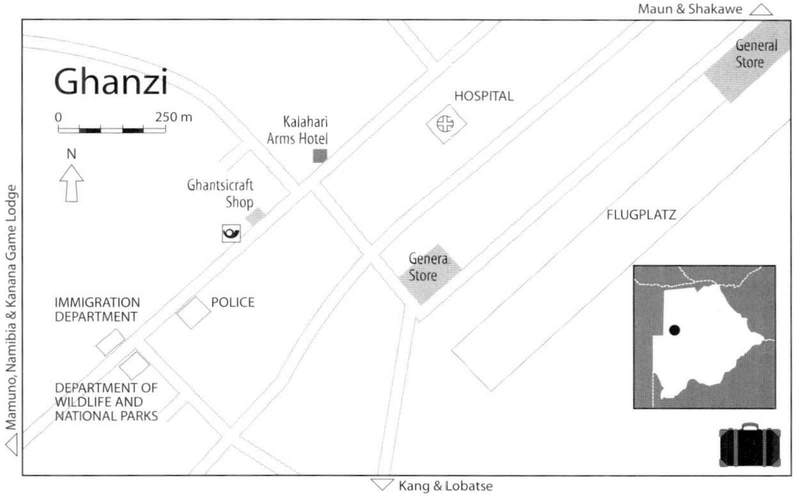

Gaborone ist 700 km entfernt, nach Buitepos, dem Grenzübergang zu Namibia sind es 200 km und weiter nach Windhoek 300 km. Die Strecke Maun – Windhoek, die zweite wichtige Verbindungsstrecke der Touristen, an deren Kreuzung Ghanzi liegt, hat durch die Asphaltierung ebenfalls an Bedeutung gewonnen, wenn auch ein Teilstück von 220 km ab Ghanzi bis Toteng noch keine Teerdecke besitzt, sondern nervtötendes Fahren auf einer sehr rauen Wellblechpiste erforderlich macht.

Ghanzi besitzt nur eine Unterkunftsmöglichkeit mit dem einzigen Restaurant (neben Take-aways an Tankstellen). Das wird sich hoffentlich bald ändern, da das *Kalahari Arms Hotel* weder mit besonderem Service noch schmackhaftem Essen glänzt.

Etwas Besonderes hat das Städtchen aber zu bieten: **Ghanzicraft**, einen der bekanntesten Kunsthandwerksläden der San im ganzen Land. Hinter ihm steht eine Kooperative, die bereits 1953 entstand. Die lange Tradition und die Motivation der Mitglieder – erhalten sie doch den gesamten Profit – führten dazu, dass wirklich wunderschöne und exakt gearbeitete Stücke zu erwerben sind. Und die Preise bewegen sich um ein Viertel unter denen, die in den Touristenhochburgen verlangt werden. Schmuck aus Staußeneierschalen, traditionelle Anziehsachen aus Leder, Jagdwaffen wie Pfeile, Bögen und Köcher oder geflochtene, mit Straußeneierperlen verzierte Stirnbänder sind nicht schwer und passen in jedes Gepäck. Als Mitbringsel rufen sie Erstaunen und Freude hervor, als Erinnerung lassen sie die einsamen Landschaften der Kalahari wieder vor dem inneren Auge vorbeiziehen.

Geschichte

Die Geschichte der Stadt ist vor allem mit einem Namen verbunden: **Hendrik van Zyl**. Er wurde im Ngamiland zum Synonym für Grausamkeit und Machtgier. Van Zyl, 1828 in Südafrika geboren, kam 1869 als Waffenhändler und Großwildjäger in die Region und begann sofort mit dem fast industriellen Abschießen von Elefanten, deren Elfenbein er nach Südafrika verkaufte. Binnen kurzem hatte er 500 Elefanten getötet. 1877 ließ er sich im heutigen Ghanzi nieder, baute sich und seiner Familie eine Villa, schmückte sie standesgemäß mit Möbeln aus Europa und entriss den Tawana mehr oder weniger die Macht. Aus Rache für einen Mord an einem Buren tötete er kaltblütig 33 San, die er auch sonst eher als Wild ansah, weshalb er schon mal aus Vergnügen Jagd auf sie machte. Sein morbid-auffahrender Charakter war so sprichwörtlich geworden, dass sogar Trekburen – auch nicht unbedingt zimperliche Gestalten – ihren Plan einer Ansiedlung um Ghanzi aufgaben und lieber weiterzogen. Schließlich stellte sich van Zyl direkt gegen die Tawana unter **Moremi II.** und stellte jegliche Tributzahlungen für die Elefantenjagd ein. Das war denn doch zuviel und Moremi II. verjagte ihn und seine Familie. Er flüchtete nach Namibia, wo er unter ungeklärten Umständen zu Tode kam, seine Familie kehrte nach Südafrika zurück.

1897 wurde die Region um Ghanzi von Kgosi Sekgoma Letsholathebe, Nachfolger von Moremi II., an die *British South Africa Company (BSACO)* von Cecil Rhodes verkauft. Auch wenn die britische Krone diesen Vertrag kurze Zeit später für ungültig erklärte, erhielten die ursprünglichen Bewohner das Land nicht zurück. Die Briten reklamierten es als **Kronland**. Da Cecil Rhodes, noch im Glauben, dass es sein Land wäre, in Zeitungen schrieben ließ, dass es im Ngamiland Farmen gäbe, strömten die Buren nach Ghanzi, und die Krone versteigerte 1899 schließlich 41 Farmen. Der Ghanzi Block war geboren und wurde im Laufe der Jahrzehnte zu einer der profitabelsten Rindergegenden von Botswana – auch wenn es zu Beginn des 20. Jahrhunderts nicht so aussah und viele Farmer aufgaben. Nach dem I. Weltkrieg begann die Neuansiedlung. In Ghanzi wurden die Herden gesammelt und in Trecks nach Kazungula getrieben, mit der Entstehung der Verbindungsstrecke in den Süden und dem Bau des Schlachthofes in Lobatse schließlich dorthin.

Felsmalereien von Diana's Vow

Kudus, die größte Antilopenart

Afrikanisches Rind

Trinkende Giraffen sind ein leichtes Opfer

Sonnenuntergang im Okavango-Delta

Zum Sundowner auf dem Zambezi

Wandersafaris auf den Inseln des Okavango-Deltas (Chief's Island)

Drotsky's Cabins am Westufer des Okavango

In Gaborone

Lebensaspekte – Dorfleben, historische Kolonialbauten und moderne Städte

Verkehr und Werbung in Gaborone

Baobab-Gruppe im Nxai Pan National Park

Übernachtung

Dqae Qare Campsite, P.O. Box 219, Ghanzi, ✆ 59 63 08, ℻ 59 62 85, 38 km auf Piste nordöstlich in Richtung Maun, Buchungsbüro beim Dorf D'Kar, dann 30 km Piste in die Kalahari (4x4 erforderlich, Transfer wird organisiert, wenn man zu Fuß oder mit dem Pkw unterwegs ist), Eintritt 10 Pula, Stellplatz 15 Pula p.P., beste, weil interessanteste Übernachtungsmöglichkeit in der Region, als Kooperative geführtes Camp, mit von San geleiteten Buschtouren, traditionellen Tanzvorführungen, man erfährt viel über die San, angenehme Stimmung. Beim Dorf D'Kar befindet sich auch der *Dqae Qare-Souvenirladen*.

Xanagas Campsite, 140 km in Richtung Namibia, keine Postanschrift/Telefonnummer, 20 Pula p.P., Platz mit warmen Duschen, Feuerholz und Toiletten, unglaublich viele Mücken.

Buitepos Zeltplatz Eastgate, P.O. Box 422, Gobabis, Namibia, ✆ 00264-61-56 04 05, ℻ 56 04 06, Stellplatz 20 N$ p.P., Bungalow 190 N$ (4 Personen), bei der *Total*-Tankstelle.

Kalahari Arms Hotel, P.O. Box 5, Ghanzi, ✆ 59 62 98, ℻ 59 63 11, mitten im Ort, Schwimmbad, lauter Barbetrieb, einfache Zimmer, Restaurant, DZ 80 Pula p.P., Stellplatz 20 Pula p.P.

Kanana Game Lodge, P.O. Box 2, Ghanzi, ✆ 59 51 66, DZ 190 Pula p.P., hauptsächlich Jagdfarm, 25 km auf der alten Piste nach Westen und dann Stichpiste 12 km nach Norden.

Bei **Charles Hill** soll im Jahr 2000 eine neue Lodge eröffnen.

Sonstiges

Krankenhaus: ✆ 59 63 33.

Transport

Minibus-Taxi von und nach LOBATSE wöchentlich (~2 Stunden Fahrt, Abfahrt in Lobatse am Freitag, in Ghanzi am Montag). Bus nach und von MAUN tgl.

Khutse Game Reserve

Das Reservat

Das 2500 km² große Reservat wurde 1971 auf dem Stammesland der Kwena gegründet. Die

Die Anfahrt nach Khutse ist lang und schwierig

Region war wegen des extremen Wassermangels äußerst dünn besiedelt, so dass nur sehr wenige Menschen – San, die noch ihrem traditionellen Lebensstil als Sammler und Jäger verbunden waren – das Gebiet verlassen mussten bzw. auf die sanfte Methode zur freiwilligen Ansiedlung bei neugebauten Schulen und Kliniken außerhalb des Reservates bewogen wurden.

Khutse besitzt keine großen Herden an Antilopen, doch kann man an den künstlichen Wasserstellen fast alle Arten, die in Botswana vorkommen, bewundern: Oryx, Elenantilope, Gnu, Springbock usw. Auch Giraffen und Zebras laben sich an dem stark mineralhaltigen Wasser oder lecken in der Trockenzeit auf den Pfannen Salz. Löwen, Leoparden, Geparden, Hyänen, Schakale, Wildhunde und Füchse lauern an den Wasserlöchern auf Nahrung. Mit seinen vielen kleinen, im Busch verteilten Pfannen, hat Khutse seinen ganz eigenen Charme, der noch von der Vogelwelt verstärkt wird. Das Reservat gilt als Geheimtip für Ornithologen, die an den für den Busch typischen Vogelarten interessiert sind. Da die Anfahrt sich etwas schwierig gestaltet, ist das Reservat – außer an Wochenenden, wenn die Ausflügler aus Gaborone einfallen – nur selten ausgebucht und man kann sich relativ allein fühlen. Die beste Beobachtungszeit sind die Monate Dezember bis April früh morgens und abends.

Organisatorisches

Der Aufenthalt im Khutse-Tierreservat ist bei den zentralen Reservierungsstellen in Gaborone und Maun vorauszubuchen (Adressen s.S. 181). Ein Geländewagen ist notwendig. Wasser und Proviant sollten in ausreichender Menge mitgeführt werden. Die Anfahrt ist abschnittsweise tiefsandig, sollte aber keine Probleme machen. Wer von Khutse in das Central Kalahari Game Reserve (auch dort Vorausbuchung notwendig) weiterfährt, sollte mit mindestens zwei Wagen fahren. Auch starken Geländewagen macht der tiefe Sand der Pisten Schwierigkeiten. Man muss voll ausgerüstet sein; die Durchschnittsgeschwindigkeit im südlichen Teil der Zentralkalahari reduziert sich auf 5–10 km/h! Zwischen beiden Reservaten findet fast kein Verkehr mehr statt – es kann daher passieren, dass man Tage auf Hilfe wartet. Wegen des teilweise hohen Grases ist der Kühler mit Gaze vor Grasspelzen zu sichern.

Anfahrt

Die einfache Strecke von Letlhakeng beträgt bis zum Rezeptionsbüro im Park 105 km. Einschließlich der Fahrten im Park muss man mit einer Gesamtstrecke von 300–350 km von und bis zur Tankstelle in Letlhakeng rechnen. Da die Versorgung dort nicht immer gesichert ist, sollte man noch einmal 120 km von / bis Molepolole hinzurechnen. Insgesamt ist also Treibstoff für ca. 500 km mitzuführen (wenn man durch das Central Kalahari Game Reserve weiterfährt, wird es wesentlich mehr).

Einen Kilometer hinter dem Hotel in **Molepolole** fährt man nach rechts (WGS84: 24°24'36"S/25°29'36"O); es folgen 60 km ereignislose Teerstraße, bis man in **Letlhakeng** ist (WGS84: 24°06'59"S/25°02'58"O). Außer einer Tankstelle hat der Ort rein gar nichts zu bieten, er zeigt als Wegmarkierung lediglich den Beginn der Piste in die Zentralkalahari an. Am Kreisel im Ort geht es geradeaus und nach 24 km Sand, teilweise wild aufgewühlt, hält man sich im Dorf **Khudumelapye** an einer Gabelung links (WGS84: 23°55'10"S/24°57'14" O). Der Ort wirkt mit seinen Bäumen wie eine Oase inmitten der Buschlandschaft. Nach 1 km geht es rechts an einem Trading Store vorbei Richtung NW. Nach einem weiteren Kilometer ist der Dorfausgang erreicht (WGS84: 23°54'30"S/24°56'29"O) und nach 20 km kommt ein Hinweisschild auf Khutse (noch 22 km). Man fährt weiter auf relativ fester Piste mit teilweise sehr sandigen Abschnitten. Nach 15 km kommt am Dorf **Salajwe** eine Gabelung: Man hält sich rechts und gleich dahinter wieder rechts Richtung Nordost.

Nach 1,5 km an einer Gabelung links nach Norden fahren. Kurz hinter dem Dorf kommt ein 2 km langes Tiefsandfeld, danach wieder feste Piste. 38 km dahinter liegt der Eingang des Reservates (WGS84: 23°21'47"S/ 24°37'2" O). 2 km dahinter kommt das Lager der

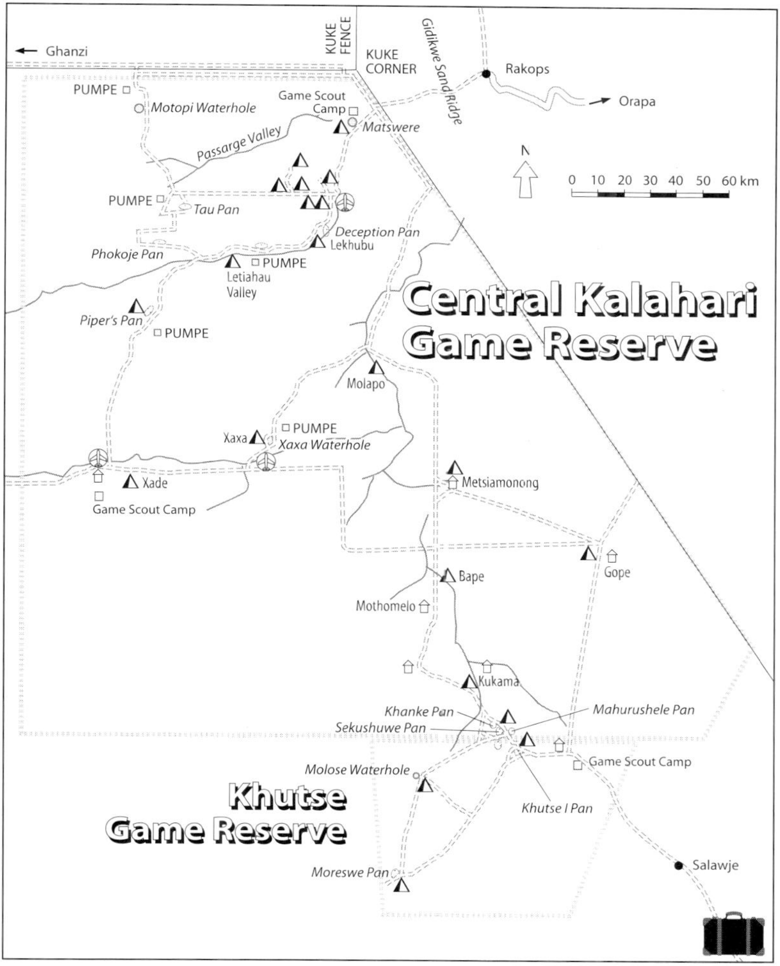

Ranger und das Anmeldungsbüro (WGS84: 23°21'22"S/ 24°36'27"O).

Übernachtung

Die im Gebiet des Central Kalahari Game Reserves liegenden Plätze ***Mahurushele*** (2 Stellplätze), ***Sekushuwe*** (1 Stellplatz) und ***Khankhe*** (4 Stellplätze) werden von Khutse aus verwaltet – die Entfernung zum Hauptsitz in Xade wäre zu groß, um nach dem Rechten zu sehen. Außer bei der ***Khutse Pan*** (10 Stellplätze, Latrinen) sind die Camps so angeordnet, dass man absolute Privatheit genießt, aber auch die Ab-

Das Museum von Letlhakeng ist allein wegen seiner Abgeschiedenheit besuchenswert

stände bei Khutse Pan sind so groß, dass man sich nicht gegenseitig auf den Wecker fällt. Im Westen liegt das ***Molose Waterhole*** (4 Stellplätze, Wasserloch). ***Moreswe Pan*** (4 Stellplätze, Latrinen, Wasserloch), südlich davon, ist der schönste Platz des Reservates, man ist abseits am Rand der Salzpfanne bei einer Gruppe von Bäumen mit der Natur allein.

Central Kalahari Game Reserve

Das Reservat

Das Central Kalahari Game Reserve liegt nordwestlich von Gaborone mitten im Herzen des Landes. Es misst 52 000 km^2 und gehört zu den unberührtesten Gegenden des südlichen Afrika. Es gilt derzeit als das größte Wildreservat der Welt. Zum geschützten Gebiet wurde es 1961 erklärt. Erst in den 1990er Jahren wurde Touristen der Zutritt erlaubt. Vorher war es nur einigen wenigen Wissenschaftlern nach langen und komplizierten Genehmigungsverfahren vergönnt, das einmalige Reservat zu besuchen. Legitimiert wurden die Restriktionen mit dem Schutz der Bewohner der Kalahari, den San. Man wollte diese so gut wie möglich von den Einflüssen der modernen Zivilisation fernhalten (vielleicht spielten aber auch die Bodenschätze im Gebiet des Reservates eine Rolle).

Im Norden besteht die Landschaft aus weiten Ebenen und Salzpfannen, die den Blick auf den Horizont freigeben. Im Süden wächst dichter Dornbusch, manchmal trifft man auf Mopanewälder. Die Fahrspuren sind schnurgerade Gassen, die Prospektoren hinterlassen haben. Wegen der mangelnden Weitsicht im Süden gilt der Norden landschaftlich als schöner und interessanter – und zur Wildbeobachtung besser geeignet.

In neuerer Zeit, mit der Öffnung für den Tourismus, versucht man die San aus dem Schutzgebiet herauszulocken. Man baut am Rand kleine Siedlungen mit Schulen und Krankenhäusern und hofft, dass die San sich dort niederlassen. Die Hoffnung ist nicht unberechtigt: Vor die Wahl gestellt, ein entbehrungsreiches Leben in der Wüste zu führen oder ein relativ behütetes – wenn auch nicht unbedingt weniger anstrengendes – Leben in den kleinen, neu geschaffenen Dörfern mit all den „Errungenschaften“ der Zivilisation, entscheiden sich die meisten gegen die Wildnis.

Im Reservat leben Löwen, Leoparden, Geparden, Oryx-Atilopen, Elenantilopen, Gnus, Kudus, Springböcke, Giraffen und neben Straußen, Stelzgeiern (Sekretär), Adler, Falken, weitere Geierarten und eine Unmenge anderer, kleinerer Vertreter der Vogelwelt.

Organisatorisches

Der Aufenthalt ist bei den zentralen Reservierungsstellen in Gaborone und Maun vorauszubuchen. Ein Geländewagen ist allgemein notwendig, wenngleich im äußersten nördlichen Teil auch Pkw durchkommen. Wasser (10 l pro Person und Tag) und Proviant sollte in ausreichender Menge mitgeführt werden. Die Anfahrt von Süden ist tiefsandig (s. Khutse Game Reserve), man sollte von dort mit mindestens zwei Wagen im Konvoi fahren, die vollständig ausgerüstet sind (zwei Ersatzreifen, Flickzeug, Ersatzteile etc.). Auch starken Geländewagen macht der tiefe Sand der Pisten Schwierigkeiten. Der Treibstoffverbrauch verdoppelt sich in etwa. Die Durchschnittsgeschwindigkeit im südlichen Teil reduziert sich auf 5–10 km/h und es gibt fast keinen Verkehr – es kann daher passieren, dass man Tage auf Hilfe wartet. Wegen des teilweise hohen Grases ist der Kühler mit Gaze vor Grasspelzen zu sichern.

Anfahrt

Der Park besitzt zwei Hauptzufahrten, eine im Süden durch das Khutse-Reservat (siehe dort) und eine von Norden von Rakops zum Eingangscamp Matswere (55 km). Eine weitere, wenig besuchte Zufahrt aus dem Westen kommend von Ghanzi nach Xade (170 km) ist möglich. Die westliche und die südliche Zufahrt sind beide tiefsandig, von Norden ist die Zufahrt einfacher und geschieht bis zu den Parkgrenzen auf relativ fester Piste. Wir empfehlen die Durchquerung von Süden nach Norden, da man dann gleich am Anfang das schwere Gelände bewältigt und den Rest der Strecke Muße für die Tierbeobachtung und Landschaft hat.

Im Folgenden ist die **Zufahrt vom Eingangstor im Khutse-Park** beschrieben. Man verlässt das Camp (WGS84: 23°21’22”S/24°36’27”O) in Richtung Nordosten. Und nimmt nach 400 m an einer Gabelung den linken Weg. Nach 10 km hält man sich rechts. 2,5 km weiter (WGS84: 23°20’29”S/24°30’12”O) weisen Schilder auf die Lagerplätze 1–10 bei der **Khutse Pan** hin. Einen guten Kilometer weiter (WGS84: 23°20’32”S/24°29’31”O) geht es links zur Gwia Pan (11 km) und zur Moreswe Pan (53 km). Man fährt jedoch rechts in Richtung **Motailane Pan**, die man nach 5 km erreicht. 2 km dahinter betritt man das Central Kalahari Game Reserve (WGS84: 23°19’10”S/24°26’14”O). Nach 6 km ist die **Mahurushele Pan** erreicht (WGS84: 23°17’33”S/24°24’07”O), wo es links zum Molose-Wasserloch abgeht (27 km); man fährt jedoch rechts zur **Khankhe Pan** (11 km, WGS84: 23°13’46”S/24°21’31”O). 7 km hinter Khankhe steht auf einem Schild (WGS84: 23°11’09”S/24°19’06”O) die Entfernung nach Xade – 236 km auf schnurgeraden, durch den Busch geschlagenen Schneisen, die wie Tunnel wirken, ohne Sicht auf die Landschaft (Geschwindigkeit 5–20 km/h). 10 km hinter dem Schild gelangt man an das Dorf **Kukama** (WGS84: 23°06’54”S/24°15’22”O). 11 km hinter Kukama kommt man an eine Gabelung (WGS84: 23°04’51”S/24°10’17”O) und hält sich rechts und direkt nach Norden. Die Schneise, die einzige Blickrichtung, die man hat, verliert sich am Horizont. Nach 22 km Tiefsandfahrt kommt ein Hinweisschild auf Xade (184 km, WGS84: 22°53’11”S/24°09’55”O) und nach 7 km eine Wasserpumpe (WGS84: 22°49’59”S/24°09’48”O) bei dem Ort **Mothomelo**. 18 km hinter dem Ort kommt man an eine Kreuzung (WGS84: 22°40’49”S/ 24°10’03”O), an der rechts das Camp **Bape** liegt (links die Ortschaft). 4 km weiter (WGS84: 22°38’27”S/24°10’03”O) führt die Piste geradeaus nach Molape. Man hält sich jedoch links und strikt nach Westen Richtung Xade (noch 155 km) – eine weitere, 33 km lange Schneise führt durch den Busch bis zum Wegpunkt WGS84: 22°38’46”S/23°51’17”O. Die Piste wendet sich nun in einem weiten Bogen nach Norden und nach weiteren 33 km (WGS84: 22°22'26"S/23°50'11"O) in einer Linkskurve wieder nach Westen. Nach 22 km wird die Piste für 8 km tief aufgewühlt, und die Fahrzeuge haben Schwierigkeiten sich hindurchzuwühlen. Nach 5 km auf wieder härterem Untergund kommt ein Schild mit dem Hinweis auf die Reststrecke bis Xade (54 km, WGS84: 22°22'15"S/23°30'20"O). Hier geht es nach Norden ab zum Wasserloch und dem Camp bei Xaxa (14 km) und weiter nach Molapo (75 km). Man fährt aber weiter nach Westen. Die Piste wird für 10 km wieder tiefsandig, für 4 km besser, und dann kommt das schlechteste Stück: 4 km von Lkw aufgewühlte Strecke ohne Fahrspuren, kein Untergrund, die Reifen kämpfen sich hindurch. Dann passiert man eine Piste nach Süden (WGS84: 22°22'07"S/23°20'12"O) und hat danach nach 36 km mehr oder weniger schlechter Piste **Xade** erreicht (WGS84: 22°20'00"S/23°00'33"O). Im dortigen Game Scout Camp muss man sich anmelden, die Ranger weisen einem den Lagerplatz zu.

Mit Xade ist der nördliche Teil des Reservates erreicht. Weite Landschaften, dicht bewachsene Pfannen, Schirmakazien am Rand, unter denen sich die Antilopen vor der Mittagshitze verstecken, Wasserstellen, Oryxe am Horizont, Löwen im Busch – jetzt weiß man, warum man sich über hunderte Kilometer durch den Busch gequält hat!

Auf fester Piste geht es von Xade nach Norden, die Strecke ist nun nicht mehr streng geometrisch nach Norden oder Westen ausgerichtet, sondern liegt geradezu verspielt mit weiten Kurven in der Landschaft.

72 km hinter Xade (WGS84: 21°47'41"S/23°12'44"O) ist das erste Camp der **Piper Pans** erreicht, 6 km weiter das zweite (WGS84: 21°46'01"S/23°11'58"O).

33 km dahinter (WGS84: 21°38'22"S/23°25'01"O) führt eine Piste auf 14 km zur **Phokoje Pan** (Camp) und weiter zu den nördlich gelegenen Pfannen und Camps im Tal des Trockenflusses **Passarge** und wieder südlich zum **Deception-Tal**. 16 km hinter dem Abzweig zur Phokoje Pan erreicht man das Camp im **Letiahau-Tal** (WGS84: 21°36'25"S/23°33'22"O) und 7 km danach das Wasserloch Letiahau. 15 km hinter dem Wasserloch kommt man zum Abzweig zum Camp bei Lekhubu (WGS84: 21°35'19"S/23°45'21"O). 23 km weiter (WGS84: 21°25'48"S/23°48'21"O) geht es nach Westen zu den Camps von **Kori** mit schöner Sicht auf das Tal des Trockenflusses Deception. 3 km weiter an der Kreuzung (WGS84: 21°24'25"S/23°47'46"O) geht es nach Westen zum Tal des Passarge. Hier hingegen der Piste nach Osten aus dem Tal des Deception heraus folgen, nach 33 km ist das **Büro der Ranger** bei Matswere erreicht (WGS84: 21°11'52"S/23°56'22"O). 9 km hinter dem Büro ist das **Eingangstor zum Park** (WGS84: 21°09'22"S/24°00'26"O), nach 44 km die Hauptpiste (WGS84: 21°01'42"S/24°22'36"O) und nach weiteren 3 km der Teer bei Rakops erreicht (WGS84: 21°01'48"S/24°24'10"O).

Rakops

Rakops hat nichts zu bieten außer einer Tankstelle mit Handpumpe und einer kleinen Ladenzeile mit Take-aways, die keinen besonders vertrauenswürdigen Eindruck machen. Von Rakops sind es 130 km Piste (die aber zur Zeit asphaltiert wird) an der westlichen Seite des Makgadikgadi National Parks vorbei zur geteerten Hauptstraße von Nata (220 km) nach Maun (80 km) und 160 km Teer nach Letlhakane. Es gibt hier keine Übernachtungsmöglichkeiten.

Okavango und der Norden

Highlights:

- Okavango und der Norden
- Okavango Delta
- Chobe National Park
- Moremi Game Reserve
- Tsodilo Hills

Das Okavango-Delta gilt als die wild- und artenreichste Region des südlichen Afrika. Am schönsten ist es, wenn nach der Regenzeit die Fluten des Wassers langsam in das Delta vordringen und die Tiere aus dem Busch locken. Dutzende Lodges, die meisten nur mit dem Flugzeug erreichbar, stehen Besuchern im Herzen des Deltas zur Verfügung. Sie verwöhnen die Gäste, wenn sie am Abend von den Wildwanderungen, Fahrten mit dem Geländewagen und in Booten müde zurückkehren, mit viel Luxus und Komfort.

Maun

Maun ist das Eintrittstor zum Okavango-Delta, dem touristischen Zentrum Botswanas. Die Stadt besitzt einen Flughafen, der dem der Hauptstadt in der Zahl der Flüge zumindest

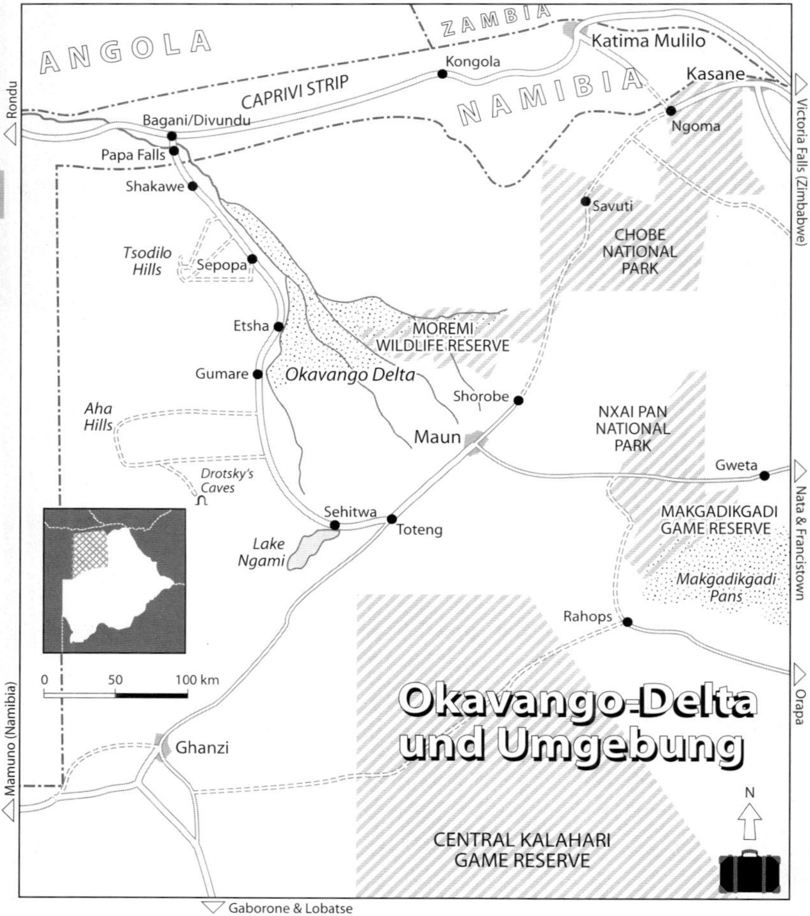

OKAVANGO UND DER NORDEN

ebenbürtig ist. Trotzdem es die Basis für die Besuche im Delta darstellt, hat es nicht den Charakter eines Touristenortes. Es ist der „Durchlauferhitzer" für die Gäste des wildreichsten Parks Afrikas. Wer das Flugzeug verlässt und nicht gleich in eine der kleinen Maschinen umsteigt, die die Pisten des Deltas anfliegen, findet in den wenigen Hotels und Lodges Unterkunft, um sich am nächsten Tag seinem eigentlichen Ziel zu nähern. Eine staubige Hauptstraße mit vereinzelten Gebäuden durchquert die Streusiedlung. Nur um den Flughafen herum ist die Bebauung dichter, und einige Shopping Malls runden das Bild ab. Hier haben alle Reisebüros und Safariunternehmen, die in Botswana Rang und Namen besitzen, eine Niederlassung.

Sehenswert ist lediglich das kleine **Nhabe Museum** (P.O. Box 268, Maun, ✆ 66 13 46). Es beschäftigt sich mit der Region Ngamiland und ist in einer ehemaligen Radiostation untergebracht. Die Ausstellungsstücke aus dem täglichen Leben der Jäger und Fischer sind ganz interessant. 🕒 Mo–Sa 9–16.30 Uhr, Eintritt frei, Spenden erwünscht. Unregelmäßig werden Tanzaufführungen und Musikabende angeboten (nachfragen!). Angeschlossen ist das **Bailey Art Center** (gleiche Öffnungszeiten), ein Laden in dem die Einheimischen Kunsthandwerk herstellen und verkaufen.

Im Nordosten des Zentrums steht die **Old Matlapaneng Bridge** über den Thamalakane River. Seit eine moderne Brücke im Osten gebaut wurde, ist die alte Brücke zum Nationalmonument erklärt worden.

Ein kleines, nur wenige Quadratkilometer großes Tierreservat, das **Maun Game Reserve/The Letswee Maun Environmental Education Centre**, liegt im Südwesten von *Riley's Hotel*. Man kann auf einem Spaziergang Antilopen und Affen am Ufer des Thamalakane begutachten, 🕒 8–18 Uhr, Eintritt frei.

10 km außerhalb des Zentrums Richtung Ghanzi beim Sitatunga Camp liegt eine Krokodilfarm, die **Okavango Swamps Crocodile Farm**, die Führungen anbietet (P.O. Box 47, Maun, ✆ 66 05 70), 🕒 Mo–Fr 8–12 und 14–16 Uhr, Eintritt 5 Pula.

Mokoro Trails Das Mokoro ist die Spezialität des Okavango-Deltas schlechthin. Die früher aus einem Baum geschnitzten und gebrannten flachbödigen Boote (heute sind sie meist aus Plastik) werden über das Wasser und die Sümpfe gestakt. Sie funktionieren auch bei niedrigem Wasserstand. Mit viel Schwung gleitet der Rumpf über die glitschigen Partien der aus der Wasseroberfläche herausragenden Sumpfinseln. Da die Haltbarkeit der Boote aus Holz nur sehr gering ist (etwa 2–3 Jahre) und die Nachfrage der Touristen nach den Bootsfahrten steigt, werden heute keine Bäume mehr verwendet. Zu viele sind in den letzten Jahren abgeholzt worden, um die Bedürfnisse der Gäste zu befriedigen. Holz-Mokoros bleiben den Fischern vorbehalten, die sich die Boote aus modernen Werkstoffen nicht leisten können. Lodge-Gäste sollten daher nicht frustriert sein, wenn sie auf einem Plastikkahn durch das Delta gleiten.
Praktisch jede Lodge und jedes Camp hat Mokoro-Fahrten im Programm. Ein- und mehrtägige Mokoro-Fahrten unternehmen folgende Reiseveranstalter in Maun:
Bush Camp Safaris, P.O. Box 487, Maun, ✆ 66 08 47;
Audi Camp, P.O. Box 28, Maun, ✆ 66 05 99, 📠 66 05 81;
Island Safari Lodge, P.O. Box 116, Maun, ✆ 66 03 00, 📠 66 02 22.

Übernachtung

Kagiso Guesthouse, 8 km außerhalb in Richtung Ghanzi, P.O. Box 158, Maun, ✆ 66 04 01 (um Rückruf von Herrn Huschka bitten), deutsche Leitung, 2 Bungalows für je 2 Personen (180 Pula), 1 Rondavel (50 Pula), sehr ruhig und angenehm, Transfer vom und zum Flughafen oder in die Stadt, Safaris in das Delta zu günstigen Preisen.
Crocodile Camp, 12 km nördlich an der Ausfallstraße nach Kasane, P.O. Box 46, Maun, ✆ 66 07 96, 📠 66 07 93, ✉ okavango@iafrica.com, Bungalow für 2 Personen 150 Pula, Camping

15 Pula, unter deutscher Leitung, angenehm ruhig, am Thamalakane, Schwimmbad, Safaris in das Delta.
Audi Camp, 11 km nördlich, 500 m vom Crocodile Camp, P.O. Box 28, Maun, ✆ 66 05 99, ℻ 66 05 81, Camping 15 Pula p.P., Zelte mit Bett 55 Pula p.P., lautes Camp voller Overlander.
Island Safari Lodge, 8 km außerhalb an der Straße nach Kasane, dann 3 km Piste, P.O. Box 116, Maun, ✆ 66 03 00, ℻ 66 02 22, Bungalow für 2 Personen 200 Pula, Schwimmbad, laut, viele Reisegruppen.
Sedia Hotel, 4 km außerhalb an der Straße nach Kasane, P.O. Box 29, Maun, ✆ 66 01 77, ℻ 66 01 77, ✉ jacana@iafrica.com, DZ 125 Pula p.P., heruntergekommenes Hotel der unteren Mittelklasse, Camping möglich (15 Pula p.P.), abends, wenn die Bar eröffnet wird, treffen sich hier die Einheimischen, Schwimmbad.
Riley's Hotel, P.O. Box 1, Maun, ✆ 66 02 04, ℻ 66 08 50, DZ 150 Pula p.P., zur *Best Western*-Kette gehörig, leicht abgeblätterte Mittelklasse, gutes Restaurant, Schwimmbad, Curio-Shop, Reisebüro etc.
Zu Lodges und Camps im Okavango-Delta siehe unten bei Okavango-Delta.

Essen und Unterhaltung

Restaurant im ***Riley's Hotel***, à la carte und Buffet, gute Küche.
Duck Inn, beim Terminal, ✆ 66 02 53, wer die Monate über arbeitend auf einer Busch-Lodge verbracht hat, spült hier den Staub herunter und genießt die informelle Atmosphäre beim Essen.
Le Bistrot Maison Boll, an der Hauptstraße in Höhe des Flughafens, ✆ 66 07 18, Dauerbrenner bei den Bewohnern Mauns.
The Power Station, beim Flughafen, ✆ 66 20 37, Lunch und Dinner in einem Komplex, der sich auch als Kunstgalerie versteht, neuer In-Treff der Stadt.
Take-aways sind in den Malls und Einkaufszentren in großer Zahl zu finden (von Chicken Licken bis zum Hamburger).
Neben der *Power Station* (s.o.), wo Partys abgehalten werden, gilt die ***Sports Bar***, außerhalb Richtung Kasane (2 km), als heißer Tip für scharfe Getränke. Durch die vielen Overlander werden im ***Audi Camp*** die Nächte durchgefeiert. Am Wochenende Disco im ***Sedia Hotel.***

Sonstiges

AUTOVERMIETUNGEN – ***Avis Safari Hire***, beim Flughafen, P.O. Box 130, Maun, ✆ 66 00 39, ℻ 66 15 96.
Holiday Safari 4x4 Hire, beim Flughafen, ✆ 66 06 35, ℻ 66 00 36.

EINKAUFEN – **Kunsthandwerk** im ***Bushman Craft Shop***, ✆ 66 00 25, ***Kalahari Craft Shop***, ✆ 66 03 20 und ***Thuso Curioshop***, 2 km außerhalb Richtung Ghanzi (ein kirchliches Projekt zur Arbeitsbeschaffung für Behinderte).
Campingausrüstung kann man bei ***Kalahari Kanvas***, ✆ 66 05 98, ℻ 66 00 35, ✉ kal.kanvas@info.bw, kaufen oder mieten.
Selbstversorgung bei ***Maun Fresh Produce*** und dem Supermarkt in der Ladenzeile bei *Riley's Hotel* und in der Maun Mall schräg gegenüber. ***Woolworths*** und ***Spar***-Supermarkt im IGI Centre.

FAHRRÄDER – ***Bushcamp Safaris***, Maun Mall, ✆ 66 08 47.

INFORMATIONEN – ***Touristeninformation***, an der Hauptstraße, ✆ 66 04 92 , ⌚ Mo–Fr 8–12.30 und 14–16 Uhr, wenig Informationen, desinteressiertes Personal.
Parks & Reserves Reservations Office, Department of Wildlife & National Parks, an der Hauptstraße, P.O. Box 11, Maun, ✆ 66 12 65, ℻ 66 12 64.

NOTFÄLLE – **Krankenhaus:** Südwestlich des Zentrums, ✆ 66 04 34.
Medical Rescue: ✆ 66 18 31.

PARKEN – Die Safariunternehmen stellen ihre bewachten Innenhöfe meist kostenlos zur Verfügung, wenn man mit ihnen unterwegs ist.

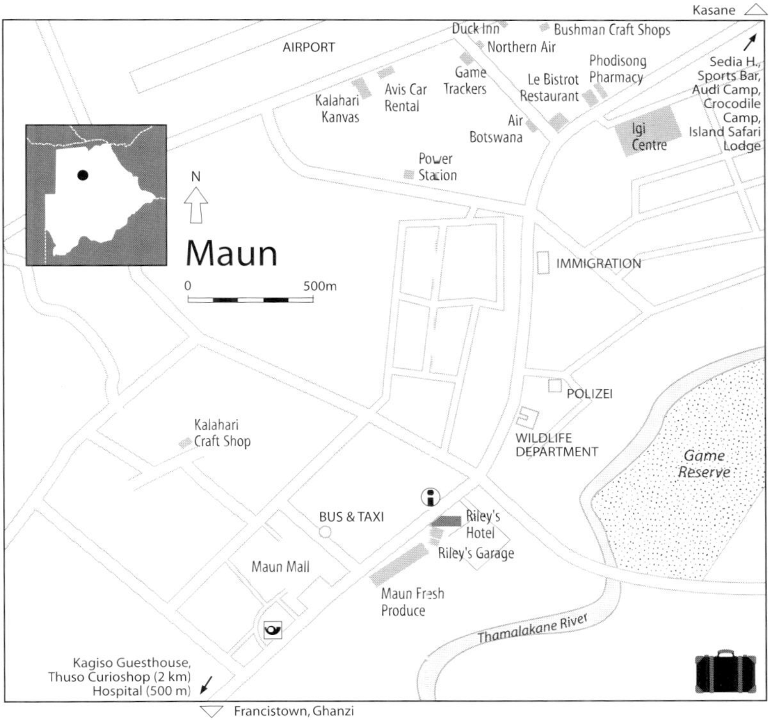

POST – Postamt in der Hauptstraße.
Kurierdienst: *DHL Worldwide*, ✆ 66 06 35.

VISAVERLÄNGERUNGEN – ***Immigration Office***, ✆ 66 09 28.

Aktivitäten

CAMPING SAFARIS – ***Audi Camp***, P.O. Box 28, Maun, ✆ 66 05 99, Fax 66 05 81.
Crocodile Camp Safaris, Delta House, Tsaro Street, Maun Mall, P.O. Box 46, Maun, ✉ sales@botswana.com, ✆ 66 07 96, Fax 66 07 93.
Desert & Delta Safaris, P.O. Box 1200, Paulshof 2056, Südafrika, ✆ 0027-11-807 3720, Fax 807 3480.
Wilderness Safaris, P.O. Box 651171, Benmore 2010, Südafrika, ✆ 0027-11-884 1458, Fax 883 6255, ✉ enquiry@wilderness.co.za.

FISCHSAFARIS – ***Drotsky's Cabins***, 5 km südlich von Shakawe, P.O. Box 115, Shakawe, ✆ 67 50 35, Fax 67 50 43.
Okavango Horse Safaris, P.O. Box 23, Maun, ✆ 66 04 93, Fax 66 16 72.
Shakawe Fishing Camp, 10 km südlich Shakawe, P.O. Box 12, Shakawe, ✆ 66 08 22, Fax 66 08 23.
Wilderness Safaris, P.O. Box 651171, Benmore 2010, Südafrika, ✆ 0027-11-884 1458, Fax 883 6255, ✉ enquiry@wilderness.co.za.

Im Touristenzentrum Maun

FOTOSAFARIS – ***Capricorn Safaris***, P.O. Box 21, Maun, ✆ 66 11 65, 📠 66 11 65, ✉ capsaf@iafrica.com.
Crocodile Camp Safaris, Delta House, Tsaro Street, Maun Mall, P.O. Box 46, Maun, ✆ 66 07 96, 📠 66 07 93, ✉ sales@botswana.com.
Desert & Delta Safaris, P.O. Box 1200, Paulshof 2056, Südafrika, ✆ 0027-11-807 3720, 📠 807 3480.
Gametrackers, P.O. Box 100, Maun (am Flughafen), ✆ 66 03 02, 📠 66 01 53, ✉ gtb.mngr@info.bw.
Okuti Camp, P.O. Box 47, Maun, ✆ 66 05 70, 📠 66 02 58. ✉ okuti@global.bw.
Photo Africa Safaris, P.O. Box 11, Kasane, ✆ 65 03 85, 📠 65 03 83.
Rann Hunting Safaris, P.O. Box 23, Kasane, ✆ 65 08 86, 📠 65 01 62.
Wilderness Safaris, P.O. Box 651171, Benmore 2010, Südafrika, ✆ 0027-11-884 1458, 📠 883 6255, ✉ enquiry@wilderness.co.za.

JAGDSAFARIS – ***Hunters Africa***, P.O. Box 11, Kasane, ✆ 65 04 37, 📠 65 03 83.
Linyanti Explorations, P.O. Box 22, Kasane, ✆ 65 02 29, 📠 65 03 52.
Rann Hunting Safaris, P.O. Box 23, Kasane, ✆ 65 08 86, 📠 65 01 62.
Safari South, P.O. Box 40, Maun, ✆ 66 02 11, 📠 66 03 79.
Vira Safaris, P.O. Box 119, Maun, ✆ 66 03 83, 📠 66 05 93.

REITEN – ***Horses for Africa***, zwischen der alten und der neuen Brücke über den Thamalakane, P.O. Box 66, Maun, ✆ 66 03 51, 📠 66 05 71, mehrstündige oder -tägige Reitausflüge in das Delta. Wer will, kann sie mit Mokoro-Fahrten kombinieren.
Abu Camp, Elephant Back Safaris, P.O. Box 332, Maun, ✆ 66 12 60, 📠 66 10 05, führt exklusive Safaris auf dem Elefantenrücken durch.

WANDERSAFARIS – ***Linyanti Explorations***, P.O. Box 22, Kasane, ✆ 65 02 29, 📠 65 03 52.

WILDBEOBACHTUNG – Siehe Lodges/ Camps/ Zeltplätzen Okavango-Delta, Moremi, Chobe.

Transport

BUSSE – Busbahnhof bei der Maun Mall. Tägliche Busverbindungen über GWETA und NATA nach FRANCISTOWN und nach GHANZI.

FLÜGE – Flughafen: ✆ 66 03 91. Tägliche Flüge nach GABORONE, 2x pro Woche nach VIC'FALLS und HARARE, 3x pro Woche nach JO'BURG. Nach WINDHOEK geht es entweder über Vic'Falls und/oder Katima Mulilo. Kleinflugzeuge bewältigen den Verkehr in das Delta für die Reiseunternehmen, z.B.
Mack Air, P.O. Box 329, Maun, ✆ 66 06 75, ℻ 66 06 75, oder
Northern Air, P.O. Box 27, Maun, ✆ 66 03 85, ℻ 66 15 59, und können auch gechartert werden.

Okavango-Delta

Obwohl das Delta bis auf die Teile, die im Moremi Game Reserve liegen, nicht als Park oder Reservat deklariert ist, regelt sich der **Zutritt** automatisch. Der Staat hat Konzessionen an private Lodge- und Campbetreiber vergeben, und man kann nur mit dem Flugzeug hinein. Die Preise der Betreiber haben ein hohes Niveau, obwohl es Unterschiede gibt. Die Skala reicht von ca. US$100 bis zu US$1500 pro Tag alles inklusive, d.h. mit Flügen, Wildbeobachtungen, Bootsfahrten etc. Die Vorausbuchung ist Pflicht.

Im Delta sieht man alle **Tiere**, die überhaupt nur vorstellbar sind: Raubtiere, Antilopen, Flusspferde, Nashörner, Giraffen, Elefanten, Affen, Warzenschweine, die gesamte Vogelwelt und, wenn man Glück (oder Pech) hat, auch Reptilien wie Schlangen und Krokodile. Viele Ornithologen kommen ins Delta, um die über 400 Vogelarten zu betrachten. Als besondere optische „Leckerbissen" gelten die Antilopenarten Sitatunga und Lechwe. Beide sind aquatische Antilopen und haben sich an das Leben im Delta angepasst: Die Hufe haben eine wesentlich größere Auftrittsfläche als vergleichbare Antilopenarten, so dass sie auf dem sumpfigen Boden sehr gut flüchten können, das Fell ist wasserabweisend, und bei Gefahr gehen sie fast vollständig unter Wasser und lassen nur die Nüstern herausragen.

Als **beste Reisezeit** für das Delta gelten die Monate von August bis November. Das Delta trocknet langsam aus und die Tiere kommen zu den permanenten Wasserstellen. Allerdings fängt es ab November langsam zu regnen an. Von Dezember bis Februar ist Regenzeit, die Sicht ist nicht gut, und einige Lodges schließen für diese Zeit. Das Delta füllt sich langsam, beginnend bei Shakawe; bis spätestens Juni sollte das Wasser die 250 km bis Maun hinter sich gebracht haben, wobei es auf dieser Strecke nur 60 Höhenmeter hinabfließt und deshalb so lange braucht. Alles grünt, und die Tiere lassen sich in dieser Zeit hervorragend beobachten (wobei man den Vorteil genießt, dass nicht so viele Touristen unterwegs sind).

An erster Stelle der **Aktivitäten** im Delta steht natürlich die Tierbeobachtung, zu Fuß auf Wanderungen, vom Boot aus (am friedvollsten im Mokoro, aber auch in Motorbooten wird gefahren, und schwimmende Plattformen erlauben den Barbetrieb in den Sonnenuntergang hinein) oder in Autos, deren Karosserien speziell nach den Bedürfnissen der Touristen und Fotografen umgeändert wurden. Aber auch wer reiten will, kommt auf seine Kosten – zu Pferde oder auch auf Elefanten. Auf Fischer spezialisierte Camps ziehen Jahr für Jahr begeisterte Südafrikaner an, und Jäger dürfen nach den vom Staat vorgegebenen Quoten auf die Pirsch gehen.

Das Delta misst 15 000 km² mit Flüssen, bewaldeten Inseln und weiten Flutflächen. Hineingebaut sind viele Camps und Lodges, die aber weit auseinander liegen. Jedes Camp hat seinen eigenen Landeplatz und Fuhrpark. Der Anflug wird vom Flughafen Maun aus mit kleinen Maschinen organisiert, die in 200 bis 300 m Höhe über das Delta gleiten.

In der Regenzeit schwillt der Okavango, der als Cubango auf dem Benguela-Plateau in Angola entspringt, an, fließt nach Süden und füllt das Delta nach und nach auf. Das Benguela-Plateau ist mit 1500 mm Niederschlägen im Jahr extrem regenreich und vermag das Wasser

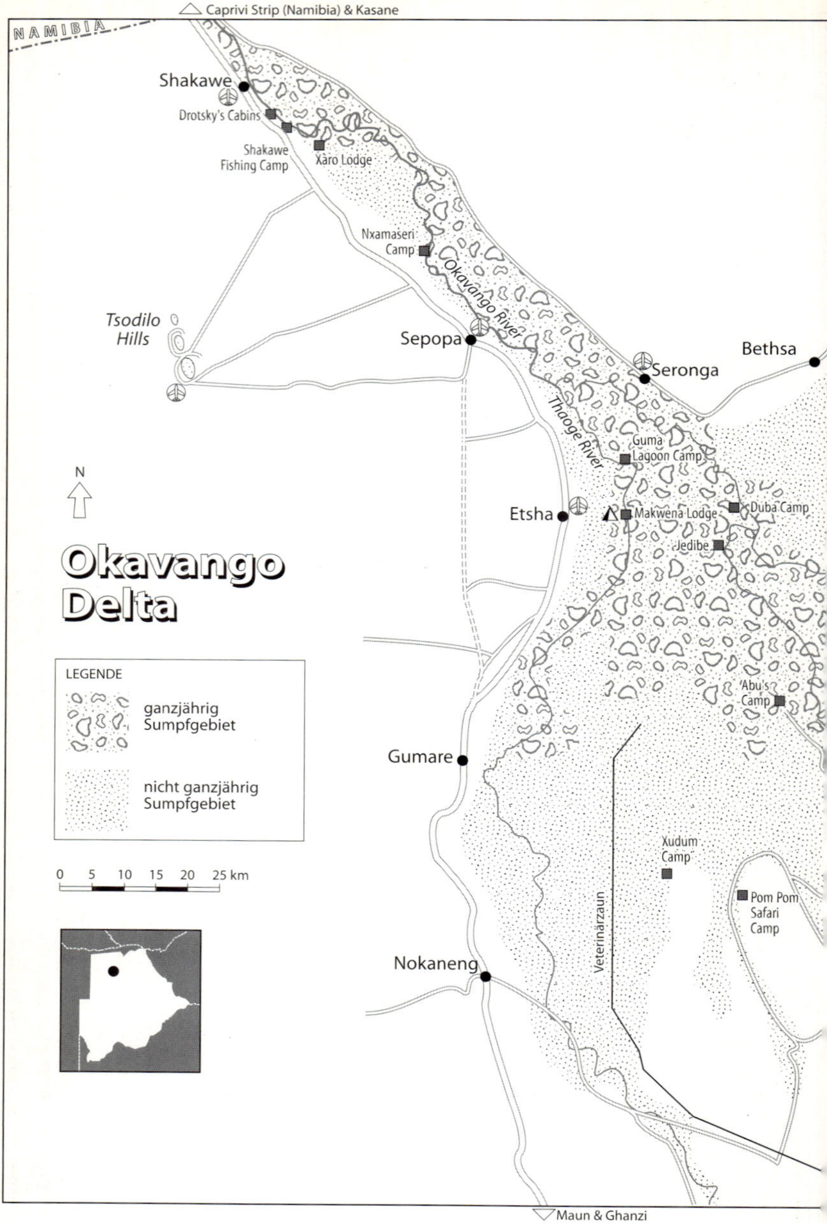
Caprivi Strip (Namibia) & Kasane
NAMIBIA
Shakawe
Drotsky's Cabins
Shakawe Fishing Camp
Xaro Lodge
Nxamaseri Camp
Okavango River
Tsodilo Hills
Sepopa
Seronga
Bethsa
Thaoge River
Guma Lagoon Camp
Etsha
Makwena Lodge
Duba Camp
Jedibe
N
Okavango Delta
LEGENDE
ganzjährig Sumpfgebiet
nicht ganzjährig Sumpfgebiet
Abu's Camp
Gumare
0 5 10 15 20 25 km
Xudum Camp
Pom Pom Safari Camp
Veterinärzaun
Nokaneng
Maun & Ghanzi

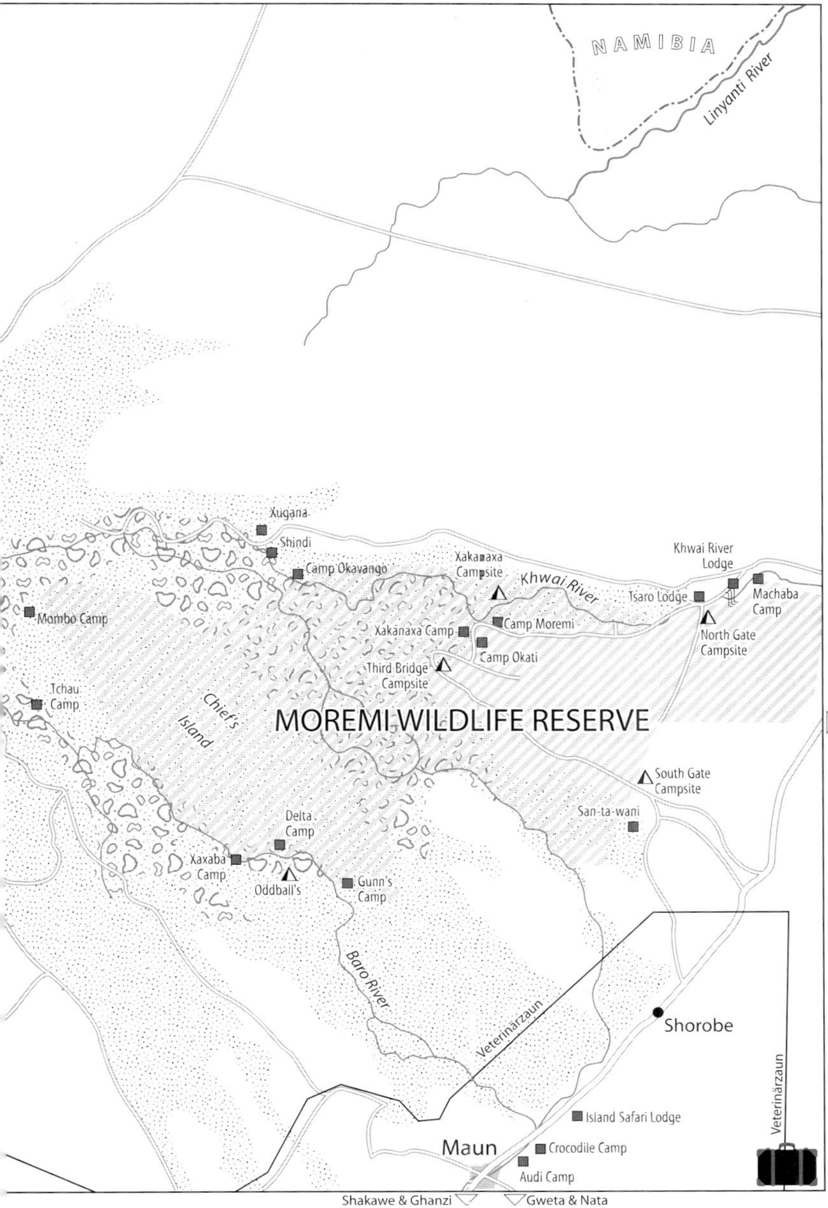

OKAVANGO UND DER NORDEN

Mr. Drotsky höchstpersönlich

des drittgrößten Stromes ganz Afrikas zu sammeln. In der Trockenzeit nimmt das Wasser die umgekehrte Richtung bzw. das, was davon übrig geblieben ist, denn 90% sind bis dahin verdunstet. Das Delta leert sich langsam: Was gerade noch Insel war, ist dann nur noch eine Erhebung in der trockenen Landschaft. Nur der obere Teil des Deltas und das Panhandle – die Region des Okavango vor seiner Verzweigung zwischen Seronga und Shakawe – halten permanent Wasser. Das fortwährende Pulsieren im Wechsel der Jahreszeiten ist weltweit einzigartig, deshalb wurde das Delta auf die UNESCO-Liste der zu schützenden Landschaften gesetzt.

Die luxuriöseste Art, das Delta kennen zu lernen, ist eine Fly-in-Safari, wie sie z.B. *Gametrackers* anbietet. Neben Lodges in Moremi und Chobe betreibt *Gametrackers* im Delta das Xaxaba Camp (ab US$300 p.P./Tag) und führt Fly-in-Safaris zwischen seinen Lodges durch; man verbleibt 2–3 Tage in jedem Park, nimmt an den Wildführungen/-fahrten teil und reist dann mit dem Flugzeug weiter. *Crocodile Camp Safaris* unternimmt 3-tägige Fotosafaris im Delta (ab US$150 pro Tag). Am Westrand des Deltas, erreichbar über die Teerstraße Maun – Shakawe, liegen ebenfalls Lodges, von denen aus man per Boot in das Delta fahren kann, z.B. *Drotsky's Cabins* (ab 150 Pula). Da diese mit dem Kfz erreichbar sind und der teure Flug wegfällt, sind die Lodges an der Westseite eine günstige Alternative. Sie bieten auch Camping an, was die Lodges im Delta im Allgemeinen nicht machen.

All inclusive im Delta Die Lodges im Delta bieten all-inclusive-Pakete. Alles ist inbegriffen: nicht nur die Wildbeobachtungsfahrten, Bootsausflüge und geführten Wanderungen, sondern selbst der Wein zum Abendessen und ein Digestif. Man wird meist um 5 Uhr mit einem Kaffee und Cookies geweckt, wird eine halbe Stunde später von seinem persönlichen Führer vom Luxuszelt oder dem Chalet abgeholt (das Gewehr ist immer präsent, und wer des Nachts wegen des vielstimmigen Tiergebrülls kein Auge zugemacht hat, wird dies begrüßen) und zum Hauptgebäude begleitet. Dort startet die Wildbeobachtung, zu Fuß, mit dem Auto oder dem Boot. Gegen 9 Uhr kehrt man heim an den gedeckten Frühstückstisch (die englische Variante, die eigentlich den ganzen Tag vorhält). Dann suhlt man sich 2 Stunden am Schwimmbassin, bis zum Lunch gerufen wird (unter 3 Gängen geht hier nichts). Die Mittagshitze wird bei einer Siesta oder wieder am Pool umgangen, bis um 16 Uhr die nächste Fahrt ansteht. Man fährt nach Tee und Kuchen los und erhascht Blicke auf Raubkatzen und Antilopen. Bei einem Zwischenhalt wird das erste Bier und Biltong gereicht und der Sonnenuntergang über dem Wassser des Okavango genossen. Dann geht es hinein in die Dunkelheit und zurück. Das Abendessen ist ein 5-Gänge-Menü, das jeder ausgefeilten Küche Ehre machen würde. Vielleicht wird es unterbrochen, weil ein Elefant seine Füße ins Lager gesetzt hat und ein paar Schritte weiter gemütlich an den Blättern zupft. Der Abend klingt am Lagerfeuer aus, bis man wieder zu seinem Bett geleitet wird (natürlich mit geschulterter Waffe) und hoffentlich beim Konzert der Tiere einschlafen kann.
Empfehlungen: *Crocodile Camp Safaris*, Delta House, Tsaro Street, Maun Mall, P.O. Box 46, Maun, ✆ 66 07 96, 📠 66 07 93, ✉ sales@botswana.com; *Drotsky's Cabins*, 5 km südlich von Shakawe, P.O. Box 115, Shakawe, ✆ 67 50 35, 📠 67 50 43; *Gametrackers*, P.O. Box 100, Maun (am Flughafen), ✆ 66 03 02, 📠 66 01 53, ✉ gtb.mngr@info.bw.

Übernachtung

Alle hier aufgelisteten Unterkünfte benötigen definitiv eine Vorausbuchung – auch wenn sie mit einem Kraftfahrzeug angefahren werden können. Zu den Übernachtungsmöglichkeiten im Moremi Game Reserve s.S. 244 und Chobe National Park s.S. 250.
Alle anderen Lodges/Camps liegen direkt im Delta.
Die Lodges der unten stehenden Liste sind in Preiskategorien eingeteilt. In den Preisen sind meist Verpflegung und Aktivitäten wie Wildfahrten, Bootsausflüge etc. enthalten.
Untere Preisklasse (bis US$150): ***Duba Camp***, Wilderness Safaris, P.O. Box 651171, Benmore 2010, Südafrika, 📠 883 6255, ✆ 0027-11-884 1458, ✉ enquiry@wilderness.co.za. Nur Flüge. Luxuszeltlager.
Guma Lagoon Camp, P.O. Box 13, Maun, ✆ 67 40 22, 📠 64 40 21. Mit Flug und Geländewagen erreichbar. Camping, Luxuszeltlager (mittlere Preisklasse) .
Gunn's Camp, P.O. Box 33, Maun, ✆ 66 00 23, 📠 66 00 40, ✉ gunnscamp@info.bw. Nur Flüge oder Boot. Camping, Luxuszelte (mittlere Preisklasse) .
Oddball's Palm Island Lodge, P.O. Box 39, Maun, ✆ 66 02 20, 📠 66 05 89, ✉ okavango @info.bw. Nur Flüge. Campingplatz.
Mittlere Preisklasse (US$150–350):
Macateer Camp, Friedkin Adventure Company, P.O. Box 40, Maun, ✆ 66 02 11, 📠 65 03 79. Nur Flüge. Luxuszeltlager.
Makwena Camp, P.O. Box 115, Shakawe, ✆ 67 50 35, 📠 67 50 43. Mit dem Kfz erreichbar. Luxuszeltlager.
Matsebe Camp, Friedkin Adventure Company, P.O. Box, 40 Maun, ✆ 66 02 11, 📠 66 03 79. Nur Flüge. Luxuszeltlager.
Pom Pom, Ker & Downey, P.O. Box 27, Maun, ✆ 66 03 75, 📠 66 12 82, Flüge. Luxuszeltlager.
Walking Trails Camp, Friedkin Adventure Company, P.O. Box 40, Maun, ✆ 66 02 11, 📠 66 03 79. Per Boot erreichbar. Luxuszeltlager.
Xaxaba Camp, Gametrackers, P.O. Box 100, Maun (am Flughafen), ✆ 66 03 02, 📠 66 01 53, ✉ gtb.mngr@info.bw. Nur Flüge. Chalets.

Obere Preisklasse (über US$350): ***Abu Camp***, Elephant Back Safaris, P.O. Box 332, Maun, ☏ 66 12 60, 📠 66 10 05. Nur Flüge. Luxusanlage. Safaris auf dem Elefantenrücken.
Delta Camp, P.O. Box 39, ☏ 66 02 20, 📠 66 05 89, ✉ okavango@info.bw. Nur Flüge. Chalets.
Gubanare Camp, Rann Hunting Safaris, P.O. Box 23, Kasane, ☏ 65 08 86, 📠 65 01 62. Nur Flüge. Luxuszeltlager.
Jedibe Camp, Wilderness Safaris, P.O. Box 651171, Benmore 2010, Südafrika, ☏ 0027-11-884 1458, 📠 883 6255, ✉ enquiry@wilderness.co.za. Nur Flüge. Luxuszeltlager.
Kiri Camp, Rann Hunting Safaris, P.O. Box 23, Kasane, ☏ 65 08 86, 📠 65 01 62. Nur Flüge. Luxuszeltlager.
Rann Safari Lodge, Rann Hunting Safaris, P.O. Box 23, Kasane, ☏ 65 08 86, 📠 65 01 62. Mit dem Kfz erreichbar. Luxuszeltlager.
Tchau Camp, Wilderness Safaris, P.O. Box 651171, Benmore 2010, Südafrika, ☏ 0027-11-884 1458, 📠 883 6255, ✉ enquiry@wilderness.co.za. Nur Flüge. Luxuszeltlager.
Xigera Safari Camp, Wilderness Safaris, P.O. Box 651171, Benmore 2010, Südafrika, ☏ 0027-11-884 1458, 📠 883 6255, ✉ enquiry@wilderness.co.za. Nur Flüge. Luxuszeltlager.
Xudum Camp, Ker & Downey, P.O. Box 27, Maun, ☏ 66 03 75, 📠 66 12 82, Flüge. Luxuszeltlager.

Moremi Game Reserve

Das Tierreservat von Moremi ist Teil des Okavango-Deltas, aber im Gegensatz zu diesem offiziell geschützt. Moremi hat sozusagen das Juwel des Deltas auf seinem Gebiet – Chief's Island, eine 1000 km² große Landzunge, die sich vom südlichen Delta bis zu den permanent Wasser führenden Regionen im Norden erstreckt. Einzigartig ist es für die Nachbarschaft vom Sandveld der Kalahari und dafür, dass die Insel von Wasser umgeben ist. Sie wird nie überspült, da sie etwas höher liegt, als die gesamte Umgebung. Berühmt ist Chief's Island für die großen Büffelherden, die das spärliche, aber süße Gras der Sandböden dem härteren Gras an den Ufern vorziehen. Im Westen der Insel fließt der Boro genannte Arm des ausgefächerten Okavango und bildet die Grenze des Tiereservates zum restlichen Delta. Der Wasserarm im Osten heißt Mboroga und trennt Chief's Island vom restlichen Park. Nur dieser östliche Teil darf mit dem Kfz befahren werden. Auf Chief's Island sind Autos verboten. Wer hierher will, muss über die Lodges oder Safariveranstalter Touren buchen.

Aber auch in dem öffentlich zugänglichen Teil kann man einen unglaublichen Tierreichtum begutachten – vorausgesetzt man hat bei den zentralen staatlichen Reservierungsbüros rechtzeitig gebucht. Weite Grasebenen an den Flussläufen erlauben eine vorzügliche Tierbeobachtung: alle Raubtiere des südlichen Afrika, Giraffen, Zebras, die bekannten Antilopenarten und natürlich eine Vogelwelt, die ihresgleichen sucht – zum Beispiel Pelikane. Von den großen Säugetieren kommen lediglich die beiden Nashornarten nicht vor. Die Überpopulation von Elefanten hat die Landschaft stellenweise in eine Mondlandschaft verwandelt.

Der Name des Reservates kommt von Chief Moremi III. (Chief's Island war sein angestammtes Jagdgebiet), der in den 60er Jahren verstarb. Nach seinem Tod bemerkte man, dass das Wild in der Region allmählich wegen der exzessiven Jagd dahinschwand und beschloss daher 1963, das Gebiet zum Tierreservat zu erklären. Seitdem ist jegliche Jagd untersagt.

Das Reservat ist 4000 km² groß und in den trockenen Teilen mit Mopanewald bewachsen. Ursprünglich war Moremi Siedlungsgebiet der San, die nicht nur als Jäger, sondern hier auch als Fischer lebten. Viele Namen erinnern an sie: Xakanaxa, Maqwee, Xobega, Xugana („q" und „x" stehen für die Klicklaute ihrer Sprache).

Organisatorisches

Wer mit dem eigenen Fahrzeug anreist, sollte möglichst einen Geländewagen fahren. Der Zugang zum Park ist auch ohne Kraftfahrzeug möglich, wenn man eine der Lodges bucht und deren Wildbeobachtungsfahrten mitmacht.

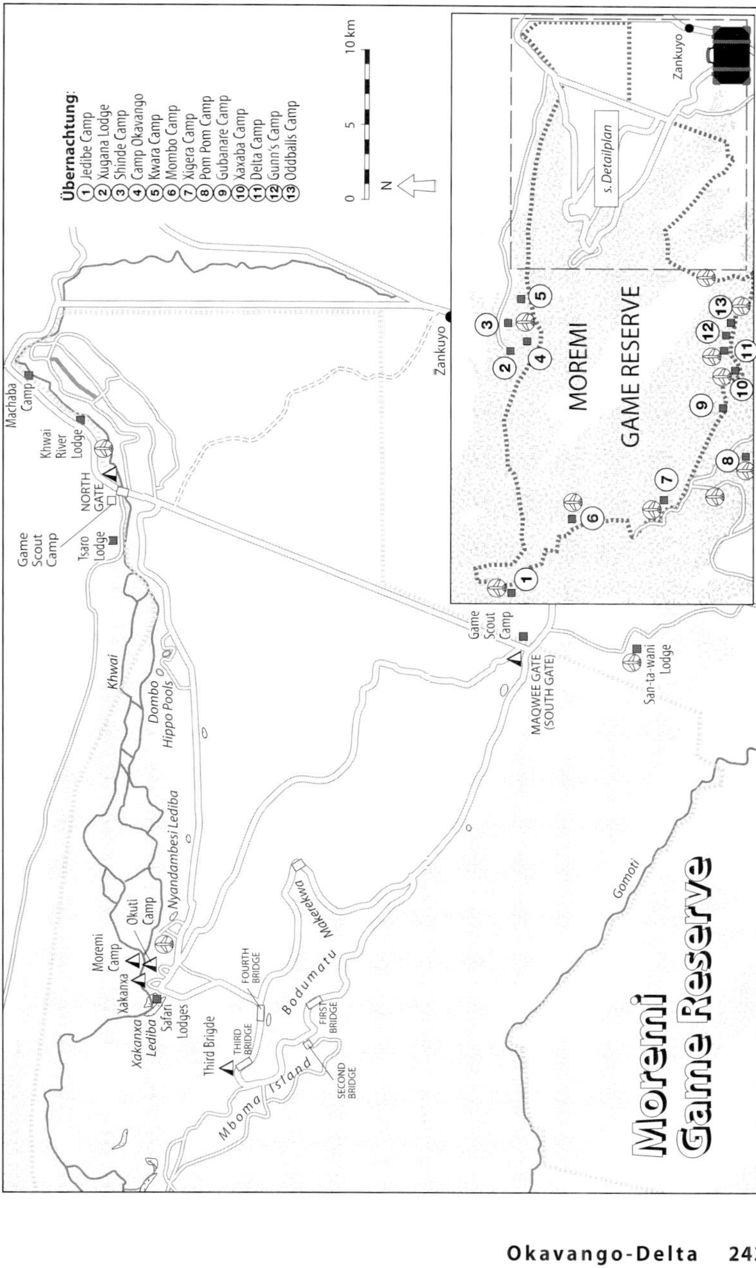

Moremi
Game Reserve
Übernachtung:
1 Jedibe Camp
2 Xugana Lodge
3 Shinde Camp
4 Camp Okavango
5 Kwara Camp
6 Mombo Camp
7 Xigera Camp
8 Pom Pom Camp
9 Gubanare Camp
10 Xaxaba Camp
11 Delta Camp
12 Gunn's Camp
13 Oddballs Camp
0 5 10 km
N
Machaba Camp
Khwai River Lodge
NORTH GATE
Game Scout Camp
Tsaro Lodge
Khwai
Dombo Hippo Pools
Nyandambesi Lediba
Okuti Camp
Moremi Camp
Xakanxa
Xakanxa Lediba
Safari Lodges
Third Brigde
THIRD BRIDGE
FOURTH BRIDGE
Bodumatu
Makerekwa
FIRST BRIDGE
SECOND BRIDGE
Mboma Island
Gomoti
MAQWEE GATE (SOUTH GATE)
Game Scout Camp
San-ta-wani Lodge
Zankuyo
MOREMI GAME RESERVE
s. Detailplan
Zankuyo

Moremi besitzt einige einfache Zeltplätze und luxuriöse Lodges im Park selbst sowie an den Eingängen. Auch Tagesbesucher sind zugelassen. Da die Ranger der Lodges über die Migrationswege im Park sehr gut Bescheid wissen und im Gegensatz zum Touristen die Fährten deuten können, ist es angebracht, eine organisierte Fahrt durch den Park mitzumachen (die Lodges bieten dies an). Dann ist die Chance, am frühen Morgen ein Rudel Löwinnen zu sehen, das sich für die Jagd fertig macht, und deren Babies zuzuschauen, wie sie herumtollen, am größten.

Anfahrt

Von Maun aus sind es bis Moremi/South Gate (auch Maqwee Gate) knapp 50 km Asphalt bis Shorobe und dann 40 km Piste. Außerhalb der Regenzeit ist diese Strecke u.U. mit einem Pkw zu schaffen, während der Regenfälle ist hingegen ein Geländewagen notwendig. Durch den Park zum North Gate sind es 30 km Piste. Von dort sind es nach Kasane über Chobe (Savuti) 260 km schwere, sandige Piste, für die auf alle Fälle ein Geländewagen notwendig ist (keine Versorgungsmöglichkeit zwischen Moremi und Kasane). Wer über Chobe weiter fährt, muss auf alle Fälle den Aufenthalt dort reserviert haben, sonst wird er abgewiesen.

Übernachtung

Alle hier aufgelisteten Unterkünfte benötigen definitiv eine Vorausbuchung – auch wenn sie mit einem Kraftfahrzeug angefahren werden können.

ÖFFENTLICHE CAMPINGPLÄTZE – Alle Campingplätze müssen über das zentrale staatliche Reservierungsbüro gebucht werden.
North Gate Campsite, WC, Duschen, Spülen.
South Gate Campsite, WC, Duschen.
Third Bridge Campsite, WC, Duschen, Spülen.
Xakanaxa Campsite, WC, Duschen, Spülen.

LODGES/CAMPS – Mittlere Preisklasse (US$150–350): ***Khwai River Lodge***, Gametrackers, P.O. Box 100, Maun (am Flughafen), ✆ 66 03 02, 📠 66 01 53, ✉ gtb.mngr@info.bw. Mit dem Kfz erreichbar. Chalets.
Machaba Camp, Ker & Downey, P.O. Box 27, Maun, ✆ 66 03 75, 📠 66 12 82, Luxuszeltlager.
Okuti Camp, P.O. Box 47, Maun, ✆ 66 05 70, 📠 66 02 58. ✉ okuti@global.bw. Nur Flüge. Chalets.
San-ta-Wani Safari Lodge, Gametrackers, P.O. Box 100, Maun (am Flughafen), ✆ 66 03 02, 📠 66 01 53, ✉ gtb.mngr@info.bw. Mit dem Kfz erreichbar. Chalets.
Shinde Camp, Ker & Downey, P.O. Box 27, Maun, ✆ 660375, 📠 661282, Flüge. Luxuszeltlager.
Tsaro Lodge, Hartley's Safaris, P.O. Box 48, Maun, ✆ 66 18 06, 📠 66 05 28, ✉ hartley@hot.co.za. Nur Flüge. Chalets.
Xugana Lodge, Hartley's Safaris, P.O. Box 48, Maun, ✆ 66 18 06, 📠 66 05 28, ✉ hartley@hot.co.za. Nur Flüge. Chalets.
Obere Preisklasse (über US$350): ***Kwara Camp***, Wilderness Safaris, P.O. Box 651171, Benmore 2010, Südafrika, ✆ 0027-11-8841458, 📠 8836255, ✉ enquiry@wilderness.co.za. Nur Flüge. Luxuszeltlager.
Mombo Camp, Wilderness Safaris, P.O. Box 651171, Benmore 2010, Südafrika, ✉ enquiry @wilderness.co.za, ✆ 0027-11-884 1458, 📠 883 6255. Nur Flüge. Luxuszeltlager.
Moremi Camp, Desert & Delta Safaris, P.O. Box 1200, Paulshof 2056, Südafrika, ✆ 0027-11-807 3720, 📠 807 3480. Mit dem Kfz erreichbar. Luxuszeltlager.
Okavango Camp, Desert & Delta Safaris, P.O. Box 1200, Paulshof 2056, Südafrika, ✆ 0027-11-8073720, 📠 8073480. Nur Flüge. Luxuszeltlager.
Xakanaxa Camp, Moremi Safaris, P.O. Box 2757, Cramerview 2060, Südafrika, ✆ 0027-11-465 3842, 📠 465 3779, ✉ moremi@sprintlink.co.za. Flüge, aber auch mit dem Kfz erreichbar. Luxuszeltlager.

Chobe National Park

Wer den Chobe National Park Richtung Maun durchquert, benötigt einen Geländewagen. Die Piste ist tiefsandig und während der Regenzeit

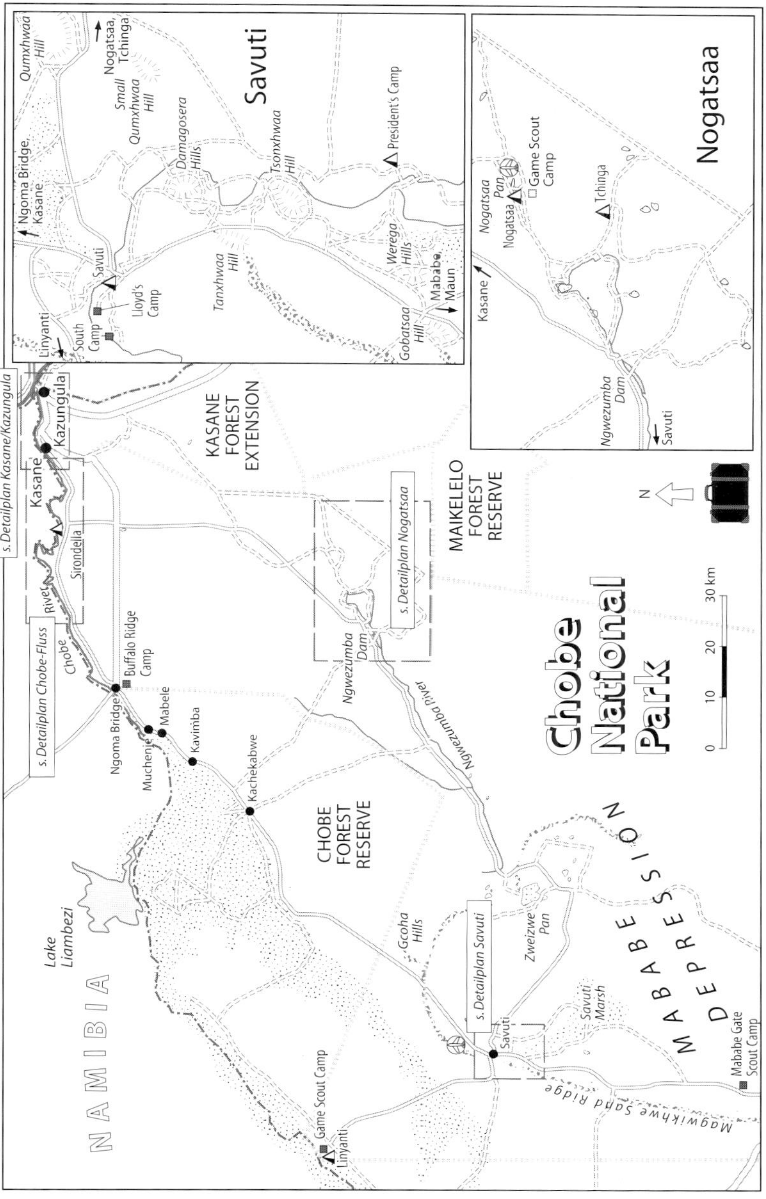
Chobe National Park
Savuti
Nogatsaa
NAMIBIA
Lake Liambezi
CHOBE FOREST RESERVE
KASANE FOREST EXTENSION
MAIKELELO FOREST RESERVE
MABABE DEPRESSION
s. Detailplan Chobe-Fluss
s. Detailplan Kasane/Kazungula
s. Detailplan Nogatsaa
s. Detailplan Savuti
Kasane
Kazungula
Sirondella
Chobe River
Buffalo Ridge Camp
Ngoma Bridge
Muchenje
Mabele
Kavimba
Kachekabwe
Ngwezumba Dam
Ngwezumba River
Gcoha Hills
Zweizwe Pan
Savuti Marsh
Mababe Gate Scout Camp
Magwikhwe Sand Ridge
Game Scout Camp
Linyanti
N
0 10 20 30 km
Qumxhwaa Hill
Nogatsaa, Tchinga
Small Qumxhwaa Hill
Damagosera Hills
Tsonxhwaa Hill
President's Camp
Ngoma Bridge, Kasane
Tanxhwaa Hill
Werega Hills
Mababe
Maun
Gobatsaa Hill
Lloyd's Camp
South Camp
Nogatsaa Pan
Game Scout Camp
Tchinga
Kasane
Ngwezumba Dam

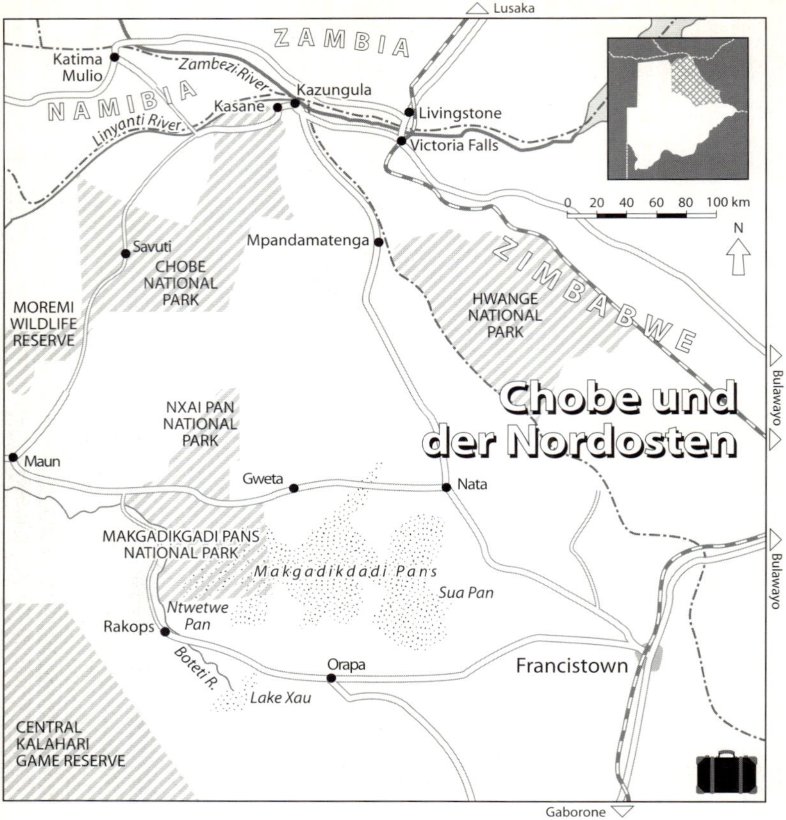

Chobe und der Nordosten

sehr schwierig. Ohne Geländewagen muss man die Teerstraße von Kasane über Nata bis Maun nehmen (600 km).

Der 12 000 km² große Chobe National Park liegt am Ländereck Zimbabwe, Namibia, Zambia und Botswana und zieht sich hinunter bis zum Tierreservat von Moremi. Durch seine Nähe zu den wasserreichen Regionen um Chobe, Linyanti und Zambezi gibt es zahlreiche Tiere und unglaublich viele Elefanten. Neben diesen ziehen Antilopen, Giraffen, Zebras, Rhinos und Büffel über die Ebenen und durch die Wälder.

Der Vogelreichtum ist Legende, und an Löwen kommt man bis auf wenige Meter heran. An den Flüssen leben Flusspferde und Krokodile, Paviane sind überall zu finden. Chobe ist eine grüne Oase mit so vielen Tieren, dass man geradezu permanent über sie „stolpert“.

Wer von Vic'Falls nach Namibia in den Caprivi Strip hineinfährt, durchquert den Park im Norden auf einer Asphaltstraße, ohne dass er es groß merkt (vielleicht kreuzen einmal Elefanten den Weg). Bei Nutzung dieser Straße sind keine Eintrittsgebühren fällig. Man kann aber parallel der Hauptstraße als Tagesbesu-

Für den heimischen Diaabend möglichst nah ran – aber nicht zu nah

cher auf einer sehr schönen Strecke entlang des Chobe-Flusses von Kasane nach Ngoma gelangen. In diesem Fall wird eine Eintrittsgebühr verlangt. Man fährt zwar Piste, bewältigt diese aber außerhalb der Regenzeit, die von November bis März geht, in der Regel gut. An den Ufern tummeln sich Elefanten und Flusspferde.

Von der Asphaltstraße zwischen Ngoma und Kasane zweigt die Piste durch den Chobe-Park nach Maun ab. Ein Geländewagen ist Voraussetzung, für die Einfahrt in den Park außerdem die Vorausbuchung in den Büros der zentralen staatlichen Reservierungsstellen. Bis Shorobe gibt es keine Versorgungsmöglichkeiten.

Der Park lässt sich in vier Großregionen unterteilen: die Gegend am Chobe-Fluss, Linyanti und Liambezi, Savuti und Seloko.

Die Region am Chobe-Fluss (Serondela)

Die Straße am Chobe-Fluss entlang folgt der Grenze von Botswana zu Namibia. Bevor Chobe zum Nationalpark wurde, waren hier Holzfäller angesiedelt, die hauptsächlich Teakholz

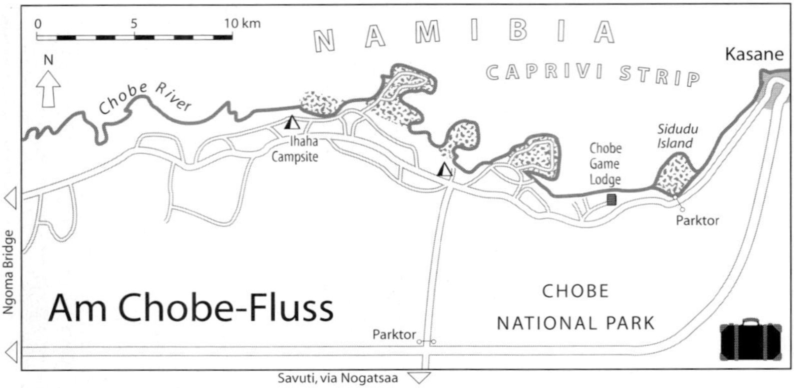

schlugen. Sie mussten die Region verlassen, und ihre Häuser bei Serondela wurden abgerissen. Berühmt ist die Gegend für die außerordentlich vielen Elefanten, Flusspferde, Büffel und Zebras. Die Elefanten haben sich geradezu zur Plage entwickelt, da sie ganze Landstriche entholzen. Normalerweise dienen die von Elefanten umgedrückten Bäume als Nahrungsquelle für Tiere, die sonst nicht an die Blätter herankämen, das verrottende Holz wird zum Dünger – ein an sich die Natur erneuernder Kreislauf. Nur gibt es inzwischen so viele Elefanten, dass die Landschaft sich teilweise nicht mehr regenerieren kann. Der Überpopulation muss mit Abschießen begegnet werden, dem so genannten *culling*.

An den Ufern wachsen Mahagoni, Kastanien, Baobabs, Mangostanbäume und Teakholz. Nur ein Stückchen nach Süden vom Fluss weg wird die Landschaft aber sofort arid, Dornbusch überwiegt. Zum einen sind die Elefanten daran schuld, zum anderen die exzessiven Abholzungen der Holzwirtschaft in früheren Jahren.

Sidudu Island nahe Kasane ist von beiden Seiten vom Chobe umspült – ein Grund für Botswana und Namibia, auch um diese Insel zu streiten, da der Grenzverlauf über den Fluss definiert sein soll, aber unklar ist, welcher Flussarm Gültigkeit hat. Inzwischen wurde der Internationale Gerichtshof in Den Haag angerufen, um die Angelegenheit friedlich zu regeln.

Bei Kasane ist der Chobe auch schiffbar, und die Lodges und Reiseunternehmen führen Bootsfahrten durch. Die Gegend dort gilt als ein Highlight für die Vogelbeobachtung (Adressen s.u. Kasane, s.S. 251f).

Linyanti

Der Chobe-Park grenzt nur auf 7 km an den Linyanti-Fluss an. Doch ist die Region eine der schönsten des Parkes. Touristen verirren sich nur selten in die abgeschiedene Gegend mit einem Zeltplatz und alten Wäldern aus Akazien, Marula, Mangostanbäumen, Mopane, Bleibäumen und Ebenholz.

Besonders bekannt ist die Region für die Zebras, die in der Trockenzeit in großen Herden zum Linyanti kommen und in der Regenzeit nach Savuti und weiter südlich migrieren. Ornithologen können viele Wat- und Wasservögel beobachten.

Durch die Grenze zu Namibia und die dort unkontrollierbare Wildnis, waren – und sind wohl auch heute noch – Wilderer unterwegs. Das feine Gespür der Tiere für gefährliche Situationen hat sie scheu gemacht. Die massive Präsenz des botswanischen Militärs soll die Wilderei verhindern (dient aber ebenso dem Flaggezeigen im umstrittenen Grenzgebiet).

Während der Regenzeit bei Ngoma

Savuti

Savuti ist die Region im Westen des Parkes mit der Mahaba-Senke, dem Savuti-Sumpfland und dem Savuti-Kanal. Im Westen wird Savuti durch einen 100 km langen, 20 m hohen und fast 200 m breiten Sandgrat, den Magwikhwe Sand Ridge, begrenzt. Die sieben etwa 90 m hohen Dolomit-Hügel von Savuti entstanden vor einer Milliarde Jahre und dominieren die ansonsten flache Landschaft. Noch vor 30 000 Jahren bildete Savuti zusammen mit Makgadikgadi und Nxai einen riesigen See, der bis zum Zambezi und Okavango reichte. Er trocknete aus, der letzte Abschnitt, der noch Wasser hielt, war der Mahaba-See, der schließlich die Mahaba-Senke zurück ließ. Der Sandgrat war früher die westliche Uferline der gigantischen Wasserfläche. Als Jahrhundertereignis wird das Savuti-Sumpfland zuweilen heute noch über den Savuti-Kanal mit offenem Wasser gespeist. In den üblichen trockenen Jahren wagt sich das Wasser hingegen nicht an die Oberfläche, sondern fließt unter dem Sand. Savuti ist für seine Löwenpopulation bekannt. Die Ranger beim Zeltplatz und in den Lodges geben Tipps, wo man die größten Chancen hat, die Raubtiere zu sehen – hören wird man sie nachts mit großer Wahrscheinlichkeit sowieso. Die Camps haben keine Zäune, also nachts aufpassen und nicht das Zelt oder das Chalet verlassen, wenn kein Führer dabei ist!

Das Savuti-Sumpfland besteht aus weiten Grasflächen – eine bevorzugte Weide für Antilopen –, eingerahmt von Kameldornbäumen. Auch zwei Baobabs kann man besuchen. An einem der sieben Hügel, bekannt als Buschmann-Hügel, kann man Felsmalereien der San sehen, die auf ein Alter von 3500 Jahren geschätzt werden. Nur hier ist es erlaubt, den Wagen zu verlassen. Ansonsten ist dies verboten. Deshalb sind die anderen Stellen mit Gravierungen und Malereien in Chobe nicht zu besichtigen.

Seloko-Ebene

Die grasbewachsene Seloko-Ebene wird von Mopanewäldern umrahmt. An den Wasserlöchern sammeln sich große Elefantenherden.

Der Zeltplatz bei Noghatsaa ist noch nicht entwickelt, soll in naher Zukunft aber eine Infrastruktur mit Duschen erhalten. Die Anfahrt geschieht auf tiefsandigen Pisten, so dass sich nur wenig Touristen nach Sekolo begeben. Dafür kann man die Einsamkeit genießen.

Durch den Chobe National Park über Savuti nach Maun

Man verlässt die Teerstraße zwischen der westlichen Kontrollstelle und dem Grenzübergang nach Namibia, Ngoma Bridge, etwa 200 m westlich der Kontrollstelle (WGS84: 17°55'47" S/24°43'32"O) in Richtung Kachikau. Nach 11 km durchfährt man die Streusiedlung Mabele (WGS84: 17°58'32"S/24°39'12"O), nach 13 km den Ort Kavimba (WGS84: 18°04'08"S/ 24°35'03"O) und nach weiteren 13 km kommt man nach Kachikau (WGS84: 18°09'01"S/ 24°30'37"O), ebenfalls eine Streusiedlung. Hinter Kachikau dauert es noch 43 km bis man die Grenze des Nationalparks erreicht (WGS84: 18°23'14"S/24°14'46"O). Von dort sind es 27 km zum Game Scout Camp, dem Zeltplatz Savuti und zum Eingangstor (WGS84: 18°34'03"S/24°03'55"O), wo die Eintrittspapiere kontrolliert werden. Auf einander verwirrend kreuzenden Pisten geht es zu den beiden Luxuscamps Lloyd's (WGS84: 18°33'52"S/ 24°03'38"O) und Savuti South von *Gametrackers* (WGS84: 18°34'11"S/ 24°03'16"O). 5 km hinter dem Tor kommt man an eine Gabelung (WGS84: 18°36'42"S/ 24°03'40"O): Rechts verläuft die kürzere Strecke zum Mababe Gate, links fährt man 10 km länger über die Savuti Marsh. Nach 37 km stoßen die beiden Pisten wieder aufeinander (WGS84: 18°55'37" S/24°00'39"O) und 10 km weiter ist das Mababa Gate. Es folgen jeweils im Abstand von 10 km zwei Abzweigungen, die an die nördliche Seite von Moremi führen. 7 km hinter der zweiten Kreuzung verlässt man Chobe (WGS84: 19°07'42"S/ 23°52'55"O) und erreicht 21 km weiter das Nordtor von Moremi (WGS84: 19°10'15"S/23°45'02"O). Zum Südtor sind es 25 km (WGS84: 19°25'30"S/23°38'44"O), weitere 50 km bis Shorobe (WGS84: 19°45'23"S/ 23°40'34"O) und zur Teerstraße. In Shorobe kann man tanken. Bis Maun sind es noch 45 km.

Übernachtung

Alle hier aufgelisteten Unterkünfte benötigen definitiv eine Vorausbuchung – auch wenn sie mit einem Kraftfahrzeug angefahren werden können.
Im Park bei Savuti gibt es zwei Luxuscamps: ***Lloyd's Camp***, Lloyd Wilmot Safaris, P.O. Box 37, Maun, ☏ 66 03 51, ℻ 660571, und ***Savuti South***, Gametrackers, P.O. Box 100, Maun (am Flughafen), ☏ 66 03 02, ℻ 66 01 53, ✉ gtb.mngr@info.bw, mit Luxuschalets. Beide sind mit Geländewagen erreichbar und liegen in der mittleren Preisklasse.
Der dortige Zeltplatz ***Savuti*** (Latrinen, Wasserhahn) wird von der Parkverwaltung organisiert. Im Norden am Chobe liegt die Luxuslodge ***Chobe Game Lodge*** (s.u. Kasane) und der Zeltplatz ***Ihaha*** (der den alten bei Serondela ersetzt hat) mit WC und Duschen. Im Nordosten mitten im Park findet sich der ***Noghatsaa***-Zeltplatz (keine Infrastruktur), im Nordwesten an den Ufern des Linyanti der gleichnamige Campsite ***Linyati*** (WC, heiße Duschen). Die vier Zeltplätze sind über die zentralen staatlichen Reservierungsbüros zu buchen.
Außerhalb des Parkes am Sumpfgebiet des Linyanti liegen einige Luxuslodges, die üblicherweise nur mit dem Flugzeug besucht werden, wenngleich teilweise auch die Anfahrt mit einem Geländewagen möglich ist:

Mittlere Preisklasse (US$150–350):
Kwando Island/Lagoon Camp, Photo Africa Safaris, P.O. Box 11, Kasane, ☏ 65 03 85, ℻ 65 03 83. Mit dem Kfz erreichbar. Luxuszeltlager.
Motswiri Camp, P.O.Box 22, Kasane, ☏ 65 05 05, ℻ 65 03 52, ✉ chobe@icon.co.za. Nur Flüge. Luxuszeltlager.
Savuti Camp, Wilderness Safaris, P.O. Box 651171, Benmore 2010, Südafrika, ☏ 0027-11-884 1458, ℻ 883 6255, ✉ enquiry@wilderness.co.za. Nur Flüge. Luxuszeltlager.

Busbahnhöfe sind auch immer kleine Märkte, wie hier in Kasane

Obere Preisklasse (über US$350): ***King's Pool***, Wilderness Safaris, P.O. Box 651171, Benmore 2010, Südafrika, ✆ 0027-11-884 1458, ℻ 883 6255, ✉ enquiry@wilderness.co.za. Nur Flüge. Luxuszeltlager.

Selinda Camp, Linyanti Explorations, P.O. Box 22, Kasane, ✆ 65 02 29, ℻ 65 03 52. Mit dem Kfz erreichbar. Luxuszeltlager.

Zibadianja Camp, P.O.Box 22, Kasane, ✆ 65 05 05, ℻ 65 03 52, ✉ chobe@icon.co.za. Mit dem Kfz erreichbar. Luxuszeltlager.

Kasane

Kasane ist das kleinere Pendant zu Maun. Ein Touristenort, der von der Nähe des Chobe National Parks lebt und daneben als Durchgangsstation von Namibia nach Victoria Falls dient. Der Ort liegt lang gestreckt an den Ufern des Chobe, einen Kilometer westlich der Transitstraße zwischen Kazungula und Ngoma Bridge, den beiden Grenzorten zu Zimbabwe und Namibia.

Wer hierher kommt, will Tiere beobachten, denn ansonsten gibt es nichts zu sehen. Vielfältige Übernachtungsmöglichkeiten in und bei Kasane sind gegeben. Alle Lodges unternehmen Fahrten in den Park, viele bieten Bootsausflüge an.

Übernachtung

Buffalo Ridge Campsite, bei der Ngoma-Brücke 1 km vom Ngoma Gate, P.O. Box 55, Kasane, ✆ 65 04 30, ℻ 65 02 23, 30 Pula p.P., kalte Duschen, Toiletten, Blick über den Chobe.

Chobe Safari Lodge, am südlichen Ende von Kasane am Parkeingang und am Chobe, P.O. Box 10, Kasane, ✆ 65 03 36, ℻ 65 04 37, ab 120 Pula für ein Doppelzimmer inkl. Frühstück, Camping 25 Pula p.P., einfache Lodge mit günstigen Preisen.

Kubu Lodge, 8 km östlich von Kasane am Chobe, P.O. Box 43, Kasane, ✆ 65 03 12, ℻ 65 14 12, DZ 250 Pula p.P. inkl. Frühstück, Chalets, Schwimmbad.

Chobe Chilwero Lodge, südlich von Kasane, kurz vor dem Parkeingang 2 km von Chobe weg nach Osten, Linyanti Explorations, P.O. Box

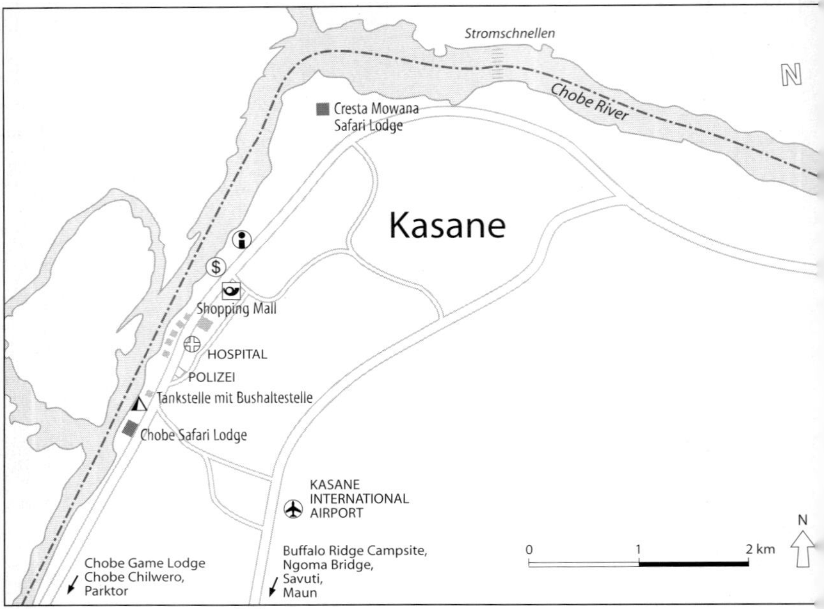

22, Kasane, ✆ 65 05 05, 📠 65 03 52, Bungalow ab 300 Pula p.P.
Cresta Mowana Safari Lodge, in Kasane am Chobe gelegen, P.O. Box 266, Kasane, ✆ 65 03 00, 📠 65 03 01, DZ 700 Pula p.P. inkl. Frühstück, großes Hotel, dessen Lodgecharakter lediglich am Dach zu erkennen ist.
Chobe Game Lodge, im Nationalpark 12 km von Kasane am Ufer des Chobe, P.O. Box 32, Kasane, ✆ 65 03 40, 📠 65 02 80, ab US$260 p.P. all inclusive, Schwimmbad, Luxussuites mit eigenem Pool.

Sonstiges

INFORMATIONEN – ***Department of Tourism***, Hauptstraße, P.O. Box 66, Kasane, ✆ 65 03 57, hilfreich, aber wenig Unterlagen.

NOTFÄLLE – **Krankenhaus:** Hauptstraße, ✆ 65 03 33.

ÖFFNUNGSZEITEN DER GRENZEN – **Zimbabwe:** Kazungula–Vic'Falls (Kazungula) 6–18 Uhr. **Zambia:** Kazungula–Livingstone (Fähre) 6–18 Uhr.
Namibia: Kasane–Katima Mulilo (Ngoma) 6–18 Uhr.

POST – In der Hauptstraße.
Kurierdienst: ***DHL Worldwide Express***, ✆ 65 02 34.

REISEVERANSTALTER – ***Rann Hunting Safaris***, P.O. Box 23, Kasane, ✆ 65 08 86, 📠 65 01 62, Fotosafaris, Jagdsafaris, Fischsafaris.
Hunters Africa, P.O. Box 11, Kasane, ✆ 65 04 37, 📠 65 03 83, Jagdsafaris.
Linyanti Explorations, P.O. Box 22, Kasane, ✆ 65 02 29, 📠 65 03 52, Wandersafaris, Jagdsafaris, Fotosafaris, Fischsafaris.
Photo Africa Safaris, P.O. Box 11, Kasane, ✆ 65 03 85, 📠 65 03 83, Fotosafaris.

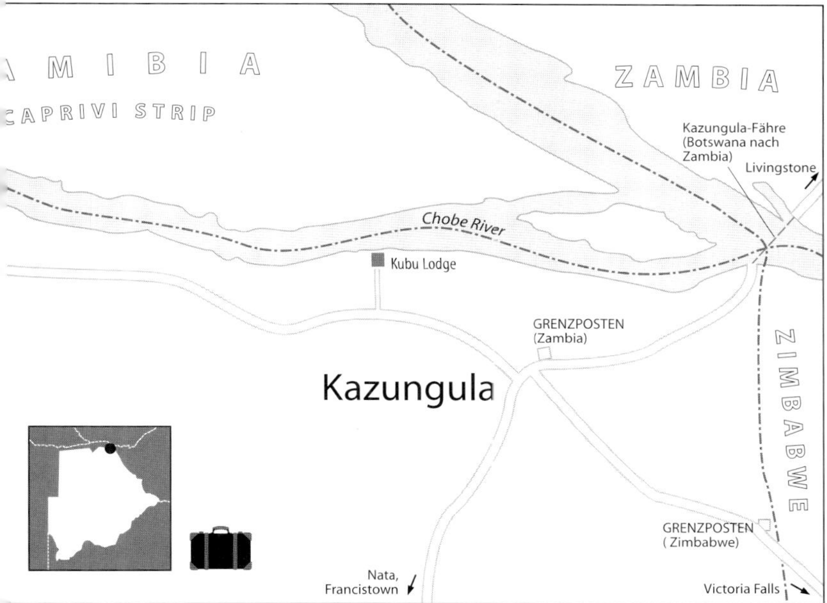

VISAVERLÄNGERUNGEN – ✆ 65 02 52.

Transport

BUSSE – Vom Busbahnhof 1x tgl. nach NATA, von **Kazungula**,aus 1x tgl. nach FRANCISTOWN. Mehrmals tgl. gibt es Transfers nach VICTORIA FALLS (bei den Lodges fragen).

FLÜGE – **Flughafen:** ✆ 65 01 61. 3x wöchentl. Flüge nach MAUN.

Shakawe

Shakawe ist eine Streusiedlung und der Grenzort nach Namibia. Wer nach dorthin weiterfährt, kommt nach der Grenze auf eine feste Piste durch das Mahango-Tierreservat, an den Stromschnellen von Popa und verschiedenen Lodges und Zeltplätzen vorbei, und erreicht nach 30 km den geteerten Caprivi Highway. Eine Busverbindung nach Maun gibt es täglich, wenn sie nicht gerade ausfällt (Haltestelle bei *Wright's Trading Store).*

Der Grenzübergang Mohembo für die Strecke Shakawe–Rundu ist von 6–18 Uhr offen.

Übernachtung

UM SHAKAWE – ***Drotsky's Cabins***, 5 km südlich von Shakawe, P.O. Box 115, Shakawe, ✆ 67 50 35, ℻ 67 50 43. Mit Kfz erreichbar. Chalets und Camping. Niedrige Preisklasse.
Shakawe Fishing Camp, 10 km südlich von Shakawe, P.O. Box 12, Shakawe, ✆ 66 08 22, ℻ 66 08 23. Mit Kfz erreichbar. Chalets (mittlere Preiskl.), Camping (niedrige Preiskl.).
Xaro Lodge, bei Drotsky's Cabins, P.O. Box 115, Shakawe, ✆ 67 50 35, ℻ 67 50 43. Nur mit dem Boot erreichbar. Luxuszeltlager. Mittlere Preisklasse.

Die Fahrt nach Tsodilo ist anstrengend, aber lohnenswert

Nxamaseri Lodge, Okavango Horse Safaris, P.O. Box 23, Maun, ✆ 66 04 93, ℻ 66 16 72. Mit Flug oder Auto und kurzer anschließender Bootsfahrt erreichbar. Chalets. Mittlere Preisklasse.

IN NAMIBIA – ***Suclabo Lodge***, P.O. Box 894, Rundu, ✆ 00264-67-25 57 96, ℻ 25 57 96, ✉ suclabo@namib.com, DZ 360 N$ inkl. Frühstück, Stellplatz 25 N$ p.P.

Ndhovu Safari Lodge, P.O Box 559, Swakopmund, ✆ 00267-64-40 31 41, ℻ 40 31 42, ✉ lvincent@iafrica.com,na, DZ N$500 inkl. Frühstück.

Ngepi Camp, P.O. Box 5140, Divundu, ✆ 66 05 99, ℻ 66 05 81 (Audicamp Botswana), Stellplatz N$25.

Popa-Fälle Rastlager, Buchung über das staatliche zentrale Reservierungsbüro in Namibia, Hütten 180 N$ (4 Betten), Stellplatz 80 N$, Eintritt 10 N$ p.P. und Fahrzeug.

Tsodilo Hills

Die Tsodilo Hills sind einzigartige Inselberge, die aus der flachen Buschlandschaft der Kalahari herausragen und schon vor 500 Millionen Jahren entstanden. Der höchste Berg wäre mit über 400 m Höhe schon von weitem zu sehen, würde man sich ihm nicht durch dichten Busch nähern. Allerdings ist die Berggruppe bei klarem Wetter vom westlichen Rand des Okavango-Deltas aus zu erspähen. Allein wegen ihrer Lage und der Weitsicht, die man vom höchsten Gipfel genießt, sind die Tsodilo Hills die schwierige Anfahrt wert. Außerdem befinden sich an den Wänden mit die schönsten Felsmalereien und -gravierungen des ganzen südlichen Afrika. Sie wurden zuerst von Laurens van der Post beschrieben und auch nach ihm benannt. Tsodilo Hills ist zum Nationalmonument erklärt worden.

Die drei größten der vier Inselberge erhielten von den San die Namen Male Hill, Female Hill und Child. Der Vierte blieb unbenannt und ist als North Hill bekannt. Bereits vor 100 000 Jahren lebten Menschen bei den Hügeln. Vor 25 000 Jahren besorgten sich Jäger und Samm-

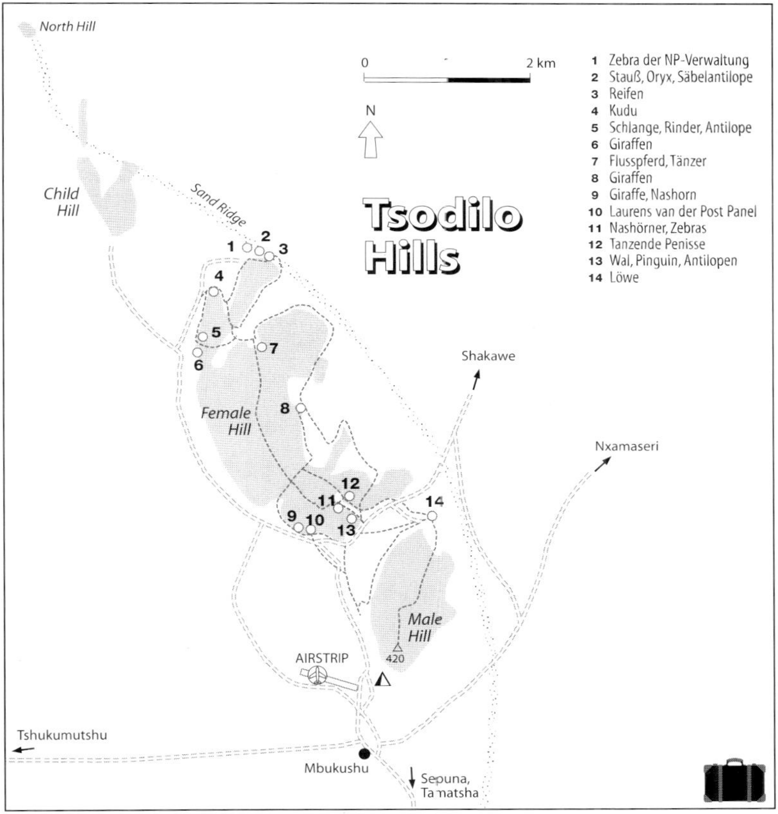

ler hier Fisch als Nahrung, da in der Umgebung ein großer See war. Im 1. Jahrtausend n. Chr. kamen schließlich Bauern und nomadisierende Gruppen, die mit der ursprünglichen Bevölkerung Handel trieben und Bergbau betrieben. Um 1200 verließen die Siedler die Gegend aus unbekannten Gründen.

Mehr als 400 Stellen mit über 4000 **Felsmalereien** wurden entdeckt. Man schätzt ihr Alter auf 1000 bis 1500 Jahre. Es gibt zwei Ausführungsarten: Die einen sind in verschiedenen Schattierungen aus rotem bis gelben Ocker, die anderen mit weißen Pigmenten hergestellt. Erstere stellen meist Tiere, aber auch Menschen und abstrakte Motive dar. Es sind Umrisszeichnungen und voll ausgemalte Motive. Die Tierwelt besteht aus Zebras, Rindern, Antilopen und Elefanten. Manchmal werden die Tierbilder von Männern mit erigierten Penissen und Frauen mit Brüsten umrahmt, weshalb man davon ausgeht, dass sie im Zuge von Fruchtbarkeitsriten entstanden sind. Die weißen Bilder werden auf ein Alter von etwa 200 Jahren geschätzt. Sie befinden sich teilweise über den älteren Malereien und bestehen aus Reitern und geometrischen Mustern. Nur die älteren werden den San zugerechnet. Bei den Hügeln liegt ein San-Dorf, dessen Bewohner gerne Führungen zu den einzelnen Stellen machen.

Organisatorisches

Einige Stellplätze sind ausgewiesen, aber noch nicht entwickelt. Es gibt momentan keinerlei Infrastruktur. Ein privates Zeltcamp ist im Aufbau (Dji-ja), wie weit es gediehen ist, kann man bei *Drotsky's Cabins* erfragen. Auf alle Fälle kann man gekühlte Getränke kaufen.

Für die einfache Fahrt muss man 3 Stunden rechnen. In Tsodilo gibt es keinerlei Versorgungsmöglichkeit. Ein Geländewagen ist ein absolutes Muss. Wer sich in Muße die Malereien anschauen will, sollte frühmorgens losfahren und sich drei Stunden vor Einbruch der Dunkelheit auf den Rückweg machen. Es gibt drei Zufahrtswege zu den Tsodilo Hills. Empfohlen ist aber nur einer – der nördlichste –, die anderen sind in einem noch schlechteren, tiefsandigen Zustand.

Anfahrt

Der Weg beginnt beim Tor des Somachima Cordon Fence, 6 km südlich der *Shakawe Fishing Lodge* (WGS84: 18°29'15"S/21°55'10"O). Man biegt von der Teerstraße nördlich des Zaunes entlang nach WSW auf eine Piste ab und folgt dem Zaun für 17 km. Mehrere Pisten gehen links ab und führen auch nach Tsodilo, sind aber in sehr schlechtem Zustand. Erst beim Wegpunkt WGS84: 18°33'58"S/ 21°47'31" O biegt man nach links und Süden ab. (Geradeaus ginge es auf 25 km zu einer San-Siedlung.) Nach 4 km hält man sich nach Südost, und nach 2 km kommt man auf die Hauptpiste (WGS84: 18°36'36"S/21°49'30"O). Nun geht es 20 km mehr oder weniger geradeaus, auf den Dünenkämmen auf etwas festerer Piste, bei den Auf- und Abfahrten und in den Dünentälern in weichem Sand. Dann ist Tsodilo Hills erreicht (WGS84: 18°45'39"S/21°44'50" O). Zurück den gleichen Weg nehmen!

Spaziergänge

Die Nationalparkverwaltung hat vier Trails ausgewiesen, die recht und schlecht mit Schildern versehen wurden. Der **Male Hill Trail** berührt die Löwenzeichnung am nördlichen Ende des Male Hill und führt dann auf den Gipfel. Auf dem **Rhino Trail** sieht man die meisten Felsmalereien, unter anderen das Laurens van der Post Panel. Der **Lion Trail** geht ebenerdig an der Löwenzeichnung vorbei und hinüber zum Female Hill. Der **Cliff Trail** umrundet die nördliche Spitze des Female Hill und besucht das Zebra, das zum Logo der Nationalparkverwaltung wurde. Um wirklich alle wichtigen Malereien anzuschauen, benötigt man 4-6 Stunden – wenn man sich abhetzt. Schöner ist es eine Übernachtung vorzusehen und z.B. den Abend oder den Morgen auf dem Male Hill zu verbringen.

Zimbabwe und seine Bewohner

Man nimmt an, dass Zimbabwe bereits vor 30 000 Jahren von Jägern und Sammlern bewohnt war. Die ältesten Nachweise menschlicher Existenz – Felsmalereien – werden auf etwa 10 000 v. Chr. datiert. Funde belegen die Existenz von Steinzeitmenschen um 2000 v. Chr. Über diese ist weiter nichts bekannt. Zu dieser Zeit beginnt wohl auch der Zuzug von bantusprachigen Stämmen aus Zentralafrika und dem Osten, mit denen die Eisenzeit und die Landwirtschaft Einzug hält. Ab der Mitte des ersten Jahrtausends werden die Grundlagen für die Entstehung der Königreiche in Zimbabwe gelegt, deren erstes – Great Zimbabwe – seine Blütezeit um 1300 erlebt. Es wird in der zweiten Hälfte des zweiten Jahrtausends von anderen Reichen abgelöst. Um 1500 erscheinen die Portugiesen auf der Bildfläche, die aber keinen Einfluss gewinnen können. Die Kolonialzeit beginnt erst mit den Engländern, deren Vorboten – Missionare und Händler – im 19. Jahrhundert auftauchen. Ende des 19. Jahrhunderts bekommt Cecil Rhodes Schürfrechte in Zimbabwe, die eigentliche Kolonialzeit ist eingeläutet, das Land erhält den Namen Rhodesien. Die Kolonialzeit endet erst nach heftigen Befreiungskämpfen der schwarzen Bevölkerung und internationalen Interventionen gegen die Minderheitsregierung der Weißen 1980.

Die Fläche Zimbabwes misst 390 000 km², auf ihr leben ca. 12 Mill. Menschen (30 Einwohner/km²). Deutschland weist eine siebenmal höhere Bevölkerungsdichte auf. Im Vergleich zu Botswana wirkt das Land aber mit seinen vielen kleinen Ortschaften und Dörfern relativ dicht besiedelt.

Landwirtschaft stellt neben der Ausbeutung von Bodenschätzen den bedeutendsten Wirtschaftszweig dar (Viehwirtschaft und Tabakanbau). Haupthandelspartner sind die Europäische Union (knapp 30%) und der südafrikanische Raum (ebenfalls ca. 30%).

Zimbabwe besitzt eine Präsidialrepublik, in deren Parlament als traditionelles Gegengewicht zur modernen Entscheidungsfindung auch zehn Stammeshäuptlinge vertreten sind.

Aufgrund seiner Lage nördlich des südlichen Wendekreises wird Zimbabwe den Tropen zugerechnet. Dass die Temperaturen aber meist angenehm sind, ist bedingt durch die hohe Lage der meisten Landesteile. Der Naturraum Highveld liegt um 1200 m hoch, das Middleveld über 900 m, die Gebirge der Eastern Highlands besitzen Erhebungen bis zu 2600 m, nur das Lowfeld, die Ebenen an den großen Flüssen, geht bis 300 m hinunter.

Fast 50 000 km², ein Sechstel des Landes, ist geschütztes Gebiet – entweder als Nationalpark, Erholungspark, als Safari Area oder Reservat. Mit seinen Naturwundern und Zeugnissen vergangener Kulturen zieht es immer mehr Touristen an.

Geographie

Zimbabwe erstreckt sich von Ost nach West auf 800 km zwischen dem 25. und 33. Längengrad (Ost) und von Nord nach Süd auf 700 km zwischen dem 16. und 22. Breitengrad (Süd). Es grenzt im Osten an Moçambique, im Süden an Südafrika, im Westen an Botswana und im Norden an Zambia. Der Hauptfluss des Landes ist der Zambezi – viertgrößter Strom Afrikas, der die Grenze zu Zambia bildet. Aus dem Hochland Angolas kommend, passiert er die gewaltigen Victoriafälle, bevor seine gestauten Wasser den Karibasee bilden und er schließlich in Moçambique in den Indischen Ozean mündet. Der zweite wichtige Fluss ist der Limpopo, der die Grenze zu Südafrika bildet.

Vier Hauptlandschaftsformen lassen sich unterscheiden. Das **Highveld**, ein korridorförmiges Hochplateau, das sich von Bulawayo (1200 m) nach Nordosten über Harare hinaus verbreitert und ansteigt, bis es bei den **Eastern Highlands**, dem Gebirgszug, der die Grenze zu Moçambique bildet, bis auf 2600 m in den Himmel ragt. Bilden die Berge der Eastern Highlands die Grenze im Osten, findet das Highveld im Norden ein abruptes Ende durch das Escarpment (Steilabfall) in das Lowveld des Zambezi. Das **Middleveld** (900–1200 m) umrahmt das Highveld und wird selbst wieder vom **Lowveld** (unter 900 m) umschlossen. Am

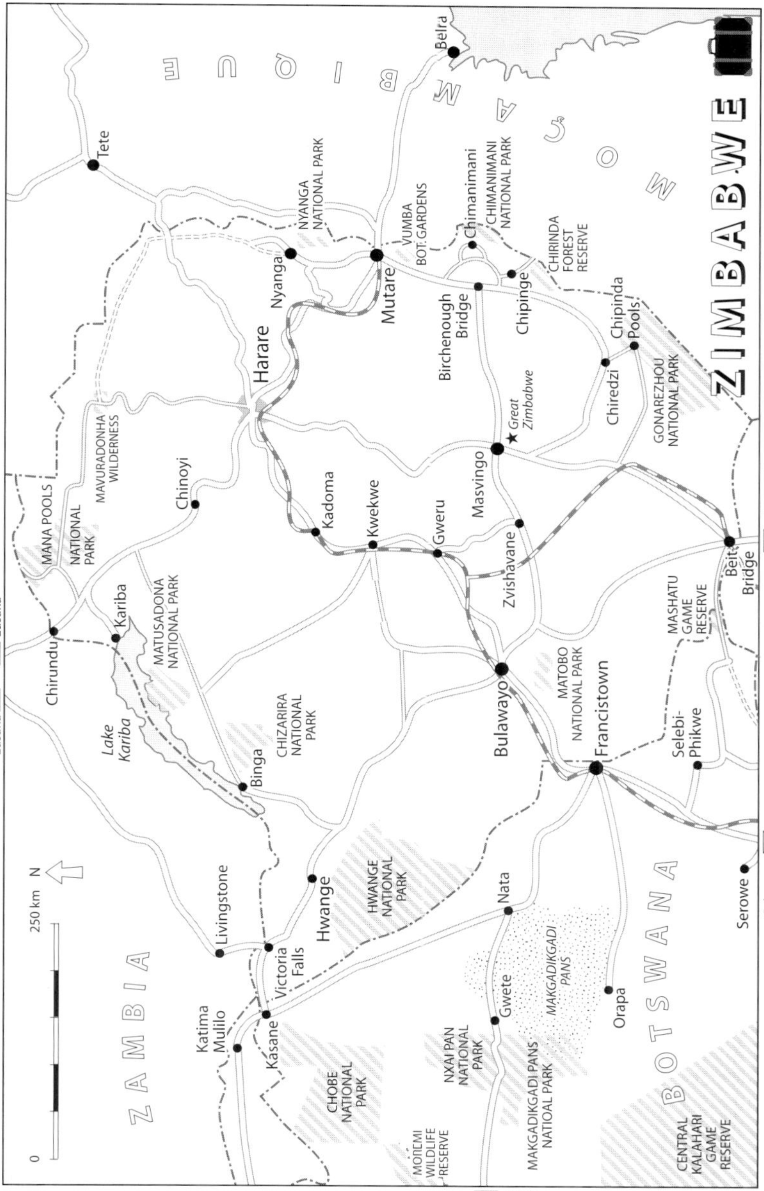
ZIMBABWE
MOÇAMBIQUE
ZAMBIA
BOTSWANA
0
250 km
N
Lusaka
Lusaka
Johannesburg
Gaborone
Maun
Tete
Beira
Harare
Mutare
Nyanga
NYANGA NATIONAL PARK
VUMBA BOT. GARDENS
Chimanimani
CHIMANIMANI NATIONAL PARK
CHIRINDA FOREST RESERVE
Chipinge
Birchenough Bridge
Chipinda Pools
Chiredzi
GONAREZHOU NATIONAL PARK
Great Zimbabwe
Masvingo
MAVURADONHA WILDERNESS
Chinoyi
MANA POOLS NATIONAL PARK
Kadoma
Kwekwe
Gweru
Zvishavane
Beit Bridge
MASHATU GAME RESERVE
Chirundu
Kariba
MATUSADONA NATIONAL PARK
Lake Kariba
Binga
CHIZARIRA NATIONAL PARK
Bulawayo
MATOBO NATIONAL PARK
Francistown
Selebi-Phikwe
Serowe
Livingstone
Victoria Falls
Hwange
HWANGE NATIONAL PARK
Nata
MAKGADIKGADI PANS
Orapa
Gwete
Katima Mulilo
Kasane
CHOBE NATIONAL PARK
NXAI PAN NATIONAL PARK
MAKGADIKGADI PANS NATIOAL PARK
MOREMI WILDLIFE RESERVE
CENTRAL KALAHARI GAME RESERVE

Rande des Lowveldes fließen die Hauptflüsse an den Grenzen des Landes. Das Highveld ist eine weite Ebene, die landschaftlich nicht allzu viel bietet. Das Middleveld dagegen wird von Flüssen durchzogen, die den Strömen des Lowveld zufließen. Sie sorgen für Zerklüftung, Täler und Schluchten machen die Landschaft abwechslungsreich.

Mitten durch das Highveld verläuft in Nord-Süd-Richtung der **Great Dyke** – 530 km lang, zwischen einem und elf km breit und zwischen 50 und 350 m vom Highveld aufragend. Er entstand vor 2,5 Milliarden Jahren, als ausgetretenes Magma erstarrte, der umliegende Boden in der Folge erodierte und den kammartigen Gesteinszug freilegte – das weltweit längste zusammenhängende Felsmassiv. Karl Mauch, der auf seinen Expeditionen zwischen 1867 und 1872 die Gegend passierte, beschrieb den Great Dyke als Erster und nahm schon damals an, dass sich dort Bodenschätze finden ließen. Er hatte Recht: Platin, Chrom, Asbest und Magnesit sind im Gestein verborgen.

Neben dem Great Dyke finden sich auf dem Highveld aber auch immer wieder Inselberge, die auf dem gleichen Wege entstanden sind, aber abwechslungsreiche Formen angenommen haben. Nach ihrer Erscheinung werden sie unterschieden in die ***balancing rocks***, aufeinander getürmte Einzelsteine, wobei durchaus die größeren zuoberst liegen können, ***domes***, steile Felskuppeln, ***whalebacks***, lang gezogene Gesteinsrücken, und wie Burgen wirkende Steinformationen mit vertikalen Bruch-(Erosions-)Spalten – die ***castle kopjes***.

Erdgeschichtlich geht Zimbabwe auf das Präkambrium zurück, während dessen vor 2500 bis 3000 Millionen Jahren ein Granitschild entstand, das bis nach Botswana hineinragt und dem südafrikanischen Schild zugerechnet wird. Seitdem hat es sich – abgesehen von Faltungen und Verwerfungen – geologisch nicht verändert. An einigen Stellen brach das Schild und ließ Magma an die Oberfläche austreten (was zum Great Dyke und den Inselbergen führte). Die im Westen des Landes entstandenen Sandsteinformationen datieren aus dem Miozän und Pliozän (etwa vor 50 Millionen Jahren), als Winde die Kalaharisande ablagerten und Fluss-Systeme diese vor vielleicht 1,5 Millionen Jahren weitertransportierten. Die Granitplatte des Highvelds besitzt Grünstein-Einschlüsse, die als Goldgürtel Zimbabwes bekannt sind.

Flora und Fauna

Das Highveld und Teile des höher gelegenen Middleveldes werden von der Baumsavanne der **Miombo**-Wälder bestimmt, die hauptsächlich aus den bis zu 10 m hoch werdenden Brachystega-Arten Musasa und Munondo besteht. Im Sommer erfreuen sie das Auge in Rot und Gold, im Winter werfen sie ihre Blätter ab. Ist der Boden trockener, kommt der Mufuti, ebenfalls eine Brachystega-Art, häufiger vor. Er blüht im Frühjahr in Rot- und Brauntönen. In der Bergwelt der Eastern Highlands wachsen verschiedene Zedernarten – unter anderen die geschützte **Afrikanische Zeder** – und in ihren hoch gelegenen Schluchten findet sich teilweise **tropischer Regenwald**.

Das Lowveld und die niedriger gelegenen Landschaften des Middleveld, die weniger Regenfälle erhalten, mit sind mit orange bis gelb und rot blühenden **Mopane**-Wäldern und Busch bewachsen. Im Lowveld entdeckt man immer wieder auch Affenbrotbäume – **Baobabs**. Der **Leberwurstbaum** *(sausage tree)* – dessen Früchte an Leberwürste erinnern – bevorzugt feuchte Täler und kommt in den Ausläufern der Eastern Highlands und im Middleveld vor. Den **Akazien** sind die trockenen Regionen des Middle- und des Lowveldes vorbehalten. **Teakholzwälder** sind charakteristisch für die Sandböden des Südwestens und des äußersten Westens.

Euphorbien, Aloen und Jacaranda kommen vor, Mahagoni und der Korallenbaum, dessen Samen zu Halsketten aufgefädelt werden. Als Land mit Rinderzucht besitzt Zimbabwe auch nahrhafte Gräser, die in den Wäldern des Highvelds aber auch ziwschen den Büschen im Lowveld den Tieren zur Nahrung dienen.

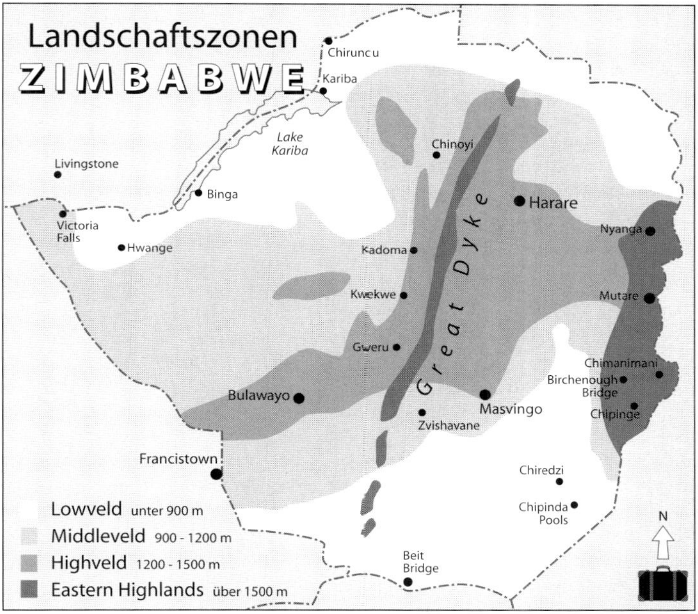

Der Baobab Sie werden nicht besonders hoch, die Affenbrotbäume, und meist sieht man sie ohne Blätter, Blüten oder Früchte. Nackt stehen sie in der Landschaft, die Äste wirr wie Wurzelwerk in den Himmel gereckt. Der Stamm ist gewaltig und kann bis zu 10 m Durchmesser erreichen, sein Umfang wird bei einzelnen Bäumen mit 30 m angegeben, die dann mehr wie zusammengewachsene Einzelstämme wirken. Selten sind sie in Gruppen anzutreffen, meist stehen sie alleine, als wollten sie für sich den Zeitläuften trotzen – bis zu 2000 Jahre alt sollen sie werden. Klar, dass die Menschen sie für hochkultisch halten, unzählige Geschichten um sie spannen und ihre Früchte, Blätter, Rinden und ihr Mark für allerlei Arzneien verwandten und verwenden. Das Fruchtfleisch der 25 cm langen, ovalen und samtig behaarten Früchte besitzt viel Vitamin C, ihr Saft gilt als fiebersenkend und gut gegen Darmkrankheiten.
Das Harz wird als Malariamittel eingenommen, die Blätter besonders zubereitet zur -prophylaxe. Die Samen, getrocknet, gemahlen und als Aufguss zubereitet dienen als leichtes Stimulans. Noch zahlreicher sind die Geheimnisse und Gefahren, die der Baum birgt – wer etwa die kurz aufblühenden Stände pflückt, dem wird Unglück widerfahren.
Der Stamm, so massiv er nach außen hin erscheint, besteht im Innern aus schwammartigem Gewebe, das hervorragend Wasser speichern kann (wobei in wasserreichen Zeiten der Durchmesser des Stammes zunimmt). Die langfasrige, außen glatte Rinde eignet sich vorzüglich für Seile unterschiedlicher Dicke. Als David Livingstone den Baum das erste Mal sah, entfuhr ihm der Satz, dass dies ja eine gigantische umgedrehte Rübe sei. Nicht falsch, eine der Legenden um den Baum sieht ihn als von Hyänen gepflanzt, die ihn böswillig – weil sie als letzte von Gott Samen erhielten, um die Erde zu begrünen – verkehrt herum wachsen ließen.

Die **Feuerlilie**, die während der Regenzeit röhrenförmige, feuerrote Blüten trägt, ist die Nationalblume des Landes. Sie ist sehr giftig, gilt aber auch als Heilpflanze gegen verschiedene Beschwerden, u.a. auch gegen Schlangenbisse und Skorpionstiche.

Seltene Pflanzen sind in Reservaten geschützt, so der Rote Mahagonibaum im Chirinda Forest Reserve und die Bambuspalme (Raphiapalme) in den Schutzgebieten von Mwari und Tingwa.

Neben den die Augen der Menschen und die Mägen der Tierwelt erfreuenden Pflanzen besitzt das Land eine ganze Reihe von Nutzpflanzen, die teilweise exportiert werden: Kaffee, Tee, Zuckerrohr, Erdnuss und Tabak. Daneben auch Zitrusfrüchte, Baumwolle und Sojabohne angebaut.

Bei der Vielzahl an Nationalparks und anderen geschützten Gebieten hat Zimbabwe natürlich auch einen entsprechenden Tierreichtum aufzuweisen. Die „**Big Five**" (Löwe, Leopard, Elefant, Büffel und Nashorn) finden sich im Land, die gesamte Palette an Antilopen, des weiteren Giraffen, kleinere Raubtiere wie Hyänen und Schakale, Erdwölfe und die eleganten Geparde. Affen tummeln sich in den Bäumen und in den Stauseen und Flüssen lauern Flusspferde und Krokodile. Einige Tierarten sind geschützt und dürfen nicht bejagt werden, wie das Breitmaulnashorn, das in Zimbabwe ausgerottet war und nun langsam wieder über die Auswilderung von Zuchttieren ins Land gebracht wird. **Elefanten** sind nicht vom Aussterben bedroht, sondern bilden ihrer großen Zahl wegen eine zunehmende Bedrohung für die Pflanzungen. Waren es vor 100 Jahren nur noch 5000 Tiere, sind es heute über 50 000, die sich hauptsächlich im Hwange National Park und frei wandernd nach Botswana, im Norden des Landes um den Karibasee und im Südosten in Gonarezhou aufhalten.

Neben dem Krokodil als größtem Reptil gibt es allerlei schleichende Giftspritzen: Grüne und Schwarze Mamba, Gabunviper, Ägyptische Kobra und Speikobra – um einige zu nennen. Aber keine Angst, bei festem Tritt mit stabilen Schuhen fliehen die **Schlangen** und man wird sie nicht zu Gesicht bekommen – außer der Puffotter, die faul liegen bleibt und zubeißt. Also Augen auf, fest auftreten und nicht in Höhlungen fassen oder beim Holzsammeln in das Gestrüpp greifen ohne sich vorher vergewissert zu haben, dass da auch wirklich nichts ist.

Unter den **Insekten** seien drei erwähnt: die Anophelesmücke, die Malaria überträgt, die Tsetsefliege als Überträger der Schlafkrankheit und die Termite, weil sie allgegenwärtig ist. Die Termitenhügel ragen überall in der Landschaft in der Farbe des Bodens auf, ocker, gelblich oder rot, sind sie ein pittoreskes Fotomotiv. Über ihren Nutzen ist man geteilter Meinung. Holzhausbesitzer geraten in Panik, wenn ihre Wohnstatt verspeist wird, Landwirte freuen sich über die Auflockerung des Bodens und Gourmets jubilieren, wenn sie auf dem Markt die seltenen Termitenpilze erstehen können (die die Finder meist selbst verspeisen).

Ornithologen können sich in der reichen **Vogelwelt** des Landes auf Entdeckungsjagd begeben (von den weltweit 9000 bekannten Spezies leben 640 – wenigstens zeitweise – in Zimbabwe). Das Land ist das Winterquartier für viele Zugvögel aus Europa und nördlicheren Ländern des afrikanischen Kontinentes. Zieht es die Vögel noch weiter südlich, machen sie in Zimbabwe aber gerne Halt. Zwei Vogelspezies kann man nur in Zimbabwe und hier nur in den Eastern Highlands sehen: die Swynnerton Rotkehlchendrossel und die Robert Prinie, beide benannt nach ihren ersten Beschreibern. Die beiden größten Vögel der Welt laufen durch (Strauß) und fliegen mit Mühe über (Riesentrappe) die Landschaft. An Raubvögeln gibt es Adler (u.a. Kaffernadler, Fischadler und Gaukler), Geier, Bussarde und Falken.

Ökologie und Tourismus

1,5 Millionen Besucher kommen jährlich nach Zimbabwe, davon etwa ein Drittel Geschäftsleute aus der ganzen Welt, eine Million reisen aber an, um die Naturschönheiten zu sehen, darunter etwa 50 000 Deutsche, Österreicher und Schweizer. Der größte Teil der Touristen reist nach Victoria Falls und in den Hwange National Park, schon weniger an den Karibasee und nach Great Zimbabwe, in den östlichen, abgelegenen Nationalparks bewegt man sich als Deutschsprachiger schon fast alleine.

Die große Zahl der Touristen und ihre wirtschaftliche Bedeutung für das Land hat in den letzten Jahren zu einem gesteigerten Ökologiebewusstsein geführt. Zwar ist der Wildschutzgedanke und die Idee der geschützten Gebiete schon seit einem Jahrhundert präsent, ließ jedoch zunächst – bei exklusivem Abschussrecht für die Weißen bzw. durch die Regierung – die einheimische Bevölkerung unberücksichtigt. Ein System, das die hochlukrative Wilderei nicht unterbinden konnte, die zur Dezimierung der Elefanten führte und zum Verschwinden der Nashörner, deren Horn als Dolchscheide im arabischen Raum und als Aphrodisiakum in Asien gehandelt wurde und wird. Auf der anderen Seite wurde mit der intensiven Viehwirtschaft und der Abholzung ganzer Waldgebiete zur Schaffung von Weideflächen und zur Beschaffung von Feuerholz für die privaten Haushalte der Lebensraum der Tiere stark in Mitleidenschaft gezogen.

Mit dem Parks and Wildlife Act wurde 1975 die Grundlage für den Erhalt und die nachhaltige Nutzung der Landschaften des Landes gelegt. Man teilte die geschützten Gebiete in verschiedene Kategorien ein, für die bestimmte Nutzungsgebote und -verbote erlassen wurden. Die **Nationalparks** als höchste Stufe des Schutzes umfassen Gebiete, in denen jeglicher Eingriff untersagt ist. Hauptsächlich werden intakte Ökosysteme und geschichtlich bedeutende Stätten für die Nachwelt erhalten. Der Zugang ist streng reglementiert. **Safari Areas** sind meist Erweiterungen der Nationalparks, in denen z.B. unter Aufsicht gejagt werden kann, die teilweise aber auch für Touristen zugänglich sind, die eine Safari unternehmen wollen. Meist werden diese von Unternehmen angeboten, die vom Staat eine Konzession erhalten, aber auch die Einbindung der ansässigen Bevölkerung in diese Konzessionen wird praktiziert (Campfire-Projekte). Reservate und Schutzgebiete für Pflanzen oder Tiere dienen wie die Nationalparks der Bewahrung der Natur. **Erholungsparks** (Recreational Parks) liegen häufig an Orten, die für touristische Aktivitäten Bedeutung haben, an Stauseen, wo man angeln und Boot fahren kann.

Wie überall auf der Welt hat man festgestellt, dass ohne Akzeptanz bei der Bevölkerung ein langfristiger Erhalt der Natur nicht möglich ist. Das **Campfire**-Programm, das sich hauptsächlich auf die Tierwelt konzentriert, wurde 1989 aufgelegt. Die Abkürzung steht für *communal area management programme for indigenous resources.* Man will die Landbevölkerung dazu bringen, mit der Tierwelt so umzugehen, dass sie erhalten bleibt, aber die Menschen auch Gewinn daraus ziehen können. Dazu ist der Erhalt des Lebensraumes der Tiere notwendig (die Abholzung muss eingeschränkt werden) und die Tiere dürfen nur bis zu einer bestimmten Zahl gejagt werden bzw. man muss sie hegen, damit sie sich in ausreichender Zahl reproduzieren können und Touristen anlocken – entweder zur Gewehr-(Bogen-)**Jagd** oder zur Fotosafari. Inzwischen wurden erste Erfolge verzeichnet: Die Menschen haben festgestellt, dass sie wesentlich mehr verdienen, wenn sie die Tiere nicht selbst schießen, sondern dies einem Jäger überlassen oder auch wenn sie nur Touristen durch ihr Gebiet führen. Voraussetzung ist allerdings immer, dass die Bevölkerung direkt partizipiert und die eingenommenen Summen nicht wie die Eintrittsgelder für die Nationalparks in der Administration versickern und nicht mehr in die Schutzgebiete zurückfließen. Die Tiere werden mit verschiedenen Methoden jedes Jahr gezählt, dann werden Abschussraten festgelegt, die je nach Tierart (deren Vorkommen, Alter und Reproduktionsrate) variieren. Büffel und große Antilopen werden zu 2% geschossen, kleinere Antilopen zu 3%, Löwen und Leoparden zu 5% und Zebras zu 6%. Elefanten dürfen erst ab einem Alter von 50 Jahren und nur zu 1% erlegt werden. Tierarten, die vom Aussterben bedroht sind, werden überhaupt nicht gejagt, wie z.B. das Nashorn.

In den letzten Jahren hat sich das Niveau der Infrastuktur in den Nationalparks merklich verschlechtert, die hohe Inflation und die damit einhergehende schlechte finanzielle Lage des Landes hat dazu sicherlich ihren Teil beigetragen, man spricht aber auch von zunehmender Korruption in den Verwaltungsstellen des zuständigen Ministeriums. Deshalb sind Initiativen wie Campfire grundsätzlich zu begrüßen, da sie parallel zum offiziellen Wildschutz eine privatwirtschaftliche Alternative bilden, die unter der Ägide internationaler Organisationen wie des World Wildlife Fund weniger anfällig sind für den Missbrauch finanzieller Mittel.

Bevölkerung

1998 lebten etwa 12 Millionen Menschen in Zimbabwe. 99% davon Schwarzafrikaner, die sich zu knapp drei Vierteln in die Shona-Gruppe, zu 20% in die Ndebele aufteilen. Der Rest von etwa 5% gehören den Volksgruppen Tonga (1%), Lenge, Lilima, Chikunda, Schangana (1,5%), Sotho, Tswana (1,5%) und Venda (1%) an. Weiße machen etwa 1% der Bevölkerung aus (ca. 100 000).

Die Shona-Gruppe zerfällt in die einzelnen Volksgruppen Karanga (27%), Sesuru (22%), Korekore (18%), Njika (16%), Rozwi (13%) und Ndau (4%), die Nedebele in die Gruppen Ndebele (Matebele) und Kalanga – ursprünglich Shona, die sich von den Ndebele absorbieren ließen.

Trotz der Unterschiede der beiden großen Volksgruppen Shona und Ndebele (die Ndebele sind Mitte des 19. Jahrhunderts als Kriegervolk eingewandert) gilt die Bevölkerung als relativ homogen und im Gegensatz zur südafrikanischen Situation offiziell als miteinander friedvoll umgehend. Der Grund liegt wohl in den gemeinsamen kulturellen Grundlagen, da beide den Südost-Bantu zugerechnet werden, aber eine unterschiedliche Entwicklung durchgemacht haben. Politische Machtkämpfe haben dennoch zu Beginn der 80er Jahre zu gegenseitigen Übergriffen geführt.

Die Verteilung der Bevölkerung im Land geht nicht mehr nur auf die angestammten Siedlungsgebiete zurück, sondern wurde durch die Schaffung der Reservate im Jahr 1931 wesentlich umstrukturiert. Die schwarze Bevölkerung des Highveldes musste das fruchtbare Land verlassen und wurde in das weniger ertragreiche Middle- und Lowveld abgedrängt. Noch heute steht die Bevölkerungsdichte auf dem Highveld mit unter 10 Einwohnern pro km2im krassen Gegensatz zum Dreifachen in den ehemaligen Reservaten, besonders wenn man bedenkt, dass auf dem Highveld ein Fünftel der Gesamtbevölkerung Arbeit findet. In den Ballungszentren leben etwa 30% der Bevölkerung (die größten sind Groß-Harare mit etwa 2,5 Millionen und Großraum Bulawayo mit 800 000 Bewohnern).

Um 1900 zählte Zimbabwe ca. 650 000 Bewohner, 1980 7,5 Millionen und 1990 11,5 Millionen. Der rasante Bevölkerungsanstieg hat mit Beginn der 90er Jahre stark nachgelassen. Dies hat seine Ursache weniger in den Familienplanungsprogrammen der Regierung als in der galoppierenden Zunahme an Aids-Fällen. Die hohe Geburtenrate von immer noch fast 3% wird durch die hohe Sterbeziffer von derzeit knapp 2% relativiert. Zimbabwe gilt als das weltweit am stärksten von HIV betroffene Land und muss in Zukunft mit sinkenden Bevölkerungszahlen rechnen. Die Regierung hat bereits eine Konsequenz gezogen: Sie will das Rentenalter von 60 auf 40 Jahre heruntersetzen, damit „die Menschen noch etwas von ihrer Altersversorgung genießen können“, so ein Sprecher der regierenden Partei.

Die Shona-Gruppe

Die Shona mit den Untergruppen Karanga, Sesuru, Korekore, Njika, Rozwi und Ndau haben ihren Ursprung bei den Südost-Bantu. Der Sammelbegriff Shona wurde zu Beginn der Kolonialzeit geprägt, um die Gruppe dieser Stämme mit ihren kulturellen Gemeinsamkeiten von den Ndebele abzugrenzen. Eine Quelle führt die Herkunft des Namen Shona auf die ursprüngliche Bedeutung „die Verachteten“ zurück, eine andere besagt, dass es abgeleitet sei aus dem Ndebele und „die westlich Lebenden" bedeute. Vor nicht allzu langer Zeit wurde „Shona" von den so Bezeichneten abgelehnt. Heute können als Shona-Gruppe diejenigen Völker bezeichnet werden, die vor der Bildung der Großen Reiche in Zimbabwe eingewandert sind und von diesen im Lauf ihrer Geschichte mitgeprägt wurden.

Die Shona-Gruppen stehen wie viele ihrer Nachbarvölker in intensivem Kontakt mit ihren Ahnen. Spirituelle Medien – Frauen und Männer – sind Mittler zwischen den Lebenden und der Totenwelt. Ihnen vertraut man, wenn Probleme auftreten, Krankheiten oder Kriege. Die Medien rufen dann die Ahnengeister an und der Kontakt ist hergestellt, wenn sie in Trance verfallen. Die mythischen Vorfahren der Königshäuser leben in Tieren weiter, die jeder Stamm als sein **Totem** verehrt. Früher scheinen die in Great Zimbabwe gefundenen Vogelskulpturen, die Zimbabwe Birds, diese Funktion innegehabt zu haben; sie wurden angebetet, denn in ihnen wohnten die Seelen der Könige. Jeder Shona-Klan besitzt ein eigenes Totem, das Tier oder Pflanze sein kann, aber auch ein Naturereignis wie Donner. Zum Totem besteht eine komplexe Beziehung. Ist es ein Tier, darf die jeweilige Gattung nicht gejagt oder verzehrt werden. Heiraten müssen außerhalb des eigenen Totembereiches stattfinden, so dass inzestuöse Verbindungen ausgeschlossen sind.

Im Gegensatz zu den Ndebele besaßen die Shona keine straffe Organisationsstruktur, sondern lebten in einem lockeren Verbund von einzelnen Klans. Sie konnten sich über die Jahrhunderte eine relative Autonomie bewahren, da sie sich mit jeweiligen anderen Volksgruppen arrangierten und ihnen Tribut zahlten. Ein wichtiges Merkmal der Shona-Gesellschaft vereinfachte die Landnahme durch die Weißen in der Kolonialzeit: Die Shona kannten kein Eigentum an Grund und Boden – dieser war vielmehr in Besitz der Ahnen und durfte von den Häuptlingen lediglich im Einverständnis mit den Ahnen und zum Wohl der Allgemeinheit zur Nutzung an Individuen und Familien abgegeben werden. Deshalb waren die Shona ein leichtes Opfer der weißen Kolonisatoren, die jedes ihnen zugestandene Nutzungsrecht als Besitzübernahme interpretierten.

Unter dem Dach des allen Shona-Völkern gemeinsamen rituellen Komplexes, in dessen Mittelpunkt die Ahnenverehrung steht, gibt es zahlreiche kulturelle Besonderheiten, die bei den Untergruppen unterschiedlich ausgeprägt sind. Hier die Siedlungsgebiete der wichtigsten Verbände und einige kulturelle Merkmale, die sie von den Nachbarvölkern unterscheiden:

Karanga – Die Karanga siedeln um Masvingo und Mvuma. Sie kennen eine symbolische Form der Bestattung: Als Ersatz für den Leichnam eines in der Ferne Verstorbenen begruben sie den Kopf einer schwarzen Ziege. Geschlechtsreife Frauen erhielten Tätowierungen. Sie sprechen den Shona-Dialekt Karanga, der meistverbreitete in Zimbabwe.

Sesuru – Die Sesuru leben auf dem Highveld um Harare. Sie sprechen den Sesuru-Dialekt, der als Hoch-Shona gilt und in den Medien verwendet wird.

Korekore – Die Korekore siedeln im nördlichen Lowveld zwischen Karibasee und der östlichen Landesgrenze. Als Besonderheit kennen sie das *garira:* Der Brautwerber findet bei den zukünftigen Schwiegereltern Arbeit, um das Brautgeld direkt zu erwirtschaften. Die Korekore sprechen den gleichnamigen Shona-Dialekt.

Njika – Die Njika siedeln im Osten des Landes und in den Eastern Highlands. Als Ihnen ist die Heirat zwischen Partnern mit einer Verwandtschaft väterlicherseits streng verboten (bei einer Verwandtschaft mütterlicherseits wird dies allerdings toleriert). Der Großteil des Volkes lebt in Moçambique. Im 16. Jahrhundert übernahmen die Njika die Knabenbeschneidung von arabischen Händlern. Ihre runden Hütten standen auf vier Pfählen, das Totemtier ist das Zebra. Die Njika sprechen den Shona-Dialekt Manjika, der sich um einiges von den Shona-Hauptdialekten unterscheidet.

Rozwi – Die Rozwi mit mehreren kleinen Siedlungsgebieten auf dem Highveld um Kwekwe und Masvingo waren die Herrscherklasse – der Adel – im Reich von Cangamire (Rozwi-Reich, s.u. Geschichte); im Namen Rowzi – Herrenvolk – ist die einstige gesellschaftliche Stellung erhalten. Noch heute haben die Rozwi ein ausgeprägtes Klassenbewusstsein, das bei der Partnerwahl von zentraler Bedeutung ist. Das Totem der Rozwi ist das Herz. Sie haben keine eigene Sprache, sondern benutzen einen der drei Hauptdialekte des Shona, das Karanga.

Ndau – Die Ndau leben am südlichen Save und besitzen gemeinsam mit den Rozwi den Turmbaumythos, die an den alttestamentarischen Turmbau zu Babel erinnert: Auf Anordnung ihres Königs, der den Mond als Brustschmuck begehrt, errichtet ihm sein Volk einen Turm aus Holz und Steinen, der – je nach Variante – entweder von selbst oder durch den Zorn eines Gottes einstürzt. Ähnliche Mythen findet man auch bei anderen Völkern im Großraum Zimbabwes. Der Hauptteil der Ndau lebt in Moçambique. Als rituelle Besonderheit wurden die Zähne spitz gefeilt, was möglicherweise auf Kontakte mit Kongo-Stämmmen zurückzuführen ist, während man bei den weiter südlich siedelnden Völker als Schmuck die vorderen Schneidezähne herausbrach bzw. die Lücke zwischen ihnen verbreiterte. Die Ndau sprechen einen den Shona-Hauptdialekten entfernten Dialekt, der ähnlich dem Manjika ist.

Die Ndebele

Die Ndebele als zweite große Volksgruppe des Landes besitzen eine kriegerische Vergangenheit. Ihre Organisationsform ist immer noch straff und zentralistisch, hingegen haben sie von den Shona-Gruppen die Religion übernommen und besitzen nun einen Ahnenkult und Totems. Ihre Ritualsprache ist ein Shona-Dialekt. Bis zur Kolonisierung haben die Ndebele immer wieder Raubzüge gegen die Shona unternommen und sie so zur Tributzahlung verpflichtet. Aus ihrer Vergangenheit heraus begreifen sie sich immer noch – obwohl zahlenmäßig unterlegen – als den Shona gegenüber dominant.

Matabele – Die Matabele als eigentliche Ndebele siedeln um Bulawayo und werden zur Nguni-Sprachgruppe gerechnet, die dem Zulu nahe verwandt ist. Ihre Sprache unterscheidet sich grundsätzlich vom Ndebele, das im Transvaal / Südafrika gesprochen wird, und besitzt die von den Bewohnern der Kalahari übernommene Klick- und Schnalzlaute. Als kriegerisches Volk wanderten sie im 19. Jahrhundert aus dem heutigen Südafrika über Botswana nach Zimbabwe ein und haben ihren Siedlungsbereich gegen die ansässigen Shona-Gruppen durchgesetzt und verteidigt. Die Matabele lassen sich in drei Unterstämme aufteilen: Zansi, Enhla und Lozwi. Die Ur-Matabele sind die Zansi, die Gründer des Stammes, die auf ihrer Wanderung nach Zimbabwe aus verschiedenen Volksstämmen die Kriegerkaste rekrutierten und assimilierten – die Enhla. Die Lozwi schließlich waren die Ackerbauern und Viehzüchter, die ebenfalls eine eigene Linie entwickelten.

Kalanga – Die Kalanga leben im Nordwesten des Landes und sprechen Ikalanga. Die Lilima, ursprünglich eine von mehreren Untergruppen, haben sich von den Kalanga abgespalten und begreifen sich heute als eigenständig. Kalanga bedeutet „Volk der Sonne" und bezieht sich auf ihren mystischen Ursprung. Die Kalanga gründeten das Reich Butwa im heutigen Botswana, das über Jahrhunderte den Handel mit Gold, Elfenbein und Salz kontrollierte. Ursprünglich wurde es von Zimbabwe aus regiert, erkämpfte sich aber im Laufe der Zeit Autonomie. Sie werden den Ndebele zugerechnet, da sie sich diesen kulturell assimiliert haben. Das Hauptsiedlungsgebiet der Kalanga war vor dem Einfall der Ndebele die Region um Matobo.

Sonstige Bevölkerungsgruppen

Tonga – Die Tonga leben zu beiden Seiten des Zambezi. Noch bis vor kurzem war die Schneidezahnextraktion als Initiationsritus der Mädchen verbreitet, weshalb viele Tonga-Frauen die charakteristische Zahnlücke besitzen. Ihr Hauptsiedlungsgebiet liegt in Zambia, ihre Sprache ist Tonga mit einigen Unterdialekten. Wegen ihres abgelegenen Siedlungsgebietes sind sie weniger mit der weißen Zivilisation in Berührung gekommen als andere Stämme, deshalb haben sie sich in stärkerem Maße traditionelle Riten bewahrt. Die selbst sehr friedliebenden Tonga wurden und werden von anderen Stämmen, insbesondere den Shona-Untergruppen zur Friedensstiftung im Streitfall um Hilfe gebeten.

Venda – Das Hauptsiedlungsgebiet der Venda ist südlich des Limpopo in Südafrika, doch haben sich auch einige zwischen den Flüssen Umzingwani und Mwenezi im Süden Zimbabwes niedergelassen. Auch die Venda kennen die Ersatzbestattung, wie sie bei den Kalanga und den Karanga üblich ist. Sie begruben anstelle des nicht Heimgekehrten den Kopf eines Schafes. Von afrikanischen, arabisch beeinflussten Händlern übernahmen sie die Knabenbeschneidung. Das Hauptsiedlungsgebiet der Venda liegt in Südafrika, ihre Sprache ist Venda.

Sotho, Tswana, Chikunda, Lenge, Lilima, Schangana – Diese Volksgruppen spielen in Zimbabwe nur eine untergeordnete Rolle, der Großteil ihrer Mitglieder lebt in den Nachbarstaaten. Sotho sind zu finden am Zusammenfluss von Shashe und Limpopo im Süden, Lenge im Süden am Runde-Fluss, Lilima und Tswana an der Grenze zu Botswana, Chikundu im Norden an der Grenze zu Moçambique und die tsonga-sprechenden, der Nguni-Gruppe zugehörigen Shangana zwischen den Flüssen Mwenezi und Runde im Süden.

Weiße, Mischlinge, Asiaten – Vor der Unabhängigkeit lebten ca. 300 000 Weiße in Zimbabwe und regierten das Land über die Köpfe der Schwarzafrikaner hinweg und gegen deren Interessen. 200 000 verließen das Land, als klar war, dass die Unabhängigkeit und eine Regierung der schwarzen Mehrheit nicht mehr abzuwenden waren. Immer noch aber konstituiert der verbliebene Rest zu beträchtlichen Teilen den Mittelstand, der das meiste Land im Highveld besitzt, Anlass für die Regierung immer wieder von Enteignung zu sprechen. Die traditionelle Sprache der weißen Zimbabwer ist Afrikaans. Im Lande leben auch etwa 15 000 Asiaten und 25 000 Mischlinge.

Religion

Mehr als die Hälfte der Bewohner des Landes hängen den traditionellen Religionen an, nur etwa ein Viertel begreift sich als reine Christen, ein weiteres Viertel sind Christen, die synkretistischen Glaubensformen anhängen, in denen Elemente der traditionellen Religion und des Christentums sich vermischen. So ist der Glaube an Heiler oder eine spirituelle Ahnenwelt bei vielen Christen verbreitet. Die traditionelle Glaubenswelt der Shona-Gruppen und der Ndebele haben sich im Lauf der Jahre einander angeglichen bzw. die Ndebele haben den Glauben übernommen, so dass die sakralen Handlungen trotz unterschiedlicher Bezeichnung sehr ähnlich sind.

Die traditionelle Glaubenswelt

Obwohl die religiösen Rituale in den einzelnen schwarzen Volksgruppen unterschiedlich ausgeprägt sind, eint die Bewohner doch der Glaube an ein einziges göttliches Wesen, das an oberster Stelle steht. Es ist verantwortlich für das Wohlergehen der Menschen ebenso wie für Plagen wie Dürre oder Krankheiten. Die meisten Zimbabwer nennen dieses höchste Wesen **Mwari**, aber auch anderen Namen sind bekannt: *musikavanhu* (Menschenschöpfer), *chipinaikure* (Der, der alles ändert), *mupizvirambiri* (Dem man nicht widersteht) und *unkulunkulu* (Größter der Größten). Gemeinsam ist allen Kulturen, dass ein direkter Kontakt zwischen Gläubigem und Hochgott kaum stattfindet. Das höchste Wesen wird nur durch die Vermittlung anderer Götter oder der Ahnengeister angerufen und wird nicht nur als „gut", sondern auch als „Unheil bringend" erfahren.

Die Verstorbenen leben als Geister weiter – *vadzimu* –, die aus dem Jenseits Einfluss auf ihre Familien nehmen, sie strafen oder belohnen, sie auf den richtigen Weg bringen oder in ein Fiasko stürzen. Ein Jahr nach dem Tod werden die Verstorbenen in den Kreis der Familie zurückgerufen. Dies geschieht mit einer Zeremonie festähnlichen Charakters, bei der getafelt wird und geistige Getränke ausgeschenkt wird – der Ritus wird bei den Shona *kurova guva* genannt, bei den Ndebele *umbuyiso.* Ein Familienmitglied fungiert im Allgemeinen als persönliches Medium, das zwischen den Lebenden und dem Toten vermittelt, seine Wünsche und Warnungen zum Ausdruck bringt. Neben den Geistern der Ahnen jeder Familie existieren auch die Geister der Begründer der einzelnen Stämme, der Adelsfamilien – **Mhondoro**. Sie bekümmern sich um Ereignisse, die den größeren sozialen Verband betreffen, wie Dürren, Seuchen und Kriege. Die Mhondoro sind unterschiedlich stark. Im 19. Jahrhundert haben sich einige überregional herausgebildet und werden von mehreren Stämmen verehrt, wobei die den Stämmen direkt zuzuordnenden Mhondoro aber nicht in das Abseits geraten.

Ein Mhondoro spielte eine außerordentliche Rolle, der der Rozwi. Er gilt als der Ursprung des von allen verehrten Mwari. Als das Rozwi-Reich von Dhlodhlo zwischen Gweru und Bulawayo im 17. und 18. Jahrhundert immer stärker wurde, verbreiteten die Rozwi auch ihren Ahnengeist, der schließlich von allen Shona als höchstes spirituelles Wesen anerkannt wurde. Im 19. Jahrhundert kam der Mwari-Kult mit der Migration der Venda zu den Matopo Hills, wo er sich endgültig etablierte und eine wesentliche Rolle im Ersten Chimurenga übernahm. Die Priester in den Hügeln waren die Medien, die mit Mwari in Kontakt traten und man kam hierher, um die Chancen eines Befreiungsschlages gegen die weißen Invasoren abzuschätzen. Es wurde grünes Licht gegeben.

Das **Totem** der Familien spielt ebenfalls eine wichtige Rolle. Es kann Tier, Pflanze, ein Körperteil oder ein Naturereignis sein. Das Totem, so es essbar ist, darf von den Mitgliedern eines Totemverbandes nicht verspeist werden, weil sonst Unglück nicht nur über das frevelnde Individuum, sondern schlimmstenfalls über die ganze Familie kommen kann. Das Totem sorgt auch dafür, dass inzestuöse Beziehungen nicht stattfinden. Kein Mensch darf einen anderen heiraten, der das gleiche Totem besitzt.

Der Übergang von der Kindheit zum Erwachsenendasein wird in allen Gruppen mit einer **Initiation** vollzogen, bei der Jungen bzw. Mädchen nach einer längeren Seklusionszeit als gleichberechtigte Mitglieder der Gemeinschaft „wiedergeboren" werden. In Buschlagern lernen die Intitianden die Mythen und Tabus ihres Volkes, werden auf ihre Rolle als Erwachsene vorbereitet und müssen sich bei Mutproben bewähren. Einige Gruppen praktizieren die Knabenbeschneidung, die sie unter arabischem Einfluss übernommen haben. Mädchenbeschneidungen kommen vor, sind aber nicht so häufig wie in West- und Ostafrika. Die Intitiation in ihrer traditionellen Form wird in modernen, städtischen Familien meist nicht mehr praktiziert; eine kurze Seklusion mit anschließender feierlicher Einführung ins Erwachsenenleben ersetzt das Buschlager. Manchmal verschmelzen auch christliche Bräuche wie Konfirmation / Firmung mit der Initiation.

Missionen und die Kirchen

Lässt man die misslungenen Versuche der Portugiesen, über die wenig bekannt ist, außer Betracht, war der erste missionarische Erfolg von **Robert Moffat** zu verzeichnen. Er errichtete als Vertreter der Londoner Missionsgesellschaft 1824 eine Mission im heutigen Botswana, kam 1854 nach Zimbabwe und ließ sich bei den Ndebele unter Mzilikazi nieder, der ihm drei Jahre später die Erlaubnis erteilte eine Mission aufzubauen. Sie wurde dann tatsächlich 1859 als die erste weiße Siedlung in Matabeleland von seinem Sohn **John Moffat** eröffnet. John Moffat spielte später – ein gutes Beispiel für die unrühmliche Verquickung der katholischen Kirche mit wirtschaftlich-kolonialen Interessen – eine wichtige Rolle bei den Verträgen, die die BSAC mit Lobengula, dem Nachfolger von Mzilikazi, abschloss.

Zimbabwe besitzt heute eine Unzahl an unterschiedlichen christlichen Glaubensgemeinschaften, begonnen mit der anglikanischen, über die apostolische, katholische, neuapostolische und methodistische Kirche bis zu den

Zeugen Jehovas und der zionistischen Kirche. Daneben sind absolute Exoten zu finden, wie Kinder Gottes, Masowe Vapostori und Maranke Vapostori. Einige dieser kleinen bis winzigen Glaubenszusammenschlüsse waren oder sind staatlicherseits nicht akzeptiert, da sie z.B. keinerlei „moderne" Errungenschaften zulassen, wie schulische Ausbildung oder gar Impfungen der Kinder.

Die Empfänglichkeit der zimbabwischen Bevölkerung für Glaubensinhalte, die ein besseres Leben versprechen, zeigt sich auch in dem unglaublichen Erfolg US-amerikanischer Massenprediger, die das Nationalstadion bei ihren Veranstaltungen füllen und in Zeitungsanzeigen und mit Fernsehwerbung die Menschen mit der Beteuerung anlocken, Lahme gehend zu machen, Blinde sehend und Sieche gesund. Selbstredend, dass die Spendenkassen nach Ende der Veranstaltungen wohl gefüllt sind.

Die Mehrzahl der heute im Land bestehenden **Missionen** sind aber überaus seriös und spielen im sozialen und humanitären Bereich eine wichtige Rolle. Die Missionsstationen übernehmen viele Funktionen, die der Staat aus finanziellen und personellen Gründen nicht leisten kann. Sie versorgen die Landbevölkerung medizinisch, besitzen Schulen, in denen die Kinder eine Grundausbildung erhalten und haben in den letzten Jahren auch für eine Verbesserung der Beschäftigungssituation in den ländlichen Gebieten geführt. Hier initiieren und betreuen sie Kooperativen, die die handwerklichen Fähigkeiten der Landbewohner zur Herstellung von Kunsthandwerk oder Haushaltswaren nutzen und Vertriebswege in die größeren Städte und die Touristenzentren zur Verfügung stellen. Auch als Betreuungsstellen für Schwerkranke und Sterbehospize spielen sie eine immer größere Rolle. Es sind Tbc-Stationen entstanden und Waisenhäuser für Kinder, die ihre Eltern und Verwandten durch Aids verloren haben.

Kunst und Kultur

Wie überall in Afrika gibt es auch in der traditionellen Gesellschaft Zimbabwes keinen vom Lebenszusammenhang losgelösten Kunstbegriff. Was hergestellt wird, dient entweder dem häuslichen oder dem rituellen Zweck. Kunst fürs Auge und den gut gefüllten Geldbeutel ist eine Neuerung der Kolonialzeit, in der weiße Mäzene den dekorativen Wert ritueller Masken und Statuen, aber auch häuslicher Alltagsgegenstände wie Korbwaren erkannten. Unter weißem Einfluss entwickelten sich auch die berühmten Shona-Steinskulpturen zur weit über die Grenzen Zimbabwes hinaus berühmten Kunstform.

Ähnlich verhält es sich mit der Literatur: Bis zur Kolonialzeit kannten die Völker Zimbabwes eine reiche orale Tradition, in der Mythen, Legenden und Familiensagas dominierten. Heute ist Zimbabwe das Land mit einer der regsten Literaturszenen Afrikas und Veranstaltungsort der bedeutendsten Buchmesse des schwarzen Kontinents, die alljährlich Ende Juli / Anfang August in Harare abgehalten wird.

Literatur

In der Kolonialzeit waren zahlreiche weiße Zimbabwer als Schriftsteller aktiv – die meisten produzierten eine romantisierende Kolonialliteratur, in der das „geheimnisvolle, bedrohliche" Afrika die exotische Kulisse für Farmer- und Jägerschicksale abgab. Der bekannteste Autor ist **Wilbur Smith**, dessen Abenteuerromane auch verfilmt wurden. Allerdings publizierten auch kritische Autoren wie die Schriftstellerin **Doris Lessing**, die eine Zeitlang in Zimbabwe lebte und wegen ihrer antikolonialen Haltung in den 50er Jahren ausgewiesen wurde. Ein lesenswerter Roman dieser Zeit ist die *Afrikanische Tragödie* (Fischer TB). Die *Rückkehr nach Afrika* (Knaur TB) ist Doris Lessings Bestandsaufnahme des unabhängigen Zimbabwe, das sie mehrmals besuchte.

Die Anfänge der schwarzen Literatur Zimbabwes wurden von den Missionen getragen, auf deren Initiative hin mündlich überlieferte Texte ins Englische übersetzt und aufgezeichnet oder in der jeweiligen Originalsprache niedergeschrieben wurden. Ab 1954 existierte ein Literaturbüro (Rhodesian Literature Bureau), das zunächst zimbabwische Texte für den Schulunterricht sammelte und übersetzte, sich später aber auch des literarischen Schaffens schwarzer Zimbabwer annahm und die Werke in Originalsprache publizierte. Der erste zimbabwische Roman in Shona war 1956 Solomon Mutswairos *Feso*. Wegen seines zwischen den Zeilen verborgenen Aufrufs zum Kampf gegen die Kolonialmacht wurde er 1965 verboten.

Unter den Englisch schreibenden Autoren Zimbabwes sind **Dambudzo Marechera** und **Chenjerai Hove** die in Deutschland bekanntesten Vertreter. Marechera (1952–1987) stammte aus Rusape und studierte an der Universität von Zimbabwe, die er wegen seiner politischen Aktivitäten verlassen musste. Aufgrund seiner sprachlichen Virtuosität gilt Marechera als begabtester und avantgardistischster Autor Zimbabwes. Seine Werke sind von tiefem Pessimismus geprägt. In deutscher Übersetzung ist u.a. eine Sammlung von Kurzgeschichten, *Haus des Hungers,* bei Suhrkamp erschienen. Chenjerai Hove wurde in Deutschland vor allem durch das literarische Engagement des Marino Verlages bekannt. Der 1956 geborene Hove arbeitete zunächst als Lehrer und später bei verschiedenen Verlagen in Zimbabwe. In seinen Romanen und Erzählungen verbindet er traditionelle Textformen der Shona wie Rätsel und Sprichwörter mit modernem literarischem Stil. Von Chenjerai Hove sind die Romane *Knochen*, *Schattenlicht* und *Ahnenträume* im Marino Verlag, München, erschienen.

Yvonne Vera, 1964 in Bulawayo geboren, ist die bekannteste Autorin Zimbabwes. Die Situation der Frauen ihrer Heimat, vor allem in den „männerlosen" Jahren des Unabhängigkeitskampfes, ist Thema ihrer Kurzgeschichten und Romane. Die Zerrissenheit zwischen politischem Engagement und dem alltäglichen Kampf um das Überleben der Familie in einer von Weißen dominierten Gesellschaft beschreibt Yvonne Vera poetisch und präzise mit großer Eindringlichkeit. In deutscher Übersetzung liegen die Erzählungen *Seelen im Exil*, Lamuv Vlg., und der Roman *Eine Frau ohne Namen*, Marino Verlag, vor.

Charles Mungoshi, Jahrgang 1947, gehört zu den Autoren, die neben den klassischen Themen Kolonialismus und Unabhängigkeitskampf auch heiße Eisen anpacken: So beschäftigen sich seine Kurzgeschichten, unter dem Titel *Von Frauen und anderen Geliebten* bei Marino erschienen, beispielsweise mit dem Thema Homosexualität oder dem verbrämten Rassismus politisch korrekter Weißer.

Felsbilder

Die überall in Zimbabwe gefundenen Felsmalereien sind das älteste Zeugnis menschlichen Kunstschaffens – vorsichtige Datierungen bescheinigen den Bildern ein Alter von bis zu 20 000 Jahren. Felsgravuren kommen dagegen im Zimbabwe so gut wie nicht vor. Der Mangel an leicht zu bearbeitendem Gestein mag ein Grund sein – Granit findet sich häufiger als der weiche Sandstein –, wahrscheinlicher ist jedoch, dass die unterschiedlichen Techniken von verschiedenen ethnischen Gruppen verwendet wurden. Südafrikanische Felsbildforscher haben herausgefunden, dass es kaum Fundorte gibt, an denen Gravuren und Malereien nebeneinander vorkommen; sie sind fast immer deutlich voneinander entfernt.

Felsmalereien wurden mit Naturfarben aufgetragen, die durch Beimischung verschiedener Substanzen wie Blut, tierischen Fettes oder der Milch von Euphorbiengewächsen haltbar gemacht wurden. Die Motive haben die Künstler der direkten Umgebung entlehnt: So gut wie jedes Tier Zimbabwes lässt sich in den Felsbildern wiederfinden, dazu kommen Menschen bei der Jagd, beim Kochen, beim Tanz. Welche Bedeutung die Bilder haben, lässt sich heute nur vermuten. Eine kleine Hilfestellung bei der Interpretation der Motive geben ethnographische Forschungen unter den San, die man wahrscheinlich als Nachfahren der Felsbildkünstler ansehen kann. Vor allem deren Trance-Tänze zur Beschwörung von Regen oder

Kunsthandwerk hoch über dem Karibasee

Jagdglück und zur Heilung von Krankheiten scheinen sich in den auf Fels dargestellten Szenen zu spiegeln. Bestimmte Tiere, denen bei den Trance-Zeremonien eine besondere Bedeutung zukommt, findet man auch auf den Felsbildern in Verbindung mit Tänzern: so den Affen, der in der San-Mythologie die Frauen tanzen lehrt, oder den Elefanten, der in den Regenzauber eingebunden zu sein scheint. Die Trance gibt auch eine Erklärung für die häufig stark verfremdet gemalten Menschen, die im Kontrast zu den naturalistisch abgebildeten Tieren stehen. In den eigenartig verformten Köpfen oder überlangen Gliedern wird das Trance-Erleben umgesetzt.

Flechtwerk

Unter den Flechtwaren kommt Körben die wichtigste Rolle zu – dienen sie doch im traditionellen Haushalt nicht nur als Transportbehälter, sondern auch als Aufbewahrungsort für Kleidung und Lebensmittel. Eine originelle und sehr praktische Entwicklung ist der bei den Shona weit verbreitete *tswanda*, ein Korb mit gewölbtem Boden, der sich perfekt der Kopfform seiner Trägerin anpasst. Ein riesiger, topfförmiger Korb mit bis zu einem Meter Durchmesser, *isitcha* genannt, wird von den Ndebele hergestellt: Mit dunkel gefärbten Fasern erhält er ein sehr dekoratives, geometrisches Muster. Mit den ovalen *rusero*-Körben wird Spreu vom Weizen getrennt. Auch dieses funktionale Arbeitsgerät trägt Schmuckborten am Rand; bei einigen Gruppen werden nur die Innenwände des *rusero* dekoriert. Die Muster ähneln den Steinmetzornamenten aus Great Zimbabwe. Neben den traditionellen Korbwaren flechten Kooperativen inzwischen auch für den Bedarf der Tourismusbetriebe, wo Korbsessel, Paravents, Wäschekörbe etc. gebraucht werden.

Schmuck

Halsketten, Arm- und Fußreifen sowie Kopfschmuck werden meist aus Perlen hergestellt. Die älteste Form sind sicherlich aus Straußeneierschalen geschnittene, winzige Scheiben, die mit Samenkernen zu kunstvollen Ketten aufgefädelt werden. Heute sind Plastik- und Glasperlen beliebt, die zu farbenfrohen Armreifen und Ketten gearbeitet oder auf Stoffbahnen aufgenäht auch als Lenden- oder Brustschurz getragen werden. Besonders dekorativ ist der Perlenschmuck der Tonga in den Farben Rot, Blau und Weiß, der in geometrischen Motiven auf Stoff genäht wurde. Metallarmreifen haben eine rituelle Funktion; sie schützen vor schlechten Einflüssen und sind Ausdruck der Verbundenheit mit den Ahnen. Menschen, die aus zwei unterschiedlichen Sprachgruppen abstammen, tragen entsprechend ihrer „gemischten" Herkunft auch Reifen aus unterschiedlichen Metallen.

Schmuck aus Straußeneierschalen und Perlen wird heute nach traditionellem Vorbild für den Touristengeschmack hergestellt. Darunter sind sehr dekorative Ohrringe und Armreifen.

Töpferei

Die Töpfertechniken werden von der Mutter an die Tochter weitergegeben und haben sich seit Jahrhunderten kaum verändert. Geformt wird freihändig, ohne Töpferscheibe, die Außenwände werden gelegentlich mit Ritzornamenten verziert. Die fertige Gefäße – zumeist Töpfe zur Aufbewahrung von Lebensmitteln, zum Bierbrauen und zum Stocken der Milch – werden zunächst in der Sonne getrocknet, dann in eine Erdgrube gelegt und mit Zweigen und Blättern bedeckt. Diese werden angezündet und der Ton so gebrannt. Heute ersetzen weitgehend Plastik- und Emaillegeschirr die traditionellen Töpferwaren.

Holzschnitzerei

Das traditionelle Männerhandwerk produzierte für zwei Bereiche: für den häuslichen Bedarf (Stühle, Kopfstützen, Aufbewahrungsgefäße, Werkzeug) und für den rituellen Komplex (Trommeln, zeremonielle Stäbe, Behälter für Schnupftabak, Skulpturen). Vor allem die Kopfstützen zeigen eine große Vielfalt an ornamentalen Motiven, während die anderen Haushaltsgegenstände eher schlicht gearbeitet sind. Bei den rituellen Schnitzereien fällt auf, dass es beinahe keinerlei Masken gibt, die in anderen afrikanischen Kulturen eine große Rolle spielen. Dafür gibt es vielfältigste Schnupftabaksdosen und Stäbe, die am oberen Ende häufig mit anthropomorphen Gestalten geschmückt sind. Sie dienten als Stütze bei Trance-Tänzen aber auch als Abwehrzauber am Eingang zum Gehöft.

Bildhauerei

Die ältesten Steinskulpturen aus Zimbabwe sind die **Zimbabwe Birds**, die in den Ruinen von Great Zimbabwe entdeckt wurden und aus dem 13.–15. Jahrhundert stammen. Die Bedeutung der Specksteinskulpturen ist nicht geklärt; da sie an offensichtlich sakralen Plätzen gefunden wurden, scheinen sie eine rituelle Funktion erfüllt zu haben. Einige zeigen eine Verschmelzung menschlicher und tierischer Züge – so haben sie Lippen anstelle eines Schnabels oder fünf Zehen anstatt dreier Klauen. Die Ethnologie vermutet in den Vögeln Sinnbilder der Ahnengeister, die sich wie Adler in die Luft schwingen und deshalb als Vermittler zwischen Menschen und Gott dienen.

Die modernen Steinskulpturen der Shona, die in Museen und Skulpturengärten ausgestellt sind, knüpfen an diese Tradition an. Formen und Motive beziehen die Künstler aus der Mythologie ihres Volkes und kleiden sie in ein modernes Gewand. Der Prozess des Bildhauerns selbst wird von vielen Künstlern als mythisch-schöpferischer Akt empfunden, in dem das Material (neben Speckstein auch Granit oder Serpentin) selbst bereits die zu schaffende Form vorgibt. Der Anstoß zu dieser sehr jungen Kunst kam Mitte des 20. Jahrhunderts von weißen Bildhauern, die ihre schwarzen Kollegen in Schulen und Workshops in den Techniken unterwiesen. 1962 wurde in Harare (damals Salisbury) die erste Ausstellung von Shona-Skulpturen eröffnet, die den Künstlern zu internationaler Anerkennung verhalf. Heute sind Bildhauer wie Bernard Matemera und Sylvester Mubayi nicht nur in Zimbabwe, sondern auch in der Kunstszene New Yorks oder Paris bekannt.

Musik

Das traditionelle Instrument der Shona ist die **Mbira**, ein Daumenklavier, dessen Schallkörper aus einer Kalebasse besteht. Die Mbira wurde vor allem als Begleitinstrument bei Ritualen verwendet, die in Zusammenhang mit dem Ahnenkult standen. Man sagte ihr nach, dass ihre Töne die Ahnen anlocken könnten. Begleitet wurde sie häufg von Fuß- und Handrasseln, die aus Schildkrötenschalen oder aus mit Kernen oder Samen gefüllten Kalebassen bestanden. Verschiedene Arten von Trommeln und Saiteninstrumenten (darunter der Mundbogen *chipendani*) und die *marimba*, ein Xylophon, fanden ebenfalls Verwendung in der traditionellen Musik.

Durch Missionierung und Kolonisierung wurden die althergebrachten Instrumente und Musikstile von der weißen Musik weitgehend verdrängt. Ein Comeback erlebten sie in der populären Musik Zimbabwes, die Einflüsse Europas, Lateinamerikas und Afrikas zu einem neuen Stil verschmolz. Größter Star am Schlagerhimmel war die aus Bulawayo stammende Sängerin **Dorothy Masuka**, die ihre vom Jazz geprägten Lieder unter anderem mit Miriam Makeba vortrug.

In der Zweiten Chimurenga, dem Kampf für die Unabhängigkeit, wurden die Lieder zimbabwischer Pop-Stars wie **Thomas Mapfumo** zu einem wichtigen Propagandainstrument der Guerilla: In lokalen Sprachen gesungen und mit doppeldeutigen Liedtexten versehen wurde deren explosiver Inhalt von den Kolonialbehörden oft erst zu spät durchschaut. Thomas Mapfumo, das singende Sprachrohr des Aufstands, wurde zwar nicht im Radio gespielt, seine Platten wurden aber in Rekordstückzahlen verkauft.

Neben Mapfumo, dem Klassiker des Zimbabwe-Pop, ist heute die Mbira-Spielerin **Stella Chiweshe** international bekannt. Chiweshe spielte ursprünglich bei religiösen Zeremonien und begann schließlich immer häufiger, mit der Mbira statt ritueller Klänge populäre Musik zu machen. Ihre Auftritte haben den sakralen Charakter aber nicht ganz verloren; häufig spielt sie sich in Trance und konfrontiert ihre westlichen Zuschauer mit wahrlich beängstigenden Vorführungen von Besessenheitstänzen. Wegen der Verknüpfung von Ritus und Kommerz ist Stella Chiweshe in Zimbabwe nicht unumstritten.

Geschichte

Chronologie

50 000–30 000 v. Chr.	Die ersten Jäger und Sammler tauchen auf
10 000 v. Chr.	Felsmalereien werden angefertigt
2000 v. Chr.	Bantu aus dem Norden verbreiten Eisenverarbeitung, Landwirtschaft entsteht
1000 n. Chr.	Die Grundlagen für die Entwicklung der zimbabwische Hochkulturen werden von aus dem Norden einwandernden Stämmen gelegt
1250–1450	Great Zimbabwe erlebt seine Blütezeit
ab 1450	Das Torwa-Reich (Khame) löst Great Zimbabwe ab, das Monomotapa-Reich entsteht im Norden des Landes
ab 1650	Die Rozwi-Dynastie erstarkt und assimiliert die Bewohner des Torwa-Reiches; ihr Hauptsitz ist Nalatale
1838	Mzilikazi führt die Ndebele ins Land
1856	Dr. Livingston entdeckt die Victoriafälle

1857	Robert Moffat gründet die erste Mission
1870	Mzilikazi stirbt, Lobengula wird König der Ndebele
1871	Karl Mauch entdeckt Great Zimbabwe
1888	Die Rudd Concession zwischen England und Lobengula schafft die Grundlage für die Ankunft der ersten weißen Siedler
1889	Die BSAC (British South Africa Company) wird gegründet, mit der „Royal Charter" überträgt das englische Königshaus ihr die Verwaltungsrechte
1890	Cecil Rhodes lockt den ersten großen Siedlertreck ins Land, Fort Salisbury (Harare) wird gegründet
1893	Die Ndebele revoltieren und die BSAC nimmt dies zum Anlass, Matabeleland zu besetzen
1894	Lobengula stirbt
1895	Zambia und Zimbabwe werden unter dem Staatsnamen Rhodesien zusammengelegt
1896	Der zweijährige Krieg zwischen den schwarzen Stämmen (Ndebele und Shona kämpfen gemeinsam) und der BSAC beginnt – Erster Chimurenga genannt
1907	Das Legislative Council als erstes Parlament der weißen Siedler wird gegründet
1922	In einer Abstimmung votieren die weißen Bewohner für die Unabhängigkeit von Südafrika und für den Verbleib im englischen Kolonialsystem
1923	Rhodesien wird in einen Nord- und einen Südteil gespalten, Südrhodesien (Zimbabwe) bleibt englische Kolonie, erhält aber weitgehende Selbstverwaltungsrechte
1930	Per Gesetz werden die Siedlungsgebiete für die Schwarzen und Weißen festgelegt; die schwarze Bevölkerung wird hauptsächlich in das unfruchtbarere Lowveld abgedrängt
1934	Der Bantu Congress wird gegründet, die Grundlage für den Befreiungskampf gelegt
1951	Der „Native Land Husbandry Act" schränkt die Siedlungs- und Wohnrechte der Schwarzen weiter ein
1953	Der Zentralafrikanische Bund (Südrhodesien, Nordrhodesien – Zambia – und Malawi) entsteht
1957	Joshua Nkomo gründet als Interessenvertretung der schwarzen Bevölkerung Südrhodesiens den ANC (African National Congress), der zwei Jahre später verboten wird, 500 Mitglieder werden verhaftet
1960	Die NDP (National Democratic Party) wird unter Nkomo gegründet, Robert Mugabe leitet die Öffentlichkeitsarbeit
1961	Verbot der NDP, die sich umgehend als ZAPU (Zimbabwe African People's Union) neu formiert, die Briten geben ihr Vetorecht auf
1962	Die ZAPU wird verboten, die RF (Rhodesian Front) gewinnt die Wahlen
1963	Von der ZAPU spaltet sich die ZANU (Zimbabwe African National Unit) mit Robert Mugabe ab, die die Befreiung militant durchsetzen will, der zentralafrikanische Bund zerbricht und als Folge werden Zambia und Malawi unabhängig, Südrhodesien wird in Rhodesien umbenannt
1964	Die RF wählt Ian Smith zum Premierminister
1965	Rhodesien erklärt sich als unabhängig vom Mutterland
1966	Der Befreiungskrieg – Zweiter Chimurenga beginnt; bei der Schlacht um Chinhoyi am 28. April 1966 werden sieben ZANLA-Mitglieder (einer Untergruppe der ZANU) getötet, der Tag wird später zum Nationalfeiertag erklärt
1968	Die United Nations verhängen über Rhodesien ein Wirtschaftsembargo

1971	Der ANC gründet sich unter Bischof Muzorewa neu und opponiert erfolgreich gegen einen Lösungsvorschlag der Engländer
1972	Die ZANU verstärkt ihre Angriffe von den Basen in Moçambique und Zambia aus
1975	Die Beendigung der Diktatur in Portugal führt zur Unabhängigkeit von Moçambique, der Führer der ZANU wird in Lusaka ermordet, Robert Mugabe nimmt seine Stelle ein
1976	Eine Konferenz in Genf zwischen der Regierung und den schwarzen Interessenvertretungen ZANU und ZAPU, die gemeinsam als PF (Patriotic Front) verhandeln, scheitert
1978	Die RF und der UANC (der nun umbenannte ANC) unter Bischof Muzorewa bilden eine Übergangsregierung und bereiten Wahlen vor
1979	Die Wahlen werden von ZANU, ZAPU und weiteren Abspaltungen boykottiert, das Ergebnis wird international nicht anerkannt. Bei einer Konferenz in London im Lancaster House handeln alle Parteien einen Waffenstillstand aus
1980	Die ZANU gewinnt die Wahlen mit großer Mehrheit, Robert Mugabe wird Premierminister, das Land als Zimbabwe international anerkannt unabhängig; die Sitzverteilung im Parlament spiegelt die Bevölkerungsgruppen im Lande wider, die ZANU – Robert Mugabe ist Shona – hat 57 Sitze und die ZAPU von Joshua Nkomo – ein Ndebele – 20 Sitze
1983	Angebliche Waffenfunde auf Farmen in Matabeleland führen zu den Überfällen shona-dominierter Einheiten gegen die Ndebele, die Allianz der ZANU/ZAPU zerbricht, Joshua Nkomo geht ins Exil nach London
1985	Bei den Wahlen verliert Robert Mugabe alle Sitze in Matabeleland, gewinnt aber die absolute Mehrheit, weil viele Splitterparteien nicht mehr antreten
1987	Eine Verfassungsänderung beendet die Kohabitation im Parlament zwischen den Weißen und den Schwarzen, Ian Smith wird ausgeschlossen, die ZAPU zu einer Fusion gezwungen, indem man viele ihrer Führer verhaftet, Mugabe vereinigt weitere Positionen auf seiner Person, er ist nun Präsident mit Handlungsvollmacht, Armeechef und Parteivorsitzender der ZANU
1990	Bei den dritten Wahlen erhält die ZANU 117 von 120 Sitzen. Wegen des Mehrheitswahlrechtes in den Wahlkreisen kommt die Opposition trotz 20% Stimmenanteil nicht zum Zuge
1992	Die Land Aquisition Bill soll für eine gerechtere Verteilung von Grund und Boden sorgen, die Enteignung weißen Farmgebietes wird ins Auge gefasst
1995	Die vierten Wahlen ergeben eine gleichbleibende Sitzverteilung, die ZANU hält 118 Stimmen im Parlament, die politische Kaste bereichert sich zunehmend, auch durch die Übernahme von Land, das mit der Land Aquisition Bill breiteren Bevölkerungsschichten zugute kommen sollte
1997	Die sozialen Spannungen im Land münden in ersten Generalstreiks
1998	Der Unmut der Bevölkerung über die wirtschaftlich desolate Siutation und die Korruption führt in Harare zu Unruhen und Plünderungen; der Aufstand wird militärisch niedergeschlagen, Zimbabwe beteiligt sich aktiv im Kongo und schickt, das Staatsbudget weiter belastend, Militär und Ausrüstung
1999	Die Weltbank erklärt Zimbabwe als nicht unterstützenswert, solange die Finanzen nicht konsolidiert sind und nicht gegen die Korruption vorgegangen wird; innerhalb der ZANU mehren sich die Stimmen nach einem Rücktritt Mugabes; im Juni stirbt Nkomo und im Juli wird die Partei ZAPU 2000 gegründet, der gute Chancen für die Wahlen im April 2000 eingeräumt werden

Frühgeschichte

Man nimmt an, dass die ersten Siedler auf dem Boden des heutigen Zimbabwe **San** bzw. deren Vorfahren waren, die irgendwann zwischen 100 000 und 30 000 vor unserer Zeitrechnung aus einer uns unbekannten Gegend einwanderten. Heute sind sie im Land praktisch nicht mehr zu finden, nur in Botswana und Namibia und im nördlichen Südafrika leben noch versprengte Gruppen. Die San waren **Jäger und Sammler**, die in Familienverbänden das Land durchstreiften und keine übergeordnete Organisation kannten. Ihr Naturverständnis war von einem Schicksalsglauben geprägt und da sie sich selbst als in die Natur eingebunden empfanden, konnten sie Eroberungen von außen nichts entgegensetzen. Die in ganz Zimbabwe entdeckten Felsmalereien werden auf die San oder Buschleute zurückgeführt. Die ältesten Zeichnungen werden vorsichtig auf ca. 10 000 v. Chr. datiert, wobei die zur genauen Bestimmung mittels der Radiokarbonmethode notwendigen Materialmengen aus den zarten Malereien nicht zu extrahieren sind. Es mag durchaus auch ältere Malereien gegeben haben, die aber in den Zeitläuften verschwunden sind.

Die San wurden ab 2000 v. Chr. von aus dem Nordosten einwandernden **Bantustämmen** vertrieben, deren Lebensform sich grundlegend von der der Buschleute unterschied. Sie kannten Ackerbau – allerdings in der Form des **Wanderackerbaus**: Waren die Böden erschöpft, zogen sie weiter, rodeten erneut und pflanzten die frühen Getreideformen. Die einfachen Hütten wurden dabei jedes Mal zurückgelassen, das Vieh – Schafe und Ziegen – mitzunehmen, brachte keine Schwierigkeit. Die Bantu entwickelten die Eisen- und Kupferverarbeitung. Sie schürften Erz, schmolzen und verarbeiteten es zu Haushalts- und Schmuckgegenständen und zu Waffen, mit denen sie im südlichen Afrika bereits einen regen Handel trieben.

Diese frühen Bantu wurden ab den Jahren um 1000 von weiteren Bantugruppen, die wahrscheinlich aus dem Kongo kamen, assimiliert. Die neuen Zuwanderer gelten als die Ur-Shona. Sie waren ebenfalls landwirtschaftlich orientiert, legten aber in der Viehwirtschaft das Schwergewicht auf die Rinderzucht. In dieser Zeit wurde die Grundlage für die Entstehung der Reiche in Zimbabwe gelegt.

Die Zeit der großen Reiche

Welcher gesellschaftliche Wandel die Entstehung zentralistischer Reiche begünstigte, ist bis heute nicht erforscht. Einer umstrittenen Theorie zufolge führte der Gesellschaftsumbau von matrilinearer zur patrilinearer Erbfolge zur Anhäufung von Reichtum in den Familien. Bei der Vererbung in der Sohnlinie wurden Nebenlinien ausgeschlossen und intensiver Handel bis in die Küstengegenden im Osten und weiter in den arabischen Raum vergrößerte den Besitz weiter. Gehandelt wurden nun auch Tierprodukte wie Elfenbein, zu Eisen und Kupfer kam Gold und schließlich auch Sklaven, die man bereitwillig den arabischen Händlern anbot. Der geschaffene Reichtum suchte sich schließlich eine Ausdrucksform und fand sie in den monumentalen Gebäuden der Reiche wie Great Zimbabwe, Torwa und Rozwi.

Great Zimbabwe

Das Reich von Great Zimbabwe entstand ab dem 12. Jahrhundert im Siedlungsgebiet der Shona-Gruppe der **Karanga**, und zu Beginn des 14. Jahrhunderts stand es in voller Blüte. Die Bauwerke entstanden über mehrere Jahrhunderte, die der Dynastie eigentlich zuzuordnenden ab der Mitte des 12. Jahrhunderts, wobei Untersuchungen gezeigt haben, dass einzelne Bauteile in den Fundamenten wohl noch aus dem 9. oder gar 6. Jahrhundert stammen. Der mächtige Arm von Great Zimbabwe reichte bis nach Botswana und Moçambique, die Handelswege bis zur Küste im Osten, wo die Araber die Waren entgegennahmen. Landwirtschaft – Getreideanbau und Viehzucht – waren die Basis für die Prosperität, auf ihr fußte der Handel, der die großen Siedlungen ermöglichte. In der Blütezeit kaufte man sogar glasiertes chinesisches Porzellan, Fayence-Arbeiten aus Persien und syrische Glaswaren und lieferte Gold und Elfenbein.

Monomotapa

Mit Beginn des 15. Jahrhunderts begann der Niedergang Great Zimbabwes mit der Erschöpfung der ursprünglich so fruchtbaren Böden. Man kannte keine Fruchtfolge und die Bevölkerung war so stark angewachsen, dass der Ackerbau die Menschen nicht mehr versorgen konnte. Eine Gruppe zog von Great Zimbabwe weg nach Norden und etablierte ein neues Reich – Monomotapa unter dem Herrscher Mutota. Mit der Zeit entwickelten die Bewohner ein eigenes Stammesbewusstsein und grenzten sich als **Korekore** von den Karanga ab. Das wohlhabende Monomotapa-Reich bestand über zwei Jahrhunderte am Zambezi Escarpment, lebte von der Viehwirtschaft und handelte mit Metallen und Salz. Die ursprünglich hier siedelnden Tonga wurden unterworfen und mussten für die Korekore arbeiten oder Tribut leisten. Die Bewohner Monomotapas waren die ersten Zimbabwer, die mit Weißen in Berührung kamen.

Die **Portugiesen** waren an der Küste gelandet und gründeten die Stadt Sofala, von wo aus sie bald ins Innere vorstießen, um den arabischen Legenden von unermesslichen Goldschätzen nachzugehen. Man trieb über Jahrzehnte miteinander Handel und ließ zu, dass die Portugiesen ihren Einfluss mit Niederlassungen entlang dem Zambezi weiter ausdehnten, bis Thronstreitigkeiten einen Wechsel brachten.

Der neue Herrscher verbündete sich mit den **Rozwi** und kämpfte die Weißen außer Landes an die Küste zurück. Die Portugiesen sollten keinen weiteren Versuch machen, ihren Einfluss über Moçambique hinaus auszudehnen. Das Reich Monomotapa wurde schließlich geschwächt, als die Changamire-Dynastie des Hochlandes, ein Tribut leistender Stamm, dem man das Vieh zur Weide gegeben hatte, erstarkte, Widerstand leistete und die Rinder ohne Gegenleistung vereinnahmte. Damit war die (neben dem Handel) wichtigste Grundlage für den Reichtum der Monomotapa verschwunden und sie wurden leichte Beute der Rozwi, die ihr Herrschaftsgebiet Ende des 17. Jahrhunderts nach Osten ausweiteten.

Torwa-Dynastie (Butwa-Reich)

Etwa zur gleichen Zeit, in der sich das Monomotapa-Reich abspaltete, wanderte eine andere Gruppe ab und gründete nahe dem heutigen Bulawayo das Khame-Reich. Es bestand von Mitte des 15. Jahrhunderts bis etwa Ende des 17. Jahrhunderts. Die enge Verbindung zu Great Zimbabwe manifestierte sich in den gleichen Bautechniken und deren Weiterentwicklung. Die Macht des Torwa-Reiches langte in der Hochzeit bis in den Nordosten an die Grenze des Monomotapa-Reiches, das sie sogar gegen Ende 15. Jahrhunderts einmal (allerdings wenig erfolgreich) attackierten und weit hinein nach Botswana, wo es Statthalter besaß. In der Phase des Niedergangs im 17. Jahrhundert erlangten diese Statthalter relative Unabhängigkeit, schufen sich aber ihre eigenen Dynastien in einer Gegenbewegung zum Ursprungsreich erst als der Nachfolger von Khame, das Rozwi-Reich, schwächer wurde. In diese Zeit fällt auch der Umzug der Torwa-Dynastie nach **Dhlodhlo**, wahrscheinlich eine der Sommerresidenzen der Herrscherfamilie, da die Hauptstadt Khame von einem Feuer zerstört wurde. Die Gründe dafür sind unbekannt, vielleicht war das Rozwi-Reich auch schon so erstarkt, dass es den König des Khame-Reiches in die Nähe seines Einflussbereiches, der sich bei Nalatale konzentrierte, zwingen konnte.

Rozwi-Reich

Das Rozwi-Reich war in den Anfängen auch eine grandiose Erfolgsgeschichte. Es übernahm die Macht von Khame und breitete sich weit nach Botswana hinein und in den Osten des Landes aus, wo es das Reich Monomatapa übernahm. Der Ahnengeist der Rozwi – Mwari – wurde für viele Shona-Gruppen zum höchsten Gott. Ob das Rozwi-Reich eine Gründung eines neu eingewanderten Stammes war – unter Umständen eine Abspaltung des Monomotapa-Reiches, mit dem sie einige Traditionen verbinden – oder eine erstarkte Gruppe des Khame-Reiches, die sich selbstständig machte, liegt im Dunkeln. Jedenfalls änderte sich an der Struktur des Staatsgebildes der Torwa nichts, man nahm lediglich Einfluss auf die

Führungsschicht. Um 1680 war die Machtübernahme durch die Rozwi vollzogen und sie waren so stark geworden, dass sie einer Bitte des Monomotapa-Reiches folgten und in einem Bündnis mit diesen die Portugiesen hinter die Berge der Eastern Highlands zurückdrängten. Der Führer der Expedition soll **Dombo** geheißen haben – ob er tatsächlich als Einzelperson exisitiert hat, weiß man nicht. Der Legende nach war Dombo der Sohn eines Gottes *(mwari)*, wobei Mwaris ja nichts anderes als die Geister der Ahnen eines Königs sind. Seine Mutter gebar ihn jungfräulich (die Mission lässt grüßen). Er lebte in einem Haus auf einem Hügel, zu dem Stufen aus purem Elfenbein hinaufführten (eine Beschreibung der Bauwerke von Nalatale) und soll den Auftrag zur Vertreibung der Portugiesen von seinem Ahnengeist erhalten haben.

Obwohl das eigentliche Staatsgebiet der Rozwi nicht weiter als 100 km um Nalatale reichte, war durch die kampfstarke Armee ihr Einflussbereich um ein Vielfaches größer, und sie konnten weit entfernte Stämme zu Tributzahlungen verpflichten, aus denen ihr Reichtum resultierte. Selbst trieben sie keinen Handel, ermöglichten ihn aber ihren Vasallenstaaten, um deren Steuerzahlungen zu sichern. Die Organisation ihrer Armee ist unbekannt, die Legenden erzählen, dass die Soldaten ihre Kraft und ihre Erfolge Zauberei verdankten – und einem vorzüglichen Spionagesystem. Zwischen 1830 und 1840 zerfiel das Rozwi-Reich. Es wurde zusehends geschwächt durch immer zahlreichere Einfälle der aus dem südlichen Afrika vordringenden Sotho-Nguni-Gruppen, die von den militärisch und strategisch äußerst starken Zulu unter König Shaka nach Norden gedrängt wurden.

Der Ndebele-Staat

1838 zogen die Ndebele – ein Konglomerat unterschiedlichster Stämme, das sich über die Kriegszüge der vorhergehenden Jahre in Botswana gebildet hatte (s.S. 143, Geschichte Botswana) – unter ihrem König **Mzilikazi** durch Ostbotswana nach Norden und ließen sich 1841 bei Bulawayo nieder. Ihr Ursprung liegt bei den Zulu des heutigen Südafrika, deren Kerngruppe sich abspaltete und ihre Wanderung nach Norden begann. Die Fähigkeit andere Volksstämme zu assimilieren und in ihr Staatssystem einzubauen – auch andere Traditionen zu übernehmen, führte zur relativ friedvollen Übernahme des Rozwi-Reiches. Mzilikazi akzeptierte zum Beispiel die in der Tradition der Rozwi verankerte Rolle des Königs, auch Mwari als höchstes Wesen wurde von den Ndebele anerkannt. Mzilikazi nahm Frauen der Rozwi-Familien und schuf so feste Bande, die ihm die Loyalität der Bevölkerung sicherte.

Der Ndebele-Staat war militärisch mächtig und konnte die Shona-Gruppen zu **Tributzahlungen** verpflichten. Der Erfolg beruhte auf der Einführung neuer Militärtaktiken und effektiver Waffen, wie der berühmten kurzen Speere. Auf der Zimbabwe-Seite seines Reiches herrschte relative Ruhe, wenn auch immer wieder Feldzüge zur Befriedung oder zur Eintreibung von Tributzahlungen oder Arbeitskräften durchgeführt wurden. In Botswana sah dies anders aus. Die Ndebele unternahmen noch mehrere Versuche der Landnahme in Botswana, wurden aber von den Mangwato unter der Führung von Sekgoma I., der seine Soldaten mit Feuerwaffen ausgerüstet hatte, mehrfach zurückgeschlagen. Die letzte Attacke der Ndebele erlitt wegen der heftigen Gegenwehr unter Khama III. Schiffbruch.

Trotz ihrer zahlenmäßigen Unterlegenheit gegenüber den Shona behielten die Ndebele die Oberhand, einmal wegen ihrer straffen Organisation, die im Gegensatz zu den lockeren Verbänden der Shona stand, und weil immer wieder Shona den Status von Ndebele erhielten, wenn auch in der niederen Klasse der Acker- und Viehbauern oder als Soldaten. Nicht zuletzt deshalb begreifen sich die Ndebele auch heute noch als die eigentlich überlegene Rasse.

Der Niedergang des Ndebele-Staates kündigte sich 1854 mit der Ankunft des ersten Weißen in Matabeleland an, des Missionars Robert Moffat, der rasch zum Ratgeber von Mzilikazi aufstieg und drei Jahre später die Erlaubnis zur Errichtung einer Mission erhielt.

Die Ära von Lobengula und Cecil Rhodes

Mzilikazis Sohn Lobengula übernahm 1870 die Königswürde. Zwei Jahre zuvor war Mzilikazi gestorben, da der ursprünglich für die Nachfolge vorgesehene Sohn aber verschwunden war, wurde Lobengula die Ehre zuteil. Er sollte 24 Jahre regieren und sein Ende fiel mit dem Ersten Chimurenga zusammen, dem Versuch sich von der weißen Herrschaft zu befreien, die sich während der Regierungszeit von Lobengula langsam aber sicher etablierte. In den 70er Jahren des 19. Jahrhunderts drangen verstärkt Händler, Jäger und Prospektoren von Südafrika kommend über den Limpopo. Man vermutete auch in Mashona- oder Matabeleland Goldfelder und Diamantenvorkommen. Auch die Regierungen machten bei dem Wettlauf um die Landnahme und Konzessionen mit. 1885 sprach ein Abgesandter des Deutschen Reiches bei Lobengula vor, 1887 schickten die Transvaaler Buren Piet Grobler, mit dem Lobengula einen Freundschaftsvertrag schloss, den Grobler als Freibrief verstand. Und schließlich tauchte im Februar 1888 der Sohn des Missionars Robert Moffat auf, selbst einst Missionar, aber nun in den Diensten der Krone und Cecil Rhodes'. Sein erklärtes Ziel war, den Vertrag von Grobler rückgängig zu machen und einen eigenen Vertrag durchzusetzen, der von Lobengula für jegliche Abmachung mit anderen Ländern die Einholung britischen Einverständnisses verlangte. Er unterschrieb ein Dokument, das er selbst nicht lesen konnte und über dessen Inhalt er falsch unterrichtet wurde (s.S. 427).

Cecil Rhodes, seit 1884 Finanzminister der britischen Kapkolonie, sah sich in Konkurrenz zu den burischen Republiken Oranje Freistaat und Transvaal und zum entstehenden Schutzgebiet Deutsch-Südwestafrika, dem heutigen Namibia, und wollte – in erster Linie für sich und an zweiter Stelle für die britische Krone –die nördlich gelegenen Gebiete sichern. Betschuanaland war bereits geteilt in einen Bereich, der der Kapkolonie zugeschlagen war und einen Bereich, den die Krone als Protektorat verwaltete. Mashona- und Matabeleland standen noch zur freien Verfügung der Kolonisatoren – es war nur die Frage, wer schneller und durchschlagender reagierte. Für die britische Krone war Betschuanaland als Bollwerk gegen die Ambitionen des Deutschen Reiches ausreichend, weiteres Land im Norden zu verwalten kam des finanziellen und personellen Aufwandes wegen zu dieser Zeit nicht in Frage, man wollte die Entscheidung auf später verschieben und sah eine „Privatlösung" dafür als das Mittel der Wahl. Nachdem die britische Regierung diese Entscheidung gefällt hatte, ging es Schlag auf Schlag. Moffat hatte den Gobler-Vertrag nichtig gemacht und Rhodes Zeit gewonnen. Ein halbes Jahr nach Moffat tauchte eine weitere von Rhodes geschickte Delegation auf. Charles Rudd, Rochefort Maguire und Francis Thompson verfuhren nach dem gleichen Prinzip wie Moffat. Was in der **Rudd Concession** geschrieben stand und was erzählt wurde, stimmte nicht überein. Lobengula veräußerte am 13. Oktober 1888 die Rechte an seinem Land gegen die Lieferung von Gewehren, Munition, eines Dampfbootes auf dem Zambezi und einer regelmäßigen monatlichen Zahlung von 100 Pfund Sterling. 1889 gründete Rhodes die **British South Africa Company (BSAC)**, die im gleichen Jahr mit der **Royal Charter** die Verwaltungs- und Ausbeutungsrechte seitens der britischen Krone zuerkannt bekam. Die Würfel waren gefallen, das heutige Zimbabwe war zum „British Chartered Company Territory" geworden – an private Geschäftsleute abgegebenes Gebiet, die Handlungsfreiheit genossen und im Streitfall mit der militärischen Unterstützung durch ihr Mutterland rechnen konnten. Die Buren waren aus dem Boot, der Weg zum Gold geebnet. Die Versuche Lobengulas durch Schreiben und Delegationen das englische Königshaus im Nachhinein von der Nichtigkeit der Verträge zu überzeugen, waren zum Scheitern verurteilt. Das Königshaus hatte die Ernte schon eingebracht.

Die Kolonialmacht etabliert sich

Im Jahr 1890 machte sich in der Kapkolonie eine Pionierkolonne auf den Weg: 212 weiße Siedler, 5 weiße Soldaten der BSAC, 200 schwarze Soldaten der Betschuanaland Police, 16 Prospektoren und ein großer Tross. Sie kamen über Tuli und reisten unter der Führung des Scouts Frederick Selous, mit Dr. Leander Starr Jameson, dem Vertreter von Cecil Rhodes, und Oberstleutnant Edward Pennefather als militärischem Leiter. Mit ihren Ochsenkarren und bestens bewaffnet durchquerten sie Matabeleland, gründeten Fort Victoria (Masvingo) und erreichten Mashonaland, wo am 13. September 1890 bei Fort Salisbury (Harare) der Union Jack entrollt wurde. Rhodes hatte jedem Siedler 15 Goldclaims und 12 000 ha Land versprochen.

Nun folgten drei Jahre der misstrauischen Kohabitation und „business as usual". Die Weißen machten sich auf die Suche nach Bodenschätzen, wurden nicht so recht fündig und begannen Farmen zu gründen. Immer mehr Siedler kamen, die ebenfalls Land beanspruchten. Die Ndebele hielten sich weiter an den Shona gütlich, unternahmen ihre kleinen Raubzüge und Feldzüge zur Eintreibung von Steuern. Das an sich war aber schon ein Dorn im Auge der BSAC. Die Shona sollten auf den Farmen und in den Minen der Siedler arbeiten, die Überfälle der Ndebele tangierten also das Arbeitskräftepotential der Shona. Auch entsprach die „afrikanische Art" der Reichsverwaltung nicht unbedingt den englischen Gepflogenheiten, so dass man sich zunehmend mit einer unmutigen öffentlichen Meinung im Mutterland konfrontiert sah. Der Anlass gegen Lobengula vorzugehen, war 1893 gegeben. Ein Viehdiebstahl der Shona führte zu einer Strafexpedition der Ndebele, die einige hundert Shona das Leben kostete.

Die Zerstörung des Ndebele-Staates

700 Soldaten der BSAC und der Betschuanaland Police, unterstützt von Khama III. aus Betschuanaland und weiteren Kriegern der Shona marschierten in einer Zangenbewegung auf Bulawayo zu, wo Lobengula residierte. Dieser versuchte noch zur Vermeidung eines Krieges Unterhändler zur BSAC zu senden, die seine Sichtweise der Dinge erklären sollten: Die Shona seien nur abgestraft worden, weil sie einen Telegrafendraht durchschnitten und so das friedvolle Nebeneinander von Weißen und Ndebele gestört hätten. Die Parlamentäre wurden – gänzlich unenglisch – erschossen. Man wollte eine Entscheidung. Die erste Schlacht fand am Shangani statt – passenderweise bedeutet der Name „dort wo man Feinde trifft". Der ungleiche Kampf mit Speeren und wenigen Gewehren gegen Maschinengewehre und Feldgeschütze endete mit mehreren hundert toten Ndebele. Die zweite Schlacht acht Tage später am 4. November nahe dem Kraal Lobengulas endete ähnlich, die Ndebele setzten Bulawayo in Brand und flohen. Die dritte Schlacht war für die Ndebele erfolgreicher, aber nicht mehr kriegsentscheidend. Nach weiteren vier Wochen des gegenseitigen Belauerns, Ausweichens und Verfolgens wurde eine Kolonne von 33 Soldaten unter ihrem Kommandeur Allan Wilson von 30 000 Ndebele-Kriegern unter dem General Mtjaan bis auf den letzten Mann niedergemacht. Wilson war losgeschickt worden, weil man dachte, Lobengula hätte Fort Victoria angegriffen. Ursprünglich waren die 34 Mann bei Great Zimbabwe begraben, wurden aber auf Betreiben von Rhodes nach Matopo Hills gebracht und auf World's View zur Ruhe gebettet. Ein Jahr später starb Lobengula auf der Flucht im Busch an Pocken. Aber auch die Aktionen von Rhodes war nicht mehr lange mit Glück gesegnet.

Der Erste Chimurenga

Die Briten dankten den Shona die tatkräftige Unterstützung beim Sturz von Lobengula nicht besonders. Man regierte wie eh und je, die Shona waren Arbeiter in den Minen und auf den Feldern, die Ndebele zwickte und zwackte man noch ein wenig mehr: Sie mussten Reparationen in Form von Vieh abliefern, deren Höhe so festgelegt wurde, dass sie am Existenzminimum standen. Das königliche Land Lobengulas wurde an die siegreichen weißen Siedler und Soldaten vergeben, die Ndebele an den

Gwayi und den Shangani verfrachtet, Gegenden, die kaum als besonders fruchtbar zu bezeichnen sind. 1895 brach nach einer Missernte schließlich im gesamten südlichen Afrika die Rinderpest aus und reduzierte die Viehzahl auf ein Viertel.

Die Lebensbedingungen für die Ndebele – und für die Shona – wurden damit gänzlich unerträglich. Hinzu kam die zusätzliche Landnahme der Weißen in Mashonaland, die die Shona weiter zurückdrängte. Hatten sie sich bislang auch mit der von der BSAC eingeführten **Hüttensteuer** arrangiert, wurden sie 1896 mit deren Erhöhung konfrontiert, so dass sie pro Hütte einen Monatslohn eines Wanderarbeiters abzuliefern hatten. Die Ndebele begannen den Krieg im März 1896 und töteten innerhalb einer Woche 130 Farmer und Händler. Die Weißen flohen in die Städte und verbarrikadierten sich.

Die Ndebele erklärten **Nyamande**, den Sohn Lobengulas, zu ihrem König. Die Shona folgten großteils dem Aufstand. Das „Teile und Herrsche" der Briten ging nicht auf, der Bogen war überspannt worden. Die gesamte schwarze Bevölkerung wollte die Weißen aus dem Land treiben, so wie es schon einmal mit den Portugiesen gelungen war. Dies gelang auch insoweit, als die fremden Herrscher sich vollständig vom Lande in die Städte zurückziehen mussten. Die Kolonisatoren führten nun ein „Laager"-Leben in Bulawayo, Mutare und Harare.

Soldaten standen keine im Land, sie waren anderweitig beschäftigt. Sie versuchten im **Jameson Raid** gegen die Burenregierung im Transvaal zu putschen. Im Mai schließlich kamen 1000 Soldaten den Weißen zu Hilfe – das erste Mal, dass Truppen des Empire den Boden Zimbabwes betraten –, trieben die Ndebele in die Matobo Hills und hielten sie dort in Schach. Da die Kämpfe die BSAC Tag für Tag Unsummen an Geld kosteten, war Rhodes daran interessiert, möglichst schnell zu Frieden zu kommen. Im August nahm er mit den Ndebele persönlich Verhandlungen auf, die nach zwei Monaten am 21.10.1896 mit einem Friedensvertrag abgeschlossen wurden.

Die Ahnengeister der Shona nahmen aber den Standpunkt ein, dass die Landnahme der Weißen die Welt ins Ungleichgewicht gebracht habe und sie ihr Volk nicht mehr schützen könnten, solange diese nicht vollständig vertrieben seien. Damit befanden sich die Shona in der Klemme. Würden sie den Kampf beenden, wären ihre Ahnengeister ihnen nicht mehr wohlgesonnen. Sie kämpften weiter. Für die Shona – ohne die kriegerische Tradition der Ndebele und ohne straffe einheitliche Führung – war es noch schwieriger den modernen Waffen etwas entgegenzusetzen. Am 24.7.1897 wurde der letzte Widerstandsherd der Shona mit Dynamit ausgelöscht. Die zwei einflussreichsten Medien – Mbuya Nehanda, eine Frau, und Sekuru Kaguvi, ein Mann –, die die Aufforderung zur Fortführung des Chimurenga vermittelt hatten, ließ Rhodes inhaftieren, zum Tode verurteilen und schließlich im April 1898 das Urteil durch den Strang vollstrecken.

Der Niedergang von Cecil Rhodes

Der Jameson Raid und sicherlich auch das Missmanagement in seinem selbstverwalteten Gebiet läutete den Untergang von Cecil Rhodes ein – zumindest zerplatzten seine Träume von einem geeinten großen Südafrika unter seiner Ägide. Dr. Leander Starr Jameson, der für Rhodes schon die Rudd Concession unter Dach und Fach gebracht hatte, sollte wieder ein Eisen aus dem Feuer holen. Doch diesmal war das Feuer größer und heißer. Jameson sollte in Johannesburg putschen und unter Mitwirkung Vertrauter in der Burenrepublik eine ihm genehme Regierung an die Macht bringen. Jameson machte sich mit einer kleinen Armee aus Freischärlern, die sich schon seit längerem **Bechuanaland Police** nannte, hoffnungsvoll auf den Weg. Die Buren sperrten ihn ohne Federlesens ein, seine Entourage folgte ihm hinter Gitter, Großbritannien hatte seinen Skandal, Rhodes die Geschäftsleitung der BSAC verloren und die Überlegungen der Briten, der BSAC das Protektorat Betschuanaland zur Verwaltung zu übergeben, waren begraben. Zwar kehrte Rhodes wieder in die BSAC zurück, zukünftig musste er sich aber mit Rhodesien begnügen.

Weiße übernehmen das Land

Die Folgejahre standen im Zeichen des Aufbaus. Die **Eisenbahn** verband bereits seit 1897 Bulawayo mit dem Süden, bis 1902 waren praktisch alle Schienen gelegt, so wie sie heute noch die wichtigsten Städte des Landes vernetzen. Damit war die Infrastruktur geschaffen, um die **Einwanderungswellen** der weißen Siedler ins Land zu bringen und sie zu versorgen. Da die Erzvorkommen nicht den Erwartungen entsprachen, konzentrierte man sich zunehmend auf die Farmwirtschaft, musste dafür aber erst die gesetzlichen Regelungen schaffen. De facto war schon zu Beginn des 20. Jahrhunderts das fruchtbare Land für die Weißen reserviert, die schwarze Bevölkerung konnte sich auf den Farmen als Lohnarbeiter verdingen. Im Zuge der Expansion hatte die BSAC Ende des 19. Jahrhunderts noch Teile des heutigen Zambia in ihren Einflussbereich gebracht. Der Besitz wurde nun in **Nordrhodesien** und **Südrhodesien** umbenannt. Der Krieg der Engländer mit den Buren um die Jahrhundertwende tangierte Südrhodesien nicht sonderlich. Zwar schickte man Truppen zur Unterstützung der Krone, die Entwicklung des Landes aber lief parallel. Die Missernten, die verheerenden Rinderseuchen und die verlustreichen Kriege hatten die Schwarzen in Arbeitsverträge mit den weißen Farmern getrieben. Als sich die Situation für die Ndebele und Shona wieder besserte, bestand die Gefahr, dass sie sich wieder in die ihnen zugesprochenen Gebiete begeben könnten.

Gesetze schaffen klare Verhältnisse

1901 schob man dieser Gefahr mit dem „Master and Servants Act" einen Riegel vor. Künftig durften die Arbeiter einen Kontrakt nicht mehr von sich aus lösen, die Bildung von Interessenvertretungen wurden unter Androhung von Geld- und Gefängnisstrafen untersagt. Um diesen Erlass besser durchsetzen zu können, folgte 1902 das **Passgesetz**, das jeden verpflichtete einen Pass mit sich zu tragen, der folgende Informationen enthielt: Steuerschuld, Arbeitsplatz, Dauer des Arbeitsvertrages, etwaige Gefängnisaufenthalte, Stammeszugehörigkeit. Da die Schwarzen kaum freiwillig derartige Knebelverträge eingingen, erhöhte man 1904 kurzerhand die **Hüttensteuer**, die von nun an in bar zu entrichten war; bis dahin war es möglich die Steuer mit Naturalien zu begleichen. Shona und Ndebele wurden damit in die Arbeitsverhältnisse getrieben.

Parallel dazu schuf man in Absprache mit den Minenbesitzern das **Rhodesia Native Labour Bureau** (RNLB), das einer Abwanderung der Arbeiter in die südafrikanischen Minen vorbeugen und sie für die rhodesischen rekrutieren sollte. Das Verfahren war einfach. Die männliche Landbevölkerung wurde von Abgesandten der Adminstration zusammengetrieben und der RNLB überstellt, die sie in die Minen verfrachtete. So hatte man zwei Fliegen mit einer Klappe geschlagen. Das „schwarze" Land wurde nicht mehr bewirtschaftet und stand mittelfristig Weißen zur Verfügung, und die Minen hatten Arbeitskräfte. Das Land prosperierte – zumindest die Kolonialherren führten ein angenehmes Leben.

Die Krone holt sich ihr Land zurück

Wem nun das Land in Rhodesien eigentlich gehörte, war zwischen der BSAC und der Krone lange Zeit umstritten. Mit der Royal Charter erhielt Rhodes, so die Briten, ein Nutzungsrecht über 25 Jahre, das 1914 auslief. Es wurde noch einmal um 10 Jahre verlängert, aber 1918 fällte ein Schiedsgericht die Entscheidung, dass Südrhodesien Kronland sei und zwei Jahre vor dem endgültigen Ablauf der Charter 1924 stimmten die Weißen über die politische Zukunft von Südrhodesien ab. Zur Abstimmung stand der Anschluss an das 1910 gegründete weitgehend von Großbritannien unabhängige Südafrika oder die Selbstverwaltung als britische Kolonie. Eine Fortführung unter der BSAC war nicht mehr in der Diskussion. Zum einen waren die Siedler mit der Politik der BSAC zunehmend unzufrieden, zum andern wurde die privatrechtliche Verwaltung eines Landes von der weltöffentlichen Meinung nicht mehr akzeptiert.

Die weißen Rhodesier entschieden sich für die Krone und das Kolonialmodell, die BSAC

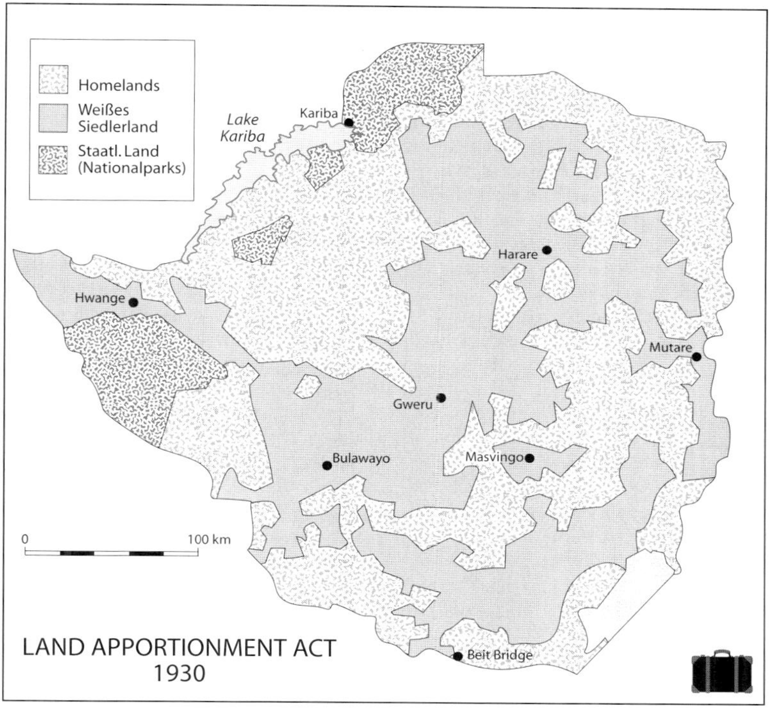

erhielt eine Abfindung. Am 1. Januar 1923 wurde Südrhodesien zur britischen Kolonie mit weitgehendem innerem Selbstverwaltungsrecht, nur bei der Reservatspolitik die Schwarzen betreffend behielt sich London ein Mitspracherecht vor. Faktisch hatte Südrhodesien den Status einer *dominion* des Commonwealth erhalten, gleichberechtigt mit Australien, Neuseeland, Kanada und Südafrika. Dies war dem damaligen für die Kolonien zuständigen britischen Minister zu danken – Winston Churchill. Dass England unter dem neuen Kolonialminister Lord Devonshire zunehmend die Rechte der schwarzen Bevölkerungsteile in den Kolonien stärken wollte, scherte Südrhodesien nur wenig – man kochte sein eigenes Süppchen und dachte nicht daran, die Situation der Urbevölkerung zu verbessern.

Der lange Weg zur Freiheit

Die schwarze Bevölkerung sah einen Silberstreifen am Horizont und gründete 1927 die erste Gewerkschaft des Landes, die **Rhodesian Industrial and Commercial Workers Union** – eine Verlängerung der seit 1919 in Südafrika existierenden ICU und der erste Ausdruck schwarzen Selbstbewusstseins im Land. Ihre Führer reisten durch Südrhodesien und sammelten Mitglieder. Sie begriffen sich als Vertretung der Arbeiterklasse über Stammesunterschiede hinweggehend. Die Weißen steuerten gegen.

Die Ungerechtigkeit nimmt zu

1930 erließ das Parlament den **Land Apportionment Act** und verschärfte per Gesetz, was schon lange Wirklichkeit war. 216 000 km² waren als Reservatszonen für die Schwarzen, 490 000 km² für die Weißen bestimmt, 75 000 km² Land standen zum Verkauf an Schwarze zur Verfügung, 175 000 km² verblieben zur vorerst unbestimmten Verwendung in Staatsbesitz und 5900 km² durften Weiße und Schwarze als Forstland gemeinsam nutzen. Die Schwarzen mussten innerhalb von sechs Jahren das ihnen nicht zuerkannte Land verlassen, städtische Gebiete wurden aufgeteilt in „weiße" und „schwarze" Zonen, gemeinsam innerhalb der Stadtgrenzen – noch. Selbstverständlich nahmen sich die weißen Herren das beste Land, die Reservate befanden sich hauptsächlich im unfruchtbaren Lowveld und an dessen Grenzen im Middleveld. Doch zunehmend regte sich Widerstand. Die Afrikanisch-Apostolische Kirche unter J. Maranke diente als Sammelbecken der Unzufriedenen, erste Zeitungen als Sprachrohr der Schwarzen entstanden und die gemischtrassige rhodesische Labour Party forderte die allgemeine Einführung der Menschenrechte. Die Administration verbot die Industrial and Commercial Workers Union und verhaftete einen Teil ihrer Führer, 1936 war sie verschwunden. Parallel zu ihr entstand der Bantu Congress 1934 unter Aaron Jacha, der die Basis für den späteren ANC (Southern Rhodesia African National Congress) bildete.

In der Zwischenzeit kündigte sich das Wettrüsten vor dem Zweiten Weltkrieg an und Südrhodesien konzentrierte sich auf den Export von Edelmetallen. Schließlich war es als Teil des Commonwealth in den Krieg verwickelt, der Ausnahmezustand unterdrückte alle freiheitlichen Bestrebungen im Keim, doch man suchte andererseits durch bessere Bezahlung den Arbeitsfrieden zu wahren. Nach Ende des Krieges wurde die Schraube wieder fester angezogen. Aus dem desolaten Europa kamen weitere Einwanderungswellen und stärkten die Position der Weißen. Die Exportindustrie boomte und man benötigte besser ausgebildete schwarze Arbeiter. Die Regierung gründete 1946 bei Harare eine Hochschule für Schwarze (aber immer noch wurde für die Ausbildung Weißer fast das 20-fache ausgegeben).

Nun kamen mehrere Dinge zusammen, die die schwarzen Interessenvertretungen stärker werden ließen: Man hatte gleichberechtigt im Krieg gekämpft, einigen wenigen war eine bessere Ausbildung möglich und damit auch eine klarere Analyse der Situation, die Industrie diversifizierte sich und die Gewerkschaften konnten eindeutiger auf die Belange einzelner Industriearbeitergruppen eingehen. Die Eisenbahnergewerkschaft hatte schon 1945 mit einem Streik den Anfang gemacht. Dieser konnte aber noch relativ einfach von der Polizei niedergeschlagen werden, die Rädelsführer verschwanden im Gefängnis oder auf immer. 1948 aber wurde der erste **Generalstreik** ausgerufen, man forderte höhere Löhne, eine bessere Lebenssituation und die Abschaffung der alten Passgesetze von 1902, die 1936 von der südrhodesischen Regierung mehr oder weniger bestätigt worden waren. Auch er wurde mit Waffengewalt niedergeschlagen, hatte aber ein engeres Zusammenrücken der Schwarzen und leichte Lohnerhöhungen zur Folge.

1951 setzte die Regierung den **Land Husbandry Act** durch; in einer Situation, in der Reservate sowieso schon überbevölkert waren und das Land die Familien nicht mehr ausreichend ernähren konnte, musste Platz geschaffen werden für 85 000 Schwarze, die der Erweiterung weißen Farmgebietes im Wege standen. Jeder schwarze Haushalt erhielt eine Fläche von 4–8 ha Land zugesprochen, kommunales Land in den Reservaten, das bislang gemeinsam genutzt wurde, teilte man ebenfalls auf. Die Anzahl der Rinder wurde auf sechs Tiere pro Haushalt beschränkt. Schwarze Farmer, die Land in den dafür vorgesehenen Gebieten außerhalb der Reservate erwarben, erhielten maximal 200 ha, die Farmen der Weißen begannen bei einer Größe von 1500 ha. Der Land Husbandry Act sorgte wieder für eine Welle landloser Schwarzer, die sich als Lohnarbeiter verdingen mussten und die Löhne drückten.

Die Gründung der schwarzen Parteien

1957 wurde unter Joshua Nkomo der **ANC** (Southern Rhodesia African National Congress) gegründet, der unter einem Dach Kirchenorganisationen, Gewerkschaften und weitere Zusammenschlüsse vereinigte. Damit begann eine Kette von Parteiengründungen und -verboten, die letztlich im Befreiungskrieg mündeten. Die eher zarten Forderungen des ANC lösten bei der Regierung äußerstes Bedenken aus, die eine Gefahr darin sah, jetzt den kleinen Finger zu geben. Der ANC wurde 1959 verboten, über 500 Führer wanderten ins Gefängnis, außer Nkomo, der sich in London aufhielt, um Unterstützung zu suchen. Am 1. Januar 1960 gründete Nkomo mit anderen Führern – unter ihnen Leopold Takawira, Ndabaningi Sithole, Robert Mugabe und Jason Moyo – die **NDP** (National Democratic Party). Nun forderte man gleiches Wahlrecht für alle und die NDP erhielt einen ungeheuren Zulauf. Im Juli wurde Leopold Takawira verhaftet, über 20 000 protestierten, die Regierung verbot alle Versammlungen, der Generalstreik wurde ausgerufen und am Ende waren 18 Menschen von der Polizei erschossen. 1961 wurde die NDP verboten, Nkomo gründete unverzüglich die **ZAPU** (Zimbabwe African People's Organization).

Im gleichen Jahr zeichnete sich ab, dass die zentralafrikanische Föderation – der 1953 auf Betreiben Großbritanniens erfolgte Zusammenschluss von Südrhodesien, Nordrhodesien (Zambia) und Nyasaland (Malawi) zu einer wirtschaftlichen Einheit – auseinanderbrechen würde und Malawi und Zambia auf den Weg der Unabhängigkeit gebracht würden. Gleichzeitig erhielt Zimbabwe eine Verfassung, die im Parlament die Mehrheit der weißen Bevölkerungsminderheit sicherte. Die ZAPU wurde am 1. Januar 1962 gegründet, ihr Präsident wieder einmal Nkomo. Flügel der Partei wollten sich nun nicht mehr damit zufrieden geben, die parlamentarischen Mittel auszuschöpfen – die ersten Bomben- und Sabotageanschläge fanden statt. Die Partei wurde am 20. September für illegal erklärt, ihre Führer in den Hausarrest auf dem Land gezwungen. Die schwarze Bevölkerung antwortete mit einem Wahlboykott. In der ZAPU gärte es. Nkomo war mit seinem sanften Weg und den dauernden Versuchen, die Briten für das schwarze Wahlrecht zu gewinnen umstritten und er schloss vier Mitglieder aus der Partei aus: unter ihnen Robert Mugabe und Leopold Takawira. Am 8.8.1963 gründeten die beiden die **ZANU**, die Zimbabwe African National Union, die sofort begann Mitglieder zu werben. Die ZAPU, als Konkurrenzpartei verboten, schuf sich die **PCC** (People's Caretaker Council) und ging ebenfalls auf Mitgliederfang.

Die Unabhängigkeit Südrhodesiens

In der Zwischenzeit – bei den Wahlen 1962 – hatte die radikale **RF** (Rhodesian Front) die parlamentarische Mehrheit von der moderateren **UFP** (United Federal Party) übernommen. In der Verfassung war den Schwarzen ein eingeschränktes Wahlrecht zuerkannt, so dass etwa 10% wählen und 15 der insgesamt 65 Sitze besetzen durften. Der Boykott der Wahlen führte zu einem Sieg der RF mit 35 Sitzen. Hätte die ZAPU nicht den Urnengang verweigert, hätte sie mit der UFP die Mehrheit besessen. Doch die Querelen in der Partei und der Standpunkt, sich nicht mit 15 Sitzen abspeisen lassen zu wollen, hatten nun zur Regierungsgewalt der Radikalen geführt, die die Schraube anzogen. Die bereits diskutierte Abschaffung des Gesetzes zur Verteilung von Land verschwand wieder in der Versenkung.

Der innerhalb der RF noch als gemäßigt geltende Winston Field wurde 1964 von **Ian Smith** beiseite geputscht, der nun erklärte, dass Südrhodesien von Großbritannien unabhängig werden wolle. Die Nachbarländer waren dies schon und man sah nicht ein, dass das eigene Land immer noch als Kolonie behandelt wurde, der man vorschreiben wollte, wie sie ihre inneren Angelegenheiten zu regeln hätte. In England kam die Labour-Regierung an die Macht, die traditionell den Menschenrechten mehr verpflichtet war als die konservativen Kräfte und mit Harold Wilson sah Ian Smith keine Verhandlungsmöglichkeiten. Am 11. November 1965 – perfiderweise dem Datum der Unabhängigkeitserklärung der USA 1776 – scherte Südrhodesien aus dem Commonwealth aus. Der Vorgang ging als **einseitige Unabhängigkeitserklärung** in die Weltgeschichte ein. Die kolonialen Abenteuer Europas in Afrika und Asien und die verheerenden Kämpfe der 60er Jahre in Zentralafrika in Verbindung mit dem erklärten Ziel die Kolonien in die Selbstbestimmung zu entlassen, ließen eine militärische Intervention Englands nicht zu. Man entschied, die Rhodesier über ein Wirtschaftsembargo zu disziplinieren, was nicht gelang. Südafrika und Moçambique nahmen nicht teil und das Embargo führte letztlich nur dazu, dass die Autarkie des südlichen Afrika immer stärker wurde.

Krieg

Im August 1964 verbot die regierende Partei RF die ZANU und die ZAPU beziehungsweise deren Ableger PCC, die Führer verschwanden im Untergrund. Die RF gewann bei den Parlamentswahlen im Mai 1965 alle 50 Sitze – eine innerparlamentarische Opposition bestand nicht mehr.

Der Zweite Chimurenga

Am 28. April 1966 wurde die **Schlacht von Chinhoyi** geschlagen, die heute als der Beginn des bewaffneten Freiheitskampfes gefeiert wird. Schon vorher fanden Anschläge statt, eine offene Konfronation gab es aber bis dahin nicht. Sieben ZANU-Kämpfer starben. Der Guerilla-Krieg war eingeläutet. Im Juli 1967 sickerten Untergrundkämpfer aus Zambia kommend bei Hwange ins Land und schlugen sich mit der rhodesischen Armee über mehrere Wochen, ohne einen Erfolg verzeichnen zu können. Man änderte die Strategie und fuhr zweigleisig. Guerilleros wurden in den Nachbarländern ausgebildet und man betrieb auf dem Land Öffentlichkeitsarbeit, um die breite Bevölkerung von der Notwendigkeit des bewaffneten Kampfes zu überzeugen. Südrhodesien erhielt Waffenhilfe von Südafrika. Die Speerspitze der ZANU war die **ZANLU** (Zimbabwe African National Liberation Army), von Herbert Chitepo geführt, der bewaffnete Arm der ZAPU die **ZIPRA** (Zimbabwe People's Revolutionary Army). Ab 1967 drangen die Einheiten der ZANLU und ZIPRA von Zambia kommend in größeren Verbänden von bis zu 200 Mann im Norden ein, wurden aber regelmäßig von der Armee zurückgeschlagen. In diese Zeit fällt auch die Formierung der Selous-Scouts, buschkriegerfahrene Weiße, die mit Guerillataktiken versuchten, die Basis der Befreiungskämpfer im Land und jenseits der Grenzen zu zerstören. Währenddessen verhandelte Ian Smith mit England und suchte einen Ausweg aus der verfahrenen Situation. Man änderte die Verfassung, um den Schwarzen wenigstens ein teilweises Mitspracherecht zu gewähren (weiße und schwarze Bevölkerung sollte nun zumindest zahlenmäßig im Parlament gleichberechtigt vetreten sein) und damit einer Forderung der Briten nachzukommen, die vor die Gewährung der Unabhängigkeit ein reformiertes Wahlrecht sowie den Rücktritt der illegalen Regierung setzten. An der zweiten Forderung jedoch scheiterten zwei Konferenzen (1966 und 1968). Rhodesien erklärte sich als Folge 1970 zur **Republik**. Auch war der Druck seitens der Befreiungsarmeen noch nicht stark genug. Erst mit der Zusammenarbeit der Unabhängigkeitsbewegung FRELIMO im portugiesischen Moçambique ab 1972 und dem unabhängigen Moçambique ab 1974 geriet die Armee Rhodesiens langsam ins Hintertreffen. Auch Geheimdienstaktionen wie die Ermordung von Herbert Chitepo, die Rivalitäten schüren sollte und tatsächlich mit der Schließung des Auslandsbüros der ZANU in Zambia endete, konnten daran nicht mehr viel ändern.

Verhandlungen

Intern und extern mehrten sich die Stimmen, die eine Verhandlungslösung befürworteten. Das südrhodesische Militär hatte inzwischen in seinen Reihen eine beträchtliche Zahl an schwarzen Soldaten, die auch in den Offiziersrang aufsteigen konnten, beobachtete aber diese Kämpfer, obwohl ohne sie schon längst der Zusammenbruch gekommen wäre, mit Misstrauen und als Konfliktpotential. Die saturierten Häuptlinge, die mit den Weißen ab 1964 kollaborierten und für die einseitige Unabhängigkeitserklärung stimmten, konnten in ihren Bereichen die Jugendlichen nicht mehr davon

Robert Gabriel Mugabe wurde am 21.2. 1924 oder 1925 in Kutama nahe Harare geboren und besuchte eine Missionsschule. Nach seiner Schulausbildung arbeitete er zuerst an der Hope Fountain Mission als Lehrer, ging dann aber nach Südafrika um weiter zu studieren und vervollständigte seine Ausbildung zum diplomierten Lehrer mit einem englischen Fernstudium. Er arbeitete in Rhodesien, Zambia und Ghana, kehrte 1960 nach Rhodesien zurück, übernahm im gleichen Jahr die Funktion des Pressesprechers der NDP und nach deren Verbot 1961 die Öffentlichkeitsarbeit für die ZAPU. Seine Aktivitäten führten 1962 zu einem dreimonatigen Hausarrest, seiner Verhaftung 1963 kam er durch die Flucht nach Tanzania zuvor, kehrte aber im gleichen Jahr heim, als er zum Generalsekretär der neugegründeten ZANU ernannt wurde. Die rhodesischen Polizeikräfte verhafteten ihn umgehend. Bis 1974 saß er in diversen Gefängnissen in Haft, von wo aus er aber weiter die Fäden in der Hand hielt und den bewaffneten Kampf vorbereitete. Gleichzeitig nutzte er die Zeit für den Erwerb verschiedener akademischer Titel. 1974 wurde er entlassen und ging ein Jahr später nach Moçambique um die ZANLA zu gründen. Die Partei ernannte ihn nun zum Präsidenten und zum Oberbefehlshaber des militärischen Flügels. Zusammen mit Nkomo nahm er als Vertreter der Patriotic Front an der Lancaster House Conference teil und wurde schließlich nach den ersten freien Wahlen des Landes 1980, aus der seine Partei als Sieger hervorging, zum Premierminister von Zimbabwe ernannt. Ob Mugabe die in den Folgejahren verübten Massaker an der Ndebele-Bevölkerng direkt in Auftrag gegeben hatte, oder ob sie nur indirekt von ihm zu verantwortensind, wird sich wohl erst nach seinem Tod klären lassen, wenn die Archive geöffnet werden sollten.
Unstrittig ist, dass er ein äußerst machtbewusster Politiker war und ist, der um etwaige Widersacher aus dem Weg zu räumen, auch nicht vor dem allerletzten Mittel zurückschreckt. Wenn dieses Mittel wegen der Popularität eines Gegners nicht angebracht erschien, war es ihm aber auch immer möglich, ihn durch geschicktes Taktieren in das politische Abseits zu stellen, so wie es Mugabe mit seinem Hauptgegner Nkomo von der ZAPU gelang, der als Grüßonkel mit dem Posten eines Vizepräsidenten abgespeist wurde. Mit der Änderung der Verfassung 1987 wandelte sich Mugabe vom Paulus zum Saulus, vom Premierminster zum Staatsoberhaupt, das alle Machtmittel in seine Hand gelegt sah, inklusive der Funktion als Oberbefehlshaber der Streitkräfte, die er auch schon bei Beginn des Befreiungskriegs innehatte. Heute ist Mugabe auch in seiner Partei höchst umstritten, da die Gefahr besteht, dass bei den nächsten Wahlen zumindest die bequemen Mehrheiten der Einheitspartei ZANU(PF) schwinden und die Parteifunktionäre mit einer erstarkten Opposition konfrontiert seien könnten. Dieser Situation will man mit einer zumindest teilweisen Entmachtung Mugabes begegnen. Unbestritten wird aber Robert Mugabe als ein Politiker in die Geschichte eingehen, der zur richtigen Zeit am richtigen Ort über lange Jahre das Richtige und einzig Mögliche getan hat, sowohl in seinem Land als auch auf internationalem Parkett – mitzuwirken, den von Kolonialmächten und deren Nachfolgern drangsalierten Bevölkerungen zu Freiheit und Unabhängigkeit zu bringen.

abhalten sich der Guerilla anzuschließen. Die weiße Bevölkerung wurde langsam kriegsmüde, die Männer standen im Feld und konnten keinen durchschlagenden Erfolg verbuchen. Die Südafrikaner wollten zur Befriedung des eigenen Landes keine Unruheherde in den Nachbarstaaten und drangen auf eine friedliche Lösung – was sie mit dem Abzug eines Teils ihrer Hilfskräfte unterstrichen –, der Ostblock begann die ZIPRA massiv mit Waffen zu unterstützen, um eine offene Feldschlacht vorzubereiten und so die Rhodesier an den Verhandlungstisch zu zwingen.

Eine erste Verhandlungsrunde war im August 1975 gescheitert. Premierminister Vorster aus Südafrika und Kenneth Kaunda aus Zambia holten Ian Smith und den Führer des ANC, **Bischof Abel Muzorewa**, in einen Eisenbahnwaggon auf der Grenzbrücke über den Zambezi an den Victoriafällen. Man rang Smith ab, dass er die verhafteten schwarzen Führer, soweit sie nicht militärisch eingebunden waren, aus dem Gefängnis entließ. ZAPU und ZANU aber erkannten die Gespräche nicht an, da sie sich inzwischen als vom ANC unabhängig sahen. Die Eskalation, die schon kurz vor dem offenen Krieg zwischen Rhodesien und Moçambique stand (rhodesisches Militär griff den östlichen Nachbarstaat in einer offenen militärischen Aktion an und stürmte das Guerillacamp Chimoio), führte schließlich zur Intervention der USA. Kissinger kam eilig angereist und führte Gespräche mit Smith und Vorster. Schließlich setzte Vorster Smith die Pistole auf die Brust, drohte mit der endgültigen Einstellung von Hilfslieferungen und bewegte ihn so, dem Plan Kissingers zuzustimmen: dem allmählichen Übergang zu einem allgemeinen Wahlrecht, das faktisch innerhalb von zwei Jahren zu einer Machtübernahme durch die Schwarzen führen würde; im Gegenzug sollten die Weißen Garantien erhalten, die ihre wirtschaftliche Basis sichern würden. Ende 1976 kam man zur **Genfer Rhodesienkonferenz** zusammen. Am Tisch saßen nun Smith, Muzorewa, Sithole, Nkomo und Mugabe. Nkomo und Mugabe hatten sich in der PF (Patriotic Front) zusammengeschlossen, Sithole vertrat eine Absplitterung der ZANU, da er von Mugabe abgesetzt worden war. Man redete aneinander vorbei. Die PF wollte eine sofortige Mehrheit der Schwarzen durchsetzen, Smith von den vollen Sicherheitsgarantien für den Besitz der Weißen nicht abrücken.

Das Ergebnis der Konferenz war ein Vertrag, der am 3. 3.1978 unterzeichnet wurde, allerdings nur von Muzorewa als Vertreter des ANC, von Smith und von Sithole. Die beiden großen Parteien ZANU und ZAPU blieben außen vor. Man einigte sich auf Wahlen und eine Übergangsregierung, die aber wegen der Verweigerung Mugabes und Nkomos international nicht anerkannt werden sollten. Smith versuchte noch, Nkomos ZAPU in das Verhandlungsergebnis einzubinden und traf ihn unter Geheimhaltung im August in Lusaka, doch war es Smith nicht möglich ihn vom Bündnis mit der ZANU abzubringen. Die ersten Parlamentswahlen, in der die Schwarzen gleichberechtigt Stimmen abgeben konnten fanden ein Jahr später statt – von ZANU und ZAPU boykottiert. Immerhin 64% der Schwarzen gingen an die Urnen und der ANC von Bischof Muzorewa gewann die absolute Mehrheit der 71 schwarzen Sitze, Smiths RF errang alle der garantierten 20 weißen Sitze und besaß Sperrminorität, so dass die Weißen alle ihnen nicht genehmen Vorhaben torpedieren konnten. Der Krieg ging aber weiter, nun befand sich Muzorewa auf der falschen Seite und war gezwungen seine Anhänger im Kampf gegen ZANU / ZAPU einzusetzen.

Unter dem Druck der Präsidenten von Zambia, Moçambique (Samora Machel) und Tanzania (Julius Nyerere) fand eine weitere Konferenz statt, mit dem Ziel, international anerkannte Wahlen abzuhalten. Die englische Premierministerin Margaret Thatcher lud nach London ins **Lancaster House**.

Am Ziel

Unter Mitwirkung von ZANU und ZAPU einigte sich die Regierung Muzorewa und Smith auf **Neuwahlen**, mit eingeschränkten Sicherheitsgarantien für die Weißen und mit der von England so ersehnten – wenn auch nur kurzen fünfmonatigen – Heimkehr Südrhodesiens ins Commonwealth. Damit war auch der ursprünglichen Forderung nach Abdankung der aus Englands Sicht unrechtmäßigen Regierung Genüge getan. Den Weißen wurden auf sieben Jahre 20 Sitze im Parlament garantiert (ohne Sperrminorität) und auf 10 Jahre die Unantastbarkeit ihres Besitzes. Weiter wurde eine **Generalamnestie** für jegliche Handlungen und Verbrechen während des Krieges vereinbart. Damit war zum ersten Mal in der Geschichte der Entkolonialisierung in einem Land die **Reconciliation** – das Prinzip des friedlichen Miteinanders einstmals verfeindeter Parteien – zum Vertragsgegenstand geworden, keine Flucht, sondern gemeinsames Bemühen um die Zukunft des Landes. Dies sollte auch später zum Grundsatz der Unabhängigkeit von Namibia und Süd-

Helden und Straßennamen

Herbert Chitepo – wurde 1923 in Nyanga geboren und studierte Rechtswissenschaften in Südafrika und London. Er war einer der ersten, die Schwarze verteidigten, die unter dem „Land Husbandry Act" angeklagt waren. 1960 trat er der NDP bei, später der ZAPU und schließlich der ZANU, deren militärische Strategien er ab 1965 in Lusaka entwickelte. Er wurde 1975 ermordet – es blieb unklar, ob von einem von der RF beauftragten Mordkommando oder von einem rivalisierenden ZANU-Flügel.

Samora Machel – 1933 geboren, war Machel der Führer der moçambiquischen Freiheitsbewegung FRELIMO und ab 1975 bis zu seinem Tod bei einem Flugzeugabsturz 1986 Staatspräsident von Moçambique.

Simon Mazorodze – 1933 geboren, studierte er Medizin und wurde für seine selbstlose Hilfe bei der Versorgung verwundeter Freiheitskämpfer berühmt. Als Gründungsmitglied der ZANU wurde nach der Unabhängigkeit Gesundheitsminister, er starb 1981.

Jason Moyo – 1927 geboren, war er in den 50er Jahren Gewerkschaftsführer in Bulawayo und schloss sich dann erst dem ANC, dann der NDP und schließlich der ZAPU an. Er avancierte zum Schatzmeister der ZAPU und residierte in Lusaka, wo ihn 1977 eine Bombe tötete, wahrscheinlich auf Geheiß der Rhodesian Front.

Joshua Nkomo – Nkomo wurde 1917 geboren und studierte Sozialwissenschaften in Südafrika, wo er auch die ersten Jahre arbeitete. 1947 kehrte er nach Südrhodesien zurück und begann mit seiner politischen Arbeit. Die erste Station war der Vorsitz der nationalen Eisenbahnergewerkschaft. 1952 wurde er ANC-Präsident und in der Folge der Parteienverbote Vorsitzender der NDP und der ZAPU. Nach deren Verbot ging er nach Tanzania, kehrte zurück und wurde mit Hausarrest und später mit Gefängnis belegt. Als Chef der ZIPRA war er maßgeblich am bewaffneten Kampf gegen das weiße Regime beteiligt, konnte sich aber in der Folge nicht gegen Mugabe durchsetzen. Dieser offerierte ihm zwar nach der Unabhängigkeit das Innenministerium, enthob ihn aber 1982 seines Amtes, als die Massaker in Matabeleland begannen, die er ursächlich auf Putschgedanken der ZAPU zurückführte. Ende der 80er Jahre wurde Nkomo endgültig kaltgestellt, als die ZAPU in die ZANU integriert wurde und die ZANU(PF) als einzige Partei der alten Kämpfer übrig blieb. Nkomo erhielt den Posten eines Vizepräsidenten und tauchte noch bis zu seinem Tod im Juni 1999 bei offiziellen Anlässen zu Repräsentationszwecken auf.

George Silundika – Er wurde 1929 in Plumtree geboren, studierte in Südafrika, wo er wegen politischer Aktivitäten die Exmatrikulation erhielt. Er beendete sein Studium in Lesotho, arbeitete als Lehrer und im Rundfunk und trat 1959 in maßgeblicher Funktion dem ANC bei. 1963 baute er den militärischen Flügel ZIPRA der ZAPU auf. Bei verschiedenen Konferenzen vetrat er die ZAPU, so bei der Lancaster House Conference in London. Nach der Unabhängigkeit wurde er Minister und starb 1981 an Herzschlag.

Leopold Takawira – 1916 in Mvuma geboren war er zuerst als Einzelkämpfer politisch tätig und suchte in Harare die schwarze Lehrerschaft zu mobilisieren, bevor er der NDP beitrat, deren Beauftragter für Außenbeziehungen er wurde. Nach Verbot der NDP übernahm er die gleiche Funktion für die ZAPU und half dann die ZANU zu konstituieren. Er starb 1970, wie die Untersuchungen zeigten an einem Diabeteskoma im Gefängnis, weil man ihn nicht medizinisch behandelt hatte.

Josiah Tongogora – Tongogora wurde 1940 geboren und wurde zur Ausbildung nach Zambia geschickt, die er aber abbrach und der ZANU beitrat. Nach einer Guerilla-Ausbildung in China wurde er zum führenden Kopf des militärischen Flügels der ZANU, der ZANLA. Er starb 1979 bei einem Autounfall – wie so viele der führenden Köpfe der Widerstandbewegung.

afrika werden. Am 27. Februar 1980 begannen die drei Tage andauernden Wahlen und führten bei einer Wahlbeteiligung von über 90% zu einem grandiosen Sieg von Robert Mugabe und seiner ZANU, die 57 Sitze erhielt. Nkomos ZAPU bekam 20 Sitze und die RF von Smith ebenfalls 20 (garantierte) Sitze. Bischof Muzorewa, der sich in seiner Übergangsregierung der Bevölkerung gegenüber unglaubwürdig gemacht hatte, kam nur auf 3 Sitze. Die **Unabhängigkeit** wurde offiziell am 17. April 1980 mit einem großen Fest erklärt, das Land von Rhodesien in Zimbabwe umbenannt und Robert Mugabe der erste (und bislang einzige) international anerkannte Präsident des Landes. Der Ausnahmezustand wurde allerdings vorerst nicht aufgehoben, wohlweislich, da mit der Reintegration der Flüchtlinge, der Bildung einer einheitlichen Armee aus ehemaligen Gegnern und der desolaten wirtschaftlichen Situation, die in den letzten Jahren des Krieges entstanden war, für die Regierung zu viele Unwägbarkeiten verbunden waren, die man gerne mit fester Hand begegnen wollte.

Zimbabwe nach der Unabhängigkeit

Der Befreiungskrieg hatte 40 000 Tote gefordert, 100 000 Kriegsversehrte waren zu versorgen und mehrere 100 000 Flüchtlinge, die aus den Nachbarländern zurückwollten. Die Wirtschaft lag darnieder. Robert Mugabe hat eine sozialistisch-marxistische Vergangenheit und der Befreiungskrieg konnte nur mit Unterstützung sozialistischer Länder wie DDR, Russland und China aufrechterhalten werden. So gab es nach der Unabhängigkeit vielfältige Beziehungen, die gepflegt werden wollten. Mugabe versuchte zu den Geberländern der Kampfzeit einen guten Kontakt zu halten und die wirtschaftlichen Beziehungen insbesondere zur Volksrepublik China auszubauen, nahm aber auch Rücksicht auf die kapitalistische Hälfte der Welt, die Zimbabwe als Präzendenzfall für die problemlose Überführung einer Kolonie in die Unabhängigkeit sahen und über die Vereinten Nationen, Entwicklungshilfeorganisationen und die Weltbank Finanzspritzen und Hilfe zur Verfügung stellten. Robert Mugabe und Zimbabwe galten tatsächlich in den ersten Jahren der Unabhängigkeit als Musterbeispiel: Die wirtschaftliche Situation erholte sich, man schuf ein relativ effizientes Schulwesen auch auf dem Lande, die medizinische Versorgung der Bevölkerung verbesserte sich und es gelang, zumindest einen Teil der weißen Bevölkerung im Lande zu halten und viele zurückzuholen, die mit der Unabhängigkeit erst einmal das Land verlassen hatten, so dass der weiße Mittelstand weiter als Rückgrat der Wirtschaft fungierte. Mit der Integration der Guerilla-Einheiten in die Streitkräfte bewies Mugabe allerdings eine weniger glückliche Hand.

Der Konfikt zwischen ZANU und ZAPU, zwischen Shona und Ndebele

In den Jahren des bewaffneten Kampfes gegen die weiße Minderheitsregierung waren die ZANU und die ZAPU gleichberechtigte Organisationen, deren gemeinsames Ziel die Selbstverwaltung ihres Landes war. Als sich aber abzeichnete, dass die Bemühungen von Erfolg gekrönt sein würden, begannen die Machtkämpfe sowohl innerhalb der Parteien als auch zwischen ihnen. Robert Mugabe, einer der Männer der ersten Stunde der ZANU, putschte Mitte der 70er Jahre gegen den Führer seiner Partei, Sithole, und zwang diesen in eine Splitterpartei, die militärisch und politisch peripher blieb. Mit der ZAPU wurde die Patriotic Front gebildet, um bei Verhandlungen eine gemeinsame Linie vortragen zu können. Real waren aber ZANU und ZAPU konkurrierende Parteien, die nur über den Krieg eine Front bildeten. Nkomo als Ndebele und Mugabe als Shona hatten von Anfang an unterschiedliche Interessen. Nkomo hatte den Vorteil, dass er neben dem inzwischen unbedeutenden Sithole als Lichtfigur des Freiheitskampfes galt, der von Anfang an dabei war. Mugabe als Spätankömmling in der Führungsriege der ZANU hatte die größeren militärischen Erfolge vorzuweisen. Die Querelen wurden schon bei der Schaffung des Verhandlungsbündnisses PF offenbar, als Nkomo eine Zusammenschluss von ZANU und

ZAPU wünschte, in dem beide Parteien gleichberechtigt vertreten sein sollten. Die ZANU lehnte ab, da sie sich als Vertreter der größeren Bevölkerungsgruppe sah und ein größeres Gebiet militärisch kontrollierte. So blieb es beim lockeren Bündnis. 1989 schließlich wurde offiziell die Einheitsfront der ZANU(PF) gebildet, tatsächlich löste sich die ZAPU aber auf und wurde vollständig in die ZANU(PF) integriert, ohne dass die Kader der ZAPU noch groß etwas zu sagen gehabt hätten. Dem voraus ging ein Machtkampf, der in brutalen und blutigen Raids der ZANU gegen die ZAPU bzw. gegen die Ndebelebevölkerung in Matabeleland eskalierte und mit der Emigration von Nkomo endete, der sich bei seiner Rückkehr mit Mugabe versöhnen durfte und 1989 den Posten eines stellvertretenden Ministerpräsidenten erhielt. Noch bis zu seinem Tod im Juni 1999 wurde er zu Großereignissen aus der Versenkung geholt und durfte seinem ehemaligen Widersacher die Hand schütteln.

Die Fünfte Brigade

Ursache für die Raids waren angebliche Waffenfunde auf Farmen, die ZAPU-Mitgliedern gehörten und einzelne versprengte ZAPU-Einheiten – Freischärler –, die sich nach der Unabhängigkeit nicht unter ein einheitliches Kommando stellen wollten und mit Plünderungen und Ermordung von Missionaren und Farmern begannen. Robert Mugabe wünschte Ruhe im Land und sah sich wohl auch bedroht von möglichen militärischen Anschlägen der ZAPU. Er entließ Nkomo (der ins Exil ging) und weitere Ndebele-Minister, ließ viele Parteifunktionäre verhaften und die Fünfte Brigade wurde in Marsch gesetzt. Gleichzeitig tauchten Ndebele-Offiziere in den Untergrund ab. Die Fünfte Brigade war eine Eliteeinheit der ZANU, die ausschließlich aus dem Shona-Volk rekrutiert und von koreanischen Instrukteuren ausgebildet wurde. Sie überzog Matabeleland mit einem unglaublichen Terror, der sich ausnahmslos gegen die Zivilbevölkerung richtete. Schwangere Frauen wurden mit dem Bajonett hingerichtet, ältere Menschen aufs grausamste erschlagen, Kleinkinder bei lebendigem Leib verbrannt, es wurde gebrandschatzt, geplündert, vergewaltigt, ganze Dorfgemeinschaften exekutiert und Menschen lebendig begraben. Auch die nun im Untergrund agierenden Ndebele-Einheiten nahmen keinerlei Rücksichten, waren aber bei weitem nicht so gut organisiert und so massenhaft grausam, wie die Fünfte Brigade unter ihrem Kommandeur und späteren Generalstabschef Colonel Perence Shiri. 1995 begann die zimbabwische unabhängige „Katholische Kommission für Gerechtigkeit und Frieden“ über 1000 Zeitzeugen zu befragen und einen Bericht zu erstellen, der aber von offizieller Seite nie veröffentlicht wurde. Nur einige inländische Zeitungen griffen ihn auf und brachten Auszüge an das Tageslicht. Eine Stellungsnahme der Regierung fand nicht statt, ein einziger Minister – Edison Zvobgo – brach das Schweigen und entschuldigte sich öffentlich.

Ein Land – eine Partei – ein Herrscher

1987 brachte für Zimbabwe eine Konsolidierung der politischen Situation, allerdings ging mit ihr eine Stärkung der Position Mugabes einher. Die von der RF gehaltenen Garantiesitze fielen weg wie geplant. Mugabe erkannte daraufhin den Weißen des Landes bis auf weiteres freiwillig 11 Sitze zu, die unter dem Parteienmantel der ZANU(PF) eingenommen werden mussten. Gleichzeitig wurde eine Generalamnestie für die Massaker in Matabeleland in Aussicht gestellt, so dass die ZAPU, die bei den Wahlen 1985 einen entsprechend der Bevölkerungsverteilung grandiosen Sieg verbuchen konnte (praktische alle Ndebele haben sie gewählt) und sich als Sprachrohr der Ndebele erneut fest etabliert hatte, für Mugabe als Koalitionspartner wieder hoffähig wurde. Mit einer eigenmächtigen Verfassungsänderung schuf Mugabe ein Präsidialsystem, dass ihn mit weiteren Machtbefugnissen ausstattete. 1988 trat die Amnestie in Kraft und 1989 wurde die ZAPU endgültig aufgelöst und in die ZANU(PF) eingegliedert. Zwar tauchte bei den Wahlen 1990 eine neu gegründete Partei in der Landschaft auf – ZUM (Zimbabwe Unity Movement) unter dem ehemaligen ZANU(PF)

Mitglied Tekere, der sich mit Mugabe zerstritten hatte – sie konnte aber das Quasi-Monopol der ZANU(PF) nicht brechen. Die Unzufriedenheit in der Bevölkerung aber wuchs, unterstützt von Berichten in den in Zimbabwe relativ unabhängigen und freien Zeitungen über immer neue Skandale über Bereicherungen von Administration und Politik.

Die Unzufriedenheit wächst

Bedingt durch Preiserhöhungen und die prekäre Wirtschaftslage begannen 1988 die ersten weit reichenden Unruhen, die angeheizt wurden durch die Skandale, in die Regierungsmitglieder in immer stärkerem Maße verwickelt waren. So stellte sich heraus, dass die Politiker unter Umgehung der langen Wartezeiten billig Autos kauften und sie zu einem Mehrfachen des Preises verkauften („Willowvale-Skandal"). Das Militär profitierte von der Wilderei in den Nationalparks, Aufträge für prestigeträchtige Bauprojekte gingen an Firmen, die mit Politikern liiert waren, die Landreform zur Umverteilung des Grundbesitzes an breitere Bevölkerungsschichten führte zum Großgrundbesitz von einflussreichen Politikern, die Kämpfer für die Unabhängigkeit sahen die Versprechungen für Ausgleichszahlungen nicht eingelöst, da die regierende Kaste Gelder veruntreut hatte.

Zwar führten die Skandale teilweise zu Untersuchungskommissionen und anfangs auch zu Rücktritten, je öfter es aber zum Eklat kam, desto geringer wurde die Bereitschaft der Politik Konsequenzen zu ziehen. Zu Beginn der 90er Jahre führte eine Dürrekatastrophe zu einer weiteren Verschlechterung der wirtschaftlichen Situation, die Preise für die Grundnahrungsmittel stiegen immer weiter, gleichzeitig setzte ein rapider Verfall der Währung ein. Der Weltwährungsfond schließlich forderte für seine Unterstützung durchgreifende Strukturanpassungen und die Bekämpfung der Korruption. Der Staat war dazu nicht in der Lage, was 1999 im Rückzug der internationalen Geldorganisationen gipfelte, die eine Zusammenarbeit mit Zimbabwe unter der derzeitigen Regierung als nicht opportun bezeichneten.

Die breite Bevölkerung war während der gesamten 90er Jahre mit einer gleichmäßigen Verschlechterung der Lebenssituation konfrontiert, in immer größeren Wellen verließ der weiße Mittelstand, das Rückgrat der Wirtschaft, das Land, die Landreform kam nicht voran, die Inflation galoppierte. Bei Erlangung der Unabhängigkeit war die Währung eine der härtesten der Welt, vergleichbar mit dem US-Dollar oder dem Schweizer Franken, zur Jahrtausendwende stehen die Menschen am Rande des Existenzminimums und können sich von ihren Löhnen nur noch das Lebensnotwendigste leisten. Waren die Unabhängigkeitskämpfer noch 1998 mit Z$ 50 000 zufrieden, mehrten sich 1999 die Stimmen nach einer Ausgleichszahlung für die Jahre des Kampfes von Z$ 500 000. Mugabe begab sich unterdessen in politische Abenteuer und schickte Truppen in den Kongo, um an der Seite der Regierung der Demokratischen Republik Kongo, Angolas und Namibias auf den traditionellen Unruheherd Ruanda, Burundi, Kongo Einfluss zu nehmen, wo die Rebellen von Ruanda und Uganda unterstützt werden. Wenn die Truppen auch Söldner zu sein scheinen, die aus den Bodenschätzen des Kongo bezahlt werden, stieß dieses Engagement bei der Bevölkerung auf tiefstes Unverständnis.

Die verbalen Attacken Mugabes gegen die weiße Bevölkerungsschicht, die er als das Grundübel für die wirtschaftliche Lage bezeichnet, werden auch von den Schwarzen nun nicht mehr ernst genommen und als Ablenkungsmanöver zur Verteidigung der eigenen Pfründe gesehen. Die Wahlen von 1996 brachten Mugabe einen Stimmenanteil von 93%, für den Außenstehenden ein eindeutiges Votum für seine Politik, die Wahlbeteiligung war allerdings auf 32% gefallen. Mangels Gegenkandidaten haben zwei Drittel der Bevölkerung die Wahl boykottiert und 7% Kandidaten gewählt, die ihre Bewerbung schon längst zurückgezogen hatten, so dass unter dem Strich nur 30% der wahlberechtigten Bevölkerung für Mugabe votierten.

Die ZANU(PF) sieht derweil ihre Felle davonschwimmen und das erste Mal in der Geschichte des unabhängigen Staates besteht die Chance, dass eine Opposition so stark werden könnte, dass die ZANU(PF) bei den Wahlen im April 2000 nicht mehr die eindeutige Mehrheit erhält. Der Gegner mit den größten Chancen heißt **ZAPU 2000**, im Juli 1999 gegründet. Aus diesem Grund entsteht nun innerhalb der Regierungspartei eine Gruppe, die Mugabes prominente Position kritisch betrachtet und seine Ablösung vorbereitet. Mugabe, dessen historische Funktion und Meriten im und für den Freiheitskampf und bei der relativ friedvollen Überführung eines kolonialen Systems in ein freies Land von keinem Zimbabwer – sei er schwarz oder weiß – je abgestritten würde, hat sich überlebt – was er wohl auch selbst inzwischen einsieht.

Regierung und Politik

Regierungsform

Staatsform ist die **Präsidialrepublik**, die Verfassung wurde 1980 mit der Unabhängigkeit rechtskräftig und in den Folgejahren mehrfach geändert. Alle sechs Jahre werden allgemeine und geheime Wahlen für das Parlament und die Präsidentschaft abgehalten, das aktive Wahlrecht liegt bei 18 Jahren. Das eingeführte Mehrheitswahlrecht führt zu einer Sitzverteilung im Parlament, welche die abgegebenen Stimmen nicht repräsentiert, so kann eine Partei mit 20% Wählern bei ungünstiger Konstellation der Wahlbezirke einen Sitzanteil im Parlament von unter 5% erhalten. Das Rechtssystem basiert zum großen Teil auf den angelsächsischen Prinzipien.

Der Präsident ist Regierungschef und Staatspräsident in Personalunion. Er wird direkt gewählt und besetzt das Kabinett nach seinen Vorstellungen.

Das Parlament besteht aus einer Kammer, dem **House of Assembly** mit 120 direkt gewählten Sitzen, 20 Sitzen, die vom Staatsoberhaupt besetzt werden (unter ihnen befinden sich automatisch die acht Provinzgouverneure) und zehn weiteren, die die traditionelle Führungselite – die Häuptlinge – in das Parlament einbinden, so dass das House of Assembly aus 150 Sitzen besteht.

Die Institution des Ombudsmannes, der vom Staatsoberhaupt benannt wird, soll als Anlaufstelle dienen, für Bürger, denen Unrecht geschehen ist und die auf dem Rechtsweg nicht weiter kommen. Allerdings darf der Ombudsmann die Aktivitäten des Präsidenten, des Kabinetts und der Recht sprechenden Organe nicht untersuchen.

Das Land ist in **acht Verwaltungsprovinzen** unterteilt (Mashonaland Central, West und East, Matabeleland North und South, Midlands, Manicaland und Masvingo) und zwei städtische Ballungsräume – Harare und Bulawayo, die einen Sonderstatus genießen. Jeder Provinz steht ein vom Staatsoberhaupt benannter Gouverneur vor, der automatisch einen Sitz im Parlament innehat. Die Provinzen sind in Distrikte unterteilt, die jeweils Ratsversammlungen und ein Mitsprachrecht bei der Verwaltung besitzen. Die Ratsversammlungen werden auf Distriktsebene gewählt, die Häuptlinge erhalten automatisch einen Sitz, um die traditionellen Belange vertreten zu können.

Nationalhymne

Blessed be the Land of Zimbabwe

O lift high the banner, the flag of Zimbabwe
The symbol of freedom proclaiming victory;
We praise our heros' sacrifice,
And vow to keep our land from foes;
And may the Almighty protect and bless our land.

O lovely Zimbabwe, so wondrously adorned
With mountains, and rivers cascading, flowing free;
May rain abound, and fertile fields;
May we be fed, our labour blessed;
And may the Almighty protect and bless our land.

O God, we beseech Thee to bless our native land;
The land of our fathers bestowed upon us all;
From Zambezi to Limpopo
May leaders be exemplary;
And may the Almighty protect and bless our land.

Gesegnet sei Zimbabwe
Das Banner hoch, die Fahne Zimbabwes
Symbol des Friedens, das Sieg uns verheißt
Das Opfer der Helden, es sei nun gepriesen
Den Feind zu bekämpfen, das sei gelobt
Möge Gott unser Land schützen und segnen

Liebreiches Zimbabwe, herrlich geschmückt
Mit Bergen und Flüssen, die in Freiheit zieh'n
Der Regen soll fallen, die Böden erblüh'n
Die Arbeit nie enden, die Früchte nie dorren
Möge Gott unser Land schützen und segnen

Oh Herr, dein Segen sei mit unsrem Land
Das unsere Väter uns gaben
Vom Limpopo bis zum Zambezi hinauf
Mögen die Führer uns Beispiel sein
Möge Gott unser Land schützen und segnen

Politik

Als junge Demokratie konnte sich Zimbabwe wegen der Dominanz der seit der Unabhängigkeit 1980 übermächtigen Regierungspartei in den Freiheiten dieser Staatsform noch nicht sonderlich üben. Allerdings besitzt die alte Herrschaftsstruktur im Stammeswesen durchaus demokratische Traditionen und das Versammlungswesen diente nicht nur als Entscheidungsplattform uneiniger Parteien und im Kriegsfall. Auch im alltäglichen Leben wurden Entscheidungen in Zusammenkünften gefällt, bei denen ein Mitspracherecht aller Beteiligten bestand.

Die langen Jahre der weißen Vorherrschaft und des bewaffneten Kampfes zu deren Niederringung haben in den Anfangsjahren zu einer unglaublich hohen Wahlbeteiligung geführt. Die Bevölkerung hatte tatsächlich das Gefühl, sie könne nun auf die Politik Einfluss nehmen und erachtete den Gang zur Wahlurne als gerne zu erfüllende Pflicht. Dies hat sich in der zweiten Dekade der Herrschaft von Mugabe prinzipiell geändert. Immer mehr kristallisierte sich heraus, dass die politischen Kader sich von ihren Wählern entfernten und eine von der demokratischen Willensbildung unabhängigen Politik, sowohl nach innen als nach außen, nachgegangen sind.

Nationalflagge Die Flagge Zimbabwes besteht aus sieben horizontalen Streifen in den Nationalfarben. Schwarz steht für die Mehrheit der Bevölkerung, Gelb für den Reichtum an Eisenerzen, die Farbe Rot symbolisiert das Blut, das während des Befreiungskampfes vergossen wurde, und Grün die reiche Vegetation und die Landwirtschaft. Die Farbe Weiß des Dreiecks auf der linken Seite steht für Frieden, der rote Stern in ihm für die Hoffnung, entlehnt der kommunistischen Weltsicht, der die marxistischen Befreiungskämpfer verbunden waren. Der Zimbabwe Bird, ein Abbild eines der in den Ruinen von Great Zimbabwe gefundenen Vögel, das den roten Stern überdeckt, soll den eigenen Weg des Landes in die Zukunft beschreiben.

Staatswappen Auf dem Staatswappen halten zwei Kudus (sie wurden wegen ihrer Farben gewählt, die mit Schwarz, Braun und Weiß die verschiedenen Ethnien des Landes repräsentieren sollen) ein grünes Schild (Fruchtbarkeit des Bodens) mit weiß-blauen Wellenlinien, die für Wasser stehen, ohne das kein Leben möglich ist. Eine gelb-grüne Kordel symbolisiert die wichtigsten Wirtschaftszweige des Landes: Bergbau und Landwirtschaft, der rote Stern wiederum steht für Hoffnung und der Zimbabwe-Vogel erinnert an das kulturelle Erbe aus der fernen Vergangenheit. Das Gewehr und die Hacke zeigt den Übergang vom Krieg zum Frieden, das Motto „Unity Freedom Work" verweist darauf, dass Einigkeit und Freiheit nur möglich sind, wenn alle Menschen zufrieden sind und sich ihren Lebensunterhalt verdienen können.

Außenpolitik

Außenpolitisch standen die Jahre nach der Unabhängigkeit im Zeichen der Blockfreiheit, da Mugabe sich keinem der damals existierenden

Machtblöcke angliedern wollte, obwohl während des Befreiungskrieges die Unterstützung von den kommunistisch orientierten Systemen kam, nach der Unabhängigkeit finanzielle und organisatorische Hilfe auch vielfach vom westlich-kapitalistischen Machtblock und den von diesen dominierten monetären Organisationen. Mugabe gelang es im Verbund der **Blockfreien Staaten**, deren Vorsitzender er 1986 war, einen Mittelweg zu finden und die rein marktwirtschaftliche Ausrichtung, mit der er Investitionskapital ins Land holte, durch staatsgeleitete Sektoren auszubalancieren. Es wurde sehr viel in das Schulwesen und in die medizinische Versorgung investiert und diese Bereiche für die gesamte Bevölkerung zugänglich auf ein für Afrika relativ hohes Niveau gebracht. Die Anfangsjahre in der Außenpolitik waren aber auch geprägt von der politischen Situation in den Nachbarländern. Zimbabwe stand als Frontstaat gegen **Südafrika**, das bis Mitte 1990 der Apartheid anhing. Die weiße südafrikanische Regierung konnte das Nachbarland jederzeit kujonieren und tat dies auch. Immer wieder wurden die für Zimbabwe lebenswichtigen Bahnlinien an die Küste von Moçambique von der südafrikanisch unterstützten konterrevolutionären RENAMO unterbrochen, die Moçambique nach dessen Unabhängigkeit in einen Bürgerkrieg gezwungen hatte. Auch Bombenanschläge gegen die Unabhängigkeitsbewegung Südafrikas, die Vertretungen in Zimbabwe unterhielt, kamen vor. Damit musste Zimbabwe in dem delikaten Staatsgefüge des südlichen Afrika ausgesprochen vorsichtig hantieren und sich arrangieren. Mit der Befriedung Moçambiques und dem Ende der Apartheid in Südafrika trat vorerst Ruhe ein und die 1980 in Lusaka ursprünglich als Verband der Frontstaaten gegründete SADCC (Southern African Development Coordination Conference) konnte sich zur **SADC** (Southern African Development Community) umbilden, seit 1994 einschließlich Südafrika.

Abenteuerlich wurde es wieder, als die Regierung 1998 Truppen in die Demokratische Repubik **Kongo** (ehemals Zaire) schickte, um den wenige Jahre zuvor an die Macht gekommenen Kabila zu stützen, der zunehmed unter Druck von Rebellen geriet, die wiederum von Ruanda und Uganda unterstützt wurden. Dieser von der Weltöffentlichkeit und den Bewohnern Zimbabwes relativ unbemerkte Krieg in der zentralafrikanischen Dauersorgenregion dauert noch an, hat aber innenpolitisch auf Zimbabwe keinen großen Einfluss, da die Soldaten wohlbezahlte, freiwillige Eliteeinheiten mit Söldnercharakter sind, deren Budget nicht die Staatskasse belasten soll. Außenpolitisch sorgte die Aktion für Unruhe, da im südlichen Afrika nur noch Angola und Namibia an die Seite Kabilas traten, Botswana sich für nicht zuständig erklärte und Südafrika mit Nelson Mandela eine militärische Intervention nicht nur rundweg ablehnte, sondern sogar verurteilte. Man einigte sich aber 1999 auf eine einheitliche Position und Mandela unterstützte mit vorsichtiger Wortwahl die Aktion.

Innenpolitik

Innenpolitisch standen die ersten Jahre im Zeichen der Verbesserung der Lebenssituation der Zimbabwer und des Anschiebens einer rasanten Wirtschaftsentwicklung, die den Menschen Hoffnungen auf eine blendende Zukunft machte. Mit Beginn der 90er Jahre, als Dürrekatastrophen auftraten und die Korruption immer stärker um sich griff, hat die Administration die Bürgerrechte eingeschränkt, so dass das Land zunehmend in den Blickwinkel von Organisationen wie Amnesty International geriet. Die traditionell unabhängige Presse wurde unter Druck gesetzt. Die wichtigsten Zeitungen waren bei der Unabhängigkeit von ihren südafrikanischen Besitzern abgegeben und an ein Konsortium verkauft worden, auf das die ZANU(PF) Einfluss ausübte. Trotzdem nahm die Journaille kein Blatt vor den Mund und es wurde immer wieder über Skandale und Korruptionsaffären berichtet. Ab 1997 begann die Regierung massiv auf Zeitungsleute einzuwirken und in Einzelfällen Journalisten zu foltern, um sie auf eine einheitliche Linie „einzuschwören". Offiziell wurden negative Berichte über die Regierungsarbeit als Landesverrat abqualifiziert, da sie das Investitionsklima für ausländisches

Landreform – ein unlösbares Problem

Bei der Unabhängigkeit besaßen 5% der Bevölkerung – die weißen Farmer – über 50% des Grundes, großteils effektiv bewirtschaftet, da es der fruchtbarste Boden im Lande war. Ihre Kapitalkraft wurde zur Legende, ebenso wie ihre Einkaufstouren in London, die sie als würdige Vorgänger saudiarabischer Königshäuser auswiesen. Ein erklärtes Ziel der ZANU und der ZAPU im Unabhängigkeitskampf war, für eine gerechtere Verteilung des Landes zu sorgen. Beim Übergang der Macht an die schwarze Bevölkerungsmehrheit wurden aber den Großgrundbesitzern Schutzgarantien für ihren Besitz über 10 Jahre nach den ersten freien Wahlen hinaus gegeben, so dass eine Umverteilung erst 1990 in Angriff genommen werden konnte. Die Frage war nun, welches Prozedere gewählt werden sollte. Auf den Farmen fanden zwischen 250 000 und 300 000 schwarze Arbeiter Lohn und Brot. Rechnete man die Menschen hinzu, die von diesen Arbeitern mitversorgt wurden (der Faktor liegt bei etwa 10), so lebten 2 500 000 Menschen von der Arbeit auf den Farmen. Es bestand die nicht unberechtigte Angst, dass bei einer strikten und massenhaften Enteignung eben diese Menschen von heute auf morgen ohne Versorgungsmöglichkeit dastünden und den ohnehin angespannten Arbeitsmarkt so belasten würden, dass ein gesellschaftlicher Zusammenbruch bevorstünde. Ein weiteres Problem war der Ausbildungsstand potentieller schwarzer Farmer, die zwar mit kleinen Betrieben Erfahrung hatten, aber mit der Führung der großen Farmen überfordert gewesen wären. Eine Parzellierung auf eine für sie handhabbare Größe kam aber aus Effizienzgründen nicht in Frage. Dritte Schwierigkeit war die Gegenkampagne der weißen Farmer, die in Erwartung eines Landenteignungsgesetzes, wie es dann auch 1992 kam, ihren Grundbesitz dem Zugriff des Staates beizeiten zu entziehen versuchten.

So belasteten sie die Farmen mit Hypotheken. Damit stand der Staat vor dem Problem, dass er entweder eine Abfindung zahlen oder die Hypotheken übernehmen musste. Beides war wegen des strapazierten Staatshaushaltes nicht möglich. Eine Übernahme der Farmen ohne Ablösung der Hypotheken hätte zur Zahlungsunfähigkeit mehrerer inländischer Banken geführt (die der Staat dann mit Finanzspritzen hätte retten müssen). Eine andere Spielart war, den Grund und Boden an eine Gesellschaft öffentlichen Rechts zu veräußern und damit weißen Besitz zu kaschieren. Wieder andere Familien verteilten den Boden auf ihre Kinder und Verwandte um unter eine bestimmte Größe pro Person zu kommen, weil man davon ausging, dass nur Großfarmen enteignet würden. Mit einem Danaergeschenk beglückten sich einzelne Politiker, die sich einige der in der ersten Dekade der Unabhängigkeit freiwillig auf den Markt gekommenen Farmen unter den Nagel rissen und, statt sie zu verteilen, lieber Großgrundbesitzer wurden. Dies rief die öffentliche Meinung auf den Plan, die Weißen hatten eine Argumentationshilfe, die Schwarzen einen Grund zu protestieren und die Weltorganisationen konnten bedenklich den Kopf wiegen und die Enteignung als Investitionshemmnis grundsätzlich in Frage stellen. Als man die Landreform schließlich in der zweiten Hälfte der 90er Jahre anging und blaue Briefe verschickte, schaffte es die Regierung nicht, das Verfahren zu Ende zu bringen. Die meisten der angeschriebenen Farmer legte Widerspruch ein und der Regierung war es nicht möglich die Enteignung durchzusetzen. Schlicht weil sie die Fristen versäumte. Der oberste Gerichtshof kassierte die Verwaltungsdekrete und die Regierung verlautbarte: „Egal, dann fangen wir noch einmal von vorne an."

Baumwolle wächst besonders im Lowveld

Kapital vergifteten. Die 1998 immer häufigeren Streiks und Demonstrationen der Arbeiter und Studenten gegen die Regierungspolitik – die damit ihre verfassungsmäßig garantierten Rechte in Anspruch nahmen – wurden großteils für illegal erklärt und mit Waffengewalt niedergeschlagen, wobei Tote zu beklagen waren, da die Polizei und Armee explizit die Anweisung erhielten, scharf und gezielt zu schießen. 1999 sind die Streiks und Demonstrationen wieder abgeflaut, nicht nur wegen der Menschleben, die sie gekostet haben, auch weil die Politik zarte Andeutungen machte, dass Robert Mugabe bei den Wahlen 2000 nicht wieder in vollem Machtumfang antreten würde, sondern dass eine Aufteilung der Macht auf verschiedene Personen und die Regelung der Nachfolge des inzwischen 75-jährigen Mugabe in Aussicht gestellt werden könnte.

Wirtschaft

Mit seinen Reichen Great Zimbabwe, Monomotapa, Torwa und Rozwi besaß Zimbabwe eine lange Tradition als **Handelsnation**, deren Arm auf der einen Seite in die Kalahari hineinreichte und im Osten bis zur Küste, wo erst die Araber, dann die Portugiesen Waren aus der ganzen Welt wie China und Europa gegen die Erzeugnisse des Landes eintauschten. Basis für den Reichtum der Dynastien war die Fruchtbarkeit der Böden, die effektiven Ackerbau und eine starke Viehwirtschaft zuließen, der Wildreichtum, der den Shonagruppen die von Europa, Asien und Arabien so begehrten Waren Elfenbein, Tierfelle und Nashörner an die Hand gab, und die Mineralienvorkommen, die zu Legendenbildungen geführt haben. Das sagenhafte Reich von Monomotapa mit Stufen aus blankem Gold, das Königreich von Saba, vielfältig waren die Geschichten, die sich die Reisenden aus dem Norden erzählten, immer waren sie aber geprägt vom Glauben an unermessliche Schätze. Trotz der Nachrichten, die in andere Länder gelangten, konnte man relativ friedlich leben, auch die Ablösung einzelner Reiche geschah wohl nicht durch aggressive Landnahme, sondern durch Wegzug einzelner Gruppen, so dass Besitz nicht notwendigerweise in kriegerischen Auseinandersetzungen zerstört wurde. Damit konnten Kultur, Wissen und die Handelsbeziehungen von Reich zu Reich und von Dynastie zu Dynastie weitergereicht und Eigentum vermehrt werden.

Diese Entwicklung erhielt erst einen Bruch mit dem **Einmarsch der Ndebele** und dem Verschwinden der großen Reiche. Der Handel spielte nun keine so große Rolle mehr, man beschied sich mit **Ackerbau** und **Viehwirtschaft** und der Jagd für den Eigenbedarf, bis schließlich die Weißen die Bildfläche betraten und begannen die **Jagd** kommerziell zu betreiben. Binnen kurzem waren die großen Wildherden, die Populationen der Antilopen, Elefanten und Nashörner stark dezimiert bzw. verschwunden. Erst Ende des 19. Jahrhunderts wurde die Notbremse gezogen und Wild durfte nur noch mit Genehmigung der Kononialverwaltung geschossen werden. Dies tat der illegalen Jagd keinen Abbruch, aber die Tiere konnten nicht mehr massenhaft erlegt werden, vereinzelte Jäger waren noch unterwegs und die Einheimischen betrieben weiter die „Subsistenzjagd" zur Nahrungsbeschaffung. Gleichzeitig mit der Übernahme der Verwaltung Rhodesiens durch die BSAC änderte sich auch die wirtschaftliche Grundlage für die schwarze Bevölkerung und die gesamte wirtschaftliche Situation. **Bergwerke** entstanden, die auf einen großen Arbeitskräftemarkt angewiesen waren, gleichzeitig führte die Erkenntnis, dass die Goldvorkommen im Lande – obwohl nicht unerheblich – nicht zu dem ganz großen Goldrausch führen würden, wie es in Südafrika der Fall war. Man suchte also nach Alternativen, um Siedler ins Land zu locken und einen Aufbau der Infrastruktur rechtfertigen zu können und entschied sich schließlich, Ackerbau und Viehzucht zu forcieren. Mit der Fertigstellung der Eisenbahn war Rhodesien an das internationale Handelsnetz angeschlossen und die mit der Royal Charter (ein Schutzbrief mit Verwertungsrecht und Verwaltungsvollmacht der britischen Krone für das gesamte Rhodesien) ausgestattete BSAC begann mit Vehemenz das Land zu kolonisieren. Immer größere Bereiche musste man den Siedlern zur Verfügung stellen. Die schwarze Bevölkerung hatte die fruchtbaren Landstriche zu verlassen und auf die kärglichen Böden im Lowveld umzuziehen, die man als ihr Gebiet deklarierte. Weiße **Großfarmen** entstanden, die nicht mehr nur Getreide pflanzten, sondern Experimente mit anderen, auf dem Weltmarkt gefragten Nutzpflanzen starteten: Baumwolle, Zuckerrohr, Tabak, Tee und Kaffee. Man baute die ersten Dämme zur Bewässerung der Plantagen schon zu Beginn des 20. Jahrhunderts. Langsam aber stetig entwickelte sich die Wirtschaft, Arbeitskräfte wurden gewonnen, indem man die Schwarzen durch in bar zu entrichtende Hüttensteuern in die **Lohnabhängigkeit** trieb. Weitere Gesetze schränkten die Arbeitnehmerrechte ein und sorgten für „Befriedung". Das dadurch entstehende billige Arbeitskräfteheer führte zu einem Boom im Bergbau und in der Landwirtschaft, da man leicht mit den Weltmarktpreisen mithalten konnte. Auch die Weltwirtschaftskrise und die Depression der 30er Jahre tangierte Rhodesien nicht sonderlich, die mittlerweile durch modernere Verfahren abbaubaren Goldvorkommen schufen ein kommodes Polster für die weiße Gesellschaft. Mit dem Zweiten Weltkrieg kletterte die Nachfrage nach Mineralien und anderen Grundstoffen für die Kriegswirtschaft in ungeahnte Höhen. Das Land profitierte mit einem der Weltwirtschaft gegenläufigen **Wirtschaftsboom**, der sich weit in die 50er Jahre hineinzog, als eine weitere Einwanderungswelle auf Rhodesien zukam, mit ihr Kapital ins Land floss und man verstärkt exportfähige Nutzpflanzen kultivierte. Auch mit der einseitigen Unabhängigkeitserklärung durch das Regime von Ian Smith und dem daraus resultierenden Wirtschaftsembargo wurde die Erfolgsgeschichte nicht abgeschnitten. Haupthandelspartner blieb Südafrika und das Embargo ließ sich unterlaufen, ja es förderte geradezu einen Gründungswelle von Klein- und Mittelindustrie für Waren, die auf dem Weltmarkt nicht mehr beschafft werden konnten, und lockte massiv südafrikanisches Kapital an. Erst als der Befreiungskrieg ab 1975 in eine intensive Phase geriet, begann das Wirtschaftswachstum eklatant nachzulas-

Zimbabwe ist fruchtbar und muss keine Feldfrüchte importieren

sen und blieb ab 1977 bis zur Unabhängigkeit negativ.

Mit Erlangung der **Unabhängigkeit** übernahm man von der weißen Minderheitsregierung eines der am besten organisierten Länder Afrikas, mit der besten Infrastruktur und einer für den Kontinent eigentlich sehr stabilen diversifizierten Wirtschaft, die in allen Bereichen mit dem Weltmarkt mithalten konnte (wenn diese Zustand auch auf Kosten der zu niedrigen Entlohnung der Arbeiterschaft erreicht wurde). Die ersten Jahre nach der Unabhängigkeit waren wieder von einer Aufbruchsstimmung geprägt, der weiße Mittelstand und das Großkapital wurde größtenteils im Lande gehalten, die Internationalen Organisationen kamen mit Geldspritzen und Entwicklungsprojekten hinzu, um das Ende der Kolonialzeit beispielhaft durchzuziehen und es zum nachahmenswerten Muster zu gestalten. Die neue Regierung kaufte sich in viele Schlüsselindustrien ein, um der rein marktwirtschaftlichen Orientierung entgegenzuwirken und sozialen Härten vorbeugen zu können. In einem Parforce-Akt entstanden Schulen und eine medizinische Versorgung, die sich sehen lassen konnte und breiten Bevölkerungsschichten zur Verfügung stand. Bald war aber klar, dass man über seine Verhältnisse lebte. Die Wachstumsraten, die zwischen 1980 und 1985 im Mittel bei etwa 10% lagen, obwohl 82/83 Dürrejahre waren, sanken langsam aber sicher. Das traditionelle afrikanische Prinzip, dass man eingebunden in ein System aus Verpflichtungen sich nicht nur um sich selbst und seine nächste Familie zu kümmern hat, führte bald zu einer personellen Überfrachtung der Administration, die über 40% des Staatsbudgets auffraß. Hinzu kam die Korruption, die weiteres Staatskapital vernichtete und schwere Managementfehler in den Firmen, an denen der Staat Beteiligungen und das Besetzungsrecht von Führungspositionen erworben hatte. Zu Beginn der 90er Jahren war das Wachstum auf 4% geschrumpft und sank weiter. Die Geldmaschine wurde angeworfen, um die Defizite zu decken, was in einer Inflation endete, die heute pro Jahr 40% und mehr erreicht. Immer mehr

Bevölkerungsteile rutschen in die Armut ab, wobei auch Weiße betroffen sind, die Unzufriedenheit wächst, Streiks sind zunehmend an der Tagesordnung und paralysieren das Wirtschaftsleben zusätzlich. Als momentane Krönung des Trauerspiels haben die internationalen Organisationen die Bezuschussung Zimbabwes ausgesetzt, da die wichtigsten Auflagen für eine Unterstützung – drastische Sparmaßnahmen zur Konsolidierung des Staatshaushaltes und Bekämpfung der Korruption – in absehbarer Zeit von der derzeitigen Regierung nicht durchgesetzt werden. Robert Mugabe reagierte darauf mit der – von seinen eigenen Finanzexperten fassungslos zur Kenntnis genommenen – Feststellung, dass man lange auch ohne IWF ausgekommen sei und er sich dies für die Zukunft durchaus weiter so vorstellen könne.

Arbeitslosigkeit

Die Arbeitslosigkeit ist heute für Zimbabwe eines der am schwersten lösbaren Probleme. Auch wenn sich die Situation konsolidieren und die Auflagen der internationalen Organisationen eingehalten werden sollten, stünde zu Beginn ein weiterer Anstieg, da die Staatsausgaben beschnitten und die Verwaltungen durchforstet werden müssen. Das schafft wiederum ein noch höheres Konfliktpotential und soziale Unzufriedenheit. Heute steht die Arbeitslosenrate zwischen 40 und 50%. Jedes Jahr werden 250 000 Schulabgänger in den Arbeitsmarkt entlassen, von denen nur ein geringer Prozentsatz eine Anstellung auf dem formalen Arbeitsmarkt findet, teilweise auch deshalb, weil viele die Voraussetzung für eine qualifizierte Arbeit nicht mitbringen. So landen viele Menschen im informellen Sektor, der sich meist in den Randgebieten der Großstädte in den High-Density-Gegenden angesiedelt hat, wo angesichts der desolaten Erwerbssituation die Kriminalität steigt.

Noch ist nicht ganz klar, wie sich Aids auf die Arbeitslosigkeit auswirken wird. Man nimmt an, dass in wenigen Jahren der Bedarf an qualifiziertem Personal nicht mehr gedeckt werden kann – das betrifft vor allem die Minen, Militär und Polizei, die verarbeitende Industrie und den Dienstleistungssektor im sozialen Bereich wie Krankenversorgung. Trotz der hohen Arbeitslosenzahlen wird man dann Arbeitskräfte aus von Aids nicht so stark betroffenen Ländern importieren müssen.

Bergbau

Die breite Palette der Mineralienvorkommen in Zimbabwe hat über lange Jahre zu einem stabilen und relativ ausgeglichenen Staatshaushalt geführt und stützte auch nach der Unabhängigkeit und in den letzten Jahren die schwierige Situation. In Zimbabwe wird nicht nur geschürft, die Erze werden auch veredelt bevor sie als Reinmetalle auf den Weltmarkt kommen, so dass der Bergbau mit der nachverarbeitenden Industrie neben der Agrarindustrie der wichtigste Devisenbringer ist. Antimon, Asbest, Chrom, Kobalt, Kupfer Eisen, Magnesium, Nickel, Platin, Silber und Zinn werden abgebaut, Kohle und Graphit und schließlich Gold und Platin. Hatte der Goldanteil an den Deviseneinnahmen aus dem Bergbau vor der Unabhängigkeit noch bei etwa 15% gelegen, stand er 1995 dank neuer Funde bei 43%. Auch Platin hat mit neuen Fundstätten geboomt und man schätzt den Weltmarktanteil dafür auf um die 5%. Hinzu gekommen sind in jüngster Zeit auch noch Diamantenfunde, die weitere Deviseneinnahmen versprechen. Zwar sind die Weltmarktpreise für Bergbauerzeugnisse immer noch im Sinken begriffen, doch eine Erhöhung der Produktion konnte dies bislang mehr oder weniger ausgleichen. Die Regierung vergibt dazu in verstärktem Maße Konzessionen an internationale Konsortien. Eine der Hauptaufgaben der Bergbau- und der nachverarbeitenden Industrie wird sein, in den inzwischen veralteten Maschinenpark zu investieren und ihn auf Weltstandard zu bringen, damit bei angepassten Löhnen die Wettbewerbsfähigkeit nicht verloren geht. Auch muss der Bergbau von den Dürreperioden unabhängiger werden, die immer wieder zu Einbrüchen von bis zu 10% führen, da der intensive Wasserbedarf der In-

Am Karibasee fischt die Fangflotte hauptsächlich Kapenta

dustrie dann nicht mehr gedeckt werden kann und es zu Schwierigkeiten bei der von der Wasserkraft abhängigen Stromerzeugung kommt.

Verarbeitende Industrie und Handel

Mit der Unabhängigkeit hat Zimbabwe eine Wirtschaft geerbt, die hoch diversifiziert war. Im Gegensatz zu Botswana, dessen Staatseinnahmen hauptsächlich aus dem Bergbau kommen, ohne dass eine Hüttenindustrie nachgeschaltet ist, besitzt Zimbabwe eine ausgeprägte verarbeitende Industrie, die in Großfirmen, aber auch mittelständisch und in vielen Kleinbetrieben organisiert ist. Die hervorragende Infrastruktur mit zwischen den größeren Städten geteerten Straßen und einem gut ausgebauten Eisenbahnnetz unterstützt den landesweiten Handel und den Zugriff auf Ressourcen auch in abgelegeneren Landesteilen. Mit der Befriedung der Nachbarländer, der Intensivierung der Handelswege im Verbund des SADC und der unproblematischen Zugänglichkeit der Häfen in Moçambique und Südafrika kann Zimbabwe seine Rohstoffe und Fertigwaren auf den Weltmarkt werfen. Die Öffnung der Märkte im südlichen Afrika führte aber auch dazu, dass die lange Jahre teilweise staatsdirigierte Industrie sich nicht immer als so konkurrenzfähig erweist wie die des wirtschaftlich wesentlich mächtigeren und expansiveren Nachbarlandes Südafrika.

Landwirtschaft

Trotz des umfangreichen Bergbaus, der Hütten- und der verarbeitenden Industrie war und ist Zimbabwe in erster Linie ein Agrarland, das, abgesehen von den immer wiederkehrenden Dürreperioden, mit einer relativ zuverlässigen Wasserversorgung rechnen kann. Die vielen Seen im Lande sind als Stauseen zur Wasserversorgung der Landwirtschaft entstanden, später auch, um den Bergbau und die Hüttenindustrie zu versorgen.

Als Auflage von Seiten der monetären Organisationen führte das **ESAP** (Economic Structural Adjustment Program) in der ersten Hälfte der 90er Jahre zu einem tief greifenden **Strukturwandel** – weg von der staatsdominierten Wirtschaft der ersten Dekade nach der Unabhängigkeit mit subventionierten Preisen für die Grundnahrungsmittel, hin zu einer Marktpreisfindung, die die tatsächlichen Gestehungskosten der Landwirtschaft berücksichtigen musste. Grundnahrungsmittel wurden teurer, andererseits war nun ein Anreiz gegeben, in die Landwirtschaft zu investieren. Insbesondere die großen Farmen, die sich Ende der 80er Jahre hauptsächlich auf Tabak spezialisiert hatten (da der Staat wegen der internationalen Verflechtungen des Tabakhandels in diesem Bereich keinen großen Einfluss nehmen konnte) und damit in Richtung einer für Krisen anfälligen Monokultur marschierten, waren nun wieder in der Lage eine breitere Palette an Pflanzungen zu kultivieren.

Die **Landverteilung** und unterschiedliche Nutzung der Böden stammt noch aus der Kolonialzeit, in der man das Land verschiedenen Benutzergruppen zuwies. Die fruchtbaren Böden erhielten die Weißen, die Großfarmen hochzogen. Schwarze konnten sich auf den weniger ertragreichen Böden des Lowveldes, früher kommunales Land, und in den Gegenden niederlassen, die man in der Kolonialzeit als auch von Schwarzen erwerbbares Gebiet auswies. Dort und auf ehemals kommunalem Land entstanden Kleinfarmen. Weitere Kleinfarmen wurden auf ehemaligen Großfarmen parzelliert, die die Regierung in geringem Maße nach der Unabhängigkeit von ihren weißen Besitzern erworben hat.

Die Großfarmen, 40% der Gesamtfläche des Landes, liegen zu 80% im Highveld und den Eastern Highlands, zu 20% im Middleveld. Die Kleinfarmen, ca. 45% der Gesamtfläche, findet man zu 75% im Middle- und zu 25% im Lowveld. Die Großfarmen, etwa 4500 existieren noch, haben eine durchschnittliche Größe von 2200 ha. Die unzähligen Kleinfarmen beginnen mit Parzellen von 5 ha (Land, das nach der Unabhängigkeit erworben wurde). In den Gebieten, die in der Kolonialzeit von schwarzen Farmern gekauft werden durften, befinden sich etwa 10 000 Betriebe mit einer durchschnittlichen Größe von 120 ha und auf ehemaligem kommunalem Land, wo etwa 50% der Bevölkerung auf 40% der Gesamtfläche des Landes leben, sind die Kleinfarmen durchschnittlich 20 ha groß. Rechnet man die städtische Bevölkerung weg und betrachtet lediglich die Landbevölkerung, müssen von dieser fast 80% von 40% der Landesfläche leben, die zudem noch nur in geringstem Maße fruchtbar ist. Damit können die kleinen Farmen im unteren Größenbereich (die Mehrzahl) nur Subsistenzwirtschaft betreiben, lediglich den mittelgroßen und großen der Kleinfarmen ist es möglich, auf den Märkten bescheidene Gewinne zu erzielen.

Ackerbau

Zu den wichtigsten Anpflanzungen im Land gehören Mais, Tabak, Baumwolle, Tee und Kaffee, Weizen, Südfrüchte und Zuckerrohr. In Jahren mit normalem Regenfall wird so viel Getreide produziert, dass es exportiert werden kann. Zimbabwe ist also eines der wenigen Länder in Afrika, das sich ausreichend selbst mit Grundnahrungsmitteln versorgt. Die Agrarindustrie steht im Außenhandel in etwa gleichberechtigt neben der Bergbau- und Hüttenindustrie.

Wichtigstes Getreide im Land ist **Mais**, das als Sadza den Hauptnahrungslieferanten für Kohlenhydrate bildet. **Weizen**, den man erst seit kurzer Zeit kultiviert, nimmt aber eine zunehmend stärkere Rolle ein. Mais benötigt mindestens 600 mm Regenfall pro Jahr, wird dies nicht erreicht, kann sich der Ertrag um 80% verringern, Mais muss importiert werden und belastet den Staatshaushalt, der die Verkaufspreise dann subventioniert.

Für den Export spielt **Tabak** die wichtigste Rolle. Zimbabwe ist der drittgößte Tabakproduzent der Welt, durch die Antiraucherkampagnen allerdings sind die Preise im Fallen begriffen. In Zimbabwe wächst Virginia-, Burley-, orientalischer und türkischer Tabak, die zentral in Harare vermarktet werden. Wegen der Wahl der Anbauregionen und der relativen Unempfindlichkeit war Tabak von den Dürreperioden im Land nie so betroffen wie andere Agrargüter.

Mit **Baumwolle** wurde schon zu Beginn des 20. Jahrhunderts im südlichen Lowveld experimentiert, den eigentlichen Boom erfuhr sie aber erst während des Wirtschaftsembargos, als sie hinter Tabak der zweitwichtigste Devisenbringer wurde (ab 1965 bis 1975 verzehnfachte sich die Produktion).

Zuckerrohr gedeiht sehr gut auf den Böden des südlichen Lowveldes und spielt damit eine wichtige Rolle, um der hohen Arbeitslosigkeit in dieser Gegend entgegenzuwirken, benötigt allerdings eine relativ intensive Bewässerung. Der aus Zuckerrohr gewonnene Alkohol dient (selbstredend neben der Getränkeproduktion) als Beimengung zum Benzin dazu, den Import von Erdölderivaten zu senken.

Die Tsetsefliege Erreicht man das Zambezi Escarpment im Norden des Landes, stößt man auf Kontrolltore, deren Schranken erst geöffnet werden, wenn klar ist, dass man keine Tsetsefliege mit sich führt. Zu diesem Zweck inspiziert ein mit einem Schmetterlingskäscher bewaffneter Mann das Auto von allen Seiten und hält Ausschau nach dem unerwünschten Insekt. Entdeckt er eines, gibt er sich größte Mühe, es zu fangen und zu töten. Die Tsetsefliege, etwas größer als unsere Stubenfliege, ist ein Blutsauger, der alle drei bis vier Tage sein eigenes Gewicht an Fremdblut benötigt, wobei er ohne Unterschied Mensch und Vieh angeht. Der Stich ist schmerzhaft, aber zu ertragen – wäre die Tsesteflige nicht Überträger der Schlafkrankheit, die tödlichen Ausgang haben kann, ebenso wie beim Vieh, wo die durch Parasiten eingeschleuste Seuche nagana heißt. Zwei Arten der Fliege kommen am Zambezi vor: glossina morsitans morsitans und glossina pallidipes. In den Anfangsjahren der Bekämpfung hat man aus Flugzeugen Insektizide versprüht, heute sieht man am Wegesrand aufgestellte imprägnierte Tafeln, die die Insekten mit Duftstoffen anlocken und ihnen mit Gift den Garaus bereiten.

Die Tsetsefliege ist im hohen Norden ein Problem – deshalb fängt man sie weg

Viehwirtschaft

Zwischen vier und fünf Millionen Stück Großvieh weiden in Zimbabwe, über eine Million Ziegen und eine halbe Million Schafe. Mit den 250 000 Schweinen kann das Land seinen Fleischbedarf selbst decken und nebenbei exportieren. Wie die Nachbarländer besitzt Zimbabwe Exportqoten auch für die Europäische Union. Von der Rinderpest ist Zimbabwe nicht mehr betroffen, allerdings macht die Tsetsefliege den Großviehbeständen Probleme, so dass am Zambezi und im Südwesten Rinderhaltung nicht möglich ist. Da Vieh, speziell Rinder, den Reichtum einer Familie symbolisieren, die Böden des kommunalen Landes (auf dem etwa 60% des gesamten Bestandes gehalten werden) jedoch für eine intensive Viehbewirtschaftung nicht geeignet sind, stellt Überweidung ein Problem dar.

In neuerer Zeit hat auch Zimbabwe die Bewirtschaftung von Großfarmen als **Wildfarmen** für sich entdeckt. Karge Böden, die einen intensiven Ackerbau nicht zulassen, und die Dürreperioden führten zu der Überlegung Wild anzusiedeln, dessen Fleisch zu interessanten Preisen verkauft werden kann und das als Nebeneffekt auch Touristen anzieht. Zusammenschlüsse mehrerer Großfarmen zu so genannten Conservancy Areas haben ihre Ursache nicht allein im Wunsch die Natur zu bewahren, sondern auch in monetären Interessen. Auch mit der Schaffung touristischer Einrichtungen konnte man aus dem Blickfeld der Landreform geraten, die sich als erste zu enteignende Farmen die ausguckte, die nicht bewirtschaftet wurden, sondern lediglich den Freizeitinteressen der Besitzer dienten.

Für die Region am Karibasee spielt der **Fischfang** eine wichtige Rolle. Über zwei Drittel des vermarkteten Fisches, insbesondere Kapenta, wird industriell im Karibasee aus dem Wasser geholt. In allen anderen Stauseen und den Bächen in den Eastern Highlands wird ebenfalls Fisch gefangen, für den Eigenbedarf, aber auch zum Klein- und Direktverkauf am Straßenrand.

Forstwirtschaft

Besonders in den Eastern Highlands wird eine nachhaltige Holzwirtschaft betrieben. Man schlägt Akazien, Eukalyptus und Pinien, deren Holz entweder direkt exportiert oder zuerst im Land zu Möbeln oder Gebrauchsgegenständen verarbeitet wird. Die florierende Industrie, teilweise als Staatsbetrieb, teilweise privatwirtschaftlich organisiert, ist im Osten des Landes ein wichtiger Beschäftigungsfaktor, im Westen auf Kalaharigebiet ein wichtiger Devisenbringer, da dort Edelholzarten wie Teak und Mahagoni geschlagen werden. Ein großes Problem ist die Verbuschung durch die Holzentnahme in den kommunalen Regionen. Zum Hüttenbau und für den Hausbrand wird so viel verbraucht, dass nicht mehr nutzbarer Dornbusch hochkommt oder Regenfälle den Mutterboden wegschwemmen. Mit Entwicklungshilfegeldern will man nun in diesen Regionen aufforsten und die Bevölkerung zu einem vorsichtigen Umgang mit der Ressource erziehen. Bislang verbraucht die Energiegewinnung in den Haushalten immer noch 70% des gesamten Holzschlages.

Der informelle Sektor

Die hohe Arbeitlosenquote würde zu einem Zusammenbruch der Gesellschaft führen, gäbe es nicht die Subsistenzwirtschaft und den informellen Beschäftigungssektor. Die Menschen, die in diesem Sektor arbeiten, genießen keine Altersversorgung und haben keine Versicherungen für den Krankheitsfall. Sie beschäftigen sich alleine oder in kleinen Verbänden, teilweise auf Familienbasis mit der Verwertung von Abfällen (Recycling), der Herstellung von Gegenständen des täglichen Bedarfes, dem Verkauf von Kunsthandwerk an Touristen, alles Beschäftigungen, die kein Kapital erfordern. Wer in Harare auf den Mbare-Markt geht, sieht die Ergebnisse dieser Arbeit: Werkzeug aus Blechdosen, Wassergefäße aus Plastikabfällen und Türscharniere aus Autoreifen geschnitten. Kunsthandwerkliche Produkte verkaufen die Hersteller überall im Land an der Verkehrsadern, Botendienste werden übernommen und

Wenn die Giftzähne entfernt sind, ist man auf der sicheren Seite

alle anderen Arten von Dienstleistungen, die sich auf niedrigem Niveau bewegen. Ma kann davon ausgehen, dass diese Schattenwirtschaft einem Großteil der urbanen Arbeitslosen zum täglichen Überleben verhilft.

Wasserwirtschaft

Die weißen Siedlern begannen frühzeitig, durch das Stauen der Flüsse eine ganzjährig kontinuierliche Wasserversorgung für die Bewirtschaftung der Pflanzungen zu schaffen. Dadurch ist das ganze Land mit Seen überzogen, die daneben touristisch genutzt werden. Generell sind die trockenen und heißen Gebiete in den Lowlands – das kommunale Land – gegenüber dem Highveld und natürlich den regenreichen Eastern Highlands benachteiligt. Der Karibadamm liefert mit seinen Turbinen einen beträchtlichen Anteil der Stromerzeugung des Landes. In Dürreperioden, wie 1991/92, sinkt allerdings die Wasserversorgung auf ein Minimum, die Ernten bestimmter Pflanzenarten fallen entweder ganz aus oder sinken auf 20% des üblichen Ertrages. Die Stromerzeugung erreicht dann ebenfalls ein Minimum, das die Kohlekraftwerke nicht mehr ausgleichen können. Um die immer wiederkehrenden Engpässe zu umgehen, bestehen Planungen, das Stromnetz im südlichen Afrika weiter auszubauen und sich von anderen Staudämmen beliefern zu lassen (z.B. Cabora Bassa in Moçambique).

Tourismusindustrie

Mit der Beendigung des Konfliktes zwischen Shona und Ndebele Ende der 80er Jahre nahmen die Touristenzahlen sehr schnell zu. Zwischen 1990 und 1995 stiegen die Einnahmen um das dreifache auf 200 Millionen US$, die fast eine Million Besucher ins Land brachten, und man kalkuliert mit weiteren Wachstumsraten zwischen 8 und 12% pro Jahr. Etwa 10% der Touristen kommt aus Europa, davon stellen die Briten den Löwenanteil.

Zimbabwe will die für die Wirtschaft inzwischen ausgesprochen wichtige Tourismusindustrie weiter ankurbeln und setzt auf einen hochklassigen und im teuren Preissegment angesiedelten Tourismus aus Übersee, da die ökonomische Lage Südafrikas zu einem Einbruch der Besucherzahlen aus dem Nachbarland geführt hat. Der zu beschreitende Weg für eine Vermarktung der für Safaris und Luxusaufenthalte vorzüglich geeigneten Natur mit der außerordentlich entwickelten touristischen Infrastruktur in den Nationalparks und Erholungsgebieten ist allerdings noch nicht klar. Zwar führt jeder in der Tourismusindustrie involvierte Betrieb 2% seiner Umsätze in eine staatliche Kasse ab, die damit Marketingkampagnen finanzieren soll, die Millionenbeträge verschwinden aber einfach und werden möglicherweise zum Stopfen von Haushaltslöchern verwendet. Das hat unter anderem dazu geführt, dass die Tourismuswerbung in Deutschland mangels Mitteln erst einmal auf Eis gelegt wurde.

Eng verbunden mit dem Tourismus ist der **Naturschutz**; wie in den Nachbarländern sind beide Bereiche in einem Ministerium zusammengefasst. Die Anstrengungen gehen dahin, die als Schutzgebiet erklärten Zonen so zu nutzen, dass auch die lokale Bevölkerung vom Tourismus profitiert. Jeder Unterkunftsbetrieb hat in etwa das Doppelte der Bettenzahl an Arbeitsstellen direkt zu vergeben, hinzu kommen indirekt davon Profitierende, in der Zulieferung, dem Souvenirgeschäft und im Bauwesen, das ebenfalls Leute aus der Region beschäftigt. Eine weitere Einnahmequelle ist das Verleasen von kommunalem Land an Tourismusbetriebe, die eine Wildfarm betreiben und Jagden durchführen.

Zentral-Zimbabwe

Highlights

In Harare:

- ❊ Epworth Balancing Rocks
- ❊ Ewanrigg Botanical Garden
- ❊ Heroe's Acre
- ❊ National Botanical Gardens
- ❊ Tobacco Auction Floors

Umgebung Harare:

- ❊ Lion and Cheetah Park
- ❊ Larvon Bird Gardens / Kuimba Shiri
- ❊ Tengenenge Sculpture Community
- ❊ Chinhoyi Caves
- ❊ Great Zimbabwe

Harare

Wer auf den breiten Schnellstraßen nach Harare hineinfährt, gelangt irgendwann zum Herzen der Stadt, dem African Unity Square. Der Platz liegt unter Bäumen, umringt von den Hochhäusern des modernen Harare. Am Straßenrand werden Kunsthandwerk und Blumen verkauft, Busse halten mit knirschenden Bremsen und fahren schwarz qualmend wieder an, Blechkolonnen hupen sich durch die Straßen, Menschenmassen wälzen sich über die Straßen und den Platz, verschwinden in den Kaufhäusern und kleinen Läden, holen sich etwas zu essen, um es schnell auf einer Parkbank hinunterzuschlingen, steigen in einen Pendlerbus – Großstadtleben, wie es sich gehört. Inzwischen bewohnen fast 2,5 Millionen Menschen den Großraum Harare und alle, scheint es, wollen am Leben im Zentrum der Metropole teilhaben.

Wenn man einmal die Stadtanlage verstanden hat, fällt die Orientierung nicht schwer. Das dicht mit Hochhäusern besetzte Zentrum ist schachbrettartig angelegt, die „Avenues" laufen von Ost nach West und die „Streets" von Süd nach Nord. Strahlenförmig führen deren Verlängerungen in das Umland hinaus, heißen hinter dem Zentrum „Road", dem die jeweilige Richtung vorgesetzt wird. Die Samora Machel Avenue wird im Osten z.B. zur Mutare Road, im Westen zur Bulawayo Road. Die Roads verlieren bald ihren geradlinigen Charakter und winden sich durch die hügelige Landschaft der Vororte. Die strahlenförmigen „Roads" sind untereinander mit radialen „Drives" verbunden. Die besseren Wohngegenden, sprich früher die weißen Viertel, liegen im Norden der Stadt – wie Borrowdale und Chisipite. Der Stadtteil mit der wohl höchsten Einwohnerdichte ist Mbare im Süden des Zentrums – heißen diese Viertel im weißen Sprachgebrauch „High Density Area", so ist Mbare „Highest Density Area".

Ob Chitungwiza nun ein Vorort von Harare ist, ein Stadtteil oder eine eigene Stadt, daran scheiden sich die Geister. Auf alle Fälle leben alleine dort im Süden von Harare jenseits des Flughafens ungefähr 500 000 Menschen (so genau weiß es keiner). Chitungwiza wäre demnach gleich nach Bulawayo die drittgrößte Stadt des Landes.

Harares Partnerstadt in Deutschland ist München. Gegenseitige Besuche finden statt, verschiedene Abteilungen der Münchner Stadtwerke helfen mit Rat und Tat, bei der Entwicklung von Plänen und mit Schulungen, so z.B. in den Bereichen Abfallwirtschaft und Wasserversorgung.

Geschichte

Vor der Gründung der Stadt war die Gegend das Siedlungsgebiet des Häuptlings NeHarawa, der nach der Unabhängigkeit der Stadt seinen Namen lieh. Harare wurde 1890 von Siedlern als Salisbury ausgerufen. Angelockt durch die Vergabe von „Schürfrechten" durch Cecil Rhodes von der British South Africa Company kamen sie über mehrere Stationen hierher, wo sie jeweils Forts errichteten.

Am 12. September wurde am heutigen African Unity Square die erste Fahnenstange mit dem Union Jack in den Boden der Highlands gesteckt – Fort Salisbury hatte seinen Platz gefunden. Sofort begann man Häuser zu bauen, erst in der Gegend um den Kopje, dann bei Causeway, wo heute die gesamte Administration versammelt ist.

1897 war Salisbury bereits Stadt, 1899 kam die Eisenbahn aus Beira / Moçambique an und drei Jahre später konnte man bequem von Beira nach Bulawayo reisen. Im gleichen Jahr wurde Salisbury zur Hauptstadt von Rhodesien erklärt. Der unaufhaltsame Aufstieg begann. Industrie siedelte sich an und immer mehr Vororte wurden eingemeindet. Die Weißen blieben in ihren Vierteln unter sich, freiwillig, die schwarzen Arbeiter in ihren – weniger freiwillig. Tagsüber durften sie zu ihrer Arbeit gehen, abends mussten sie zurückkehren. Noch immer setzt sich die Spaltung der Gesellschaft in der Aufteilung der Wohnviertel fort. Auch wenn inzwischen Schwarze in die ehemals weißen Viertel gezogen sind und dort als Nachbarn sogar akzeptiert werden, für das Gros der Schwarzen sind die teuren Häuser schlichtweg unerschwinglich.

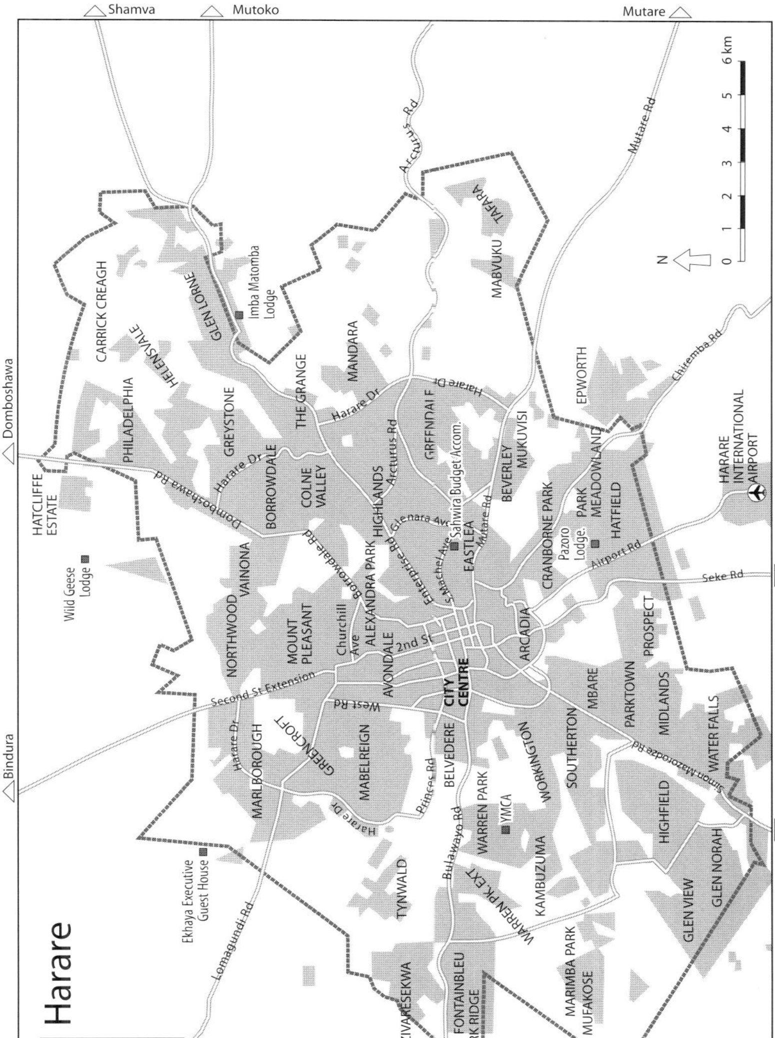
Harare
Shamva
Mutoko
Mutare
Domboshawa
Bindura
Kariba
Bulawayo
Masvingo
Chitungwiza & Seke
6 km
0 1 2 3 4 5 6
N
Arcturus Rd
Mutare Rd
Chiremba Rd
Harare Dr
Domboshawa Rd
Borrowdale Rd
Glenara Ave
Enterprise Rd
S. Machel Ave
Churchill Ave
2nd St
Second St Extension
West Rd
Princes Rd
Bulawayo Rd
Lomagundi Rd
Airport Rd
Seke Rd
Simon Mazorodze Rd
CARRICK CREAGH
HELENSVALE
GLEN LORNE
Imba Matomba Lodge
MANDARA
TAFARA
MABVUKU
PHILADELPHIA
GREYSTONE
THE GRANGE
GREENDALE
EPWORTH
HATCLIFFE ESTATE
BORROWDALE
COLNE VALLEY
HIGHLANDS
Sahwira Budget Accom.
BEVERLEY
MUKUVISI
PARK MEADOWLANDS
HATFIELD
HARARE INTERNATIONAL AIRPORT
Wild Geese Lodge
NORTHWOOD
VAINONA
MOUNT PLEASANT
ALEXANDRA PARK
EASTLEA
CRANBORNE PARK
Pazoro Lodge.
AVONDALE
CITY CENTRE
ARCADIA
PROSPECT
MBARE
PARKTOWN
MIDLANDS
MARLBOROUGH
GREENCROFT
MABELREIGN
BELVEDERE
WORKINGTON
SOUTHERTON
WATER FALLS
HIGHFIELD
Ekhaya Executive Guest House
TYNWALD
WARREN PARK
YMCA
KAMBUZUMA
WARREN PK. EXT
GLEN VIEW
GLEN NORAH
DZIVARESEKWA
FONTAINBLEU
PARK RIDGE
MARIMBA PARK
MUFAKOSE

Sicherheit Den Wagen sollte man wohlweislich am Hotel oder in der Lodge lassen und ein Taxi in die Stadt nehmen, denn sichere Parkplätze gibt es nicht, erst recht nicht, wenn nur irgend etwas Verwertbares darin liegt – und das kann schon eine einzelne Zigarette sein. Keinen Schutz bieten die informellen Wächter in Harare – auch wenn man sie erst nach Rückkunft zahlen will. Kehrt man ihnen den Rücken zu, schnüffeln sie Klebstoff und torkeln benebelt von dannen. Bei Anbruch der Dämmerung heißt es für Fußgänger, die Straßen Harares zu verlassen. Auch Gruppen von drei oder mehr Leuten riskieren bei Dunkelheit, ihre gesamten Wertgegenstände loszuwerden – Uhren, Ringe, Ohrstecker und Geld sowieso. Auch Pässe erfreuen sich immer größerer Beliebtheit – die Legende damit in das gesegnete Europa zu entkommen hält sich hartnäckig.
Die Chancellor Road / Borrowdale Road ist ab der Josiah Tongogora Avenue zwischen 18 Uhr und 6 Uhr morgens gesperrt. Hier befindet sich der Präsidentenpalast, wo man die Nachtruhe einhalten will, und der Schlaf (und das Leben des Präsidenten) wird mit Waffengewalt geschützt (dies ist kein Spaß). Die Borrowdale Road sollte man spätestens ab 17 Uhr und vor 7 Uhr über die Churchill Avenue anfahren.
Spazieren gehen kann man auf Stadtgebiet relativ unproblematisch im Botanischen Garten und in den Mukuvisi Woodlands, da die Eingänge bewacht werden. Harare Gardens, obwohl ein schöner Park, ist wegen der Diebstähle und Überfälle gefährlich geworden. Wenn man sich hier erholen will, sollte man alle Wertsachen zu Hause lassen und dies jedem Angreifer deutlich zeigen, indem man freiwillig die Taschen ausleert.

Mit der Unabhängigkeit wurde der gesamten Bevölkerung das Recht auf Freizügigkeit zugestanden. Nicht immer zum Wohle der Stadt. Der Druck der Landflüchtigen wird inzwischen immer stärker, hinzu kommen die Asylanten aus den Nachbarländern, in denen Bürgerkrieg herrscht, wie Angola und früher Moçambique. Unweit der Stadt errichten sie ihre einfachen Hütten aus Wellblech, Pappe und Holzresten, aus Konservendosen, Flaschen und Plastikabfällen, die immer näher an die urbanen Viertel heranrücken. Aus politischen Gründen sind der Administration hier die Hände gebunden und sie ist nicht in der Lage, dem Einhalt zu gebieten.

Ein Spaziergang durch das Zentrum

Der Spaziergang sollte nur bei Tag und ohne jegliche Wertsachen unternommen werden. Er beginnt am **African Unity Square**, früher Cecil Square, nach dem britischen Premierminister Lord Robert Cecil. Der Name wurde 1988 in den heutigen geändert, zur Erinnerung an den Zusammenschluss der beiden konkurrierenden Parteien ZAPU und ZANU. Das dichte Gedränge erleichtert Taschendieben ihr Handwerk, also Vorsicht! Am südlichen Rand des Platzes steht das **Luxushotel Meikles**, Mitglied, der „Leading Hotels of the World". Das alte, 1916 erbaute Meikles Hotel wurde 1976 abgerissen. Der Neubau kündigt sich schon von weitem stolz mit seinem unübersehbaren Namenszug an. Am Hochhaus vorbei nach Süden, kommt man über die Speke Avenue zur Robert Mugabe Road, wo man sich links hält und an einer ganzen Reihe älterer Gebäude vorbeikommt. **Bradlow's Building** entstand 1935 und gilt als das erste moderne Haus der Stadt. Wenige Meter weiter, ebenfalls auf der rechten Seite steht das 1911 errichtete **BTA Building** – Bechuanaland Trading Company Association – mit einer schönen Schaufensterfront unter einer von schmiedeeisernen Säulen getragenen Arkade. Es folgt jenseits der First Street das **Strachan's Building** von 1910 mit einem Innenhof. Gleich daneben fällt das Haus der Waffenhändler **Fereday & Sons** auf, 1923 gebaut und schön renoviert. Kurz vor dem Julius Nyerere Way blitzt das weiße **Arnold Building** in der Sonne (1910), dessen Veranda mit Jugendstil-Schmiedekunst verziert ist. Geht man nun rechts, wird kurz vor der Jason Moyo Avenue linkerhand das **Town House** von 1933

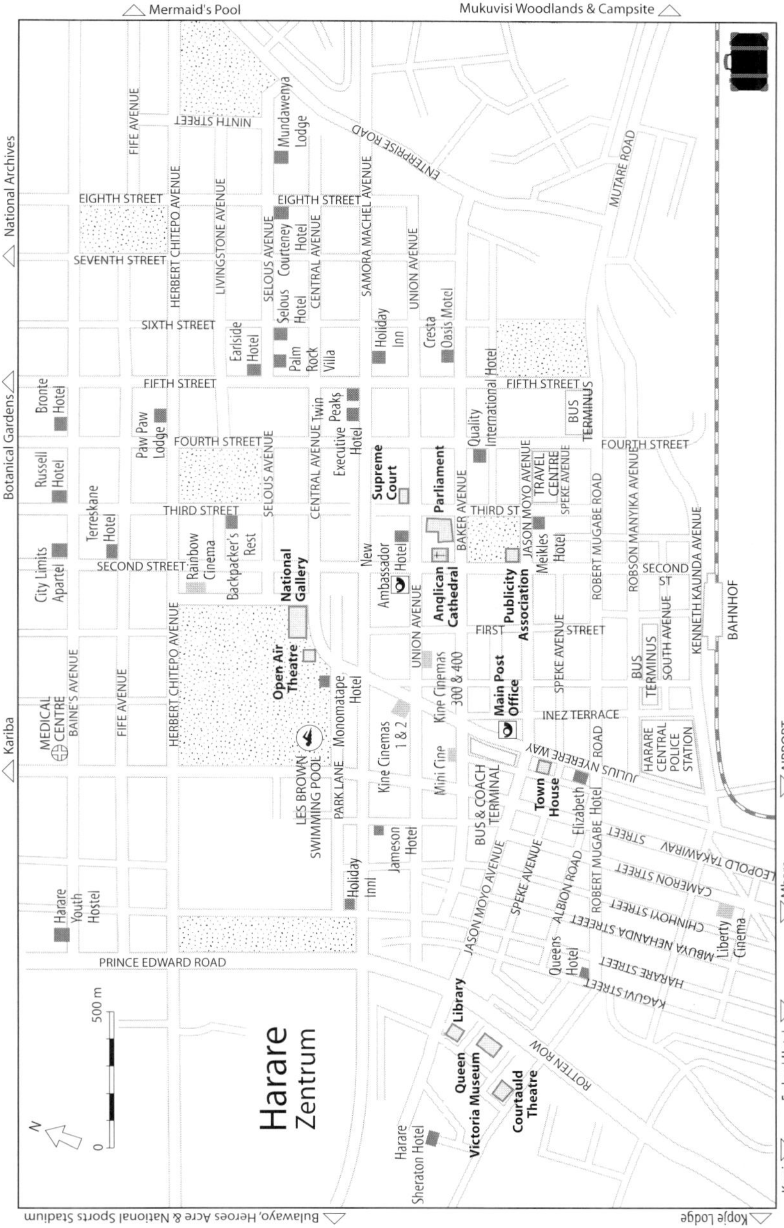

ZENTRAL-ZIMBABWE

passiert. Weiter und in die Nelson Mandela Avenue rechts hinein, blickt man an der First Street geradeaus auf das erste mehrstöckige Gebäude der Stadt, das **NEM Building**, 1930 gebaut. Links ragt das **Edward Building** von 1936 hoch, seit jeher ein Geschäftshaus. Nach Westen weiter sieht man am African Unity Square links die **anglikanische Kathedrale** St. Mary and All Saints von 1912, in deren Innerem man den Parkettfußboden bewundern kann. Auf der Rückseite des Häuserblocks stehen der **Supreme Court** von 1927 und das **House of Assembly**, das 1900 fertig gestellt und 1939 umgebaut wurde. Hinter einer Glasscheibe darf man den Parlamentssitzungen beiwohnen (Mo–Fr ab 10 Uhr, aus Sicherheitsgründen wird man durchsucht, Anmeldung unter ✆ 700181). Im Block gegenüber steht das **Lonhro House** von 1910. Über die Fourth Street nach links und die Central Avenue wieder nach links führt der Weg bei der Second Street zum **Cecil House**, 1901 als Hauptsitz der De Beers Company erbaut, und weiter zu den **Harare Gardens**. In der schönen Parkanlage mit hohen Bäumen und Blumenbeeten stehen die Stände der Kunsthandwerker, die ihre kleinen und großen Skulpturen verkaufen wollen und die Interessenten immer wieder vor den für sie hoch geschäftsschädigenden Diebstählen warnen. Für Pechvögel steht ein alter Campinganhänger bereit, in dem die Zivilstreifen der Polizei im Akkord die Berichte schreiben. Man sollte sich aber nicht ängstigen lassen, tagsüber und bei einiger Aufmerksamkeit wird nichts passieren. In einem kleinen eingezäunten Areal finden nachmittags traditionelle, von Trommeln begleitete Tanzvorführungen statt (Eintritt US$1), die zu Trommelmusik tanzen. Eine nette Unterbrechung des Spazierganges. Verlässt man die Harare Gardens südlich, kann man auf der Einkaufsstraße und **Fußgängerzone First Street** zum African Unity Square zurückkehren.

Museen und Ausstellungen

Das moderne Gebäude an der Park Lane, Ecke Julius Nyerere Way an den Harare Gardens beherbergt die **National Gallery of Zimbabwe**, P.O. Box CY848, Causeway, Harare, Park Lane, ✆ 724391, ℻ 704668. Eine Außen- und eine Innenaustellung zeigen Skulpturen, Masken und Bilder zeitgenössischer schwarzer und weißer Künstler des Landes, daneben gibt es Wanderausstellungen internationaler Werke. Der Museumsladen verkauft Biographien, Literatur zum Schaffen einheimischer Kunsthandwerker und auch Skulpturen. ⌚ Di–So 9–17 Uhr, Eintritt US$1

Im **Nationalarchiv** an der Borrowdale Road, von der Churchill Avenue anzufahren, ✆ 730514, ℻ 792398, findet der Geschichtsinteressierte ein buntes Sammelsurium zur weißen und schwarzen Vergangenheit des Landes und des Unabhängigkeitskampfes: Zeitungen, Bücher, Fotografien, Landkarten, Tagebücher, Privatbriefe und Zeichnungen, sowie Ausstellungsstücke zum zweiten Chimurenga. Ein kleiner Aloegarten entspannt diejenigen, die zu viel Geschichte aufgesogen haben, ein Laden verkauft Poster, Faksimiles von historischen Landkarten und Fotos. ⌚ Mo–Fr 9–16 Uhr, Sa 9–12 Uhr.

Das kleine ethnographische **Museum of Human Sciences/Queen Victoria Museum** an der Rotten Row bei der Robert Mugabe Road, ✆ 774208, ℻ 753085, hat bei weitem nicht so viel zu bieten wie sein Bruder in Bulawayo. Trotzdem sind die Stücke zur Geschichte und Natur des Landes und seiner Bewohner nett hergerichtet und die Dioramen stellen die Vergangenheit anschaulich dar. ⌚ tgl. 9–17 Uhr, Eintritt US$2.

Von der Mutare Road (Verlängerung der Robert Mugabe Road nach Osten) geht zwei Kilometer nach der Einmündung der Samora Machel Avenue die Felice Avenue ab, an der der **Chapungu Sculpture Park** liegt, ✆ 486656, ℻ 747264. Hat man das Eingangstor durchschritten, befindet man sich in einer Oase der Ruhe: ein kleiner See mit Riedgras, grüne Rasenflächen, ein gemauerter Kraal und überall verteilt Skulpturen, die ihre Wirkung voll entfalten können. Im Laden kann man die Skulpturen erwerben und etwas zu ihrer Geschichte hören, ein Coffeeshop sorgt für das leibliche Wohl und der Nachbau eines Shona-Dorfes

In den Harare Gardens wird Kunsthandwerk verkauft

veranschaulicht die traditionelle Lebensweise. Am Wochenende finden nachmittags Tanzveranstaltungen statt. ⌚ tgl. 9–17 Uhr, Eintritt US$0,50.

Gärten und Parks

Die mitten im Zentrum gelegenen **Harare Gardens** (nichts nachts betreten, es kommt immer wieder zu Vergewaltigungen!) sind ein schöner Zufluchtsort, wenn man der Hektik des Großstadtgetriebes für einen Moment entfliehen will. Auf einer Bank sitzend lässt sich den Steinmetzen zuschauen, wie sie ihre Kunst an Touristen verkaufen, Liebespärchen wandern über die Rasenflächen, Besucher der Nationalgalerie kehren in das Zentrum zurück und Erfrischung Suchende eilen Richtung städtisches Schwimmbad. Ein kleines Modell zeigt die Victoriafälle und den Zambezi, und in einem abgegrenzten Areal kann man nachmittags Tanzvorführungen bestaunen (Eintritt US$1).

Die fast 60 ha großen **National Botanical Gardens**, ✆ 725313, liegen im Norden des Zentrums an der 5th Street jenseits der Josiah Tongogora Avenue. Der Garten beherbergt alle Pflanzenwelten, die in Zimbabwe vorkommen, und gibt botanisch Interessierten einen guten Einblick in die Flora. Regenwald wechselt mit Savanne, Brachystegia mit Ficus, das Lowveld des Zambezi und Baumsavanne sind vertreten, ebenso das Highveld mit Wäldern und Ufervegetation. Eine Sektion ist Südafrika vorbehalten, eine andere Pflanzenarten des indischen Subkontinentes. Beim Herbarium kann man nach telefonischer Anmeldung weitergehende Informationen erhalten. Im Park liegt ein Restaurant, wo man kleine Snacks erhält und Sadza bestellen kann. Es gibt einen bewachten Parkplatz, dennoch sollte man nichts im Auto zurücklassen. ⌚ tgl. von Sonnenauf- bis -untergang.

Den schönsten Blick über Harare genießt man nachmittags vom 60 m hohen **Kopje** im Südwesten des Zentrums. Man nimmt die Robert Mugabe Road nach Westen und die letzte Straße vor der Rotten Row nach Süden, dann rechts. Der Weg windet sich den Granitfelsen hinauf und endet an einem Parkplatz,

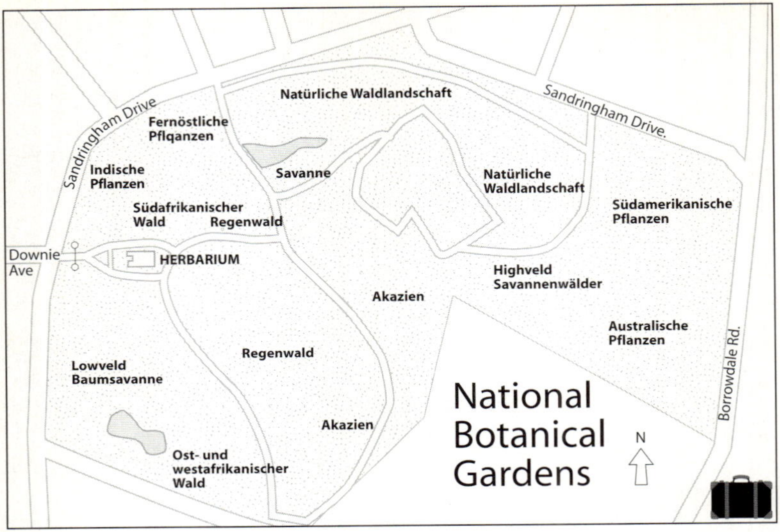

wo auf einem Denkmal die Flamme der Unabhängigkeit vor sich hin flackert. Auf den Brüstungen haben Kunsthändler ihr Sortiment ausgebreitet und dösen auf Touristen wartend vor sich hin (seinen Wagen sollte man nicht aus den Augen verlieren). Der Blick reicht über die Skyline des Zentrums hinweg bis zu der Hügellandschaft der besseren Stadtviertel.

Wer am Wochenende mit Kindern unterwegs ist, die bei der Stadtbesichtigung anfangen zu quengeln, sollte ihnen etwas Gutes tun und den **Greenwood Park** besuchen. Die Kleinen freuen sich, wenn sie Bähnchen fahren dürfen, die Erwachsenen können Erfrischungen zu sich nehmen. 🕓 Sa und So 14–17 Uhr.

Der **Ewanrigg Botanical Garden**, ✆ 074-2784, liegt 30 km außerhalb im Nordosten in Richtung Shamva; die letzten 3 km sind (manchmal sehr schlechte) Piste. Er entstand auf der Farm Ewanrigg des Pioniers und Hobbygärtners Harold Basil Christian, der den Garten schließlich dem Staat vermachte. Ewanrigg wurde zum National Monument erklärt. Sein Begründer war ein begeisterter Aloenliebhaber und so findet sich hier eine der weltweit beeindruckendsten Aloensammlungen. Im Park sind Picknickplätze mit Grillmöglichkeit (Feuerholz wird verkauft). Das Wohnhaus von Christian ist noch zu sehen und seine erste Aloensammlung wächst nördlich davon in einem Abschnitt, den man auf vielen kleinen Wegen wunderbar zu Fuß erwandern kann. Vier Aloenarten kommen nur in Zimbabwe vor: *aloe inyangensis* (in den Nyanga- und Vumba-Bergen), *aloe musapana* (in den Bergen bei Musapa), *aloe ortholopha* (auf dem Great Dyke) und *aloe tauri* (bei Mwenezi). Eine Art wurde sogar nach Christian benannt: *aloe christianii.* 🕓 tgl. 8–17.15 Uhr, Eintritt US$5.

Epworth Balancing Rocks

Die berühmte Felsformation, die jeden zimbabwischen Geldschein ziert, liegt südöstlich des Zentrums. Man nimmt die Robert Mugabe Road nach Osten und die Chiremba Road nach Süden, die direkt zum Eingang des Parkes und weiter in die Squatter-Siedlungen südlich da-

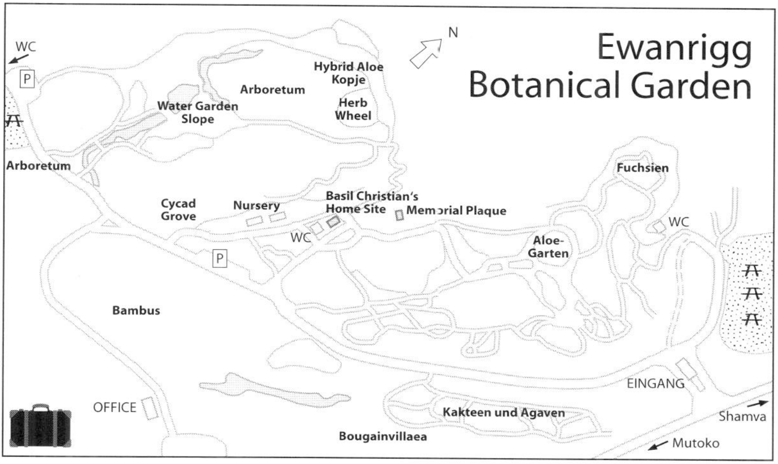

von führt. Epworth ist ein gefährliches Pflaster geworden. Die Armut der Squatter ringsum, deren aus Abfällen zusammengeschusterte Hütten dem Park immer näher kommen, führt zu sozialen Spannungen und immer wieder zu Übergriffen gegen Touristen. Die Wächter am Eingangstor haben die Anweisung die Besucher beim Rundgang zu begleiten, der sie aber nicht immer nachkommen. Bitten Sie die Wächter, Ihnen die Felszeichnungen zu zeigen, die sie alleine nicht finden.

🕒 tgl. von 8–17 Uhr; Eintritt US$1, 20–30 Z$ sollten als Trinkgeld für die Führung reichen.

Tierparks

Die **Mukuvisi Woodlands** liegen an der Robert Mugabe Road, Ecke Glenara Avenue, Anfahrt über die Hillside Road, ✆ 747111. Hier kann man reiten (jeden Tag um 8.30 und 15 Uhr, 1 Stunde US$2, am Vorabend anmelden), geführte Wanderungen finden täglich 8.30 und 14.30 Uhr statt (US$2, ca. 2 Stunden). Es gibt eine Picknickmöglichkeit, einen Spielplatz und eine Aussichtsplattform. Zu sehen sind Zebras, Strauße, Giraffen, Krokodile und viele Antilopen. 🕒 7–17 Uhr, Eintritt US$2

Um den **Mbizi Game Park**, ✆ 572886, zu erreichen, fährt man auf der Airport Road über den Flughafen hinaus bis zur Delport Road, dort der Beschilderung folgen (8 km). Zu sehen sind viele Vögel, man kann Boot fahren (US$5/halber Tag), reiten (US$5 pro Stunde), und Mountainbikes mieten (US$2 pro Stunde), s.a. Unterkunft. 🕒 tgl. 8–17 Uhr, Eintritt US$1 p.P.

45 km außerhalb von Harare an der Straße nach Shamva liegt der **Bally Vaughan Game Park**, ✆ 074-2775, ein privater Wildpark. 🕒 Di–So von Sonnenauf- bis -untergang, Eintritt US$25 inkl. Lunch.

Weitere Tierparks in der Umgebung s.S. 328, Lake Chivero.

Sonstige Sehenswürdigkeiten

Die **Tobacco Auction Floors**, ✆ 621621, 📠 621620, liegen an der Gleneagles Road in einem Gewerbegebiet südwestlich des Zentrums. Man fährt auf der Simon Matorodze Road aus der Stadt heraus Richtung Masvingo und dann nach rechts in die Willowvale Road und wieder rechts in die Gleneagles Road. In der modernen Halle wird die gesamte Tabakernte von Zimbabwe umgeschlagen. Die Ballen stehen geöffnet in langen Reihen, der

Duft der Pflanze hängt betäubend in der Luft, die Geschäftsleute folgen dem monotonen Singsang des Auktionators durch die Ballenreihen hindurch. Dem uneingeweihten Betrachter entgehen die Zuschläge und so sieht man nur stetig eine Kolonne durch die Halle wandern. In einer Cafeteria wird kostenlos Kaffee ausgeschenkt. Schwarze und weiße Händler erholen sich dort von der Strapaze der Ersteigerung. Die schwarzen Farmer und Händler haben in den letzten Jahren versucht ihre eigene Auktion aufzubauen, das Gebäude dafür ist bereits erstellt, doch der Finanzier, ein Mann mit besten Kontakten zur Regierung und der Vorzeigekapitalist der schwarzen Bevölkerung, ging pleite, flüchtete in die USA, starb unter ungeklärten Umständen und nun trifft man sich einträchtig wieder hier.

Mbare liegt zwischen Simon Mazorodze Road und Seke Road, der **Mbare Musika Market** an der Ardbennie Road. Hier ist alles erhältlich, was die Familien benötigen: Gemüse, Fleisch, moderne und traditionelle Haushaltswaren, Heilkräuter, Hühner zum Verspeisen oder Opfern, Kleidung, neu und billig aus Asien importiert oder gebraucht und noch billiger, Eisenschrott wird aufbereitet und angeboten, Reifenschläuche zerschnitten und als Gummibänder verkauft – es gibt nichts, was nicht auf irgendeine Art und Weise noch verwertbar wäre und seinen Käufer findet. Afrikanischer Schmuck ist im Angebot, Skulpturen, Tonwaren, Flechtwerk, auch Touristen können also fündig werden. Mbare ist auch der größte Busbahnhof Zimbabwes. Direkte Verbindungen von Nord nach Süd oder Ost nach West gibt es nicht. Mbare ist die Drehscheibe des landesweiten Fernverkehrs. Am Anfang und Ende der Wochenenden und vor und nach Feiertagen bricht die Hölle los und das Viertel auseinander. Zur Hektik der Stadtbewohner gesellt sich die schlechte Laune von Tausenden von Reisenden, die aus den Bussen in den Hexenkessel springen und zur nächsten Haltestelle hetzen. In dieser Stimmung sind Fotografen im eleganten Safarioutfit, die nach einem malerischen Motiv für den heimischen Diaabend suchen, fehl am Platz. Sie ziehen definitiv Aggressionen auf sich. Wer Mbare besucht, sollte dies nur tagsüber tun, wenn möglich nicht alleine, sondern unter fachkundiger Führung und sich *äußerst* dezent verhalten.

Heroe's Acre, der Heldenfriedhof des Landes liegt im Süden der Stadt an der Bulawayo Road, jenseits einer bewachten Zufahrt gegenüber dem Nationalstadion. Offiziell ist der Zutritt nur mit einer Genehmigung des Informationsministeriums gestattet (Ministry of Information, Linquenda House, Nelson Mandela Avenue, P.O. Box CY1276, Causeway, Harare, ✆ 703891).

Der Eintritt ist kostenlos, ebenso die Führung und die Broschüre, die dem Besucher in die Hand gedrückt wird. Das Monument besteht aus der Statue des Unbekannten Soldaten, einem 40 m hohen Turm mit einer Ewigen Flamme, die an die Unabhängigkeit erinnert, dem Grab des Unbekannten Soldaten und den Ruhestätten der bekannten Helden der Nation. Das ganze Ensemble wirkt selten monumental und ist in seiner Wucht Ausdruck der Befriedigung über den erfolgreichen Freiheitskampf. Fast 20% der in der Broschüre mit ihrer Biographie aufgelisteten 38 Helden der Nation (im Übrigen nicht nur Schwarze, auch Weiße, die die unheilvolle Politik der Rassentrennung nicht mitmachen wollten und sich der Unabhängigkeitsbewegung angeschlossen haben, ruhen hier) sind an Autounfällen gestorben. *Honi soit qui mal y pense.*

Übernachtung

Harare besitzt eine Unzahl an billigen Hotels und Backpacker-Unterkünften.
Die billigen Hotels werden häufig als Stundenhotels genutzt und haben Barbetrieb, der einer Nachtruhe nicht unbedingt zuträglich ist. Deshalb wurde nur eine Auswahl an günstigen Hotels getroffen, von denen bislang bekannt ist, dass sie einigermaßen Ruhe erlauben.
Die Backpacker-Unterkünfte sind fast immer empfehlenswert, wobei man aber in den günstigen Unterkünften immer auf seine Wertsachen achten sollte. Das Brontë Hotel ist in

Überall in Harare trifft man auf Gebäude aus der Kolonialzeit

der mittleren Preiskategorie das empfehlenswerteste für all jene, die zentral nächtigen wollen. Die Possum Lodge ist der beliebteste Backpacker-Treffpunkt. Wer Informationen will, bekommt sie hier.

UNTERE PREISKLASSE – ***Courteney Hotel***, P.O. Box 3150, Harare, ✆ 704400, ℻ 706411. Selous Avenue, Ecke 8th Street, 2-Sterne-Hotel, DZ ab US$35, Schwimmbad, beliebtes Restaurant „L'Escargot".

George Hotel, P.O. Box A649, Avondale, Harare, George Road, ✆ 336677, ℻ 339501. 2-Sterne-Hotel in Avondale, DZ ab US$35 inkl. Frühstück.

Executive Hotel, 126 Samora Machel Avenue, Ecke 4th Street, ✆ 792803, ℻ 792804. Einfaches Hotel im Zentrum, DZ ab US$25.

Feather's Hotel, P.O. Box M200, Mabelreign, Harare, Sherwood Drive, außerhalb beim Mabelreign Shopping Centre. 2-Sterne-Hotel mit Schwimmbad, DZ ab US$20.

Sahwira Budget Accomodation, 299 Samora Machel Avenue, Eastlea, Harare, ✆ 746016, vor der Glenara Avenue rechts in die Walmer Road, DZ ab US$20, sehr sauber, sicherer Parkplatz, auch Familienzimmer.

Possum Lodge, 7 Deary Avenue, Belgravia, Harare, ✆ 726851, ✉ possum@zol.co.zw. Äußerst beliebte Backpacker-Unterkunft, die auch als Informationsbörse dient, Restaurant, Wäschedienst, Schwimmbad, Fahrradverleih, Internetmöglichkeit, Camping US$3, Schlafsaal US$5, DZ US$15.

Mundawanga Lodge, 94 Selous Street, Ecke 9th Street, ✆ 721678, ℻ 730815, ✉ amarissa@icon.co.zw. Nahe dem Zentrum, sauber und angenehm, Schlafsaal US$5p.P., DZ ab US$10 p.P.

Palm Rock Villa, 39 Selous Street, Harare, ✆ 724550. Zentral, Schlafsaal US$5 p.P., DZ US$20.

YWCA, 189 Westwood Drive, Ecke 4th Street, Westwood, Harare, ✆ 227309, ℻ 794352, ab US$10 p.P. inkl. Frühstück, nicht nur für Frauen.

Shoestrings Resort, beliebte Unterkunft, ca. US$10 p.P., man wird nach Anruf vom Holiday

ZENTRAL-ZIMBABWE

Inn, Samora Machel Avenue abgeholt, ✆ 011-603049 oder 091-300950.
Paw-Paw Lodge, 262 Herbert Chitepo Avenue, Harare, ✆ 724337. DZ US$8, Mehrbettzimmer US$5; Kochmöglichkeit, Waschmaschinen.
Pazoro Lodge, 4 Wenlock Road, Hatfield, von der Airport Road in die St. Patrick's Road nach links, die Kilwinning Road nach rechts und die Wenlock Road wieder rechts, ✆ 302976, 3 DZ für US$10 p.P., Camping US$3 p.P., sauber, Selbstversorgung, Küchenbenutzung, Schwimmbad.
Kopje 221 Lodge, 221 Enterprise Road, Chisipite, Harare, ✆ 499097, Zelten US$2 p.P., Schlafsaal US$4 p.P.
Twin Peaks Lodge, 130 Samora Machel Avenue bei der 5th Street, Harare, ✆ 730537, Zelten US$2 p.P., Hütten US$10.
Jacaranda Lodge, 41 Selous Avenue, ✆ 700396, Mehrbettzimmer (auch als Familenzimmer zu benutzen) US$5 p.P.
Wayfarer Lodge, 47 Jesmond Road, ✆ 572125, Abholdienst, Schlafsaal US$5 p.P., Camping US$2 p.P.

MITTLERE PREISKLASSE – ***Brontë Hotel***, 132 Baines Avenue, ✆ 796631, 📠 721429. Beliebtes und häufig ausgebuchtes Hotel mit gutem Preis-Leistungs-Verhältnis, schöne Gartenanlage, sehr sicher, leider muss man das Rotlichtviertel durchqueren, wenn man zu Fuß unterwegs ist (einziger Nachteil), Taxis stehen aber am Eingang bereit, DZ ab US$50 inkl. Frühstück.
Cresta Jameson Hotel Best Western, P.O. Box 2833, Harare, Samora Machel Avenue, Ecke Park Street, ✆ 772886, 📠 774119, ✉ jamgm@samara.co.zw. Mitten im Zentrum, gute Wahl, DZ ab US$80 inkl. Frühstück.
Kentucky Airport Hotel, P.O. Box H63, Hatfield, Harare, 27 St. Patrick's Street, ✆ 570109, 📠 573109. Nahe dem Flughafen, DZ ab US$70.
Cresta Oasis, P.B. AY2, Amby, Harare, 124 Nelson Mandela Avenue, ✆ 790861, 📠 487402, ✉ cresta@samara.co.zw. DZ ab US$55 inkl. Frühstück.
Cresta Lodge, P.B. AY2, Amby, Harare, in Greendale 5km vom Zentrum, Samora Machel Avenue, Ecke Robert Mugabe Road. ✆ 487006, 📠 487009, ✉ lodgegm@samara.co.zw. Außerhalb im Osten an der Hauptausfallstraße, trotzdem angenehm, DZ US$105.
Ambassador Hotel, P.O. Box 872, Harare, 88 Union Avenue zwischen 2nd und 3rd Street, ✆ 729851, 📠 708126, ✉ rtzhotel@omnizim.com. Zentrumsnah, DZ ab US$55 inkl. Frühstück.
Quality International Hotel, P.O. Box 566, Harare, Nelson Mandela Avenue, Ecke 4th Street, ✆ 794469, 📠 722894, ✉ quality@id.co.zw. Eher einfach, DZ US$50.
Ekhaya Executive Guest House, 32 Old Mazowe Road, Lower Mount Hampden, P.O. Box 442, Harare, ✆ 333165, 📠 302939, ✉ john@supacolor.co.za. Viel von Geschäftsleuten genutzt, Sekretariatsservice, Internet-Möglichkeit, DZ US$40 p.P. inkl. Frühstück.

OBERE PREISKLASSE – ***Sheraton Hotel & Towers***, P.O. Box 3033, Harare, am Ende der westlichen Verlängerung der Jason Moyo Avenue, ✆ 772633, 📠 774667, ✉ sheraton@harare.iafrica.com. DZ US$200 inkl. Frühstück, Hoher internationaler Standard, beliebter Ort, um spät nachts noch abzuhängen.
Holiday Inn Crowne Plaza Monomotapa, P.O. Box 2445, Harare, 54 Park Lane, ✆ 704501, 📠 791920, ✉ crownplaza@zimsun.gaia.co.zw. Zimmer US$160, 5-Sterne-Luxus in der Hauptstadt.
Meikles Hotel, P.O. Box 594, Harare, African Unity Square, ✆ 795655, 📠 707753, ✉ meikles@harare.iafrica.com. Luxushotel, Mitglied der „Leading Hotels of the World", leider ist die Umgebung für ihre hohe Kriminalitätsrate bekannt, Zimmer ab US$150.
Holiday Inn Harare, P.O. Box 7, Harare, Samora Machel Avenue, Ecke 5th Street, ✆ 795611, 📠 72767, ✉ hreholinn@zimsun.gaia.co.zw. Zimmer US$125, Holiday Inn Standard, nicht mit dem großen Bruder Crowne Plaza zu vergleichen.
Borrowdale Brook Country Club, P.O. Box 9056, Bulawayo, ✆ 09-42298, 📠 41748, ✉ cozim@acacia.samara.co.zw. An der Crow-

hill Road in Borrowdale, von der Borrowdale Road rechts abgehend, Luxusunterkunft in sehr ruhiger Umgebung, DZ US$200 inkl. Frühstück.

CAMPING – ***Coronation Camping Site & Caravan Park***, Robert Mugabe Road, Ecke Samora Machel Avenue, stadtauswärts und gleich rechts fahren, ✆ 486398, war lange der beste Campingplatz der Stadt, fällt aber inzwischen etwas ab, US$3 p.P.
Pazoro Lodge, 4 Wenlock Road, Hatfield, von der Airport Road in die St. Patrick's Road nach links, die Kilwinning Road nach rechts und die Wenlock Road wieder rechts, ✆ 302976, Camping US$3 p.P., sauber, Selbstversorgung, Küchenbenutzung, Schwimmbad. Auch 3 DZ für US$10 p.P.
Kopje 221 Lodge, 221 Enterprise Road, Chisipite, Harare, ✆ 499097, Zelten US$2 p.P., Schlafsaal US$4 p.P.
Twin Peaks Lodge, 130 Samora Machel Avenue bei der 5th Street, Harare, ✆ 730537, Zelten US$2 p.P., Hütten US$10.
Wayfarer Lodge, 47 Jesmond Road, ✆ 572125, Abholdienst, Schlafsaal US$5 p.P., Camping US$2 p.P.

AUSSERHALB – **Richtung Osten**:
Landela Lodge, P.O. Box 83, Ruwa, ✆ 073-2433, 📠 708119, ✉ landela@samara.co.zw. Luxuslodge in einem privaten Park bei Ruwa für US$120 p.P., Reservierung erforderlich.
Mapumula Lodge, In Ruwa, 25 km vom Zentrum entfernt, ✆ 305878, 📠 305974, ✉ armadilla@mail.pci.co.zw. Drei Chalets zur Selbstversorgung, Chalet p.P. ab US$30, auch Frühstück und Abendessen möglich.
Duck Farm, in Ruwa, 25 km außerhalb, ✆ 073-2494, Overlander-Treff, Chalet ab US$10.

Richtung Norden: ***Imba Matombo Lodge***, P.O. Box 9056, Bulawayo, ✆ 09-42298, 📠 41748, ✉ cozim@acacia.samara.co.zw. 3 Albert Glen Close in Glen Lorne, die Enterprise Road hinaus, Glenwood Drive rechts, Albert Glen Close rechts (ca. 20 km), Luxuslodge Chalet US$130 p.P. inkl. Halbpension.
Wild Geese Lodge, P.O. Box BW198, Borrowdale, Harare. Die Stadt auf der Borrowdale Road verlassen, Edinburgh Road links, Alpes Road rechts und Buckland Lane links, ✆ 860446, 📠 860276. Mitten im Mazowe-Tal, luxuriöse Chalets ab US$120 inkl. Frühstück.
Mwanga Lodge / Bally Vaughan Game Park, P.O. Box 1303, Harare, ✆ 074-2775. 45 km außerhalb von Harare an der Straße nach Shamva, in einem privaten Wildpark (auch Tagesbesucher), Chalet für zwei US$250 alles inklusive.

Richtung Westen: ***Pamuzinda Lodge***, P.O. Box BE882, Belvedere, Harare, ✆ 0628-44215, 📠 44292. Auf einer Farm bei Selous, Anfahrtsbeschreibung mit Buchungsbestätigung, DZ US$150 p.P. alles inklusive.

Richtung Süden: ***Mbizi Game Park***, ✆ 572886, 📠 700812. Auf der Airport Road über den Flughafen hinaus bis zur Delport Road dort der Beschilderung folgen (8 km).

Essen

Wie es sich für eine Hauptstadt gehört, ist die Auswahl an Restaurants sehr groß. Von indisch bis portugiesisch, von der einheimischen Küche mit Sadza bis zum Hamburger und raffinierterer internationaler Küche ist alles zu finden. Im Zentrum verkaufen viele Takeaways Frühlingsrollen, Sandwiches, belegte Brötchen; Hamburger und Hotdogs.
Die besseren Restaurants sind aufgrund des Wechselkurses für Ausländer immer noch fürchterlich billig und werden demzufolge vom Botschaftspersonal weidlich genutzt. In guten bis sehr guten Restaurants kann man für etwa $10 pro Person hemmungslos zuschlagen. Neben den unten gelisteten Adressen haben die internationalen und nationalen Hotels ebenfalls sehr gute Restaurants, die den Gast nicht arm machen.

LEICHTE MAHLZEITEN – ***The Lido***, 51 Union Avenue beim Kino, ✆ 726316. Frühstück und Lunch, auch vegetarische Gerichte.

Italian Bakery, 114 King George Road, Avondale, ✆ 339732. Täglich Frühstück und Lunch, am Sonntag trifft sich *tout harare,* sitzt auf der Terrasse zum Cappuccino oder holt sich die Morgensemmeln ab.
Brazita Coffee House, Southampton Arcade, Union Avenue, ✆ 792229. Der beste Kaffee in der Stadt.
Fournos, 144 Samora Machel Avenue, ✆ 708348. Coffeeshop, der zum Lunch öffnet und spät nachts schließt, Sonntag Ruhetag.
The Book Café, Fife Avenue Shopping Centre, ✆ 792551. Di-Sa 10-22 Uhr, So bis 18 Uhr, leichte Mahlzeiten, auch Buchladen, auch Live-Jazz.
Le Café, Chisipite Shopping Centre. Ehemaliger In-Treff der Gesundfanatiker, die hier frühstückten, inzwischen hat sich die Szene beruhigt.

STEAKHÄUSER – ***DV8 Restaurant***, Groombridge Shopping Centre in Groombridge, von der Borrowdale Road die Churchill Avenue nach Westen, die College Road nach Norden bis zur Ecke The Chase, ✆ 745202. ⏲ Di–Fr mittags und abends, Sa nur abends, So mittags, Steakhouse, dass eine Empfehlung wirklich verdient, sehr gut besucht.
Tipperary's, 54 Fife Avenue, Ecke Leopold Takawira Avenue, ✆ 722210. Mittag- und Abendessen, So Ruhetag, Steaks und Fischgerichte.
The Cellar, Samora Machel Avenue West, Marimba Shopping Centre, ✆ 740371. Mo–Sa Abendessen à la carte.

FISCHKÜCHE – ***Fish Monger***, 50 East Road, Avondale, ✆ 302285. Di–So Mittag- und Abendessen, beste Fischküche in Harare (was heißt schon frischer Fisch – aber er ist es).

INTERNATIONALE KÜCHE – ***The Taverna***, Mount Pleasant Shopping Centre, Bond Street, ✆ 336525. Täglich mittags und abends geöffnet, Samstag nur Dinner, griechische Küche in lockerer Atmosphäre.
Coimbra Restaurant, 61 Selous Avenue, Ecke 7th Street, ✆ 700237. Täglich Mittags- und Abendtisch, Mo geschlossen, gute portugiesische Küche.
Flatdog Diner, 5 Harrow Road, Msasa, ✆ 498409. Täglich abends Gerichte aus Moçambique.
The Manchurian, Second Street Extension Shopping Centre, ✆ 336166. Das Restaurant behauptet von sich mongolische Küche zu bieten – wie auch immer, man verbringt her nette Abende und kann so viel essen, wie man schafft (der Rekord soll von einer durchaus schlanken Dame mit 20 Tellern aufgestellt worden sein). An der Theke stellt man sich selbst Fisch, Fleisch oder Vegetarisches zusammen, wählt aus der Unzahl an Saucen und lässt sich das Essen von den Köchen auf einer heißen Platte zubereiten. Nur Abendessen.
Rani Restaurant, 56 Speke Street zwischen 1st und 2nd Street, ✆ 729242. Täglich Abendessen, indische Küche.

TRADITIONELLE KÜCHE – ***Botanic Garden Restaurant***, im botanischen Garten, ✆ 091-3094689. Open-air-Restaurant inmitten der Gärten, Snacks und „traditional dishes" – mit anderen Worten Sadza. ⏲ tgl. 8–18 Uhr, für größere Gruppen auch am Abend
Roots of Africa, Livingstone Avenue, Ecke 7th Street, ✆ 721494. Täglich afrikanische Küche zum Abend.

Unterhaltung

NACHTLEBEN – Die Ausgehabende der Stadt sind meist Mittwoch, Samstag und Sonntag, aber Veranstaltungen wie Live-Konzerte können durchaus auch an anderen Tagen die Leute in die Diskothek oder die Bar ziehen (Eintritt Z$50–200). Die Broschüre *Welcome to Harare* und die Tageszeitungen listen die Termine.
Wem die Erforschung des Nachtlebens in Harare alleine zu gefährlich ist, der kann mit ***Wamambo Cultural Tours & Safaris***, Puzey Chamber, First Street, Ecke Robert Mugabe Road, P.O. Box 6928, Harare, ✆ 773882, ℻ 773884, ✉ wamambo@telconet.co.zw, eine Harare Night Life Tour unternehmen, Konzert und Disco, 3 Stunden für US$10 p.P. (Verlängerung ist möglich bis früh morgens).

Archipelago, Linquenda House, Nelson Mandela Avenue zwischen First Street Mall und 2nd Street, ✆ 792094. „Where the beautiful people are", am Wochenende geht die Post ab, sonst ist es ruhiger, manchmal ist „Lady's Evening", dann dürfen Männer erst ab 22.30 Uhr rein.
Tube Night Club, 125 Mbuya Nehanda Street, zwischen Speke Avenue und Albion Road, ✆ 704919. Der zweite heiße Tip in der Stadt, tgl. geöffnet.
X-scape, Sam Levy'y Village in Borrowdale, Borrowdale Road bei der Piers Road. Am Wochenende Disco.
Stars, im Sheraton Hotel, ✆ 772633. Täglich Disco, aber nur am Wochenende sind nicht nur Geschäftsmänner anwesend, die eine Freundin suchen. Wenn alles andere dichtmacht, treffen sich in der Bar des Sheraton die Nachtschwärmer.
Seven Miles Hotel, Samora Mazorodze Road, Meilenstein Nr. 7, ✆ 667587. Wochenends Disco oder Livemusik, hauptsächlich schwarzes Publikum, ab Mitternacht sollte man sich langsam überlegen, den Ort zu verlassen.
Sports Bar, Chisipite Shopping Centre, Enterprise Road, ✆ 495024. Disco mittwochs und am Wochenende, ansonsten Barbetrieb mit Steaks und Bier.
Keg & Lion, Josiah Tongogora Avenue, beim Harare Sports Club, ✆ 791151. Pub – Bier, Bier, Bier und gute Laune.
Keg & Sable, Sam Levy's Village, ✆ 884445. Pub-Stimmung, wie die weißen Zimbabwer sie lieben.
Tipperary's, 54 Fife Street, Ecke Leopold Takawira Avenue, ✆ 481097. Irisches Pub mit Ale, weißes, junges Publikum.

THEATER – Programme werden in den Tageszeitungen und in der Broschüre „Welcome to Harare" veröffentlicht.
Rainbow Seven Arts, Avondale Shopping Centre, ✆ 302772. Häufig Gastspiele von Gruppen aus ganz Zimbabwe und den Nachbarländern.
Reps Theatre, Belgravia Shopping Centre, Second Street Extension, ✆ 336706. Regelmäßig Aufführungen moderner Stücke.

KINO – ***Kine***, Union Avenue, ✆ 774946.
Westgate, Westgate Shopping Centre, ✆ 332212.
Liberty, Cameron Street, ✆ 792112.
Elite 100 und ***Vistarama***, Avondale Shopping Centre, ✆ 339995.
Rainbow, Park Lane, ✆ 705901.
Rainbow City, Robert Mugabe Road, ✆ 705901.

Einkaufen

Wer nichts Spezielles erwerben will, was nur in der Stadt zu bekommen ist, kann die Einkaufszentren der Peripherie nutzen, die teilweise bewachte Parkplätze haben und mit ihren vielen kleinen Läden fast alles abdecken. Eines der schönsten Zentren ist das ***Sam Levy's Village*** in Borrowdale, Borrowdale Road bei der Piers Road, das rhodesisch gepflegte Atmosphäre verströmt.

AUSRÜSTUNG – ***Fereday & Sons***, 72 Robert Mugabe Road, ✆ 751687, ℻ 751689. Filiale im Sam Levy's Shopping Centre, Borrowdale. Camping-, Angel- und Jagdausrüstung.
Bushtec, Borrowdale Lane, ✆ 870500, ℻ 861457. Outdoor-Ausrüstung.
Rooney's Hire Service, 142 Seke Road, ✆ 771557, ℻ 770348. Verleih von Campingausrüstung.

BÜCHER UND LANDKARTEN – Gute Buchläden sind:
The Book Café, Fife Avenue Shopping Centre, ✆ 792551, das auch leichte Mahlzeiten serviert und Live-Jazz bietet.
Kingstone's mit Filialen an der Jason Moyo Avenue, Ecke 2nd Street (✆ 720992), Sam Levy's Village (✆ 884979), George Silundika Avenue (✆ 758421) und Parkade Shopping Centre an der 1st Street (✆ 725443).
In den Buchläden wird der gute *MOBIL Harare Street Atlas* verkauft, der auch die Vororte abdeckt (DINA4, US$3,50).
Die Touristeninformation gibt kostenlos die *Harare Visitors Map* heraus, die allerdings schon etwas veraltet ist.

The Surveyor General, P.O. Box CY540, Causeway, Harare, Electra House, Samora Machel Avenue, ✆ 749343. Karten in unterschiedlichen Maßstäben, hilfreich für Fahrten abseits der Hauptstrecken sind die Karten im Maßstab 1:250 000, die es in einer Vegetations- und einer Topographieausführung gibt (ein Satz besteht aus 27 Karten, pro Karte etwa US$2).

KUNSTHANDWERK – ***Jairos Jiri***, 7-8 Parklane Building, J. Nyerere Way, Harare, gegenüber der Nationalgalerie. Kunsthandwerkladen, der Behinderte unterstützt.
Matombo Gallery, 6 Zimre Centre, 114 Leopold Takawira Street zwischen Baker Avenue und Union Avenue, ✆ 727785, ℻ 751038. Skulpturen für den prallen Geldbeutel.
Matombo Sculpture Garden, 49 Airport Road, Harare, ✆ 573085. Auch hier hochpreisige Skulpturen.
Wamambo Mini Gallery, Suite 3, Puzey Chambers, 1st Street, Ecke Robert Mugabe Avenue, ✆ 773882, ℻ 773884, ✉ wamambo@telco.co.zw. Skulpturen aus Holz und Stein, Flechtwerk, Batik, Trommeln und andere traditionelle Musikinstrumente.
The Works Doon Estates, Harrow Road, Msasa, Harare, ✆ 755851, ℻ 755726. Schöne Geschenke aus wiederverwertetem Papier.
Zuva Tapestries, 25 Dublin Road, Emerald Hill, Avondale, Harare, ✆ 336400. Hübsche handgefertigte Wandteppiche in modernen afrikanischen Dessins.
Springstone / The Garden Gallery, 3 Idlehurst Way, Avondale, Harare, ✆ 735178, ℻ 735178. Qualitativ hochwertige Steinskulpturen.
Dendera Gallery, 65 Speke Avenue zwischen 1st und 2nd Street, ✆ 725666, ℻ 732054. Skulpturen, Textilien, Musikinstrumente, rituelle Gegenstände.
Nyati Galleries, Kopje Plaza, Jason Moyo Avenue, Ecke Rotten Row, ✆ 740971. Lederartikel und Schnitzwerk.
Ndoro Trading, First Street Mall zwischen Samora Machel Avenue und Union Avenue, ✉ ndorot@ndora.icon.co.zw., ✆ 759597, ℻ 759598, Bücher, Textilien, Musik und Kunsthandwerk.
Ndoro Trading, First Street Mall zwischen Samora Machel Avenue und Union Avenue, ✉ ndorot@ndora.icon.co.zw., ✆ 759597, ℻ 759598, Bücher, Textilien, Musik und Kunsthandwerk.
Rare Crafts, 14 Hindhead Avenue, Chisipite, Harare. Geschenkladen mit Kunsthandwerk, Lederwaren und handbemalten Papiergegenständen.
Innerspace Gallery, Shopping Centre The Pavilion, Westgate, Harare, ✆ 332476, ℻ 332476, ✉ innspace@primenetzw.com. Edelgalerie mit Gemälden.
Cold Comfort Farm Society, 5 Cowie Road, Bulawayo Road 13 km nach Westen am Stadion vorbei und vor der Eisenbahnüberführung in die Pleasant Valley Road, die auf die Cowie Road stößt, dort links. ✆ 213536. Knüpfteppiche von einer ländlichen Kooperative hergestellt, weiteres Kunsthandwerk.

SONSTIGES – ***Corn Smith***, P.O. Box 31, Darwendale, ✆ 069-3107. Auf einer Farm zwischen Darwendale und Harare produziert Herr Smith (wie passend!) mit seinen Arbeitern die besten Messer der Welt – alles in Handarbeit, selbst die Silhouette der Messer wird per Hand aus chirurgischem Stahl herausgesägt. 20 Standard-Messer werden zu Preisen zwischen US$35 und 100 verkauft. Viele Kunden bestellen aber spezielle Ausführungen mit Ätzungen ihrer Wahl (Fertigstellung binnen einer Woche).
Glenn's Saddlery, P.O Box UA597, Harare, Valley Road zwischen Coronation und Cunningham Road, Greendale, ✆ 495043, ✉ saddlery@harare.iafrica.com. Handgenähte Pferdesättel.
Photo Hollywood, Speke Avenue, Ecke Angwa Street, ✆ 756412, Filme und Filmentwicklung.

Aktivitäten

SCHWIMMEN – ***Water Whirld***, Samora Machel Avenue East (2 km vom Zentrum), ✆ 723632. Spaßbad mit Rutschbahnen, Whirl Pools etc., Eintritt US$2, tgl. 9–18 Uhr.

Freundliches Gespräch auf dem Mbare-Markt

Les Brown Schwimmbad, Harare Gardens, städtisch, ✆ 720755, ⌚ im Sommer tgl. 10–18.30 Uhr, Winter 11–16 Uhr, Eintritt US$0,25.

TENNIS / SQUASH – ***Harare Sports Club***, Josiah Tongogora Avenue, ✆ 791151.

GOLF – ***Chapman Golf Club***, P.O. Box HG153, Highlands, Harare, ✆ 736949. 18-Loch-Platz an der Samora Machel Avenue im Osten.
Country Club, P.O. Box HG159, Highlands, Harare, ✆ 732128. 18-Loch-Platz an der Brompton Road 4 km vom Zentrum.
Falcon Golf Club, P.O. Box H192, Hatfield, Harare, ✆ 570050. 9-Loch-Platz, Nähe Flughafen.
Harare South Country Club, P.O. Box W194, Waterfalls, Harare, ✆ 67584. 18-Loch-Platz 23 km südlich Harare.
Mount Pleasant Golf Club, P.O. Box BW700, Borrowdale, Harare, ✆ 884352. 9-Loch-Platz in Northwood, 10 km vom Zentrum.
Royal Harare Golf Club, P.O. Box 404, Harare, ✆ 702920. 18-Loch-Platz, 3km vom Zentrum an der 5th Street.
Sherwood Golf Club, P.O. Box M69, Mabelreign, Harare, ✆ 22255. 18-Loch-Platz 9 km vom Zentrum an der Notley Road.
Warren Hills Golf Club, P.O. Box M9, Mabelreign, Harare, ✆ 29875. 18-Loch-Platz an der Old Kadoma Road [illegible] km vom Zentrum.
Wingate Park Golf Club, P.O. Box BW209, Borrowdale, Harare, ✆ 882224. 18-Loch-Platz an der Teviotdale Road, [illegible] km vom Zentrum.
Jumbo Country Club, P.O. Box 2005, Mazowe, ✆ 075-2477. 9-Loch-Platz in Mazowe 50 km nördlich von Haare.
Norton Country Club, P.O. Box 121, Norton, ✆ 062-29373. 18-Loch-Platz in Norton 45 km von Harare.
Ruwa Country Club, P.O. Box 94, Ruwa, ✆ 076-2374. 18-Loch-Platz 25 km östlich von Harare Richtung Mutare.

Touren

Viele Reiseunternehmen und Lodges, die im Land operieren, haben ein Büro in Harare. Sie sind unter den jeweiligen Destinationen zu

finden. Die Preise betragen für Touren in der Nähe von Harare US$25 (3 Stunden) bis US$60 (ganzer Tag), abhängig auch von der Anzahl der Teilnehmer. Fahrten nach Great Zimbabwe und zurück kosten bis zu US$150 p.P.
Wamambo Cultural Tours & Safaris, Puzey Chamber, First Street, Ecke Robert Mugabe Road, P.O. Box 6928, Harare, ✆ 773882, ☏ 773884, ✉ wamambo@telconet.co.zw. Kulturelle Führungen durch Harare.
Destination Management, 56 Lomagundi Road, Avondale, Harare, ✆ 332715, ☏ 339765, ✉ dmz@acacia.samara.co.zw. Touren in und um Harare, Flughafentransfers.
Mambakwedza Safari Tours, ✆ 011-403312, ✉ herbert@mamba.icon.co.zw. Touren in und um Harare.
Shiri Kupenya, 99 Robert Mugabe Road, ✆ 729776. Stadtführungen.
Bush Beat Trails, ✆ 572949, ☏ 572956, ✉ vfrtours@internet.co.zw. Stadtführungen und Ausflüge in die Umgebung, Abholung am Flughafen.
Safari par Excellence, 3rd floor Travel Centre, Jason Moyo Avenue, P.O. Box 5920 Harare, ✉ safpar@harare.iafrica.com, ✆ 700911, ☏ 722872. Eine der großen Agenturen in Zimbabwe.
Shearwater, P.O. Box 3961, Harare, Francis House, 71 Jason Moyo Avenue, ✆ 757831, ☏ 757836, ✉ shearwat@harare.iafrica.com. Die zweite der großen Agenturen mit Büros auch in Victoria Falls und Kariba.

Sonstiges

AUTOMOBILCLUB – ***AA of Zimbabwe***, Fanum House, Samora Machel Avenue; P.O. Box 585 Harare, ✆ 752779, ☏ 752522. Kartenmaterial für ADAC-Mitglieder teilweise kostenlos.

AUTOVERMIETUNG – ***Hertz***, Beverly Court, Nelson Mandela Avenue, ✆ 706254, ☏ 792793.
Europcar, 19 Samora Machel Avenue, ✆ 752559, ☏ 752083.
Rent-a-Camper, P.O. Box H226, Hatfield, Harare, ✆ 572949, ☏ 572956, ✉ vfrtours@internet.co.zw. Camper auf Pickup-Chassis.
Thrifty Car Rental, 10 Samora Machel Avenue, ✆ 746123, ☏ 736587.
Overview Car Hire, Daventry House, Ecke South Avenue und Angwa Street ✆ 753643.
Source Travel Car Hire, 168 Samora Machel Avenue, Ecke 7th Street ✆ 011-711169.
West End Car Hire, 25 George Silundika Avenue, ✆ 734301.
Transit Car & Truck Hire, 80 George Silundika Avenue, Ecke 6th Street, Harare ✆ 706919, ☏ 734121.
Car & Truck Hire, Nelson Mandela Avenue, Ecke 5th Street, Harare, ✆ 721259, ☏ 721388, ✉ carhire@africaonline.co.zw.

AUTOWERKSTATT – ***Tune Up World***, P.O. Box CY3299, Causeway, Harare. Etwas außerhalb gelegen in Richtung Ruwa, Tongogara Crescent, ✆ 073-2810 oder 3210. Sehr gute Werkstatt unter deutscher Leitung (in Harare wahrscheinlich die zuverlässigste).

BOTSCHAFTEN – ***Deutsche Botschaft***, 14 Samora Machel Avenue, P.O. Box 2168, Harare, ✆ 731955, ☏ 790680.
Schweizer Botschaft, 9 Larnak Road, Harare, ✆ 703997, ☏ 794925.
Österreichische Botschaft, Room 216, New Shell House, 30 Samora Machel Avenue, Harare, ✆ 702921, ☏ 705877.
South African High Commission, 7 Elcombe Avenue, Belgravia, Harare, ✆ 753147.
Embassy of the People's Republic of Angola, Doncaster House, Speke Avenue, Ecke Anwa Street, ✆ 790657.
Embassy of the Republic of Moçambique, 152 Herbert Chitepo Avenue, ✆ 790837.
High Commission of the Republic of Namibia, Lintas House, 46 Union Avenue ✆ 722113.
Malawi High Commission, 44 Harare Street, ✆ 752137.
Zambia High Commission, Zambia House, 48 Union Avenue, ✆ 773777.

Botswana High Commission, 22 Phillips Avenue, ✆ 721360.

FAHRRÄDER – ***Pedal Power Cycles***, 28 Park Street, ✆ 752834.

IMMIGRATION – Immigration Control, 1st Floor, Linquenda House, Nelson Mandela Avenue zwischen First Street Mall und 2nd Street; P.B. 7717, Causeway, Harare, ✆ 791913.

INFORMATIONEN – ***Harare Publicity Association***, Jason Moyo Avenue, Ecke 2nd Street, am African Unity Square; P.O. Box 1483, Harare, ✆ 705085/6. 🕓 Mo–Fr 8–12 und 13–16 Uhr, Sa 8–12 Uhr, viel Material über die Stadt und die Umgebung zum Mitnehmen.
Zimbabwe Tourism Authority, 8th/9th Floor, Kopje Plaza Building, 1 Jason Moyo Avenue, Ecke Rotten Row; P.O. Box CY286, Causeway, Harare, ✆ 758740, 📠 758828. 🕓 Mo–Fr 8–16 Uhr, Zentrale, für das ganze Land zuständig.
National Parks Central Booking Office, Borrowdale Road / Sandringham Drive, Botanical Gardens; P.O. Box CY140, Causeway, Harare, ✆ 706077/8, 📠 726089. 🕓 9–15 Uhr, Informationen und Karten über die Parks, Buchungen.
Veranstaltungshinweise kann man den Tageszeitungen entnehmen oder dem Monatsperiodikum *Welcome to Harare*, das bei der Touristeninformation am Unity Square für Z$5 verkauft wird. Eine kleine Karte listet die gesamten noch bestehenden kolonialen Gebäude der Stadt auf, für einen Spaziergang in eigener Regie sehr hilfreich: *Harare, a City Walk through Time*, für US$2 in den Buchläden.

INTERNET – ***Internet Café Internet Village***, Goodhope Building, 2nd Street, Ecke Kenneth Kaunda Avenue gegenüber dem Bahnhof, ✆ 732518/732521. 🕓 von 7 bis 22 Uhr, eine halbe Stunde US$3.
Internet Café Eastgate, 4th Floor, Blue Bridge, Eastgate Centre, 2nd Street, Ecke Robert Mugabe Avenue, ✆ 758195. 🕓 Mo–Fr 8–17 Uhr, US$5 pro Stunde.
Zimsurf Internet Café, 2nd Floor, Batanal Gardens, Jason Moyo Avenue, Ecke 1st Street, ✆ 758626.
Possum Lodge, 7 Deary Avenue, Belgravia, Harare, ✆ 726851, ✉ possum@zol.co.zw. Backpacker-Unterkunft mit Internetzugang.

KURIERDIENSTE – ***DHL***, Villa Gardens, Central Avenue, Ecke 4th Street; P.O. Box CY338, Causeway, Harare, ✆ 792881, 📠 790197.
Federal Express, Nelson Mandela Avenue, Ecke 4th Street; P.O. Box UA88, Harare, ✆ 737693, 📠 737695.
TNT Express, 113 Samora Machel Avenue; P.O. Box GD1019, Greendale, Harare, ✆ 708152, 📠 705421.

NOTFALL – **Polizei**: Inez Terrace, Ecke Robson Manyika Avenue, im Süden des Zentrums gegenüber dem Markt und Busbahnhof, ✆ 733033.
In Harare Gardens und im Zentrum sind Polizisten in ausrangierten Wohnwagen stationiert, die bei Überfällen und Diebstählen die Angelegenheit protokollieren und erste Unterstützung geben (freundlich, aber bei der Masse der Vorkommnisse hilflos).

Krankenhaus: ***Parirenyatwa Hospital***, Mazowe Street zwischen Josiah Chinamano Avenue und Baines Avenue, ✆ 794411. Das größte Krankenhaus der Stadt, die Ausrüstung ist schlecht bis mittelmäßig.
Harare Central Hospital, Lobengula Road, südlich des Zentrums in Southerton von der Simon Mazorodze Road anzufahren, ✆ 664601. Das zweite große Krankenhaus, ebenfalls nicht besser ausgestattet.

Deutschsprachige Ärzte: ***Dr. Eberle / Dr. Teshome***, Zahnärzte, 40 Samora Machel Avenue, ✆ 708269.
Heiko Horstmann, Facharzt für Chirurgie, 40 Josiah Tongogora Avenue, ✆ 794569.
Dr. Gothje, prakt. Ärztin, Medical Centre, 52 Baines Avenue, ✆ 790240.
Dr. Haueisen, Dermatologin, 81 Baines Avenue, ✆ 730791.

Flugrettung: ***Medical Air Rescue Service***, ✆ 737086.

PARKEN – Das Parkhaus an der 1st Street zwischen Samora Machel Avenue und Union Avenue (Einfahrt von beiden Seiten) beim Parkade Shopping Centre gilt als relativ sicher. Trotzdem sollte nichts im Wagen zurückgelassen werden.

POST UND TELEFON – Hauptpost, zwischen Inez Terrace und Julius Nyerere Way (von beiden Seiten zugänglich), ✆ 771507. Postlagernde Sendungen werden prinzipiell hier ausgegeben, die Postämter in den Vororten haben keinen Poste Restante-Service, Telefonkabinen und Gesprächsvermittlung im 1. Stock. Im Hauptpostamt herrscht ständig Hochbetrieb, die Schlangen vor den Schaltern sind lang und die Mitarbeiter unfreundlich bis hilflos.
Telephone & Fax Service, Barts House, 2nd Floor, Room 10, Jason Moyo Avenue, Ecke Leopold Takawira Street. Nicht wesentlich teurer als die Post, dafür wird man zuvorkommender behandelt, geöffnet Mo–Sa 7–18 Uhr, So 12–18 Uhr.

TAXIS – ***A1 Taxi***, ✆ 703334;
Rixi, ✆ 753080;
Creamline, ✆ 703333.
Taxis stehen auch vor den größeren Hotels, man sollte sich die Wagen im besten Zustand aussuchen und wenn man einen angenehmen Fahrer gefunden hat, mit diesem für etwaige weitere Fahrten Termine verabreden.

VERANSTALTUNGEN – ***Agricultural Society Show***, im August auf dem Messegelände am östlichen Ende der Samora Machel Avenue, ✆ 705641.
Seit 1899 findet in Harare alljährlich eine Landwirtschaftsausstellung statt. Der Charakter einer reinen Fachmesse ist verloren gegangen und inzwischen kann man die mit Tanz- und Musikaufführungen durchsetzte Ausstellung auch als Tourist besuchen.

VORWAHL – 04.

Transport

BUSSE – ***Blue Arrow***, ✆ 729514, 📠 729572, Haltestelle Chester House, Speke Avenue. Nach BULAWAYO über Chivhu tgl., über Kwekwe 4x wöchentlich, nach MUTARE 3x wöchentlich, nach KARIBA 4x wöchentlich und nach JOHANNESBURG über Masvingo und Beitbridge 6x wöchentlich.
Express Motorways, ✆ 573827, 📠 573037, Haltestelle Nelson Mandela Avenue, Ecke Leopold Takawira Street. Nach MUTARE und BULAWAYO tgl., nach MASVINGO und KARIBA einmal wöchentlich, nach GABORONE / Botswana 2x wöchentlich.
Greymark Luxury Coaches, 25 George Silundika Avenue, ✆ 706835. Individuelle Transfers zu Städten im ganzen Land (z.B. Kariba für eine Person einfach US$120, ab zwei US$80 p.P.)
Die Chickenbusse fahren am Mbare Musika Markt ab (wer sich das antun will und sein Gepäck gerne außer Sichtweite auf dem Dach verstauen lässt). Die meisten Busse verlassen die Stadt um 6 Uhr morgens, die großen Städte werden in stetem Takt mehrmals tgl. angefahren, die kleineren Strecken nur einmal am Tag bedient.

EISENBAHN – Der Bahnhof liegt im Süden des Zentrums an der Kenneth Kaunda Avenue.
Fahrplanauskunft ✆ 78603307,
nach Dienstschluss ✆ 78603773,
Reservierung ✆ 78603306.

FLÜGE – Der **Harare International Airport** liegt 15 km südöstlich der Stadt.
Linienflüge: Air Zimbabwe fliegt im Inlandnetz Buffalo Range, Kariba, Masvingo, Hwange und Victoria Falls an (der Dienst nach Bulawayo soll wieder aufgenommen werden).
Air Botswana, Southampton House, Union Avenue, ✆ 733836.
Air France, 99 Jason Moyo Avenue, ✆ 734085, 📠 790933.
Air Malawi, Thromortin House, Julius Nyerere Way, Ecke Samora Machel Avenue, ✆ 752563.
Air Namibia, Landela House, 29 Mazowe Street, ✆ 732094, 📠 732095.

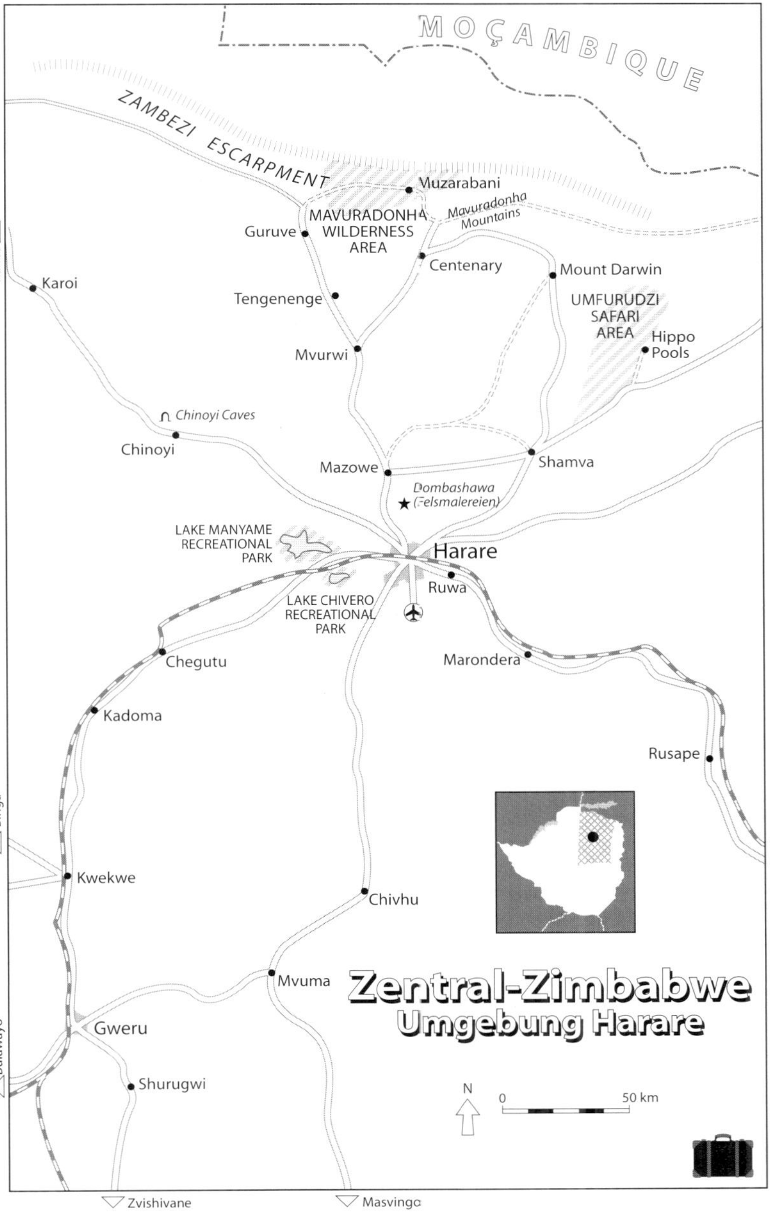

ZENTRAL-ZIMBABWE

Air Zimbabwe, East Gate Centre, 3rd Street, ✆ 575021.
Austrian Airlines, Landela House, 29 Mazowe Street, ✆ 704411, 📠 575472.
British Airways, Southampton Life Centre, 77 Jason Moyo Avenue, ✆ 747400.
Lufthansa, 99 Jason Moyo Avenue, ✆ 793861, 📠 708696.
South African Airways, Takura House, 69 Union Avenue, ✆ 738922.
Swissair, Landela House, 29 Mazowe Street, ✆ 704411, 📠 575472.

Flughafentransport: ***Hotellink***, ✆ 736787 individueller Shuttle-Dienst.
Express Motorways, ✆ 796934, fährt vom Meikles Hotel ab und passiert auf dem Weg zum Flughafen die größeren Hotels (stündlicher Service).
Die Luxushotels holen gebuchte Gäste auf Wunsch ab (ca. US$5).

Flugzeugcharter: ***United Air Services***, Charles Prince Airport, P.O. Box 3683, Harare, ✆ 302841, 📠 304871, ✉ agricair@samara.co.zw.

ZENTRAL-ZIMBABWE

Die Felsmalereien von Domboshawa und Ngomakurira

Man nimmt die Borrowdale Road (Verlängerung der 7th Street) nach Norden und fährt 28 km bis zum Weiler Domboshawa, dahinter wird der Asphalt schmal, man folgt ihm 2 km und biegt dann nach rechts ab zu den Domboshawa Caves. Zu den Felsmalereien von Ngomakurira fährt man weiter geradeaus (15 km), dann am Schild nach rechts und parkt nach 1 km. Beide Felsmalereien erfordern einen Fußmarsch von etwa 20–30 Minuten, zu den Domboshawa Caves über blanken Felsrücken. Da es in der Vergangenheit zu Überfällen gekommen ist, sind die Wachleute angehalten die Touristen auf dem Weg zu begleiten. Wir dies nicht angeboten, sollte man insistieren und ein Trinkgeld von Z$20–30 in Aussicht stellen. Da die Höhle von Domboshawa von Vandalen verunziert wurde – irgendjemand hat sie mit brauner teerartiger Farbe großteils überpinselt – kann man sich vorerst den Besuch sparen und gleich zu den Malereien von Ngomakurira weiterfahren. Ein Expertenteam aus Skandinavien versucht die Malereien zu restaurieren, das wird aber Jahre dauern. Informationen über *National Museums & Monuments*, P.O. Box CY1485, Causeway, Harare, 107 Rotten Row, ✆ 774208, 📠 753085. Der Eintritt beträgt jeweils US$2, ⏲ 8–17 Uhr.

Lake Chivero

Der Lake **Chivero Recreational Park** liegt über die Bulawayo Road 30 km südwestlich von Harare und bedeckt eine Fläche von 5500 ha, deren Großteil der See einnimmt. Früher hieß das Gebiet **Lake McIlwaine**, mit der Unabhängigkeit wurde der Name geändert. Am See gibt es einen Wildpark, den Larvon Bird Park, ein Stück abseits im Osten den Lion & Cheetah Park und den Snake Park. Am Damm treffen sich am Wochenende viele Familien aus Harare und halten ihr Picknick ab, die Musik spielt laut und es herrscht gute Stimmung. Von Admirals Cabin kann man auf einem großen Ausflugsdampfer auf dem See Rundfahrten bis zum Wildpark unternehmen und die Tiere einmal von der Wasserseite aus beobachten. Im Wildpark liegen Chalets und Lodges und ein Zeltplatz. Felsmalereien sind ebenfalls zu sehen. Im See gibt's Bilharziose.

Der 1600 ha große **Lake Chivero Game Park**, ✆ 062-2329, wurde mit Tieren aus anderen Reservaten bestückt. Nashörner, Giraffen, Zebras und viele Antilopen leben in dem Gehege, das man mit dem Auto auf vielen Wegen durchfahren kann. Lake Chivero gilt als Vogelparadies. Leider sind am Wochenende Unmengen an Menschen unterwegs und der Staub der Straße legt sich über die Landschaft.

Am Lake Chivero auf privatem Grund direkt am Ufer liegen die **Larvon Bird Gardens / Kuimba Shiri** (✆ 062-2309, 📠 2309), Anfahrt von der Hauptstraße nach Bulawayo bei Meilenstein 23 4 km am Lion and Cheetah Park vorbei, dann rechts. In diesem wunderschönen

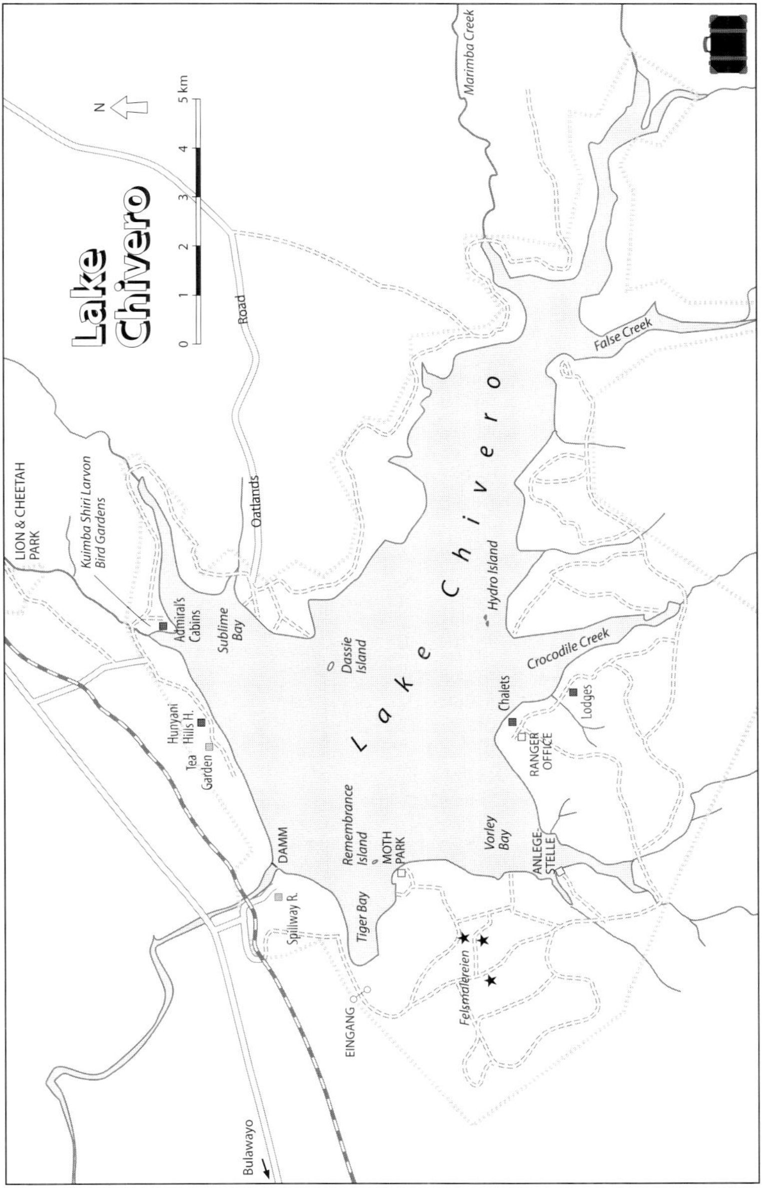

ZENTRAL-ZIMBABWE

Vogelzoo merkt man, dass der Besitzer seine Tiere liebt. Über 450 Arten sind zu sehen, es gibt ein Restaurant, einen Curioshop und einen Ausflugsdampfer, ⌚ 8–18 Uhr, Eintritt US$1.

Den **Lion and Cheetah Park**, ✆ 091-22 70 69, am Lake Chivero erreicht man über die Hauptstraße nach Bulawayo. Vom Meilenstein 23 sind es noch 3 km. Rundfahrten an Wackelsteinen vorbei; ein gesondertes Gelände ist abgezäunt, man kann hindurchfahren und die faulen Löwen beobachten (nicht aussteigen!), auch Elefanten, Giraffen und Strauße. Ein Kiosk verkauft Erfrischungen und Kunsthandwerk, 8.30–17 Uhr; Eintritt US$6.

Im **Snake Park** am Lake Chivero, ✆ 011-600850, Meilenstein 23 an der Hauptstraße nach Bulawayo, kann man all die Schlangen sehen, denen man im Busch hoffentlich nicht begegnet: Speikobras spucken aufgeregt gegen die Scheiben und die Schwarze Mamba weiß, dass sie nicht mehr rauskommt (Anfang 1999 hat sie einen Wächter bei einer Vorführung gebissen – er hatte nur fünf Minuten zu leiden), ⌚ 8.30–17 Uhr, Eintritt US$1.

Übernachtung

PRIVATE UNTERKÜNFTE – ***Admirals Cabins***, P.O. Box 5018, Harare, ✆ 062-2309, ✆ 2309. Auf privatem Grund direkt am Seeufer, Zelten US$2,50 p.P.

Hunyani Hills Hotel, P.O. Box UA404, Harare, ✆ 062-2236. Am Seeufer gelegen, Restaurant, Teegarten, DZ US$40.

IM PARK – Im Park ist kein Laden, Versorgung ist an der westlichen Zufahrt zum See von der Hauptstraße möglich.

Das Camp der Nationalparkverwaltung, zu buchen über die zentrale Reservierungsstelle in Harare, verfügt über Lodges mit 2 Schlafzimmern, Küche, Wohnraum, Bad, Schwimmbad; Chalets mit einem oder 2 Schlafzimmern, Küche, Bad, Schwimmbad; und Stellplätze mit Ablution Blocks, heißem Wasser, Grillmöglichkeit, Feuerholzverkauf.

Lake Manyame Recreational Park

Der Manyame Park (früher Lake Robertson Park) kann von der Bulawayo Road angefahren werden (40 km nach Westen, dann 25 km Richtung Darwendale und 11 km auf Piste zum Parkbüro). Die andere Strecke führt nördlich um den See herum. Auf der Lomagundi Road verlässt man Harare Richtung Chinhoyi, biegt nach 42 km Richtung Darwendale ab und nach 23 km zum Parkbüro (15 km). Der Park wird hauptsächlich von Fischern besucht (Genehmigung im Park erhältlich), deren Frauen und Kinder an der Hauptstraße Harare – Bulawayo die Fänge an die Autofahrer verkaufen. Im Park gibt es Stellplätze mit Ablution Blocks, heißem Wasser und Grillmöglichkeit (Feuerholz wird verkauft) und Picknickplätze. Im Park gibt es keine Versorgungsmöglichkeit, die nächste ist in Darwendale. Auf dem See dürfen eigene Boote verwendet werden, bei Ankunft sollte man sie aber anmelden. Buchungen für die Unterkünfte werden vom zentralen Reservierungsbüro in Harare entgegengenommen. Im See herrscht Bilharziose.

Informationen

National Parks & Wildlife Management, Lake Robertson Recreational Park, P.B. 2004, Darwendale, ✆ 069-3004.

Umfurudzi Safari Area

Das Safarigebiet liegt nördlich von Bindura am Mazowe und ist 76 000 ha groß. Es ist eine hügelige Gegend mit Brachystegia-Wäldern und teilweise Mopane. Die größeren Tiere waren über lange Zeiten ausgerottet und nur Antilopen und kleineres Wild lebten im Park. Inzwischen sind auch Löwen zurückgekehrt und Nashörner wurden ausgewildert. Umfurudzi liegt 130 km nördlich Harare und wird über Shamva angefahren. Auf der östlichen Seite befinden sich ein von CAMPFIRE initialisiertes Camp – tatsächlich war es das erste dieser Art, bei dem hiesige Leute in das Management eingebunden werden. Im Park selbst gibt es kein-

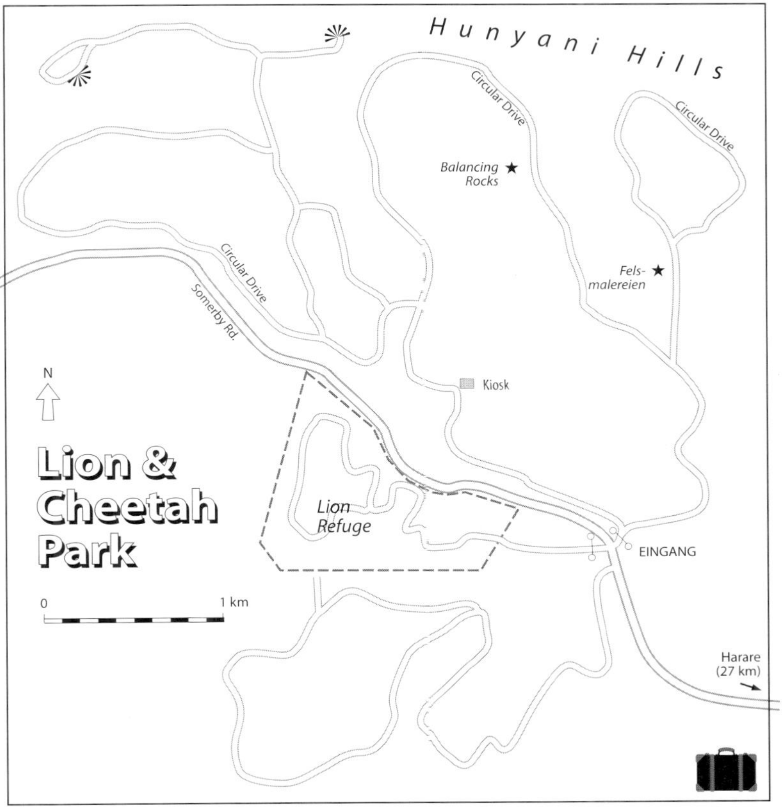

erlei Infrastruktur oder Übernachtungsmöglichkeit und der Zugang ist beschränkt. Wer in diese abgeschiedene Gegend kommt, sollte den Park mit einheimischen Führern aus dem CAMPFIRE-Projekt Sunungukai besuchen.

Übernachtung

Das ***Sunungukai Camp*** liegt bei dem Dorf Nyagande am südöstlichen Ende der Safari Area und ist über Teerstraße von Harare aus zu erreichen. Man verläßt Harare Richtung Mutoko und biegt nach 90 km nördlich bei Murewa nach Matawatata ab. Nach 65 km ist das Camp erreicht. Buchungen über *The National Resources Trust*, P.O. Box HG690, Highlands, Harare, ✆ 04-732625, ✆ 739163, ✉ info@art.org.zw, oder direkt anfahren. Schön am Ufer des Mazowe gelegen. Einfache Rondavels US$3 p.P., Zelten US$2 p.P. Man kann angeln oder mit einem der Führer Wanderungen unternehmen. In der Nähe sind Buschmannzeichnungen zu finden. Die Infrastruktur ist einfach, aber wann hat man schon die Möglichkeit mit den Bewohnern der ländlichen Gegend zu speisen und sich deren Geschichten anzuhören. 1993 wurde das Camp als erstes Projekt dieser Art eröffnet. Die Einheimischen finden als Führer Beschäftigung und müssen für den Verkauf ihrer kunsthandwerklichen Erzeugnisse nicht erst die weite Reise nach Harare antreten und dort noch irgendwelche Zwischenhändler finanzieren.

Mvurwi

Das kleine Städtchen liegt 100 km nördlich von Harare auf dem Weg nach Muzarabani, wo das Escarpment zum Lowveld des Zambezi-Tales abfällt. Es ist ein Zentrum für Tabakanbau und wurde in den 90er Jahren des 19. Jahrhunderts gegründet. Zu dieser Zeit lebte man hauptsächlich von Viehwirtschaft, so auch die einheimische Bevölkerung, die von Reisenden als sehr vermögend „mit großem Viehbestand" beschrieben wurde. Touristisch ist Murvi als letzter Außenposten zur Versorgung mit Treibstoff und Lebensmitteln von Bedeutung. Dahinter kommt nichts mehr, wenn man über die Mavuradonha Wilderness Area und die Safarigebiete Chewore und Sapi nach Mana Pools fährt – eine schöne und empfehlenswerte Strecke.

Tengenenge Sculpture Community

Nördlich von Mvurvi liegen mehrere Künstlerdörfer, die Stein behauen, das bekannteste unter ihnen ist Tengenenge (P.O. Box 169, Mvurwi, ✆ 058-5507). Man verlässt Mvurwi Richtung Guruve und Norden und fährt bei Meilenstein 34,5 nach rechts, nach 10 km endet die Teerstraße und nach 2,5 km folgt man an einer Kreuzung nach den Schildern links. Die Piste endet nach 5 km am Künstlerdorf. Unter den Bäumen steht ein Wald von Skulpturen, jeder Künstler hat sein Areal, nummeriert und mit seinem Namen versehen. Es wird fleißig gearbeitet, aber wer Interesse zeigt und nicht nur schnell hindurchläuft, kann sich mit den Steinmetzen stundenlang unterhalten und sich die Bedeutung ihrer Werke erklären lassen. Meist wird Speckstein verwendet, der sich sehr leicht bearbeiten lässt und in vielen Farbschattierungen vorkommt. Kleine und große, auch gigantische Skulpturen stehen zum Verkauf, so riesig, dass sie nur auf einen Lkw und in einen Garten passen, gegenständliche und abstrakte Sujets wechseln sich ab, bei den Künstler ist von ganz jung bis zum gesetzten Alter alles zu finden. Man kann Tage damit zubringen, Traditionen und Legenden mit dem steinernen Ausdruck in Übereinstimmung zu bringen, bestimmte Linien zu entdecken und sich deren Bedeutung erzählen lassen. Auf einem einfachen Zeltplatz ist die Übernachtung möglich (US$2 p.P.).

Essen

Mvurwi Country Club, ✆ 077-2110.
Zwei Kilometer außerhalb, leichte Mahlzeiten zum Lunch ausgesprochen günstig.

Golf

Mvurwi Country Club, P.O. Box 32, Mvurwi, ✆ 077-2110. 9-Loch-Platz bei Mvurwi.
Centenary Country Club, P.O. Box 4, Centenary, ✆ 057-261. 9-Loch-Platz 50 km nördlich von Mvurwi in Centenary.

Chinhoyi

Chinhoyi liegt 115 km von Harare auf dem Weg nach Kariba. Die Siedlung hieß zuerst Lomagundi, wurde aber 1902 in Anlehnung an den Namen des hiesigen Häuptlings Chinhoyi Sinoia genannt. Mit der Unabhängigkeit erhielt die Stadt ihren jetzigen Namen. Häuptling Chinhoyi hat einen festen Platz in der Erinnerung der Shona, weil er in den nahe gelegenen Höhlen 1890 einem Angriff der Ndebele widerstand. In der Umgebung sind einige kleinere Gold- und Chromminen und die größte Kupferförderung des Landes, von der die 30 000 Menschen der Stadt neben der Landwirtschaft hauptsächlich leben. Für das Freiheitsbewusstsein der Bewohner Zimbabwes spielt Chinhoyi eine herausragende Rolle, weil bei der „Schlacht um Chinhoyi" am 28. April 1966 zwischen der rhodesischen Armee und den Guerilla-Kämpfern der ZANLA sieben ZANLA-Mitglieder getötet wurden. Die Schlacht gilt heute allgemein als der Beginn des Zweiten Chimurenga, des Unabhängigkeitskrieges, der zur Befreiung führte. Der 28. April wird als Nationalfeiertag – Chimurenga Day – begangen. Die Chinhoyi Caves 8 km westlich der Stadt an der Hauptstraße nach Kariba haben für die Stadt nicht die Bedeutung, die man vielleicht erwarten würde. Die Hotels leben hauptsächlich von Geschäftsleuten, Touristen kommen als Tagesausflug von Harare oder schauen auf ihrem Weg zum Karibasee mal kurz vorbei.

Chinhoyi Caves

Der kleine Erholungspark von Chinhoyi (150 ha) liegt um die Kalksteinhöhlen von Chinhoyi herum. Ein Zeltplatz mit guter Infrastruktur ist innerhalb seiner Grenzen. Spektakulärste Sehenswürdigkeit ist der Sleeping Pool, ein See, den man durch einen 45 m langen dunklen Gang tief durchs Gestein nach unten erreicht und der türkis aufleuchtet, da ein Loch in der Decke das Tageslicht hereinlässt. Der See ist 100 m tief und besteht aus kristallklarem Wasser, in das man Goldfische gesetzt hat. Da die Wassertemperatur gleichmäßig 22 °C beträgt, geht man davon aus, dass der See durch Wasseradern, die ihn kontinuierlich speisen, mit anderen Reservoirs verbunden ist, und so seine Temperatur hält. Da es in letzter Zeit auf dem Areal des Parkes zu Diebstählen gekommen ist, sollte man sein Fahrzeug beim Caves Motel abstellen und dem Wachmann eine Belohnung in Aussicht stellen, wenn der Wagen unbeschädigt bleibt. Der Park ist täglich geöffnet, für Tagesbesucher von Sonnenauf- bis -untergang, der Eintritt beträgt US$5 p.P. (ein stolzer Preis, weil man nach einer halben Stunde alles gesehen hat).

Übernachtung

Caves Motel, P.O. Box 230, Chinhoyi, ✆ 067-22340, ℻ 22340. Einfaches, aber nicht unangenehmes Hotel direkt an den Höhlen von Chinhoyi. DZ US$25 inkl. Frühstück.

Orange Grove Motel, P.O. Box 436, Chinhoyi, ✆ 067-22785, ℻ 23095. 2-Sterne Hotel auf dem Weg von der Stadt zu den Höhlen. DZ US$25 mit englischem Frühstück, Camping US$1,50 p.P.

Chinhoyi Recreational Park, Zeltplätze mit guter Infrastruktur, Feuerholzverkauf, Buchungen über die zentralen Reservierungsstellen in Bulawayo und Harare oder direkt (s.u. Informationen).

Doma Safari Lodge, P.O. Box 943, Chinhoyi, ✉ doma@harare.iafrica.com, ✆ 067-23853, ℻ 23853. Luxuslodge auf privater Farm mit großen Wildreichtum (auch Raubtiere) 85 km nördlich Chinhoyi. DZ US$140 p.P. alles inklusive außer Getränken. Anfahrt: Von Chinhoyi 12 km nach Westen, dann 12 km auf der Umboe Road nach Norden, 24 km Richtung Silverside und 12 km weiter nach Westen auf der Chenanga Road; dann auf der Lower Dam Road 8 km und der Glendower Road 16 km.

Tchechenini Lodge, 12 Derby Road, Avondale West, Harare, ✆ 04-307945, ℻ 307921, ✉ bushveld@mail.pci.co.zw. Luxuslodge an der Doma Safari Area, 110 km nördlich Chinhoyi Richtung Mhangura und auf Piste darüber hinaus nach Norden Richtung Shamrock, genauer Anfahrtsplan mit Buchungsbestätigung, in schöner Berglandschaft gelegen, Schwimmbad, US$250 p.P. alles inklusive.

Essen

Country Junction, ✆ 074-2365. 25 km von Chinhoyi auf der Hauptstraße nach Harare. Beliebte Speisegaststätte der Einheimischen neben einem Museum, das alte Traktoren aus aller Herren Länder sammelt.

Golf

Muriel Mine Golf Club, P.B. 2560, ✆ 0668-232. 10-Loch-Platz 20 km südlich von Banket 30 km nach Norden Richtung Mvurwi.

Trelawney Golf Club, P.O. Box 29, Trelawney, ✆ 0698-231. 9-Loch-Platz zwischen Chinhoyi und Trelawney.

Ayrshire Country Club, P.O. Box 34, Raffingora, ✆ 066-7245. 10-Loch-Platz 45 km nördlich Chinhoyi in Raffingora.

Sonstiges

INFORMATIONEN – ***National Parks & Wildlife Management***, Chinhoyi Caves, P.B. 7713, Chinhoyi, ✆ 067-22550.

NOTFALL – **Polizei**: ✆ 067-22822.
Krankenhaus: ***Chinhoyi Medical Centre***, Midway Street, ✆ 067-23884.
Apotheke: ***Lomagundi Pharmacy***, Magamba Way, ✆ 067-22402.

Transport

Busse nach Harare und nach Kariba halten am Caves Motel direkt bei den Höhlen.

Karoi

Karoi liegt an der Hauptstraße von Harare (200 km) nach Kariba am Karibasee (160 km) und entstand erst relativ spät. Man mied den Platz, da er von der Tsetsefliege geplagt war. Lange war es ein kleiner Weiler, der vom Bergbau der Umgebung lebte. Erst 1939 begann die Entwicklung, als ein Farmer anfing Tabak anzubauen und damit äußerst war. Die Ernte fiel doppelt so hoch wie üblich aus und Karoi wurde zum wichtigsten Tabakzentrum des Landes.

Übernachtung

Karoi Hotel, P.O. Box 51, Karoi, ✆ 064-6317, 📠 6856. 2-Sterne-Hotel, DZ US$35 inkl. Frühstück.
Twin River Inn, P.O. Box 12, Karoi, ✆ 064-6845, 📠 6846. Rondavels für 2 Personen US$18.
Spring Fever Caravan Park & Campsite, Spring Road, am Karoi Dam, 4 km nordwestlich Richtung Kariba, ✆ 064-7299. Stellplatz US$2 p.P.

Golf

Karoi Country Club, P.O. Box 19, Karoi, ✆ 064-6765, 9-Loch-Platz am Ortsrand von Karoi.

Chegutu

Chegutu, 105 km südlich von Harare, sollte man möglichst schnell durchfahren, und so ist die Stadt mit immerhin 25 000 Einwohnern auch angelegt: Eine Schnellstraße führt hindurch und man sieht nicht allzu viel von der Siedlung, die als Bergbaustadt ihr Dasein fristet. Wer hängen bleibt, weil ihn niemand mitnimmt oder weil er sonst über dem Steuer einschlafen würde, hat die Wahl zwischen zwei Hotels, die beide keinen vertrauenswürdigen Eindruck machen. 1899 kamen Prospektoren her und gründeten Hartley, Gold und Nickel wurde abgebaut und die Stadt profitierte wie Kadoma vom Baumwollanbau. Um Chegutu wird außerdem intensiver Maisanbau betrieben.

Übernachtung

Chegutu Hotel, P.O. Box 10, Chegutu, ✆ 053-2223. Einfaches Hotel, DZ mit Bad US$20, ohne Bad US$15, jeweils inkl. Frühstück.
Rukawo Motel, P.O. Box 452A, Chegutu, ✆ 053-2971. Einfaches Motel, DZ ab US$25 inkl. Frühstück.
Außerhalb in Selous (25 km Richtung Harare) steht die Einfachstunterkunft ***Halfway Hotel*** (ab US$5 p.P.).

Kadoma

Kadoma liegt 140 km südwestlich von Harare an der Hauptstraße nach Masvingo und Bulawayo in der Provinz Midlands. Es entstand 1890 als ein Camp der Bergarbeiter und wuchs rasch zur Stadt heran. 1912 war es die drittgrößte Siedlung im Land. Mit dem Anbau von Baumwolle wurde es auch bald zum Zentrum der Baumwollverarbeitung. Eine Forschungsstation für Baumwolle entstand, man reinigte die Ernte, spann und verabeitete sie weiter zu Stoffen. Eine Bekleidungsindustrie wurde aufgebaut. Parallel dazu wurden die Minen erweitert und heute noch wird nach Gold, Kupfer und Nickel geschürft. Das malerische Städtchen mit vielen alten Gebäuden ist einen Spa-

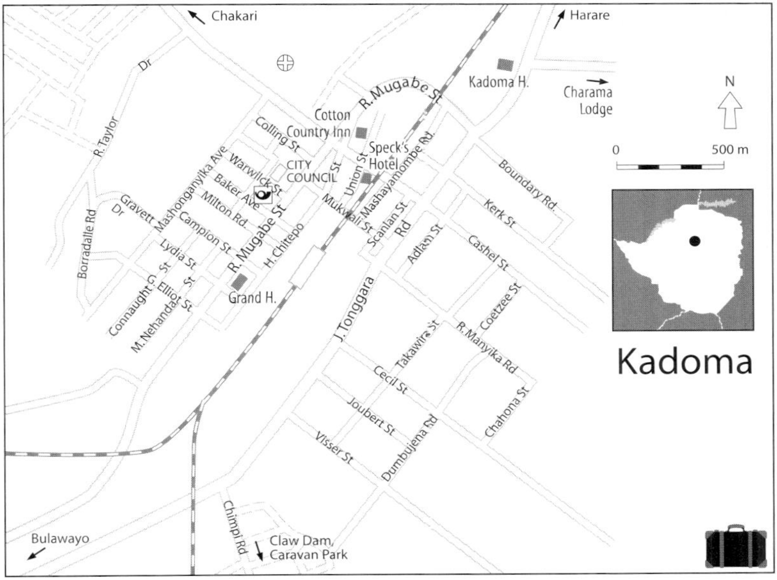

ziergang wert. Auf der Terrasse des Specks Hotel kann man bei einer Cola eine angenehme Pause einlegen. Wer sich für Eisenbahngeschichte interessiert, kann sich alte Lokomotiven und Waggons innerhalb einer Umzäunung neben dem Kadoma Hotel & Conference Centre anschauen.

Übernachtung

Kadoma Hotel & Conference Centre, P.O. Box 874, Kadoma, ✆ 22330, ✆ 22325. Großes Hotel der gehobenen Klasse mit Konferenzeinrichtungen der Rainbow-Kette, DZ ab US$70 inkl. Frühstück

Cotton Country Inn, P.O. Box 249, Kadoma, 32 Herbert Chitepo Street, ✆ 011-211641. Neue, kleine Lodge in der Stadt, DZ US$20.

Specks Hotel, P.O. Box 113, Kadoma, Union Street, ✆ 23302. Einfaches Hotel, DZ US$20.

Grand Hotel, P.O. Box 401, Kadoma, Herbert Chitepo Street, ✆ 24023. Das zweite einfache Hotel der Stadt, DZ US$15.

Weiter Unterkünfte im Hinterland Ngezi Recreational Park s.S. 342, Sebakwe Recreational Park s.S. 339 und Kwekwe s.S. 336.

Golf

Kadoma Golf Course, P.O. Box 311, Kadoma, ✆ 2652. 11-Loch-Platz an der Eiffel Flats Road.

Cam and Motor Golf Club, P.O. Box 57, Eiffel Flats, ✆ 2121. 9-Loch-Platz 6 km außerhalb in Eiffel Flats.

Chakari Golf Club, P.O. Box Chakari, ✆ 0688-240. 10-Loch-Platz 38 km nördlich von Kadoma.

Sonstiges

NOTFALL – **Polizei**: Robert Mugabe Street, ✆ 22222.

Krankenhaus: ***Kadoma General Hospital***, Chakari Street, ✆ 22066.

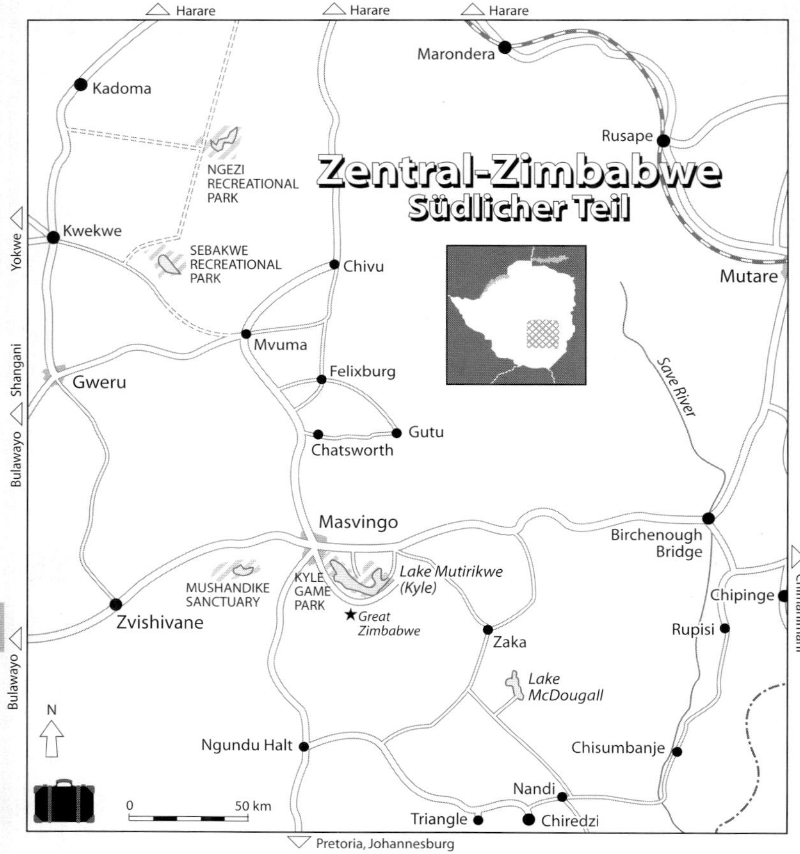

Apotheke: ***Kadoma Pharmacy***, 18 Mukwati Street, ✆ 231511.

VORWAHL – 068.

Transport

Fernbusse halten beim Kadoma Hotel & Conference Centre.
Bahnhof, Josiah Tongogora Road, ✆ 23358.

Kwekwe

Kwekwe, früher Que Que geschrieben, liegt an der Hauptverbindungsstraße von Harare (210 km) nach Bulawayo (230 km) und an der Eisenbahnlinie. Es entstand als Siedlung am Ufer des Kwekwe 15 km südlich des heutigen Standortes und hieß ursprünglich Sebakwe. 1905 wurde der Ort verlegt und der Name geändert. Die Stadt wuchs mit der Entstehung der Goldminen in der Umgebung und ist heute noch ein wichtiges Bergbauzentrum, das auch davon profitiert, dass unweit Redcliff liegt, wichtigster Standort der Stahlindustrie des Landes. Heute leben etwa 55 000 Menschen in und um die Stadt (rechnet man Redcliff hinzu, sind es im Großraum 150 000 Einwohner), die meisten sind auf irgendeine Art mit den Minen verbunden. Heute spielt der Goldabbau keine große Rolle mehr, die Minen sind fast erschöpft, aber weiterhin wird Kupfer und Eisenerz gefördert und Silikat- Quarzsand abgebaut. Der immense Wasserbedarf von Bergbau und der Stahlwerken wird mit Hilfe zweier Staudämme gedeckt: Sebakwe und Dutchman's Pool Dam (auch Lower Zivagwe Dam). Am Rand der Stadt befindet sich das Nationale Bergbaumuseum und am Lower Zivagwe Damm kann man angeln und Wild beobachten. Auffallendstes Gebäude der Stadt ist die Moschee am nördlichen Ende des Robert Mugabe Ways.

Neben der Globe und Phoenix Mine nordwestlich des Zentrums an der Oak Road steht das **National Mining Museum**, ✆ 055-23741, mit einer Freilichtausstellung und dem berühmten Papierhaus. Dampfmaschinen, Bohrer und andere Ausrüstungsgegenstände des Bergmannes stehen schattig unter Bäumen und geben einen Eindruck von der Entwicklung des Minenwesens. Das Papierhaus ist tatsächlich aus Pappmaché auf einem Holzgerüst konstruiert und wetterfest lackiert. Es wurde in England vorfabriziert und in Einzelteilen 1895 nach Zimbabwe geschafft. Es soll einmal Cecil Rhodes beherbergt haben, später war es das Büro der Minengesellschaft. Innen sind Fotografien und Dokumente aus der Gründerzeit zu sehen. ⌚ tgl. 9–17 Uhr, Eintritt US$2.

Der sechs Millionen Liter fassende **Dutchman's Pool Dam** versorgt mit dem Sebakwe Damm die Minen und Stahlwerke. Von der Industrie merkt man aber nicht viel und in den waldreichen Gebiet kann man sich gut erholen. Im Sable Park am Damm leben verschiedene Antilopenarten und einige Zebras. Angeschlossen ist ein kleiner Schlangenpark (Eintritt für beide US$1). Die Wildlife Society of Kwekwe unterhält einen Zeltplatz und Chalets (s. Übernachtung). Am Damm darf man

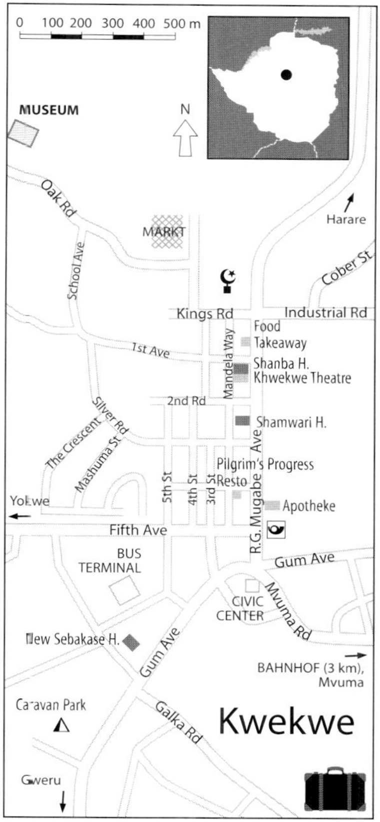

angeln. Anfahrt an der Straße Richtung Harare für 4 km, dann 6 km bis zum Park.

Übernachtung

KWEKWE – ***Golden Mile Motel***, Gweru Road außerhalb der Stadt (4 km); P.O. Box 238, Kwekwe, ✆ 23711, ✆ 23756. Beste Wahl, weite Anlage mit Schwimmbad, DZ ab US$25, gutes Restaurant.

Shamwari Hotel, Robert Mugabe Way, im Zentrum; P.O. Box 659, Kwekwe, ✆ 22387,

☏ 22389. Zwei-Sterne-Hotel, DZ inkl. Frühstück US$12 p.P.
New Sebakwe Hotel, P.O. Box 184, Kwekwe, ✆ 22981, ☏ 22982. Ein-Stern-Hotel, DZ US$10 p.P. inkl. Frühstück, direkt südlich des Zentrums Richtung Gweru.
Wildlife Society of Zimbabwe, P.O. Box 505, Kwekwe, ✆ 34103. Chalets am Dutchman's Pool Dam ab US$20; Zelten US$2 p.P.
Kwekwe Caravan Park, P.O. Box 115, Kwekwe, ✆ 22301. Einfacher Platz, nicht sehr sauber, sehr belebt von Bergbauarbeitern, Zelten US$1 p.P., am Ely Drive südlich der Stadt, 1,5 km vor dem Golden Mile Hotel.

UMGEBUNG – ***Redcliff Hotel***, P.O. Box 17, Redcliff, ✆ 62232, ☏ 62237. Einfaches Hotel in Redcliff, 10 km außerhalb an der Gweru Road, DZ US$15.
Nyangombe Safari Lodge, P.O. Box 44, Kwekwe, ✆ 00873-761241680, ☏ 00873-761241682, ✉ publicemail@cmag.ch. Luxuslodge, auch Jagdsafaris, US$150 p.P. inkl. Mahlzeiten, Jäger US$350, Anfahrt nur mit Geländewagen von Kwekwe über die direkte Verbindung nach Mvuma 29 km, dann nach Norden Richtung Ngezi, nach 3,5 km nach rechts (noch 5 km).
Mopani Park Safaris, P.O. Box 6, Kadoma, ✆ 068-231364, ☏ 24039. Anfahrt von Kwekwe über die direkte Verbindung nach Mvuma 29 km, dann nach Norden Richtung Ngezi, nach 5 km beim Schild nach links, von dort noch 10 km. Mopani ist für die Pferdesafaris bekannt, die mehrere Tage dauern können. Baumhäuser kosten US$15 p.P. inkl. Halbpension, Zelten US$2, Pferdesafaris 3 Tage/ 2 Übernachtungen im Busch für US$250 p.P. alles inklusive.
Chinyika Safaris, P.O. Box 232, Kwekwe, ✆ 24325. Anfahrt von Kwekwe über die direkte Verbindung nach Mvuma 29 km, dann nach Norden Richtung Ngezi, nach 18 km kommt ein Abzweig nach links (noch 2,5 km), Chalet zur Selbstversorgung abseits des Farmgebäudes im Busch, ab US$50, auf der Farm leben Nashörner, die zu schützen sich das Besitzerehepaar auf die Fahne geschrieben hat.
Mazuri Ranch, P.O. Box 154, Kwekwe, ✆ 27423. Anfahrt von Kwekwe über die direkte Verbindung nach Mvuma 29 km, dann nach Norden Richtung Ngezi, nach 25 km kommt ein Abzweig nach links, Vollpension US$40 p.P., Zelten US$2 p.P. (Selbstversorgung), Schwimmbad, Tennis, Reiten.
Mahamara Safari Lodge, P.O. Box CY2632, Causeway, Harare, ✆ 04-728493, ☏ 728492, ✉ afhomesteads@skysaf.co.zw. Anfahrt von Kwekwe nach Mvuma 60 km, dann nach links 11 km, vier Chalets mit Blick auf einen kleinen Stausee, Game Drives, Reitausflüge, Chalet für 2 Personen US$150 p.P. alles inklusive.

Essen

Golden Mile Motel, ✆ 23711, ☏ 23756. Gweru Road außerhalb der Stadt (4 km), gutes Restaurant mit günstigen Preisen, Barbetrieb, Poolbar.
Pilgrim's Progress, Robert Mugabe Way, ✆ 22070. Coffeeshop mit kleinen Mahlzeiten.

Aktivitäten

GOLF – ***Kwekwe Golf Club***, P.O. Box 405, Kwekwe, ✆ 3219, 18-Loch-Platz 2 km außerhalb.

REITEN – ***Mopani Park Safaris***, P.O. Box 6, Kadoma, ✆ 068-231364, ☏ 24039. S.o. Übernachtung.

Nachtleben

Golden Mile Motel, ✆ 23711, ☏ 23756, Gweru Road außerhalb der Stadt (4 km), in der Innen- und Poolbar trifft sich die Jugend am Samstagabend.
Globe & Phoenix Beer Hall, Oak Road, bei der Mine, Biergarten, meist Bergarbeiter, am Wochenende Liveauftritte.

Sonstiges

AUTOVERMIETUNG – ***Wilming Travel***, P.O. Box 547, Kwekwe, Robert Mugabe Way, Shamwari Building, ✆ 22426, ☏ 24295.

INFORMATION – ***Kwekwe Publicity Association***, P.O. Box 115, Kwekwe Civic Centre, ✆ 22301, 📠 24301.

NOTFALL – **Polizei**: ***Gum Avenue***, ✆ 24541. **Krankenhaus**: in Redcliff, ✆ 22333. **Apotheke**: ***Kwekwe Pharmacy***, Robert Mugabe Way, Mutual House, ✆ 24019.

POST – Hauptpost, Robert Mugabe Way, ✆ 22621.

VORWAHL – 055.

Transport

BUSSE – Fernbusse halten beim Golden Mile Hotel. Die Chickenbusse fahren beim Amaveni Bus Terminus hinter dem New Sebakwe Hotel ab.

EISENBAHN – Vom Bahnhof östlich des Zentrums, Mvuma Road, ✆ 22327, bestehen Verbindungen nach HARARE und BULAWAYO.

Sebakwe

Von Mvuma kommend biegt man auf der Hauptstraße nach Gweru bei Meilenstein 9 (9 km von Mvuma) auf die Piste nach Kwekwe ab. Nach 49 km geht es rechts auf 8 km zum Parkeingang. Von Kwekwe kommend fährt man 32 km auf Asphalt und 3 km auf Piste bis zum Abzweig zum Park. Nach Ngezi sind es 55 km Piste und weiter nach Battlefields 60 km schlechter Piste (Geländewagen empfohlen), bis man die letzten 7 km auf Teer zur Hauptstraße Kwekwe – Harare erreicht hat.

Sebakwe liegt um den je nach Wasserstand 1500 bis 2300 ha großen gleichnamigen Stausee. Der Park besitzt an seiner Westseite drei für Botaniker sehr interessante Reservate: Das **Sebakwe Acacia Karoo Botanical Reserve**, das **Sebakwe Mountain Acacia Karoo Botanical Reserve** und das **Great Dyke Botanical Reserve**. Besonders interessant sind die Bergakazien *(brachystegia glaucescens)* und die für den Great Dyke – der sich quer durch den See zieht und den man sonst selten so ausgeprägt erlebt – typische Vegetation. Wer mit dem Wagen um den See herum fährt, wird verstehen, weshalb der Great Dyke eine ganz eigene Pflanzenwelt besitzt, der Boden wird in seinen Bereichen plötzlich brüchig und besteht aus grobem schotterartigem Material. Darunter findet sich das Serpentingestein, das als Speckstein von den Kunsthandwerkern wegen seiner leichten Bearbeitbarkeit verwendet wird. Der hohe Mineralgehalt des Great Dyke führte zur Ausbildung endemischer Pflanzenarten, so z.B. einer Aloenart *(aloe ortholopha)* und zweier Kandelaberbaumarten *(euphorbia memoralis* und *euphorbia wildii)*. Im Park gibt es Wild, aber nicht besonders ausgeprägt, ab und an wird man Antilopen begegnen. Wer hierher kommt, will entweder die Vegetation studieren oder im See angeln. Boote dürfen mitgebracht und zu Wasser gelassen werden. Wegen der Bilharziose-Gefahr ist Schwimmen verboten. Der Park ist von Sonnenauf- bis -untergang geöffnet. (Übersichtskarte s.S. 340.)

Übernachtung

Buchungen über die zentralen Reservierungsbüros in Bulawayo und Harare. Im Park stehen drei Lodges zur Verfügung und Zeltplätze, die keine Infrastruktur haben.

Information

National Parks & Wildlife Management, **Sebakwe Recreational Park**, P.B. 8040, Kwekwe, ✆ 055-23918.

Ngezi

Ngezi ist von der Hauptstraße zwischen Harare und Kwekwe auf Piste erreichbar. Der Zustand der Wege ist während und nach der Regenzeit ausgesprochen schlecht und ein Geländewagen wird empfohlen. Von Battlefield aus sind die ersten 7 km Asphalt, dann 60 km Piste. Diese Anfahrt ist besser als nach Norden bis Chegutu oder Kadoma. Nach Sebakwe sind es 55 km relativ guter Piste. 1956 hatte man Ngezi zum

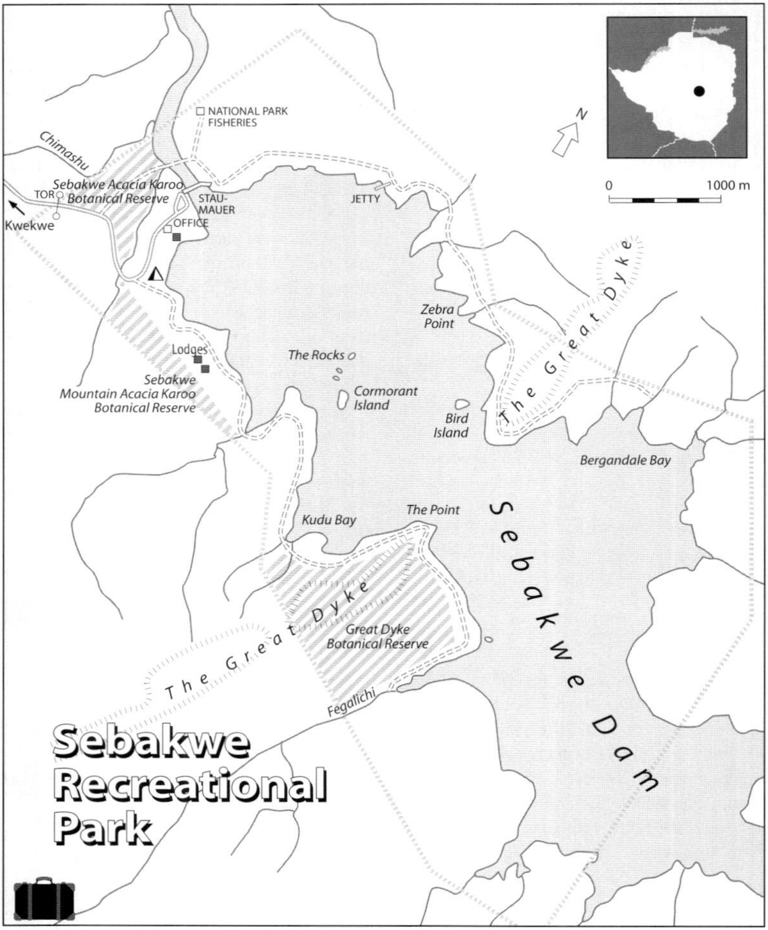

Nationalpark erklärt, ihn aber 1975 zurückgestuft zum Erholungspark. Der ein annäherndes „W" bildende See liegt am Great Dyke und man kann dessen typische Vegetation bewundern, die sich hier aber nicht so augenfällig von der Umgebung unterscheidet wie in Sebakwe. Einige Antilopenarten versucht man wieder anzusiedeln (insbesondere den Riedbock), ansonsten ist die Tierwelt eher mager – sieht man von der großen Zahl der Krokodile im See ab, in dem man nicht nur wegen dieser nicht baden sollte. Es besteht Bilharziose-Gefahr. Der Park ist 6300 ha groß und der See bedeckt eine Fläche von 570 ha. Im ganzen Park sind 25 Stellplätze an der Uferlinie verteilt, so dass man wirklich für sich alleine im Busch ist und

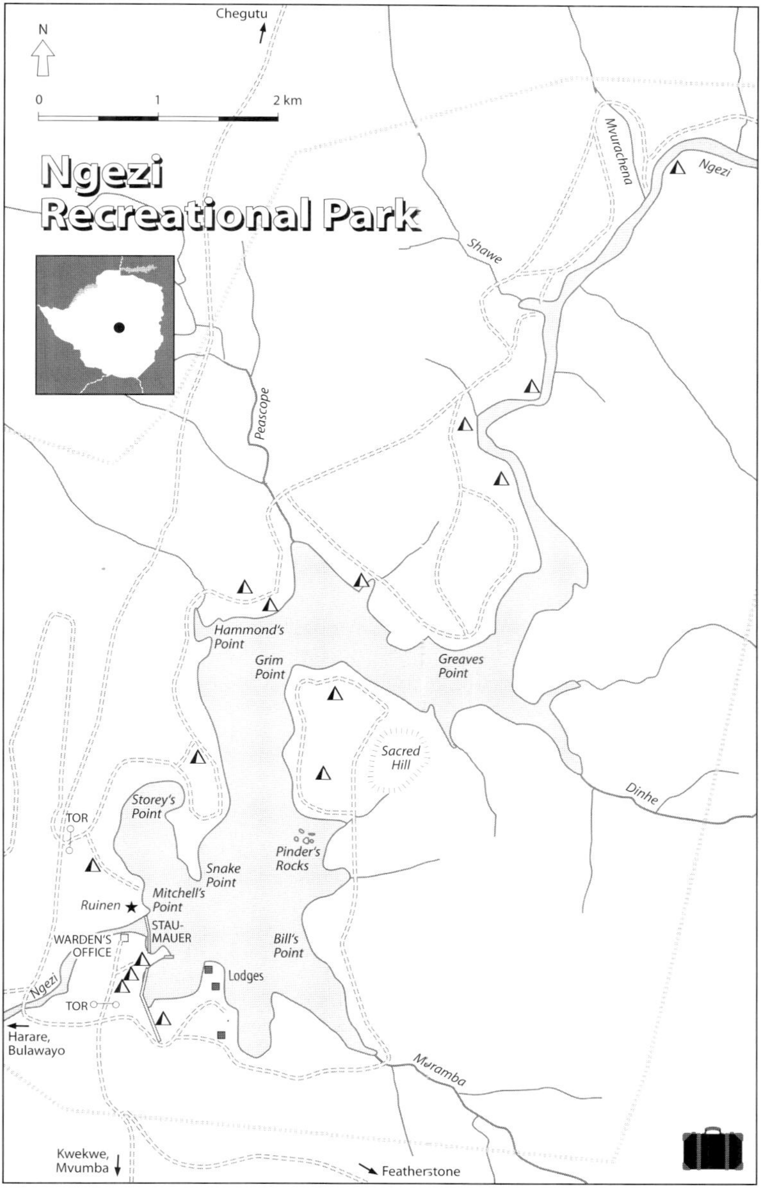
Ngezi
Recreational Park
N
0
1
2 km
Chegutu
Mvurachena
Ngezi
Shawe
Peascope
Hammond's Point
Grim Point
Greaves Point
Sacred Hill
Dinhe
Storey's Point
TOR
Pinder's Rocks
Snake Point
Mitchell's Point
Ruinen
STAU-
MAUER
WARDEN'S OFFICE
Bill's Point
Lodges
Ngezi
TOR
Harare, Bulawayo
Muramba
Kwekwe, Mvumba
Featherstone

in aller Ruhe angeln kann. Boote darf man mitbringen, sie müssen aber bei Einfahrt registriert werden. Am Eingang erhält man auch die Genehmigung zum angeln. ⌚ von Sonnenauf- bis -untergang. Bürozeiten 7–12 und 13–16.30 Uhr, dann auch Feuerholzverkauf.

Übernachtung

Buchung über die zentralen Reservierungsstellen in Bulawayo und Harare.
Vier **Lodges** auf einer Landzunge am Südufer des Sees, 2 Schlafräume, Küche, Bad, heißes Wasser sowie 25 **Zeltplätze** im ganzen Park am Ufer verteilt, unterschiedliche Ausstattung, teilweise einfache Hütten, immer Grillmöglichkeit und Toilette, Stellflächen mit Duschen nur beim Haupteingang.

Informationen

***National Parks and Wildlife Management*, Ngezi Recreational Park**, P.B. 8046, Kwekwe, ✆ 0557-2405.

Chivhu und Mvuma

Chivhu entstand 1895, als Pioniere den Oranje Free State in Südafrika verließen und eine neue Heimat suchten. Wegen der Ähnlichkeit der Landschaft ließen sie sich hier nieder und nannten die Siedlung zunächst Enkeldoorn. Das Städtchen in 1500 m Höhe liegt 140 km südlich von Harare und hat sich ein wenig seines Afrikaans-Charakter bewahrt, vielleicht der einzige Grund hierher zu kommen, sofern man keinen Übernachtungsplatz sucht.

Mvuma, 53 km südwestlich, ist noch uninteressanter; eine Bergbausiedlung, die sich im Busch versteckt und sich lediglich über die riesigen Abraumhalden, die darüber hinausragen, ankündigt. Die Straßen lassen Mvuma links liegen und man sollte es ihnen gleichtun.

Übernachtung

Vic's Tavern, P.O. Box 12, Chivhu, ✆ 056-2797, 📠 2798. In der York Street, Landhotel für US$30 das DZ inkl. Frühstück, einfache Zimmer ab US$15.
Denises Kitchen, P.O. Box 216, Chivhu, ✉ denise@baobab.cfzim.co.zw, ✆ 056-25309, 📠 2539. Auf einer Farm 16 km außerhalb Chivhiu Richtung Masvingo, B&B für US$30 p.P.
Tangenhamo Safari Lodge, P.O. Box 216, Chivhu, ✉ denise@baobab.cfzim.co.zw, ✆ 056-25309, 📠 2539. Auf einer Farm 16 km außerhalb Chivhiu Richtung Masvingo, US$100 p.P. inkl. Mahlzeiten, viele Aktivitäten wie Reiten (Pferde, Elefanten), Angeln usw.
Golden Spider Web, 40 km südlich Mvuma Richtung Masvingo, P.O. Box 49, Mvuma ✆ 0308-351/2. DZ US$25 inkl. Frühstück, Restaurant und Unterkunft in einem touristischen Einkaufszentrum mit schönem Garten.

Sonstiges

NOTFALL – Polizei ✆ 056-2412
Krankenhaus ✆ 056-2644

Gweru

Die mit 110 000 Bewohnern drittgrößte Stadt des Landes liegt an der Hauptstraße zwischen Harare (275 km) und Bulawayo (170 km) und an der Bahnlinie von Botswana über Bulawayo nach Harare. Dank ihrer zentralen Lage besitzt die Stadt auch den größten Containerterminal des Landes und wurde von der staatlichen Telefongesellschaft als Schaltstelle der internationalen Kommunikationsleitungen ausgewählt. Die breiten Straßen im Zentrum sind äußerst belebt, die Geschäfte gut besucht, nicht nur von den Einwohnern der Stadt, sondern auch von der Landbevölkerung, die sich hier versorgt. Als Zentrum der Viehzucht hat Gweru heute die größte Viehbörse des zentralen Afrika zu bieten, Schlachthöfe und Konservenfabriken verarbeiten das Fleisch weiter und Gerbereien produzieren Leder. Die Schuhfabrik der Firma Bata gab der Entwicklung der Stadt schon in den 30er Jahren deutlich Aufschwung und seitdem hat sich sehr viel Kleinindustrie angesiedelt.

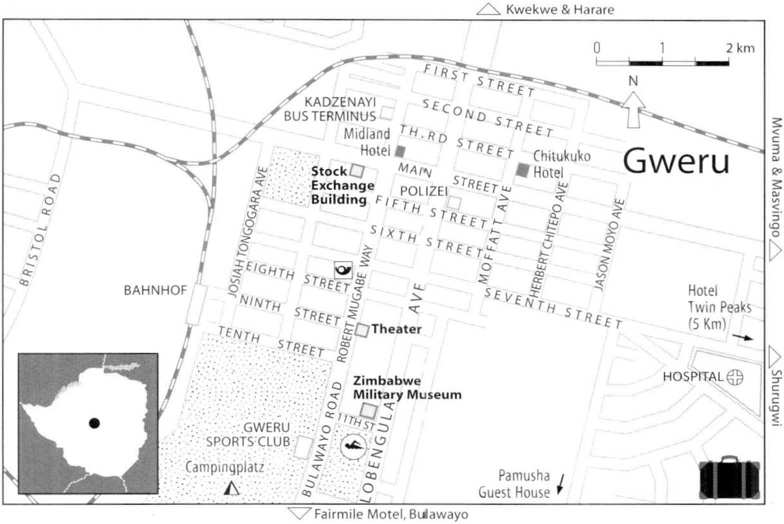

Geschichte

Gweru wurde Ende des 19. Jahrhunderts als Postkutschenstation gegründet und besaß 1895 bereits sechs Hotels. Nicht nur als Übernachtungsmöglichkeit zwischen Bulawayo und Harare wuchs es langsam aber stetig. Die in den Goldminen der Umgebung schürfenden Bergleute suchten Abwechslung und kamen in die Stadt. Eine der ersten Zeitungen des Landes, die *Gwelo Times* wurde 1897 in Gweru gedruckt. Gwelo war der frühere Stadtname und wurde von dem Ndebele Wort *ikwelo* abgeleitet – „steile Ufer“ –, da die Frauen Schwierigkeiten hatten, mit ihren Wassergefäßen die Flussufer zu erklimmen. Der Name wurde mit der Unabhängigkeit in Gweru geändert.

Sehenswertes

Das **Stock Exchange Building**, die alte Börse, in der Main Street zwischen Robert Mugabe Way und Leopold Takawira Avenue stammt aus dem Jahr 1898 und ist das älteste Gebäude der Stadt. Das frühere **Gerichtsgebäude** in der Lobengula Avenue beherbergt heute eine Verwaltung und wurde 1905 errichtet. Den **Boggie‘s Clock Tower** ließ die Witwe von Major Boggie 1937 bauen. Der Uhrturm steht unübersehbar an der Kreuzung Main Street Robert Mugabe Way. Als man 1981, so die Legende, die sterblichen Überreste des Majors daraus entfernte, blieben genau an diesem Tag die vier Uhren stehen und bewegten sich 10 Jahre lang nicht mehr. 1991 soll ein Uhrmacher bei den Ruinen von Dhlodhlo eine Erscheinung gehabt haben, die ihm befahl sich der Uhr anzunehmen. Als er das Uhrwerk berührte, begann es ganz von alleine wieder zu ticken.

Als Garnisonsstadt ist Gweru Sitz des **Zimbabwe Military Museum**, ✆ 054-2281, 20321, ✉ museum@harare.iafrica.com. Es liegt südlich des Zentrums an der Lobengula Avenue. Wie es sich für ein Militärmuseum gehört, kündigt es sich von außen mit Panzerfahrzeugen an. Die Freiluftausstellungen zeigen weitere Panzer, Polizeifahrzeuge aus der rhodesischen Zeit – die berühmten minensicheren Wannen – Kampf- und zivile Flugzeuge und im Gebäude Waffen, Waffen, Waffen. 1974 eröffnet, hieß das Museum zunächst Midlands Museum, bis es 1985 seinen neuen Namen erhielt. Die

Flugzeugausstellung befindet sich 500 m weiter südlich. In der Armeeausstellung finden sich Waffen aus 15 Jahrhunderten, beginnend mit dem 6. Jahrhundert über die Kolonialzeit bis heute. ⌚ tgl. 9–17 Uhr, Eintritt US$2.

10 km außerhalb von Gweru Richtung Westen auf der Bristol Road bzw. Oxford Road hinter dem Fairmile Hotel geht es zu dem auf einer 30 km^2 großen Farm gelegenen **Antelope Game Park** (P.O. Box 1218, Gweru, ✆ 054-52173, ✉ conolly2@icon.co.zw). Auf dem 11 km^2 großen Zoogelände können sich Giraffen und Zebras frei bewegen, Löwen besitzen ein eigenes Gehege, ebenso die Strauße. Ein Netz von 25 km Pisten ist im Park angelegt. Am Nachmittag um 15 Uhr werden die Raubkatzen gefüttert. Reitausflüge US$2 p.P. (2 Stunden). Die Betreiber sind sehr freundliche Menschen, was sich auch in den humanen Preisen für die Aktivitäten ausdrückt. ⌚ tgl. 10–17 Uhr, Eintritt US$1, Zeltmöglichkeit.

Übernachtung

Midlands Hotel, P.O. Box 276, Gweru, ✆ 054-22581, 📠 23784, Main Street, Ecke Robert Mugabe Way. Viele Geschäftsleute, DZ US$55 inkl. Frühstück.
Fairmile Motel, P.O. Box 1232, Gweru, ✆ 054-24144, 📠 23189, Bulawayo Road, 2 km vom Zentrum. DZ ab US$45 inkl. Frühstück.
Pamusha Guest House, ✆ 054-23535, 73 Kopje Road, DZ ab US$35.
Chitukuko Hotel, P.O. Box 1377, Gweru, ✆ 054-22861, 📠 24212, Moffat Road, Ecke 3rd Street. DZ ab US$35, Barbetrieb, laut.
Twin Peaks Motel, P.O. Box 1269, Gweru, ✆ 054-23762, 📠 23762. DZ inkl. Frühstück US$30, nettes, neues Hotel 5 km außerhalb Richtung Shurugwi.

Der **Zeltplatz** von Gweru, P.O. Box 599, Gweru, ✆ 054-22929, liegt an der Kreuzung Bulawayo Road Kopje Street südlich des Zentrums, saubere Anlage, Zelten kostet US$2,50 p.P.
Antelope Game Park, P.O. Box 1218, Gweru, ✆ 054-52173, ✉ conolly2@icon.co.zw. 8 km außerhalb auf der Bristol Road nach Westen, Zelten US$5 p.P.

Essen und Unterhaltung

Dutch Oven Steak House, 5th Street, ✆ 054-24249. Nicht nur Steaks, aber hauptsächlich.
Twin Peaks Restaurant, ✆ 054-23762. 5 km außerhalb Richtung Shurugwi, tgl. Mittag- und Abendtisch, gute Küche in angenehmer Atmosphäre.
Chitukuko Hotel, ✆ 054-22861, 📠 24212, Moffat Road, Ecke 3rd Street, Barbetrieb, Disco und Liveauftritte.

Aktivitäten

GOLF – ***Gweru Golf Club***, P.O. Box 48, Gweru, ✆ 054-3493. 18-Loch-Platz in Gweru.

SCHWIMMEN – **Öffentliches Schwimmbad**, Bulawayo Road, Ecke 11th Street, südlich des Museums. ⌚ Mai–Oktober 10–14 und 15–18 Uhr.

Sonstiges

AUTOVERMIETUNG – ***Europcar***, Fairmile Hotel, ✆ 054-4144, 📠 3189.

INFORMATION – ***Gweru Promotion Council***, P.O. Box 730, Gweru, ✆ 054-23941. Im Civic Center, Robert Mugabe Way, Ecke 8th Street, Mo–Fr 8–16 Uhr.

KURIERDIENST – ***DHL***, 45 Robert Mugabe Way, ✆ 054-21588, 📠 24282.

NOTFALL – **Polizei**: Lobengula Avenue, Ecke 5th Street, ✆ 054-22121. **Krankenhaus**: Shurugwi Road, ✆ 054-21301. **Apotheke**: ***Central Pharmacy***, 56 5th Street, ✆ 054-22664. **Flugrettung**: ***Medical Air Rescue Service***, ✆ 054-3337.

POST – Robert Mugabe Way, Ecke 7th Street, ✆ 054-23235.

REISEBÜRO – ***National Travel***, P.O. Box 1016, Gweru, ☏ 054-24444, 📠 22315, Rothbart Building, 6th Street.

TAXI – ***A1 Taxi***, ☏ 054-20181.

Transport

Blue Arrow hält auf der Strecke HARARE–BULAWAYO beim Fairmile Hotel (Reservierungen bei National Travel, s. Reisebüros), ebenso die Linien *Ajay Motorways* und *Express Motorways*. Chickenbusse fahren am Busbahnhof Kudzenayi in der 3rd Street, Ecke Robert Mugabe Way ab.

Shurugwi

37 km südöstlich von Gweru liegt das Bergbaustädtchen inmitten der hügeligen Landschaft. Seltsamerweise ist das Licht hier besonders schön und die Farben der flachen, alten Häuser leuchten in der Morgen- und Abendsonne. Die Bergleute ziehen von den am Stadtrand liegenden Zechen nach Hause oder gehen zur Arbeit, der Busbahnhof ist voller Menschen, die auf ihren Bus warten oder Obst an die Fahrgäste verkaufen. Früher war Gold das wichtigste Mineral in der Gegend, heute wird hauptsächlich Chromerz gefördert.

Übernachtung

Garden Motel, P.O. Box 935, Shurugwi, Sebanga Park, ☏ 052-6548. 2 km westlich von Shurugwi auf der Garden Road, einfach, Barbetrieb, laut, DZ US$20 inkl. Frühstück

Die Ruinen bei Shangani

Shangani, in der Mitte zwischen Gweru und Bulawayo gelegen, ist nicht mehr als eine Tankstelle und eine Bahnstation, an der die wenigsten Züge halten. Das Dorf ist nur von Interesse, weil hier die Wege zu den Ruinen im Hinterland abgehen: Dhlodhlo, Nalatale und Zinjanja. Alle drei Ausgrabungsstätten sind auf einer Rundtour südlich Shagani über Pisten zu besuchen. Von Zinjanja kann weiter nach Süden über den Lake Cunningham Recreational Park die Hauptstraße Masvingo – Bulawayo erreichen. Man fährt von Shangani über die Bahnlinie südlich und hält sich links. Hinter dem Weiler Biyoni kommt eine Brücke und nach 2 km geht es links nach Norden, wieder über eine Brücke, hinter der linkerhand die Ruinen liegen. Um zu den Ruinen von Dhlodhlo zu gelangen, fährt man zurück, 3 km über Biyoni hinaus und dann links nach Westen. Nach gut 15 km geht es an einer Kreuzung nach rechts und Norden und nach 10 km stößt man auf die Hauptpiste von Shangani nach Dhlodhlo. Ab hier ist die Strecke beschildert. Man hält sich links nach Südwesten (ca. 12 km). Nach Zinjanja sind es von Dhlodhlo aus 30 km, die Streckenführung ist allerdings etwas kompliziert auf den vielen sich verzweigenden und kreuzenden Pisten. Deshalb nimmt man der Einfachheit halber die Piste nach Fort Rixon, von wo aus die Ruinen von Zinjanja beschildert sind. Nach Fort Rixon sind es 15 km. An der Hauptkreuzung hält man sich südlich und an der Kreuzung nach ca. 11 km rechts. Nach 15 km kommt man an eine Kreuzung, wo auch das Fort Rixon Memorial zu finden ist. Dort geht es südöstlich weiter und nach 5 km hat man die Stichstraße zu den Ruinen erreicht. Die Anfahrt zum Lake Cunningham ist ab Fort Rixon unten beschrieben.

🕒 tgl. von Sonnenauf- bis -untergang; Eintritt US$5, gültig für alle drei Stätten.

Geschichte

Dhlodhlo oder Dananombe war die Hauptstadt des Rozwi-Reiches von Ende des 17. Jahrhunderts bis in das 19. Jahrhundert hinein. Das Rozwi-Reich folgte auf die Torwa-Dynastie des Staates Khame, der wiederum Great Zimbabwe die Vormacht abgenommen hatte. Man nimmt an, dass die Rozwi-Dynastie das Torwa-Reich nicht einfach nur abgelöst, sondern in einem längeren Prozess absorbiert hat und dabei Traditionen von Khame übernahm. Dafür spricht auch, dass Dhlodhlo schon von den Torwa-Königen als Nebensitz benutzt wurde. Dhlodhlo muss in seiner Blütezeit 6000 bis 10 000

ZENTRAL-ZIMBABWE

Menschen beherbergt haben. Der Niedergang des Reiches wurde mit der Invasion der Nguni eingeläutet, die ab 1830 in der Region auftauchten.

Die Ruinen von Dhlodhlo (Danangombe)

Am Eingang zu Dhlodhlo steht ein kleines informatives Museum, das Artefakte ausstellt, die hier und in den anderen Ruinen der Umgebung gefunden wurden. Ein Modell zeigt den ursprünglichen Zustand von Dhlodhlo. Auf dem Gelände sind noch sehr schöne Beispiele von Mauerwerk im Schachbrettmuster zu sehen, wie sie auch aus Khame bekannt sind. Wie in Khame hat man die Terrassenbauweise gepflegt. Wälle dienten nicht nur der Umgrenzung von Wohnbereichen, sondern wurden auch mit Erdreich aufgefüllt, um auf den so entstehenden Terrassen die Hütten zu errichten. Der Rundgang geschieht in absoluter Ruhe. Nur selten verirren sich Besucher zu den abgelegenen Ruinen, im Gästebuch finden wochenlang keine Eintragungen statt. Ab und zu kommt eine Schulklasse und studiert das kulturelle Erbe.

Die Ruinen von Nalatale

Die Ruinen liegen eindrucksvoll auf einem hohen Granithügel. Der terrassierte Nordwest-Wall gibt gute Beispiele für die unterschiedlichen Dekorationsformen im Mauerwerk. Ursprünglich war der Wall mit kleinen Türmen besetzt, die mit einem Stein abgeschlossen waren. Inmitten des Ovals, das der Wall umschließt, stand auf einer Erhöhung die Hütte eines Würdenträgers, der somit über die Umwallung hinaussehen konnte. Um die Erhöhung herum waren die übrigen Wohnhütten angeordnet.

Die Ruinen von Zinjanja (Regina)

Die Ruinen auf einem niedrigen Granitrücken zeigen Beispiele für die unterschiedlichen Muster, mit denen die Wälle dekoriert sind: Fischgrät-, Schach- und Linienmuster. Innerhalb des Hauptwalles liegt eine große Plattform, die wahrscheinlich, wie bei Nalatale, die Haupthütte trug. Um den Hauptwall sind ebenfalls Plattformen angeordnet. Als Besonderheit fand man bei Zinjanja eine aufgeworfene Erhöhung, in die acht flaschenförmige Vertiefungen 2,50 m tief eingelassen waren, jede von ihnen ursprünglich mit einer Steinplatte verschlossen. Der Zweck der Kammern ist unklar.

Übernachtung

Jabulani Safaris, P.O. Box 43, Shangani, ✆ 050-3303, ℻ 088-603. 65 km westlich Gweru Richtung Bulawayo bei Shangani nach Süden abbiegen, nach 20 km auf die Glasse Road Richtung Jabulani (7 km). Persönliche Lodge auf der Farm Bon Accord, die seit 1920 in Familienbesitz steht, Halbpension pro Person US$150.

Embukisweni Safari Lodge, Box NE67, North End, Bulawayo, ✆ 09-79726 oder 011-601702 oder 050-2708, ℻ 09-65959. 50 km nördlich Shangani auf der Enduro Ranch, einer Wildfarm; bei Shangani für 50 km auf die Piste Joseph Block Road nach Norden, DZ US$65 p.P. alles inklusive, Schwimmbad, Photo- und Jagdsafaris.

Informationen

National Museums & Monuments, Regional Office / Zimbabwe Military Museum, Lobengula Avenue, P.O. Box 1300, Gweru, ✆ 054-2816.

Lake Cunningham

Der nicht sehr häufig besuchte Lake Cunningham liegt sehr schön inmitten grüner Wiesen und einer sanften Hügellandschaft. Von Süden ist er sehr einfach zu erreichen, 15 km östlich von Mbalabala geht von der Hauptverbindung Bulawayo – Masvingo eine Stichpiste durch Dornbusch nach Norden. Nach 15 km erreicht man einen Abzweig nach rechts zur Rezeption (1,5 km), meldet sich dort an, fährt zum Abzweig zurück, hält sich jeweils rechts und hat nach 9 km den Zeltplatz erreicht.

Die Anfahrt von Fort Rixon gestaltet sich

im Pistengewirr schwieriger. In Fort Rixon (WGS84: 20°00'32"S/29°15'53"O) hält man sich westlich und passiert mehrere Abzweigungen nach Süden, die man ignoriert. Nach 27 km kommt man zu einer Einmündung (WGS84: 19°59'55"S/29°01'02"O), an der man südlich fährt. Nach 2 km steht ein Schild an der Piste mit folgendem Text: *„Danger Range Boundary, Military Life Firing Area, Do not pick Anything."* Nach weiteren 8 km (WGS84: 20°03'45"S/29°04'00"O) hält man sich rechts und südlich. Nach weiteren 8 km durch Farmland hält man sich links nach Südost (WGS84: 20°07'50"S/ 29°03'50"O) und hat ab hier nach 31 km (WGS84: 20°21'37"S/29°13'25"O) den Abzweig zum Zeltplatz an den Ufern des Sees erreicht (noch 9 km, WGS84: 20°18'26"S/ 29°14'48"O).

Übernachtung

Buchungen über die zentralen Reservierungsstellen in Bulawayo und Harare oder vor Ort, da er praktisch nie voll besetzt ist.
Einsamer Zeltplatz an den Ufern des Sees, Ablution Blocks, Grillmöglichkeit, Feuerholzverkauf.

Informationen

National Parks & Wildlife Management, Lake Cunningham, P.O. Box 100, Filabusi, ✆ 071-2104.

Zvishavane

Zvishavane, das frühere Shabani, liegt auf 915 m ü.d.M. zwischen Bulawayo (160 km) und Masvingo (100 km) und an der Eisenbahnlinie von Gweru (120 km) nach Maputo / Moçambique. 1916 wurde hier eine Asbestmine eröffnet, was zur Gründung der Stadt führte. 1928 erreichte die Eisenbahn die Siedlung und die Stadt entwickelte sich. Die Umgebung lebt hauptsächlich von der Viehwirtschaft, wenn auch seit der Unabhängigkeit auf den kommunalen Gebieten Ackerbau betrieben wird.

Übernachtung

Nilton Hotel, P.O. Box 68, Zvishavane, Fowler Avenue, ✆ 051-2794. Einfaches Hotel, Zimmer ab US$10.

Golf

Roland Park Golf Club, P.O. Box 602, Zvishavane, ✆ 051-2371. 18-Loch-Platz 10 km außerhalb Richtung Bulawayo.

Mushandike Sanctuary

Das 13 000 ha große Tierreservat liegt 25 km westlich an der Hauptstraße nach Bulawayo um den gleichnamigen Stausee, der 1938 angelegt wurde, um die Farmen entlang der Straße nach Beitbridge mit Wasser zu versorgen. Er fasst 38 Millionen m^2 und bedeckt 440 ha. Nashörner, Antilopen, Zebras und Leoparden bevölkern den Park. Am Wochenende kommen viele Ausflügler aus Masvingo, um zu angeln und die Landschaft mit den in den Himmel ragenden Granitfelsen zu genießen, meist übernachten sie aber nicht, sondern kehren abends heim. Nahe dem Eingang 1,5 km von der Hauptstraße und 10 km vom Zeltplatz entfernt sind östlich der Piste und südlich unterhalb des Chiwiya-Berges Felsmalereien zu sehen.

Übernachtung

Buchungen über die zentralen Reservierungsbüros in Bulawayo und Harare oder direkt vor Ort (der Platz ist in den seltensten Fällen ausgebucht): ***Main Camp,*** Zeltplatz 12 km von der Hauptstraße auf einer Landzunge. Schöne Lage unter Mopanebäumen am Seeufer; Duschen, Toiletten, heißes Wasser, Grillmöglichkeit, Feuerholzverkauf, keine weitere Versorgungsmöglichkeit.

Informationen

National Parks & Wildlife Management, Mushandike Sanctuary, P.O. Box 921, Masvingo, ✆ 039-63910, ✆ 65239.

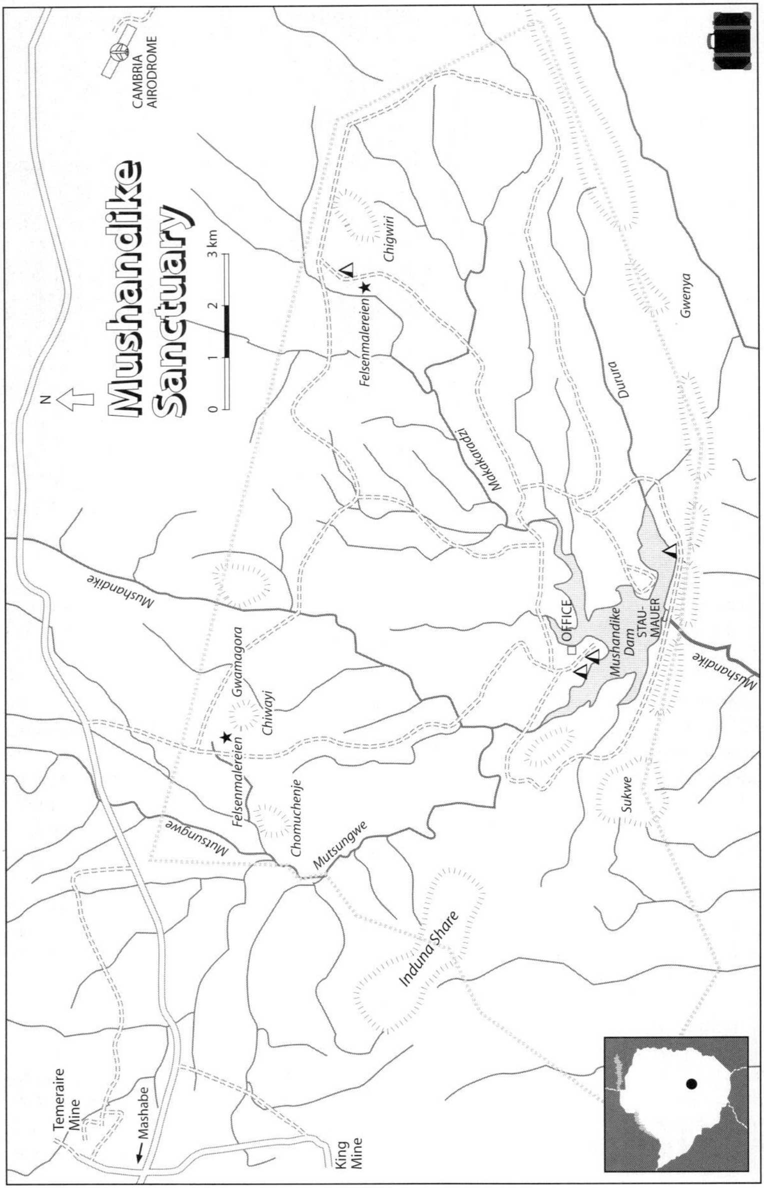
Mushandike Sanctuary
N
0
1
2
3 km
CAMBRIA AIRODROME
Felsenmalereien
Chigwiri
Makakaradzi
Durura
Gwenya
Mushandike
OFFICE
Mushandike Dam
STAU-MAUER
Mushandike
Gwamagora
Chiwayi
Felsenmalereien
Chomuchenje
Mutsungwe
Mutsungwe
Sukwe
Induna Share
Temeraire Mine
Mashabe
King Mine

Das kleine Masvingo ist eine Geschäftsstadt und Basis für Ausflüge nach Great Zimbabwe

Masvingo

Mavingo (40 000 Einwohner), Hauptort der gleichnamigen Provinz, hieß früher Fort Victoria und liegt in dem schmalen Streifen des Middlevelds, das Lowveld ist knapp 80 km südlich, das Highveld beginnt 50 km nördlich. Der nahe gelegene riesige Stausee **Lake Mutirikwe** (früher Lake Kyle) versorgt die Region bis hinunter zu den Plantagen bei Triangle mit ausreichend Wasser.

Ein Schlachthof und eine Getreidebörse verarbeiten und vermarkten die landwirtschaftlichen Produkte. In den Minen der Umgebung wird u.a. Kupfer, Asbest und Lithium abgebaut. Die breiten Straßen im Zentrum erinnern an die Zeit der Ochsenwagen. Alles wirkt sehr sauber und aufgeräumt und vermittelt den Eindruck einer Bürostadt.

Das „wahre" Leben spielt sich in der Township ab, die im Südwesten an das Zentrum grenzt. Belebte Märkte, Treiben auf den Straßen, Musik aus den Läden und Bierhallen, ein krasser Gegensatz zur in der Sonne blitzenden Hauptstraße.

Aber nicht nur Landwirtschaft und Bergbau sorgen für den relativen Wohlstand der Stadt. Einer der wichtigsten Erwerbszweige ist zwischenzeitlich der Tourismus geworden. Mit dem Lake Mutirikwe besitzt Masvingo – nach Kariba – den zweitgrößten See des Landes, der zum Erholungsgebiet erklärt wurde, und natürlich Zimbabwes bekannteste und zum Weltkulturerbe erklärte Ruine – Great Zimbabwe, der touristische Hauptanziehungspunkt.

Masvingo liegt 290 km südlich von Harare, 280 km östlich von Bulawayo und 300 km nördlich Beitbridge. Eine Stichlinie der Eisenbahn verbindet den Ort mit Gweru, wo sie auf die Hauptstrecke Bulawayo – Harare stößt, der Flughafen wird regelmäßig von Air Zimbabwe bedient.

Geschichte

1890 zog auf Einladung der British South Africa Company von Cecil Rhodes eine Pionierkolonne unter der Führung des Scouts Frederick Selous los, um Siedlungsland zu finden. 5 km außerhalb des heutigen Masvingo wurde eine provisorische Befestigung errichtet, in der einige Siedler zurückblieben, während der Rest weiter Richtung Norden zog. Die Besatzung des Forts errichtete zwei Jahre später an anderer Stelle Fort Victoria, von dem heute noch der Glockenturm zeugt.

Zu Beginn des 20. Jahrhunderts war Fort Victoria die größte Siedlung im Land, in der Umgebung wurden Mineralien abgebaut, die Lage an der Hauptstrecke nach Fort Salisbury (Harare) zog immer mehr Siedler an und machte den Ort zum Hauptumschlagplatz für landwirtschaftliche Erzeugnisse des Lowveld. 1914 kam die erste Eisenbahn aus Gweru angefahren und 1929 mit der Fertigstellung der Brücke am Limpopo (Beit Bridge) erhielt die Stadt noch einmal einen Entwicklungsschub. Trotzdem wurde sie bald von anderen Städten überflügelt und heute wäre sie eine mehr oder weniger bedeutende Provinzhauptstadt, wie viele andere im Lande, gäbe es nicht Great Zimbabwe.

Sehenswertes

Der **Glockenturm** an der Robert Mugabe Street, Ecke Leopold Takawira Avenue zeugt von den Anfängen der Stadt. Er war mit dem daneben stehenden Wachturm Teil der Befestigungsanlage des Fort Victoria. Während des ersten Chimurenga läutete die Glocke Sturm, wenn Angriffe der Ndebele zu erwarten waren. Ein zweiter Turm schräg gegenüber in Hughes Street steht ebenfalls noch.

Gegenüber dem Glockenturm wacht eine Kanone auf einem gemauerten Sockel über die **Queen Victoria Gardens** beim Civic Centre, einen beliebten Ort für die Mittagsruhe auf den Bänken zwischen den Blumenbeeten. Ringsum werden an kleinen Ständen Obst, Gemüse und Kunsthandwerk feilgeboten.

Die kleine **Italian Chapel** liegt drei Kilometer außerhalb Richtung Mutare auf der linken Seite, an der Kaserne links vorbei. Die Franz von Assisi geweihte Kapelle wurde während des Zweiten Weltkrieges von italienischen Kriegsgefangenen errichtet. Sie bewahrt die sterblichen Überreste von 71 Italienern, die während ihrer Gefangenschaft den Tod fanden. 🕓 tgl. 8–17 Uhr. Ein Wächter beantwortet gerne etwaige Fragen.

Von der Straße nach Süden Richtung Beitbridge biegt man nach 10 km rechts zum an der Straße gelegenen **Pionierfriedhof** ab. Die meisten der Grabsteine tragen keinen Namen, viele aber das gleiche Datum. Ob die Menschen am gleichen Tag starben, oder ob man der Einfachheit halber ein Datum nahm, ist unbekannt. Zwei Kilometer über die Straße hinweg stand das erste Lager der Pioniere, heute privates Farmgelände und daher nicht zugänglich.

10 km südlich des Pionierfriedhofes (20 km außerhalb der Stadt) an der Beitbridge Road steht links das **Providential Pass Memorial**, das an die glückliche Ankunft der Siedler 1890 bei Masvingo erinnert. Selous, der Scout der Pionierkolonne hatte den Pass entdeckt, über den die Ochsenwagen vom Lowveld hinauffahren konnten. Verfolgt von den Kriegern der Ndebele, schätzten die Siedler sich glücklich, in die Sicherheit des Middleveldes gekommen zu sein.

Fünf Kilometer hinter Masvingo Richtung Harare bei Meilenstein 288 geht eine zwei km lange Piste zum **Shagashe Game Park**. Der gleichnamige Fluss zieht ein reiches Vogelleben an. Außerdem findet man Giraffen, Zebras, Kudus, Impalas und Buschböcke. Picknickplätze sind vorhanden, Führungen möglich. Der Fütterung zwischen 16.30 und 18 Uhr kann man von einer Beobachtungsplattform aus zusehen. 🕓 tgl. von Sonnenauf- bis -untergang, Eintritt US$0,50

Übernachtung

UNTERE PREISKLASSE – ***Riverside Lodge***, P.O. Box 317, Masvingo, ✆ 039-64725, 📠 64725, ✉ riversid@icon-co.zw. DZ ab 15 US$, E-mail-Nutzung möglich, einfache, saubere Unterkunft mit Selbstversorgung. 7 km außerhalb, beim Green Valley Store nach links.

Clovelly Lodge, Glyntor Road, Clovelly, P.O. Box 818, Masvingo, ✆ 039-64751. DZ US$10 p.P. inkl. Halbpension, einfache, saubere Unterkunft, Reitmöglichkeit, 4 km vom Zentrum Richtung Bulawayo, kostenloser Abholdienst.

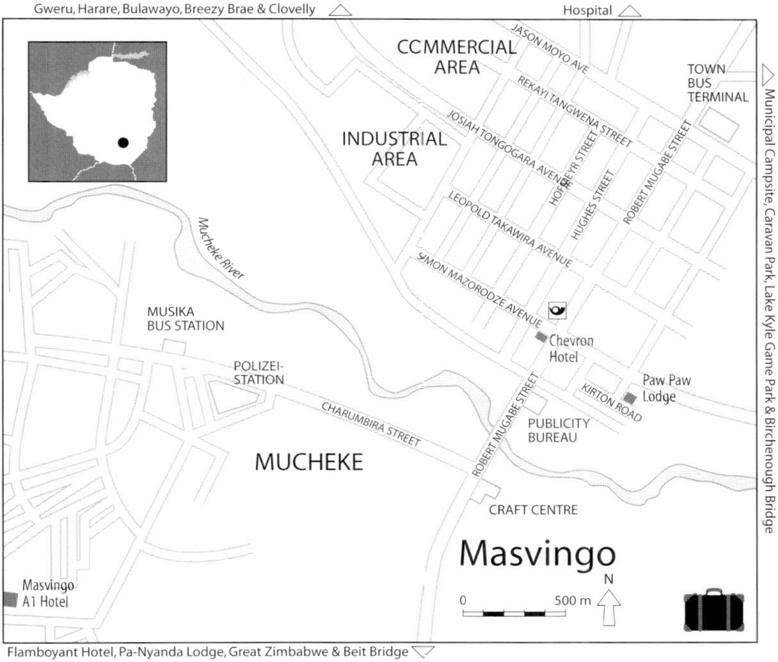

Paw-Paw Lodge, 18 Kirton Street, Masvingo, ✆ 039-65231. DZ Z$250, Mehrbettzimmer Z$100; Kochmöglichkeit, Waschmaschinen.
Sundowners Budget Accomodation, P.O. Box 644, Masvingo, ✆ 039-62718, 65793, 62756, 011-606563. Auf einer Farm außerhalb, Abholung am Masvingo Internet Café tgl. um 12 und 16.30 Uhr. DZ US$10 p.P. mit Vollpension; Sonstiges: TV, Touren durch Great Zimbabwe, Grillmöglichkeit.
Titambire Lodge, 14 Kirton Street, Masvingo, ✆ 039-62475. 10 US$.P. im Schlafsaal, einfache Unterkunft.
Audrey Anne's Home, P.O. Box 846, Masvingo, ✆ 039-52315, ℻ 52178. 4 km außerhalb Richtung Great Zimbabwe bei der Shell-Tankstelle, US$15 p.P. inkl. Frühstück.
Backpacker's Rest, P.O. Box 23, Masvingo, ✆ 039-63960. DZ US$15 inkl. Frühstück, einfach, sauber, zentral.
Breezy Brae, P.O. Box 1144, Masvingo, ✆ 039-64650. 6 km außerhalb an der Straße nach Bulawayo. DZ US$25 inkl. Frühstück, Abholdienst aus der Stadt, nett, freundlich, 10 Zimmer.
The Cottage, 6 Citrus Avenue, Masvingo, ✆ 039-63340. Drei Apartments, für Selbstversorger US$10 p.P., mit Frühstück US$15.

MITTLERE PREISKLASSE – ***Pa-Nyanda Lodge***, P.O. Box 199, Masvingo, ✆ 039-53084, ℻ 62000, ✉ ngr-gr@icon.co.zw. 11 km außerhalb Richtung Beitbridge auf dem Weg nach Great Zimbabwe. US$60 p.P. inkl. Halbpension im DZ, angenehme Unterkunft zu vernünftigen Preisen in netten Bungalows auf einer Wildfarm (u.a. Strauße), sehr gutes Restaurant.
Flamboyant Hotel, P.O. Box 225, Masvingo, ✆ 039-52835, ℻ 52899. Größeres Stadthotel mit Konferenzeinrichtungen, Schwimmbad, DZ US$50 inkl. Frühstück.

Chevron Hotel, P.O. Box 245, Masvingo, ✉ chevron@icon.co.zw, ✆ 039-62054, 📠 65961. Stadthotel mit Garten und Schwimmbad, DZ US$50 inkl. Frühstück.
Masvingo A1 Hotel, P.O. Box M45, Chikato, Masvingo, ✆ 039-62917. In der Township Mucheke südwestlich der Stadt, Charumbira Street. DZ US$40 inkl. Frühstück.

CAMPING – ***Caravan Park***, ✆ 039-62431. Beim Abzweig der Straße nach Mutare vom Robert Mugabe Way, zentrumsnah, sauberer Platz, Zelten US$1,50 p.P.
Chesvingo Lakeside Village, P.O. Box 773, Masvingo, ✆ 039-7157. Am Lake Mutirikwe, Camping ab US$3 p.P., Zeltplatz mit Blick auf See und Berge, Leitung durch hiesige Leute, Führungen in die Umgebung (Buschmannhöhlen).
Great Zimbabwe National Monument, Buchung bei den zentralen Reservierungsstellen in Harare oder Bulawayo oder vor Ort unter ✆ 039-7052. Direkt unterhalb der Ruinen, Zeltplatz US$2,50 p.P., Rondavel ca. US$10.
Kyle View Holiday Resort, P.B. 9055, Masvingo, ✆ 039-64877, 📠 64484. 8 km östlich von Great Zimbabwe am See, ab 15 US$p.P. in 2-Bett-Zimmer, Camping US$2 p.P.
Kyle Recreational Park, Buchung bei den zentralen Reservierungsstellen in Harare oder Bulawayo oder vor Ort unter ✆ 039-67150. Siehe bei Lake Mutirikwe.
Mutirikwe Lakeshore Lodges, P.O. Box 518, Masvingo, ✆ 039-67151, 📠 64878. 9 km östlich Great Zimbabwe am Lake Mutirikwe, Rondavels für 6 Personen ab US$12, Camping US$2 p.P.

ZENTRAL-ZIMBABWE

Essen und Unterhaltung

Pa-Nyanda Lodge, ✆ 039-53084, 11 km außerhalb Richtung Beitbridge auf dem Weg nach Great Zimbabwe. Sehr gutes und angenehmes Restaurant, nur Abendessen.
The Masvingo Ritz Restaurant, Hellet Street, ✆ 039-63483. Lunch und Dinner.
The Coffee Shop, Robert Mugabe Street, ✆ 039-62899. Snacks und Kuchen im Kaufhaus *Edgar's*.
The Garden Café, gegenüber der Hauptpost, Frühstück und Lunch, 8.30–16.30, Sa bis 14 Uhr, auch vegetarisch, leckerer Schokoladenkuchen.
The Tea Cosy at Meikles, ✆ 039-62843, Robert Mugabe Street. Leichte Mahlzeiten tagsüber.
The Masvingo Ritz, Hellet Street, ✆ 039-63483. Disco und Live-Auftritte, Abendessen möglich.

Einkaufen

Tendele / Warthog Curios, Shell City Complex, P.O. Box 823, Masvingo, ✆ 039-52391, 📠 52178. Kunsthandwerk, Ethno-Schmuck. Südlich der Touristeninformation über dem Mucheke liegt das ***Masvingo Craft Village***, günstigere Preise als in den Curioshops der Hotels und Lodges.
Gold Print, New Richards Building, Robert Mugabe Way, ✆ 039-64592. Filme und -entwicklung.

Aktivitäten

GOLF – ***Masvingo Golf Club***, P.O. Box 82, Masvingo, ✆ 039-62381. 9-Loch-Platz, Rhus Avenue.

REITEN – ***Clovelly Lodge***, Glyntor Road, Clovelly, P.O. Box 818, Masvingo, ✆ 039-64751. Reit0kurse und Ausflüge im Shagashe Game Park (halber Tag ab US$15). Im Lake Kyle Park bietet die Verwaltung ebenfalls Ausritte an.

SONSTIGES – ***Masvingo Sports Club***, P.O. Box 82, Jason Moyo Avenue, ✆ 039-62381. Tennis, Squash, Federball und Minigolf.

Touren

Heritage Tours & Safaris, P.O. Box 1644, Masvingo, ✆ 039-26339. Führungen in und um Masvingo, Great Zimbabwe Tour ab US$20.
Mutirikwe Lake Cruises, ✆ 011-209516. Halbtages- und Sundowner-Bootsfahrten auf dem See. Halbtagestouren US$20 p.P.

Chiloyo Cliffs im Gonarezhou NP

Felsmalereien in der Silozwane Cave (Matobo Hills NP)

Reiches Leben in Wassernähe

Rinderzucht in der Kalahari

Trotz gutem Eisenbahnnetz sind Busse in Zimbabwe das wichtigste Verkehrsmittel

Mbare Markt in Harare

Kolonialgebäude in Mutare

Die Great Enclosure von Great Zimbabwe – kreisrund und gigantisch

Hotel *The Kingdom* in Victoria Falls

Zeitgenössische Holzskulptur

Nesbitt Castle in Bulawayo

In den Straßen Harares

Sunbird Safaris, 38 Hughes Street, Masvingo, ✆ 039-65793. Besuche von Shona-Dörfern der Umgebung, Ausritte im Shagashe Game Park.

Sonstiges

AUTOVERMIETUNG – ***Hertz***, 43 Hughes Street, ✆ 039-62131, ℻ 64205.

INFORMATION – ***Masvingo and Great Zimbabwe Publicity Association***, P.O. Box 340, Masvingo, ✆ 039-62643, ⌚ Mo–Fr 8–13 und 14–16 Uhr.

INTERNET – ***The Garden Café***, ✆ 039-63659. Gegenüber der Hauptpost, Mo-Fr 8.30–16.30, Sa bis 14 Uhr.

KURIERDIENST – ***DHL***, 43 Hughes Street, Masvingo, ✆ 039-62131, ℻ 64205.

MOTORROLLER – ***Travel World***, 43 Hughes Street, Masvingo, ✆ 039-62131, ℻ 64205. Vermietung von Motorrollern, US$25/Tag, US$100 Kaution oder Kreditkarte, Führerschein erforderlich.

NOTFALL – **Polizei**: Hughes Street, ✆ 039-62221.
Krankenhaus: Hay Robertson Street, ✆ 039-62112.
Apotheke: ***Masvingo Pharmacy***, Hughes Street, ✆ 039-63884.

POST – Hughes Street, ✆ 039-62412.

TAXIS – ***Masvingo Taxis***, ✆ 039-65866/52825; ***Rixi Taxi Service***, ✆ 039-63453.

VORWAHL – 039.

Transport

BUSSE – Masvingo besitzt vier Busbahnhöfe. Die Station in der Township Mucheke bedient Bulawayo, Harare und Beitbridge, die Station nördlich des Informationsbüros Beitbridge, der Bahnhof Bradburn Street, Ecke Josiah Tongogara Avenue bei der Total Tankstelle Bulawayo und Harare und der Bahnhof an der Robert Mugabe Street nördlich des Zentrums die Eastern Highlands und Mutare. *Blue Arrow* hält auf dem Weg von Harare nach Johannesburg beim Chevron Hotel.
Von der Township Mucheke gehen stündlich Minibusse in Richtung Great Zimbabwe.
Einige Hotels in Masvingo haben einen Fahrdienst oder können einen vermitteln.

Great Zimbabwe

27 km südöstlich von Masvingo liegen die Ruinen von Great Zimbabwe, die von der UNESCO zum Weltkulturerbe erklärt wurden. Sie sind auf Teerstraße zu erreichen. Der Abzweig von der Hauptstrecke nach Beitbridge ist deutlich markiert. Hoch oben ragen die Mauern noch über einen monolithischen Berg hinaus, in der Ebene liegen die Enclosures, weite Rundmauern, und einen kurzen Spaziergang im Osten steht das rekonstruierte Karanga-Dorf, in dem Tanzveranstaltungen gegeben werden. Während der großen Tageshitze sollte man sich nicht auf Exkursion begeben. Der Weg den Berg hinauf zum Hügelkomplex ist äußerst schweißtreibend und auch die hellen Steinwände der Enclosures sammeln die Sonnenstrahlen und stauen die Wärme innerhalb der Mauern.

Das Wort Zimbabwe kommt aus dem Shona – *dzimba dza mabwe* – und bedeutet „Haus der Steine", und so heißt Great Zimbabwe nichts anderes als „Großes Steinhaus". Und groß ist es fürwahr, nicht nur in der physischen Ausdehnung, auch groß in seiner Bedeutung für den Stolz der Menschen auf die eigene Kultur.

⌚ tgl 6–18 Uhr, das Karanga-Dorf von 8–17 Uhr; Eintritt US$5. Am Eingang bieten sich offiziell akkreditierte Führer an (Einzelpersonen ab US$2,50 für eine zwei Stunden dauernde Führung, Gruppen ab US$1 p.P.). Wer auf dem Zeltplatz oder in den Lodges innerhalb des Ruinengebietes nächtigt, hat die besten Chancen die Ruinen morgens noch unberührt zu erleben. Ein Museum erzählt die

Geschichte von Great Zimbabwe (soweit sie bekannt ist), ein Tearoom sorgt für das leibliche Wohl und ein Souvenirladen erfreut die Daheimgebliebenen mit Andenken.

Geschichte

Die weiß dominierte Geschichtsschreibung im südlichen Afrika hat, beginnend mit den portugiesischen Missionaren und Händlern, über die deutschen Forscher und englischen Handlungsreisenden bis zu den rhodesischen Landnehmern die Entstehung von Great Zimbabwe immer außerkontinentalen Einflüssen zugeschrieben. Die europäische Arroganz ließ die Vorstellung nicht zu, dass eine afrikanische Kultur Bauwerke dieser Art und Qualität herzustellen in der Lage gewesen sein könnte. Erst im 20. Jahrhundert wurde klar, dass Great Zimbabwe – und die anderen Bauwerke der nachfolgenden Königreiche, wie Khame, Dhlodhlo, Nalatale und Tsindi – rein afrikanischen Ursprungs sind.

Ende des ersten Jahrtausends waren die Shona in ihrer Entwicklung bei der späten Eisenzeit angelangt. Die Keimzelle der Familie als vorrangige soziale Organisationsstruktur, die überall im Land nebeneinander existierte, wurde von größeren gesellschaftlichen Konglomeraten abgelöst, die sich gegenüber anderen Gruppierungen abzugrenzen begannen. Stämme entstanden, die ihr ureigenstes Standesbewusstsein entwickelten. Man nimmt heute an, dass dies angestoßen wurde durch die Veränderung von einer matrilinearen Gesellschaft zu einer patrilinearen, wie sie heute in ganz Zimbabwe vorherrscht. Hatte die matrilineare Gesellschaftsorganisation die Güterverteilung so geregelt, dass auch Nebenlinien profitierten, schuf nun die patrilineare Organisation (die Söhne des Vaters erben) eine Situation, die die Anhäufung von Reichtum innerhalb der Vaterfamilie erlaubte, die von Generation zu Generation vermögender wurde. Es entstanden Stämme, deren reichste Familien die Königswürden erhielten. Man lebte nun nicht mehr in Hütten aus Lehm oder Holz, sondern begann mit Steinen zu bauen, die Gesellschaften wurden größer, die Bauwerke ebenfalls. Man trieb Handel, wurde noch reicher, musste seinen Besitz schützen und so entstand Great Zimbabwe.

Mit Hilfe der Radiokarbonmethode wurden die verbauten Holzteile datiert: Die zuerst entstandenen Ebenen werden der Mitte des 12. Jahrhunderts zugeschrieben, Mitte des 14. Jahrhunderts stand Great Zimbabwe bereits in voller Blüte, die letzten Ebenen entstanden in der Mitte des 15. Jahrhunderts. Funde in den Böden belegen die rege Handelstätigkeit zu jener Zeit. Man entdeckte glasiertes chinesisches Porzellan, Fayence-Arbeiten aus Persien und syrische Glaswaren – alles im 14. Jahrhundert hergestellt, seither im Erdreich Zimbabwes verborgen und zu Beginn des 20. Jahrhunderts ausgegraben. Die Funde sind im Museum zu bewundern.

Nach drei Jahrhunderten der Blüte ging die Ära Great Zimbabwe in der zweiten Hälfte des 15. Jahrhunderts zu Ende. Wahrscheinlich waren die Böden ausgelaugt, die damals zugänglichen Mineralien erschöpft und der Bevölkerungsdruck wurde zu groß. Eine Gruppe spaltete sich ab und zog nach Khame, wo sie die Torwa-Dynastie begründete und an die Steinbautraditionen ihres Ursprungsortes anknüpfte. Bald war Torwa mächtiger als Great Zimbabwe und übernahm dessen Handelswege. Great Zimbabwe verfiel, der Staat zerbrach und die nächsten Jahrhunderte lebte man wie vor der Blütezeit: in kleinen Siedlungen ohne wesentliche Organisation. Die NeManwa-Dynastie regierte bedeutungslos noch bis in das späte 18. Jahrhundert, ihr folgte die Mugabe-Dynastie. Wegen der Auflösung des Staatsgebildes Great Zimbabwe und der isolierten, ländlichen Lebensweise unter diversen Dynastien sind mündliche Überlieferungen aus jener Zeit gänzlich unbekannt.

Auf der Bildfläche der Geschichte taucht Great Zimbabwe erst wieder im 19. Jahrhundert auf. Schon die Portugiesen glaubten, dass der Reichtum der Königin von Saba aus dem tiefen Afrika käme, aus der Gegend des heutigen Masvingo. Was lag näher als zu glauben, dass die riesigen Steingebäude, von denen man hörte, auf der Grundlage unermesslichen Goldreichtums entstanden sind. 1871 machte sich

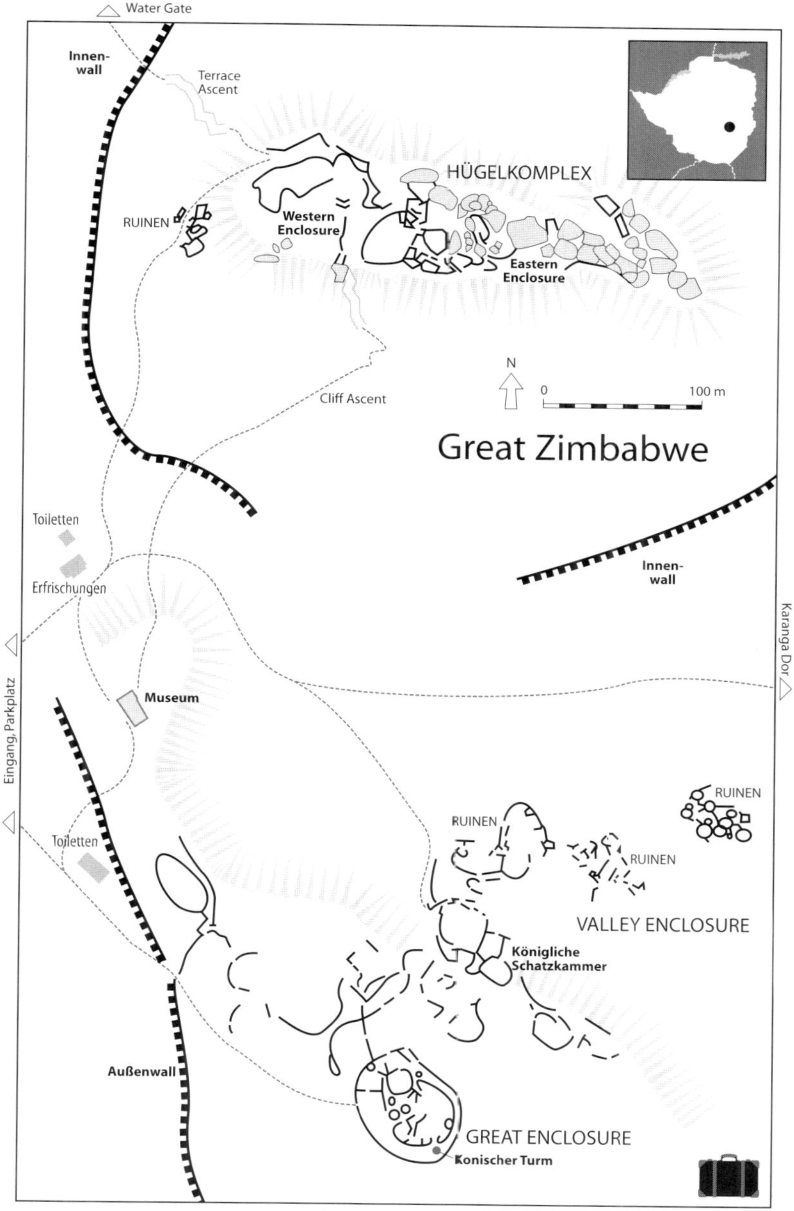

ZENTRAL-ZIMBABWE

der deutsche Geologe Karl Mauch auf die Suche nach dem sagenhaften Goldreich. Er traf auf den deutschstämmigen Jäger Adam Render, der bei Great Zimbabwe lebte (mit zwei schwarzen Frauen, wie Mauch irritiert aufschrieb) und ihm erste Hinweise gab. Mauch kommt es zu, als Erster wissenschaftlich über Great Zimbabwe berichtet zu haben. Er besuchte den Komplex dreimal und wendete sich dann anderen, gewinnbringenderen Tätigkeiten zu. Ihm folgten eine ganze Reihe von Forschern und Sammlern, Händlern und Plünderern. Der erste dieser Gattung war Willi Posselt, der 1889 kam. Er hoffte Gold und Diamanten zu finden, stieß aber auf vier aus Stein gehauene Vögel, 1,50 m hoch, alle nach Osten blickend. Er grub einen aus, zerschlug wegen des einfacheren Transportes die Basis und verkaufte den Schatz an Cecil Rhodes. Nach seiner Heimkehr machte die Geschichte die Runde, dass er den Tempel König Salomons gefunden und herrliche Steine mitgebracht habe. Die Rhodesia Ancient Ruins Company wurde gegründet und erhielt das Recht zur Ausbeutung verschiedener Ausgrabungsstätten von der British South Africa Company – gegen die Ablieferung von 20% der gefundenen Schätze; ein Vorkaufsrecht für den Rest behielt sich Cecil Rhodes vor. Zwar war Great Zimbabwe von den Ausgrabungen ausgenommen, der unglaubliche Handel verdeutlicht aber den damaligen Umgang mit solchen Stätten.

Ein Journalist wurde schließlich von Cecil Rhodes als Kurator für Great Zimbabwe angestellt, Richard Hall. Die Direktoren der BSAC hatten ihre Bedenken gegen ihn offen dargelegt, aber Rhodes beharrte auf seiner Wahl und Hall tobte durch die Ruinen. All der Schutt, den die Generationen von Menschen hinterlassen hatten, musste – wie er sagte – weg. Auch nach Rhodes' Tod fuhr er mit seinem Zerstörungswerk fort, bis er endlich 1904 von der BSAC gestoppt wurde.

In der Zeit der rhodesischen Regierung wurde wenig für die Stätte getan, sei es weil man geschockt war von den Anfängen der „Archäologie" am Ort, sei es, weil man nicht einen für das schwarze Selbstbewusstsein so wichtigen und symbolhaften Ort wie Great Zimbabwe in das Licht der Öffentlichkeit rücken wollte.

Karl Mauch wurde 1837 in Stetten / Deutschland geboren. Bis 1858 arbeitete er als Volksschullehrer, wurde Privatlehrer, ersparte sich etwas und kam seinem Herzenswunsch nach – auf nach Afrika. Die Überfahrt nach Südafrika verdiente er sich als Matrose. Unterstützt von *Petermanns Geographischen Mitteilungen,* zu jener Zeit in Deutschland das wichtigste Periodikum, das monatlich die Forscherwelt auf dem Laufenden hielt, konnte er verschiedene Reisen in das Betschuanaland, das Matabele- und Mashonaland unternehmen. Er entdeckte die Goldfelder beim heutigen Francistown und schließlich erreichte er Great Zimbabwe, das er als Erster den europäischen Geographen beschrieb. Zwar war es nicht der Sitz des sagenhaften Reiches der Königin von Saba, das schon im Altertum erwähnt und irgendwo im zentralen Afrika vermutet wurde, da die Herrscherin als von schwarzer Hautfarbe beschrieben wurde – und den unermesslichen Goldreichtum entdeckte er auch nicht. Doch hat sich Mauch – ein Allroundtalent und Selfmademan, der ohne akademische Ausbildung zuverlässig die geographischen und biologischen Gegebenheiten beschrieb – mit seinen Schriften über Great Zimbabwe und die Flora und Fauna Südafrikas im Forscherhimmel unsterblich gemacht. Wegen einer Krankheit musste er nach Deutschland zurückkehren und kam nie wieder nach Afrika. Mangels eines akademischen Grades verweigerte man ihm künftighin die Unterstützung. Er starb 1875 bei einem Arbeitsunfall in Deutschand.

Baumaterial und Architektur

Great Zimbabwe entstand über 300 Jahre unter Verwendung des Granits, der an Ort und Stelle gebrochen wurde. Heute sind drei Fundstellen bekannt, wo der Fels zu Tage tritt und relativ leicht zu Bausteinen konfektioniert werden konnte. Der Granit wurde nicht als massiver Block abgebaut. Er besitzt verschieden dicke Lagen, einer Zwiebel vergleichbar. Man erhitzte den Stein mit Feuer und kühlte ihn schlagartig ab, so dass er in weiter bearbeitbare Segmente zerbrach. Diese wurden mit Hämmern in eine annähernde Quaderform gebracht. Von dem nahe liegenden Steinbruch wurde das Baumaterial entweder von Trägern zur Baustelle gebracht oder von Hand zu Hand weitergereicht, die weiter entfernten Steinbrüche machten den Transport auf einem Schlittens notwendig. Das so gewonnene uneinheitliche Baumaterial wurde nach Größe und Qualität sortiert. Die Steine minderer Güte wurden in den Mauern verwendet, wo man sie nicht sah. Die Stürze der Eingänge und Durchgänge wurden entweder mit Baumstämmen oder mit langen Steinplatten gebildet. Die Mauern, bis zu sechs Meter dick, haben Drainagen über ihre ganze Breite, wo es als nötig erachtet wurde. Die Rundungen der Wälle und die Steinmuster geben den Bauwerken eine Leichtigkeit, die sie bei ihrer Monumentalität sonst nicht hätten. In Great Zimbabwe herrscht als Schmuckwerk das Winkelmuster vor. Schmale, in das Mauerwerk eingelassene Quader bilden eine Kette mit v-förmigen Gliedern. Sie wird durch eine Lage linienförmiger Steine abgeschlossen, auf der eine weitere Zickzack-Kette spiegelbildlich angebracht wurde.

Der Zimbabwe-Vogel

Die in Great Zimbabwe auf dem Hügelkomplex gefundenen Vögel gelten als herausragende Zeugnisse der hoch entwickelten und kunstfertigen Kultur der früheren Bewohner. Die Vögel sind aus weichem Speckstein gefertigt, der überall auf der Welt als einfach zu bearbeitendes Grundmaterial für Skulpturen verwendet wird. Einer von ihnen wurde 1903 von Richard Hall entdeckt und machte Karriere als Wappenvogel des Landes – er ist allgemein als Zimbabwe Bird bekannt und schmückt die Landesfahne. Insgesamt wurden acht Vögel gefunden, teilweise in hervorragendem Zustand, sieben von ihnen auf dem Hügelkomplex (sechs in der Eastern und einen in der Western Enclosure), einer im Tal. Sie verschwanden alle in diversen Museen auf der Welt, kamen aber teilweise mit der Unabhängigkeit nach Zimbabwe zurück.

Alle Vögel sind mit ihrem Sockel etwa 1,50 m hoch, die Vogelskulptur selbst variiert zwischen 30 und 40 cm Höhe. Die Sockel sind geschmückt, das Zickzack-Muster wiederholt sich hier, und auch ein Krokodil ist zu finden, das sich in der ganzen Länge des Sockels dem Vogel entgegenstreckt. Obwohl es im ganzen Land mehr als 250 „Zimbabwes“ gibt, sind die Vögel in Great Zimbabwe einzigartig – was ihre Interpretation sehr schwierig macht. Vögel, besonders der Kampfadler, gelten den Shona als Boten zu Gott und zu den Geistern und als Verbindungsglied zu den Ahnen. Als steinerner Ausdruck dieses Glaubens mögen sie über Great Zimbabwe gewacht und Unheil abgehalten haben. Ein informatives Buch von Edward Matenga, *The Soapstone Birds of Great Zimbabwe*, African Publishing Group, Harare 1998, ist im zimbabwischen Buchhandel und im Museum erhältlich.

Die Enclosures

Die Enclosures gelten als Wohnbereich der adligen Teile der Bevölkerung. Die runden, von einer Mauer umgebenen Anlagen waren durch weitere Mauern in kleinere Enclosures unterteilt, in denen die strohgedeckten Lehmhütten der hochgestellten Familien standen. Um die Enclosures herum standen die Hütten der Arbeiter-, Bauern- und Soldatenfamilien. Das Fehlen eines Bauwerkes, das wenigstens Teile der Stadtbevölkerung gegen Angriffe hätte schützen können, sowie jeglicher Verteidigungseinrichtungen legt den Gedanken nah, dass die Steinbauten nicht dem Schutz vor Attacken dienten. Sie sollten die Macht und den Reichtum der Herrscher und des Königreiches nach außen hin zeigen.

Die einzelnen Abteilungen der Enclosures waren mit Durchgängen und Pfaden verbunden, die Wände der Hütten reich mit abstrakten Mustern verziert. Die Inneneinrichtungen – Treppen, Sitze, Schlafplattformen –

Der Hügelkomplex wurde hoch oben zwischen die Granitfelsen gebaut

bestanden ebenfalls aus Lehm, glatt poliert und mit Mustern versehen. Je nach Größe der Familie bildeten mehrere Hütten eine Einheit (meist mindestens drei), der Hausherr besaß die größte, die durch eine Mauer in zwei Bereiche geteilt war, einen Schlafraum und einen Koch- und Aufenthaltsraum. Die kleineren Hütten ringsum wurden von seinen Frauen und deren kleineren Kindern bewohnt, Jungen und Mädchen ab einem bestimmten Alter lebten jeweils in einer eigenen Hütte zusammen.

Der Hügelkomplex

Der Hügelkomplex liegt auf einem Granitrücken 80 m über dem Talniveau. Oben angekommen, bietet sich ein herrlicher Blick auf die Bauwerke im Tal. Ursprünglich gab es vier Zugänge, einer von ihnen wurde erst 1997 entdeckt und wird derzeit noch erforscht. Heute werden der sehr steile Ancient Ascent oder Cliff Ascent meist für den Aufstieg und der einfachere Modern Ascent oder Terrace Ascent für die Rückkehr ins Tal benutzt. Die Zugänge enden alle am Westwall mit dem Haupteingang durch den man in die Western Enclosure kommt. Sie war den Königen vorbehalten, wie Funde belegen. Der östliche Eingang, gedeckt und eng, ist der einzige noch im Originalzustand erhaltene Zugang in Great Zimbabwe. Man kommt in mehrere kleine Enclosures – Southern, Recess und Sacred (oder Eastern). Man nimmt an, dass diese Höfe für rituelle Handlungen genutzt wurden, da man hier die meisten der Zimbabwe-Vögel fand. In der Sacred Enclosure standen sechs Vögel auf Pfeilern. Von der Sacred Enclosure gelangt man über die Central Passage in die Cleft Rock Enclosure, wo wahrscheinlich Frauen rituelle Handlungen vornahmen. Der Weg führt von dort wieder zum Westwall und man durchquert ein Areal, das zu Wohnzwecken genutzt wurde.

Great Enclosure

Über 250 m Umfang, 100 m im Durchmesser, eine Million Granitsteine, von Hand zu 11 m hohen und bis zu 6 m dicken Mauern getürmt – eine Generationenarbeit und das größte Bauwerk im Afrika südlich der Pyramiden. Wer sich in dem Komplex bewegt, ihn von außen aus der Nähe betrachtet oder von oben aus der

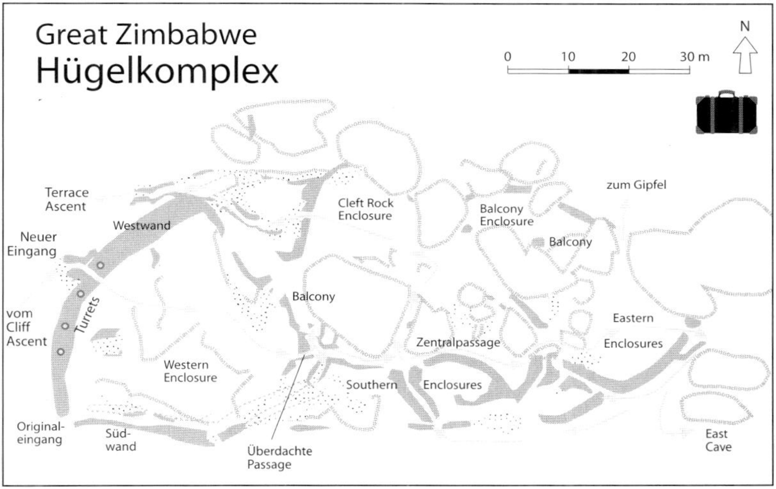

Ferne des Hügelkomplexes mag vielleicht gar nicht ermessen, was für eine gewaltige Aufgabe die Errichtung war. Man hat ständig das Gefühl die Größe nicht richtig einschätzen zu können, man ist zu nah oder man ist zu weit weg. Dies mag auch an den ewigen Rundungen liegen, keine Kante, keine Ecke bietet dem Auge Halt oder erlaubt ihm Maße zu nehmen.

Die Bedeutung der einzelnen Höfe des Bauwerkes und des konischen Turms an der Ostseite liegen im Dunkeln. Man weiß wenig und auch das nicht genau. Klar ist, dass die Great Enclosure zu Wohnzwecken genutzt wurde und in mehreren Stadien entstand. Enclosure 1 gilt als ältester Teil des Bauwerkes, der konische Turm als jüngster. Viel wurde über die Jahre zerstört und viel rekonstruiert, wenn auch nicht unbedingt dem Originalzustand entsprechend. Die meisten Rätsel gibt der Turm auf, der heute 10 m hoch ist. An der Basis misst er 5 m im Durchmesser, an der Spitze 2 m. Lange Zeit glaubte man, er berge ein Geheimnis, eine Schatzkammer. Immer wieder hat man versucht an den Seiten oder von oben in ihn einzudringen, lief aber dabei Gefahr, ihn vollständig zu zerstören. 1929 schließlich höhlten Archäologen einen Tunnel aus und mussten feststellen, dass der Turm durch und durch massiv ist.

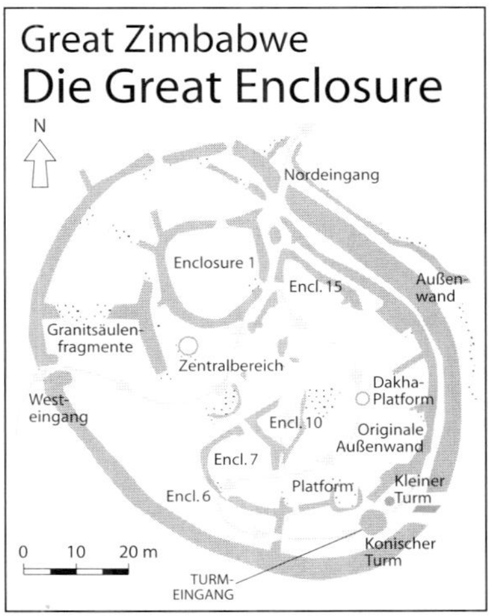

Ein Gang in der Great Enclosure

Das Tal

Im Tal liegen über 40 weitere Enclosures, die meisten in einem Zustand, der sehr viel Fantasie erfordert, um sich die ursprüngliche Beschaffenheit vorzustellen. Für Nicht-Archäologen sind sie also nicht von allzu großem Interesse, es sei denn man möchte auf den Pfaden und über die Mauerreste hinweg ein wenig durch die Gegend streunen. Sehenswert ist vielleicht noch die Enclosure Nr. 12, wo sich einst die königliche Schatzkammer befand.

1902 wurden hier Reste der Tributzahlungen an das Herrscherhaus ausgegraben – Tonwaren, Eisen- und Kupfergegenstände –, die jetzt im Museum ausgestellt sind.

Das Museum

Im National Museum of Great Zimbabwe (P.O. Box 1060, Masvingo, ✆ 039-7059, 📠 63310) sind inzwischen die meisten offiziellen Funde zu sehen, die in Great Zimbabwe gemacht wurden. Unbekannt ist, was alles in den letzten hundert Jahren von Händlern, Amateurarchäologen und Plünderern entwendet wurde und an fernen Orten landete. Die Vögel vom Hügelkomplex sind zu sehen, auch Handelswaren aus Persien, China und Syrien, Tonwaren, Haushaltsgegenstände aus Speckstein, Reliquien aus Gold, Eisen und Kupfer.

Das zweite Museum der Region in Masvingo wird derzeit aufgelöst und die Sammlung hierher gebracht. 🕒 tgl. 8–16.30 Uhr.

Das Karanga-Dorf

Im Osten der Ruinen liegt das einem Karanga-Dorf des 19. Jahrhunderts nachgebildete Curio-Dorf. Am späten Nachmittag führen Leute aus der Region traditionelle Tänze auf, ein Wahrsager liest Mutigen die Zukunft und Kunsthandwerker gehen ihrer Beschäftigung nach und verkaufen ihre Waren.

Übernachtung

Great Zimbabwe Hotel, P.B. 9082, Masvingo, ✆ 039-62274, 📠 64884. Gehört zur Gruppe Zimbabwe Sun. DZ US$160 inkl. Frühstück. Unweit der Ruinen gelegen.

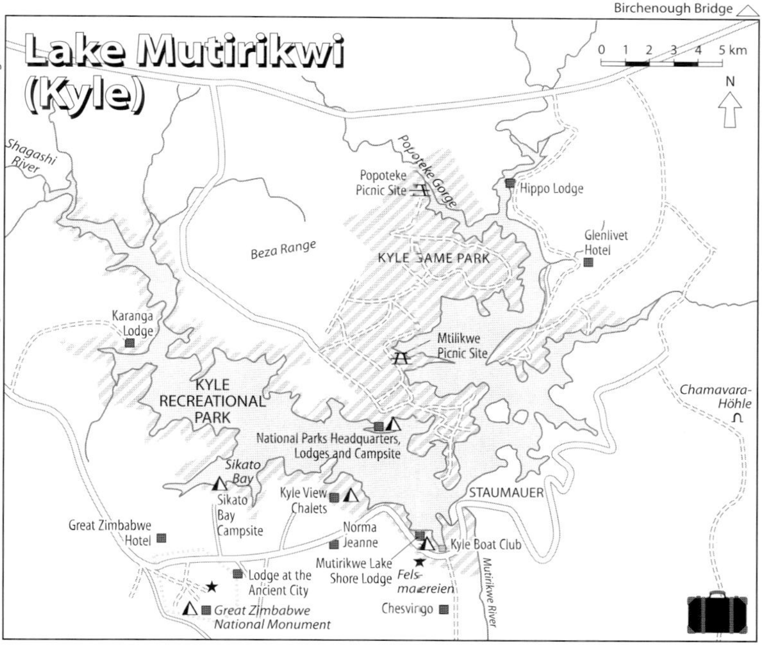

Lodge at the Ancient City, P.O. Box 3447, Bulawayo, ✆ 09-540922, 📠 229088, ✉ touchwld@harare.iafrica.com. Luxuslodge im Stil von Great Zimbabwe, gilt als architektonisches Kleinod, Vorzeigeobjekt der Gruppe „Touch The Wild". DZ US$250 p.P. inkl. aller Mahlzeiten und Aktivitäten.

Great Zimbabwe National Monument, Buchung bei den zentralen Reservierungsstellen in Harare oder Bulawayo oder vor Ort unter ✆ 039-7052. Zeltplatz US$2,50 p.P., Rondavel ca. US$10.

Sikatoka Bay Camp, Anfahrt von Great Zimbabwe aus gegenüber der Zufahrt der *Lodge at the Ancient City*, 6 km gute Schotterpiste zu einem 6 ha großen Areal an der Südseite des Sees, Ablution Blocks, Grillplatz, Rezeption der Nationalparkverwaltung, Buchung s.u. Kyle Game Park weiter unten

Information

National Museums & Monuments of Zimbabwe, Great Zimbabwe, P.O. Box 1060, Masvingo, ✆ 039-62080, 📠 63310.

Lake Mutirikwi Recreational Park

Lake Mutirikwi (früher Lake Kyle) bedeckt je nach Wasserstand eine Fläche zwischen 8000 und 9000 ha und wurde einschließlich seiner Ufer zum Erholungsgebiet erklärt. Er entstand zu Beginn der 60er Jahre mit dem Bau des Kyle-Dammes, der die Flüsse Shagashi und Mutirikwi staute, um die Bewässerung der landwirtschaftlichen Flächen im Lowveld zu ermöglichen. Die Landschaft ist mit den grünen Hügeln, den Granitfelsen der zerklüfteten

Uferlinie und den blauen Wassern sehr pittoresk. Am nördlichen Seeufer liegt der Kyle Game Park: Wildbeobachtung, Picknick, Reiten und Angeln gehören zur Bandbreite der Aktivitäten, Übernachtung ist möglich. Eine Rundfahrt um den See, großteils auf Asphalt, führt durch die herrliche Landschaft, am Staudamm vorbei, zu mehreren Buschmannmalereien und schließlich nach Masvingo zurück.

Kyle Game Park

Der 7600 ha große Tierpark ist von der Hauptstraße Masvingo – Birchenough Bridge 14 km östlich Masvingo auf einer 19 km langen, asphaltierten Stichstraße erreichbar. Durch den Park führen ungeteerte Pisten, von denen man Büffel, Giraffen, Zebras, Antilopen, Warzenschweine und weiße Nashörner sieht. Im Park gibt es keine Versorgungsmöglichkeit. Die Tore sind von 7 bis 18 Uhr geöffnet, auch Übernachtungsgäste mit einer Reservierung müssen in dieser Zeit anreisen. Die Wagen dürfen im Park nicht verlassen werden, außer an den Picknick- und ausgewiesenen Angelplätzen. Kurze Wanderungen sind in der Gegend um die Lodges und den Zeltplatz möglich. Wer ein eigenes Boot mitgebracht hat, darf es im See zu Wasser lassen. Auf den angebotenen Pony-Ausritten erreicht man Zonen, in die Fahrzeuge nicht kommen und sieht das Wild aus wesentlich kürzerer Entfernung. Auch Anfänger dürfen teilnehmen, sofern sie älter als 10 Jahre sind. Tgl. 7.30 Uhr, 2 Std. US$20, am Vortag buchen.

Rundfahrt um den See

Die 120 km lange Rundfahrt (von Masvingo über Great Zimbabwe nach Masvingo) beginnt bei Great Zimbabwe, von wo aus man die Teerstraße nach Osten nimmt. Der erste Stopp sind die Felszeichnungen oberhalb des Kyle Boat Club, wo Angler in der Morgensonne auf den blanken Granitrücken, die hier das Ufer bilden, ihre Ruten ins Wasser halten. Auf dem kleinen Parkplatz wollen Jugendliche Flechtwerk an den Mann bringen und passen auf den Wagen auf, wenn man ihnen verspricht bei Rückkehr etwas zu kaufen. Der Pfad zu den kleinen, aber feinen Zeichnungen geht 100 m Richtung See und am Ende durch Buschwerk. Wer klettern will, kann auf der Rückseite des Felsens einen flachen Spalt entdecken, in dem sich Buschleute verborgen haben könnten.

Wenige Meter nach dem Parkplatz geht es ab zum Chesvingo Lakeside Village. Die Dorfbewohner besitzen einen Zeltplatz, verköstigen Besucher und führen sie zu Felsmalereien in der Umgebung.

Nächste Station ist die St. Andrew's Chapel oberhalb des Staudammes. Die kleine Kapelle liegt schattig unter Bäumen, ein Picknickplatz lädt zur Pause. Sie wurde von einem Vater gestiftet als Erinnerung an seine Tochter, die bei einem Autounfall ums Leben kam. Nun geht es hinunter, über den Damm und wieder steil und schmal den Murray MacDougall Drive hinauf, benannt nach dem Gründer von Triangle und dem Ersten, der sich mit der künstlichen Bewässerung des Lowvelds beschäftigte. 18 km hinter dem Damm geht eine Piste nach Süden ab. Folgt man ihr genau 4,5 km, erreicht man einen schlecht erkennbaren, mit Gras bewachsenen Weg linkerhand, dem man auf 200 m folgt. An einem Felsen befinden sich die Malereien der Chamavara-Höhle. Wer auf einen Ort stößt, hat die Abzweigung verpasst und fragt am besten nach einer Begleitung.

Nun kann man auf Piste direkt zur Hauptstraße Birchenough Bridge – Masvingo fahren, oder, auch auf Piste vorbei am Glengary Township und dem Glenlivet Hotel, der Uferlinie folgen, eine etwas längere, aber durchaus sehenswerte Strecke.

UNTERE PREISKLASSE – ***Mutirikwe Lakeshore Lodges***, P.O. Box 518, Masvingo, ✆ 039-67151, ℻ 64878. 9 km östlich Great Zimbabwe am See, Rondavels für 6 Personen ab US$12, Camping US$2 p.P.

MITTLERE PREISKLASSE – Glenlivet Hotel, ✆ 039-67611, ℻ 62846. Von Masvingo 30 km Richtung Osten dann 12 km auf dem Circular Drive um den See. DZ US$50 inkl. Halbpension
Norma Jeane's Lake View Chalets, P.O. Box 196, Masvingo, ✆ 039-64879, ℻ 65083. 8 km

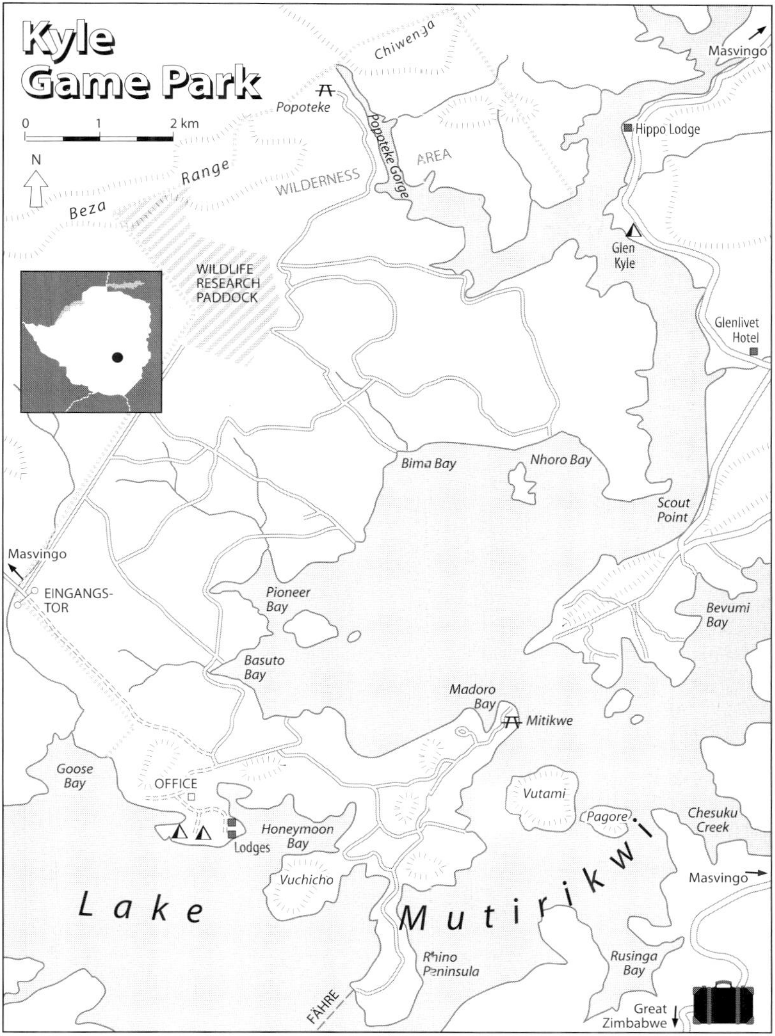

östlich von Great Zimbabwe jenseits der Straße um den See herum, Chalets zur Selbstversorgung US$20 p.P.

Nyuni Mountain Lodge, 61, Glenlivet Road, P.O. Box 753, Glenlivet Township, ✆ 039-64491, ℻ 64491. DZ 15–30 US$p.P. inkl. Frühstück,

34 km östlich Masvingo, 8 km von der Hauptstraße. Abendessen auf Anfrage, ruhig gelegen.
Hippo Lodge, ✉ hippolodge@usa.net, ✆ 011-208043. y30 km Richtung Osten und dann 6 km den Circular Drive östlich des Lake Mutirikwe nach Süden. DZ US$30, für Selbstversorger, voll eingerichtet (z.B. Kühlschrank), Grillplatz.
Kyle View Holiday Resort, P.B. 9055, Masvingo, ✆ 039-64877, 📠 64484. 8 km östlich von Great Zimbabwe am See. Ab US$15 p.P. in 2-Bett-Zimmer, Camping US$2 p.P.

OBERE PREISKLASSE – ***Karanga Lodge***, ✆ 039-65793, 📠 65793, 8 km östlich der Straße von Masvingo nach Great Zimbabwe am nordwestlichen Teil des Lake Mutirikwe. DZ US$160 p.P. inkl. Vollpension, Luxus mit Blick auf den See.

CAMPING – Das **Camp** im Kyle Game Park besteht aus **Lodges**, voll eingerichtet mit 1 oder 3 Betten, Küche, Bad, an der Honeymoon Bay; und einem **Zeltplatz**, Ablution Blocks, Grillmöglichkeit (Feuerholzverkauf), westlich der Lodges, Angelmöglichkeit.
Mutilikwe Campsite, Toilette, Feuerplatz, an der Madoro Bay, Angelzone.
Popoteke Campsite, Toilette, Feuerplatz, im äußersten Norden des Parkes an einem Zufluss, Angelmöglichkeit.
Sikato Bay Camp, Anfahrt von Great Zimbabwe aus gegenüber der Zufahrt der Lodge at the Ancient City, 6 km gute Schotterpiste zu einem 6 ha großen Areal an der Südseite des Sees, Ablution Blocks, Grillplatz, Rezeption der Nationalparkverwaltung.
Kyle View Holiday Resort, P.B. 9055, Masvingo, ✆ 039-64877, 📠 64484. 8 km östlich von Great Zimbabwe am See, Camping US$2 p.P.
Mutirikwe Lakeshore Lodges, P.O. Box 518, Masvingo, ✆ 039-67151, 📠 64878. 9 km östlich Great Zimbabwe am See, Camping US$2 p.P.
Chesvingo Lakeside Village, P.O. Box 773, Masvingo, ✆ 039-7157. Am Lake Mutirikwe, Camping ab US$3 p.P., Zeltplatz mit Blick auf See und Berge, Leitung durch hiesige Leute, Führungen in die Umgebung (Buschmannhöhlen).

Informationen

National Parks & Wildlife Management, Kyle Recreational Park, P.O. Box 921, Masvingo, ✆ 039-63910, 📠 65239.

Der Norden – am Zambezi

Highlights

- Die Victoriafälle
- Zambezi National Park
- Matetsi Safari Area
- Chizarira National Park
- Matusadona National Park
- Karibasee
- Mana Pools National Park
- Mavuradona Wilderness Area

Kazungula

Kazungula ist lediglich ein Grenzposten am „Vierländereck" Zimbabwe, Zambia, Botswana und Namibia. Karte s.S. 252/253. Die Grenze zu Namibia existiert nur theoretisch, da man sich einige hundert Meter auf dem Zambezi teilt. Nach Namibia führt die Chobe Transitroute durch Botswana (60 km) nach Ngoma Bridge. Auch nach Zambia muss man den Umweg über Botswana in Kauf nehmen, von wo eine Fähre nach Zambia hinüberfährt. Die touristischen Einrichtungen befinden sich – bis auf die unten genannte Imbabala Lodge – alle auf botswanischem Boden.

Grenzformalitäten

Die Grenzformalitäten sowohl bei der Ein- als auch bei der Ausreise sind schnell und unproblematisch erledigt. Bei der Einreise nach Zimbabwe muss für Fahrzeuge eine einmonatige Haftpflichtversicherung bezahlt (US$5) und das Besuchervisum erworben werden (einmalige Einreise US$10, mehrmalige US$25). Fährt man Richtung Botswana, werden für Fahrzeuge eine Versicherung von 10 Pula und eine Straßenbenutzungsgebühr von 5 Pula fällig (12 Monate Gültigkeit), außerdem kann es sein, dass man den in Ersatzkanistern mitgeführten Treibstoff verzollen muss (marginale Kosten). Die Grenze Botswana / Zimbabwe ist auch die Außengrenze der südafrikanischen Zollunion, der Zimbabwe nicht angehört. Deshalb muss das Fahrzeug in das jeweilige Land temporär eingeführt werden (Carnet de Passage).

Übernachtung

Imbabala Safari Camp, P.O. Box 159, Victoria Falls, ✆ 013-4219, ℻ 4349, ✉ wildhori@samara.co.zw. DZ ab US$225 p.P. inklusive Mahlzeiten, Getränke und Aktivitäten. Familiäre kleine Lodge mit äußerst angenehmer Atmosphäre. Die Wildbeobachtungsfahrten zu Lande an den Chobe Flood Plains und zu Wasser sind höchst fachkundig geführt. Vorausbuchung angeraten; nach 16 Uhr ist die unangemeldete Anfahrt untersagt. Anfahrt 1 km vom Grenzposten auf eine Piste Richtung Fluss, nach einem weiteren Kilometer an zwei weiß gestrichenen Steinen nach links, von dort 1 km bis zur Lodge.

Victoria Falls

Victoria Falls ist eines der absoluten touristischen Zentren des Landes. Es ist kaum zu übersehen, dass sie einzig und alleine von den Besucherströmen lebt, die die Fälle und Nationalparks der Umgebung sehen wollen. Das Zentrum – wenn man es so nennen will – besteht aus einigen Einkaufszentren, leicht heruntergekommenen Bürogebäuden mit Ladenzeilen und einer großen Anzahl Reisebüros und Safariunternehmen. Am Ortsrand sind die Hotels angesiedelt. Um die Besucher zu beschäftigen, hat man alle nur vorstellbaren Aktivitäten entwickelt, die einen Aufenthalt nicht langweilig werden lassen. Neben dem obligaten Besuch der Fälle (der Eintritt kostet inzwischen – für die Einheimischen wie für Ausländer – US$10 und ist damit für zimbabwische Familien unerschwinglich geworden) und den üblichen Gamedrives kann man fallschirmspringen, seinen Mut beim Bungee Jumping von der Victoria Falls Bridge testen, an Rafting- und Kanuausflügen teilnehmen, traditionelle Tanzveranstaltungen besuchen, sich mit Mountain Bikes ertüchtigen, angeln, riverboarden, sich in den Schluchten abseilen und vieles mehr. Als ob die Fälle nicht genügten.

Der Ort Victoria Falls entstand 1901 als kleine Siedlung, als man überlegte, den Zambezi zur Erzeugung von Elektrizität zu nutzen. Als 1905 die Victoria Falls Bridge über den Zambezi eingeweiht wurde, nahm das Dorf seinen unaufhaltsamen Aufstieg. In den ersten Jahren nächtigten die Touristen noch im Zug, bald aber wurden das Victoria Falls Hotel und der Bahnhof errichtet, die beiden ältesten Gebäude der Stadt, und über die Jahre kam ein Beherbergungsbetrieb nach dem anderen hinzu.

Die Victoriafälle

Die Fälle sind weder die höchsten der Welt noch die breitesten, noch fließen die größten

Wer auf dem Zambezi raften will, muss in die Schlucht hinuntersteigen

Wassermassen über die Kante. Mit einer Höhe von durchschnittlich 100 m und einer Breite von 1708 m gelten sie aber flächenmäßig als der größte durchgängige Wasservorhang der Welt, ein Naturereignis, das jeden Betrachter in seinen Bann zieht. So auch vor 150 Jahren David Livingstone, der als erster Weißer von den Wassermassen nach Europa berichtete und daher heute als Entdecker der Fälle gilt. Vor ihm waren bereits Portugiesen (z.B. 1848 Silva Antonio Francisco Porto) in der Gegend und wenige Monate vor Livingstone der Ungar Ludislaus Magyar – ob sie die Fälle gesehen haben ist nicht überliefert. Livingstone kam am 3. August 1851 – das Entdeckungsdatum der Fälle in den Geschichtsbüchern.

Mosi o tunya werden die Fälle genannt – „donnernder Rauch". Das Donnergrollen ist deutlich zu vernehmen, wenn man sich den Fällen zu Fuß nähert, und die weiße Gischt wallt hoch über die Abrisskante hinaus. Jeder der frühen Besucher zeigte sich ob der

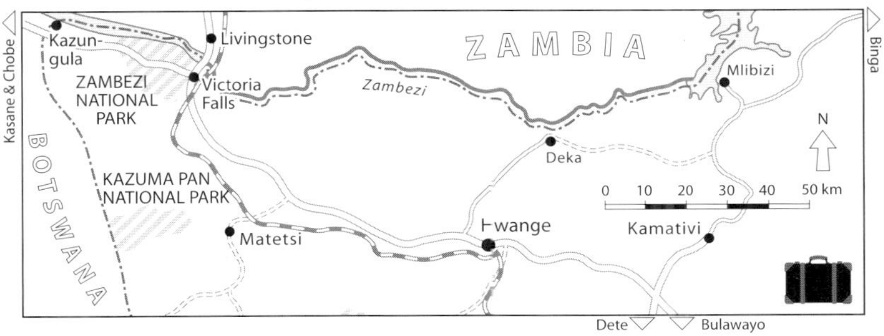

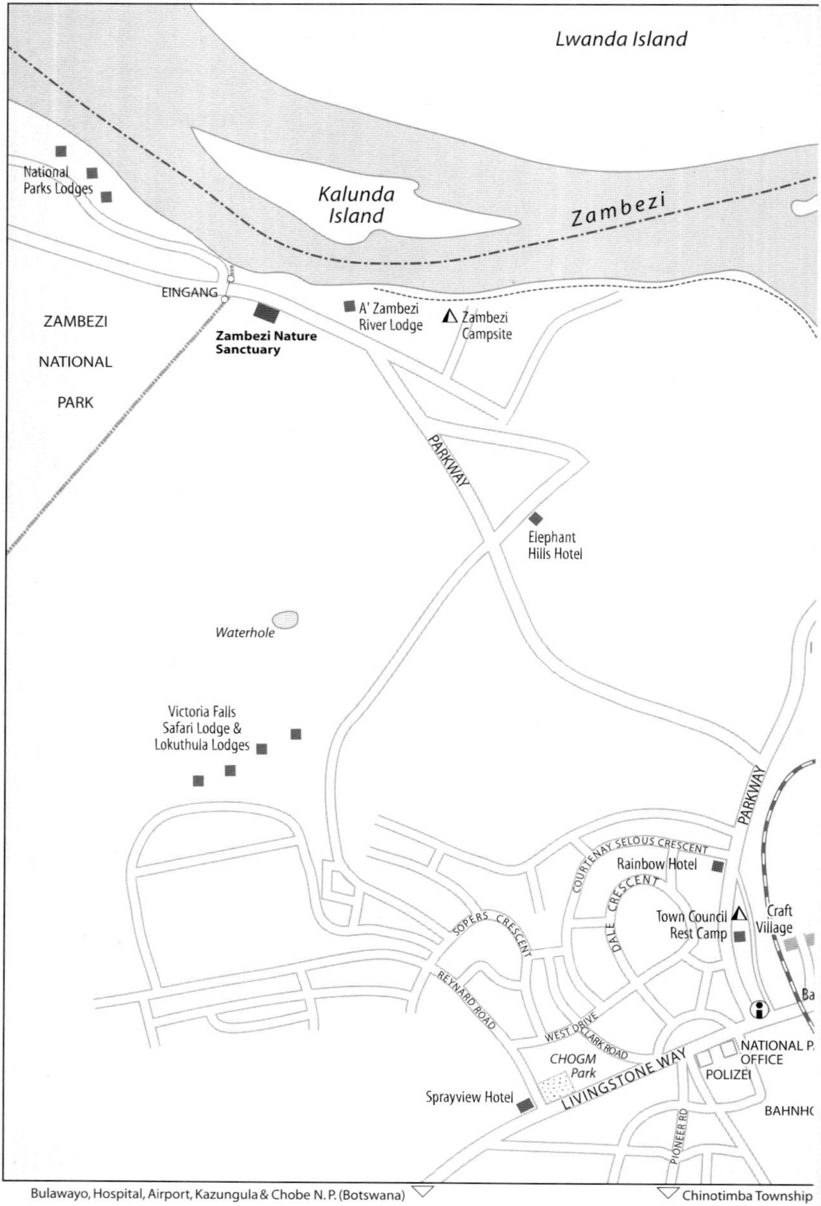
Lwanda Island
National Parks Lodges
Kalunda Island
Zambezi
EINGANG
ZAMBEZI NATIONAL PARK
Zambezi Nature Sanctuary
A' Zambezi River Lodge
Zambezi Campsite
PARKWAY
Elephant Hills Hotel
Waterhole
Victoria Falls Safari Lodge & Lokuthula Lodges
COURTENAY SELOUS CRESCENT
Rainbow Hotel
DALE CRESCENT
Town Council Rest Camp
Craft Village
SOPERS CRESCENT
REYNARD ROAD
WEST DRIVE
CLARK ROAD
CHOGM Park
LIVINGSTONE WAY
NATIONAL P.
OFFICE
POLIZEI
Sprayview Hotel
PIONEER RD
BAHNHO
Bulawayo, Hospital, Airport, Kazungula & Chobe N. P. (Botswana)
Chinotimba Township

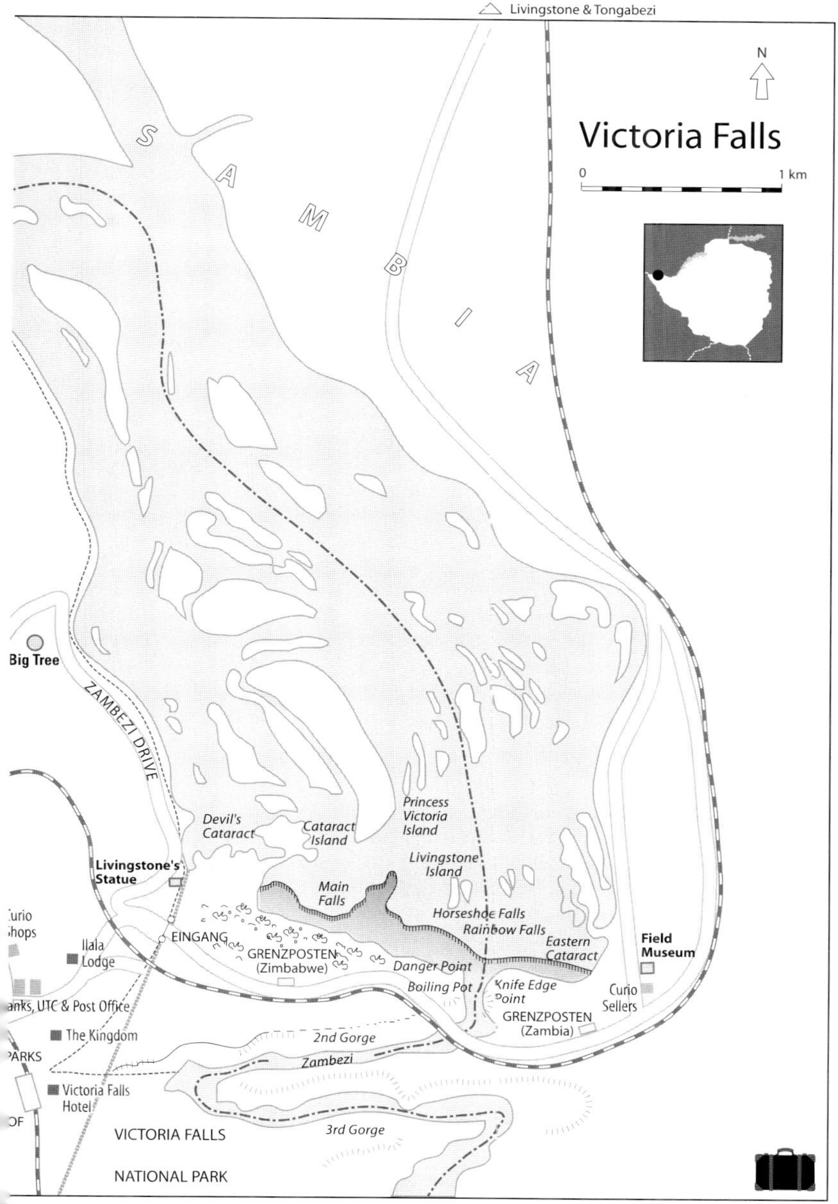
Livingstone & Tongabezi
N
Victoria Falls
0
1 km
SAMBIA
Big Tree
ZAMBEZI DRIVE
Devil's Cataract
Cataract Island
Princess Victoria Island
Livingstone Island
Livingstone's Statue
Main Falls
Horseshoe Falls
Rainbow Falls
Eastern Cataract
Field Museum
EINGANG
Ilala Lodge
GRENZPOSTEN (Zimbabwe)
Danger Point
Boiling Pot
Knife Edge Point
Curio Sellers
GRENZPOSTEN (Zambia)
2nd Gorge
Zambezi
The Kingdom
Victoria Falls Hotel
3rd Gorge
VICTORIA FALLS
NATIONAL PARK

Dr. David Livingstone David Livingstone wurde 1813 in Schottland geboren. Noch sehr jung trat er in die Arbeitswelt ein und war in einer Spinnerei tätig. Sozusagen auf dem zweiten Bildungsweg lernte er Latein und mit 18 Jahren begann er Medizin und Theologie zu studieren. Sein ursprünglicher Wunsch war nach Asien zu gehen und dort Missionsarbeit zu leisten, der Ausbruch des Opiumkrieges verschlug ihn aber schließlich nach Afrika, wo er 1841 anlandete. Er ließ sich zunächst bei Robert Moffat auf der Missionsstation Kuruman nieder und ehelichte dessen Tochter. 1844 zog er weiter, um seine eigene Missionsstation bei Kolobeng zu gründen. Dort hielt es ihn aber nicht lange und künftig sollte er sich seiner eigentlichen Berufung widmen: der Erforschung des Schwarzen Kontinentes. Livingstone war durch und durch humanistisch gesinnt und versuchte während aller seiner Forschungsreisen dem Sklavenhandel Einhalt zu gebieten.

Die erste reine Forschungsreise führte ihn zum Ngamisee im heutigen Botswana und ein Jahr später – 1850 – erblickten seine Augen das erste Mal den Zambezi bei Sesheke. In den Folgejahren entdeckte er verschiedene Quellflüsse (u.a. einen der Arme des Kongo) und befuhr den Zambezi auf einem Mokoro. 1855 stieß er auf die Victoriafälle und kehrte nach London zurück. Sein Ruf war ihm vorausgeeilt und in Europa galt er bereits als Forscherkoryphäe. Im gleichen Jahr trat er aus der Londoner Missionsgesellschaft aus und war fürderhin nur noch für die Erforschung Afrikas tätig, wobei ihm die Royal Geographical Society zur Seite stand. Zwischen 1858 und 1864 führte ihn seine zweite große Forschungsreise bis zum Nyassasee, 1866 erreichte er den Tanganjikasee. Bis 1871 versuchte er zu ergründen, woher das Wasser des Nils kam und verschwand schließlich.

Am 28. Oktober erreichte ihn der amerikanische Journalist Stanley und jene berühmten – jedem Schulkind bekannten – Worte wurden gesprochen „Dr. Livingstone, I presume". Stanley hatte sich zwar auf die Suche nach Livingstone gemacht, war aber ein reinblütiger Karrierist, der lediglich seine eigenen Vorteile im Auge hatte (im Übrigen reiste er überaus kommod mit einer großen Entourage). 1873 brach Livingstone neuerlich auf, verstarb aber unmittelbar nach seiner Abreise in Zambia an Fieber. Sein Leichnam wurde in der Westminster Abbey in London beigesetzt.

Einmaligkeit dieses Naturschauspiels höchst beeindruckt und bald wurden die Fälle immer bekannter. 1870 waren bereits offiziell 25 Besucher verzeichnet und fünf Jahre später 50 Touristen. Stellt man sich die Strapazen vor, die die Anreise in das „dunkelste Afrika" mit sich brachte, waren diese Zahlen enorm. Heute gehören die Fälle zu Weltnaturerbe und das umgebende Gebiet wurde zum Victoria Falls National Park erklärt, der sich am Zambezi entlang ein Stück nach Westen erstreckt.

Der Name des **Rainforest Park** in unmittelbarer Umgebung der Fälle rührt von der immensen Feuchtigkeit her, die sich hier permanent niederschlägt. Die Ebenholz-, Feigen- und Mahagonibäume, die an den meisten Flüssen des Landes vorkommen, gedeihen hier in einer Üppigkeit, die an tropische Regenwälder erinnert. Der Victoria Falls National Park, in dem die Fälle liegen, erstreckt sich am Zambezi entlang nach Westen.

Die schönsten Zeiten für den Besuch der Fälle sind kurz nach Beginn der Regenzeit und einige Zeit nach deren Ende. Dann führt der Zambezi gerade so viel Wasser, dass die Fälle beeindruckend sind, aber nicht so viel, dass die Gischt jegliche Sicht überdeckt und man nicht bis auf den Grund blicken kann. Die Kameraausrüstung sollte man wasserdicht verpacken; wegen der starken Gischt ist ein Regenumhang oder zumindest ein Schirm sinnvoll. In den Morgen- und Abendstunden ist Moskitoschutz angeraten (Malaria!). Wenn man hinter den Getränke- und Souvenirverkäufern den Park durch ein kleines Museum betritt, begegnet man zunächst der berühmten Statue von Dr. Livingstone – eine beliebte Stelle, um sich einmal mit einer Berühmtheit ablichten zu lassen. Östlich der Statue verlaufen die Wege parallel zu den Fällen durch den Regenwald, nördlich geht es oberhalb der Fälle am Zambezi entlang (Vorsicht: Krokodile und andere wilde Tiere, also Augen offen halten).

🕒 eine halbe Stunde vor Sonnenaufgang bis eine halbe Stunde nach Sonnenuntergang, Eintritt US$10 p.P.

Man kann die Victoriafälle sowohl von der zimbabwischen Seite als auch von der zambischen Seite aus besuchen. An der Grenze an der Victoria Falls Bridge erhält man ein Tagesvisum (US$20) und wandert hinüber zu dem wesentlich ruhigeren Teil. Auf beiden Seiten sind Wege angelegt und auf Bänken kann man sich in dem kühlen Nass der Gischt und dem Schatten der lianenumrankten Bäume von der Hitze des Tages erholen. Die einzelnen Abschnitte der Fälle tragen so malerische Namen wie *Devil's Cataract, Horseshoe Falls, Rainbow Falls, Danger Point, Boiling Pot* und *Knife Edge Point.* Die Stromschnellen stehen ihnen mit Namen wie *Stairway to Heaven, Devil's Toilet Bowl* und *Gulliver's Travels Rapids* in nichts nach.

Steter Tropfen ... Die Entstehungsgeschichte der Victoriafälle Die geologische Grundlage für dieses Naturphänomen wurde vor 150 Millionen Jahren im Jura-Zeitalter gelegt, als aus aufgesprungenen Erdspalten Lava austrat und in mehreren bis zu 300 m hoch übereinanderliegenden Schichten zu Basalt erkaltete. Während des langwierigen Abkühlungsprozesses entstanden aufgrund der Spannungen im harten Gestein tiefe Risse. Als Hunderttausende von Jahren später ein See die Gegend bedeckte, füllten sich diese tiefen Rinnen mit maritimen Ablagerungen. In der folgenden Trockenperiode verschwand der See, Bewegungen der Erdkruste schoben die nord-südlich verlaufenden Rinnen enger zusammen, was zur Verdichtung des abgelagerten Materials führte, während die meisten Spalten, die in Ost-West-Richtung verliefen, sich weiter öffneten und der darin enthaltene Kalkstein gelockert wurde.

Der damalige mächtige Zambezi, der aus dem Norden kommend westlich des Basaltplateaus entlang floss, wurde durch Hebungen des Landes weiter im Süden gestaut. Riesige Seen und Sümpfe entstanden, bis sich das überlaufende Wasser einen neuen Weg nach Osten über das von Sand bedeckte Plateau zum Matetsi River hin suchte. Der lockere Sand wurde schnell fortgeschwemmt, die darunter liegende feste Basaltschicht konnte der breite Fluss aber erst nicht durchdringen, so dass er als gewaltiger, 250 m hoher Wasserfall vom Plateau hinab ins Matetsi-Tal stürzte. Im Laufe der Zeit wusch das Wasser eine der mit lockerem Kalkstein gefüllten ost-westlich verlaufenden Rinnen aus, so dass ein tiefer Canyon entstand, in den nun auf ganzer Breite in die Wassermassen hinabstürzten. Der von Norden kommende Strom nagte aber auch dort, wo er seine Laufrichtung änderte an der härteren Nord-Süd-Barriere, bis er sie so weit abgetragen hatte, dass die nächste weiche Gesteinsschicht schutzlos dem Wasser ausgeliefert war und ein neuer Canyon weiter flussaufwärts entstehen konnte. Sobald im harten Gestein wieder eine Rinne erodiert war, wiederholte sich dieser Vorgang, und das Spiel begann von neuem. Die ursprünglichen Fälle befanden sich 8 km flussabwärts von der heutigen Stelle – doch der Erosionsvorgang ist immer noch nicht beendet. Die in den Jahrmillionen entstandene im Zickzack verlaufende Schlucht unterhalb der Fälle ist heute ein beliebter Tummelplatz für wagemutige Touristen, die sich das Badevergnügen mit Krokodilen teilen oder in Schlauchbooten, Kanus und bäuchlings auf kleinen Boards die Stromschnellen hinabsausen.

Die Victoria Falls Bridge

Die 1905 fertig gestellte Eisenkonstruktion war die erste feste Verbindung zwischen Zambia und Zimbabwe und sollte die Eisenbahn nach Norden verlängern. Beim Bau der Einzelteile in England wurden 1 500 Tonnen Stahl verbraucht. Ursprünglich war sie als reine Eisenbahnbrücke gedacht und sollte zwei Fahrgleise tragen, heute besitzt sie eine Schienenspur, Gehweg und eine Fahrbahn für Autos. Mitten auf der Brücke können Wagemutige den weltweit tiefsten Fall von einer Brücke üben. Mit einem Laufzettel darf man ohne Visum auf die Brücke und lässt sich an einem Gummiseil festhaken. Ein Mitarbeiter des Bungee-Unternehmens lässt die Freiwilligen mit einem unmissverständlichen Kommando über die Planke marschieren, wie weiland die Piraten unnötige Esser. Man fällt nach unten, schnellt kurz vor der Wasseroberfläche wieder nach oben, fällt erneut, und so fort – bis Schwerkraft und Seildehnung eine Balance gefunden haben und das Selbstbewusstsein gänzlich aus dem Gleichgewicht ist. Für diese Erfahrung sind stolze US$90 zu berappen – nicht für den Sprung, sondern für das Heraufholen (wie Spielverderber sagen).

Die einzige Möglichkeit, nicht bis zum Nimmerleinstag unten hängen zu bleiben, ist der elektrisch betriebene Seilzug, mit dem ein Retter hinunter gelassen wird, den oder die Unglückliche(n) anhakt und mit sich hinaufzieht. Beileibe aber nicht zu dem rettenden Boden auf der Brücke, sondern zu einem schmalen Maschendrahtgang in der Unterkonstruktion, in dem man unter akrobatischen Verrenkungen hineinzuklettern hat, um auf dem Weg in Richtung sicheren Bodens noch einmal die Tiefe der Zambezi-Schlucht zu genießen.

The Big Tree

Der „Große", tatsächlich gar nicht große Baobab steht am Ufer des Zambezi am Zambezi Drive, der kurz vor der Brücke nach links abbiegt und in einem großen Bogen wieder nach Victoria Falls Stadt zurückführt. Es ist ein netter 20-minütiger Spaziergang. Vor dem Baum kümmert sich mittlerweile ein Wachmann um abgestellte Fahrzeuge.

Spencer Creek Crocodile Ranch

Vom Zambezi Drive zweigt in Höhe des Inyathi-Zeltplatzes der Park Way zur Spencer Creek Crocodile Ranch ab (P.O. Box 18, Victoria Falls, ✆ 013-4567, 📠 4417). Auf einem Rundgang kann man die Tiere in den verschiedenen Altersstufen beobachten und danach Erfrischungen einnehmen. Abends öffnet ein Restaurant seine Pforte. Die Ranch darf am Zambezi jährlich eine bestimmte Anzahl an Krokodileiern sammeln und zur Aufzucht verwenden. Die Tiere werden großenteils geschlachtet, das Fleisch an Restaurants verkauft und das Leder zu Souvenirs verarbeitet. 5% der pro Jahr gesammelten Eier müssen allerdings für die Natur aufgezogen werden, und wenn die Krokodile ein Alter von drei Jahren erreicht haben, werden sie ausgewildert. Dies erscheint wenig, man muss aber wissen, dass die ersten drei Lebensjahre für die Krokodile nicht besonders glücklich verlaufen. Nur 2% überleben. Mit drei Jahren haben sie eine 90%-ige Überlebenschance.

🕓 tgl. von 8–16.30 Uhr, Eintritt US$2.

Falls Craft Village

Das Falls Craft Village (P.O. Box 49, Victoria Falls, ✆ 013-4309 📠 4395) liegt zwischen Postamt und Eisenbahn. Innerhalb der Mauern wurden Hütten aus verschiedenen Regionen Zimbabwes aufgestellt, Heiler sagen die Zukunft voraus und Künstlern kann man bei der Arbeit zusehen. Ein Andenkenladen ist angeschlossen. Die Ausstellungsgegenstände zeigen das Leben der Tonga, der Venda, der Ndebele, der Shona und der Menschen von Nyanga. Die Künstler verwenden hauptsächlich Speckstein, der sich wegen seiner Weichheit gut verarbeiten lässt. In allen Teilen der Welt erschaffen Künstler Skulpturen aus Speckstein, die zimbabwischen aber haben heute eine der höchsten Reputationen dafür. Abends finden Tanzvorführungen statt.

🕓 tgl. 8.30–16.30, So 9–12.30 Uhr, Eintritt US$5.

Auf der Krokodilfarm nahe Victoria Falls – steicheln erlaubt

Curio Row und Snake Park

Hinter dem Falls Craft Village bietet die **Curio Row** die dichteste Ansammlung an Kunsthandwerksläden. Am späten Nachmittag finden im Freien Tanzvorführungen statt. Es gehört sich, den Künstlern einen Obulus dazulassen. Die neue schattige Ladenzeile Elephant's Walk Shopping Village bietet afrikanische Kultur, Mode und Küche. Im **Snake Park**, 209 Westdrive, ✆ 013-5893, kann man die giftigen und weniger giftigen Schlangen bewundern und zusehen, wie sie „gemolken" werden.

Das Victoria Falls Hotel ist mit dem Bahnhof das älteste noch erhaltene Gebäude der Stadt und auch eines der ersten. Im Laufe der Zeit hat es die verschiedensten Umbauten und Erweiterungen erlebt, die letzte Mitte der 90er Jahre. Heute ist es eines der schönsten Luxushotels der Welt und gehört der Gruppe der „Leading Hotels of the World" an. Wer in der Politik Rang und Namen hat, quartiert sich hier ein, von den Fällen nur durch einen Park getrennt, in dem man auf den Weg zu den gischtenden Wassermassen häufig Elefanten begegnet. Auch die englische Königsfamilie genoss die Fälle von hier aus.

Englischer Stil wird im Victoria Falls Hotel hochgehalten: gediegenes Ambiente, unaufdringlicher, aber perfekter Service durch außerordentlich gut geschultes Personal und Zimmer, die den gesichtslosen Einheitsstil der modernen Hotelketten vermissen lassen.

Von der Terrasse aus kann man die wallenden Nebel und die Vicoria Falls Bridge über den Zambezi betrachten, während man an einer Tasse des ausgezeichneten zimbabwischen Kaffees nippt – ein Vergnügen, das auch Besuchern offen steht, die nicht im Hotel nächtigen.

Mehrere Restaurants unterschiedlichen Stils sind für das leibliche Wohl zuständig, das berühmteste befindet sich im Ballsaal. Von den Gästen wird entsprechende Eleganz erwartet: Shorts, T-Shirts und Turnschuhe sind verpönt, ein Jackett und Krawatte wird von den Herren verlangt und bitte „no Denims" – keine Jeans.

Übernachtung

UNTERE PREISKLASSE – ***Sprayview Hotel***, P.O. Box 70, Victoria Falls, Livingstone Way, Ecke Reynard Road, ✆ 4344, 📠 4713. DZ US$60 inkl. Frühstück, häufig ausgebucht, Schwimmbad, viele Pauschaltouristen, trotzdem angenehm.
Penny Wise Cottages, Stand 248 Kings Way, P.O. Box 49, Victoria Falls, ✆ 5912, 📠 4555. DZ US$25, saubere Zimmer mit Bad.
Tatenda Lodge, P.O. Box 105, Victoria Falls, 541 Reynard Avenue, ✆ 3349, 📠 3349. DZ US$40 inkl. Frühstück.
Club Shoestring, 12 West Drive, ✆ 011-800731. DZ mit Bad US$18, sehr beliebt, deshalb häufig ausgebucht.
Gibson Backpacker, 357 Gibson Road, ✆ 2179. Hübsche Backpacker-Unterkunft, Selbstversorgung, US$10 p.P.
Horn Bills, 376 Squire Cummings Road, ✆ 4468. DZ US$20 p.P.
Villa Victoria, 165 C. Selous Crescent, ✆ 4386. DZ US$20 p.P.
Fun in the Sun, 352 Gibson Road, ✆ 4536. US$12 p.P.
Pat's Self Catering, 209 West Drive, ✆ 4375. DZ US$10 p.P.
Livingstone Lodge, Reynald, Ecke Syringa Road, ✆ 5903. DZ US$30 p.P., Selbstversorgung.
Hunters Lodge, 598 Nghuvuma Crescent, ✆ 5977. DZ US$36 p.P. inkl. Frühstück.
Pumulo Cottages, Reynard, Ecke Jacaranda Street, ✆ 4334. DZ US$20 p.P. inkl. Frühstück.
Reynard Cottages, 403 Reynard Road, ✆ 2103 oder 011-406147, DZ US$25 inkl. Frühstück.
Town Council Rest Camp, Livingstone Way, ✆ 4311. Cottage US$4 p.P., Schlafsaal US$2,50 p.P.
Mosi-oa-Tunya Lodge, 609 Mahogany Road, ✆ 4336. DZ US$30 p.P.
M.I.P.F. Flats, Park Way, Phumula Centre, ✆ 4397. Apartments des Mining Industrial Pension Funds, Apartment für 2 ca. US$50.
Villa d'Afrique, 645 Mahogany Road, ✆ 5945 oder 011-400044. 4-Bett-Bungalow US$125.
Hitch Haven Backpackers, 332 Wood Road, ✆ 011-405946. DZ US$10 p.P., Camping US$4.
Maura's Backpackers, 345 Gibson Road, 2,5 km vom Zentrum, Bett US$20.
Pennywise Cottages, 248 Kings Way, ✆ 4555, DZ US$30.
Setabezi Lodge, 504 Baobab Road, ✆ 011-404300. DZ US$30 p.P.
Inyathi Rest Camp, 951 Park Way, Victoria Falls, ✆ 4481. Ruhig, sauber, Schwimmbad, Cottage US$12 p.P., auch Camping.

MITTLERE PREISKLASSE – ***Rainbow Hotel***, P.O. Box 150, Victoria Falls, Park Way, Ecke Selous Avenue, ✆ 5871, 📠 4654. DZ US$175 inkl. Frühstück, zentrumsnah mit Gärten, Schwimmbad, spanisch-afrikanischer Stil.
A'Zambezi River Lodge, P.O. Box 130, Victoria Falls, Park Way Verlängerung (5 km außerhalb am Zambezi), ✆ 4561, 📠 4511. DZ US$185 inkl. Frühstück, ruhig gelegen, Schwimmbad, abends Tanzaufführungen.

OBERE PREISKLASSE – ***The Victoria Falls Hotel***, P.O. Box 10, Victoria Falls, ✆ 4751, 📠 4586. *Das* Hotel bei den Fällen, existiert schon 100 Jahre, perfekter Luxus, aufmerksamstes Personal und gesegnete Preise. Von der Terrasse blickt man auf die Gischt der Fälle und die Victoria Falls Bridge. Zu Fuß sind es 10 Minuten durch einen Park mit Elefantengarantie zu den Fällen hinunter. Wer die Zimmerrechnung scheut, sollte zumindest zum Kaffee oder zu einem Lunch herkommen. DZ ab US$186 p.P. inkl. Frühstück. Abends Buffet oder à-la-carte im Speisesaal mit Krawatten- und Sakko-Zwang.
The Kingdom, P.O.Box 10, Victoria Falls, ✉ kingdom@kingdom.zimsun.co.zw, ✆ 4275, 📠 2358. DZ ab US$230 inkl. Frühstück. 5-Sterne-Großhotel im Stil von Great Zimbabwe mit fast 800 Betten; um ein Kasino herum gebaut, das der eigentliche Bestimmungszweck des Gebäudes ist.
Elephant Hills Inter-Continental, P.O. Box 300, Victoria Falls, ✆ 4793, 📠 4655. Aberwitzig in die Gegend geklatschtes Betonmachwerk, schon deshalb unbedingt meiden – vielleicht

wird es ja abgerissen. Etwas außerhalb gelegen, DZ US$315 inkl. Frühstück. Hier finden die abendlichen Tanzvorführungen „African Spectacular" statt (US$10 p.P.).
Victoria Falls Safari Lodge, P.O. Box 29, Victoria Falls, 471 Squire Cummings Road, ✆ 3201, ✆ 3207, ✉ saflodge@saflodge.co.zw. DZ US$310 inkl. Frühstück, wunderschöner Garten, 5-Sterne-Luxus.
Ilala Lodge, P.O. Box 18, Victoria Falls, 411 Livingstone Way, ✆ 4737, ✆ 4740. DZ US$250 inkl. Frühstück, luxuriöse Lodge im Zentrum.
Lokuthula Lodge, P.O. Box 29, Victoria Falls, 471 Squire Cummings Road, ✆ 4728, ✆ 4792. Luxus-Cottage US$290 (max. 3 Personen, Selbstversorgung), gehört der gleichen Firma wie die Victoria Falls Safari Lodge nebenan.

CAMPING – ***Town Council Rest Camp***, Livingstone Way, ✆ 4311. Zeltplatz US$2 p.P.
Municipality Caravan Park, an der Verlängerung des Park Way (5 km außerhalb am Zambezi bei der A'Zambezi Lodge). Camping US$2 p.P.
Hitch Haven Backpackers, 332 Wood Road, ✆ 011-405946. Camping US$4.
Inyathi Rest Camp, 951 Park Way, Victoria Falls, ✆ 4481. Ruhig, sauber, schattig, Schwimmbad, Zelten für US$5 p.P., auch Cottages.

AUSSERHALB – ***Elephant Camp***, P.O. Box 159, Victoria Falls, ✉ wildhori@samara.co.zw, ✆ 4219, ✆ 4349. DZ US$450 p.P. alles inklusive (auch Aktivitäten wie Elefantenritte), Luxuscamp, eine halbe Fahrstunde außerhalb von Victoria Falls in absoluter Ruhe, Safaris auf Elefantenrücken, Wildbeobachtungsfahrten, Wanderungen, sehr angenehmes Management, in Familienbesitz. Nur mit Voranmeldung – man wird in Vic'Falls abgeholt, Selbstfahrer erhalten mit der Bestätigung einen Anfahrtsplan. Keine Kinder unter 8 Jahren.
Gorges Lodge, P.O. Box 2914, Harare, ✉ gorges@acacia.samara.co.zw, ✆ 04-700661, ✆ 735080. 35 km außerhalb und östlich Victoria Falls am Zambezi gelegen, Abholservice, Selbstfahrer erhalten mit der Buchungsbestätigung einen Anfahrtsplan, DZ US$200–245 p.P. alles inklusive.
Masuwe Lodge / Landela Safari, P.O. Box 257, Victoria Falls, ✆ 4699, ✆ 4699. 8 km außerhalb Victoria Falls westlich der Bulawayo Road am Masuwe Fluss, DZ US$500 alles inklusive.
Jafuta Lodge, ✆ 09-61495. 20 km von Victoria Falls am östlichen Rand des Zambezi National Park, DZ US$150 p.P. alles inklusive.
Sekuti Drift / Landela Safaris, P.O. Box 257, Victoria Falls, ✆ 4699, ✆ 4699. 15 km von Victoria Falls am östlichen Rand des Zambezi National Park, DZ US$500 alles inklusive.
Woodlands Safari B&B, P.B. 5916, Victoria Falls, ✆ 4339, ✆ 4339. 20 km außerhalb Richtung Hwange, Rondavels zur Selbstversorgung in einem Garten mit Schwimmbad, Rondavel für 2 Personen US$80.

Essen

The Cattleman, Phumula Centre, Clark Road, Victoria Falls, ✆ 4767. Kettenrestaurant, dessen Standard den sonstigen Niederlassungen nicht entspricht (die Touristen kommen ja nur einmal).
Ilala Lodge, 411 Livingstone Way, ✆ 4737. Abends Buffet, sehr preisgünstig (US$5–7), so viel, wie man in sich hineinbekommt.
The Carnivore Restaurant, Spencer Creek Crocodile Ranch (s.o), ✆ 4737. Antilope direkt vom Grill.
Oriental Express, Laxim Building (über dem Jay's Supermarkt), Victoria Falls, ✆ 011-406430. Indische Küche.
Pink Baobab Café, Park Way, ✆ 4407. Kleine Speisen in angenehmer Atmosphäre.

Nachtleben

Explorers, Park Way, Sopers Arcade, ✆ 4298. Für die young and beautiful people: Party, Party all night.
Downtime Nightclub, in der Ilala Lodge, bis 4 Uhr morgens Highlife.
Crocrock, Elephant's Walk, Zambezi Centre, ✆ 3365. Bar mit Live-Bands.

Einkaufen

Batoka, Livingstone Avenue (beim Park Way), Safarikleidung.
Matombo Gallery, im Elephant Hills Hotel, Skulpturen für den dicken Geldbeutel.
Spencer Creek Leather Workshop, bei der Krokodilfarm nördlich der Stadt, P.O. Box 18, Victoria Falls, ✉ zws@telconet.co.zw, ✆ 4567, ℻ 4417, Lederwaren aus eigener Zucht und Fabrikation.
In der **Curio Row** zwischen Eisenbahn und Ilala Lodge reihen sich, wie der Name schon sagt, viele Curio Läden.
Wer Regenmäntel für den Besuch der Fälle nicht kaufen, sondern leihen will, kann dies bei ***Raincoat & Camping Equipment Hire Services*** tun, Stand 307 Park Way Road, ✆ 4528, wo auch Campingartikel angeboten werden.

Aktivitäten

Backpacker's Bazaar, P.O. Box 44, Victoria Falls, Livingstone Way, Ecke Park Way, Shop 5, Vic'Falls Centre, ✉ zaibmgll@ibmmail.com, ✆ 2189, ℻ 2189. Alle Informationen, die man als Backpacker benötigt, günstige Aktivitäten, sehr hilfsbereit.
Shearwater, P.O. Box 125, Victoria Falls, Park Way, Sopers Arcade, ✉ shearadv@zol.co.zw, ✆ 4471, ℻ 4341. Groß geworden mit Rafting bietet Shearwater inzwischen alles an Aktivitäten an, das nur vorstellbar ist. Wenn die Action nicht selbst veranstaltet wird, vermittelt man.
Safari par Excellence, Shop 4, Phumula Centre, Park Way, Ecke Livingstone Way, P.O. Box 44, Victoria Falls, ✉ zaibngll@ibmmail.com, ✆ 4424, ℻ 4510. Rafting, Kanufahrten, Jetboats, Bungee-Jumping, Flüge, Fallschirmspringen, Tierbeobachtungsfahrten, Wandersafaris, Bootsfahrten, Elefantenreiten, Pferdereiten.

ABSEILEN – ***Abseil Zambia***, P.O. Box 61023, Livingstone, Zambia, ✆ 00260-3-323454, ✉ ndebele@mweb.co.za. Abseilen in den Batoka-Schluchten.

Preisrichtlinien für Aktivitäten in Victoria Falls

Bungee-Jumping (111 Meter)	US$90
Elefantenreiten (4 Stunden)	US$120
Fallschirmspringen (Tandem)	US$160
Flüge über die Fälle	
Helikopter 30 Min.	US$140
Ultraleicht 30 Min.	US$100
Kanuausflug	
ein Tag	US$85
3 Tage / 2 Übernachtungen	US$235
Rafting, ein Tag	US$95

BUNGEE – ***African Extreme Bungee***, P.O. Box 60353, Livingstone, Zambia, ✆ 00260-3-324231, ℻ 324238, ✉ extreme@zamnet.zm Bungee-Sprünge von der Brücke über den Zambezi.

GOLF – ***Elephant Hills Golf Club***, P.O. Box 300, Victoria Falls, ✆ 4793. 18-Loch-Platz beim Hotel Elephant Hills.

KANUSAFARIS – ***Kandahar Canoeing***, P.O. Box 233, Victoria Falls, ✆ 4502, ℻ 2014, ✉ adrift@africaonline.co.zw. Kanusafaris auf dem Zambezi.
Karibu Safaris, P.O. Box 35196, Northway 4065, Durban, Südafrika, ✆ 0027-31839774, ℻ 831957, ✉ karibusa@iafrica.com. Kanusafaris auf dem Zambezi.
Bundu Adventures, P.O. Box 60773, Livingstone, Zambia, ✆ 00260-3-324407, ℻ 324406, ✉ zambezi@zamnet.zm.
Kanusafaris auf dem Zambezi vom zambischen Ufer.

RAFTING – ***Bwaato Adventures***, P.O. Box 60672, Livingstone, Zambia, ✆ 00260-3-324227, ℻ 321490. Rafting und Bootsfahrten auf der zambischen Seite des Zambezi.

Touren

Destination Management, Shop 18, Sopers Arcade, Park Way, Victoria Falls, ✆ 2109, ℻ 2109. Touren in und um Victoria Falls, Flughafentransfers.

Elefantenritte Wild Horizons besitzt eine kleine und exklusive Lodge 20 Minuten Autofahrt außerhalb von Victoria Falls. Die Besonderheit sind die hier gebotenen Elefantenritte. Ein halbes bis ein Jahr dauert es, bis die Elefanten so weit trainiert sind, dass sie das erste Mal Touristen transportieren dürfen. Lange Zeit galten die afrikanischen Elefanten – im Gegensatz zu den indischen – als nicht geeignet für die Arbeit mit den Menschen. Ein Trugschluss, wie sich in den letzten Jahren herausgestellt hat. In Botswana und in Zimbabwe war man äußerst erfolgreich beim Anlernen der Dickhäuter und heute kann man den Busch und die wilden Tiere auf bequemen Sätteln im Takt des wiegenden Elefantenschrittes erleben. Vorteil der Elefantensafaris gegenüber den üblichen Gamedrives mit Autos ist – so sagen die Veranstalter – dass das Wild vor den Artgenossen keinerlei Scheu zeige, während es das Motorengeheul der Jeeps eher meide.

Wer nicht in der Lodge der Elephant Back Safaris nächtigt, wird von seiner Unterkunft abgeholt und zum Gehege gebracht. Ein Holzgestell erleichtert das Aufsteigen auf die brav in der Morgensonne wartenden Elefanten und dann geht es los. Ein Ranger begleitet zu Fuß die Gruppe, mit einem Gewehr bewaffnet – nicht wegen der Reittiere, sondern wegen der wilden Tiere im Busch. Auf jedem Elefanten sitzen ein bis zwei Gäste und ein Führer, der sich auch sonst um das Tier kümmert und ein persönliches Verhältnis zu ihm besitzt. Die Ritte dauern normalerweise zwei bis vier Stunden, man kann aber auch mehrtägige Unternehmungen buchen. Abschluss jeder Safari ist ein reichhaltiger Brunch an einem Wasserloch, in dem sich Flusspferde tummeln. Die Elefanten tummeln sich derweil abgesattelt im Busch, kehren aber immer wieder zurück, um zu gucken, was die Menschen machen. Wer will kann sie füttern und streicheln.

Wild Horizons, P.O. Box 159, Victoria Falls, ✆ 4219, 📠 4349, ✉ wildhori@samara.co.zw

Senanga Safaris, ✆ 5977, 📠 5977. Spezialisiert auf nächtliche Gamedrives.

VFSL Tourism Group, c/o Victoria Falls Safari Lodge, ✉ saflodge@saflodge.co.zw, ✆ 3211, 📠 3205. Zwei Tage mit einer Übernachtung in traditionellen Dörfern am zambischen Zambezi-Ufer und eine Tour im Ochsenwagen.

Travel Logistics, 425 Pioneer Road, Victoria Falls, ✆ 011-754344. Tagestouren in die Umgebung von Victoria Falls.

Bantu Tours & Safaris, 296 Pioneer Road, Victoria Falls, ✆ 011-406429. Geführte Tagestouren in die Umgebung zu einer Schule, einem Dorf und einem traditionellen Heiler.

Baobab Safaris, P.O. Box 196, Victoria Falls, ✆ 4283, ✉ safaris@telconet.co.zw. Führungen in das Monde-Dorf 14 km außerhalb, wo man das traditionelle Leben erfahren und mit Heilern sprechen kann, ein Teil des Ertrages des Unternehmens wird an das Dorf abgeführt.

Bright Eyes Leisure & Safaris, P.O. Box CT185, Victoria Falls, ✆ 5833. Tagestouren in den Chobe Park / Botswana.

RUNDFLÜGE – ***Bush Birds Flying Safaris***, P.O. Box 157, Victoria Falls, ✆ 3398, 📠 2411, ✉ ulazim@samara.co.zw. Flüge im Ultraleichtflugzeug über die Fälle.

Batoka Sky, P.O. Box 60305, Livingstone, Zambia, ✉ batoka@zamnet.zm, ✆ 00260-3-323672, 📠 324289. Flüge im Ultraleichtflugzeug über die Fälle von der zambischen Seite.

United Air Services, P.O. Box 50, Victoria Falls, ✆ 4220, 📠 4220. Kurzflüge über die Fälle, Flugzeugcharter.

Southern Cross Aviation, P.O. Box 210, Victoria Falls, ✉ dabula@africaonline.co.zw, ✆ 4618, 📠 4609. Kurzflüge über die Fälle, Flugzeugcharter.

The Zambezi Helicopter Company, P.O. Box 125, Victoria Falls, ✉ heli@id.co.zw, ✆ 4513, 📠 5806. Helikopter-Flüge über den Fällen.

Sonstiges

AUTOVERLEIH – ***Transit Car & Truck Hire***, 18 Sopers Centre, Victoria Falls, ✆ 2109, 📠 2109.

Victoria Falls Car Hire, P.O. Box 236, Victoria Falls, Suite 7/8, Phumula Centre, ✆ 4357, 📠 3341.
Amaswazi Leasing, Vic Falls Launderate / Campsite, ✆ 011-209131.
Truck & Car Hire, Shop 8, Zambezi Centre, Victoria Falls, ✆ 2247.
Bright Eyes Leisure & Safaris, Shop 3, Laxim Building, Victoria Falls, ✆ 5833, 📠 5803.
Hertz, Park Way, ✆ 4297, 📠 4297.
Europcar, Sprayview Hotel, ✆ 4598, 📠 4598.

FAHRRADVERLEIH – Fahrräder kosten US$1–2 pro Stunde und US$10-15 pro Tag.
Beanos Scooter Hire, Park Way, ✆ 3398.
Camp Site Cycle Hire, Park Way, neben der Touristeninformation.

IMMIGRATION – Department of Immigration, Livingstone Way (neben der Polizei), ✆ 4237.

INFORMATIONEN – ***Victoria Falls Publicity Bureau***, Park Way, Ecke Livingstone Road, ✆ 4202, Mo–Fr 8–13 und 14–17 Uhr, Sa 8–13 Uhr. Informationen über die Stadt.
Zimbabwe Tourism Authority, 258 Adam Stander Road, ✆ 4376, 📠 4380, Mo-Fr 8-16 Uhr. Für Informationen außerhalb der Stadt.

INTERNET – ***Internet Café Internet Village***, 18 Sopers Arcade, Vic'Falls, ✆ 5802/2109, ✉ internetvillage@hotmail.com. 🕒 7–23 Uhr, eine halbe Stunde Nutzung US$5.

NOTFALL – **Polizei**: Livingstone Way, ✆ 4206.
Krankenhaus: Privatklinik Dr. Nyoni, West Drive, ✆ 3356.
Flugrettung: ***Medical Air Rescue Service***, ✆ 4646.

ROLLERVERLEIH – ***Beanos Scooter Hire***, Park Way, ✆ 3398, US$5 pro Stunde, US$20/Tag, Führerschein notwendig.

TAXI – ***Host Taxis***, ✆ 3245.
DZ Taxis, ✆ 4617.

TELEFON – Wer von Victoria Falls nach Livingstone telefonieren will, darf nicht die zambische Landesvorwahl benutzen. Man wählt eine „8" und nach dem Freizeichen die Nummer des Teilnehmers in Livingstone.

POST – Livingstone Way, ✆ 4303.

VORWAHL – 013.

Transport

BUSSE – **Nach Windhoek/Namibia**: *Intercape Mainliner*, 1–2x wöchentlich, US$75/N$375, Abfahrt an der Post. Buchung über die Reisebüros.
Nach Kapstadt: *The BazBus*, 4x wöchentlich über BULAWAYO und JOHANNESBURG, US$200, ab Backpacker's Bazaar. Buchungen über ✆ 011-704242, ✉ info@bazbus.com, oder bei Backpacker's Bazaar (s. Aktivitäten).
Bus Route 49, ab Backpacker's Bazaar montags über BULAWAYO (US$10, Haltestelle Eco Logical Travel Bulawayo) nach KAPSTADT (US$100, 24 Std. Fahrzeit).
Nach Harare: *Kukuru Kurerwa*, wegen des Geparden auf der Seitenfläche Cheetah Bus genannt, mehrmals tgl. (von 6–10 Uhr stündlich) ab Chinotimba Terminus (aus der Stadt hinaus am Sprayview Hotel vorbei und dann nach links Richtung Krankenhaus) über BULAWAYO (Z$175) nach HARARE (Z$350, Ankunft abends). Relativ zuverlässig.
Blue Arrow, tgl. 7.30 Uhr ab Shearwater nach BULAWAYO (zuverlässigste Verbindung, Z$500, Ankunft nachmittags).
Nach Binga: Tgl. am späten Morgen ein Chickenbus vom Chinotimba Terminus (aus der Stadt hinaus am Sprayview Hotel vorbei und dann nach links Richtung Krankenhaus). Hält auch am Abzweig nach MLIBIZI, 13 außerhalb des Dorfes.

EISENBAHN – ***Train de Luxe / Rail Safaris***, P.O. Box 2536, Bulawayo, ✆ 09-75575, 📠 64466, ✉ res@traindeluxe.co.zw. Luxusreisezug mit verschiedenen Klassen (teilweise mit Bad), der zwischen Victoria Falls und Bulawayo über De-

te verkehrt. Der Fahrplan ist so abgestimmt, dass man Zeit für die Sehenswürdigkeiten hat und an Safaris teilnehmen kann.
Nach Bulawayo: Nachtzug ab 18.30, Ankunft 7 Uhr morgens (Z$260 Sleeper).

FLÜGE – ***Air Zimbabwe***, Airport, ✆ 4518. Tgl. nach Harare und Kariba.
United Air Services, P.O. Box 50, Victoria Falls, ✆ 4220, ✆ 4220. Flugzeugcharter.
Southern Cross Aviation, P.O. Box 210, Victoria Falls, ✉ dabula@africaonline.co.zw, ✆ 4618, ✆ 4609. Flugzeugcharter.

Flughafentransport: Busshuttle auf die Flüge abgestimmt (US$3 pro Strecke), bei Air Zimbabwe nachfragen.

Grenzformalitäten Mit dem Überqueren der Victoria Falls Bridge überschreitet man die Grenze zu Zambia. Auf zambischer Seite erhält man für US$20 ein Visum. Wer mit dem Wagen fährt, muss ihn temporär einführen (Carnet de Passage). Der Grenzübergang ist nur von 6–20 Uhr geöffnet.

Mosi-oa-tunya National Park (Zambia)

Der kleine Nationalpark besteht aus den Fällen auf der zambischen Seite mit dem dem Livingstone Field Museum und einem Tierreservat. Die Fälle von Livingstone aus zu besuchen ist ein wesentlich ruhigeres Unterfangen als von Victoria Falls. Auf einer kurzen Hängebrücke kann man bei Knifes Edge die Aussicht genießen, und Wagemutige können einen schmalen Pfad hinunter zum Boiling Pot klettern. Die Vegetation entspricht der auf der zimbabwischen Seite.

Das kleine **Livingstone Field Museum** (Eintritt US$2, 8–16 Uhr) führt die Entstehung der Fälle vor Augen und stellt einige Gegenstände aus der Steinzeit aus. Davor wird Kunsthandwerk veräußert.

Im **Game Park** gibt es einige Antilopen und weiße Nashörner, denen man das Horn amputiert hat, um sie vor den Begehrlichkeiten der Wilderer zu schützen. Der Park befindet sich oberhalb der Fälle nördlich des Maramba. Eintritt US$1, Sonnenauf- bis -untergang.

Livingstone (Zambia)

Livingstone ist die arme Schwester von Victoria Falls. Bislang hat die Stadt vom großen Touristenkuchen nichts abbekommen. Vielleicht gereicht ihr das ja aber auch zum Vorteil. Livingstone hat im Gegensatz zu Victoria Falls ein einheitliches Stadtbild aufzuweisen. Man lebt hier auch ohne Touristen und der Tagesablauf ist ruhig und gemächlich. Die Hotels sind nicht so überlaufen wie in der Nachbarstadt und wer der Hektik von Victoria Falls entgehen will, kann hier Ruhe genießen. Außerhalb sind einige vorzügliche Lodges an den Ufern des Zambezi zu finden.

Das **Livingstone Nationalmuseum**, an der Hauptstraße, (P.O. Box 60498, Livingstone, ✆ 321204, ✆ 320991) beherbergt eine archäologische und völkerkundliche Ausstellung, auch einiges zur Kolonialgeschichte und zum Leben von Dr. Livingstone. ⌚ 9–17 Uhr, Eintritt US$5.

Im **Eisenbahnmuseum**, Chishimba Falls Road, an den nach Westen führenden Schienen (P.O Box 60124, Livingstone ✆ 321820), sind Lokomotiven und Waggons in unterschiedlichem Erhaltungszustand zu sehen, daneben erfährt man einiges zur Geschichte der Eisenbahnentwicklung in Zambia. ⌚ 8.30–16 Uhr, Eintritt US$5.

Das **Maramba Cultural Village**, 5 km außerhalb in Richtung der Fälle, besteht aus Hütten, die die unterschiedlichen Baustile der ländlichen Gegenden Zambias dokumentieren. Kunsthandwerk wird verkauft und an Wochenenden finden nachmittags Tanzveranstaltungen statt

Übernachtung

IN DER STADT – ***Wasawanga Lodge***, P.O. Box 60276, Livingstone, ✆ 324066, ✆ 324067. An der Airport Road 2 km außerhalb, Chalet für 2 Personen US$100.

New Fairmount Hotel, P.O. Box 60096, Livingstone, ✆ 320793, ℻ 321490. DZ US$40 inkl. Frühstück.
Jolly Backpackers, Mokambo Road, ✆ 324229, ℻ 324229, ✉ jboys@zamnet.zm. Schlafsaal US$5, Camping US$3.

AUSSERHALB – ***Intercontinental Mosi-o-Tunya***, P.O. Box 60151, Livingstone, ✆ 321121, ℻ 321128. Von den Fällen nur durch einen Park getrennt, Luxushotel, das bald durch einen Neubau der Hotelkette erweitert wird, DZ US$200 inkl. Frühstück.
Rainbow Lodge, P.O. Box 60090, Livingstone, ✆ 321806, ℻ 320236. Neben dem Mosi-o-Tunya, Rondavel für 2 US$70, auf dem Zeltplatz US$5 p.P.
Taita Falco Lodge, ✆ 321850, ℻ 321850. Unterhalb der Fälle über den Schluchten gelegen. Chalet US$80 p.P. inkl. Frühstück.
Thorntree Lodge, P.O. Box 5920, Harare, ✉ sarpar@harare.iafrica.com, ✆ 04-700911, ℻ 722872. 15 km oberhalb der Fälle, Luxuslodge direkt am Zambezi für US$200 p.P. im Zweipersonenzelt. Flugzeugtransfer ab Vic'Falls US$20 einfache Strecke.
Tongabezi Lodge, P.B. B31, Livingstone, ✉ tonga@zamnet.zm, ✆ 323235, ℻ 323224. Luxuslodge am Ufer 20 km oberhalb der Fälle, die Suiten sind alle unter einem eigenen Thema gestaltet (vom Birdhouse bis zum Coca-Cola-Haus), p.P. US$250 alles inklusive.
Sindabezi Camp, P.B. B31, Livingstone, ✆ 323235, ℻ 323224, ✉ tonga@zamnet.zm. Luxuscamp auf einer Insel im Strom oberhalb der Fälle, US$250 p.P. alles inkl.
Kubu Cabins, P.O. Box 60748, Livingstone, ✆ 324093, ℻ 324093, ✉ kubu@zamnet.zm. Sehr angenehme Lodge, 40 km oberhalb der Fälle, US$90 p.P. im 2-Bett-Bungalow, Zeltplatz US 10 p.P.
Royal Chundu Lodge, ✆ 321772, ℻ 321772, ✉ chundu@icon.co.za. 60 km oberhalb der Fälle am Zambezi, US$150 p.P. im Chalet inkl. der Mahlzeiten.
Jungle Junction, P.O. Box 61122, Livingstone, ✆ 324127, ℻ 324127, ✉ jungle@zamnet.zm. Auf einer Flussinsel 60 km oberhalb der Fälle, nur mit dem Boot erreichbar, Hütten US$20 p.P. Transfer US$50 einfach.
Chundukwa Camp, P.O. Box 61160, Livingstone, ✆ 324452, ℻ 324006. 25 km stromaufwärts hinter der Tongabezi Lodge, Chalet inkl. Mahlzeiten US$140 p.P.

CAMPING – ***Rainbow Lodge***, P.O. Box 60090, Livingstone, ✆ 321806, ℻ 320236. Neben dem Mosi-o-Tunya, Zeltplatz US$5 p.P.
Maramba Zeltplatz, ✆ 324189, ℻ 324189, ✉ maramba@zamnet.zm. Am Maramba, Zelten US$5 p.P., auch Chalets (US$25 für 2 Personen) und Baumhäuser.
Jolly Backpackers, Mokambo Road, ✆ 324229, ℻ 324229, ✉ jboys@zamnet.zm. Camping US$3.
Kubu Cabins, P.O. Box 60748, Livingstone, ✆ 324093, ℻ 324093, ✉ kubu@zamnet.zm. Sehr angenehm, 40 km oberhalb der Fälle, Zeltplatz US10 p.P.

Sonstiges

AKTIVITÄTEN – s.S. 366, Victoria Falls.

INFORMATIONEN – ***Zambia National Tourist Board***, P.O. Box 60342, Livingstone, Hauptstraße, ✆ 321404, ℻ 321487.

VORWAHL – 00260-3.
Wer von Victoria Falls nach Livingstone telefonieren will, darf nicht die zambische Landesvorwahl benutzen. Man wählt eine „8" und nach dem Freizeichen die Nummer des Teilnehmers in Livingstone.

Transport

Vom Markt in der Senanga Road fahren **Busse** nach LUSAKA, Mini-Busse und Taxis nach VICTORIA FALLS.
Expressbusse nach Lusaka sind im Mosi-o-Tunya Hotel buchbar.
Zugverbindungen bestehen nach Lusaka und Tanzania.

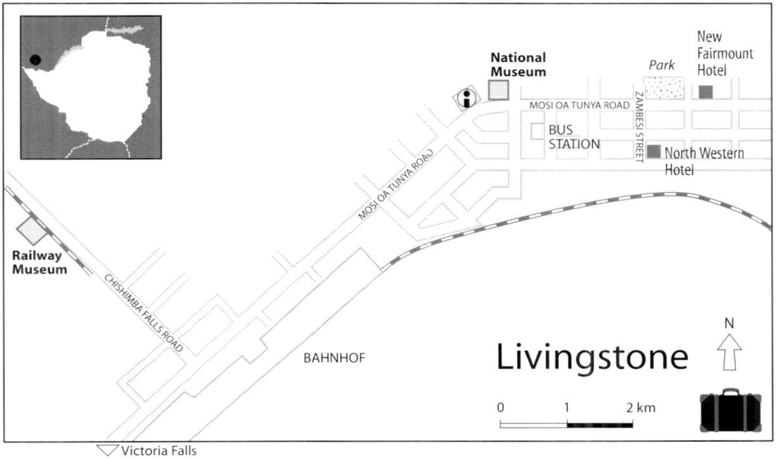

Der Zambezi ist der viertlängste Fluss des afrikanischen Kontinentes nach dem Nil, dem Kongo und dem Niger. Von seiner Quelle im Nordwesten Zambias mäandert er auf 2700 km durch das südliche Afrika, hauptsächlich entlang der Grenze zwischen Zimbabwe und Zambia, um schließlich in Moçambique 200 km nördlich von Beira in den Indischen Ozean zu fließen. Seine Zuflüsse sind von Zambia kommend der Kafue und der Luangwa, von Malawi der Shire, aus Botswana kommt der Chobe, und Zimbabwe versorgt den Zambezi durch seine Flüsse Gwayi, Sengwa, Ume, Sanyati, Manyame und Mazowe.

Der Zambezi erreicht in breitem, ruhigem Lauf die weltgrößten Fälle, wo er auf einer Breite von fast zwei Kilometern 100 m in die Tiefe stürzt. Nachdem er die Victoriafälle passiert hat, ändert sich sein Erscheinungsbild wesentlich. Es reißt ihn durch die Batoka-Schlucht, bis er in dem vom Menschenhand geschaffenen Karibasee vorerst zur Ruhe kommt. Jenseits der Kariba-Staumauer wird sein Lauf wieder schneller, wenn er die Schluchten von Kariba, Mupata und Cabora Bassa durchströmt. Schließlich beendet er seine Reise im Delta des Mündungsgebietes am Indischen Ozean.

Zambezi National Park

Der Zambezi National Park beginnt 5 km nördlich von Victoria Falls Ort mit dem Headquarter, zieht sich 40 km am Zambezi entlang und reicht 25 km nach Süden. Seine Fläche von 57 000 ha ist Lebensraum für zahlreiche Elefanten und Antilopen, Löwen, Giraffen, Warzenschweine und weißen Nashörnern. Das Headquarter und Hauptcamp sind über Teerstraße zu erreichen und die meiste Zeit des Jahres über können die Wege im Park mit normalen Pkw befahren werden. Viele Besucher kommen auch in den Park, um zu angeln. Eine Genehmigung ist nicht erforderlich, man darf seine Angel aber nur bei an ausgewiesenen Stellen auswerfen. Wegen der Malariagefahr sollten entsprechende Vorsichtsmaßregeln getroffen werden.

Im Park finden sich die typischen Uferwälder mit Feigenbäumen, Mahagoni und Akazien, aber auch Palmen wachsen hier. Weiter im Landesinneren verändert sich die Vegetation, hier dominieren in der Kalahari vorkommende Pflanzen.

Zwei Hauptbesichtigungswege sind ausgewiesen. Der Zambezi Drive folgt der Uferlinie vom Headquarter aus, auf einigen Rund-

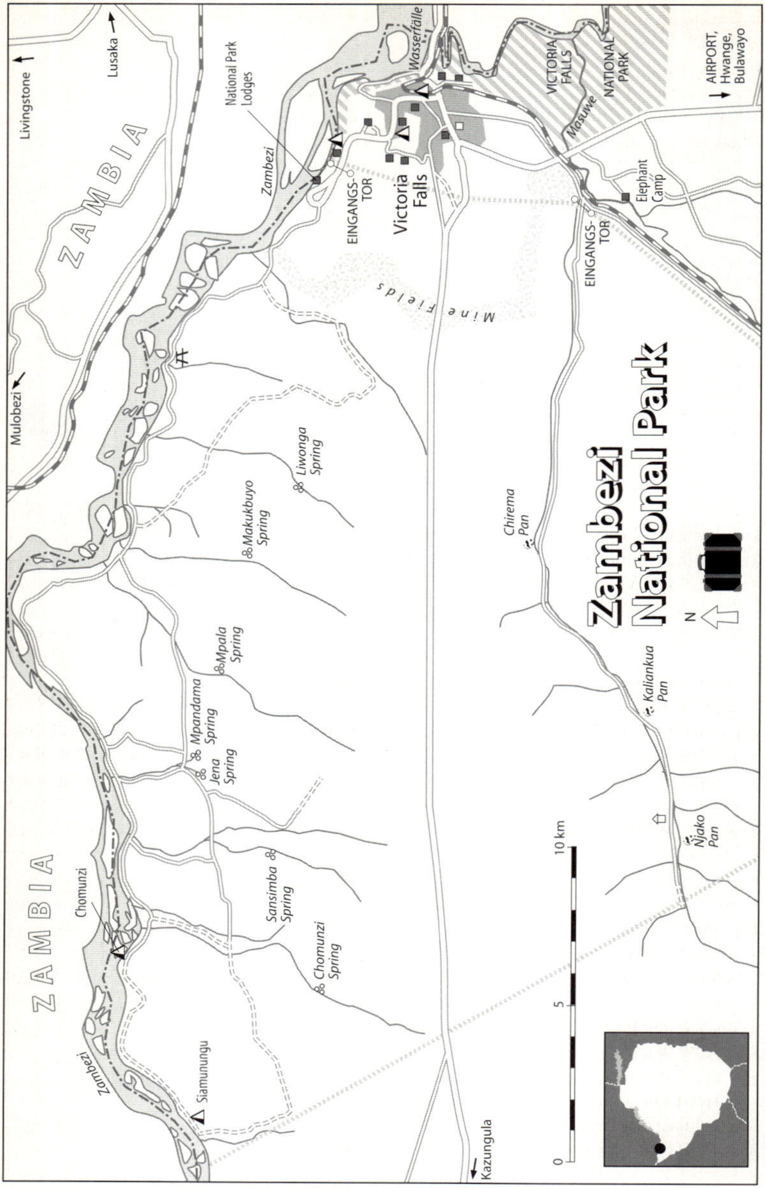
Zambezi National Park
ZAMBIA
ZAMBIA
Livingstone
Lusaka
Mulobezi
National Park Lodges
Zambezi
Zambezi
Wasserfälle
Victoria Falls
EINGANGS-TOR
EINGANGS-TOR
VICTORIA FALLS NATIONAL PARK
Masuwe
AIRPORT, Hwange, Bulawayo
Elephant Camp
Mine Fields
Liwonga Spring
Makukbuyo Spring
Mpala Spring
Mpandama Spring
Jena Spring
Sansimba Spring
Chomunzi Spring
Chomunzi
Siamunungu
Kazungula
Chirema Pan
Kaliankua Pan
Njako Pan
N
0
5
10 km

straßen kann man den Fluss verlassen und wieder zu ihm zurückkehren. Der Chamabonda Drive macht mit der Kalahari-Vegetation des Parks bekannt. Er verläuft im südlichen Teil des Parks und besitzt ein eigenes Eingangstor südlich von Victoria Falls Ort (5 km). Die Eintrittsgebühr berechtigt zur Nutzung beider Eingänge. Der Drive endet an einer Beobachtungsplattform, und man muss den gleichen Weg zurücknehmen.

Im Park unternehmen die Safariunternehmen von Victoria Falls Reitausflüge, Gamedrives (für den, der nicht selbst fahren will) und Wanderungen.

Der Zambezi National Park wird durch die breite Teerstraße geteilt, die Victoria Falls mit dem Grenzposten Kazungula nach Botswana verbindet. Wer keinen Eintritt in den Park bezahlt hat, darf diese Straße nicht verlassen. Außerdem müssen Transitreisende die Geschwindigkeitsbeschränkungen beachten. Diese sind keine Schikane, tatsächlich stehen große Elefantenherden am Rande der Straße und betreten immer wieder den Asphalt, auch Antilopen springen über den Beginn des Trans Caprivi Highways und wer schon einmal ein Fahrzeug gesehen hat, das eine Antilope im vollen Sprung erwischte, wird besonders in den Dämmerungsstunden langsam fahren und den Straßenrand beobachten.

Im Park gibt es keine Einkaufsmöglichkeit, keinen Treibstoff und kein Restaurant.

Übernachtung

Buchungen über die zentralen Reservierungsstellen in Bulawayo und Harare. Der Park besitzt Lodges, Zeltplätze und Fischcamps. Beim Headquarter gibt es Feuerholz.

Die **Lodges** befinden sich neben dem Headquarter am nördlichen Eingang, verfügen über 2 Schlafzimmer (max. 6 Personen), Wohnraum, Bad, Küche und sind voll eingerichtet (US$10 pro Tag zusätzlich zu den Eintrittsgebühren).

Die **Camps** sind zumindest mit Buschtoilette und Grillplatz ausgestattet.

Chundu Camp I, 25 km westlich des Eingangs.

Chundu Camp II, 26 km westlich des Eingangs.

Chumuzi Camp, 40 km westlich des Eingangs.

Siamunungu Camp, 47 km westlich des Eingangs am Ende des Zambezi Drive an einer besonders schönen Stelle.

Chamabonda Viewing Platform, Im südlichen Teil des Parks am Ende des Chamabonda Drive, Dusche, Toilette, Wasser, Grillplatz, Feuerholz am südlichen Eingangstor, dieses Camp muss während der Regenzeit von November bis April direkt gebucht werden.

Die **Fischcamps** verfügen allesamt über Toilette, Dusche, Wasser, Tisch, Grillplatz, Hütte.

Kandahar Fishing Camp, 7 km vom Eingang, ganzjährig.

Sansimba Fishing Camp, 30 km vom Eingang, nur Mai bis Oktober.

Mpala Jena Fishing Camp, 17 km vom Eingang, nur Mai bis Oktober.

Informationen

Zambezi National Park, The Warden, P.B. 5925, Victoria Falls, ✆ 013-4310.

Matetsi Safari Area

Das Gebiet, insgesamt 300 000 ha, zerfällt in einen nördlichen und einen südlichen Teil. Der nördliche Abschnitt umfasst 30 km Uferlinie am Zambezi. Früher war Matetsi Farmland, das aber wegen der schlechten Böden verlassen und schließlich 1975 zur Safari Area erklärt wurde. Es gilt als eines der besten Jagdgebiete in Zimbabwe. Die Basaltböden sind mit Mopanewäldern bewachsen, während auf den Sanden der Kalahari Teakholz vorherrscht. Alle Tiere der angrenzenden Nationalparks sind auch in Matetsi vertreten. Die Lodges stehen den Touristen offen, die nicht mit dem Gewehr, sondern mit der Kamera auf Großwildjagd gehen.

Anfahrt

50 km südlich von Victoria Falls nach Westen abbiegen. Nach 15 km Piste ist das Headquarter erreicht.

Übernachtung

Matetsi Water & Safari Lodge, P.O. Box 5940, Victoria Falls, ✆ 013-5949, 📠 2128. DZ US$700 p.P. alles inklusive, wohl die kostenintensivste Lodge des Landes, dafür schwelgt man in Luxus; die Anlage besteht aus einer Lodge und einem nicht weniger luxuriöses Wilderness Camp. Vorausbuchung obligatorisch, mit der Buchungsbestätigung erhält man einen Anfahrtsplan; auch Abholung vom Flughafen.

Informationen

Matetsi Safari Area, P.B. 5926, Victoria Falls, ✆ 013-4352, 📠 5994.

Kazuma Pan National Park

Die Kazuma Pan gehört zu den abgelegensten Gebieten Zimbabwes und ist umständlich zu erreichen. Ein geländegängiges Fahrzeug ist Voraussetzung, da man durch die tiefen Sande der Kalahari fährt. Belohnt wird man am Ziel mit einer Savannenlandschaft, die im Lande ihresgleichen sucht. Im Park gibt es zwei Camps ohne Infrastruktur, deren Entwicklung aber schon seit langem ins Auge gefasst wurde. Kazuma war schon einmal ein Nationalpark (1949 bis 1964). Der Status wurde aber aberkannt, da keinerlei Entwicklung durchgeführt wurde. Seit 1975 ist es wieder Nationalpark, aber auch bislang hat sich nichts getan. Die meisten in den anderen Nationalparks vorkommenden Tiere (außer denjenigen, die aufs Wasser angewiesen sind) leben im Park. Als Bonbon kann man zudem die sonst nicht vorkommenden Oryx-Antilopen sehen.

Anfahrt

Hinter dem Headquarter von Matetsi (Buchung vorzeigen) folgt man der Piste bis zur Grenze bei Pandamatenga (30 km, an der Gabelung nach 12 km rechts halten). In Pandamatenga muss man sich bei der Polizei (das Gebäude mit der Flagge) anmelden und kann dann die Grenzstraße nach Norden benutzen. Nach 25 km kommt ein Hinweisschild zum Park. Die Rückfahrt folgt dem gleichen Weg, bei Matetsi muss man sich abmelden. Die Piste ist tief sandig, ein gut ausgerüsteter Geländewagen ist unverzichtubar. Jeglicher Proviant ist mitzubringen, auch Wasser.

Übernachtung

Buchung über die zentralen Reservierungsstellen in Bulawayo und Harare.
Nsiza Camp und
Katsetsheti Camp, beide ohne jegliche Einrichtungen, das Erstere ist leichter zugänglich.

Informationen

Matetsi Safari Area, P.B. 5926, Victoria Falls, ✆ 013-4352, 📠 5994.

Deka

Deka liegt an der Einmündung des gleichnamigen Flusses in den Zambezi. Es ist ein abgeschiedener Flecken, der hauptsächlich von Fischern genutzt wird, die sich im Deka Drum Fishing Camp einquartiert haben. Eine geteerte Direktverbindung führt 45 km nach Hwange. Eine Transportmöglichkeit gibt es nicht, man benötigt einen eigenen Wagen.

Übernachtung

Deka Drum Fishing Camp, P.O. Box 2, Hwange, ✆ 081-2602. Einfache Hütten für US$10 p.P., Zelten US$2 p.P.

Mlibizi

Mlibizi ist die Endstation der Kariba Ferries, ansonsten hat das Dorf nichts zu bieten. Es ist von Crossroads an der Hauptstraße Victoria Falls – Bulawayo über eine 85 km lange Teerstraße erreichbar. Viele Touristen nutzen die Fähre, um die Pistenfahrt von Kariba nach Binga zu vermeiden (sie sehen allerdings auch nicht die schönen Nationalparks Matusadona und Chizarira).

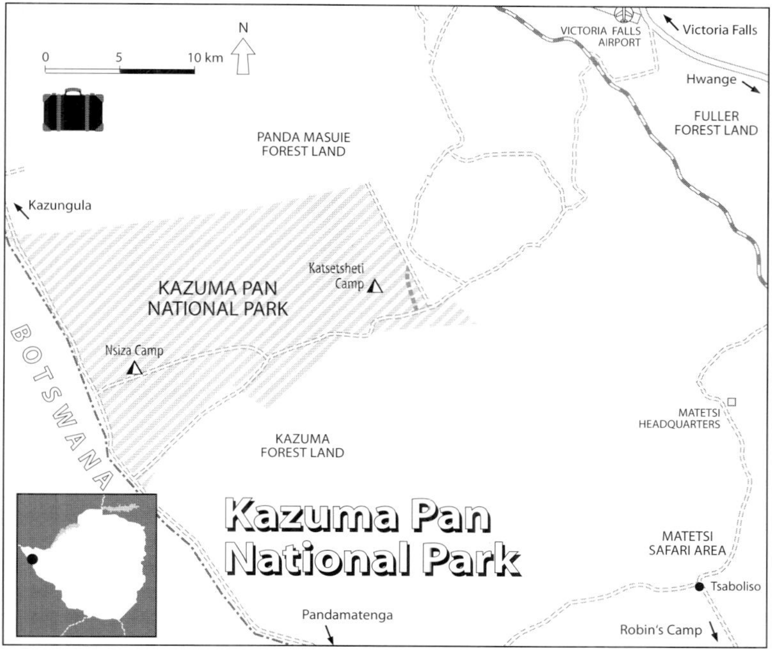

Übernachtung

Mlibizi Zambezi Resort, P.O. Box 1082, Bulawayo, ✆ 09-65061 oder 015-272, 📠 77842. Direkt am Fährhafen, DZ für US$60 p.P. inkl. Frühstück, Zelten US$2 p.P.
Mlibizi Hotel, P.O. Box 12, Binga, ✆ 015-271. DZ ab US$20 p.P., Garten, Schwimmbad, Boot- und Kanuverleih, auf einem Hügel nahe dem Fährhafen.

Transport

BUSSE – Täglich ein Chickenbus nach Victoria Falls (Chinotimba Terminus). Er hält am Abzweig 13 km außerhalb.

FÄHRE – ***Kariba Ferries***, P.O. Box 578, Harare, ✉ ferries@mail.pci.co.zw, ✆ 04-614106, 📠 614161, oder P.O. Box 70, Kariba, ✆ 061-2460, 📠 2460. Mehrmals pro Woche nach Kariba; Fahrzeug US$170–250, Personen US$250. Langfristige Vorausbuchung notwendig, in den Ferienzeiten des südlichen Afrika bis zu einem halben Jahr.
DDF Shipping Service, P.O. Box 195, Kariba, ✆ 061-2694, 📠 2349. Einfachstfähre, die Kariba mit Mlibizi verbindet (US$20 p.P.) und unterwegs die Lodges versorgt.

Binga

Binga ist der zweitgrößte Ort am Karibasee und von der Hauptstraße Victoria Falls – Bulawayo auf Teer zu erreichen: Vom Abzweig bei Crossroads sind es 135 km.

Der Verwaltungsort, ursprünglich ein Dorf der Tonga, umfasst ein gesprenkelt besiedeltes Gebiet, das hauptsächlich den vermögenden Einheimischen als Standort für ihre Boote dient, wo man sie ins Wasser lässt und fürs

Wochenende auf den See hinausfährt. Auch die Fähre von Kariba nach Mlibizi (DDF) legt an und Touristen nutzen dies, um die Pistenfahrt zwischen Kariba und Binga zu umgehen. Viele Menschen der Umgebung wurden bei Binga neu angesiedelt, als sie ihren Lebensraum durch den Bau des Karibadamms verloren.

Von Interesse sind lediglich die **Binga Crocodile Farm** (P.O. Box 16, ✆ 340), ⌚ Mo–Sa 10–15.30 Uhr, Eintritt US$1, und die **Chilangililo Co-op Society**, ✆ 2407, hinter dem Chilila Gate rechts (ca. 1 km) die Bootstouren zu Tonga-Dörfern der Umgebung durchführt (Gruppe von 5 Leuten für ca. US$200). Der Kooperative angeschlossen ist das Binga Craft Centre, ✆ 015-247, wo es günstige Flechtwaren gibt.

7 km hinter dem Chilila Gate gelangt man zur „Uferstraße". Von hier geht es bei der Polizei links zur Post (500 m) und zum Krankenhaus (2 km), rechts zur Kulizwe Lodge, zum Restcamp, zum Intale Fishing Camp, zur Krokodilfarm und zur Tankstelle (mit Reifenreparatur).

In den **Chibwatatata Hot Springs**, oberhalb des Restcamps, kann man baden. Die von heißen Quellen gespeisten Pools werden von den Einheimischen für ihr tägliches Bad und zum Wäschewaschen genutzt – entsprechend ist das Wasser nicht sehr sauber. Das Restcamp speist seinen Pool von hier.

Übernachtung

Masumu River Lodge, P.O. Box 8247, Bulawayo, ✆ 585. Beim Chilila Tor nach Osten (4,5 km), Luxuslodge für US$120 p.P. im Doppelzimmer (inkl. Halbpension).

Kulizwe Lodge, P.B. 5701, Binga, ✆ 286. An der Uferstraße Richtung Nordosten (4 m), großer Komplex mit vielen gelagerten Booten, US$50 p.P. inkl. Frühstück.

Chilila Lodge, P.O. Box FM65, Famona, Bulawayo, ✆ 015-580, 📠 581. Beim Chilila Gate nach Osten (2 km), Selbstversorgung, Chalet ca. US$45.

Binga Restcamp, P.O. Box 9, Binga, ✆ 244, 📠 245. An der Uferstraße Richtung Nordosten (4 km), Stellplatz US$2 p.P., Chalet US$15 für 2 Personen.

Chilangililo Lake Nights, P.B. 5713, Binga, ✆ 2407. Bei der Kooperative, einfache Hütten am See für US$2,50 p.P.

Pumula Lodge, P.O. Box 9056, Hillside, Bulawayo, ✉ cozim@acacia.samara.zw, ✆ 09-42298, 📠 41748. Absolute Luxuslodge, die sich auf Kleinkonferenzen für Geschäftsleute spezialisiert hat, Anfahrtsplan bei Buchungsbestätigung, ab US$250 p.P. alles inklusive, unweit von Binga gelegen.

Sonstiges

Rendali Fishing Safaris, P.O. Box 9034, Hillside, Bulawayo, ✆ 015-339. Bootcharter nahe der Kulizwe Lodge.

Blue Horizon Lake Safaris, Am Innenhafen, ✆ 396, 📠 397. Bootsausflüge.

VORWAHL – 015.

Transport

BUSSE – Tgl. ein Chickenbus nach Victoria Falls, keine festen Abfahrtszeiten (meist sehr früh am Morgen), von der Hauptkreuzung bei der Polizei. Ankunft in Victoria Falls außerhalb bei dem Bahnhof nahe dem Krankenhaus. Der Haltepunkt bei Mlibizi liegt 13 km außerhalb an der Hauptverbindung nach Vic'Falls.

FÄHRE – ***DDF Shipping Services***, c/o Karidza P&M, P.O. Box 2, Kariba, ✆ 015-566.

Chete Safari Area

Diese Safari Area umfasst 100 km^2 am Ufer des Karibasees zwischen Binga und Bumi Hills. Sie besitzt die für das Lowveld am Karibasee typische Vegetation und Fauna und wird für die Jagd genutzt. Chete wurde 1963 zum Tierreservat und 1975 zur Safari Area umgewidmet.

Chizarira ist einer der abgelegensten Parks des Landes

Übernachtung

Chete Safari Camp, P.O. Box CH570, Chisipite, Harare, ✉ westisl@id.co.zw, ✆ 04-499783, 📠 796989. Auf der Chete-Insel zwischen Binga und Bumi Hills, all-inclusive US$250 p.P., Bootstransfer von Kariba US$85.

Senkwe River Camp, P.O. Box 9056, Hillside, Bulawayo, ✉ toprange@acacia.samara.co.zw, ✆ 09-42298, 📠 41748. Von Binga kommend 5 km hinter der Abzweigung zum Chizarira National Park nach Norden abbiegen (insgesamt 60 km Piste). US$300 p.P. alles inklusive, Mitglied der „Top of the Range", eines Zusammenschlusses der besten Lodges in Zimbabwe.

Chizarira National Park

Den nördliche Grenze des Chizarira National Park bilden die Chizarira Hills, ein Abschnitt des Zambezi Escarpments, das hier 600 m steil aus dem Lowveld aufragt. Parallel zu den Chizarira Hills verläuft südlich der Sinamaga-Grat, noch weiter südlich schließlich fällt das Hochland am Busi Escarpment sanft in das Busi-Tal ab.

Chizarira – 200 000 ha groß – wurde bereits 1936 zu einem Gebiet erklärt, in dem die Jagd verboten ist. 1963 wurde es zum Tierreservat und schließlich 1975 zum Nationalpark. Die Vegetation reicht von hochveldtypischen *brachystegia*-Arten im Norden bis hin zum für das Lowveld charakteristischen Mopanewald und Busch im Süden. Im Busi-Tal wachsen Akazien.

Zahlreiche Flüsse und Quellen sorgen für die Wasserversorgung der Tiere, so dass man sehr gut Wild beobachten kann. Elefanten, Löwen und Antilopen sind zu sehen, Leoparden und eine reiche Vogelwelt.

Noch vor wenigen Jahren lebten im Park Nashörner, die aber in dem zerklüfteten Land nicht ausreichend bewacht werden konnten und entweder Wilderern zum Opfer fielen oder abwanderten.

Der verbliebene Rest wurde schließlich in den Matusadona National Park verbracht, wo

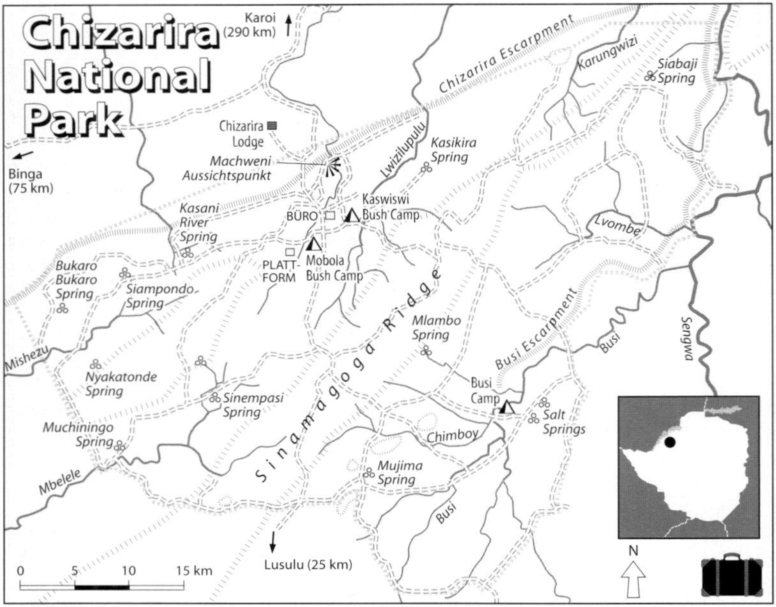

die Überwachung einfacher ist und Projekte zur Wiederaufzucht laufen.

In den Schluchten ist es kühl und immer wieder tun sich neue Landschaftsformen auf. Im Nordosten des Parks ragt als Abschluss der Chizarira Hills der Tundazi 1434 m hoch auf. Die Riesenschlange, die dort leben soll, ist nur eine von zahlreichen Legenden, die sich um ihn ranken.

Westlich des Headquarters oberhalb der Mucheni Gorge bietet der Mucheni Viewpoint eine herrliche Aussicht auf die Schlucht und das Lowveld.

Organisatorisches

Der Park gehört zu den abgeschiedensten Gegenden in Zimbabwe und wird nicht häufig besucht. Es gibt keinerlei Infrastruktur – keine Läden und kein Tankstellen. Die nächste Tankstelle im Westen ist Binga, im Osten Kariba. Für Fahrten im Park ist ein Geländefahrzeug notwendig, besonders in und nach der Regenzeit, wenn die Wege noch nicht wieder präpariert wurden; aber auch dann sind die Pisten noch rau genug. Die Lager im Park sind „very basic". Wasser und Lebensmittel sind mitzubringen, Feuerholz ist erhältlich. Man befindet sich in Malariagebiet.

Anfahrt

Chizarira ist von Binga auf einer festen Piste erreichbar (erst 18 km Teer, dann 48 km Piste bis zum Abzweig zum Park, von dort sind es in den Park 20 km Piste, zur Wilderness Lodge 15 km). Zum Headquarter des Parks führt die Piste durch eine enge, dicht bewaldete Schlucht – die Mucheni Gorge.

Wenn hier Elefanten den Weg versperren, muss man warten; durch die angrenzenden Safarigebiete, in denen die Großwildjagd erlaubt ist, sind die Dickhäuter auf Menschen nicht gut zu sprechen.

Übernachtung

Chizarira Wilderness Lodge, P.O. Box 18, Victoria Falls, ✆ 013-4637, 📠 4417. DZ US$220 p.P. inkl. aller Mahlzeiten, Flugzeugtransfer ca. US$200 hin und zurück. Luxuslodge an den Hängen der Chizarira Hills innerhalb des Parks mit Blick über das kommunale Land in die Ferne. Zu den Aktivitäten gehören Gamedrives im Park und Besuche von Siedlungen in der Umgebung.

Jedsons Camp, P.O. Box NE88, North End, Bulawayo, ✆ 09-60490, 📠 67609.
Zeltcamp am südlichen Ende des Chizarira National Parks, 15 km nordöstlich von Lusulu. 2-Personen-Zelt mit Bad US$250 p.P. alles inklusive. Einen öffentlichen Eingang zum Park gibt es hier nicht, nur Gäste des Camps dürfen den Park für Wandersafaris betreten. Anfahrt von Gwayi River oder von Binga aus. Die Pisten können in der Regenzeit einen Vierradantrieb erfordern. Abholservice US$120; Flugzeugtransfer US$200 hin und zurück.

CAMPING – Buchungen über die zentralen Reservierungsstellen in Bulawayo und Harare; sechs einzeln liegende Campingplätze, Camping US$2 p.P. und Tag.

Kasiwisi 1 Bush Camp, 6 km vom Headquarter, Spültoilette, Waschbecken (heißes Wasser), Grill, Steintisch.

Kasiwisi 2 Campsite, unweit Kasiwisi 1, keine Einrichtungen, Wasser.

Mobola Bush Camp, 6 km vom Headquarter, Spültoilette, Waschbecken (heißes Wasser), Grill, Steintisch.

Busi Bush Camp, 35 km vom Headquarter, 2 Hütten, Grillplatz, Tisch.

Mucheni Gorge Camp Site, 3 km vom Headquarter, Hütte, Grillplatz, Buschtoilette, kein Wasser.

Mucheni View Campsite, 4 km vom Headquarter, Grillplatz, Buschtoilette, kein Wasser.

Informationen

Chizarira National Park, The Warden, P.O. Box 13, Binga, ✆ 015-333.

Bumi Hills

Bumi Hills (Bumi bedeutet Wildhunde) ist ein Flecken am Karibasee, der lediglich aus einer Landebahn und etwas besteht, das sich großspurig als Hafen bezeichnet. Allerdings finden sich in der Umgebung und auf den Inseln im See eine Menge Lodges und Camps, deshalb zieht durch Bumi Hills eine nicht unbeträchtliche Anzahl an Touristen, die wenigsten mit dem Fahrzeug, meist kommt man mit dem Flugzeug oder dem Boot. Ohne Vorausbuchung sollte man Bumi Hills nicht anfahren, es kann sein, dass alles ausgebucht ist. Eine Infrastruktur existiert nicht, keine Tankstelle, kein Laden. Telefonate können von der Bumi Hills Lodge erledigt werden. Am Hafen ist ein Wächter, der auf die Boote und Fahrzeuge aufpassen soll. Wer seinen Wagen hier lässt und auf eine Insellodge fährt, sollte dennoch keine Wertsachen darin lassen.

Übernachtung

Bumi Hills Safari Lodge, P.O. Box 41, Kariba, ✆ 061-2352, 📠 2354. Direkt oberhalb des „Hafens" gelegen, DZ ab US$279 p.P. alles inklusive, Luxusunterkunft mit 20 Bungalows, 5–6 Stunden Pistenfahrt von Kariba; Flugzeugtransfer hin und zurück US$130.

Katete Safari Lodge, P.O. Box 41, Kariba, ✆ 061-2807, 📠 2892. 65 km südwestlich Kariba am See gelegen, DZ ab US$279 p.P. alles inklusive, Luxusunterkunft mit 16 Bungalows, nur per Flugzeugtransfer ab Kariba erreichbar (hin und zurück US$130).

Water Wilderness, P.O. Box 41, Kariba, ✆ 061-2352, 📠 2354. Vier Hausboote an der Mündung des Ume River in den Karibasee unweit Bumi Hills, Luxusunterkunft, DZ US$243 p.P. alles inklusive (auch Boottransfer ab Bumi Hills).

Musango Lodge, P.B. 2019, Kariba, ✆ 061-2391, 📠 3242, ✉ musango@mail.pci.co.zw. Kleine Lodge auf einer Insel, DZ US$220 p.P. alles inklusive, Campfire-Projekt (ein Teil der Einnahmen fließen an die Kommune für Entwicklungsprojekte), 2 Bushcamps, die von Gruppen angemietet werden können, Boottransfer von

Bumi Hills einfach US$20, Flugtransfer und Boot hin und zurück ab Kariba US$130.
Matusadona Wilderness Lodge, P.O. Box 288, Victoria Falls, ✉ enquiry@wilderness.co.za, ✆ 013-3372, ✆ 4224. Luxuslodge auf Hausbooten, in den Gewässern vor dem Nationalpark. Ein Boot für 2 Personen kostet US$350 p.P., Flugzeugtransfer hin und zurück US$120.
Tashinga Tented Camp, P.O. Box 5920, Harare, ✆ 04-700911, ✆ 722872, ✉ safpar@harare.iafrica.com. Luxuszeltlager im Matusadona National Park, nahe dem Headquarter. Zelt für 2 Personen ab US$200 p.P. alles inklusive, Flugzeugtransfer hin und zurück US$120.
Tiger Bay Resort, P.O. Box 158, Kariba, ✆ 061-2532, ✆ 2291, ✉ zambezi@harare.iafrica.com. An der Mündung des Ume River direkt am Matusadona Park, Chalets, Schwimmbad, familienfreundlich, US$80 p.P. Vollpension, Kinder die Hälfte.
Chura Safari Camp, P.O. Box 158, Kariba, ✉ zambezi@harare.iafrica.com, ✆ 061-2532, ✆ 2291. An der Mündung des Ume River direkt am Matusadona Park, Luxuszelte, Schwimmbad, familienfreundlich, US$150 Vollpension inkl. aller Aktivitäten, Kinder die Hälfte.
Fothergill Safari Lodge, P.B. 2081, Kariba, ✆ 061-2253, ✆ 2240. Auf einer dem Matusadona Park vorgelagerten Insel, DZ US$265 p.P. alles inklusive, nur per Boot ab Kariba erreichbar (Boottransfer US$90 p.P.)
Spurwing Island, P.O. Box 101, Kariba, ✆ 061-2466, ✆ 2301. Auf der Spurwing Insel, dem Matusadona National Park vorgelagert, Luxuszeltlodge für US$175 p.P.
Kipling's Lodge, P.O. Box 3961, Harare, Francis House, 71 Jason Moyo Avenue, ✆ 04-757831, ✆ 757836, ✉ shearwat@harare.iafrica.com. Auf der westlichen Seite der Mündung des Ume River, gegenüber dem Headquarter des Parks bei Tashinga, ab US$200 p.P. alles inklusive.
Sanyati Bridge Camp, Wildlife Society Mashonaland, Harare, ✆ 04-747174. Nicht zu verwechseln mit der Sanyati Lodge an der Flussmündung. Von der Piste Bumi Hills – Kariba an der Sanyati Bridge (8 km östlich der Abzweigung nach Gokwe) noch 1 km nach Norden, Stellfläche US$2 p.P., Rondavel US$6 p.P., Mahlzeiten möglich, abgeschiedener Platz in der spektakulären Wildnis, Campfire Projekt.

Siehe auch Übernachtung im Matusadona National Park.

Matusadona National Park

Matusadona liegt zwischen den Flüssen Ume und Sanyati am Karibasee und bedeckt eine Fläche 1400 km2. Nur ein Drittel des Parks ist der Öffentlichkeit zugänglich (am Seeufer), das Hinterland besitzt keine Wege und ist mit seinem dichten Busch und den Grasebenen alleine der Tierwelt vorbehalten. Ein Drittel des Parks liegt oberhalb des Zambezi Escarpments und diese Region hat sehr unter der Überpopulation an Elefanten gelitten. Der Parkteil im Lowveld wird von dichten Mopanewäldern und Busch bedeckt. Das Seeufer ist zerklüftet und wandert mit dem Wasserstand des Karibasees. Berühmt ist Matusadona für seine abgestorbenen Bäume, die pittoresk-weißlich aus dem Wasser ragen. 1958 wurde Matusadona zum Gebiet erklärt, in dem die Jagd verboten ist, 1963 wurde es Tierreservat und 1975 Nationalpark.

Neben riesigen Elefantenherden leben auch viele Büffel im Park, die sich hauptsächlich von dem in den sumpfigen Ufergegenden wachsenden Torpedogras *(panicum repens)* ernähren und deren Population wegen der idealen Lebensbedingungen ebenfalls explodiert. In Matusadona kann man alle Säugetierarten sehen, die im Zambezital vorkommen. Waren sie vor Entstehung des Sees hier noch nicht ansässig, wurden sie im Zuge der Operation Noah hergebracht (s. unter Kariba). Löwen, Leoparden, Hyänen und Schakale kommen ebenfalls in großer Zahl vor. Am Ufer und im Wasser leben Flusspferde und Krokodile. Matusadona ist ein beliebtes Ziel für die Tierbeobachtung zu Fuß. Da die meisten Tiere aber gefährlich sind, darf man nicht alleine wandern, zur eigenen Sicherheit ist ein Wildhüter oder ein Scout von den umliegenden Lodges als bewaffnete Begleitung

obligatorisch. Interessant ist das Gebiet auch für Angler sowie für Hobbyornithologen: Über 250 Vogelarten sind gezählt worden – unter ihnen ist der Fischadler, der auf den toten Bäumen im See seine Nester baut und dessen Schrei weithin ertönt, eine der eindrucksvollsten.

Organisatorisches

Während und nach der Regenzeit können die Wege weggespült sein, ein Geländewagen wird empfohlen. Es gibt in Matusadona keinen Laden und keinen Treibstoff, Feuerholz ist erhältlich. Der Park ist Malariagebiet.

Anfahrt

Wer mit dem eigenen Fahrzeug nach Matusadona fahren will, kommt um die Pisten im Norden nicht herum, die während und nach der Regenzeit in einem abgrundtief schlechten Zustand sind. Am besten erkundigt man sich telefonisch vor Ort nach den Bedingungen. Von Kariba aus gibt es zwei Möglichkeiten: Zurück bis 10 km vor Karoi und auf die Teerstraße

Richtung Magunje abbiegen. 10 km hinter Magunje beginnt Piste. Nach weiteren 130 km Richtung Binga biegt man zum Headquarter des Parks bei Tashinga ab (noch 80 km), insgesamt 400 km. Der kürzere Weg – zwar nicht unbedingt schneller, weil die Pisten immer wieder weggewaschen werden, dafür aber durch eine herrliche unberührte Landschaft – zweigt östlich von Kariba bei Meilenstein 19 nach Charara ab. Nach 20 km hält man sich südlich, nach weiteren 20 km verlässt man das Seeufer und kommt ins Gebirge. 125 km hinter Kariba erreicht man das Dorf Makundi, hält sich nach 16 km rechts und nach weiteren 7 km wieder rechts und befindet sich dann auf der Hauptstrecke von Karoi nach Matusadona (Gesamtstrecke 300 km). Von Kwekwe aus gibt es eine Teerstraße über Gokwe, fährt man diese Strecke, sind die letzten 140 km nach Tashinga Piste. Von Binga aus fährt man 20 km Teer und 250 km Piste.

Matusadona kann auch per Boot von Kariba und Bumi Hills aus erreicht werden (48 km von Kariba, 1–2 Std. Fahrt, von Bumi Hills 5 km/20 Min.) oder per Flugzeug (Tashinga Airstrip oder Bumi Hills Airstrip).

Übernachtung

Private Lodges s. unter Bumi Hills.
Nationalpark-Unterkünfte sind über die zentralen Reservierungsstellen in Bulawayo und Harare zu buchen, Camping US$2 p.P. und Tag.
Tashinga Camp, beim Headquarter, 15 Stellflächen, Duschen, Toiletten, Hütten, Ausrüstungsverleih.
Sanyati West Camp, am Escarpment 2 km westlich des Sanyati, 6 Stellflächen, Duschen, Toiletten.
Changachirire Camp, bei Spurwing Island, keine Einrichtungen.
Die **Chalets** verfügen über 2 Schlafzimmer, Wohnzimmer, Esszimmer, Küche, Bad und kosten US$25, max. 6 Tage, meist ausgebucht:
Ume Chalet und ***Mbalabala Chalet*** liegen am nordwestlichen Ende des Parks, ***Muuyu Chalet*** westlich der East Bay.

Sonstiges

INFORMATIONEN – **Matusadona National Park**, National Parks & Wildlife Management, Tashinga Camp, P.B. 2003, Kariba, ✆ 061-3306.

WANDERSAFARIS – ***Call of Africa***, P.O. Box 158, Kariba, ✆ 061-2532.
UTC, P.O. Box 93, Kariba, ✆ 061-3312, ☎ 3313.
Auch die Nationalparkverwaltung führt Wandersafaris durch, keine Vorausbuchung notwendig, in Tashinga fragen.

Kariba

Kariba ist auf 350 km Teerstraße von Harare aus zu erreichen. Der Ort entstand mit dem Bau des Karibadammes in den 50er Jahren. Er ist über eine weite Fläche in der hügeligen Landschaft verstreut, die sich im Osten des heutigen Karibasees erstreckt. Nur Kariba Heights, weit oberhalb des Sees, vermittelt so etwas wie ein städtisches Gefühl und natürlich Mahombekombe, die Township, in der eng gedrängt die kleinen Häuschen der farbigen Zimbabwer stehen, rund um die Häfen und Buchten der Stadt.

Kariba – abgeleitet von *kariwa* („Falle", weil die Wasser in der engen östlich gelegenen Schlucht gefangen wurden – besitzt einen mediterranen Charakter. So verlockend aber der See in der Mittagssonne gleißt und die Sonne blutrot hinter den Inseln im Wasser versinkt – baden darf man nicht, bilharzioseverseucht ist das Wasser und an den Ufern lauern die Krokodile. Als ob das nicht genügte, auch die Malaria schlägt zu und die wilden Tiere kommen des nachts in das Stadtgebiet und suchen sich Futter. Neben der Bedeutung als touristische Ausgangsbasis für Ausflüge auf dem Karibasee und in das untere Zambezital besitzt Kariba auch die Funktion eines Grenzortes zu Zambia – der Staudamm bildet die Grenze und wer nach Zambia will, muss auf dem Damm hinüberfahren.

Geschichtlich erwähnt wurde der Ort das erste Mal von dem Portugiesen Barreto vor 300 Jahren. David Livingstone befuhr den Fluss

1860 und passierte die nur 100 m breite Kariba-Schlucht östlich des heutigen Ortes.

Der Karibadamm

Der Staudamm liegt im Westen der Stadt und bildet die Grenze zu Zambia. Er dient der Stromerzeugung, sowohl Zambia als auch Zimbabwe haben ihre eigenen Kraftwerke. Doch nicht alleine dafür wurde er gebaut. Er sollte auch das Wasser des Zambezi regulieren und für eine gleichmäßige Bewässerung sorgen. Das Projekt eines Staudammes existierte schon lange, aber erst 1955 wurde die Idee mit der Entscheidung für den Dammbau konkret, der Auftrag wurde an eine italienische Baufirma vergeben. 1956/57 begann man mit dem Bau. 1959 war der Damm schließlich fertig gestellt und im Mai 1960 eröffnete das britische Königshaus offiziell das Bauwerk.

Der Staudamm ist 128 m hoch, unten 24 m und oben 13 m breit und hat eine Länge von 633 m, bei höchstem Wasserstand staut er 180 Milliarden m^3 bzw. auf einer Seefläche von 5200 km^2. Er besitzt 6 Überlauftore, die jeweils 10x10 m messen. Hat der See seinen höchsten Wasserstand erreicht und werden sie geöffnet, strömen pro Sekunde 9000 m^3 in beeindruckenden Fontänen in das Tal des unteren Zambezi. In riesigen unterirdischen Maschinenhallen arbeiten für Zimbabwe 6 Generatoren mit jeweils einer Leistung von 100 Megawatt, für Zambia produzieren 4 Generatoren jeweils 150 Megawatt.

Beim Bau des Dammes wurden 975 000 m^3 Beton verbraucht und 1 000 000 m^3 Erdreich und Gestein mussten gebaut werden. Zwei Straßen von je 80 km Länge mussten entstehen und 1900 km Stromleitungen verlegt werden. 10 000 Menschen, darunter 2000 Europäer, waren vor Ort mit dem Bau beschäftigt und 86 Arbeitern kostete das Bauwerk das Leben – nicht nur Unfälle waren schuld, auch die Lebensbedingungen mit Malaria und der großen Hitze forderten ihren Tribut.

Man kann bis zum Damm fahren und beim zimbabwischen Grenzposten seinen Wagen abstellen. Wer den Pass abgibt, erhält einen Passierschein und kann auf dem Damm spazieren gehen. Einen vorzüglichen Blick auf den Staudamm hat man vom Dam Observation Point, wo sich auch die Touristeninformation befindet.

Götter – Nyaminyami und Charlie Nyaminyami ist einer der Flussgeister der Tonga und lebt in den Wassern des Zambezi. Er hat die Gestalt einer riesenhaften Python und galt einer Tonga-Gruppe als Ahnen-Geist, der sich immer schützend vor sie stellte, wenn es Probleme gab. Mit der Entscheidung für den Bau des Dammes wahrsagten die Priester dieser Gruppe, dass Nyaminyami sich gegen die Errichtung wehren würde – und richtig, nachdem der Dammbau schon weit fortgeschritten war, brausten 1957 und 1958 Jahrhunderthochwasser durch das Tal und richteten verheerende Zerstörungen an der Baustelle an.

Die italienischen Bauarbeiter hatten ihren eigenen Geist – Charlie, ein Flusspferd. Charlie war das einzige Flusspferd, das sein angestammtes Gebiet in Kariba bei Beginn der Bauarbeiten nicht verließ, sondern die Arbeiten beobachtete und seine schützende Beine über die italienischen Ingenieure hielt.

1957 schließlich, als der Pegel des Zambezi immer weiter stieg verschwand Charlie. Nach dem Hochwasser fand man ihn erschossen in der Kariba-Schlucht. Wer die Freveltat begangen hatte blieb ungeklärt – auch ob Charlie vor oder nach den Zerstörungen am Damm sein Ende fand. Viele der italienischen Arbeiter glaubten, dass Charlie davor starb und sein Zorn die Verwüstungen angerichtet hatte.

Unbestritten von beiden Seiten – den Tonga und den europäischen Ingenieure – ist der hohe Blutzoll, den der Damm gefordert hat – ein Viertel der 86 getöteten Arbeiter wurde lebendig begraben. Immer wieder stürzten Menschen in den noch nicht festen Beton und verschwanden für immer – eine Bergung war unmöglich. So ist der Karibadamm nicht nur ein Denkmal für die Ingenieurskunst der menschlichen Rasse, er ist auch ein gigantischer Grabstein für 22 Menschen, deren Überreste unverottbar in ihm ruhen.

Der Karibasee

Der Karibasee bedeckt eine Fläche von 5200 km^2 und zieht sich über eine Länge von 280 km von Nordost nach Südwest. An seiner schmalsten Stelle an der Mündung des Sebungwe ist er gerade einmal 200 m breit, ansonsten liegen zwischen den Landmassen von Zimbabwe und Zambia im Mittel 15 km. Seine größte Tiefe bei höchstem Wasserstand beträgt 120 m. Für kurze Zeit nach dem Entstehen war er der größte von Menschenhand geschaffene See der Welt, wurde aber bald vom Assuanstausee übertroffen.

Der See ist zum **Lake Kariba Recreational Park** erklärt und wird von Ost nach West in fünf Hauptzonen unterteilt: Eastern Bassin, Sengwa Bassin, Chete Bassin, Binga Bassin und Mlibizi Bassin. Die Grenze zu Zambia wurde in der Seemitte festgelegt – solange man nicht zambischen Boden betritt, kann man sie jedoch außer Acht lassen.

Kommen starke Winde auf, kann es auf dem See überaus ungemütlich werden, die Wellen schlagen dann bis zu drei Meter hoch. Regelmäßig kommt es bei Stürmen zu Unfällen, dann werden die Scouts der Lodges um Hilfe gerufen und müssen trotz des dann herrschenden Wetters auslaufen und die in Seenot Geratenen retten. Ist Sturm angesagt, sollte man sich also tunlichst in eine schützende Bucht begeben.

Mit der Entstehung des Sees hat sich auch langsam eine Fischindustrie entwickelt und heute arbeiten 2500 Menschen im Fischfang und der Weiterverarbeitung. Bekannt im ganzen Land ist Kapenta *(limnothrissa modan)*, eine kleine Sardinenart (4–5 cm Länge), die mit Netzen gefangen wird. Abends verlassen die Pontonboote den Andorra Harbour, schalten auf dem See gleißende Lampen ein und lassen ihre flach gespannten Netze bis 20 m tief ins Wasser. Der Fang wird gesalzen und getrocknet und ins ganze Land geliefert. Als Beilage zu Sadza ist er ausgesprochen beliebt und in den Hotels um Kariba findet er sich als leckerer Snack zum Sundowner in großen Schalen. Kapenta wurde erst 1967 im See angesiedelt. Um die Ernährungssituation in Zambia zu verbessern, hat die FAO den mit 62% Proteinanteil überaus nahrhaften Fisch im See beheimatet, wo er ideale Lebensbedingungen vorfand. Die im See mündenden Flüsse führen die Nahrung für die Fische mit sich und während und nach der Regenzeit vermehrt sich Kapenta rasant. Im September, wenn die Nahrungszufuhr beendet ist, nimmt die Population wieder ab.

Die zweite äußerst beliebte Fischart ist der Tigerfish *(hydrocynus forskahlii)*, der bis zu 12 kg schwer wird und mit Angeln gefangen wird (der Rekord liegt bei 15 kg im Jahr 1962). Viele Zimbabwer und Südafrikaner kommen einzig, um ein Wochenende mit der Jagd auf diesen Fisch zu verbringen, den man auch schmackhaft zubereiten kann.

Insgesamt gehen jährlich 12 000 Tonnen Fisch ins Netz. Damit spielt der Fischfang nicht nur eine wichtige Rolle für die Ernährung, auch die Beschäftigungssituation im hohen Norden wurde wesentlich verbessert.

Operation Noah Monument Ein kleines Denkmal hoch oben über dem See auf den Kariba Heights erinnert an eine groß angelegte Rettungsaktion, die für einigen Medienrummel sorgte. Operation Noah wurde gestartet, als der Wasserpegel 1959 nach der Dammfertigstellung immer weiter stieg und viele Tiere des Zambezitales sich plötzlich auf Inseln gefangen sahen, die sie nicht mehr verlassen konnten. Die Regierung beschloss die Rettungsaktion und bestimmte zur Leitung Rupert Fothergill (nach dem auch eine Insel des Sees benannt wurde). Mehr als 50 weitere Männer fingen während neun Monaten 5000 der eingeschlossenen Tiere ein und brachten sie in die Nationalparks der Umgebung – hauptsächlich aber nach Matusadona. Alle Arten von Wild wurden gerettet, vom Elefanten, über Löwen bis hin zu den giftigsten Schlangen der Welt – *Black Mambas.* Wie viele Tiere umgekommen sind, ist unbekannt. Es dürften aber wesentlich mehr sein, als gerettet wurden – das war aber auch schon bei der ersten Operation Noah so (der mit der Arche).

Operation Noah Monument

Aktivitäten Der Karibasee steht für lange Wochenenden auf Hausbooten, langsame Fahrten an den Ufern entlang, vorbei an den Tieren, die in der Abenddämmerung auf den sumpfigen Wiesen grasen oder sich am Ufer mit Wasser vollsaugen – und dabei von den Löwen und Leoparden beobachtet werden, die auf eine günstige Gelegenheit warten, sich ihre Beute zu holen. Die Angeln der Erholungsuchenden hängen im Wasser und der Fischreichtum (fast 50 Fischarten kommen im See vor) macht es fast unmöglich nichts zu fangen. Wer ein wenig Mississippi-Atmosphäre atmen will, kann eine Kreuzfahrt auf einem (getürkten) **Raddampfer** buchen. The Southern Belle unternimmt mehrtägige Ausflüge auf dem See und bietet eine 5-Sterne-Unterkunft.

Zambezi Paddle Steamer, P.O. Box 4753, Harare, ✆ 04-739908, ℻ 791132.

Hausboote gibt es in allen Größen und vielen Preisklassen – bis auf die unteren, die gibt es nicht. Einige Boote besitzen eigene Schwimmkäfige, in denen man sich gefahrlos abkühlen und den Krokodilen ein Schnippchen schlagen kann – der Bilharziose allerdings nicht! Die Vermietung erfolgt immer mit Crew. Man muss zwischen US$50 und 100 pro Person und Nacht rechnen, vorausgesetzt, man nutzt die Kapazität des gemieteten Bootes voll aus. Hinzu kommen US$25 bis 50 für Verpflegung und Getränke (all-inclusive) sowie Eintrittsgebühren in die Nationalparks. Also ein teures, aber unvergessliches Erlebnis.

Kariba Ferries, P.O. Box 70, Kariba, ✆ 2460, ℻ 2460;

Kariba Houseboats, P.O. Box 129, Kariba, ✉ houseboa@samara.co.zw, ✆ 2922, ℻ 2766.

Twilight Cruises, P.O. Box 103, Kariba, ✆ 2386, ℻ 2386, ✉ twilight@pci.co.zw.

Motorboote vermietet *Kariba Boating & Safaris,* P.O. Box 268, Kariba, ✆ 2227, ℻ 2227.

Yachten vermietet *Kariba Yachts,* P.O. Box 30, Kariba, ✆ 2983, ℻ 2575, und *Sail Safaris,* P.O. Box 80, Kariba, ✆ 2321.

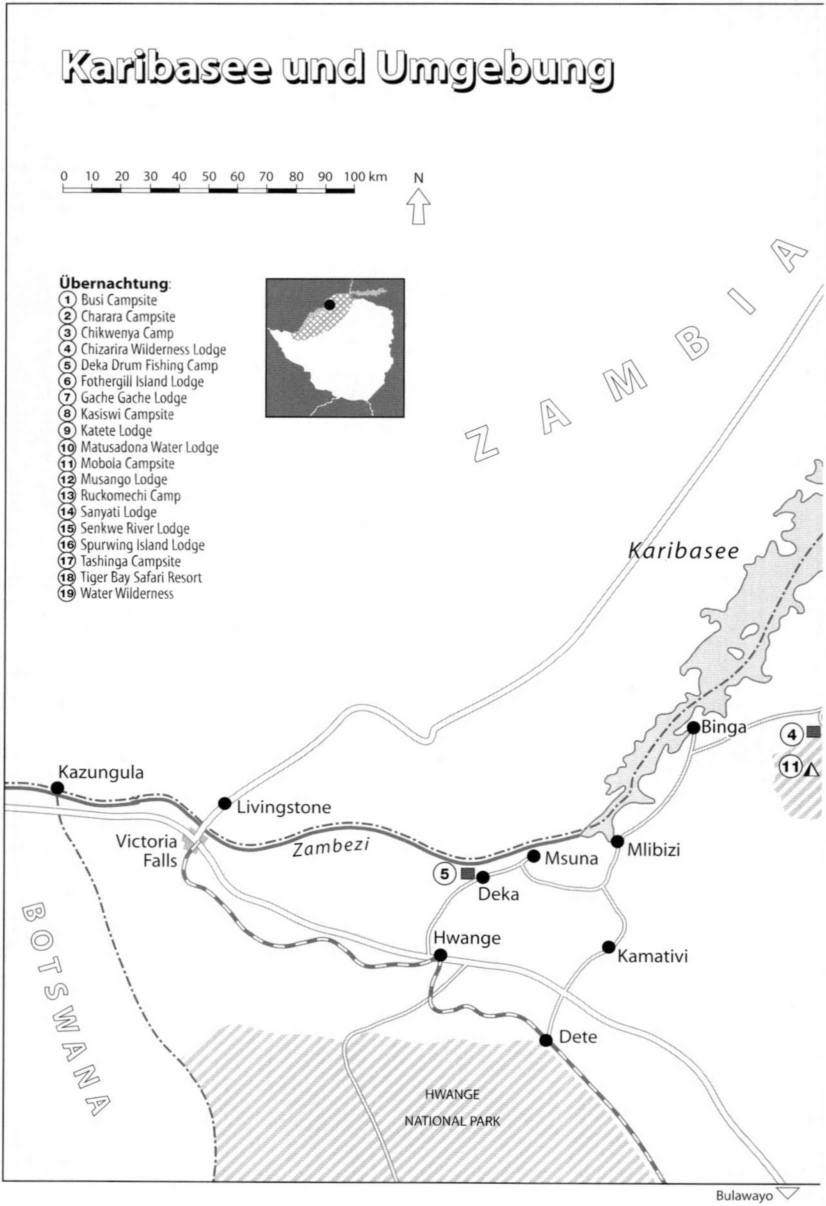

Karibasee und Umgebung
0 10 20 30 40 50 60 70 80 90 100 km
N
Übernachtung:
1 Busi Campsite
2 Charara Campsite
3 Chikwenya Camp
4 Chizarira Wilderness Lodge
5 Deka Drum Fishing Camp
6 Fothergill Island Lodge
7 Gache Gache Lodge
8 Kasiswi Campsite
9 Katete Lodge
10 Matusadona Water Lodge
11 Mobola Campsite
12 Musango Lodge
13 Ruckomechi Camp
14 Sanyati Lodge
15 Senkwe River Lodge
16 Spurwing Island Lodge
17 Tashinga Campsite
18 Tiger Bay Safari Resort
19 Water Wilderness
ZAMBIA
Karibasee
Binga
Kazungula
Livingstone
Victoria Falls
Zambezi
Msuna
Mlibizi
Deka
Hwange
Kamativi
Dete
BOTSWANA
HWANGE NATIONAL PARK
Kasane & Chobe
Bulawayo

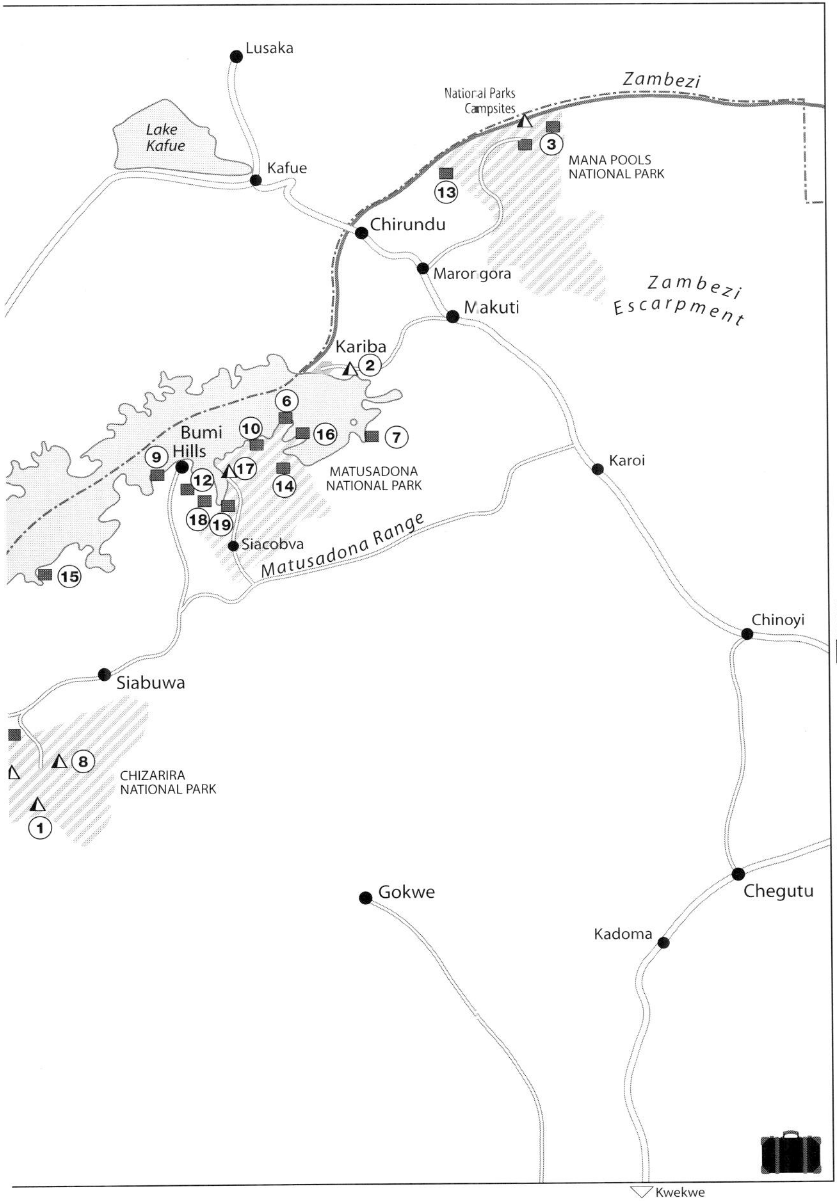
Lusaka
Zambezi
National Parks Campsites
Lake Kafue
Kafue
MANA POOLS NATIONAL PARK
Chirundu
Marongora
Zambezi Escarpment
Makuti
Kariba
Bumi Hills
MATUSADONA NATIONAL PARK
Karoi
Siacobva
Matusadona Range
Chinoyi
Harare
Siabuwa
CHIZARIRA NATIONAL PARK
Harare
Gokwe
Chegutu
Kadoma
Kwekwe
1
2
3
6
7
8
9
10
12
13
14
15
16
17
18
19

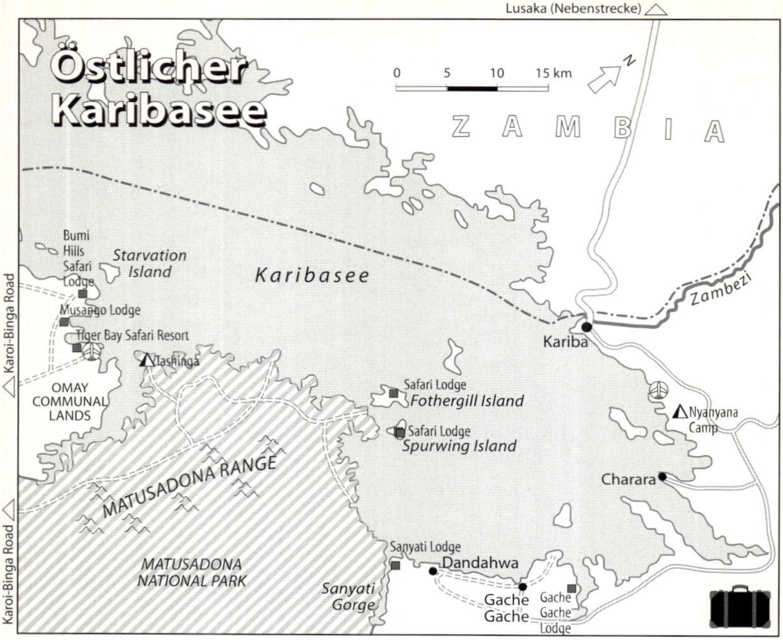

Sankt-Barbara-Kirche

Die auf den Kariba Heights gelegene Kirche wurde zum Gedenken an die zahlreichen Menschenleben errichtet, die der Dammbau gefordert hatte. Sankt Barbara ist die Schutzheilige der Ingenieure. Neben ihr stehen aus Cararra-Marmor (die Kirche wurde von der italienischen Baufirma IMPRESIT gestiftet) vier weitere Heilige: Joseph (Schutzpatron der Handwerker), Georg, Katharina und die Jungfrau Maria. Eine Tafel listet die Namen der verstorbenen Arbeiter auf.

Direkt neben der Kirche steht unscheinbar eine weitere. Am Sonntag finden in der armen Schwester Messen statt – voller Leben und Gesang, die Gospels dringen nach außen und hauchen der Sankt-Barbara-Kirche wenigstens ein wenig des Lebens ein, das sie als Erinnerungsstätte eigentlich haben sollte, aber nicht besitzt.

Mahombekombe und die Häfen

Die Häfen im östlichen Bereich von Kariba Ort sind den Yachten und Hausbooten vorbehalten. Die Fischerei- und Industriehäfen befinden sich um die Township Mahombekombe auf der westlich gelegenen Landzunge beim Karibadamm. Die Township ist für Europäer mit ihrem Markt und den vielen dicht bei dicht stehenden Hütten aus den unterschiedlichsten Baumaterialien pittoresk wie alle Townships. Die soziale Situation in Zimbabwe hat aber dazu geführt, dass die Bewohner das Malerische ihrer Heimstätten weniger genießen können und mit der Kamera bewaffnete Ortsbesichtiger nicht unbedingt mit offenen Armen empfangen. Man sollte also Zurückhaltung üben.

Krokodilpark

20 km außerhalb von Kariba Ort liegt bei Charara ein Krokodilpark an der Ufern des Sees.

Wer es tatsächlich nicht geschafft hat, an den Ufern des Sees die Ungetüme aus der Vorzeit zu beobachten, kann hier einen Blick auf sie werfen. Eintritt US$1, Di–So 8–12 Uhr und 14–17 Uhr.

Übernachtung

UNTERE PREISKLASSE – ***Tamarind Lodges,*** P.O. Box 1, Kariba, ✆ 2948, ℻ 2697, Chalets zur Selbstversorgung, DZ US$50.

Zambezi Valley Hotel, P.O. Box 105, Kariba, ✆ 2926, ℻ 2926. Neben dem Flughafen, DZ US$20 p.P.

MOTH Holiday Resort, P.O. Box 67, Kariba, ✆ 2809, ℻ 2809. Zeltplatz US$2 p.P., Chalet für 6 Personen US$23, DZ US$7,50, Tierbesuche des nachts garantiert.

MITTLERE PREISKLASSE – ***Lake View Sun,*** P.O. Box 100, Kariba, ✆ 016-2411, ℻ 2329. Auf einem Hügel mit Seeblick, schon etwas angestaubt, DZ US$44 p.P. inkl. Frühstück.

Kariba Breezes Hotel, P.O. Box 3, Kariba, ✆ 2433, ℻ 2767. Einfaches 2-Sterne-Hotel direkt am See, meist junges Publikum, DZ US$30 p.P. inkl. Frühstück.

Cutty Sark Hotel, P.O. Box 80, Kariba, ✆ 2321, ℻ 2221. 2-Sterne-Hotel direkt am See, DZ ab US$80 inkl. Frühstück

The Most High Hotel, P.O. Box 88, Kariba, ✆ 2964, ℻ 2965. Ganz oben auf den Kariba Heights, DZ US$30 p.P. inkl. Frühstück

OBERE PREISKLASSE – ***Carribbea Bay Sun,*** P.O. Box 120, Kariba, ✆ 016-2452, ℻ 2765. Direkt am Seeufer gelegen, DZ US$74 p.P. inkl. Frühstück, mediterranes-mexikanisches Flair, gute Küche, viele Pauschaltouristen, häufig ausgebucht.

CAMPING – ***MOTH Holiday Resort,*** P.O. Box 67, Kariba, ✆ 2809, ℻ 2809. Zeltplatz US$2 p.P., Chalet für 6 Personen US$23, DZ US$7,50, Tierbesuche des nachts garantiert.

Mopani Bay Camping & Caravan Park, P.O. Box 130, Kariba, ✆ 2555. Zeltplatz US$2, Schwimmbad, garantiert nachts Tierbesuche.

Tamarind Lodges, P.O. Box 1, Kariba, ✆ 2948, ℻ 2697, Chalets zur Selbstversorgung, DZ US$50.

Lomagundi Lakeside Camping, ✆ 0027-31-7663638 (Südafrika), ✉ eddie@dbn.lia.net. 5 km außerhalb Karibas, beim Cutty Sark Hotel in den Nzou Drive abbiegen, von den Tamarind Lodges noch 3 km Piste, Zelten US$5 p.P.

AUSSERHALB VON KARIBA ORT – ***Cerruti Lodges,*** P.O. Box GD88, Greendale, Harare, ✆ 04-750665 oder 2815, ℻ 750665. Luxuriöse Chalets bei Charara zur Selbstversorgung, US$50–100 (max. 6 Personen).

Mpakwe Lodge, ✆ 04-726062, ℻ 726062, ✉ agrtrust@mail.pci.co.zw. Bungalows am See bei Charara, US$50 p.P., Schwimmbad.

Gache Gache Lodge, P.O. Box 340, Kariba, ✆ 2264, ℻ 2905. An der Gache Gache Bay, Luxuslodge für US$275 p.P. alles inklusive, nur mit dem Boot ab Kariba erreichbar.

Sanyati Lodge, 124 J. Chinamano Avenue, Harare, ✆ 04-732541, ℻ 732452, ✉ idf@mail.pci.co.zw. An der Mündung des Sanyati direkt am Matusadona National Park gelegen. Luxuslodge für US$250 p.P. alles inklusive

SIAVONGA (ZAMBIA) – ***Manchinini Bay Lodge,*** P.O. Box 115, Siavonga, Zambia, ✆ 00260-1-511599, DZ US$40 p.P. inkl. Frühstück.

Lake Kariba Inn, P.O. Box 117, Siavonga, Zambia, ✆ 00260-1-511358. DZ US$40 p.P. inkl. Vollpension

Zambezi Lodge, P.O. Box 30, Siavonga, Zambia, ✆ 00260-1-511148, Bungalow US$30 p.P.

Eagle Rest Chalet, P.O. Box 1, Siavonga, Zambia, ✆ 00260-1-511168. Chalet für 2 Personen US$20 p.P., Selbstversorgung, Restaurant, Camping US$5 p.P.

Leisure Bay Motel, P.O. Box 68, Siavonga, Zambia, ✆ 00260-1-511168, Chalets für 2 Personen US$40.

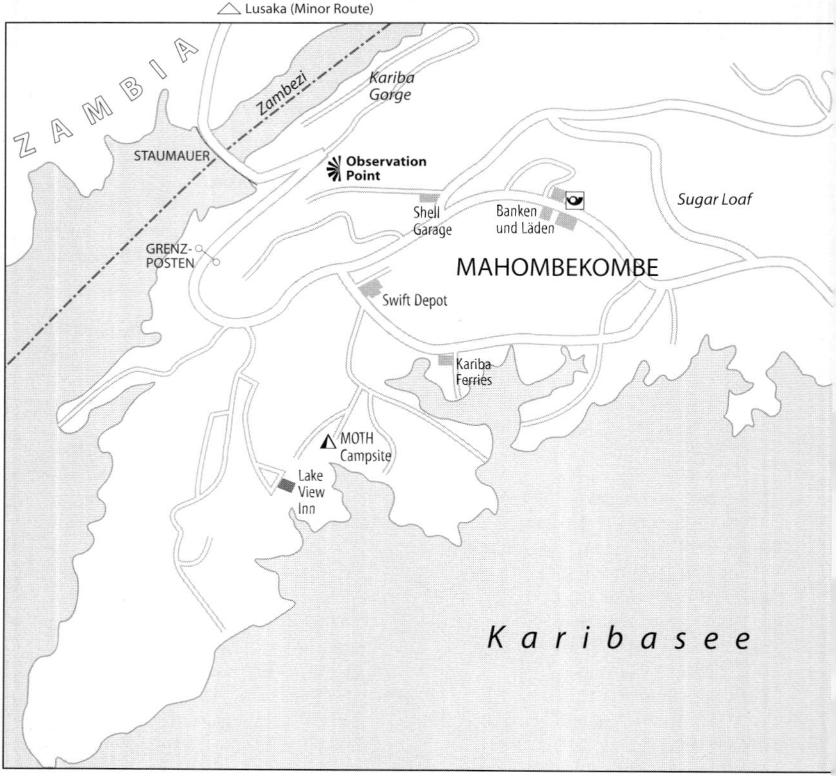

Essen

Kariba Country Club, Kariba Heights, ✆ 2283. Alleine schon wegen der Aussicht sollte man einmal hier essen.

Carribbea Bay Sun, ✆ 016-2452. Dinner mit Buffet für US$10.

The Most High Hotel, ✆ 2964. Ganz oben auf den Kariba Heights, gute Hausmannskost.

Einkaufen

Waterway Café, P.O. Box 267, Kariba, ✆ 2237, 📠 2331. Marineland Harbour, neben Kunsthandwerk gibt es hier auch Erfrischungen.

Curio Shops befinden sich bei Kariba Heights um das Operation Noah Monument herum und unterhalb der *Kariba Publicity Organization.* Daneben besitzt fast jedes Hotel einen Curio-Laden.

Touren und Aktivitäten

Call of Africa, P.O. Box 158, Kariba, ✆ 2532, Wandersafaris in Matusadona.

River Horse Safaris, P.O. Box 224, Kariba, Andorra Harbour, ✆ 2447, 📠 2422, ✉ riverhse@icon.co.zw. Kanusafaris auf dem unteren Zambezi: Kariba – Chirundu – Mana Pools, Safaris mit 1–5 Übernachtungen.

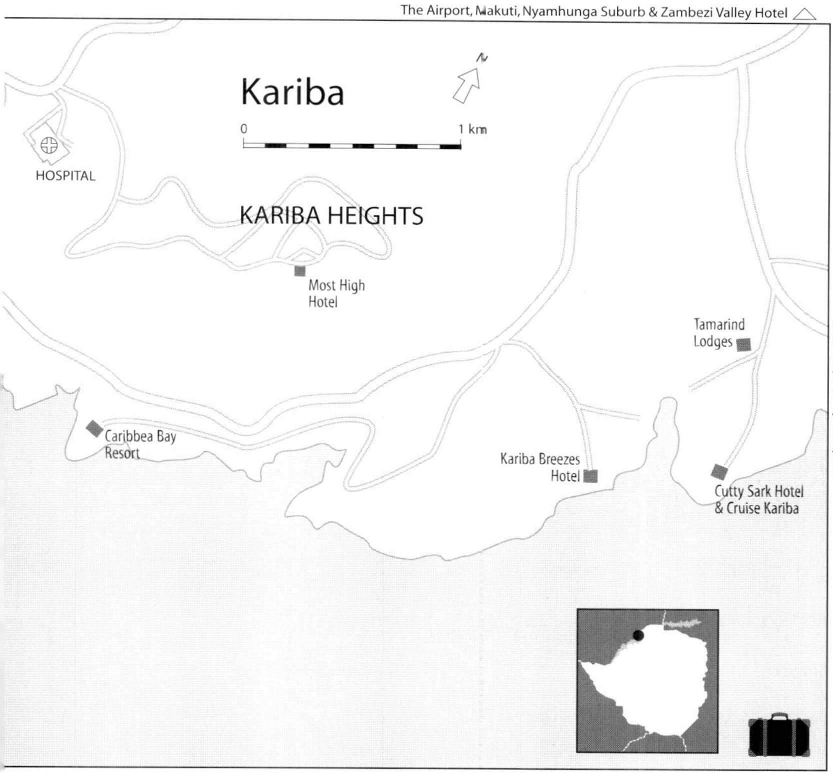

Safari par Excellence, c/o Cutty Sark Hotel, P.O. Box 108, Kariba, ✆ 2221, 📠 2575. Eine der großen Agenturen in Zimbabwe.

Shearwater, P.O. Box 229, Victoria Falls, c/o Kariba Breezes Hotel, ✆ 2433, 📠 2459, ✉ shearadv@kariba.iafrica.com. Die zweite der großen Agenturen mit Büros auch in Harare und Victoria Falls.

Tsoro River Safaris, P.O. Box 161, Kariba, ✆ 2426, 📠 2426, ✉ kanken@zol.co.zw. Kanusafaris auf dem Zambezi, u.a. 8 Tage von Kariba bis Kanyemba (200 km, Mi morgens).

Sail Safaris, 4 Cheshire Road, Mount Pleasant, Harare, ✆ 04-339123, 📠 339045, Segelsafaris auf Katamaranen auf dem Karibasee.

UTC, P.O. Box 93, Kariba, ✆ 3312, 📠 3313, Wandersafaris in Matusadona und Mana Pools.

Kariba Bream Farm, P.O. Box 144, Kariba, ✆ 2365. 2,5 km von der Hauptstraße Richtung Charara (Meilenstein 62,5), Fischen täglich 9.30-18 Uhr, kleine Mahlzeiten.

Flip Nicholson Safaris, P.O. Box UA501, Union Avenue, Harare, ✆ 04-747384, 📠 747384, ✉ flipnsaf@mail.pci.co.zw. Safaris in Mana Pools und Matusadona.

Sonstiges

APOTHEKE – ***Kariba Pharmacy***, 1 Msasa Avenue, Kariba, ✆ 2596.

Südstaatenflair auf dem Karibasee – Luxuskreuzfahrt auf dem Schaufelraddampfer

AUTOVERMIETUNG – ***Hertz***, Cutty Sark Hotel, ✆ 2321, ℻ 3313.
Europcar, Cutty Sark Hotel, ✆ 3318, ℻ 2321.

FARRADVERMIETUNG – Fast alle Hotels und Restcamps in Kariba vermieten Fahrräder (pro Tag ca. US$2).

IMMIGRATION – Department of Immigration Control, Grenzstation, ✆ 2323.

INFORMATIONEN – ***Kariba Publicity Association***, P.O. Box 86, Kariba, ✆ 12328, ℻ 3253, ✉ info@karibapa.co.zw. The Dam Observation Point, ◷ tgl. 8–17 Uhr.
National Anglers Union, P.O. Box 17, Kariba, ✆ 2667, ℻ 2418.
National Parks & Wildlife Management, P.B. 2002, Kariba, ✆ 2257, ℻ 2938.
Kariba Yacht Club, P.O. Box 68, Kariba, ✆ 2417.

NOTFALL – **Krankenhaus**, Hospital Hill, ✆ 2819.
Polizei, The Dam Observation Point, ✆ 2444.
Seerettung, ✆ 2289.

POST – Kariba Heights, ✆ 2390.

VORWAHL – 061.

Transport

BUSSE – Blue Arrow fährt von Kariba (Cutty Sark Hotel) nach HARARE (Chester House, Speke Avenue).
Chickenbuses fahren vom Busterminal von Mahombekombe Township nach HARARE (Mbare).

BOOTTRANSFERS – ***Kariba Breezes Marina***, P.O. Box 15, Kariba, ✆ 2475, ✉ kbmarina@mail.pci.co.zw. Boottransfers zu den Lodges und Camps.

FÄHRE – ***Kariba Ferries***, P.O. Box 578, Harare, ✆ 04-614106, ℻ 614161, ✉ ferries@mail.pci.co.zw oder P.O. Box 70, Kariba, ✆ 2460, ℻ 2460. Langfristige Vorausbu-

Blick über Kariba – die Berge grüßen von Zambia herüber

chung notwendig, in den Ferienzeiten des südlichen Afrika bis zu einem halben Jahr. Mehrmals pro Woche nach Mlibizi. Kosten für ein Fahrzeug US$170–250, Personen US$250.
DDF Shipping Service, P.O. Box 195, Kariba, ✆ 2694, 📠 2349. Einfachstfähre, die Kariba mit Mlibizi verbindet (US$20 p.P.) und unterwegs die Lodges versorgt.

FLÜGE – ***United Air Services***, P.O. Box 93, Kariba, ✆ 2305, 📠 2498. Flugzeugcharter.
Air Zimbabwe, Airport, ✆ 2913, 📠 2914. Täglich Flüge nach Harare und Victoria Falls.

Kuburi Wilderness Area

Die Kuburi Wilderness Area entstand in der 1990er Jahren, als die Wildlife Society of Zimbabwe mit dem zuständigen Ministerium einen Leasingvertrag über südlich liegende Gebiete von Hunrugwe und Charara abschloss. Die Bedingung war, dass der Gewinn aus der touristischen Nutzung dieses neuen, 37 700 ha großen Gebietes zur Entwicklung der Gegend genutzt werden sollte. Kuburi ist in 4 verschiedene Hauptnutzungszonen unterteilt: Der Osten für Buschcamping, der Süden für Zeltplätze, der Westen für Gamedrives und der Norden für Lodges.

Übernachtung

Nyanyana Camp, Buchung direkt in Kariba (✆ 061-2898) oder bei den zentralen Buchungsstellen in Bulawayo und Harare. 30 km außerhalb Karibas am See nahe Charara, Camping US$5 p.P.
Kuburi Wilderness Headquarter Campsite, P.O. Box 275, Kariba, ✆ 061-2705. 30 km außerhalb Kariba am See nahe Charara, Camping US$2 p.P., einfache Hütte für bis zu 12 Personen, landeinwärts am Muto gelegen, US$7.

Informationen

Ein Informationsgebäude mit Curioshops und Reiseveranstaltern befindet sich an der Straße Kariba – Makuti 20 km außerhalb.

Kuburi Wilderness Area, P.O. Box 275, Kariba, ✆ 061-2705.
Wildlife Society of Zimbabwe, P.O. Box HG996, Highlands, Harare, ✆ 04-747500, 📠 747500.

Chirundu

Chirundu ist der Grenzort zu Zambia und von Kariba aus auf Teer über Makuti zu erreichen (140 km). Er ist ohne jegliches Interesse, Transitplatz für die Warenlieferungen nach Zambia und Endpunkt der Kanusafaris auf dem unteren Zambezi von Kariba her.

Übernachtung

Tiger Safaris Lodge, P.O. Box 1, Chirundu, ✆ 633, 📠 633. Chalet US$60 (für 4 Personen), Selbstversorgung, Angelfahrten auf dem Zambezi.
Chirundu Valley Motel, P.O. Box 10, Chirundu, ✆ 618, 📠 664. DZ US$30 inkl. Frühstück, Camping US$4 p.P.
Zambezi View Lodge, Chirundu Township, ✆ 695. Einfachstunterkunft für US$5 p.P.

Sonstiges

IMMIGRATION – ***Department of Immigration***, Grenzstation, ✆ 626.

KRANKENHAUS – ***Chirundu Clinic***, ✆ 677.

VORWAHL – 0637.

Hurungwe Safari Area

Das 287 800 ha große Gebiet wurde 1968 zum staatlich kontrollierten Jagdgebiet erklärt, 1975 wurde es als Safari Area deklariert. Es erstreckt sich nördlich des Karibasees am Zambezi entlang bis zum Escarpment. Im Norden grenzt es an den Mana Pools National Park. Der Westen des Gebietes besteht aus hügeliger Landschaft und Bergen, im Osten stehen Wälder bis zur Uferregion. In Richtung Escarpment wird die Uferbewaldung zunehmend von Mopane und dichtem Busch abgelöst. Es wurde lange versucht, Hurungwe landwirtschaftlich zu nutzen; wegen seiner ungeeigneten Böden misslang dies aber – noch heute sind Reste der Zuckerrohranpflanzungen zu sehen. Da man aber die Gegend irgendwie nutzen wollte, hat man sie schließlich zum Jagdgebiet erklärt und Konzessionen vergeben. Die staatliche Nationalparkverwaltung betreibt ein Camp für Angler an den Ufern des Zambezi, und die Mashonaland Hunters Association nutzt Teile des Gebietes zur Jagd für ihre Mitglieder. Gleichzeitig unterhält sie einige Lehrcamps für Schulkinder, um ihnen die Natur nahe zu bringen.

Übernachtung

Nyamuomba Fishing Camps, Reservierung über die zentralen Buchungsstellen in Bulawayo und Harare. Fünf Campsites nahe der Mündung der Kariba-Schlucht bei Nyamuomba 40 km stromabwärts von Chirundu und 25 km stromaufwärts von Kariba.
Anfahrt von Kariba aus über Makuti und Marongora, von dort 55 km Piste nach Südwesten. Die Anfahrt mit dem Wagen ist nur von Mai bis Oktober gestattet, außerhalb dieser Zeit ist die einzige Möglichkeit eine 40 km lange Bootsfahrt von Chirundu.
Die Camps sind sehr einfach, lediglich Buschtoiletten und Grillplätze stehen zur Verfügung. Boote dürfen nur bei Tageslicht benutzt werden. Die Fahrt nach Kariba mit dem Boot ist nicht gestattet (nur bis 20 km flussaufwärts). Hurungwe ist Malariagebiet – Prophylaxe wird empfohlen.

Charara Safari Area

Das 170 000 ha große Safarigebiet liegt am Karibasee und wird gegenwärtig noch zur Jagd genutzt. Allerdings besteht von Seiten der Bevölkerung Druck, das Gebiet für die touristische Nutzung zuzulassen, die vom Ort Kariba ausgehen sollte: Zugleich wollen die Menschen, die um das Gebiet herum siedeln, immer mehr Flächen für den landwirtschaftlichen Anbau nutzen.

Freizeitvergnügen im
Mana Pools National Park

Informationen

National Parks & Wildlife Management, P.B. 2002, Kariba, ✆ 061-2257.

Makuti

Makuti liegt oberhalb des Zambezi Escarpment. Es besteht aus einer Tankstelle (Reifenreparatur), einem Laden, einem Hotel und im Busch verstreuten Hütten. Von der Terrasse des Hotels schweift der Blick weit über das Lowveld hinweg bis zum Zambezi. Für Besucher des Mana Pools National Park ist hier die letzte Versorgungsmöglichkeit und die letzte Chance außerhalb des Parks zu übernachten. Wer die 25 km zur Parkverwaltung in Marongora bis 15.30 Uhr nicht schafft (somit an diesem Tag nicht mehr in den Park gelassen wird), muss hier oder auf dem Campingplatz bei Marongora übernachten.

Übernachtung

Cloud's End Hotel, P.O. Box 112, Karoi, ✆ 063-526, 580, DZ US$15 p.P. inkl. Frühstück.

Mana Pools National Park

Mana Pools wurde zusammen mit den angrenzenden Safarigebieten zum Weltnaturerbe erklärt. Der Nationalpark bedeckt eine Fläche von 219 600 ha und erstreckt sich 50 km am Ufer des Zambezi und 60 km in Richtung Zambezi Escarpment. Das Wort Mana soll „vier" bedeuten. „Pools" beschreibt die inzwischen trockenen Seitenarme des Zambezi im Park, die sich während der Regenzeit mit Wasser füllen. Der Tourismus spielt sich nur in einem schmalen Streifen am Ufer ab. Neben Stellflächen gibt es luxuriöse zweistöckige Lodges der Nationalparkverwaltung mit Blick auf den Fluss und das Wild. Viele Safariunternehmen benutzen die Ufer des Parks als Übernachtungsstätte bei ihren Kanufahrten.

Einzigartig sind die 3 km breiten alluvialen Uferterrassen mit ihrer spezifischen Vegetation aus Akazien, Mahagoni, Würgefeigen, Felsfeigen und Tamarisken *(tamarindus indica)*. Südlich der Uferzone beginnt Mopanewald und dichter Busch, der am Escarpment in die *brachystegia*-Vegetation übergeht.

In der Trockenzeit kommen die Tiere in großen Herden an die Uferzone um zu trinken, in der Regenzeit finden sie genügend Wasser im Hinterland und das Wild ist weniger zahlreich. Im Zambezital östlich von Kariba leben heute 10 000 Elefanten, und es gibt Herden von bis zu 2000 Büffeln. Im Wasser tummeln sich Krokodile und Flusspferde. Der Besucher sieht Zebras, Warzenschweine, Wildhunde, Hyänen, Schakale, Leoparden, Löwen, viele Mangustenarten, Ameisenbären, Kudus, Nyalas, Elenantilopen, Wasserböcke, Impalas und eine Unzahl an Vögeln wie Marabus, Fischadler, Spechte und 350 weitere. Auch Reptilien sind vertreten, unter anderen kriechen die lieblichen Schwarzen Mambas und Speikobras durch das Dickicht.

Die Tiere dürfen nicht gefüttert werden. Nachts kommen Hyänen in die Lager und suchen nach Futter, dabei schrecken sie auch vor stabilen Behältnissen nicht zurück, die sie kurzerhand zerbeißen. Tagsüber holen sich Paviane alles, was nicht niet- und nagelfest ist. Die Akazienart *acacia albida* spielt eine wichtige Rolle im Speiseplan der Elefanten. Der Baum hat einen gegenläufigen Lebensrythmus, entwickelt seine Blätter in der Trockenzeit und wirft sie zu Beginn der Regenzeit ab. Jeder Baum trägt am Höhepunkt der Trockenzeit bis zu 400 kg Samen, so dass Elefanten, wo immer ein solcher Baum steht, des nachts auch zu finden sind. Wer sein Zelt darunter aufgeschlagen hat wird nicht hören, dass sich ein Elefant nähert. Erst wenn die Samen auf die Zeltplane prasseln weiß er, wem die Stunde schlägt.

Mana Pools ist bislang auch der einzige Park in Zimbabwe, in dem es erlaubt ist, sich zu Fuß und ohne Begleitung zu bewegen. Das bedeutet aber nicht, dass sich die Tierwelt hier von anderen Parks unterscheidet. Falsches Verhalten bei Tierbegegnungen ist hier genauso gefährlich wie anderswo. Wer also keine Wandererfahrung im Busch besitzt, sollte sich tunlichst nicht ohne fachkundige Begleitung auf den Weg machen.

Auch Angler kommen in den Park und gehen vom Ufer aus auf Karpfen und Tigerfisch (die Genehmigung ist vor Ort erhältlich).

Im Park gibt es einige Routen, die nur mit einer Genehmigung und einem Geländewagen zu befahren sind (im Headquarter), sie führen nach Osten aus dem Park heraus in die angrenzende Sapi Safari Area.

Regeln für Fußsafaris

- Jedes Tier wird gefährlich, wenn es irritiert ist oder überrascht wird. Deshalb muss man immer wissen, ob sich Wild in der Nähe befindet.
- Tierbeobachtung ist am erfolgreichsten, wenn man sich gegen den Wind anpirscht (aber nicht zu nahe!)
- Jedes Tier hat eine bestimmte Fluchtdistanz; wird diese unterschritten, glaubt es nicht mehr flüchten zu können und greift an.
- Zu Tieren mit Jungen muss man einen größeren Abstand wahren, die Fluchtdistanz ist wesentlich höher als sonst und sie verteidigen ihren Nachwuchs gnadenlos.
- Haben Raubkatzen oder Hyänen ein Tier geschlagen, muss man ebenfalls großen Abstand wahren; sehr schnell verteidigen sie ihre Beute.
- Unter keinen Umständen darf man einem Tier den Fluchtweg abschneiden, die kürzeste Strecke zu dem Ort, wo es glaubt am sichersten zu sein. Flusspferde fühlen sich im Wasser zu Hause. Nachts grasen sie auf dem Land, wer zwischen das Wasser und ihren Standort gerät muss sich nicht mehr lange sorgen.
- In kritischen Situationen gibt es keine eindeutige Verhaltensregel, manchmal mag es besser sein, ruhig stehen zu bleiben und das Tier nicht weiter zu verwirren, manchmal ist ein langsamer Rückzug von Vorteil. Auf keinen Fall aber sollte man in Panik geraten und rennend die Szenerie verlassen.

Zusätzlich zu den allgemeinen Regeln in den Nationalparks und Schutzgebieten gelten in Mana Pools für Angler und Bootsfahrer folgende Auflagen: Motorboote sind verboten, Fischen, Schwimmen und Bootfahren ist nur im

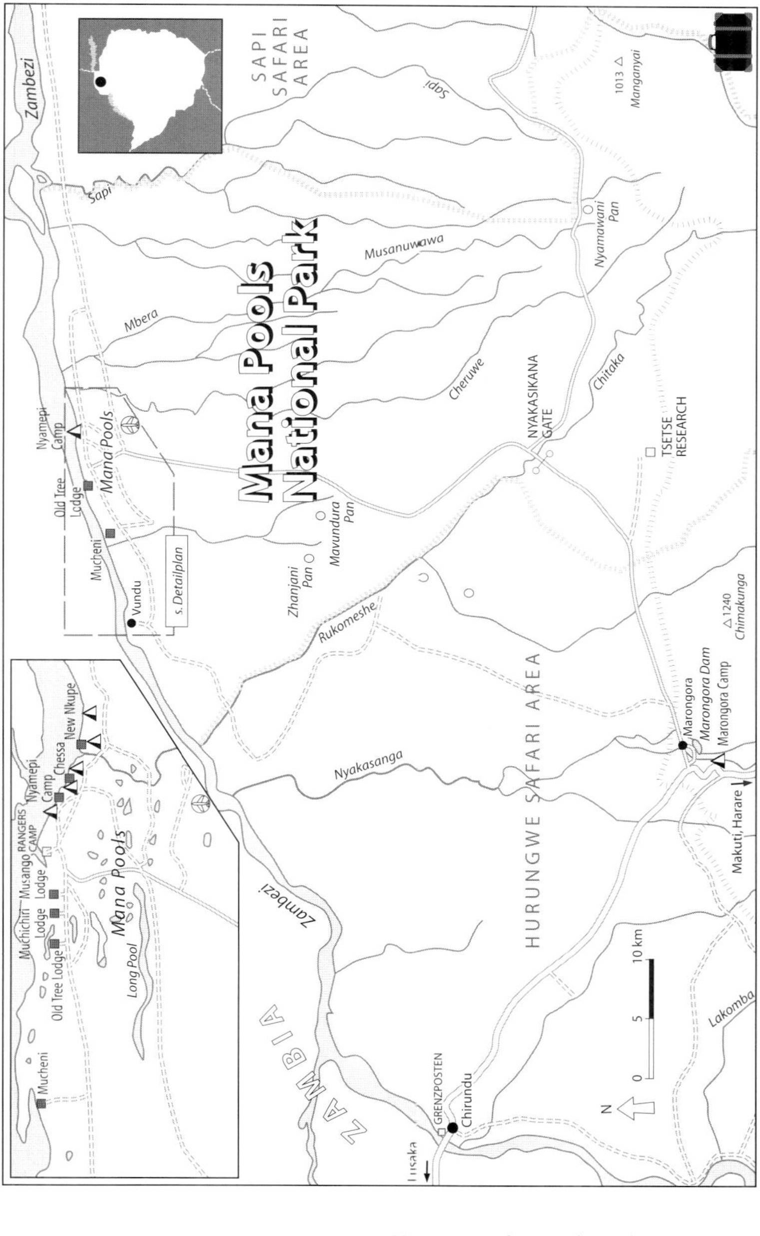
Mana Pools National Park
SAPI SAFARI AREA
HURUNGWE SAFARI AREA
ZAMBIA
Zambezi
Sapi
Mbera
Musanuwawa
Cheruwe
Chitaka
Rukomeshe
Nyakasanga
Lakomba
Nyamawani Pan
Mavundura Pan
Zhanjani Pan
1013 Manganyai
1240 Chimakunga
NYAKASIKANA GATE
TSETSE RESEARCH
Nyamepi Camp
Old Tree Lodge
Mucheni
Vundu
Mana Pools
s. Detailplan
Marongora
Marongora Dam
Marongora Camp
Makuti, Harare
Chirundu
GRENZPOSTEN
Lusaka
0
5
10 km
N
Muchichiri Lodge
Musango Lodge
RANGERS CAMP
Chessa
New Nkupe
Long Pool

und auf dem Hauptarm des Zambezi erlaubt, Boote dürfen nur an den ausgezeichneten Stellen ins Wasser gelassen werden, Fische müssen am Fangplatz ausgenommen und gereinigt werden, nicht im Camp, maximal sechs Fische dürfen pro Person und Tag gefangen werden, maximal sechs Fische darf man aus dem Park mit hinausnehmen (diese Zahlen können sich ändern und neueste Informationen erhält man im Parkbüro). Die östliche Uferzone ab dem Nyamepi Camp ist als Brutstätte für Krokodile geschützt, ein Anlanden verboten, die zambische Seite darf nicht befahren werden, ein Formular über die Fischfänge muss bei Verlassen ausgefüllt werden.

Organisatorisches

Mana Pools besitzt keine Läden und keine Treibstoffversorgung. Während und nach der Regenzeit sind die Wege in einem erbärmlichen Zustand und ein Geländewagen ist notwendig. In der Trockenzeit ist ebenfalls ein geländegängiges Fahrzeug angeraten, wenn man Gamedrives unternehmen will. Der Nationalpark ist Malariagebiet. Es gibt viele wilde und gefährliche Tiere. Besonderes Augenmerk ist auf die Krokodile in der Uferzone zu richten. Nachts kommen Flusspferde zum Grasen in die Campareale. Wird einem Tier der Fluchtweg zum Wasser versperrt, interessiert das Flusspferd herzlich wenig, dass es in den Biologiebüchern als Vegetarier geführt wird – seine Zähne sind einen halben Meter lang und mit ihnen beißt es sich den Weg frei. Jegliche Lebensmittel sind zu jeder Tageszeit fest verschlossen im Wagen aufzubewahren. Hyänen und Paviane holen sich sonst ihren Zehnten.

Anfahrt

Aus Richtung Südwesten verlässt man bei Marongoro die asphaltierte Strecke und hat bis zu den Unterkünften am Zambezi noch 80 km Piste vor sich. Von Osten kommend enden die Teerstraßen bei Muzarabani bzw. Kamuchikundu. Eine 240 km lange Piste führt weiter durch die Safari Areas von Chewore und Sapi zu den Unterkünften von Mana Pools (bei Einfahrt in die Safari Areas muss man sich am Tor einen kostenlosen Passierschein besorgen, der am Tor von Nyakasikane im Mana Pools Park eingesehen wird).

Die Anfahrt nach Mana Pools mit dem Fahrzeug ist während der Regenzeit von November bis April gesperrt (man kann aber vor Ort nachfragen, ob eine Zufahrt möglich ist; die Ranger dürfen bis Ende April Buchungen selbst durchführen). Dann muss man entweder einfliegen oder ein Boot benutzen.

Wer nach 15.30 Uhr in Maronogora ankommt, darf erst am nächsten Morgen in den Park einfahren.

Übernachtung

Buchungen über die zentralen Reservierungsstellen in Bulawayo und Harare, von November bis April kann man direkt buchen (Adresse siehe unter Informationen).

Bei Marongora gibt es neben dem Büro einen Zeltplatz mit Duschen, Toiletten und Grillmöglichkeit für die, die erst nach 15.30 Uhr anzukommen und damit erst am folgenden Tag Zutritt zum Park haben.

Nyamepi Camp, beim Headquarter, größtes Camp mit 20 Stellflächen, gute Infrastruktur mit Duschen, Toiletten, Wasser und Grillplatz an jeder Stellfäche, Feuerholzverkauf, Reifenreparatur.

Chessa Camp, Zwischen Nyamepi und Nkupe, einfache Infrastruktur.

Nkupe Camp, an der Mündung des Chiruwa in den Zambezi, einfache Infrastruktur.

Gwaya Camp, gleich westlich des Headquarters, einfache Infrastruktur.

Mucheni Camp, 9 km westlich des Headquarters, 4 Stellflächen mit einfacher Infrastruktur.

Ndungu Camp, 12 km westlich des Headquarters, einfache Infrastruktur.

Vundu Camp, westlichstes Camp, 15 km vom Headquarter, Hütten, Duschen, Toiletten.

Musango Lodge und ***Muchiri Lodge***, jeweils zweistöckige Lodge, mit 2 Schlafzimmern, Küche, Esszimmer, Wohnzimmer, Bad, Veranda und Terrasse, Blick auf den Fluss, maximal 8 Personen, US$25 am Tag, maximal 4 Tage, praktisch immer ausgebucht.

In Mana Pools sind alle Arten von **Zitrusfrüchten** verboten. Aus irgendeinem Grund haben die Elefanten speziell hier Gefallen daran gefunden und drehen schon einmal ein Auto um, wenn sie mit ihren feinen Geruchsorganen die leckeren Früchte wahrnehmen.

Chitake Spring Camp, 35 km vom Fluss am Escarpment, Geländewagen erforderlich, Wasser, Toiletten, Grillplatz.

AUSSERHALB DES PARKS UND PRIVATE CAMPS – ***Chikwenya Safari Lodge***, P.B. 2081, Kariba, ✆ 061-2253, ℻ 2240. 8 Luxusbungalows am Zusammenfluss von Sapi und Zambezi am Rand des Mana Pools National Parks, DZ US$345 p.P. alles inklusive, Flugzeugtransfer ab Kariba hin und zurück US$277.

Mwambashi River Lodge, P.O. Box 5920, Harare, ✆ 04-700911, ℻ 722872, ✉ sarpar@harare.iafrica.com. Am zambischen Flussufer gegenüber dem Mana Pools National Park in Höhe der Chikwenya-Insel bei der Sapi-Mündung. Luxuslodge mit Zelten (2 Personen ab US$400 alles inklusive). Boottransfer von Kariba US$140.

Kayila Lodge, P.O. Box 5920, Harare, ✉ sarpar@harare.iafrica.com, ✆ 04-700911, ℻ 722872. Auf zambischer Seite gegenüber dem westlichen Endes des Parks. Luxuslodge, DZ ab US$200 p.P. alles inklusive). Boottransfer von Kariba US$100.

Chimombe Camp Safaris, P.O. Box CH294, Chisipite, Harare, ✆ 04-708843, ℻ 708843. Mobiles Zeltcamp, das an verschiedenen Stellen im Mana Pools National Park aufgestellt wird (nur Mai bis Oktober). Wanderungen, Gamedrives, Kanufahrten. Pro Person US$250.

Rukomechi Camp, P.O. Box 3961, Harare, Francis House, 71 Jason Moyo Avenue, ✉ shearwat@harare.iafrica.com, ✆ 04-757831, ℻ 757836. Luxuscamp an der Mündung des Rukomechi am westlichen Ende des Nationalparks, für 2 Personen ab US$350 alles inklusive. Transfer hin und zurück US$100.

Informationen

National Parks & Wildlife Management, Mana Pools / Marongora, P.B. 2061, Karoi, ✆ 063-533 oder 512.

The Zambezi Society, P.O. Box HG774, Highlands, Harare, ✆ 04-747146.

Kanufahren auf dem unteren Zambezi

Zu einem der schönsten Erlebnisse zählt eine mehrtägige Kanusafari durch die unberührte Landschaft des unteren Zambezi zwischen Kariba und Kanyemba. Man kann drei verschiedene Abschnitte buchen: Kariba –Chirundu, Chirundu–Mana Pools und Mana Pools–Kanyemba. Zwischen Kariba und Chirundu durchfährt man die enge Kariba Gorge, ein spektakuläres Ereignis, bevor man die dahinter liegende Savanne erreicht (2 Übernachtungen). Der zweite Abschnitt verläuft entlang dem Mana Pools National Park, in dem Wanderungen unternommen werden (3 Übernachtungen). Von Mana Pools nach Kanyemba durchquert man die wilde und unbesiedelte Landschaft der Mupata Gorge durch die Chewore-Berge, rechts liegen die Safari Areas Zimbabwes, links breitet sich der Lower Zambezi National Park auf zambischen Gebiet aus (4 Übernachtungen). Der 1. Abschnitt kostet je nach Saison und Unterkunft (von einfachen Lager bis zur Luxuslodge) ab US$250, der 2. ab US$350 und der 3. ab US$450, die gesamte Strecke schlägt mit mindestens US$750 zu Buche.

Safari par Excellence *c/o Cutty Sark Hotel* P.O. Box 108, Kariba, ✆ 061-2221, ℻ 2575

Shearwater, P.O. Box 229, Victoria Falls, *c/o Kariba Breezes Hotel*, ✆ 061-2433, ℻ 2459, ✉ shearadv@kariba.iafrica.com

River Horse Safaris, P.O. Box 224, Kariba, Andorra Harbour, ✆ 061-2447, ℻ 2422, ✉ riverhse@icon.co.zw

Tsoro River Safaris, P.O. Box 161, Kariba, ✆ 061-2426, ℻ 2426, ✉ kanken@zol.co.zw

UTC, P.O. Box 93, Kariba, ✆ 061-3312, ℻ 3313

Flip Nicholson Safaris, P.O. Box UA501, Union Avenue, Harare, ✆ 04-747384, ℻ 747384, ✉ flipnsaf@mail.pci.co.zw

Sapi Safari Area und Chewore Safari Area

Die beiden Safari Areas, die sich vom Zambezi bis zum Zambezi Escarpment erstrecken, sind zusammen mit Mana Pools zum Weltnaturerbe erklärt worden. Sapi bedeckt eine Fläche von 118 000 ha und wird im Rahmen der **Campfire**-Projekte touristisch genutzt – für Fotosafaris und für die Jagd. Chewore ist 339 000 ha groß und wird für die Jagd genutzt.

Vegetation und Tierwelt beider Gebiete entsprechen denen von Mana Pools. Eine physische Grenze zum Nationalpark exisitiert nicht, die Tiere können frei migrieren. Aus dem Osten führt eine Piste von den am Escarpment bei Muzarabani und Kamuchikundu endenden Teerstraßen durch die Safari Areas und weiter zu den Unterkünften von Mana Pools (bei Einfahrt in die Chewore Safari Area muss man sich am Tor einen kostenlosen Passierschein besorgen, der am Tor von Nyakasikane im Mana Pools Park eingesehen wird).

Mavuradona Wilderness Area

Die 550 km^2 große Mavuradona Wilderness Area liegt direkt am Zambezi Escarpment und ist von Harare aus über 216 km Teerstraße zu erreichen. Sie gilt nicht als Tierreservat, ist aber eine unbewohnte, wilde Berglandschaft, von der aus man einen herrlichen Blick über das Lowveld bis zum Zambezi genießt. Hier trifft der Great Dyke auf das Escarpment. Das Gebiet wird über **Campfire** genutzt, so dass die Bevölkerung um Mavuradona vom Tourismus profitiert. Die Vegetation besteht aus der für das Escarpment typischen *brachystegia*-Waldlandschaft, aber auch Raphiapalmen und wilder Bambus sind zu sehen. Auf dem Gebiet leben etwa 200 Elefanten, viele Säbelantilopen, Impala und Klippspringer, Zebras, Warzenschweine und Leoparden. Neben vielen Raubvögeln wie Adlern und Falken finden sich zahlreiche weitere Vogelarten. Beliebt ist Mavuradona besonders wegen seiner Wanderwege, die ohne Führer begangen werden dürfen.

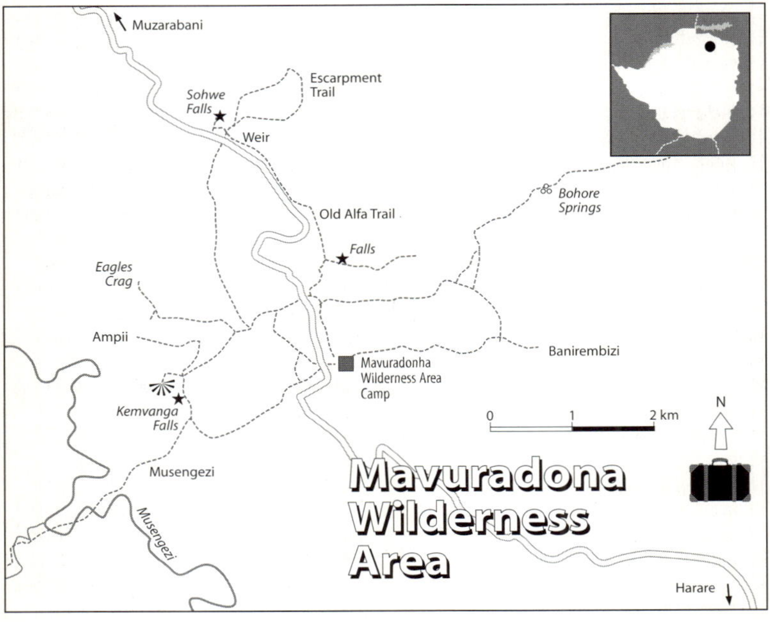

Chewore wird zur Jagd genutzt, nur mit Genehmigung darf man hindurch

Die Wege sind gut gekennzeichnet, wenn man nicht gerade nach der Regenzeit unterwegs ist und das Gras hoch steht.

Wanderwege

Eagles Crag – rote Markierung, 3 km / 4 Std., zu einem Aussichtspunkt mit Blick über den mäandernden Muzengezi

Kemvanga Falls via Eagels Crag – weiße Markierung, 4,5 km / 3 Std., Kemvanga Falls via Musengesi Trail, schwarz-weiße Markierung, 4 km / 2,5 Std., man passiert wilden Bambus und Salzleckstellen der Elefanten (also Vorsicht!)

Banirembizi / Bohore Springs – blaue Markierung, nach Bohore 5 km / 4,5 Std., von dort nach Banirembizi und zurück 7 km / 6 Std.

Musengezi Trail – schwarz-weiße Markierung, 6 km, 5 Std., in den Pools sollte man nicht schwimmen, da es Krokodile gibt.

Sohwe Falls via Alpha Trail – grüne Markierung, 4,5 km / 3 Std.

Escarpment Trail – noch nicht farblich markiert, 4,5 km / 3 Std., Blick bis Cabora Bassa, überquert den Great Dyke, Felsmalereien

Kemvanga Trail – noch nicht farblich markiert, 30 Min., Bademöglichkeit, viele Vögel, unweit des Headquarters

Übernachtung

Bei Meilenstein 50 auf dem Weg vom Escarpment hinunter ins Lowveld ist das Eingangstor zum Headquarter und zu den Campsites. Es gibt 7 Stellflächen und einige Picknickplätze, alle haben Duschen und Toiletten, Wasser, Tische und Grillplätze, einige besitzen einfache Hütten, Feuerholzverkauf. Zelten US$1,50 p.P., Hütten US$3 p.P. Buchungen über:

Mukuvisi Woodland Environmental Centre, P.O. Box GD851, Greendale, Harare, ✆ 04-747859 oder 747152.

Kopje Tops Lodge / Bat Caves Camp, P.B. 295A, Harare, ✆ 04-758194, ✆ 773971, ✉ carew@harare.iafrica.com. Anfahrt: Von Mvurwi gleich westlich der Stadt Richtung Guruve, nach 36 km bei Meilenstein 44 auf die Blue Grass Road nach rechts, nach 10 km links, nach 7,7 km rechts und noch weitere

6,7 km bis zur Luxuslodge am Tingwa Fluss. DZ US$150 p.P. alles inklusive ohne Reiten; Besuche der Dörfer in der Umgebung. *Bat Caves Camp* ist ein Safarilager, das exklusiv für die Reitsafaris von Carew genutzt wird und inmitten der Wildnis von Mavuradona liegt.

Touren

Carew Safaris, P.B. 295A, Harare, ✆ 04-758194, ✆ 773971, ✉ carew@harare.iafrica.com. Mehrtägige Reitsafaris (US$200 p.P. alles inklusive) und geführte Wandersafaris abseits der markierten Wege.

Bulawayo und der Westen

Highlights

- Bulawayo – Museum of Natural History
- Bulawayo – Railway Museum
- Bulawayo – Nesbitt Castle
- Hwange National Park
- Die Ruinen von Khame
- Matobo National Park

Hwange

Hwange, auf 760 m Höhe, ist auf gut ausgebauten Teerstraßen über 330 km von Bulawayo und 90 km von Victoria Falls aus zu erreichen. Die Ortschaft liegt etwas abseits der Hauptstraße, an der Kreuzung mit der im Sonnenlicht blitzenden Museumslokomotive führt eine Straße nach Westen ins Zentrum. Der breite Boulevard mit Blumen und Bäumen lässt Hwange sehr proper wirken, obwohl es als Eisenbahn-Station für die Kohlenminen der Umgebung gegründet wurde. Fast alle Bewohner sind auf irgendeine Art mit dem Bergbau verbunden. Internationale Schlagzeilen machte die Stadt 1972, als eine Explosion in den Minen 400 Bergarbeiter tötete.

Auch wenn Hwange den gleichen Namen wie der nahebei liegende Nationalpark trägt, hat der moderne Ort mit Touristen nichts am Hut und umgekehrt. Einzig eine Übernachtung im netten Baobab Hotel oder der Einkauf für eine Safari im Park treiben die Touristen in die Stadt. Ihren Namen erhielt sie von einem Häuptling der Ndebele.

Viele weiße Zimbabwer sprechen ihn noch heute wie „wä:'nki" aus – obwohl die korrekte Aussprache „H-wangeh" lautet. Diese ist nicht nur bei den schwarzen Zimbabwern, sondern auch bei den alteingesessenen Weißen verbreitet.

Übernachtung

Baobab Hotel, P.O. Box 120, Hwange, ✆ 081-2323, ℡ 3481, DZ US$30 inkl. Frühstück; schön über der Ortschaft Hwange gelegen, Schwimmbad, Restaurant.

Chokamella Lodge, P.O. Box 66293, Harare, ✉ landela@samara.co.zw, ✆ 04-734043, ℡ 708119. Zwischen Hwange und Dete am Nchokamela auf einem privaten Reservat gelegen, an US$250 p.P. alles inklusive.

Sizinda Lodge, 12 Derby Road, Avondale West, Harare, ✆ 04-307945, ℡ 307921, ✉ bushveld@mail.pci.co.zw.

Sonstiges

GOLF – ***Wankie Golf Club***, P.O. Box 80, Hwange, ✆ 081-2454. 18-Loch-Platz in Hwange.

INFORMATIONEN – ***Ministry of Environment & Tourism***, Coronation Drive, Ecke Thomas Coulter Road, ✆ 081-2207.

NOTFALL – **Polizei** ✆ 081-2222
Krankenhaus: ***Wankie Colliery Hospital***, ✆ 081-2271.

POST – Coronation Drive, Ecke Stadium Road, ✆ 081-2214.

Hwange National Park

Der Nationalpark von Hwange liegt auf einer Strecke von 20 km südlich der Hauptstraße von Hwange in Richtung Bulawayo. Im Osten endet er bei Lupane, im Westen erstreckt er sich bis zur Grenze nach Botswana und bedeckt damit eine Fläche von 14 000 km^2. Er gehört zu den bestausgestatteten Parks des Landes, die Camps haben Läden, Museen und Tankstellen. Der Park ist in drei Abschnitte eingeteilt: der Bereich um Robin's Camp im Norden, das Main Camp bei Dete und Sinamatella südlich von Hwange.

Geschichte

Im 19. Jahrhundert waren Teile des heutigen Parks das angestammte Jagdgebiet der Ndebele und deren Königen vorbehalten. Mit dem Einzug der weißen Kolonialherren wurde das Gebiet eines der bevorzugten Jagdreviere der weißen Großwildjäger, und sie schafften es binnen weniger Jahre den Tierbestand der Region fast gegen Null zu bringen. Ende der 20er Jahre entschloss man sich Hwange zum Schutzgebiet zu erklären – nicht nur wegen des dezimierten Tierbestandes. Einer der Hauptgründe war, dass das Gebiet mit seinen kargen Böden anderweitig gar nicht nutzbar war – Wasser gab es nicht. Der erste verantwortliche Wildhüter von Hwange, Ted Davison, machte eine Bestandsaufnahme der Tierwelt. Nur noch

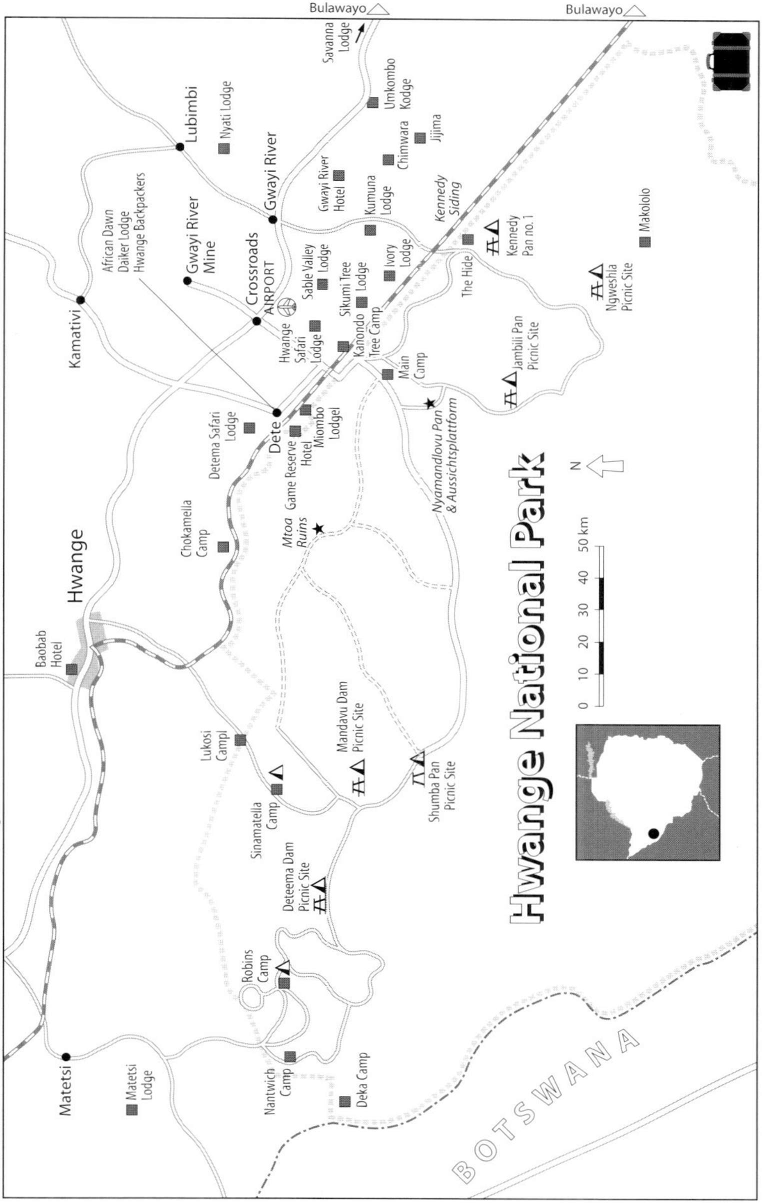

BULAWAYO UND DER WESTEN

1000 Elefanten wurden gezählt, Nashörner waren vollständig verschwunden. Er entwickelte Gegenmaßnahmen und begann im gesamten Park künstliche Wasserlöcher zu schaffen, vornehmlich aber in den extrem trockenen Regionen, um dort Wild aus benachbarten Parks anzulocken. Es gelang – heute zählt die Elefantenpopulation wieder Zehntausende und man hat eher das Problem, dass die aride Umwelt solch große Zahlen nicht verkraften kann. Deshalb wird der Bestand mittels Culling, des kontrollierten Abschießens von Überpopulationen, zwischen 10 000 und 15 000 gehalten.

Tierwelt

Elefanten bewegen sich um die 13 000, es gibt 15 000 Büffel, 3000 Zebras, 3000 Giraffen und riesige Herden von an Antilopen: Kudus, Rappenantilopen, Impalas, Schwarzfersenantilopen, Gnus, Pferdeantilopen und viele mehr, man findet die Hälfte aller im südlichen Afrika vorkommenden Antilopenarten. An den Wasserlöchern machen Hyänen und Schakale den Löwen und Leoparden ihre Beute streitig, Wildhunde ziehen durch die Kalaharilandschaft und wer Glück hat, sieht einen Geparden auf der Jagd.

400 Vogelarten sind vertreten und sogar Weiße und Schwarze Nashörner konnte man wieder züchten. In den permanenten Wasserlöchern leben Flusspferde und Krokodile, und Schlangen suchen sich im Dickicht kleine und größere Nager zum Abendessen.

Pflanzenwelt

Der südliche und zentrale Teil des Hwange National Park ist Teil der Kalahari, die bis hierher reicht (man merkt es an den sandigen Pisten). Die Grasnarbe ist spärlich und Mopanebusch herrscht vor. Dies erlaubt hier eine Weitsicht, die man im Norden vermisst. Immer wieder wird die savannenartige Landschaft von Baumgruppen unterbrochen, die an einstigen Flussbetten stehen und den eigentlichen Reiz der Szenerie ausmachen. Im Norden stehen dichte Mopanewälder, in denen sich die Tiere verstecken, aber keine Angst, sie kommen morgens und abends an die Wasserlöcher.

Der Park

Nur der nördliche Teil des Parks ist Touristen zugänglich, der an Botswana grenzende Teil besitzt keine Pisten. Hier sind lediglich Schneisen in den Busch geschlagen, die etwaige Buschfeuer hemmen sollen und die nicht befahren werden dürfen. Der landschaftlich schönere Teil des Parks liegt südlich des Main Camp, aber auch im Norden hat die Gegend mit dem dichten Buschwerk und den sich auftuenden Lichtungen mit Wasserstellen ihren Reiz. Touristen müssen die drei Zugänge bei Robin's Camp, Sinamatella und Main Camp benutzen. Die Lodges der Gegend dürfen den Park für ihre Game Drives durch weitere Eingänge betreten. Hauptsächlich sind dies der Zugang bei Kennedy und im Süden Gamu. Weitere Zufahrten sind in Planung.

Hwange ist einer der wenigen Wildparks, in den eine geteerte Straße tief hinein führt. Sie verbindet das Main Camp mit Shumba in Richtung Sinamatella. Die restlichen Strecken sind entweder tiefer Kalaharisand (Geländewagen notwendig) oder harte, aber extrem unebene Piste, die sich auf vielen Strecken zu regelrechtem Wellblech ausgebildet hat.

Da die Tiere innerhalb des Parks stark migrieren, kann man keine Aussage über Lieblingsstellen treffen. Am besten fragt man die Ranger an den Toren, wo zum Beispiel in den letzten Tagen Löwen oder Leoparden gesichtet wurden. Die großen Säugetiere wie Elefanten, Giraffen und Büffel sieht man eigentlich überall und Antilopen zu finden ist keinesfalls schwierig. Die allgemeine Faustregel gilt auch in Hwange: Die Morgen- und Abendstunden sind die besten Zeiten, um sich auf den Rundwegen auf die Suche zu machen. Die Beobachtungsplattformen, wenn sie nicht zu übervölkert sind, bieten ebenfalls eine ausgezeichnete Chance.

Die Fahrzeuge dürfen nur an den dafür ausgewiesenen Stellen verlassen werden: an Camps, Plattformen und Picknickplätzen. Dort stehen auch Toiletten zur Verfügung. Die Einrichtungen werden vorzüglich von vor Ort lebenden Rangern gewartet, und man sollte sich bei ihnen für die hervorragende Arbeit mit ei-

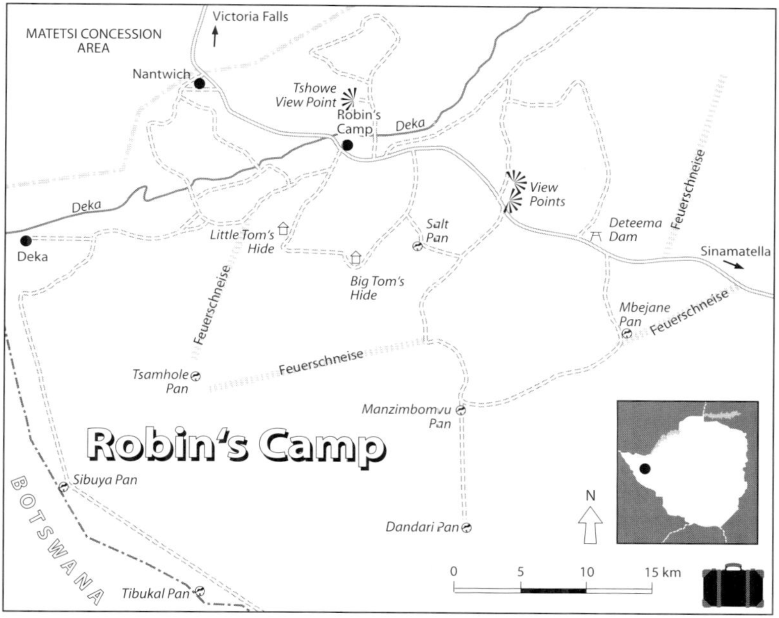

nem Trinkgeld bedanken, wenn man z.B. den Picknickplatz verlässt. Sie verdienen im Monat etwa US$15, ihre Versorgung ist äußerst spärlich und frisches Obst wird ebenfalls gerne genommen, um den Speiseplan, der zu 95% aus Sadza besteht aufzubessern.

Organisatorisches

Die Pisten in der Region um Robin's Camp sind November bis April geschlossen, die Anfahrt ist dann nur von der Hauptstraße möglich, nicht über Sinamatella. Der restliche Park ist das ganze Jahr über geöffnet, und auch die Übernachtung im Camp ist ganzjährig möglich. Entgegen den allgemeinen Hinweisen *(No hitchhikers in the park!)* ist es u.U. möglich, im Main Camp auch ohne Fahrzeug zu übernachten.

Anfahrt

Jeder der drei Bereiche des Parks hat seine eigene Anfahrtsmöglichkeit. Robin's Camp wird über Matetsi auf schwieriger, rauer Piste angefahren (65 km von der Hauptstraße), das Main Camp ist über 20 km Teerstraße von Crossroads aus erreichbar und Sinamatella von Hwange auf verhältnismäßig guter Piste (40 km).

Übernachtung

IM PARK – Buchungen über die zentralen Reservierungsstellen in Bulawayo und Harare.

Main Camp, Laden, Tankstelle, Restaurant, Cottages mit ein oder zwei Schlafzimmern und Bad, Zeltplatz, Lodges, Museum, das die Geschichte von Hwange Park beschreibt; Transfer von Dete über African Dawn Safaris (s.u., Übernachtung, Dete).

Sinamatella Camp, Laden, Tankstelle, Restaurant, Cottages mit ein oder zwei Schlafzimmern, Zeltplatz, Lodges.

Safari – Es geht auch billiger
(von H. Emmerling / Gauting)
Bulawayo – wir haben nun alles von der Hauptstadt von Matabeleland gesehen und die Geschichte der Großstadt aufgesaugt. Wir wollen aufs Land – in die Nationalparks. Hwange ist nahe, Hwange mit seinem Tierreichtum und seiner abwechslungsreichen Landschaft – wie uns Freunde gesagt haben, ein Muss in Zimbabwe. Der Geldbeutel allerdings ist nicht mehr wohl gefüllt und die Reisebüros nennen uns Lodges, deren Preisgefüge für uns jenseits von Gut und Böse liegt. Schließlich gibt uns eine freundliche Mitarbeiterin in einer Agentur eine Adresse – Africa Dawn Safaris. Wir rufen an und das ist es. Fahrt nach Dete, Übernachtung, Aufbruch nach Hwange, Schlafen im Park und am nächsten Abend zurück nach Bulawayo – alles zusammen mit Essen für weniger als US$130. Wir buchen sofort für den nächsten Tag. Wir werden abgeholt und fahren in einem kleinen Wagen die drei Stunden nach Dete zu unserer Unterkunft. Den Rest des Tages verbringen wir lesend, Softdrinks schlürfend und in Gespräche mit Gleichgesinnten vertieft auf der Terrasse. Margie – unsere Führerin – weiß allerlei über die Geschichte des Hwange-Parks zu berichten und wir werden gut vorbereitet. Abends sitzen wir ums Lagerfeuer und schauen dem Mond zu, wie er langsam über den Himmel gleitet. Am nächsten Morgen geht es früh los. Der Landrover wird mit Matten, Schlafsäcken und Essen bepackt, wir werden gefragt, was wir zu Trinken mitnehmen wollen, die Kühlbox wird gefüllt, und wir steigen ein, vielmehr wir steigen auf den Wagen. Die Sitzbänke sind gestaffelt in die Höhe gebaut, so dass der Vordermann den Hinteren nicht die Sicht auf die Tiere versperrt oder gar vor die Linse der Kamera gerät. Eine halbe Stunde Fahrt ist es von Dete zum Eingang des Parks. Stolz erzählt Margie, dass sie bald einen eigenen Eingang direkt bei Dete haben werden, den nur sie benutzen dürfen. Im Park wird die Fahrt holprig. Der Wagen springt über die vielen kleinen Querwellen der Piste. Bald aber merken wir das nicht mehr, der Anblick der Tiere nimmt uns gefangen. Margie weiß wo sie zu finden sind, ohne dass wir von anderen Touristen gestört werden. Elefanten, Giraffen, Zebras und natürlich Antilopen. Immer wieder halten wir nahe den Tieren, der Motor wird abgestellt und wir haben Zeit unsere Aufnahmen zu machen oder auch nur den Elefanten beim Schlammbad zuzusehen. Es ist unglaublich, was Margies geschulte Augen im Busch entdecken, hier eine Hyäne, die an einem Stück Aas herumbeißt, da der Kopf einer Giraffe, der im Blätterwald für unsere Blicke so gut getarnt ist, dass man uns mit der Nase draufstoßen muss, und dort klein am Wegesrand im Gras eine Speikobra, die uns züngelnd beobachtet (als Margie sie sieht, verlangt sie von uns umgehend die Sonnenbrillen aufzusetzen, schon ein Tropfen des über mehrere Meter gespritzten Giftes im Auge würde uns „big problems" machen).
Abends fahren wir, voll der Eindrücke, zu einer Picknick Area in einem abgezäunten Geviert. Gemeinsam packen wir aus und bauen unsere Schlafplätze unter den Dächern auf, hängen unsere Moskitonetze auf. Währenddessen kocht Margie das Abendessen auf offenem Feuer. Wir speisen wie die Könige und unterhalten uns lange in die Nacht hinein, bis Margie uns schlafen schickt. Am nächsten Morgen heißt es früh aufstehen, um die Tiere aus dem Busch zur Tränke kommen zu sehen. Wir schlafen wie die Toten. Mit einer Tasse Kaffee im Bauch geht es um halb sechs los. Und wieder umfängt uns die Natur, die Landschaft mit ihrem Tierreichtum. Margie kennt eine Stelle, wo sie die letzten Tage eine Löwengruppe gesehen hat. Wenn Engel reisen. Wir sind erfolgreich. Drei Löwinnen mit fünf Jungen liegen faul in den ersten Sonnenstrahlen des Tages nahe einem Wasserloch. Die Kameras klicken, das weiche Licht freut jeden Fotografen. Wir kehren zum Picknickplatz zurück und frühstücken. Danach geht es langsam durch den Park zum Eingang zurück und mittags sind wir wieder in Dete. Ein unvergessliches Erlebnis liegt hinter uns. Und wir haben nicht hunderte von US-Dollar gezahlt.
Africa Dawn Safaris, 43 Duiker Avenue, Dete; P.O. Box 128, Bulawayo, ✆ 018-328 / 09-74941, ✉ afdawn@acacia.samara.co.zw, 📠 09-74941 / 018-588. Zwei Tage mit Übernachtung im Schlafsack ab US$100 mit Mahlzeiten.

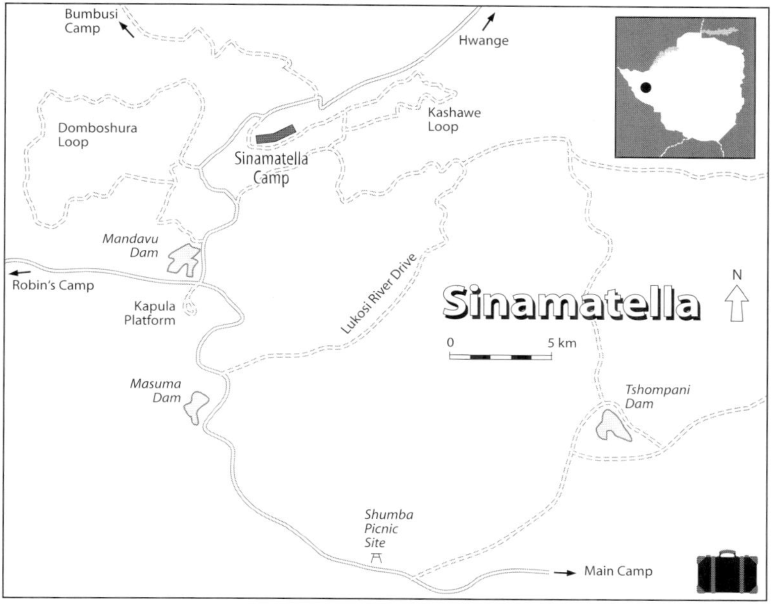

Bumbusi Exclusive Camp, 24 km nordwestlich Sinamatella, mehrere Hütten, zentrale Küche (eingerichtet), Ablution Block (während der Trockenzeit mit Pkw erreichbar), nur komplett zu buchen.
Lukosi Exclusive Camp, mehrere Hütten, zentrale Küche (eingerichtet), Ablution Block (während der Trockenzeit mit Pkw erreichbar), nur komplett zu buchen, geöffnet November bis April.
Robin's Camp, Laden, Tankstelle, Restaurant, Lodges und Chalets.
Nantwich Camp, unweit von Robin's Camp, nur exklusive Chalets.
Deka Exclusive Camp, 25 km westlich Robin's Camp, 2 Lodges mit je zwei Schlafzimmern, Bad, Esszimmer, Wohnzimmer, Küche, nur mit Geländewagen erreichbar, normalerweise während der Regenzeit geschlossen (nachfragen!). Die Beobachtungsplattformen und Picknickplätze stehen teilweise auch für die Übernachtung zur Verfügung (in Harare, Bulawayo oder direkt vor Ort nachfragen!).

AUSSERHALB – ***Detema Safari Lodge***, P.O. Box 69, Dete, ✆ 018-256, ℻ 269. Hübsche Chalets aus Lehm oder auf Stelzen aus Holz, p.P. US$150 inkl. Mahlzeiten.
Miombo Lodge, P.O. Box 90, Dete, ✆ 018-446. Doppelzimmer US$80 p.P., Haltestelle des Blue Arrow.
Ivory Lodge, P.O. Box 55, Dete, ✆ 04-796981, ℻ 796989, ✉ blockzim@harare.iafrica.com. DZ ab US$200 p.P. alles inklusive, hübsche traditionelle Baumhäuser.
Sikumi Tree Lodge, P.B. 5, Bulawayo, ✉ touchwld@harare.iafrica.com, ✆ 09-74589, ℻ 229088. Am Dete Vlei an einem Wasserloch, ab US$250 p.P. im Doppelbungalow alles inklusive.
Hwange Safari Lodge, P.B. DT5792, Dete, ✉ zimsuncro@zimsun.gaia.co.zw, ✆ 081-331,

✆ 337.5 km vom Flughafen Hwange und dem Hauptcamp des Nationalparkes entfernt. DZ US$95 p.P. inkl. Frühstück, Traditionsherberge mit vielen Pauschaltouristen (200 Betten).
Kanondo Camp, Southampton Life Centre, Jason Moyo Avenue, Harare, ✆ 04-795841, ✆ 795845, ✉ runwild@mail.pci.co.zw. Nahe dem Maincamp, ab US$200 im Doppelzimmer alles inkl.

DETE – Dete entstand als Eisenbahnhaltestelle, später wurde es zu einer größeren Wartungsstation für die Züge. Heute sind in Dete keine Eisenbahnarbeiter mehr zugange, die adretten Bungalows von der Stange stehen teilweise leer oder werden zur Unterbringung für Touristen genutzt.
Africa Dawn Safaris, 43 Duiker Avenue, Dete; P.O. Box 128, Bulawayo, ✆ 018-328 oder 09-74941, ✆ 09-74941 oder 018-588, ✉ afdawn@acacia.samara.co.zw. Zimmer US$10, angenehme Backpacker Lodge, sehr sauber und freundlich, äußerst günstige Safaris in den Hwange-Park (auch über Nacht).
Duiker Lodge, 25 Duiker Avenue, US$7 p.P., Einfachstunterkunft.
Hwange Backpackers Paradise, Lion Avenue, US$5 p.P., Unterkunft auf einfachstem Niveau.
The New Game Reserve Hotel, P.O. Box 2, Dete, ✆ 018-543, ✆ 564. DZ US$70 p.P. inkl. Frühstück, neues Hotel der gehobenen Touristenklasse mit den entsprechenden Annehmlichkeiten.

GWAYI RIVER – Der kleine Posten an der Hauptstraße Victoria Falls – Bulawayo entstand hauptsächlich, weil es hier eine Kreuzung gibt und viele Besucher sich hier versorgen, die zu den Lodges und Camps in Richtung Park aufbrechen. Eine kleine Töpferei verkauft Kunsthandwerk.
Gwaai River Hotel, P.O. Box 9, Gwayi River, ✆ 018-355, ✆ 268. DZ US$20 inkl. Frühstück, kleines Hotel am Fluss 500 Meter abseits der Hauptstraße, Schwimmbad, Wanderungen, Tennis.
Halfway House Hotel, P.O. Box 6, Gwayi River, ✆ 089-281, ✆ 281, ✉ kalika@telconet.co.zw. DZ US$25 inkl. Frühstück, kleines Hotel an einer Tankstelle mit Werkstatt, Infozentrum für die Umgebung, Lage: 25 km westlich Gwayi River an der Hauptstraße nach Bulawayo.
Jijima Safari Camp, P.O. Box 159, Victoria Falls, ✉ wildhori@samara.co.zw, ✆ 013-4219, ✆ 4349. DZ ab US$240 p.P. alles inklusive, wie Mahlzeiten, Getränke und Aktivitäten. Familiengeführte kleine exklusive Lodge, deren Besitzer den Tourismus in Zimbabwe mit aufgebaut hat – der Name Ron White ist im ganzen Land bekannt. Eine Vorausbuchung ist obligatorisch, Anfahrt von Halfwayhouse – 25 km westlich Gwayi River – in den Süden (20 km von der Teerstraße auf fester Piste). Der Lageplan wird mit der Buchungsbestätigung zugeschickt.
Umkombo Safari Lodge / Kingdom Cottages, P.O. Box 22, Gwayi, ✆ 04-700002 oder 018-251, ✆ 700001. DZ US$50 p.P. inkl. Mahlzeiten, Anfahrt: 2 km westlich Halfwayhouse in Richtung Park.
Kumuna Lodge, P.O. Box 19, Gwayi, ✆ 018-295, ✆ 295. 15 km südlich Gwayi River auf Piste erreichbar; DZ US$200 p.P. alles inklusive.
Chimwara Lodge, Southampton Life Centre, Jason Moyo Avenue, Harare, ✆ 04-795841, ✆ 795845, ✉ runwild@mail.pci.co.zw. 15 km südlich Gwayi River, ab US$200 im Doppelzimmer alles inkl.
Makololo Plains Lodge, P.O. Box 288, Victoria Falls, ✉ enquiry@wilderness.co.za, ✆ 013-3372, ✆ 4224. Luxuriöse Zeltcamps östlich der Ngweshla Pan im südöstlichen Teil des Parks. Anfahrt nur mit Vorausbuchung möglich. Zwei Camps mit all-inclusive Service, Zelt für 2 Personen US$300 p.P.
Sable Valley Lodge, Southampton Life Centre, Jason Moyo Avenue, Harare, ✆ 04-795841, ✆ 795845, ✉ runwild@mail.pci.co.zw. Südwestlich Gwayi River, ab US$200 im Doppelzimmer alles inkl.
The Hide, P.O. Box GD305, Greendale, Harare, ✉ presgrou@mail.pci.co.zw, ✆ 04-498548, ✆ 498265. Hochluxuriöse Lodge, direkt am Park südlich Gwayi River, DZ US$300 p.P. alles inklusive.

Im südlichen Teils des Hwange Parkes wird die Landschaft zur Savanne

Nyati Lodge, P.O. Box 17, Gwayi, ✆ 018-3401, ✆ 268. Nördlich Gwayi River, bei Meilenstein 246 ausgeschildert, DZ US$90 p.P. inkl. Mahlzeiten.
Gwayi River Restcamp, ✆ 018-443. Sehr sauberes Restcamp mit Bungalows (Selbstversorgung, Küche mit Geschirr) und Stellplätzen; Chalet für 4 Personen US$20, Stellplatz US$3 p.P.

LUPANE – entstand ursprünglich als Mission. Touristisch hat es überhaupt nichts zu bieten, es dient als Verwaltungs- und Versorgungsort für die angrenzenden ländlichen Gebiete.
Savanna Lodge, P.O. Box AC335, Ascot, Bulawayo, ✆ 09-42298, ✆ 41748, ✉ cozim@acacia.samara.co.zw. Ab US$180 p.P. inkl. aller Getränke, Mahlzeiten und Aktivitäten. Wildbeobachtungsfahrten in den Hwange Park am südlichsten Ende, mit die schönste Landschaft des Parks und einem unglaublichen Tierreichtum. Das junge Ehepaar – Vivian und Kim – sorgt für ein perfektes Urlaubserlebnis. Ausgezeichnete Küche, deren französischer Charakter sich wohltuend von den „rhodesischen" Fleischbergen abhebt. Anfahrt beim Meilenstein 168, wenige Kilometer hinter Lupane Richtung Bulawayo, 40 km abseits der Teerstraße auf einer eigenen Farm und einem Hügel mit Fernsicht über den Busch.

Sonstiges

AUTOVERMIETUNG – ***Amaswazi Leasing***, c/o Singing Bird Safaris, Dete, ✆ 018-255.
Hertz, Hwange Safari Lodge, ✆ 018-393, ✆ 357.

EINKAUFEN – ***Gwayi River Pottery***, P.O. Box 9, Gwayi River, ✆ 018-514, gegenüber dem Hotel. Kleine Töpferei, die zu günstigen Preisen verkauft, man kann bei der Arbeit zusehen.
🕓 Mo–Fr 8–17 Uhr.

INFORMATIONEN – ***National Parks & Wildlife Management***, P.O. Box 2283, Bulawayo, ✆ 63646, ✆ 65592.

Robin's Camp, P.B. WK5936, Hwange, ✆ 081-3503.
Sinamatella Camp, P.B. 5941, Hwange, ✆ 081-2775.
Main Camp, P.B. DT5776, Dete, ✆ 018-371, 📠 378.

TOUREN – ***Africa Dawn Safaris,*** 43 Duiker Avenue, Dete, P.O. Box 128, Bulawayo, ✆ 018-328 oder 09-74941, 📠 09-74941 oder 018-588, ✉ afdawn@acacia.samara.co.zw. Äußerst günstige Safaris in den Hwange-Park (s.o. Kasten); 2 Tage mit Übernachtung im Schlafsack US$100 mit Mahlzeiten; auch Backpacker Lodge.
Singing Bird Safaris, P.O. Box 84, Dete, ✆ 018-255, 📠 383. Safaris nach Hwange (2 Tage, 1 Übernachtung US$230), Fahrzeugvermietung.

Transport

Für die Anreise mit öffentlichen Verkehrsmitteln kommt nur Dete in Frage, der Eingang bei Robin's Camp und Sinamatella wird nicht angesteuert und dort kann man ohne Fahrzeug auch nicht in den Park hinein.

BUSSE – Haltestelle für die großen Buslinien ist Crossroads, von hier gibt es einen Minibus-Shuttle nach Dete. *BazBus* klappert alle Lodges in und um Dete ab, *Blue Arrow* hält bei der Miombo Lodge.

EISENBAHN – Die Züge der Strecke Bulawayo–Victoria Falls halten in Dete. Auch der Train de Luxe hält hier, s.S. 436, Bulawayo.

Train de Luxe / Rail Safaris, P.O. Box 2536, Bulawayo, ✆ 09-75575, 📠 64466, ✉ res@traindeluxe.co.zw. Luxusreisezug mit verschiedenen Klassen (teilweise mit Bad), der zwischen Victoria Falls und Bulawayo über Dete verkehrt. Der Fahrplan ist so abgestimmt, dass man Zeit für die Sehenswürdigkeiten hat und an Safaris teilnehmen kann.

FLÜGE – Der Flughafen liegt nördlich des Main Camps in Richtung Crossroads.
Air Zimbabwe, c/o United Touring Company, Hwange Airport, P.O. Box 40, Dete, ✆ 018-217, 📠 367. Air Zimbabwe fliegt täglich Hwange von Harare aus an und verbindet Hwange auch nach Victoria Falls, Bulawayo und Kariba.

Bulawayo

Mit 900 000, vielleicht auch einer Million Einwohnern ist Bulawayo (1360 m ü.d.M) nach Harare die zweitgrößte Stadt des Landes nach Harare. Es liegt zentral in dem Viereck Victoria Falls, Gweru, Beitbridge und Francistown (Botswana) und 450 km von Harare entfernt, und ist nicht nur das industrielle Zentrum und die Verwaltungsstadt der Provinzen Matabeleland Nord und Süd: Auch als kulturelles Zentrum hat die Stadt einiges zu bieten und besitzt eine rege professionelle und Laientheaterszene.

Bulawayo hat sich im Stadtbild viel stärker eine gewisse Leichtigkeit bewahrt als Harare und es sind noch viele Gebäude aus der frühen Kolonialzeit zu sehen. Auch die Menschen vermitteln eine Art des *easy going,* die geradezu zu Spaziergängen im Zentrum einlädt. Zentraler Platz der Stadt ist der Central / Centenary Park, an dem im Westen das eigentliche Zentrum anschließt, im Osten des Parks liegen Wohnviertel. Die „Streets" des Zentrums sind nordsüdlich ausgerichtet und tragen Namen von Persönlichkeiten des Landes (natürlich auch von Robert Mugabe), die ostwestlich verlaufenden „Avenues" sind großteils durchnummeriert. Eine Orientierung fällt also sehr leicht. Nicht nur in der Stadt gibt es einiges zu sehen, auch in unmittelbarer Umgebung liegen Sehenswürdigkeiten wie die Ruinen von Khame. Ein Aufenthalt von 2–3 Tagen sollte also geplant werden, will man sich alles anschauen, und anschließend sollte man noch zwei Übernachtungen im Matobo National Park vorsehen. Der Name der Stadt leitet sich ab von *gubulawayo* – Schlachtplatz – eine Erinnerung an den Einzug der Ndebele unter Mzilikazi, die sich nicht gerade friedfertig Platz für ihre Ansiedlung schufen.

Bulawayo und der Matobo District

Geschichte

Zu Beginn des 19. Jahrhunderts spalteten sich die Zulu im heutigen Südafrika. Mzilikazi verließ nach einem Zerwürfnis mit seinem König Shaka mit einem Teil der Zulu das Land und zog kämpfend durch Botswana. Um 1830 kam er im Südwesten von Zimbabwe an und siedelte in den Matobo Hills. Der Stamm änderte seinen Namen in Ndebele. 1870 starb er und sein Sohn Lobengula kam an die Macht. Er verlegte den Sitz an die Stelle des heutigen Bulawayo und gilt als der Stadtgründer. Zur gleichen Zeit kamen auch die ersten Weißen in die Gegend und in deren Gefolge auch die British South Africa

Company unter Sir Cecil Rhodes. Lobengula sah sich gezwungen Schürfrechte an Rhodes zu vergeben (sie wurden gegen Gewehre und Munition eingetauscht). Die Koexistenz ging aber nicht lange gut. Die Company nahm einen gegen die Shona gerichteten Übergriff Lobengulas zum Anlass, 1893 Matabeleland zu attackieren und den Kraal der Ndebele niederzubrennen. 1894 wurde Bulawayo von den siegreichen Weißen zur Stadt ausgerufen, zunächst als „town", die 3 Jahre später 1897 das Selbstverwaltungsrecht erhielt – im gleichen Jahr, in dem die Eisenbahn Bulawayo mit Kapstadt verband. Zur „city" wurde Bulawayo offiziell 1943.

Sehenswertes

Mittelpunkt der Innenstadt ist die **City Hall** an der Leopold Takawira Avenue und George Silundika Street. Sie ist das Verwaltungszentrum, hier finden täglich am Mittag Konzerte statt, ein kleiner Markt bietet Obst, Blumen werden verkauft und Souvenirs, der Tourist erhält freundlich hilfreiche Informationen und kann seinen Wagen auf dem großen Parkplatz abstellen und die weitere Besichtigung der Stadt zu Fuß unternehmen. Die City Hall gleißt in der Sonne und ringsum spenden Bäume Schatten. Dem Besucher fallen als Erstes die breite angelegten Straßen auf, die noch aus einer Zeit datieren, als Ochsenkarren mit 16 Zugtieren auf den Wegen wenden mussten. Die City Hall wurde an die Stelle gebaut, an der früher das „Laager and State House" stand, wo sich die weißen Siedler 1896 eines Angriffs der Ndebele erwehren mussten. An dem Platz wurde in den 50er Jahren ein alter Brunnen wieder entdeckt – der *old well* war Ende des 19. Jahrhundert die einzige Wasserversorgung der Stadt. Er wurde neu gefasst.

Hinter der sehenswerten Kolonialfassade des Douslin House, Main Street, Ecke Leopold Takawira Avenue, verbirgt sich die **National Art Gallery**, (P.O. Box 1993, Bulawayo, ✆ 70721). Das Gebäude entstand 1900 nach den Plänen des Architekten William Douslin, dessen Namen das Haus heute trägt. Es beherbergt eine permanente Ausstellung an Malerei, Knüpfarbeiten und Skulpturen einheimischer Künstler aus Stein, Holz und Metall. Immer wieder werden auch Wanderausstellungen eingeladen. Mitunter kann man Künstlern bei der Arbeit zusehen. Ein Café serviert Erfrischungen und kleine Mahlzeiten. 🕒 So–Fr (außer Mo) 10–17 Uhr, Sa 10–12 Uhr, Eintritt US$1.

Das höchst sehenswerte **Museum of Natural History** (P.O. Box 240, Bulawayo, ✆ 60045, 📠 64019) liegt im Centenary Park an der Ost-West-Hauptachse Leopold Takawira Avenue. Der moderne, 1964 entstandene Rundbau hat sich die Naturgeschichte des Landes zum Thema gemacht. 75 000 Exponate besitzt die Abteilung für die Tierwelt (wobei nur ein kleiner Teil Besuchern zugänglich ist) und die Vogelausstellung gilt als größte Afrikas. Dioramen und liebevoll zusammengestellte Kopien der Naturräume mit ausgestopften Tieren geben Aufschluss über die unterschiedlichen Lebensbedingungen. Der zweitgrößte ausgestopfte Elefant der Welt schwingt seinen Rüssel über Löwen und eine Giraffe schaut auf beide hinunter – das Halbdunkel macht die Illusion perfekt. Ein anderes Stockwerk ist der menschlichen Kultur gewidmet, ein nicht kleiner Teil – wie könnte es anders sein – den Waffen aus grauer Vorzeit bis zu modernen Gewehren. Auch die Verarbeitung von Bodenschätzen im Wandel der Zeit wird dokumentiert (teilweise als Freilichtausstellung). 🕒 Täglich 9–17 Uhr, Eintritt US$2

Bulawayo ist der Hauptsitz der zimbabwischen Eisenbahn. Da liegt es nahe sich hier und nicht in der Hauptstadt mit dem **Zimbabwe National Railway Museum** deren Geschichte zu widmen (P.O. Box 596, Bulawayo, ✆ 72211, Nebenstelle 499 verlangen). In der Prospect Street (die nächste Parallelstraße südlich des Bahnhofs) steht das in viel Kleinarbeit und mit viel Liebe zusammengestellte Museum. Waggons, Lokomotiven, Servicefahrzeuge, Kommunikationseinrichtungen und Uniformen lassen das Herz jedes Eisenbahner-Freaks höher schlagen. Unter anderem steht der Luxuswagen von Cecil Rhodes in einer Halle. Es war ihm nur ein einziges Mal vergönnt, in zu nutzen – im Sarg unterwegs nach Bulawayo. Gegenüber dem Museum ist das Büro der Rail

Bulawayo gilt als die Kulturstadt des Landes – Die Nationalgalerie

Safaris, die einen Luxuszug nach Victoria Falls unterhalten (s.u. Verkehr). ⌚ Di–Fr 8–16 Uhr, Sa und So 12–17 Uhr, Eintritt Z$5.

Der **Central / Centenary Park** ist die grüne Lunge der Stadt, wird von der Ost-West-Hauptachse Leopold Takawira Avenue geteilt und trennt das Geschäftszentrum von den teuren Wohnvierteln im Osten. Sehenswert ist die Anniversary Fountain (zum 75. Stadtjubiläum 1968 gebaut), von Blumenbeeten umrahmt und ein beliebter Ort zur Mittagspause auf den schattigen Bänken. Eine Miniatureisenbahn und ein Spielplatz erfreuen Kinderherzen, ein botanischer Garten die Erwachsenen. Abends finden manchmal im Bulawayo Theatre Aufführungen statt.

Der städtische Zeltplatz befindet sich an der südöstlichen Ecke, ein öffentliches Schwimmbad an der südwestlichen Ecke des südlichen Teils.

Tagsüber ist es bislang völlig problemlos sich im Park zu bewegen, nach Einbruch der Dunkelheit sollte man aber nur in größeren Gruppen unterwegs sein.

Das **Mzilikazi Arts & Craft Centre** (Mzilikazi Pottery, P.O. Box 7008, Bulawayo, ✆ 67245, 📠 65713), erreicht man über die Main Street nach Norden und die Masothsa Ndlovu Avenue nach links, dann den Schildern ein Stück in das Mzilikazi Township hinein folgend. Der Parkplatz ist bewacht. Das Kunsthandwerkszentrum hat sich auf Töpfereien und Skulpturen spezialisiert, die hier verkauft werden. Den Kunsthandwerkern kann man aber auch bei der Arbeit zusehen. Alles entsteht in Handarbeit. Jeder Raum ist einem Arbeitsschritt vorbehalten, am schönsten ist es den Bemalern der Tonwaren über die Schulter zu gucken, wenn sie mit feinem Pinsel und ruhiger Hand die leuchtenden Farben im abstrakten oder gegenständlichen Dessin aufbringen. ⌚ Mo–Fr 10–12 und 14–17 Uhr, Führungen.

Direkt gegenüber befinden sich die **Bulawayo Home Industries** (P.O. Box 2034, Bulawayo, ✆ 65376), eine Einrichtung, die von der Stadt getragen wird. Sie bietet Arbeitslosen, vornehmlich Frauen, eine Ausbildung und damit die Möglichkeit, sich und ihre Familien zu ernähren. Es werden Decken aus Wolle und Baumwolle gewebt und Körbe und andere Gegenstände aus der Faser der Ilala-Palme geflochten. Weiter entstehen Batikwaren und Gegenstände für den täglichen Gebrauch. Besonderes Augenmerk wird auf darauf gerichtet, dass die Ergebnisse auch verkaufbar sind. Man holt sich Ideen aus anderen Kulturkreisen und verbindet sie mit afrikanischen Einflüssen. So kann man Sombreros mit afrikanischem Muster erstehen oder florentinische Sandalen. Besuchenswert sind die Arbeitssäle auch wegen der Gesänge der Frauen. Eine Vorsängerin erzählt althergebrachte Legenden und alle fallen in den Refrain ein. Die Lieder können lustig sein aber auch tief melancholisch. ⏲ Mo–Fr 9–16 Uhr.

Eisenbahngeschichte Am 4. November 1897 hatten die Schienen Bulawayo erreicht und der erste Zug aus Richtung Kapstadt konnte in die Stadt einfahren. Davor liegt eine bewegte Geschichte, die ohne Cecil Rhodes anders verlaufen wäre. Ihm war als Erstem klar, dass eine Entwicklung des Landes ohne Schienenverkehr nicht möglich wäre und so trieb er unter hohem Aufwand den Schienenbau voran, um seine Ländereien (ein ganzes Land wohlgemerkt) zu erschließen. Man begann mit dem Bau 1892 von Beira (Moçambique) aus und 1893 von Vryburg (Südafrika). Mutare war 1898 erreicht, Bulawayo vier Monate vorher im Oktober 1897. Die Strecke Bulawayo–Mutare wurde erst 1902, im Todesjahr von Sir Cecil Rhodes, fertig gestellt, da der englisch-burische Krieg die Bauarbeiten behinderte. 1909 erreichte die Eisenbahn die Grenze zu Zaire. Bis 1927 hieß die Eisenbahngesellschaft „Beira and Mashonaland and Rhodesian Railways", danach „Rhodesia Railways". 1980 eliminierte man den Namen des ungeliebten Kolonisators und seitdem heißt die Gesellschaft „National Railways of Zimbabwe".

Verlässt man die Stadt auf der Lady Stanley Avenue (die Ausfallstraße nach Victoria Falls) und hält sich hinter dem SOS Kinderdorf geradeaus, kommt man zum State House. In dessen Garten sind die Überreste von **Lobengulas Kraal** zu sehen, der 1886 von der Strafexpedition der BSAC niedergebrannt wurde. Übrig geblieben ist letztendlich nur der Baum, unter dem der König seine Ratsversammlungen abgehalten hat. Ein Rondavel wurde damals von Cecil Rhodes in Auftrag gegeben, um seinen tapferen Widersacher Lobengula zu ehren. Es beherbergt ein kleines Museum, dessen Besuch mit der Touristeninformation abgesprochen werden muss.

Die **Hillside Dams** sind ein Naherholungsgebiet im Stadtbereich. Man fährt die Hillside Road rechts an der Messe vorbei nach Süden, biegt in die Cecil Avenue nach links und die Bannf Road wieder nach rechts ein (etwa 6 km vom Zentrum). Man kann an den Dämmen entlang spazieren gehen oder sich auf einer Parkbank ausruhen. Ein Aloe-Garten bringt dem botanisch Interessierten fast alle Arten des südlichen Afrika nahe. Viele Bewohner der Stadt kommen am Wochenende zum Picknick hierher. ⏲ tgl. von Sonnenauf- bis -untergang.

Fährt man von den Hillside Dams wieder zurück zur Hillside Road und auf deren Verlängerung, der Burnside Road, 2 km stadtauswärts, erreicht man den Chipping Way. Auf diesem ist es ein Kilomter zum **Mabukuwene Nature Reserve**. In dem 12 ha großen, mit Busch bewachsenen Reservat kann man spazieren gehen, picknicken, einen Aloe-Garten besuchen und von einem Aussichtspunkt auf Bulawayo hinuntersehen. ⏲ tgl. von Sonnenauf- bis -untergang.

Es gibt drei Gründe **Nesbitt Castle** zu besuchen. Es bietet die luxuriöseste Unterkunft der Stadt, in seinem Restaurant die beste Küche und besitzt die bizarrste Architektur des Landes. Ein englisches Schlösschen inmitten eines englischen Parks im Herzen Afrikas. Nur wer ins Restaurant oder übernachten will, hat Zutritt, neugierige Zaungäste werden von den Wachmännern freundlich, aber bestimmt zurückgewiesen. Das Schloss liegt im Stadtteil Hillside westlich des Zentrums (auf der 12th

Der Blumenmarkt im Zentrum Bulawayos

Lobengula wurde im Jahr 1836 geboren. Er war der Sohn des Königs Mzilikazi der Ndebele. Als Mzilikazi 1868 starb, bestimmte man Lobengula zum Nachfolger. Ursprünglich war dessen Halbbruder Nkulumane als Führer der Ndebele vorgesehen, aber sein Aufenthaltsort war seit 30 Jahren unbekannt. Man wartete 18 Monate und ernannte schließlich Lobengula. Die Anfangsjahre seiner Regierung galten als glücklich, in ihnen konsolidierte er die Macht der Ndebele – politisch und militärisch – und hatte die absolute Kontrolle auch über die ersten Kolonisatoren, die als Jäger, Händler und Missionare in das Land drangen. Geschickt verband er seine Interessen mit einem europäisch geprägten Auftreten nach außen (so ließ er sich ein flämisches Bauernhaus errichten und trug Matrosenkleidung), um Zugang zu den Weißen zu gewinnen und von deren Wissen zu profitieren. Als die Weißen jedoch begannen, ihm zur Durchsetzung ihrer Interessen Zwang aufzuerlegen (1877 kam eine erste englische Abordnung, die unmissverständlich Schürfrechte verlangte), legte er die europäische Kleidung ab und kehrte in sein traditionelles Königshaus zurück.
Der große Gegenspieler von Lobengula war Cecil Rhodes, der in Südafrika ein unglaubliches Vermögen mit Diamanten gemacht hatte und nun seine Fühler nach Matabeleland ausstreckte. Er sandte John Moffat, den Sohn des Missionars Robert Moffat – ein Freund Lobengulas – nach Bulawayo. John Moffat war ebenfalls Missionar, hatte aber seine Berufung gewechselt und arbeitete nun als Beauftragter Rhodes' und der englischen Regierung. Er ließ Lobengula 1888 den Moffat-Vertrag unterschreiben – tatsächlich nur ein Kreuz und sein Siegel, denn der König konnte weder lesen noch schreiben – laut dessen Konzessionen über Schürfrechte für andere Kolonialmächte der Zustimmung der englischen Regierung bedürften. Lobengula soll der Inhalt dieses Vertrages nicht mitgeteilt worden sein. Wie er später sagte,

hatte er sich geweigert, einen solchen Wortlaut zu zeichnen und Moffat bat ihn ein Kreuz unter eine Bestätigung zu setzen, in der seine Weigerung der Vertragsunterzeichnung festgehalten werden würde. Rhodes konnte nun die ebenfalls an den vermuteten Bodenschätzen hoch interessierten Deutschen und Portugiesen aus dem Land halten. Im gleichen Jahr sandte Rhodes drei Vertraute zu Lobengula – Charles Rudd, Rochefort Maguire und Francis Thompson. Sie verfuhren nach dem gleichen Prinzip wie Robert Moffat. Was geschrieben stand und was erzählt wurde, waren zwei Paar Stiefel. Lobengula vergab für immer und ewig die Rechte an seinem Land – er meinte gegen die Lieferung von Gewehren, Munition, eines Dampfbootes auf dem Zambezi und einer regelmäßigen monatlichen Zahlung von 100 Pfund Sterling lediglich das widerrufbare und örtlich begrenzte Recht zur Schürfung nach Gold vergeben zu haben.
Auf der Basis der Verträge gründete Rhodes 1889 die British South Africa Company (BSAC), die von der britischen Regierung das Exklusivrecht zur wirtschaftlichen Erschließung von Zimbabwe (Matabele- und Mashonaland) erhielt. Lobengula versuchte über eine nach England geschickte Abordnung den Vertrag rückgängig zu machen und verfasste ein Schreiben an das britische Königshaus:

„Vor einiger Zeit kam eine Gruppe von Männern in mein Land, ihr Führer hieß Rudd. Sie wollten von mir einen Ort, um nach Gold zu graben und waren bereit mit dafür bestimmte Dinge zu geben. Ich antwortete ihnen sie sollen mir geben, was sie mir geben wollen und ich würde ihnen geben, was ich ihnen geben will. Ein Papier wurde mir gegeben, das ich unterschreiben sollte. Ich fragte, was darin stünde und man sagte mir, dass es meine Worte seien. Ich legte meine Hand darauf. Drei Monate später hörte ich von anderer Seite, dass ich damit das Recht an allen Erzen meines Landes hinweggegeben hätte.
Ich berief meinen Rat und weiße Männer ein und verlangte eine Abschrift des Vertrages und es zeigte sich, dass ich an Rudd und seine Freunde alle Rechte zur Schürfung in meinem ganzen Land hinweggegeben habe.
Ich habe noch einmal Rat gehalten und meine Ratgeber werden dieses Papier nicht anerkennen. Es enthält weder meine Worte, noch die Worte derjenigen, die dieses Papier erhielten."

Es fruchtete nichts. Rhodes und die BSAC begannen endgültig das Land zu kolonisieren. 1990 schickte Rhodes die erste Pionierkolonne, der er Schürfrechte versprach (200 weiße Siedler wurden von 500 weißen Soldaten und 200 schwarzen Söldnern begleitet). Sie gründeten Fort Tuli, Fort Victoria (Masvingo), Fort Charter und pflanzten am 12. September 1890 die Fahne beim späteren Fort Salisbury (Harare) in den Boden. In den folgenden drei Jahren gärte es, Lobengula wollte aber die Weißen nicht angreifen, obwohl seine jungen Krieger die Landnahme nicht tatenlos mit ansehen wollten. Die Feindseligkeiten begannen schließlich von weißer Seite. Die gegen die Shona gerichteten Kriegszüge der Ndebele waren der BSACO ein Dorn im Auge. Die Shona waren wichtige Arbeitskräfte für den Aufbau des Landes und dieses Potential wurde durch Lobengula beeinträchtigt – auch wenn England die Geschichte umschrieb und sich der Weltöffentlichkeit als schützende Hand über den Shona präsentierte. 1893 leiteten die Engländer die Kampfhandlungen ein, attackierten eine Abordnung der Ndebele und töteten mehrere Dutzend Krieger. Nun befand sich Lobengula im Krieg. Zwar gewannen die Ndebele einige Schlachten (z.B. bei Shangani, wo sie 34 englische Soldaten töteten), letztlich waren sie aber der Feuerkraft der Weißen unterlegen. Die Engländer brannten den Kraal Lobengulas nieder, er floh und starb 1894. Seit dieser Zeit besitzen die Ndebele keinen König mehr.

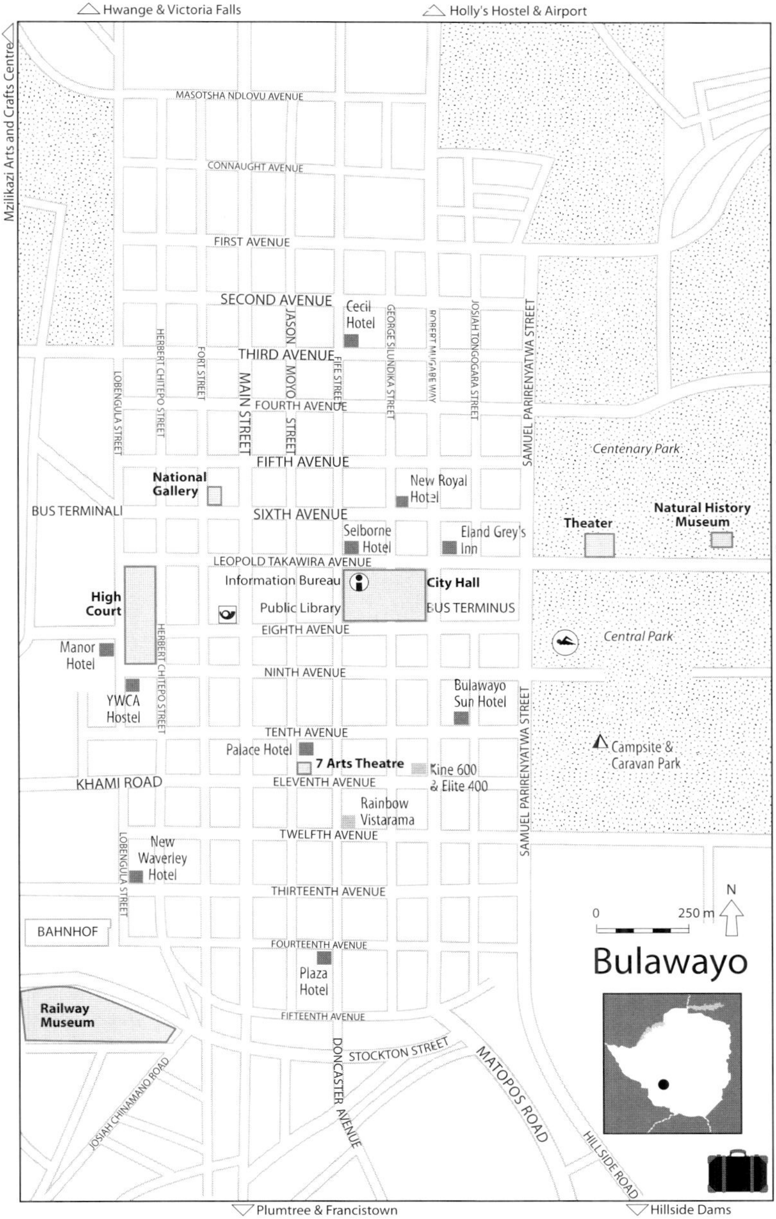
Hwange & Victoria Falls
Holly's Hostel & Airport
Mzilikazi Arts and Crafts Centre
Harare
Shaka's Spear, Beit Bridge & Johannesburg
Youth Hostel
MASOTSHA NDLOVU AVENUE
CONNAUGHT AVENUE
FIRST AVENUE
SECOND AVENUE
THIRD AVENUE
FOURTH AVENUE
FIFTH AVENUE
SIXTH AVENUE
LEOPOLD TAKAWIRA AVENUE
EIGHTH AVENUE
NINTH AVENUE
TENTH AVENUE
ELEVENTH AVENUE
TWELFTH AVENUE
THIRTEENTH AVENUE
FOURTEENTH AVENUE
FIFTEENTH AVENUE
STOCKTON STREET
KHAMI ROAD
MATOPOS ROAD
HILLSIDE ROAD
DONCASTER AVENUE
JOSIAH CHINAMANO ROAD
LOBENGULA STREET
HERBERT CHITEPO STREET
FORT STREET
MAIN STREET
JASON MOYO STREET
FIFE STREET
GEORGE SILUNDIKA STREET
ROBERT MUGABE WAY
JOSIAH TONGOGARA STREET
SAMUEL PARIRENYATWA STREET
Cecil Hotel
National Gallery
New Royal Hotel
BUS TERMINAL
Selborne Hotel
Eland Grey's Inn
Information Bureau
City Hall
High Court
Public Library
BUS TERMINUS
Manor Hotel
YWCA Hostel
Bulawayo Sun Hotel
Palace Hotel
7 Arts Theatre
Kine 600 & Elite 400
Rainbow Vistarama
New Waverley Hotel
BAHNHOF
Plaza Hotel
Railway Museum
Centenary Park
Theater
Natural History Museum
Central Park
Campsite & Caravan Park
0
250 m
N
Bulawayo
Plumtree & Francistown
Hillside Dams

Avenue bis zur Percy Avenue, dort rechts und der Beschilderung folgen). Es wurde von einem rhodesischen Geschäftsmann im Jahr 1916 gebaut. Der hätte eigentlich die Laufbahn eines Kirchenmannes einschlagen sollen und wurde von seinem Vater nach England zum Studium geschickt. Dort stellte er fest, dass er eher dem Weltlichen verbunden war und entdeckte sein Faible für englische Schlösser und Burgen. Heute ist das Anwesen nicht mehr in seinem ursprünglichen Zustand, über die Jahrzehnte hinweg wurde es von seinen Bewohnern immer wieder umgebaut, allerdings ist der düstere Stil erhalten geblieben. Ab 1967 verfiel es und wurde teilweise abgetragen, als man sich zur Beschaffung von Baumaterial einfach aus dem Areal bediente. 1988 schließlich wurde es an einen Geschäftsmann aus Chiredzi – Mr. Digby Nesbitt – verkauft, der es wieder herrichten und 1990 als exklusives Hotel eröffnen ließ.

Nesbitt Castle besitzt nur neun Doppelzimmer, jedes unter einem anderen Motto, wie z.B. das „Turmzimmer". Die Räume sind bis ins kleinste Detail perfekt eingerichtet, mehrere Lounges bieten bei so wenigen Gästen die Möglichkeit, sich ungestört zurückzuziehen – und abends kann man am Kamin unter afrikanischen Jagdtrophäen seinen Malt Whiskey schlürfen. Schwimmbad und Sauna dienen der Ertüchtigung und das Coach House Restaurant, das ein Dinner mit fünf Gängen serviert, steuert dem mit Erfolg entgegen (s.u. Übernachtung bzw. Essen).

Das moderne Messegelände Bulawayos befindet sich südlich des Central Park an der Hillside Road. Einmal jährlich im April ist es Schauplatz der **Zimbabwe International Trade Fair** (P.O. Box 399, Ascot, Bulawayo, Hillside Road, ✆ 65319, ℻ 65345). Sie geht auf das Jahr 1953 zurück, in dem die Königinmutter des englischen Königshauses die Rhodes Centenary Exhibition eröffnete, auf der sich die Industrie Zimbabwes das erste Mal der Weltöffentlichkeit präsentierte. Heute kommen viele Firmen aus Übersee und stellen ihre Produkte aus, einheimische Gesellschaften versuchen Geschäftskontakte anzubahnen.

Übernachtung

UNTERE PREISKLASSE – ***Africa in Mind Cottages***, 17 Limerick Road, Hillside, Bulawayo, ✉ afrimind@acacia.samara.co.zw, ✆ 46225, ℻ 46225. US$15–25 in Cottage, je nach Anzahl der Personen, Sehr hübsch in einem Garten gelegen, deutschsprachig, Selbstversorgung.

Cecil Hotel, P.O. Box 274, Bulawayo, Fife Street, Ecke 3rd Avenue, ✆ 540539. US$12 p.P.

Manor Hotel, P.O. Box 1035, Bulawayo, Lobengula Street, Ecke 8th Avenue, ✆ 61001. US$7 in Zimmer ohne Bad, mit Bad US$9.

New Royal Zimzone Hotel, P.O. Box 1199, Bulawayo, George Silundika Street, Ecke 6th Avenue, ✆ 65764. DZ US$15 inkl. Frühstück.

Palace Hotel, Jason Moyo Street, Ecke 10th Avenue, ✆ 64294. Zimmer mit Bad US$10.

Plaza Hotel, P.O. Box 1521, Bulawayo, ✆ 64280, ℻ 77269, 14th Avenue, Ecke Jason Moyo Street. Zimmer mit Bad US$15 inkl. Frühstück.

Grey's Inn, Robert Mugabe Way, Ecke Leopold Takawira Avenue, ✆ 540318, ℻ 540319. DZ US$25 inkl. Frühstück.

Banff Lodge, Banff Road, Ecke Leander Avenue, ✆ 43176, ℻ 44402. DZ US$30 inkl. Frühstück.

Bulawayo City Lodge, 14th Street, Ecke Fife Street, ✉ ketan@cacia.samara.co.zw, ✆ 69220, ℻ 60191. DZ US$20 inkl. Frühstück.

Falcon's Rest, 17 Greendale Road, Fortunesgate, Bulawayo, ✆ 45859. DZ US$10 inkl. Frühstück, für die Preisklasse empfehlenswert.

Western Backpackers Lodge, 5 Nottingham Road, Hillcrest, Bulawayo, ✆ 45010, ℻ 44100, ✉ tourzim@teconet.co.zw. Schlafsaal ab 10 US$, empfehlenswert als Billigunterkunft.

Carnarvon Cottage, 5 Carnarvon Road, Hillside, Bulawayo, ✆ 41209, ✉ jpscales@iee.org. Cottage für 6 Personen US$80.

Marula Lodges, 5 17th Avenue, Famona, Bulawayo, ✉ plongden@acacia.samara.co.zw, ✆ 77659, ℻ 60029. US$10 p.P. in Apartments mit 2 Schlafsälen, empfehlenswert.

Nira Holiday Flats, George Silundika Street zwischen 2nd und 3rd Avenue, Bulawayo, ✆ 79961, ℻ 69354. US$18 p.P., zentral gelegen, Frühstück möglich.

Nesbitt Castle – Die Erfüllung eines Jugendtraums

Mugoni Lodge, 29 Fort Street, Bulawayo, ✆ 540679. US$15 p.P. in EZ/DZ, Selbstversorgung, am Zentrumsrand.

Gate House Cottage, 10 Fortunes Gate Avenue, Fortunes Gate Village, Bulawayo, ✆ 42562, ✉ darcal@byo.zol.co.zw. Cottage US$20 p.P. inkl. Frühstück, mit 2 Schlafzimmern, Wohnraum, Veranda, Garten und Garage.

Club Wununda Guest House, P.O. Box 1984, Bulawayo, 48 Catherine Berry Drive, ✆ 43363, ✆ 66191. DZ US$15 p.P., Schwimmbad, Wäschedienst, 5 Doppelzimmer.

Tyrone Guest Lodge, ✆ 227372, 4 Tyrone Road, Queens Park East, Bulawayo. DZ US$10, für Selbstversorger.

Travellers Guest House, 2 Banff Road, Hillside, Bulawayo, ✆ 46059, ✆ 46059. DZ 15 US$p.P. inkl. Frühstück, alle Zimmer mit Bad. Grillmöglichkeit, Wäschedienst, Schwimmbad, sehr empfehlenswert.

Berkley Place, P.O. Box 1969, Bulawayo, 71 Joshia Tongogara Street, ✆ 75230. US$10 p.P., Abholdienst vom Flughafen und Bahnhof, sehr empfehlenswert.

Waverley Hotel, Lobengula Street, Ecke 12th Avenue, ✆ 60033. Zimmer ohne Bad US$7,50.

Zak's Place, P.O. Box 129, Bulawayo, ✆ 540129, ✆ 540190. DZ US$20 inkl. Frühstück.

MITTLERE PREISKLASSE – ***Holiday Inn Bulawayo***, P.O. Box AC88, Ascot, Bulawayo, ✉ byoholinn@zimsun.gaia.co.zw, ✆ 72464, ✆ 76227. Zimmer US$110, etwas außerhalb im Osten gelegen.

Cresta Churchill, P.O. Box 9140, Hillside, Bulawayo, Matopos Road, Ecke Moffat Avenue, ✆ 44243, ✆ 44247, DZ US$60 p.P. inklusive Frühstück.

Bulawayo Sun Hotel, P.O. Box 654, Bulawayo, ✆ 60101, ✆ 61739. DZ US$60 p.P. inklusive Frühstück.

Best Western Churchill Hotel, P.O. Box 9140, Bulawayo, ✉ churm@acacia.samara.co.zw, ✆ 44243, ✆ 46551. DZ US$95 inkl. Frühstück.

Lalani Travellers Lodge, 5 Derwent Road, Fortunes Gate, Bulawayo, ✆ 41935. DZ US$65 inkl. Frühstück, 8 km außerhalb östlich des Hillside Dam.

Selborne Hotel, Ecke George Silundika Street und Leopold Takawira Street, ✆ 85741, ℻ 76335, ✉ selborne@africaonline.co.zw. DZ US$40 p.P. inkl. Frühstück, zentral gelegen.
Garda Lodge, 167 Matopos Road, ✆ 43824, ℻ 43824, ✉ gardalde@teleconet.co.zw. DZ US$75 inkl. Frühstück.
Jacana Lodge, 21A Clark Road, ✆ 79528, ℻ 78275. US$75 p.P.

OBERE PREISKLASSE – ***Nesbitt Castle***, P.O. Box 9056, Hillside, Bulawayo, 6 Percy Avenue, ✉ cozim@acacia.samara.co.zw, ✆ 45051, ℻ 41748. In einem Schloss aus den Anfängen des 20. Jahrhunderts, absoluter Luxus mit neun Zimmern (s.u. Sehenswürdigkeiten), DZ ab US$122 p.P. inkl. Frühstück, Halbpension US$160 p.P. im Doppelzimmer.
Induna Lodge, P.O. Box FM330, Famona, Bulawayo; 16 Fortunesgate Road, Matsheumhlope, ✆ 45684, ℻ 45627, US$130 p.P.

CAMPING – ***Municipal Caravan Park***, Central Park, ✆ 63851. Zelten US$2 p.P., einfaches Chalet US$7 p.P., sehr sauber.
Phillips Caravan Park, 82 Esigodini Road, Matsheumhlope, ✆ 45364, ℻ 45334. Zelten US$3 p.P.
The Rock Campsite, Suite 208, Terger House, Jason Moyo Street, Bulawayo, ✆ 68672, ℻ 63680. 39 km auf der Straße nach Plumtree, bei Meilenstein 59 nach Ost (noch 8 km); Stellplatz US$5, sehr sauber auf einer Farm mit vielen Tieren (Antilopen, Giraffen Zebras), Mahlzeiten möglich.
Mguza Nature Reserve, Stellplatz Z$10 p.P., einfacher Platz im städtischen Reservat Mguza, 13 km außerhalb in Richtung Victoria Falls.

RICHTUNG VICTORIA FALLS – ***Country Rest Camp,*** P.O. Box 170, Bulawayo, ✆ 229551. Chalet für 4 Personen US$20, Bungalows auf einer Farm 19 km außerhalb Bulawayo in Richtung Victoria Falls.
Eland Windermere Hotel, P.O. Box 1175, Bulawayo, ✆ 229231. 10 DZ in einem einfachen, sauberen Hotel 15 km außerhalb in Richtung Victoria Falls (DZ US$15).

RICHTUNG MATOBO – ***Quail Lodge,*** 7 Quail Road, Burnside, Bulawayo. 8 km in Richtung Matobo auf der Hillside Road, dann Burnside Road, am Arnold Way links, dann erste Straße nach rechts. US$35 für Cottage bei Selbstversorgung für 2 Personen, Schwimmbad.

RICHTUNG PLUMTREE – ***Figtree Hotel***, P.O. Box 1, Figtree, ✆ 083-217. US$40 für ein Doppelzimmer, kleines Hotel, sauber.

RICHTUNG ESIGODINI – ***Hotel Rio,*** P.O. Box 1696, Bulawayo, ✆ 41384, ℻ 49407. DZ US$40 inkl. Frühstück.

Sicherheit Im Gegensatz zu Harare ist der Aufenthalt auf den Straßen Bulawayos für den Touristen bislang nicht stresshaft. Taschendiebstähle oder gar Überfälle – in der Hauptstadt gang und gäbe – sind in Bulawayo die Ausnahme.
Trotzdem sollte man die üblichen Vorsichtsmaßregeln einhalten. Auch Fahrzeuge sollte man nicht mit Gepäck am Parkplatz bei der City Hall oder anderen Orten, die häufiger von Touristen frequentiert werden, stehen lassen – auch wenn jeder Einheimische beteuert, dass dies problemlos sei. Nach Einbruch der Dunkelheit sollte man den Centenary oder Central Park meiden. Geld und andere Wertsachen lässt man bei Spaziergängen am besten im Hotelsafe.

Essen

The Coach House Restaurant, 6 Percy Avenue, Hillside, Bulawayo, ✆ 42735. Beste Küche der Stadt im Nesbitt Castle, Reservierung notwendig, bei gutem Wetter kann man im Park speisen.
La Gondola, Robert Mugabe Way zwischen 10th und 11th Avenue, ✆ 62986. Italienisches Restaurant mit Fischküche, Pizza, der Parmesankäse wird selbst produziert.
Inglenook Restaurant, im Cresta Churchill Hotel, Matopos Road, ✆ 41016. Freiluftrestaurant mit guter Küche.

Bulawayo Rainbow Hotel, J. Tongogora Street, Ecke 10th Avenue, ✆ 540273. Gutes Essen, relativ teuer, der Service entspricht nicht den Preisen.
The Cattleman Steakhouse, J. Tongogora Street, Ecke 12th Avenue. Sehr gutes Steakhouse, nicht zu vergleichen mit dem gleichnamigen in Victoria Falls.
Mary's Restaurant and Takeaways, J. Tongogora Street zwischen 8th und 9th Avenue, ✆ 76721. Sehr gutes Essen zu mittleren Preisen.
Cape to Cairo, Robert Mugabe Way, Ecke Leopold Takawira Avenue, ✆ 72387. Wildgerichte zu mittleren Preisen, auch Barbetrieb.
Friar Tuck's, Fife Street, Ecke 14th Avenue, ✆ 69265. Sehr gutes Essen, sehr günstig.
Bon Journee, 105 Robert Mugabe Way, Ecke 10th Avenue, ✆ 64839. Leichte Mahlzeiten zu günstigen Preisen.
Eastern Flavours, Robert Mugabe Way, Ecke 9th Avenue, ✆ 74617. Indische Küche zu mittleren Preisen.
Honkong Restaurant, Silundika Street, Ecke 13th Avenue, ✆ 66737. Chinesische Küche zu günstigen Preisen, auch vegetarisch.

Unterhaltung

NACHTLEBEN – ***Sunn City***, Compensation House, Leopold Takawira Avenue, Ecke Main Street, ✆ 62874. In-Disco mit gemischtem Publikum, Restaurant.
Nemesis, Trade Fair Grounds, Hillside Road, ✆ 62081. Disco, gemischtes Publikum.
Silver Fox Nightclub, Robert Mugabe Way, Ecke 10th Avenue, ✆ 77097. Disco mit vornehmlich schwarzem Publikum.
Joe's Place, G. Silundika Street, Ecke 11th Avenue. ✆ 77460. Livemusik und Fußballübertragungen.
Alabama, Tongogora Street, Ecke 10th Avenue. Livejazz mittwochs und an den Wochenenden.

KINO – ***Rainbow Cinemas***, 102 Robert Mugabe Way, ✆ 69690.
Rainbow Vistarama, Fife Street zwischen 11th und 12th Avenue, ✆ 67473.
Kine 600, Robert Mugabe Way zwischen 10th und 11th Avenue, ✆ 60993.

THEATER – ***Bulawayo Theatre***, P.O. Box 731, Bulawayo, ✆ 65393. Das Bulawayo Theatre befindet sich an der Leopold Takawira Avenue im Centenary Park. Es bietet vornehmlich moderne dramatische Stücke aus eigener Produktion oder als Gastschauspiele.
Amakosi Cultural Centre, P.O. Box 7030, Bulawayo, ✆ 79379, 📠 76673. Am Township Square im Norden des Zentrums, zu erreichen über die Main Street und die Masothsa Ndlovu Avenue nach links. Das Amakosi Theater bringt traditionelle Aufführungen (Schauspiele, Tänze) der vielen halbprofessionellen Theatergruppen der Stadt, die äußerst engagiert und ohne Gewinngedanken die Erinnerung an das kulturelle Erbe aufrecht erhalten. Es gilt als Zentrum der Kultur in der Stadt, hier werden auch Musiker ausgebildet, es gibt Lesungen und Sportangebote.
Bulawayo Philharmonic Chorus, Kontakt: ✆ 46515. Der Chor tritt Mi abend in der Zimbabwe Academy of Music zusammen.

Einkaufen

Camera Centre, 92 Main Street, Ecke 9th Avenue, Bulawayo, ✆ 61731. Kameras, Zubehör und Filme, Entwicklung.
Fazak Gift Centre, P.O. Box 1203, Bulawayo, Main Street (geg. Hauptpost), ✆ 61108, 📠 66800. Kunsthandwerk, Lederwaren, Safarikleidung.
Tshaka's Den, Ecke 9th Avenue Fife Street, Bulawayo, ✆ 72655. Kunsthandwerk.
Jairos Jiri, Leopold Takawira Avenue, Ecke Robert Mugabe Street, Bulawayo, ✆ 69147. Kunsthandwerkladen, der Behinderte unterstützt.
Bulawayo Home Industries, P.O. Box 2034, Bulawayo, Mzilikazi Square, Mzilikazi Township, ✆ 65376. Kunsthandwerk: Flechtwaren, Decken, Batik. Ein Projekt der Stadtverwaltung, das Arbeitslose reintegriert und ausbildet.
Tendele, P.O. Box 823, Masvingo, 90 Fife Street, ✆ 62902, 📠 68797. Kunsthandwerk, Ethno-Schmuck.

Mthwakazi Crafts, 81 Samuel Parirenyatwa Street, Ecke Leopold Takawira Avenue, ✆ 72729. Verkauf von Perlenarbeiten der Buhlaluse Kooperativen, die alte Ndebele-Themen mit modernem Design verbinden.
Vigne Bookshop, 122 Fife Street zwischen 12th und 13th Avenue, ✆ 66201.
Kingstons Bookshop, 91 J. Moyo Street zwischen 8th und 9th Avenue, ✆ 60869.
Eezee Kamping, Silundika Street, Ecke 10th Avenue, ✆ 62105. Camping- und Anglerausrüstung, Safarikleidung.

Aktivitäten

FITNESS – ***Muscle & Curves Health Club***, 62A S. Parirenyatwa Street, ✆ 79397.

GOLF – ***Bulawayo Country Club***, P.O. Box 9007, Hillside, Bulawayo, ✆ 47699. 18-Loch-Platz 10 km außerhalb.
Bulawayo Golf Club, P.O. Box 754, Bulawayo, ✆ 61428. 18-Loch-Platz außerhalb an der Park Road, der älteste Platz in Zimbabwe.
Harry Allen Golf Club, P.O. Box AC44, Ascot, Bulawayo, ✆ 63845. 18-Loch-Platz in Bulawayo an der Johannesburg Road.

REITEN – ***Upwey Riding School***, Burnside Road, Ecke Circular Drive, Burnside, ✆ 42845. Reitunterricht für alle Altersklassen.

SCHWIMMEN – ***Municipal Swimming Pool***, Samuel Parirenyatwa Street (Central Park), ✆ 61831. ⌚ August–Mai täglich 10–14 und 15–18 Uhr, Eintritt Z$5.

VOGELBEOBACHTUNG – ***Ornithological Association of Zimbabwe*** (Matabeleland Branch), P.O. Box 44, Bulawayo, ✆ 42474. Die ornithologische Gesellschaft führt zweimal im Monat Ausflüge durch.

Touren

African Dawn Safaris, P.O. Box 128, Bulawayo, ✉ afdawn@acacia.samara.co.zw, ✆ 74941, ℻ 74941. Äußerst günstige Safaris in den Hwange-Park (auch über Nacht).
Western Touring Company, 5 Nottingham Road, Hillcrest, Bulawayo, ✆ 45010, ℻ 44100, ✉ tourzim@teconet.co.zw. Unternehmungen nach: Matobo, Chipangali, Hwange, Vic'Falls. Reit- und Kanusafaris, Hausbootvermittlung in Binga / Karibasee, Safaris nach Chobe / Botswana.
Chamboko Tours & Safaris, 113A Tongogara Street, Bulawayo, ✆ 76838.
Touren zu den Ruinen von Khame (US$25).
Mzingeli Tours, 4 Princess Mansions, Leopold Takawira Street, Bulawayo, ✆ 540268, ℻ 540 269. Tagestouren nach Matobo (US$35 p.P.).
Tendele Tours, P.O. Box AC176 Ascot, Bulawayo, ✆ 011-605125. Tagestouren nach Matobo (US$40 p.P.)
African Wanderer, P.O. Box 1976, Bulawayo, ✆ 72736, ℻ 72736. Spezialisiert auf Fotosafaris in der Umgebung von Bulawayo.
ST – Safari Tours, 19B 10th Avenue, Ecke Jason Moyo Street, ✆ 75380, ℻ 75380. Touren zu den Ruinen von Khame, Stadtbesichtigungen, Besuche der Townships.
Mazwi Horse Riding, ✆ 45356. Reitausflüge in den städtischen Erholungspark von Mazwi (15 km Richtung Khame, dann 6 km nach Nord und wieder 6 km nach West), ein vierstündiger Ritt kostet um US$25.
Face to Face Tours, Buchung über die Bulawayo Publicity Association, ✆ 60867, ℻ 78053. Geführte Touren in der Stadt, den Townships und in die Umgebung (Township Tour US$20, Stadtbesichtigung US$35, Ruinen von Khame US$20).
Madlala Tours, ✆ 69060. Touren in die Umgebung.
Nengasha Safaris, 132 Parirenyatwa Street zwischen 13th und 14th Avenue, Bulawayo, ✆ 0975749, ℻ 74058. Geführte Touren in der Stadt und in die Umgebung.
Destination Management, Shop GO3, Forestry Building, Fife Street, Bulawayo, ✉ dmzb@acacia.samara.co.zw, ✆ 78866, ℻ 78867. Touren in und um Bulawayo, Flughafentransfers.
Black Rhino Safaris, P.O. Box FM89, Famona, Bulawayo, ✆ 41662, ℻ 41662. Führungen nach

Matobo Hills, Safaris in den Hwange Park und nach Mana Pools.
Wintron Tours, P.O. Box FM345, Famona, Bulawayo, 8 27th Avenue, ✆ 61544, ℻ 61544, ✉ wintron@yebo.co.zw. Touren in die Umgebung, Touren Über Nacht mit Besuch eines Dorfes, traditionelles Essen und Gespräche (US$40 p.P.).
Sunshine Tours, P.O. Box 447, Bulawayo, ✉ sunshine@msasa.samara.co.zw, ✆ 67791, ℻ 74832. Halbtägige Ochsenwagenfahrten auf dem Land (US$65 p.P.).
Edelweiss Bike Travel, P.O. Box 3796, Bulawayo, ✆ 62553, ℻ 64880. Safaris mit dem Fahrrad.

Sonstiges

AUTOVERMIETUNG – ***Transit Car & Truck Hire,*** 86 Robert Mugabe Way, Ecke 8th Avenue, Bulawayo, ✆ 76495, ℻ 76394.
Amaswazi Leasing, Shop G03B, New Forestry Building, 71 Fife Street, Bulawayo, ✆ 79778, ℻ 72596.
Hertz Autovermietung, Ecke George Silundika Street 14th Avenue, ✆ 74701, ℻ 63383.
Europcar, 9A Africa House, Fife Street, ✆ 67925, ℻ 77392.

FAHRRÄDER – ***Circle Court Tours & Safaris,*** York House, Chitepo Street, Ecke 8th Avenue, ✆ 540150. Fahrrad für ca. US$10 am Tag.
Studio 6, National Art Gallery, ✆ 74058.

IMMIGRATION – Herbert Chitepo Street, Ecke 11th Avenue, ✆ 65621.

INFORMATIONEN – ***Bulawayo Publicity Association***, P.O. Box 861, Bulawayo, bei der City Hall, ✉ bulawayo@teconet.co.zw, ✆ 60867, ℻ 60868.
National Parks & Wildlife Management, Booking Office, Khame Road, Ecke Herbert Chitepo Street, Eingang von der 10th Street, P.O. Box 2283, Bulawayo, ✆ 63646, ℻ 65592.

INTERNET – ***Afri Net Surfing / Internet Café / The Internet Centre***, Shop 59, The Bulawayo Centre, Main Street zwischen 9th und 10th Avenue, ⌚ Mo–Fr 9–18 Uhr, Sa 9–13 Uhr, ✉ secbird@harare.iafrica.com, ✆ 70324.

KURIERDIENST – DHL, P.O. Box 1537, Bulawayo, 90 Main Street zwischen 8th und 9th Avenue, ✆ 74710, ℻ 75558.
Maple Freight, 100 S. Parirenyatwa Street, Ecke 10th Avenue, Bulawayo, ✆ 76165, ℻ 76165, ✉ maplefrt@acacia.samara.co.zw. Spezialisiert auf die Überseeverschiffung von Kunsthandwerk.

NOTFALL – **Polizei**: Leopold Takawira Avenue, Ecke Fife Street, ✆ 72516.
Krankenhaus: ***Galen House Casuality Unit / Emergency Medical Clinic,*** J. Tongogora Street, Ecke 9th Avenue, ✆ 540051.
Apotheke: ***Emergency Chemistry,*** R. Mugabe Way zwischen 8th und 9th Avenue, ✆ 69781.
Luftrettung: ***Medical Air Rescue Service***, ✆ 60351.

POST – **Hauptpost**, Main Street, Ecke 8th Avenue, ✆ 62535.

TAXI – ***Rixi Taxi***, ✆ 60666 oder 61934.

VERANSTALTUNGEN – Die Ascot Rennbahn im Osten des Zentrums führt an zwei Wochenenden im Monat **Pferderennen** durch, die als gesellschaftliches Ereignis gelten. Genaue Daten findet man in den Tageszeitungen oder in der Zeitschrift *Bulawayo this month*.

VORWAHL – 09.

Transport

BUSSE – ***Translux,*** Haltestelle City Hall Parking Lot, ✆ 66528, ℻ 78347, nach VICTORIA FALLS über Gwayi River und weiter nach LIVINGSTONE und über Beitbridge und Johannesburg nach PRETORIA.
Blue Arrow, Haltestelle Unifreight House, 73A Fife Street, ✆ 65548, ℻ 65549, nach VICTORIA FALLS, nach HARARE und weiter nach MUTARE oder KARIBA.

Zimbabwe Travel, Haltestelle Holiday Inn, ✆ 76208, ✆ 78319, nach JOHANNESBURG.
BazBus, ✆ 011-704242, Haltestelle Renkini Busterminal, mehrmals in der Woche nach VICTORIA FALLS und nach KAPSTADT.
Neben diesen Expressbussen fahren die „Volvos", die besseren Überlandbusse, und die „Chickenbuses", die runtergekommenen Luftverschmutzer, von zwei Hauptterminals ab. Renkini, Sixth Avenue Extension in Mzilikazi, ist die Haltestelle für die Verbindungen in den Osten und Süden (Harare, Masvingo, Mutare und Beitbridge). Die Busse nach Victoria Falls fahren vom Entumbane Busbahnhof ab (Luveve Road im Nordwesten im Stadtteil Lobengula).
Busse in die Region fahren von zwei Haltestellen ab. Die nördlichen, östlichen und südlichen Vororte werden vom City Hall Terminus an der 8th Street bedient, die westlichen Vororte vom Lobengula Street Terminal an der 6th Avenue.

EISENBAHN – **Hauptbahnhof**, Anthony Taylor Avenue (Verlängerung der 13th Street), Auskünfte ✆ 322284, Reservierung 322210. Regelmäßige Zugverbindungen über Dete und Hwange nach VICTORIA FALLS, nach HARARE und nach GABORONE / Botswana. Einmal pro Woche über Beitbridge nach JOHANNESBURG.
Train de Luxe / Rail Safaris, P.O. Box 2536, Bulawayo, ✉ res@traindeluxe.co.zw, ✆ 75575, ✆ 64466. Luxusreisezug mit verschiedenen Klassen (teilweise mit Bad), der zwischen Victoria Falls und Bulawayo über Dete verkehrt. Der Fahrplan ist so abgestimmt, dass man Zeit für die Sehenswürdigkeiten hat und an Safaris teilnehmen kann. Der Zug gilt weltweit als einzigartig, da er die gesamte Strecke mit Dampflokomotiven bewältigt (für den Kenner: 15th Class Garrat Dampflokomotiven 4-6-4 + 4-6-4). Vic'Falls–Bulawayo–Vic'Falls kostet in der besten Klasse US$831 p.P. im Doppelabteil inklusive aller Mahlzeiten und Aktivitäten, von Dete nach Bulawayo in der billigsten Klasse mit einer Übernachtung US$170 p.P. im Doppelabteil.

Train de Luxe

Sonntag	Vic'Falls	ab 09.30
	Dete	an 14.30
Montag	Dete	ab 02.00
	Bulawayo	an 09.00
	Bulawayo	ab 16.30
Dienstag	Dete	an 05.00
	Dete	ab 11.30
	Vic'Falls	an 16.30
Mittwoch	Vic'Falls	ab 09.30
	Dete	an 14.30
Donnerstag	Dete	ab 11.30
	Vic'Falls	an 16.30
Freitag	Vic'Falls	ab 09.30
	Dete	an 14.30
Samstag	Dete	ab 11.30
	Vic'Falls	an 16.30

FLÜGE – Vom Flughafen, 22 km nördlich der Stadt, pendelt ein Shuttlebus von Air Zimbabwe zum Bulawayo Sun Hotel (US$3), Zeiten sind auf die Flüge abgestimmt.
Air Zimbabwe, City Terminal, Jason Moyo Street, Ecke 12th Avenue, ✆ 69732. Keine Direktflüge nach Harare, Verbindungen über Victoria Falls, Hwange und Kariba.
South African Airways, Africa House, Fife Street, Ecke 10th Avenue, ✆ 71337.
British Airways, Old Mutual Centre, J. Moyo Street, ✆ 66596.
Bulawayo Air, P.O. Box 26, Bulawayo, ✆ 41209, ✆ 64017, ✉ byoboard@acacia.samara.co.zw. Flugzeugcharter.

Die Umgebung von Bulawayo

Old Bulawayo

Old Bulawayo liegt 25 km außerhalb (20 km auf der Hillside / Burnside Road und 5 km in die Criterion Mine Road; Kontakt über National Museums and Monuments, ✆ 09-60045). Hier lebte Lobengula von 1870 bis 1881. Momentan finden noch Ausgrabungsarbeiten statt, die 2001 abgeschlossen sein sollen. Trotzdem sind Besucher schon willkommen und können sich die Grundmauern einer alten Jesuiten-Mission und Reste der königlichen Hütten anschauen.

Mazwi Nature Reserve

Das kleine Mazwi Nature Reserve, ✆ 09-60376, liegt 27 km außerhalb auf dem Weg zu den Ruinen von Khame (Khame Prison Road nach rechts, nach 6 km wieder rechts, noch 6 km bis Mazwi). Es besteht aus Savannen-Grasland und lichten Wäldern um den Lauf des Mpopoma. Von einem Hügel hat man Weitsicht über die Umgebung. Antilopen und Vögel leben im Park, man kann picknicken und wandern. Mit Voranmeldung werden geführte Ausritte unternommen. 🕓 tgl. von Sonnenauf- bis -untergang, Eintritt US$0,50.

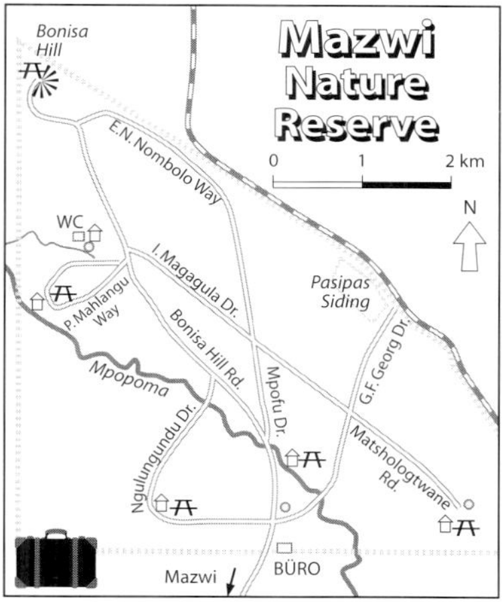

Mguza Nature Reserve

Mguza liegt an der Hauptstraße nach Victoria Falls 15 km außerhalb der Stadt. In den Wäldern des Reservates leben Antilopen. Schön ist der durch das Gebiet mit seinen Tälern und Vleis mäandernde Lucu. Die Einwohner Bulawayos kommen zum Wandern und Picknick

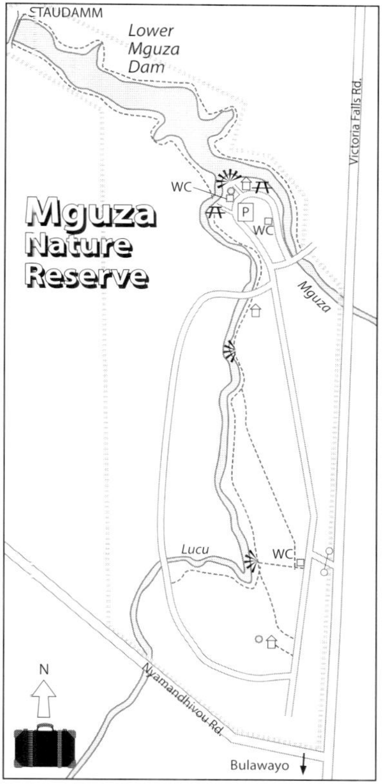

und unter der Woche wird Schulklassen die Natur nahegebracht. Auf einem einfachen Zeltplatz in die Übernachtung erlaubt. 🕓 tgl. von Sonnenauf- bis -untergang, Eintritt US$0,50, Camping US$1 p.P.

Chipangali Wildlife Orphanage

Chipangali liegt 25 km östlich der Stadt an der Esigodini Road. Schirmherrin des Projekts zur Pflege verletzter oder verwaister Tiere war Princess Diana des englischen Königshauses, aber auch heute noch kümmert sich dieses um das Zentrum. Picknickplätze und Unterhaltung für Kinder ziehen Familien aus Bulawayo an.

Die Kleinen haben einen Spielplatz, eine Old McDonalds Farm und einen Streichelzoo. Ein Buschcamp dient der Übernachtung in der Wildnis und ein Zeltplatz steht Overlandern zur Verfügung. Das Zentrum arbeitet nicht gewinnorientiert, sondern funktioniert als Stiftung, die bedrohte Tierarten schützen und vor dem Aussterben retten will. Im Rahmen der Finanzierung der Aufzuchtprogramme kann man Tiere adoptieren oder auch nur unterstützendes Mitglied der Gesellschaft werden. Die Adoption ist nicht teuer, ein Vogel kostet US$1, ein Löwe und ein Nashorn US$4. Die Anmeldeformulare kann man im Teegarten bei einer leichten Mahlzeit ausfüllen. Anschließend lassen sich im Curioshop Andenken kaufen. ⌚ tgl. außer Mo 10–17.30 Uhr, Eintritt US$0,50.

Chipangali Adoption Scheme, P.O. Box 1057, Bulawayo, ✆ 09-229646, 📠 72187, ✉ chipanga@hahare.iafrica.com.

Tshabalala Sanctuary

Tshabalala (P.O. Box 2283, Bulawayo, ✆ 09-44361), liegt 10 km außerhalb im Süden an der Matopos Road. Auf dem Wandergebiet leben neben Giraffen und Zebras auch diverse Antilopenarten: Leierantilopen, Impalas, Gnus, Kudus und Tsessebe. Einige Fahrwege sind ebenfalls vorhanden. Im Park gibt es bis auf Picknickplätze keine Einrichtungen. Reitausflüge können arrangiert werden. Das Schutzgebiet liegt auf einer Farm, deren ursprünglicher Besitzer, ein Engländer, mit einer Tochter des Ndebele-Königs Lobengula verheiratet war. ⌚ tgl. 6–18 Uhr, Eintritt US$10.

Cyrene Mission

Cyrene Mission (Figtree, P.O. Box 1541, Bulawayo, ✆ 083-214, 📠 241) liegt 30 km außerhalb von Bulawayo hinter den Ruinen von Khame. Bei Meilenstein 28 geht eine Piste ab, der man 2 km bis zur Mission folgt. Interessant ist Cyrene wegen der Kapelle, die innen und außen mit farbenfrohen Gemälden bemalt ist. Gegründet wurde die Mission 1936 von Ned Paterson, Kirchenmann der Anglikanischen Diözese von Südrhodesien. Die Kirche erhielt als Geschenk zwei Farmen, und Paterson beschloss eine Schule zu bauen, wobei er besonderes Augenmerk auf die künstlerische Ausbildung seiner Schüler richtete. Das Ergebnis war, das Paterson selbst und seine Schüler die Mauern der Kapelle mit Interpretationen der Schöpfungsgeschichte schmückten. Während des Unabhängigkeitskampfes in den 70er Jahren musste die Schule nach Bulawayo umziehen, die rhodesische Armee übernahm das Gelände und nannte es Fort Godwin. 1980 kehrte man zurück und wandelte das Fort wieder zur Schule. Heute lernen 500 Schüler auf dem Gelände. Man will ihnen nicht nur theoretische Lerninhalte vermitteln, sondern ihnen auch das ländliche Leben nahebringen – die Landwirtschaft. Die Schule genießt im Land ein hohes Ansehen. Die Kapelle wurde 1987 zum National Monument erklärt. Eintritt frei, eine kleine Spende wird gerne gesehen.

Die Ruinen von Khame

Die Ruinen von Khame liegen 23 km im Westen der Stadt, zu erreichen über die 11th Avenue, die bald Khame Road heißt und sich durch das Industrieviertel der Stadt windet. Die Straße wird dann schmaler und ist mit Schlaglöchern durchsetzt. Für die letzten drei Kilometer biegt man auf eine Piste in schlechtem Zustand ab. In dem kleinen Museum muss der Eintritt gezahlt werden (US$2) und dann kann man losstiefeln. Die Ruinen wurden von der UNESCO zum Weltkulturerbe erklärt, weniger wegen der Reste, die man noch sieht, als aufgrund ihrer Geschichte. Sie wirken keinesfalls so beeindruckend wie die von Great Zimbabwe. Wenige Besucher verirren sich hierher, wie das Gästebuch zeigt. Dafür ist man nicht mit der Hektik und dem touristischen Stress von Great Zimbabwe konfrontiert.

Die Hauptruinen befinden sich auf einem Gebiet von etwa 1,5 km², weitere Ruinen liegen bis zu 8 km entfernt, sind aber kaum von Interesse. Wer will kann sich einen Führer nehmen, der zwischen 2 und 4 US$ kostet. Die Ruinen sind nicht mit öffentlichen Verkehrsmitteln erreichbar. Wer kein Fahrzeug zur Verfügung hat,

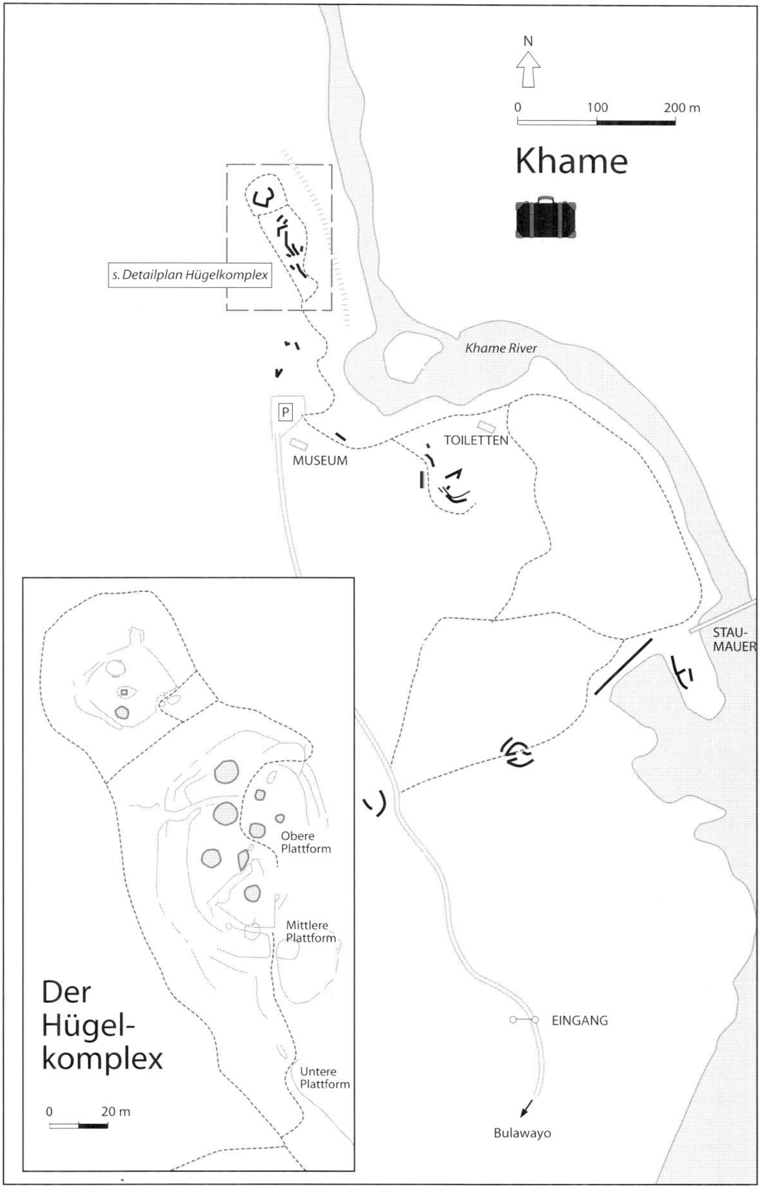
N
0
100
200 m
Khame
s. Detailplan Hügelkomplex
Khame River
P
TOILETTEN
MUSEUM
STAU-
MAUER
EINGANG
Bulawayo
Der
Hügel-
komplex
Obere
Plattform
Mittlere
Plattform
Untere
Plattform
0
20 m

muss sich an einen der Touranbieter in Bulawayo wenden (s. dort).

Geschichte

Khame entstand im 15. Jahrhundert, als die Kultur von Great Zimbabwe sich dem Ende zuneigte. Es gilt als der Sitz und die Quelle der Macht der Herrscher von Torwa. Dass zwischen beiden Staaten, Great Zimbabwe und dem Torwa-Reich, Verbindungen bestanden, wird bei einem Vergleich der Töpferwaren deutlich, die an beiden Orten gefunden wurden. Auch die Steinmauern weisen Ähnlichkeiten auf. Scherbenfunde, die man nicht dem Torwa-Reich zuordnen wollte, wurden schließlich mit der Radiokarbonmethode der frühen Steinzeit zugeschrieben, so dass man heute davon ausgeht, dass die Region schon vor 100 000 Jahren besiedelt war. Die Mauerstrukturen entstanden um 1450 und wurden wohl bis Ende des 17. Jahrhunderts bewohnt. Im Unterschied zu den Mauern von Great Zimbabwe, die zur Abtrennung der auf dem natürlichen Untergrund stehenden Hütten entstanden, wurden die in Khame errichteten Steinstrukturen mit Erdreich, Felsen und Schotter aufgefüllt und auf deren künstlichen Boden die Hütten gebaut. Khame besitzt auch mehr Schmuckwerk an den Wällen als Great Zimbabwe. Sowohl in Khame als auch in Great Zimbabwe waren die ummauerten Bereiche für die Edlen des Volkes vorgesehen. Sie dienten als Wohnstatt und zur Repräsentation der Ratsmitglieder und der Adligen. Die Hütten der einfachen Menschen waren in der Umgebung angesiedelt. So wie Khame Great Zimbabwe als Vorherrscher ablöste, wurde es selbst Mitte bis Ende des 17. Jahrhunderts vom Rozwi-Reich abgelöst, dessen Ruinen westlich von Gweru zu sehen sind (die wichtigsten sind Dhlodhlo und Nalatale). Die Ausgrabungen am Hauptkomplex begannen 1947 und dauerten bis 1956. Funde von Tonwaren aus dem europäischen und dem chinesischen Kulturkreis belegen die intensiven Handelsbeziehungen, die die Bewohner von Khame mit den Portugiesen am Indischen Ozean gepflegt haben müssen.

Der Hügelkomplex

Der Besuch des Hügelkomplex dauert 45 Minuten, wenn man sich Zeit lässt. Man steigt den grün bewachsenen Hügel hinauf und gelangt über die untere Plattform an der mittleren Plattform vorbei und durch die Südpassage. Oberhalb dieser stand einmal eine kleine Hütte. Der Gang biegt abrupt nach rechts ab. Hier kann man verzierte Steine und noch originale Holzbalken sehen, die wohl Dächer stützten und gleichzeitig zur Verzierung dienten. Unterhalb der oberen Plattform stehen Hüttenreste, die man aus Gründen der Erhaltung überdacht hat. Hier stand eine der größten Hütten des Komplexes. Am nördlichen Ende der oberen Ebene findet sich eine für Khame ganz ungewöhnliche Mauer aus unbearbeitetem Granit. Von hier aus hat man einen guten Blick über die bewaldete Hügellandschaft. Verlässt man die Plattform nach Norden, kommt man gleich zur Kreuz-Plattform, in deren Stein ein Kreuz gemeißelt ist. Angeblich hat dies ein portugiesischer Missionar veranlasst. Drei Hüttenreste sind um das Kreuz angeordnet, die Eingänge sind seitlich mit Holzbalken verziert. Jenseits der Plattform sieht man am Nordwall schöne gemauerte Verzierungen.

Die südlichen Plattformen

Der Spaziergang dauert etwa eine Stunde. Vom Parkplatz wendet man sich nach Süden und läuft am Museumseingang vorbei. Gegenüber dem Museum sind in den Stein regelmäßige Lochreihen gebohrt – ein Tsoro-Spiel, das in ganz Afrika gespielt wird und bei dem man Kugeln nach bestimmten Regeln in den Löchern bewegen muss. Man geht den Weg weiter an Hüttenresten vorbei bis zur Monolithischen Plattform, die nach dem Granitfelsen benannt ist, der sie überragt. Dort wendet man sich nach Westen, passiert ein weiteres Spielfeld für Tsoro und erreicht die Passagen-Plattform, ein Beispiel für die Verbindung von Mauerwerk als Umrandung einer Plattform und freistehendem Mauerwerk. Der Gang, der ihr den Namen verliehen hat, ist 18 m lang und mit Dolerit-Steinen geschmückt. Die nächste Plattform westlich hat den Namen „Abgrund". Sie steht direkt neben dem Staudamm und ist auf 68 m Länge mit einem Schachbrettmuster verziert. Gleich nördlich dahinter steht der Felsengong. Wer den Wackelstein schlägt, hört einen glockenartigen Ton. Der Weg führt nun zurück an den Toiletten vorbei, hinter denen man auf die Vlei-Plattform gelangt. Eine kleine Elfenbeinfigur eines Mannes wurde hier ausgegraben und ist heute im Natural Museum in Bulawayo ausgestellt.

Informationen

National Museums & Monuments, Custodian Khame Ruins, P.O. Box 240, Bulawayo, ✆ 09-229192.

Matobo National Park

Matobo (auch die koloniale Schreibweise „Matopos" ist noch anzutreffen) ist in sechs Gebiete unterteilt. Der nördliche Teil um den Lake Matobo ist zum Erholungsgebiet erklärt – Lake Matobo Recreational Park. Daran schließt der Nationalpark an mit der Northern Wild Area. Südlich von ihr liegt die Maleme Wilderness Area, im Osten die Togwe Wilderness Area, im Westen die Central Wild Area und daran anschließend und durch die Hauptstraße nach Kezi getrennt der Game Park, der in einen nördlichen Teil (Bambata) und einen südlichen (Whovi) zerfällt. Matobo ist für seine extravaganten Felsformationen in einer dicht bewaldeten Hügelwelt berühmt, für seine Felsmalereien, als Rückzugsgebiet für die Bewohner des Khame-Reiches, als Heilige Stätte und als letzter Ruheplatz von Sir Cecil Rhodes, den er selbst wählte – World's View. Im und um den Park stehen mannigfaltige Übernachtungsmöglichkeiten zur Verfügung, vom Zeltplatz bis zur Luxuslodge.

Um sich alles anzusehen, muss man mit zwei bis drei vollen Tagen rechnen. Matobo deckt alle Interessen ab. Der Ruhesuchende findet die wohltuende Natur, der kulturell Interessierte Zeugen der ältesten und der jüngeren Vergangenheit, der Tierbeobachter eine vielfältige Fauna, der Botaniker typische Flora und geologisch Versierte können über die Entstehung der bizarren Steinanhäufungen rätseln. Ausflüge in das kommunale Land um den Park geben Einblicke in das Leben der ländlichen Bevölkerung.

Organisatorisches

Normalerweise reicht für den Park ein gewöhnlicher Pkw aus. Wanderungen sind erlaubt, auch Angeln (Permit beim Hauptquartier am Maleme Dam). Trinkwasser muss prinzipiell abgekocht werden, Baden ist zur eigenen Sicherheit wegen der Bilharziose-Gefahr nicht erlaubt.

Geschichte

Der heutige Park war bereits zur frühen Steinzeit besiedelt. Die Jäger und Sammler wählten den Ort wegen seines Tierreichtums und der durch die relativ intensiven Regenfälle fruchtbaren Böden. Anfangs wurden die Tiere mit einfachen Wurfspeeren getötet oder einfach in sumpfiges Gebiet getrieben und dort erschlagen. Der Mensch entwickelte sich und begann feineres Steinwerkzeug zu bauen, Klingen entstanden, die Bearbeitung der Tierhäute wurde einfacher, auch die Jagd, da Pfeil und Bogen auftauchten. Die Menschen lernten Gifte zu verwenden um das Wild noch leichter jagen zu können, und schließlich war das Leben nicht mehr so schwer, man fand Zeit sich auf andere Dinge zu besinnen, Schmuck wurde hergestellt und die Malereien und Ritzungen auf und in den Felsen entstanden – rituelle Handlungen, die das Jagdglück herbeizaubern sollten. Am Ende der Entwicklung steht der sesshafte Mensch als Bauer und Viehzüchter und die Verwendung anderer Materialien als Stein – die Eisenzeit zog ins Land. Dies liegt in Matobo 2000 Jahre zurück. Archäologische Ausgrabungen haben für all diese Stadien der menschlichen Fortentwicklung Zeugnisse im Park gefunden.

Matobo gehörte zum Siedlungsgebiet der Kalanga, die in vier Untergruppen zerfielen. Die reinen Kalanga siedelten um das heutige Plumtree, die Lilima im Norden von Matobo, die Talaunda südlich der Kalanga und die Nyubi auf dem Gebiet von Matobo. Mündliche

Überlieferungen der Kalanga beschreiben die Ankunft der Nyubi in Matobo:

Naiwa und Ngazimbi waren Schwager. Der Vater von Naiwa – Hulila – hatte sieben Frauen, die jüngste und schönste unter ihnen hieß Ruzanyani. Hulila verstieß seinen Sohn Naiwa, weil er ein Auge auf Ruzanyani geworfen hatte. Ngazimbi schloss sich ihm an, da Hulila ein Jahr zuvor das Gleiche von ihm behauptet hatte. Beide zogen mit ihren Anhängern fort und wollten nach Gweru. Ein Freund von Naiwas Vater aber versperrte ihnen den Weg bei Chirinda und so mussten sie nach Westen ausweichen, erreichten Zvishavane, wandten sich nach Süden und langten in Gwanda an, wo sie auf dem Gebiet des Königs Sangulube nur kurze Zeit geduldet wurden, da sie eine Antilope jagten, das Fleisch der Seite aber, auf die das erlegte Tier gefallen war, nicht wie verlangt an Sangulube gaben. Sie mussten weiterziehen und kamen schließlich nach Matobo. Hier fanden sie ideale Bedingungen. Die vielen Quellen machten das Land fruchtbar, Marulanüsse, eine der wichtigen Nahrungsgrundlagen der Nyubi, gab es im Übermaß und die Landschaft schützte sie vor etwaigen Angriffen von Naiwas Vater, den sie immer noch fürchteten. Sie betrieben Landbau und Viehzucht und viele Männer des Stammes heirateten Frauen aus der Gruppe der Kalanga im Süden, so dass sich feste Verbindungen ergaben. Die Kalanga eigneten sich dabei das Wissen der Nyubi über die Verarbeitung von Eisen an. Eines Tages gerieten Naiwa und Ngazimbi in Streit. Es fanden mehrere Schlachten statt und beide Seiten waren schließlich so geschwächt, dass Eindringlinge ihre Chance sahen. Das Torwa-Reich übernahm die Macht. Sein Zentrum war Khame.

Ende des 17. Jahrhunderts wurde Khame vom Rozwi-Reich abgelöst, das seine Hauptstadt bei Danangombe errichtete, dem heutigen Dhlodhlo. Matobo behielt aber auch für das Rozwi-Reich seine Bedeutung. Es bestand weiter als spirituelles Zentrum und heilige Stätte. Der Mwali-Kult war zu dieser Zeit entstanden – Regenzauberei. Man glaubte bislang an die Buschdämonen *(mazenge)*, an die Ahnengeister *(midzimu)* und an den Schöpfer *(mwali)*. Die Midzimu nahmen die wichtigste Rolle ein, sie kontrollierten das tägliche Leben und sie mussten aufs Genaueste beobachtet, ihr Unmut durch Opfergaben besänftigt werden. Das war die Aufgabe der Männer, die Frauen hatten sich um die Mazenge zu kümmern und diesen zu opfern. Mit dem Aufkommen von Rozwi beeinflusste die Religion der Venda das spirituelle Leben der Nyubi und Mwali wurde wichtiger als die Mazenge und Midzimu.

Cecil Rhodes Cecil John Rhodes wurde 1853 geboren. Sein Vater, ein englischer Vikar, schickte ihn wegen seiner angeschlagenen Gesundheit 1870 auf die Farm seines Bruders nach Südafrika, damit er sich dort erhole. Nach zwei Jahren war er genesen und trat als Hilfskraft in der Diamantenmine Big Hole in Südafrika in das Arbeitsleben ein, begann bald zu schürfen, wurde fündig und erwarb Claims von glückloseren Diggern.

Sieben Jahre später war er ein gemachter Mann. Er besaß nun einen schon unermesslichen Reichtum, den er aber noch zu vermehren gedachte.

Er gründete die **De Beers Company** und kaufte die Kimberley Mine für 5 Millionen Pfund Sterling. 1891 kontrollierte die De Beers Company 90% des weltweiten Diamantenmarktes. Wer Diamanten hat, dem bleibt nur noch Gold.

Rhodes legte die Basis für die *Consolidated Goldfields of South Africa*. Mit seinem Geld konnte er nun in die Politik gehen und war dort auch sofort erfolgreich.

1890 wurde er zum Premierminister der Kapkolonie ernannt.

Parallel zu seinen persönlichen politischen Ambitionen ließ er nach Norden marschieren, annektierte für England und seinen Geldbeutel das heutige Botswana und Rhodesien (das damals Zimbabwe, Zambia und Malawi einschloss) und gründete die **BSAC** – British South African Company. Er hatte dafür zwei Gründe, der offizielle war, zwischen die Deutschen in Südwest-Afrika und Tanzania einen Sperriegel zu legen und möglichen deutschen Koalitionen mit den Buren oder den Portugiesen zuvorzukommen. Der inoffizielle waren wohl die vermuteten Mineralvorkommen in Rhodesien. Mit den Ellenbogen setzte er die Besiedelung in Zimbabwe durch, nachdem die schwarzen Bewohner Botswanas sich dem erfolgreich widersetzt hatten.

Im Jahr 1888 führte er den König der Ndebele Lobengula mit der **Rudd Concession**, einem Konzessionsvertrag über die Schürfrechte, hinters Licht und sandte 1890 Siedler in das angestammte Gebiet der Ndebele. Der Eisenbahnbau begann.

Mit dem Jameson-Überfall von 1895, der die Kruger-Regierung stürzen sollte, ging er allerdings zu weit. Er wurde als Premierminister abgesetzt und verlor seinen Posten als Präsident der BSAC. Zwar wurde er bald wieder Parlamentsmitglied und kehrte in den Vorstand der BSAC zurück, doch seine Hochzeit war vorbei.

Rhodes starb am 26. März 1902 in Muizenburg. Seine sterblichen Überreste wurden in seinem Salonwagen nach Matobo Hills in Rhodesien gebracht, wo er beim World's View die von ihm erträumte Grabstätte erhielt.

Noch bis 1980 war das Vermächtnis seines weißen Traumes, ganz Afrika zu kolonialisieren nach ihm benannt – Rhodesien. Mit der Unabhängigkeit wurde auch dies geändert – verständlicherweise.

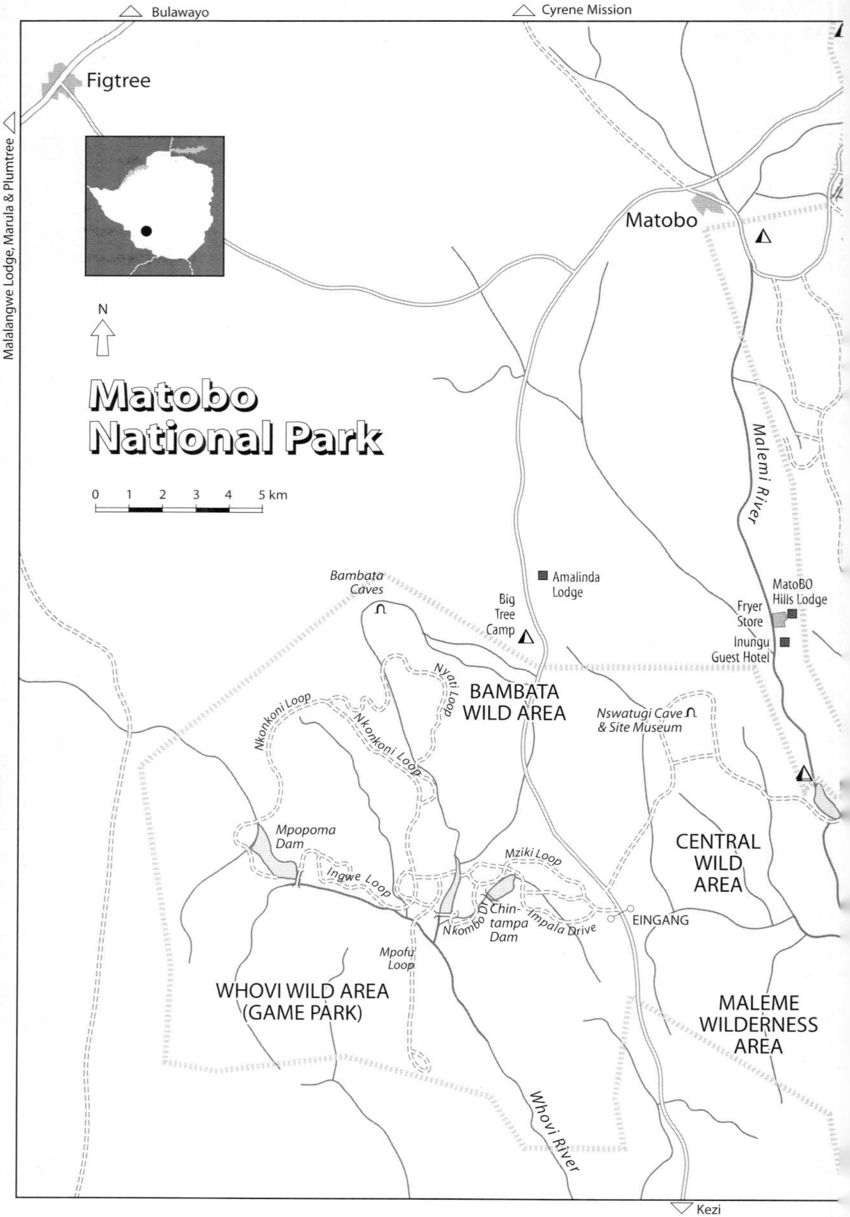
Bulawayo
Cyrene Mission
Figtree
Malalangwe Lodge, Marula & Plumtree
Matobo
N
Matobo National Park
0 1 2 3 4 5 km
Malemi River
Bambata Caves
Amalinda Lodge
Big Tree Camp
MatoBO Hills Lodge
Fryer Store
Inungu Guest Hotel
Nyati Loop
Nkonkoni Loop
Nkonkoni Loop
BAMBATA WILD AREA
Nswatugi Cave & Site Museum
Mpopoma Dam
Ingwe Loop
Mziki Loop
Nkombo Dr.
Chintampa Dam
Impala Drive
EINGANG
CENTRAL WILD AREA
Mpofu Loop
WHOVI WILD AREA (GAME PARK)
MALEME WILDERNESS AREA
Whovi River
Kezi

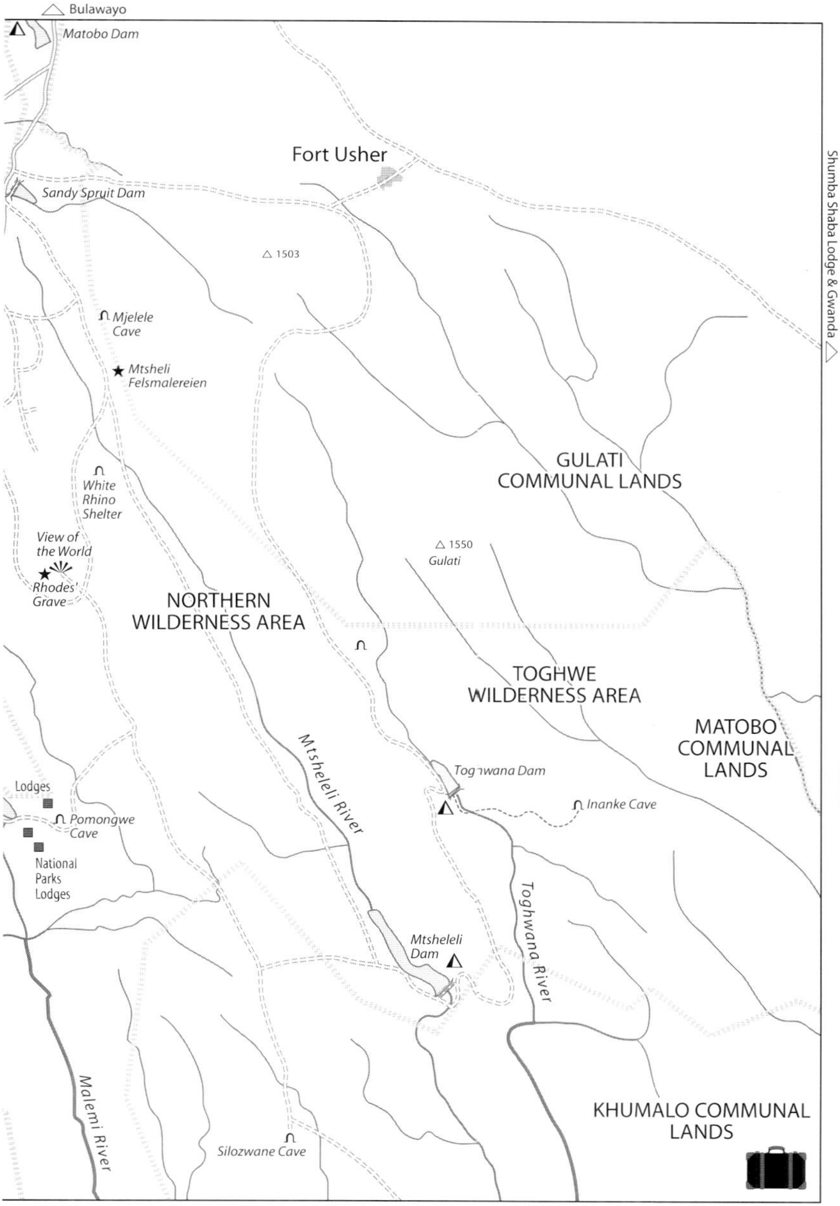

Bulawayo
Matobo Dam
Fort Usher
Sandy Spruit Dam
Shumba Shaba Lodge & Gwanda
1503
Mjelele Cave
Mtsheli Felsmalereien
White Rhino Shelter
View of the World
Rhodes' Grave
GULATI COMMUNAL LANDS
1550
Gulati
NORTHERN WILDERNESS AREA
TOGHWE WILDERNESS AREA
MATOBO COMMUNAL LANDS
Mtsheleli River
Toghwana Dam
Inanke Cave
Lodges
Pomongwe Cave
National Parks Lodges
Toghwana River
Mtsheleli Dam
Malemi River
Silozwane Cave
KHUMALO COMMUNAL LANDS

Ab dem Beginn des 19. Jahrhunderts wurden die Hügel von Matobo immer wieder angegriffen, so 1817 durch die Mangwato, die vorerst zurückgeschlagen werden konnten, Mitte des Jahrhunderts aber zum Niedergang des Reiches von Rozwi führten. 1838/1839 starteten die Ndebele von Mzilikazi einen Angriff, dem eine Allianz aus Nyubi, Kalanga und Venda zwar widerstand, aber dadurch so geschwächt wurde, dass Mzilikazi schließlich seinen Einfluss auf Matobo ausdehnte, und bald war das Reich von Rozwi Vergangenheit.

Zu Beginn des 20. Jahrhunderts drangen die weißen Farmer in die Region der Matobo Hills vor und begannen mit der landwirtschaftlichen Nutzung. Damit gerieten sie in Konflikt mit den Schwarzen, die ihr kulturelles Erbe bedroht sahen. Natürlich setzten sich die Weißen durch, besannen sich aber Mitte des Jahrhunderts eines Besseren und wollten das Gebiet geschützt wissen. Die Schwarzen wiederum wollten nun selbst Matobo zur Landwirtschaft nutzen. 1962 wurde Matobo als Schutzgebiet erweitert und in den jetzigen Grenzen zum Nationalpark erklärt (seit 1904 war der Nordteil bereits zum Tierreservat deklariert worden). Zu Beginn der 80er Jahre gab es erneut Querelen. Mit der Unabhängigkeit glaubten die Menschen der kommunalen Ländereien um den Park, dass nun auch die Entscheidung, das Gebiet nicht landwirtschaftlich zu nutzen, aufgehoben sei. Mugabe sandte sofort bewaffnete Einheiten nach Matobo. Wieder zog Krieg ins Land, diesmal zwischen den Shona und den Ndebele – die Ndebele waren aber in der schwächeren Position und inzwischen sind die Massaker, die die 5. Brigade der Nationalarmee – eine Einheit, die sich rein aus Shona rekrutierte – anrichtete, aktenkundig geworden. Der Streit um die Nutzung von Matobo war sicherlich nicht der eigentliche Grund, für die Mugabe-Regierung aber ein willkommener Anlass gegen die Ndebele vorzugehen. 1988 wurden die beiden Parteien ZANU und ZAPU fusioniert, Ruhe kam auch nach Matobo und seitdem ist der Park – einer der landschaftlich schönsten und einer der geschichtsträchtigsten des Landes – für den Tourismus wieder offen.

Der Norden

Die Sehenswürdigkeiten in und bei der Northern Wild Area sind auf dem geteerten Circular Drive erreichbar. Das Mzilikazi Memorial und Fort Usher befinden sich außerhalb des Parks im Osten und sind auf Piste erreichbar.

Außerhalb des Parks an der Old Gwanda Road, kurz vor dem Recreational Park am Lake Matobo 5 km nach links und wieder 3 km links, steht das **Mzilikazi Memorial** aus Granit. Es erinnert an den König der Ndebele, die Mitte des 19. Jahrhunderts als Abspaltung der Zulu über Botswana in das heutige Matabeleland zogen und hier siedelten. Der Gedenkstein wurde vom Bulawayo Rotary Club mit europäischen Spendengeldern errichtet. Die Inschrift lautet:

UMZILIKAZI KA MATSHOBANA
INKOSI YAMANDEBELE.
INTABA YA DILIKA NGO
5 SEPTEMBER 1868.
ZONKE IZIZWE ZITHI:
MATSHOBANA: BAYETHE

Mzilikazi, Sohn des Königs Matshobana
der Ndebele.
Der Berg fiel am 5. September 1868.
Alle Nationen sollen den Sohn
Matshobanas ehren!

Der **Moth Shrine**, in einem kleinen Garten unterhalb der Mjelele Cave auf der östlichen Seite des Circular Drives in der Northern Wild Area, erinnert an die im Zweiten Weltkrieg gefallenen Kämpfer aus Zimbabwe. **MOTH** ist der Veteranenverein des Landes und steht für *Memorable Order of Tin Hats.*

Die **Mjelele Cave** liegt einige hundert Meter abseits des östlichen Abschnittes Circular Drive außerhalb der Parkgrenzen am Berg Imadzi. Unter ihren Felszeichnungen ist besonders eine schlangenartige Figur erwähnenswert, in rot ausgeführt und mit Höckern versehen. Mit Fantasie kann sie als Zwitter aus Mensch und Krokodil interpretiert werden.

Außerhalb der Parkgrenzen 2 km vom Eingang an der Straße nach Kezi liegt der **Histo-**

Matobo Hills besitzt viele der pittoresken Wackelsteine

ric Rail Terminus, die Reste des Bahnhofes von Rhodes. Errichtet wurde er als Ausflugsziel für die Bewohner Bulawayos, die ihre Wochenenden im Park verbringen wollten. Die Ruinen stehen auf kommunalem Land und sind nicht besonders interessant.

Auf dem Circular Drive 6 km südlich des MOTH-Denkmales führt von einem Parkplatz einige hundert Meter ein Pfad über Steine ein Stück hinauf zum **White Rhino Shelter**, dessen Malereien zum Schutz vor Vandalismus mit Gittern gesichert sind. Schwarze und Weiße Nashörner sind hier in Umrissen aufgetragen, im Gegensatz zu den in Zimbabwe eher verbreiteten flächig ausgeführten Malereien. Menschliche Figuren und Gnus komplettieren das Ensemble. Das vollflächige Löwenabbild wird einer späteren Zeit zugerechnet.

Der **Malindidzimu** vereint auf seinem Gipfel drei der wichtigsten und bekanntesten Sehenswürdigkeiten: das Grab von Cecil Rhodes (neben denen anderer früher Siedler), das Shangani Memorial und View of the World. Am Fuß des Berges befinden sich am Parkplatz Tafeln mit Fotos aus der Besiedelungsgeschichte Zimbabwes, vornehmlich natürlich von Rhodes. Hier zahlt man US$2 für den Zugang (inkl. Besuch der Höhlen von Pomongwe und Nswatugi). Der Aufstieg über den mit bunt schillernden Lychen bewachsenen Fels dauert 20 Minuten und ist in der heißen Tageszeit, wenn die Sonne den Granit aufgeheizt hat, recht anstrengend. Eine Wasserflasche mitzunehmen ist ratsam. Oben angekommen blickt man über die hügelige Landschaft von Matobo in die Ferne und mag verstehen, dass sich Sir Cecil Rhodes diesen Platz als letzte Ruhestätte erbeten hat. Das an prominenter Stelle gelegene **Grab von Cecil Rhodes** ist durch einen flachen Grabstein markiert, umgeben von gigantischen von Wind und Wetter rundgeschliffenen Granitfelsen (Wollsackerosion). Etwas unterhalb wurde 1920 Dr. Leander Starr Jameson begraben. Als Freund von Rhodes darf der erste Kommandeur der heutigen Stadt Masvingo (früher Fort Victoria), den Platz mit ihm teilen, wenn auch nicht an höchster Stelle. Ein weiteres Grab enthält die sterblichen Überreste des ersten Premierministers von Südrhodesien – Charles Patrick John Coghlan. Er wurde am 14. August 1930 zur ewigen Ruhe gebetet.

Etwas unterhalb und ungefähr 100 m entfernt von den Grabstellen steht das **Shangani Memorial**. Es erinnert an den Kommandeur Allan Wilson und seine 33 Soldaten, die von 30 000 Ndebele-Kriegern unter General Mtjaan 1893 niedergemacht wurden (und 400 Ndebele-Krieger mit sich nahmen). Der Kampf beruhte auf einem Missverständnis. Wilson wurde mit einem Detachement losgeschickt, um den aus Bulawayo geflohenen Lobengula zu verfolgen, weil man dachte er habe Fort Victoria angegriffen. Ursprünglich waren die 34 Mann bei Great Zimbabwe begraben, wurden aber auf Betreiben von Rhodes hierher gebracht. Vor Freunden sagte er bei einem Besuch des Berges:

> *„Ich will hier begraben werden, mit Blick nach Norden. Die sterblichen Überreste von Alan Wilson und seinen Männern sollen von Fort Victoria hierhergebracht und in einem Denkmal bestattet werden, das ich zu ihrem Gedenken errichten lasse ... Fürderhin soll dieser Ort* ***View of the World*** *heißen".*

Die Inschrift des Shangani Memorials lautet:

> *„Errichtet zum Gedenken an Allan Wilson und seine Männer, die am 4. Dezember 1898 im Kampf gegen die Ndebele am Shangani fielen. Es gab keine Überlebenden."*

Rhodes Leiche – sein Herz versagte am 26. März 1902, er war 49 Jahre alt – wurde so gebettet, wie er es sich wünschte. An seinem Begräbnis nahm auch eine Abordnung der Ndebele teil, die zu diesem Ereignis und bislang nur ein einziges Mal einem Weißen die Ehre zukommen ließen, ihn wie einen ihrer Könige zu grüßen: „Bayete – Bayete – Bayete". Auf ein Gewehrsalut wurde verzichtet, um nicht den Unmut der Geister am View of the World zu erwecken.

Central Wild Area

Vom Circular Drive in der Northern Wild Area führt eine Teerstraße auf 7 km zur Pomongwe Cave und dem Museum. Ab dort geht es auf fester Piste weiter.

Die **Pomongwe Cave** liegt 4 km vor dem Campingplatz am Maleme Dam, 6 km vom Abzweig vom Circular Drive und 1 km auf einer Piste, die an einem Picknickplatz endet. Von hier aus sind es 100 m Fußweg hinauf zur größten Höhle im Berg. Unglücklicherweise war der Entdecker der Höhle ein übervorsichtiger Konservator, der die Felsmalereien mit Shellack für die Nachwelt bewahren wollte. Chemische Reaktionen des Lacks mit den natürlich erzeugten Farben führten aber zum Verschwinden der meisten Malereien. Heute sind vom genauen Betrachter noch ein Elefant, einige Jäger und eine Antilope zu erahnen. Das Museum stellt Artefakte von vor 35 000 Jahren aus. Siedler gab es aber wohl schon vor 50 000 Jahren. Die Eintrittskarte für Rhodes Grave gilt auch hier.

Das Tal des **Maleme Dam** ist das Main Camp des Parks. Zeltplätze, Chalets und Lodges sind um den künstlichen See gruppiert. Die Straße führt über den Damm, von dem aus man die vom Wasser glatt geschliffenen Felsen sieht, die die Urgewalt der Natur erahnen lassen. Am See versuchen am Wochenende die Angler ihr Glück, abends flackern die Lagerfeuer auf und der Geruch von Gegrilltem durchzieht das Tal. Unter der Woche ist es ruhiger und angenehmer.

Westlich des Maleme Dam geht es zur **Nswatugi Cave**. Nach 4 km gabelt sich die Straße, links geht es direkt zu Whovi Wild Area, rechts über die Nswaguti Cave (12 km), eine Fahrt an den bizzarsten Felsformationen von Matobo vorbei, auf der man auch das Kreuz auf dem Gipfel des Inungu (1500 m) sehen kann, das 1982 zum Geburtstag des schwarzen katholischen Priesters Odilo errichtet wurde.

Ein steiler Fußweg über 200 m endet bei der Höhle, die mit die schönsten Malereien des Landes enthält. Der Eintritt von US$2 gilt auch für die Höhle bei Pomongwe und Rhodes Grab. Die ausgezeichnet erhaltenen Malereien umfassen ein rennendes Zebra, Giraffen von denen eine galoppiert, Jäger und Antilopen, die man klar als Kudus erkennen kann. Die Bewegungen der Tiere sind vorzüglich eingefangen. An dieser Stelle fand man menschliche Knochen, die 40 000 Jahre zurückdatiert wurden.

Am **Mezilume Dam** liegt der zweite Campingplatz der Central Wild Area. Er ist nicht weniger hübsch gelegen, aber meist nicht so frequentiert wie Maleme. Die Einrichtungen beschränken sich auf einen Ablution Block.

Whovi Wild Area (Game Park) und Bambata Cave

Whovi ist über die Central Wild Area und von der Hauptstraße Bulawayo–Kezi aus erreichbar. Der **Game Park** ist bekannt für seine wohl behüteten Populationen an Schwarzen und Weißen Nashörnern. Neben Antilopen leben auch Giraffen und Zebras in diesem Teil des Parks. Morgens und abends werden die in den Lodges der Umgebung wohnenden Touristen durch den Game Park gefahren und treffen sich am Mpopoma Dam, der als bester Beobachtungspunkt gilt. Man steht am südlichen Ufer und sieht auf der anderen Seite die Nashörner zur Tränke marschieren. In Whovi gibt es kein Camp, man muss es bei Sonnenuntergang wieder verlassen haben (morgens ab 8 Uhr)

Die **Bambata Cave** ist nicht direkt vom Game Park aus erreichbar. Sie liegt auf dem administrativ gesondert behandelten Gebiet Bambata Wild Area nördlich der Whovi Wild Area. Man fährt auf der Hauptstraße durch den Park bis kurz vor sein Ende und folgt einer mittelmäßigen Piste nach Westen bis zu einem Parkplatz. Von dort sind es 30 Minuten zu Fuß bis zur Höhle, von der aus man eine herrliche Aussicht über die Umgebung hat. Unterwegs kann man auf **Leoparden** achten. Matobo soll die dichteste Leopardenbevölkerung des Landes besitzen, für die das bergige Land mit seinen Wäldern ideale Bedingungen für die Jagd bietet. Die Malereien in der Höhle zeigen die auch schon in früheren Zeiten reiche Tierwelt von Matobo: Elefanten und Giraffen, Antilopen und natürlich Jäger. Erwähnenswert ist ein Leopard, den man sonst äußerst selten verewigt findet. Die Höhle gilt als eine der am besten untersuchten in Matobo. Man fand eine bestimmte Form der Tonbearbeitung, die international nun als „Bambata Ware" klassifiziert wird.

Maleme Wilderness Area

Die Maleme Wilderness Area ist derzeit der Öffentlichkeit nicht zugänglich und dient als Refugium für die Tiere und die botanische Forschung. Zwischen der Maleme und der Togwe Wilderness Area kann man den Park in Richtung kommunales Land verlassen, um zur Silozwane Höhle zu fahren.

4 km vom Circular Drive Richtung Süden und Central Wild Area führt eine Piste weiter nach Süden und auf 18 km zur **Silozwane Cave**. Man passiert ein Dorf auf kommunalem Land, das bereits auf Touristen ausgerichtet ist, und kommt schließlich zu einem Parkplatz, an dem Kunsthandwerk verkauft wird. Von dort sind es etwa 25 Minuten zu Fuß, erst durch einen kühlen Wald und dann steil hinauf über einen Granitrücken. Die große Höhle erlaubt einen schönen Blick auf das Lowveld in Richtung Gwanda. Eine riesige Giraffe ist abgebildet, Löwen, Nashörner, Zebras, Elefanten, Antilopen, Fische, Jäger und als Einzigartigkeit ganz winzig, aber unglaublich detailliert gezeichnet eine fliegende Termite.

Togwe Wilderness Area

Togwe ist die ursprünglichste und am wenigsten besuchte Region in Matobo. Das drückt sich auch im Zustand der Wege aus, die in und nach der Regenzeit mit normalen Pkw nur mit Mühe zu befahren sind.

Am **Togwana Dam** und am **Mthseleli Dam** befindet sich jeweils ein Camp für Zelte und Caravans. Die Ablution Blocks besitzen heißes Wasser. Mtsheleli besitzt auch einen Picknickplatz für Tagesbesucher. Beide Dämme sind abgelegen und an Wochenenden hat man hier die größte Chance relativ alleine zu sein.

Die **Inanke Cave** liegt 6 km Fußmarsch vom Togwana Dam entfernt in den Bergen. Der Weg ist gekennzeichnet. Für Hin- und Rückweg sollte man einen guten halben Tag rechnen.

Der Weg ist teilweise steil und der Besucher muss eine gute Kondition mitbringen. Die Malereien gelten mit ihrer komplexen Motivwahl und der detaillierten Ausführung als Höhepunkt der Entwicklung der Felsmalerei. Als das schönste Einzelmotiv im ganzen Land überhaupt wird die galoppierende Giraffe bezeichnet. Daneben sind Jäger sowie eine ganze Reihe anderer Tiere abgebildet, immer wieder durchsetzt mit geometrischen Mustern.

Übernachtung

IM PARK – Buchung über die zentralen Reservierungsstellen in Bulawayo und Harare.
Maleme Dam: Zeltplatz, Duschen, Toiletten, Chalets, voll eingerichtete Lodges mit Schlafzimmern, Esszimmer, Küche, Bad.
Mesilume Dam: Zeltplatz, Duschen, Toiletten.
Aboretum: Zeltplatz, heißes Wasser, Duschen, Toiletten.
Mtshelele Dam: Zeltplatz, heißes Wasser, Duschen, Toiletten.
Towana Dam: Zeltplatz, heißes Wasser, Duschen, Toiletten.

AUSSERHALB – ***Matopos Hills Lodge***, P.B. 6, Hillside, Bulawayo, ✆ 09-74589, 📠 229088, ✉ touchwld@harare.iafrica.com. Luxuslodge mit Hotelcharakter nahe dem Park mit privatem Zugang, DZ US$270 p.P. alles inklusive (ohne Getränke, die während des Essens permanent kassiert werden), schön in die Felslandschaft integriert.
Royal Kingdom Lodge, P.O. Box C891, Ascot, Bulawayo, ✆ 09-60662, 📠 60662. Unweit des Parks, Anfahrtsplan wird mit der Buchungsbestätigung versandt, Luxuslodge für US$240 p.P. alles inklusive.
Amalinda Camp, P.O. Box QP130, Queenspark, Bulawayo, ✉ amalinda@acacia.samara.co.zw, ✆ 09-43954, 📠 48436. Luxuslodge mit 10 Bungalows, DZ US$220 p.P. alles inklusive, Elefantenritte (Extraberechnung), nördlich der Bamabata Wild Area.
Malalangwe Lodge, P.O. Box 9056, Bulawayo, ✆ 09-42298, 📠 41748, ✉ cozim@acacia.samara.co.zw. Luxuslodge mit Mahagonimöbeln, US$220 p.P. alles inklusive, 70 km westlich von Bulawayo an der Straße nach Plumtree.
Kezi Homestead, P.O. Box CY2632, Causeway, Harare, ✉ afhomesteads@skysaf.co.zw, ✆ 04-728493, 📠 728492. Unterhalb des Berges Silozkwane im Süden des Parks, DZ US$150 p.P. alles inklusive.
Big Cave Camp, P.O. Box 88, Bulawayo, ✉ bigcave@harare.iafrica.com, ✆ 09-77176, 📠 77176. 5 km abseits der Hauptstraße Bulawayo–Kezi kurz vor der Bambata Wilderness Area. DZ US$90 p.P. inkl. Frühstück. Big Cave liegt auf einer privaten Farm mit 2000 ha, natürliches Schwimmbad in den Felsen, Wanderungen, Gamedrives und Reitausflüge.
Shumba Shaba Lodge, P.O. Box 1744, Bulawayo, ✆ 088-662, 📠 09-64128. Östlich des Parks an der Gwanda Road bei der Matopos Mission (50 km von Bulawayo), Vollpension US$60 p.P.
The Farmhouse, P.O. Box 9111, Hillside, Bulawayo, ✉ farmhouse@telconet.co.zw, ✆ 09-65499, 📠 65499. Am Rande des Parks an der Hauptstraße nach Kezi gelegen, DZ US$55 p.P. inkl. Frühstück.
Matopos Ingwe Lodge, P.O. Box 8279, Bulawayo, Belmont, in Westen des Parks, bei Meilenstein 34,5 von der Matopos Road Richtung Kezi nach Osten abbiegen, ✆ 083-8233, 📠 8217, ✉ ingwe@acacia.samara.co.zw. US$50 für 2 Personen in Rondavel inkl. Frühstück, auf privater Farm gelegen.
Inungu Guest House, P.O. Box 447, Bulawayo, ✆ 09-67791, 📠 74832. Unweit der Matobo Hills Lodge mit privatem Eingang zum Park, Rondavel für 4 Personen US$50 (Selbstversorgung).
Lebonka Resort und Gagu Camp, P.O. Box 8488, Belmont, Bulawayo, ✆ 09-79232, 📠 79232. Lodge mit vollem Service ab US$50 p.P., das Gagu Camp ist für Selbstversorger (ab US$20 p.P.), genauer Anfahrtsplan bei Buchung, beide sind zwischen Bulawayo (60 km) und Plumtree im Shoshona-Tal gelegen.
Figtree Hotel, P.O. Box 1, Figtree, ✆ 083-217. Einfaches Hotel im Ort, DZ ab US$10 p.P.

Sonstiges

INFORMATIONEN – ***National Parks & Wildlife Management***, Matobo Hills, P.B. K5142, Bulawayo, ✆ 0838-2504.

REITEN – Die Nationalparkbehörde führt Ausritte auf Ponys durch, die ein bis zwei Stunden dauern. Buchung am Vorabend wird empfohlen unter ✆ 0838-251, Hazelside Office, oder über das Hauptquartier am Maleme Dam.

TOUREN – Die Lodges um den Matobo National Park führen alle Game Drives und Besichtigungsfahrten durch.
Weitere Anbieter s. Bulawayo.

Plumtree

Das Städtchen liegt 100 km westlich von Bulawayo und 10 km von der botswanischen Grenze entfernt. Es ist das Subzentrum des umliegenden Viehzuchtlandes und regionales Versorgungszentrum. Entstanden ist es während des Eisenbahnbaus 1897, erst als Arbeiterstadt, dann als Bahnhof und Grenzstation. Der geringe jährliche Niederschlag wurde durch den Bau zweier Dämme etwas ausgeglichen, trotzdem eignet sich das umliegende Land nur wenig für den Feldbau. Die Grenzabfertigung findet bei Plumtree statt, nicht an der physischen Grenze.

Übernachtung

Plumtree Hotel, P.O. Box 44, Plumtree, ✆ 019-2392. Einfaches Hotel für US$8 p.P.
Malalangwe Lodge, P.O. Box 9056, Bulawayo, ✉ cozim@acacia.samara.co.zw, ✆ 09-42298, ℻ 41748. Luxuslodge mit Mahagonimöbeln, US$220 p.P. alles inklusive, 70 km westlich von Bulawayo an der Straße Richtung Plumtree.
Lebonka Resort und Gagu Camp, P.O. Box 8488, Belmont, Bulawayo, ✆ 09-79232, ℻ 79232. Lodge mit vollem Service ab US$50 p.P., das Gagu Camp ist für Selbstversorger (ab US$20 p.P.), genauer Anfahrtsplan bei Buchung, beide sind zwischen Bulawayo (60 km) und Plumtree im Shoshona Tal gelegen.

Sonstiges

IMMIGRATION – Grenzposten, ✆ 019-2571.

NOTFALL – **Krankenhaus**: ***Lady Stanley Hospital***, ✆ 019-24601.
Polizei ✆ 019-2582

West Nicholson

West Nicholson liegt 170 km südlich von Bulawayo und ebenso weit nördlich von Beitbridge an der Hauptstraße. Die Stadt entstand infolge der Goldfunde in der Nicholson Mine im Jahr 1900, die Ausbeute ist aber inzwischen so gering, dass die Mine als Arbeitgeber keine Rolle mehr spielt. Das Schwergewicht der Wirtschaft liegt auf der Viehzucht, und in der Stadt wurde eine Konservenfabrik für das Fleisch errichtet. Heute ist die Region südlich der Stadt einer der wichtigsten Fleischproduzenten des Landes.

Übernachtung

Jesse Halfway House Hotel, P.O. Box 235, West Nicholson, ✆ 016-476. Einfach, sauber, DZ ab US$10 p.P. inkl. Frühstück.
Barberton Lodge, P.O. Box 9056, Bulawayo, ✉ cozim@acacia.samara.co.zw, ✆ 09-42298, ℻ 41748. Luxuslodge, zu den Top of the Range gehörig, auf dem Gebiet der Bubiana Conservancy (die hauptsächlich Schwarze Nashörner beherbergt), DZ ab US$160 p.P. alles inklusive, Game Drives, Reiten, Bush Camp, Schwimmbäder etc., Anfahrtsplan mit der Buchungsbestätigung, unweit von West Nicholson.
Sondelani Game Lodge, P.O. Box 1472, Bulawayo, ✆ 09-68739, ℻ 64997. 35 km südlich West Nicholson an der Hauptstraße nach Beitbridge, DZ ab US$230 p.P. alles inklusive, auf einer 60 000 ha großen Farm mit vielen Tieren, Schwimmbad, Unterkunft in Chalets.
Tod's Guest House, P.B. N5244, Bulawayo, ✆ 016-5403. 60 km südlich Richtung West

Nicholson, einfache Zimmer für US$15 p.P., Zelten US$2 p.P., Kiosk, Tankstelle.
Samanyanga Lodge, P.O. Box 9056, Bulawayo, ✆ 09-42298, 📠 41748, ✉ cozim@acacia.samara.co.zw. 60 km südlich von West Nicholson führt die Towla Road über weitere 57 km nach Osten zum Haupteingang, von dort 15 km zur Lodge. Luxuslodge auf einer riesigen privaten Farm, unter deutscher Leitung, DZ US$350 p.P. alles inklusive, Chalets über dem Bubi River, Schwimmbad, Champagnerfrühstück usw.

Sonstiges

Krankenhaus: ***Filabusi Hospital***, ✆ 016-2507.
Polizei ✆ 016-386

Beitbridge

Beitbridge an der Grenze zu Südafrika, am Limpopo auf 490 m Höhe im Lowveld gelegen, ist der am meisten frequentierte Grenzübergang des Landes. Entsprechend groß sind die Abfertigungsgebäude. Der Namensgeber war Alfred Beit, der die Brücke über den Fluss im Jahr 1929 errichten ließ, was zur Gründung des Ortes führte. Von Beitbridge sind es nach Bulawayo 320 km nach Harare 580 km. Die Eisenbahn führt ebenfalls bei Beitbridge über den Fluss und stößt bei Rutenga auf die Strecke Gweru–Maputo. Die Stadt selbst ist eher uninteressant und liegt abseits der Straße. Wer schnurstracks nach Norden weiterfährt, sieht nicht viel mehr als die modernen Tankstellen am Wegesrand. Die Umgebung – trockenes Lowveld – eignet sich nur für die Viehwirtschaft, aber auch dafür nicht besonders. Allerdings gibt es viel Wild und so stellen immer mehr Farmen auf den Touristenbetrieb um, der von Südafrika Zulauf erhält.

Übernachtung

Holiday Inn Express, P.O. Box 82, Beitbridge, ✆ 086-2214, 📠 2413. Zimmer US$46, einfaches Hotel, für den Kettenstandard günstig.
Peter's Motel, P.O. Box 21, Beitbridge, ✆ 086-2309. DZ mit TV und Klimaanlage ab US$15 p.P.
Lion & Elephant Motel, P.O. Box 148, Beitbridge, ✆ 025-336, 📠 358. 80 km nördlich Richtung Masvingo bei Bubye River, DZ US$15 p.P. inkl. Frühstück, einfaches Hotel.
Tod's Guest House, P.B. N5244, Bulawayo, ✆ 016-5403. 110 km nördlich Richtung Bulawayo, einfache Zimmer für US$15 p.P., Zelten US$2 p.P., Kiosk, Tankstelle.
Samanyanga Lodge, P.O. Box 9056, Bulawayo, ✉ cozim@acacia.samara.co.zw, ✆ 09-42298, 📠 41748. 100 km nördlich Beitbridge (20 km hinter Bubye River nach links zum Haupteingang (43 km), von dort 15 km zur Lodge, Luxuslodge auf einer riesigen privaten Farm, unter deutscher Leitung, DZ US$350 p.P. alles inklusive, Chalets über dem Bubi River, Schwimmbad, Champagnerfrühstück usw.

Transport

Die Fernbusse von und nach Südafrika nach und von Victoria Falls und Harare halten am Holiday Inn Express, auf der südafrikanischen Seite bei Shell Ultra City.

Sonstiges

IMMIGRATION – Grenzstation, ✆ 086-2211.

NOTFALL – **Polizei** ✆ 086-2826
Krankenhaus: ***District Hospital***, ✆ 086-2496.
Apotheke: ***Beitbridge Pharmacy***, ✆ 086-2218.

Mutare und der Osten

Highlights

- Diana's Vow und Pink Elephants
- Vumba Botanical Gardens
- Burma Valley
- World's View bei Nyanga
- Nyanga National Park
- Mount Inyangani
- Mtarazi Falls National Park
- Honde Valley
- Chimanimani National Park
- Chirinda Forest
- Gonarezhou National Park

Marondera

Mit einer Höhe von 1662 m ist Marondera die höchstgelegene Stadt des Landes, 70 km südöstlich von Harare und knapp 200 km von Mutare entfernt. Sie fungiert als Zentrum der Provinz Mashonaland-Ost. Ursprünglich wurde Marondera 6 km vom heutigen Ort als Zwischenstation auf der Reise von Harare nach Mutare gegründet. Nach dem Bau der Eisenbahn wurde die Siedlung kurzerhand in Richtung Schienen an die heutige Stelle versetzt (1899). Die Herberge aus den 90er Jahren des 19. Jahrhunderts steht noch außerhalb und dient heute als Schule. Landwirtschaft mit Viehzucht, Obst- und Getreideanbau bestimmt die Landschaft um die Stadt – und natürlich Wein. Die bekannteste Kellerei des Landes, Mukuyu, ist in der Nähe angesiedelt. Das Klima ist kühl und gesund, Eukalyptusbäume und die ersten Pinien ragen in den Himmel. Die Stadt lebt unter anderem von einer der größten Fellgerbereien des südlichen Afrikas, einem Schlachthaus und der Holzfällerei im Umland.

Im Ort selbst, den man auf dem Weg nach Mutare schnell und gerade durchfährt, gibt es nichts Interessantes zu sehen. Allerdings sind einige Ausflüge empfehlenswert – zur Mukuyu Winery, zur Imire Game Ranch, zu den Felsmalereien von Mhakwe und den Ruinen von Tsindi.

Die Umgebung von Marondera

Weintrinkern in Zimbabwe ist die Marke **Mukuyu** wohl bekannt. Sie ist in jedem Supermarkt zu finden und gilt als beste im Land. Mukuyu – Shona für „Wilde Feige" – ist der Markenname der **Cairns-Kellerei** unweit Marondera (P.O. Box 1813, Harare, ✆ 079-24501 oder 04-620411). Von der Shell-Tankstelle im Ort folgt man der Ruzawi Road und biegt nach 9 km rechts ab. Nach 25 km geht eine Piste nach rechts ab, die nach 7 km auf die Kellerei stößt. ⌚ Mo–Do 8–18 Uhr und Fr 8–22 Uhr. Führungen kosten US$1 p.P. Bei Vorausbuchung lassen sich Weinproben arrangieren, auch mit Mahlzeiten.

10 km südlich der Mukuyu Wineries liegt die fast 7000 ha große **Imire Game Ranch** mit der gleichnamigen Lodge (s. Übernachtung). Auf der Farm leben Antilopen, Elefanten, Giraffen und Büffel. Ritte auf Elefanten sind möglich (US$60/halber Tag) und der Besuch von Felsmalereien auf dem Farmgelände. Aus der ursprünglichen Farm entwickelte sich die Game Ranch, als die Besitzer Impalas aus Mana Pools holten, die sonst wegen Überpopulation abgeschossen worden wären. Nach und nach siedelten sie die verschiedensten Tiere an.

Die **Mhakwe Caves** liegen auf der Markwe Farm, ein Besuch sollte bei den Besitzern angemeldet werden (Familie Swanson, ✆ 022-2102-Wezda, Besuch von 8-16 Uhr). Man fährt westlich von Marondera bei Meilenstein 71,4 nach Südwesten ab und nach 2,7 km links nach Süden. Nach 36 km kommt ein Abzweig nach Osten, dem man 2,5 km folgt, um dann 500 m hinter dem Tor mit dem Schild „National Monument" zu parken. Von dort sind es auf einem schmalen Pfad 100 m bergauf. Im Höhlenschlund stehend sieht man vor sich die Malereien mit menschlichen Gestalten in verschiedenen Situationen und natürlich die Tierwelt der damaligen Zeit. Hinter dem Betrachter breitet sich die grüne Landschaft der östlichen Farmgebiete des Landes aus.

Um zu den **Ruinen von Tsindi** zu gelangen, folgt man bei Theydon, 20 km östlich Marondera, der Straße (später Piste) über die Eisenbahnlinie nach Norden, bis zum Hinweisschild nach 12 km. Von dort ist es 1 km bis zum Wachhaus. Man marschiert den Berg hinauf, wo man von den 500 Jahre alten Ruinen rundherum in die Ferne blicken kann. Das Wachhaus ist unregelmäßig besetzt, aber man darf das Monument täglich von Sonnenauf- bis -untergang besuchen. Tsindi wird der gleichen Machtperiode wie Great Zimbabwe zugerechnet, dessen traditionelle Bauform die Umgrenzung der Dörfer mit mehr oder weniger hohen und dicken Mauern war.

Übernachtung

Marondera Hotel, P.O. Box 6, Marondera, ✆ 079-24006, 📠 24259. DZ US$25 p.P., Restaurant, Schwimmbad, einfaches Hotel.

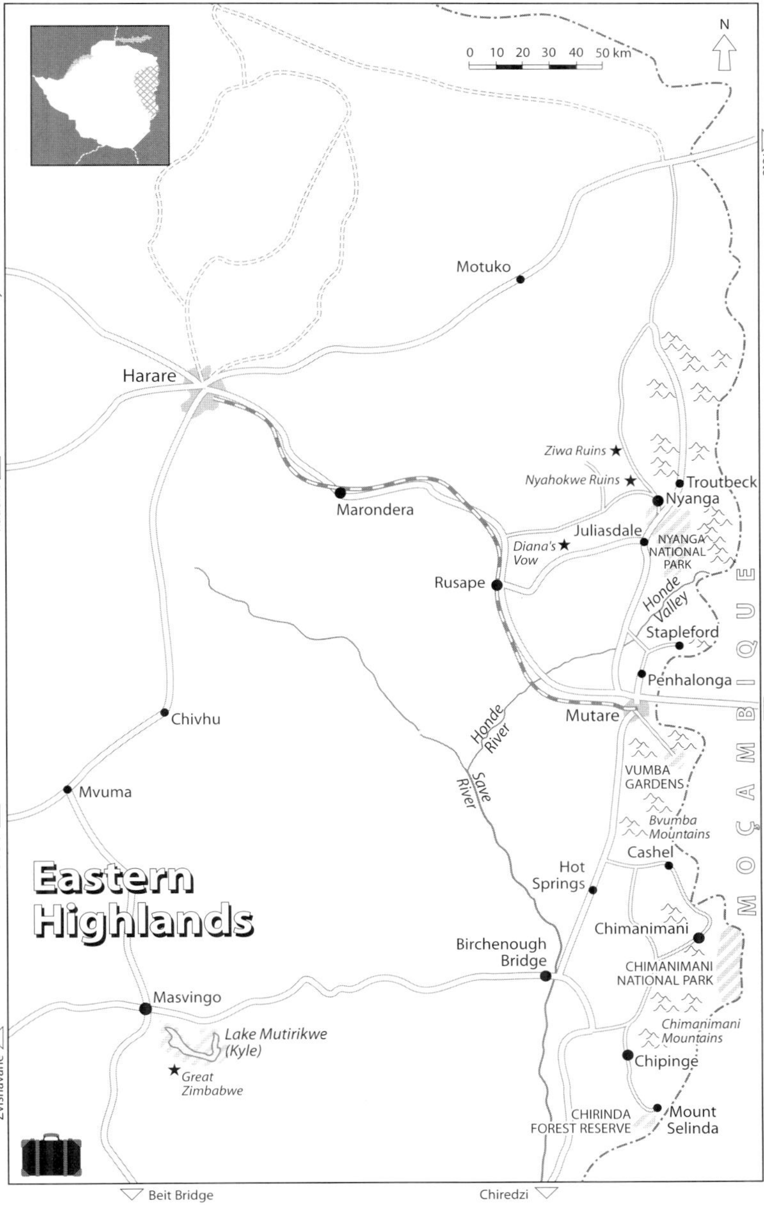
Eastern Highlands
N
0 10 20 30 40 50 km
Tete
Chinoyi
Kadoma
Gweru
Zvishavane
Beit Bridge
Chiredzi
Beira
Motuko
Harare
Marondera
Rusape
Ziwa Ruins
Nyahokwe Ruins
Troutbeck
Nyanga
Juliasdale
Diana's Vow
NYANGA NATIONAL PARK
Honde Valley
Stapleford
Penhalonga
Mutare
Honde River
Save River
Chivhu
Mvuma
VUMBA GARDENS
Bvumba Mountains
Cashel
Hot Springs
Chimanimani
CHIMANIMANI NATIONAL PARK
Birchenough Bridge
Masvingo
Lake Mutirikwe (Kyle)
Great Zimbabwe
Chimanimani Mountains
Chipinge
Mount Selinda
CHIRINDA FOREST RESERVE
MOÇAMBIQUE

Malwatte Village, P.O. Box 23, Marondera, ✆ 079-23239, 📠 20309. 10 km östlich Richtung Mutare bei Meilenstein 82, DZ US$20 inkl. Frühstück, Camping US$3 p.P., Restaurant, Kunsthandwerksladen, angeschlossen ist ein Unternehmen, das Seide produziert und verarbeitet, die ländliche Bevölkerung ist in das Projekt eingebunden. Auch ein Friseur findet sich hier. Forellenangeln.
Imire Game Ranch, P.B. 3750, Marondera, ✆ 022-354 (Wezda). 10 km südlich der Mukuyu Wineries, DZ US$100 inkl. aller Mahlzeiten und Gamedrive. Auf einer privaten Wildfarm mit Antilopen, Elefanten, Giraffen und Büffeln. Ritte auf Elefanten sind möglich (US$60/halber Tag).

Aktivitäten

Malwatte Reitschule, P.O. Box 695, Marondera, ✆ 079-20742, 📠 20309. Dem Malwatte Guesthouse angeschlossen, Reitausflüge in den Gosho Park.
Gosho Park, für US$1 p.P. kann man das kleine private Reservat mit dem eigenen Wagen, zu Fuß oder auf dem Pferderücken (Malwatte Reitschule) besuchen. Es gibt Antilopen zu sehen, und Übernachtung in einfachen Hütten ist möglich.

Sonstiges

POST – 45 Ruzawi Road.

NOTFALL – **Polizei** ✆ 079-21333.
Krankenhaus ✆ 079-24876.
Apotheke: ***Country Pharmacy***, ✆ 079-24281.

Transport

Kukura Kurerwa-Busse fahren nach HARARE und MUTARE.

Rusape

Hinter Marondera fällt die Landschaft beinahe unmerklich 200 Höhenmeter ab und nach 100 km gelangt man nach Rusape (nach Mutare sind es weitere 100 km). Es liegt am gleichnamigen Fluss und wurde 1894 als Poststation der British South Africa Company gegründet. Während der ersten Chimurenga 1896/7 wurden die hiesigen Siedler vom lokalen Stammesoberhaupt angegriffen, konnten die Attacke aber zurückschlagen. Im Gegensatz zu Marondera, das inmitten von privatem Farmland liegt, ist Rusape das Zentrum einer „rural area", eines Siedlungsgebietes auf kommunalem Land. Rusape ist wegen zweier archäologischer Stellen im Norden bekannt – Diana's Vow und Pink Elephants.

Diana's Vow und Pink Elephants

Anfahrt: 29 km auf der Hauptstraße von Rusape Richtung Nyanga, dann auf eine Piste links; nach 13 km stößt man auf die Hauptpiste nach Rusape (nach 6 km wieder Teer, dann noch 20 km nach Rusape), der man für 100 m folgt. Hinter dem Tor linkerhand erreicht man nach 500 m einen Parkplatz, von dort sind es 50 m zu Fuß. Diana's Vow gehört zu den schönsten Felszeichnungen Zimbabwes und ist ausgesprochen detailliert ausgeführt.

Fährt man zu der 100 m entfernten Kreuzung zurück und weitere 4 km geradeaus und dann 2 km nach links, kommt man zu einem weiteren Parkplatz. Ein Pfad führt ca. 100 Höhenmeter einen Hügel hinauf durch den Busch, wo unter einem Überhang vier rötlich ausgeführte Elefantenbilder zu sehen sind.

Übernachtung

Crocodile Motel, P.O. Box 166, Rusape, ✆ 025-2404, 📠 2689. An der Hauptstraße bei der Ortseinfahrt aus Richtung Marondera, DZ US$30 inkl. Frühstück, 2-Sterne-Hotel.
Balfour Hotel, P.O. Box 95, Rusape, ✆ 025-2945, 📠 2266. DZ US$40 inkl. Frühstück, Kolonialarchitektur, Nachtclub.
Halfway House Bistro, P.O. Box 206, Headlands, ✆ 082-355, 📠 355. 35 km von Rusape Richtung Marondera; DZ US$15, Restaurant, Läden mit Lebensmitteln (ausgezeichnete Auswahl von Obst, Milchprodukten aus den Vumba Mountains, Fruchtsäften, Metzgerei),

Pink Elephants bei Rusape

Kunsthandwerk und Antiquitäten, alle um einen schattigen Innenhof gruppiert, in dem man angenehm sitzt. Half Way House wurde 1891 gegründet und 1991 als Unterkunft eröffnet.
Rusape Dam Camping, 9 km außerhalb in Richtung Süden, Stellfläche US$3,50.

Essen

Joe's Place, Nyanga Road, ✆ 025-3583. Kleine Mahlzeiten, Garten.
Halfway House Bistro, 35 km von Rusape Richtung Marondera, ✆ 082-355, ✆ 355. Gute Küche, beliebter Ausflugsort.

Sonstiges

GOLF – ***Makoni Country Club***, P.O. Box 247, Rusape, ✆ 025-2800. 12-Loch-Platz, Chingarira Street.

NOTFALL – **Polizei** 025-2359
Krankenhaus 025-2365

Apotheke: ***Mediplus Pharmacy***, ✆ 025-3384.

POST – 37 Tongogora Street.

Transport

Kukura Kurerwa Busse fahren nach HARARE und MUTARE, Haltestelle am Hotel Balfour.

Mutare

Mutare, viertgrößte Stadt des Landes, liegt 270 km östlich Harares und ist die Hauptstadt der Provinz Manicaland, Einfallstor für Touristen auf dem Weg in die Eastern Highlands und Transitstation für Reisende nach Moçambique, dessen Grenze nur 8 km vom Zentrum entfernt liegt. Wer von Westen nach Mutare kommt, muss erst einmal auf breiter Straße die weiten Kurven hoch zum Christmas Pass bewältigen, von wo der Blick über die Stadt gleitet, die weiß vor den grünen Bergen im Osten liegt. Am Scheitel führt eine Gebirgspiste ganz hinauf zum Cecil Kop Gipfel mit großartigem Panoramablick übers Tal. Die Stadt ist Basis für Ausflüge nach Nyanga, Vumba und Chimanimani im Osten und bietet Museen, Reservate, Märkte und viele Unterkunftsmöglichkeiten in verschiedenen Kategorien.

Die Wirtschaft Mutares lebt von der umgebenden Natur. Die nachhaltig betriebene Forstwirtschaft versorgt die Sägewerke und schließlich die Möbelindustrie, die für das ganze Land produziert. Landwirtschaftliche Erzeugnisse wie Fleisch, Milchprodukte, Obst, Nüsse, Kaffee und Tee werden in der Stadt und der Umgebung verarbeitet. Klein- und mittelständische Industrie hat sich angesiedelt, die Eisenbahn besitzt eine große Werkstatt, und von Mutare aus wird ganz Zimbabwe mit Öl und Ölderivaten beliefert. Der seit einigen Jahren freie Weg ins Nachbarland hat zu einem starken Wachstum geführt. Wenn auch die Erzvorkommen im Nachbartal nicht so ergiebig sind, die Minen arbeiten dennoch, werfen Gewinn ab und verbessern dir Beschäftigungssituation erheblich.

Geschichte

Die Gegend um die Stadt war der Sitz des Kraals von Häuptling Mutasa im ausgehenden 19. Jahrhundert. Immer wieder versuchten die Portugiesen, Engländer und Südafrikaner ihn zu bewegen, Schürfkonzessionen zu vergeben, da man im Tal von Penhalonga jenseits des Christmas Pass Goldvorkommen ausgemacht hatte. Aber erst 1890 vergab Mutasa das Recht an A. Colquhoun, der netterweise sogleich ein Fort bei den Goldvorkommen errichtete, wie er netterweise sagte, zum Schutz von Mutasa. Aber nach einem Jahr schon zog man nach Old Mutare am gleichnamigen Fluss ein paar Kilometer weiter um. 1895 baute man Post, Hospital und eine Kirche und die Familie Meikles (deren Name immer noch überall in Zimbabwe an Geschäften und Hotels zu lesen ist) eröffnete den ersten Laden im Osten. Als die Eisenbahngesellschaft entschied, die Schienen wegen der starken Steigungen nicht durch das Tal des Mutare zu führen, sondern weiter südlich, verlegte man kurzerhand die Siedlung dorthin, wo Mutare heute blüht, und nannte sie Umtali – östlich des Christmas Pass. 1898 fuhr der erste Zug in den Bahnhof und Mutare wurde für 12 Jahre zum Hauptsitz der Eisenbahngesellschaft (1910 wurde er nach Bulawayo verlegt). 1971 wurde Umtali zur Stadt erklärt, mit der Unabhängigkeit der Name in Mutare geändert.

Sehenswertes

Das **Mutare Museum** (P.O. Box 920, Mutare, Victory Avenue, ✆ 63630) beherbergt in seinem modernen Gebäude mehrere Ausstellungen. Die Eastern Districts Gallery zeigt die Geschichte, Flora und Fauna der Eastern Highlands, die Beit Gallery Geologie und Archäologie der Region. Mezzanine Gallery bringt mit Dioramen die Tierwelt näher. Der erste Kurator des Museums, Hauptmann Boultbee, hat seine Waffensammlung der Stadt vermacht und die Pistolen aus vielen Jahrhunderten sind nun in Schaukästen ausgestellt. Die Transportabteilung hat eine kleine, aber feine Auswahl an Kraftfahrzeugen, von der Feuerwehr bis zum Coca-Cola-Lieferwagen aus den 60er Jahren. Das Museum ist auch verantwortlich für die Betreuung der archäologischen Stätten der Umgebung und wer Interesse hat, erhält tiefer gehende Informationen. ⌚ tgl. 9–17 Uhr, Eintritt US$2.

Das **Utopia House Museum** (P.O. Box 920, Mutare, Jason Moyo Drive, ✆ 63630) ist das ehemalige Wohnhaus der Familie Fairbridge, die sich in den 90er Jahren des 19. Jahrhunderts in Mutare niederließ. 1975 stiftete die Familie das Gebäude dem Staat, seitdem kann man es besuchen und eine Vorstellung erhalten, wie man vor 100 Jahren gelebt hat. Es ist dem Mutare Museum angegliedert. ⌚ Sa und So 14.30–16.30 Uhr, Eintritt US$2.

Der **Stadtpark** zwischen der Hauptstraße von Nord nach Süd und dem Sport Club ist umrahmt von Ständen, an denen Kunsthandwerk und Lebensmittel verkauft werden. Mittags ist er recht belebt, wenn die Geschäftsleute aus dem Zentrum ihre Snacks zu sich nehmen. Am südlichen Ende befindet sich ein hübscher Aloe-Garten mit mehr als 200 im südlichen Afrika heimische Aloe-Arten (insgesamt 10 000 Pflanzenarten).

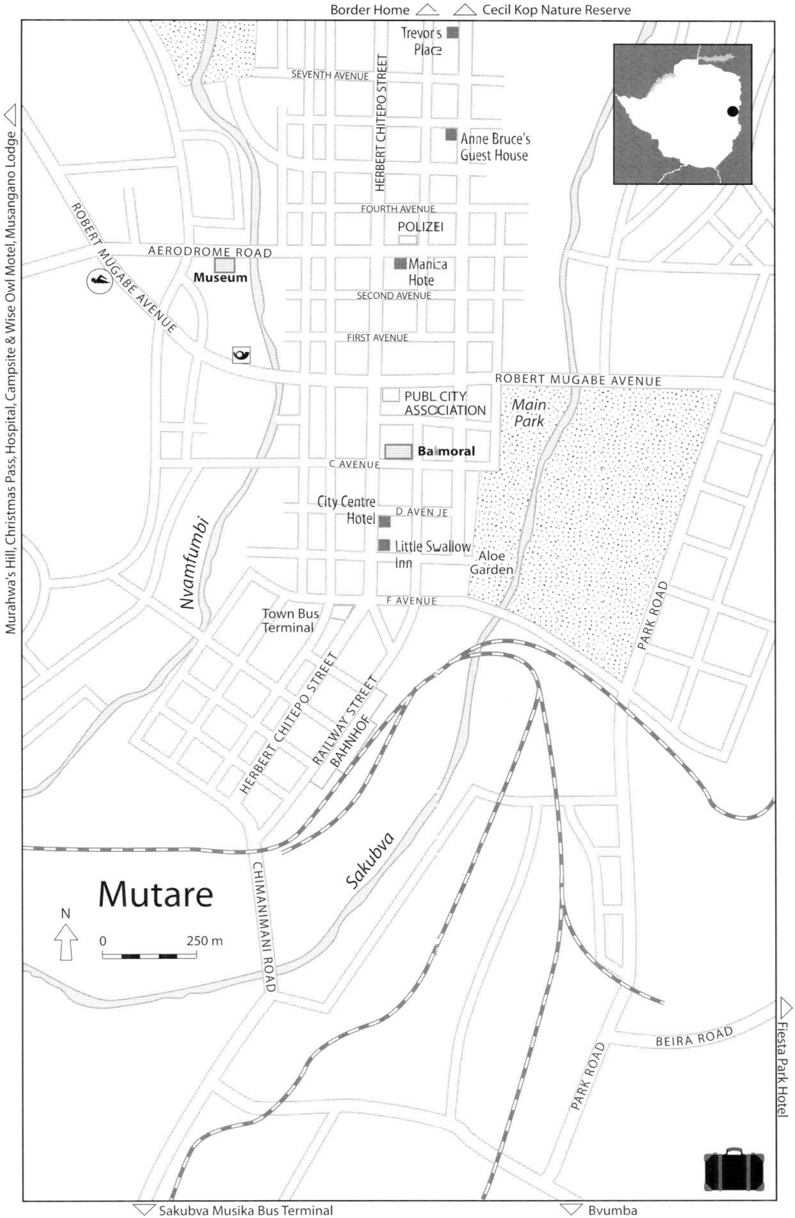
Border Home
Cecil Kop Nature Reserve
Murahwa's Hill, Christmas Pass, Hospital, Campsite & Wise Owl Motel, Musangano Lodge
Trevor s
Plac
SEVENTH AVENUE
HERBERT CHITEPO STREET
Anne Bruce's
Guest House
FOURTH AVENUE
POLIZEI
AERODROME ROAD
ROBERT MUGABE AVENUE
Museum
Mani a
Hote
SECOND AVENUE
FIRST AVENUE
ROBERT MUGABE AVENUE
PUBL CITY
ASSOCIATION
Main
Park
Balmoral
C AVENUE
City Centre
Hotel
D AVEN JE
Little Swallow
Inn
Aloe
Garden
Nyamfumbi
F AVENUE
Town Bus
Terminal
PARK ROAD
HERBERT CHITEPO STREET
RAILWAY STREET
BAHNHOF
Sakubva
CHIMANIMANI ROAD
Mutare
N
0
250 m
BEIRA ROAD
PARK ROAD
Fiesta Park Hotel
Sakubva Musika Bus Terminal
Bvumba

Etwas außerhalb im Osten des Zentrums kann man auf den **Cross Kopje** steigen und die Stadt überblicken. Sein Name kommt von dem nachts angestrahlten und weithin sichtbaren 10 m hohen Steinkreuz, das zum Gedenken der Soldaten des Commonwealth errichtet wurde, die im Ersten Weltkrieg in Ostafrika im Kampf gegen die Mittelmächte gefallen sind. Man folgt der Vincent Road nach Osten, die ihren Namen in Rekayi Tangwena Drive ändert. An dessen östlichsten Punkt führt ein Weg hinauf.

Das **Murahwa's Hill Nature Reserve** ist auf einem steilen Weg vom Christmas Pass aus zu erreichen. Ein besserer Weg führt von der Stadt auf dem Magamba Drive hinaus am Messegelände vorbei (4 km). Das Reservat gilt als Paradies für Ornithologen und Schmetterlingsfreunde. Auch finden sich Reste früher Siedlungen. Die hier gefundenen Artefakte sind teilweise im Stadtmuseum ausgestellt.

Cecil Kop Nature Reserve

Die Wildlife Society of Zimbabwe gründete 1977 das Cecil Kop Nature Reserve, ✆ 61537, das direkt im Nordosten an die Stadt grenzt. Die Nationalparkbehörde brachte Tiere, die früher hier heimisch waren, aber von Wilderern ausgerottet wurden, ins Reservat, und heute leben hier unter anderem wieder Nashörner. Der Park ist in drei Abschnitte unterteilt: Tiger's Kloof, Thomson's Vlei und die Wilderness Area. Ein Teegarten und ein Kiosk verkaufen Erfrischungen.

Tiger's Kloof besteht aus dicht bewaldeten Hängen, die weiter oben in Grasflächen übergehen. Der Eingang liegt an der Arcadia Road, die Verlängerung der Herbert Chitepo Street. Nach einem Kilometer kommt man zu einem Parkplatz und steigt einige Holzstufen zum Eingang hinauf. In diesem Abschnitt liegt auch ein Campingplatz. Die Fütterung der Tiere findet täglich um 16 Uhr statt, so dass man den Besuch auf diese Zeit legen sollte.

Thomson's Vlei grenzt südlich an Tiger's Klof, östlich an die Grenze zum Nachbarland und hat eine eigene Zufahrt vom Rekayi Tangwena Drive. Eine Fahrverbindung zum Tiger's Kloof existiert nicht. Dieser ist nur zu Fuß zu besichtigen, das Vlei besitzt Fahrwege, Wasserlöcher, Picknickplätze und eine schöne Beobachtungsplattform. Eine Straße führt den Berg hinauf, von wo der Blick nach Moçambique hinüberreicht.

Die **Wilderness Area** ist vom Christmas Pass aus anzufahren. Hinter dem Eingangsstor windet sich eine schmale und raue Piste hinauf in die Bergwelt der Eastern Highlands bis zu einer Umschaltstation (6 km), die unter militärischer Bewachung steht. Besucher müssen sich dort melden. Von hier oben hat man den besten Blick über Mutare und die umliegenden Täler und Berge.

🕒 tgl. 7–17.15 Uhr (Sommer bis 18 Uhr); Eintritt US$1, Camping US$2 p.P. Informationen über die Wildlife Society of Zimbabwe, Manicaland Branch, P.O. Box 920, Mutare.

Sicherheit Auch Mutare ist von der steigenden Kleinkriminalität in den Städten betroffen. Man sollte bei Dämmerungsbeginn folgende Orte meiden und dort tagsüber besondere Vorsicht walten lassen: Cross Kopje, Murahwa's Hill und Stadtpark.

Übernachtung

UNTERE PREISKLASSE – ***La Rochelle,*** P.O. Box 34, Penhalonga, ✆ 22250, 📠 22250. 20 km außerhalb Mutare am Christmas Pass nach Penhalonga, nach 6 km nach rechts (noch 3 km). Hotel in einem kleinen botanischen Garten, DZ US$20 p.P., Camping US$5 p.P.

Mountain View Hotel, P.O. Box 2441, Mutare, ✆ 66101, 📠 66107, 2nd Street, Ecke 7th Avenue, DZ US$40, modernes Gebäude.

Christmas Pass Hotel, P.O. Box 841, Mutare, ✆ 63818, 📠 63875. 10 km außerhalb am Christmas Pass, DZ US$45 inkl. Frühstück, Schwimmbad.

Wise Owl Motel, P.O. Box 588, Mutare, ✆ 64643, 📠 64690. 4 km außerhalb am Christmas Pass, in Familienbesitz, DZ US$30 p.P. inkl. Frühstück, Schwimmbad, Garten.

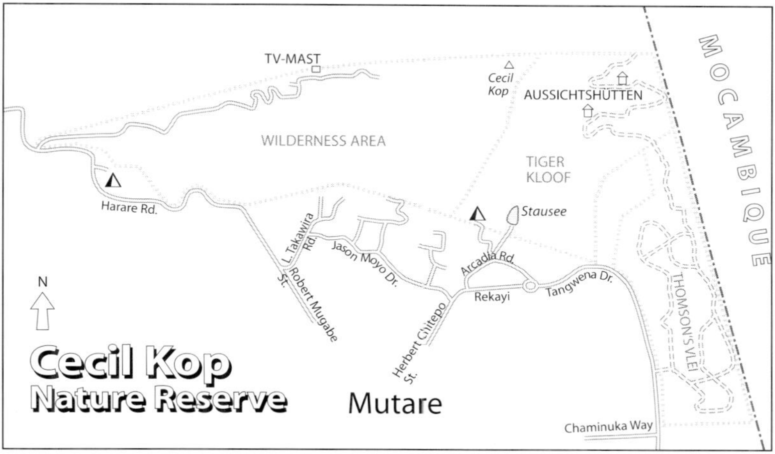

Border Home, 3A Jason Moyo Drive (Höhe 3rd Street), ✆ 02063346. Backpacker-Unterkunft, Schlafsaal US$2,50, DZ US$6, Cottage US$15.

MITTLERE PREISKLASSE – ***Musangano Lodge***, P.O. Box 1036, Mutare, ✆ 42267, 📠 42263, ✉ musangano@odzi.icon.co.zw 💻 www.icon.co.zw/musangano. 26 km außerhalb und westlich von Mutare an der Champion Mine Road. Eine der angenehmsten Unterkünfte in Zimbabwe, unter deutscher Leitung. Die Familie Eggert – ehemalige Entwicklungshelfer – ist nicht nur ausnehmend freundlich, sie steht auch mit Rat und Tat zur Seite und weiß vieles über die Eastern Highlands zu berichten. Beim Sundowner werden die aktuellen Ereignisse im Land diskutiert und man erhält viele Hintergrundinformationen, die den normalen Touristen ansonsten verschlossen bleiben. Die Lodge ist ein idealer Ausgangspunkt für Fahrten nach Nyanga, Vumba und Chimanimani, wenn man gemütliche Ruhetage zwischenschalten will. Ausgesprochen hübsch in die Landschaft eingepasste, luxuriöse Chalets für zwei Personen und Lodges für Selbstversorger mit Küche (max. 7 Personen). Das Restaurant genießt den Ruf eines der besten Lokale der Eastern Highlands und abends kommt man aus Mutare zum Dinner angereist. Chalet US$40 p.P. inkl. Frühstück.

Holiday Inn Mutare, P.O. Box 27, Mutare, ✉ mutholinn@zimsun.co.zw, ✆ 64431, 📠 64466, Zimmer US$110, im Zentrum gelegen (Aerodrome Road, Ecke 3rd Street).

Valley Lodge, P.O. Box 1437, Mutare, ✆ 62868, 📠 67870. 6 km außerhalb Richtung Beira, Bungalows für US$60 (2 Personen), Restaurant.

CAMPING – ***Cecil Kop Nature Reserve***, ✆ 61537. Angenehmer Platz mit 20 Stellflächen, Ablution Block, Grillplätzen, Feuerholzverkauf; zentrumsnah, Camping US$2 p.P. Man muss vor 18 Uhr ankommen.

Osborne Dam, Buchungen über die zentralen Reservierungsbüros in Bulawayo und Harare oder direkt über National Parks & Wildlife Management, P.O. Box 1130, Mutare, ✆ 63955, 📠 63955.

Municipal Camping & Caravan Park, P.O. Box 910, Mutare, ✆ 02-64412, 📠 61002. 7 km außerhalb Richtung Harare an der Pass-Straße, Zelten US$1,50, laut.

Drifters, P.O. Box 1646, Mutare, ✆ 62964. 20 km außerhalb Richtung Mutare, Backpackerunterkunft, Zelten US$2 p.P., Chalets US$10 für 2

Personen, Schwimmbad, einfache Mahlzeiten, nicht immer geöffnet.

Essen

Apache Spur, Holiday Inn, ✆ 64431. Steakrestaurant der gehobenen Preisklasse.
Fantails Restaurant, 6 km außerhalb Richtung Beira, ✆ 62868. Restaurant der Valley Lodge.
Musangano Lodge, 26 km außerhalb und westlich von Mutare an der Champion Mine Road, ✆ 42267.
The Carvery, im Courtauld Theatre, ✆ 63615, einfachere Küche aber gut, täglich ab 9 Uhr.

Einkaufen

Jairos Jiri, 41 First Street Ecke Robert Mugabe Road. Kunsthandwerksladen, der Behinderte unterstützt.
Hands on Zimbabwe, P.O. Box 763, Mutare, ✆ 65411, ℻ 65411. Kunsthandwerk und Souvenirs, über den Christmas Pass, dann Richtung Nyanga/Juliasdale, nach 7 km links und gleich wieder rechts.
Nyasa, 11 Second Street, ✆ 65509. Handbedruckte Textilien.
Jenny's, 30 Herbert Chitepo Street, ✆ 67764. Kunsthandwerk, Souvenirs, Geschenke.
Meikles, Herbert Chitepo Street. Camping-Ausrüstung.
Time Stationers, 85 Herbert Chitepo Street, ✆ 62508. Bücher, Landkarten.
Camera House, First Mutual Centre, Herbert Chitepo Street, ✆ 62584. Filme und -entwicklung.

Touren

UTC, P.O. Box 2234, Mutare, im Holiday Inn, ✆ 64784, ℻ 64784. Touren nach Vumba und Nyanga.
Chivunja Holidays, 91 Herbert Chitepo Street, P.O. Box 543, Mutare, ✆ 67915, ℻ 65165, ✉ holiday@syscom.co.zw. Geführte Touren nach Nyanga und in die Vumba Mountains.

Sonstiges

AUTOVERMIETUNG – ***Hertz***, Holiday Inn, ✆ 64784, ℻ 64784.
Europcar, Grants Service Station, 1 Joshia Tongogora Road, ✆ 62304, ℻ 62367.

GOLF – ***Hillside Sports Club***, P.O. Box 469, Mutare, ✆ 6231. 18-Loch-Platz am Jason Moyo Drive.

IMMIGRATION – Manica Chambers, 2nd Avenue, ✆ 65653, ℻ 62322.

INFORMATION – ***Manicaland Publicity Association***, P.O. Box 69, Mutare, Robert Mugabe Avenue zwischen Herbert Chitepo Street und 4th Street, ✆ 64711, Mo–Fr 9–12.30 und 14–16 Uhr.

KURIERDIENST – ***DHL,*** P.O. Box 1862, Mutare, Bhadella Arcade, Herbert Chitepo Street, ✆ 62298, ℻ 67868.

NOTFALL – **Polizei**: Herbert Chitepo Street, Ecke Aerodrome Road, ✆ 64212.
Krankenhaus: Robert Mugabe Avenue, ✆ 64321.
Apotheke: Arcade Pharmacy, First Mutual Centre, Herbert Chitepo Street, ✆ 61519.
Luftrettung: Medical Air Rescue Service, ✆ 64647.

POST – Robert Mugabe Avenue, ✆ 64621.

SCHWIMMEN – **Öffentliches Schwimmbad**, Robert Mugabe Avenue, ✆ 64412. September–April tgl. außer Mo 9–17 Uhr, Eintritt US$0,25.

TAXI – ✆ 63166.

THEATER – ***Courtauld Theatre***, Simon Mazorodze Road/Civic Centre, ✆ 63647. Gut ausgestattetes Amateurtheater mit unregelmäßigen Aufführungen.

VORWAHL – 020.

Transport

BUSSE – *Blue Arrow* verbindet Mutare mit HARARE am Mittwoch, Freitag und Sonntag. Haltestelle ist das Holiday Inn.
Vom südlichen Busbahnhof Sakubva fährt um 8 Uhr ein Bus nach CHIMANIMANI (ca. US$3).
Mehrmals tgl. Verbindungen nach CHIREDZI.

EISENBAHN – **Bahnhof**, Railway Street (Herbert Chitepo Street), ✆ 62825. Übernachtzug von und nach HARARE.

Die Umgebung von Mutare

Prince of Wales Viewpoint

Der Aussichtspunkt liegt 10 km im Süden der Stadt auf dem Weg nach Vumba. Ein großes Schild weist darauf hin, dass der Wagen beim Verlassen unbedingt abgeschlossen werden sollte. In den Ferienzeiten wird Kunsthandwerk verkauft. Hier soll der Prinz von Wales in den 50er Jahren nach Moçambique geblickt haben. Einige Kilometer unterhalb des Ausblicks Richtung Mutare liegt eine archäologische Stätte – **Altar Site Ruins**. Um den Altar, der vielleicht auch ein Thron gewesen sein mag, wurden zahlreiche Hüttenfundamente gefunden, so dass man von einer großen Siedlung ausgeht, deren Bewohner diese Stätte rituell genutzt haben.

Penhalonga Valley

Nach Nyanga führen zwei Straßen, die westlich verlaufende ist gut ausgebaut, der landschaftlich reizvollere Weg durch das Penhalonga-Tal ist zwar auch geteert, aber schmaler und sehr kurvenreich. Man passiert einen Abzweig nach La Rochelle und die Minen von Penhalonga.

Die kleinen **La Rochelle Botanical Gardens** (P.O. Box 34, Penhalonga, ✆ 020-22250, 📠 22250), 6 km hinter dem Abzweig nach Nyanga 3 km Piste nach rechts, sind der einzige botanische Garten im Land, der einen Lehrpfad für Blinde in Braille-Schrift besitzt. Die bunte Pflanzenwelt vor den weißen Gebäuden ist eine Oase für die Sinne. ⌚ tgl. 8–17 Uhr, Eintritt US$1, auch Mahlzeiten und Übernachtungsmöglichkeit.

Osborne Dam

Der Osborne Dam liegt 15 km abseits der Hauptstraße von Mutare nach Nyanga, die 30 km westlich von Mutare nach Norden abgeht. Er wurde in neuerer Zeit entwickelt und ist eine Recreational Area der Nationalparkverwaltung. Am Wochenende trudeln die Angler aus Mutare ein, wochentags ist es sehr ruhig und man ist in der atemberaubenden Landschaft alleine, die des Morgens aus dem Nebelmeer aufsteigt. Vogelliebhaber kommen ebenfalls auf ihre Kosten. Der Zeltplatz ist schön am Ufer gelegen. Buchungen über die zentralen Reservierungsbüros in Bulawayo und Harare oder direkt über *National Parks & Wildlife Management,* Osborne Dam, P.O. Box 1130, Mutare, ✆ 020-63955, 📠 63955.

Vumba Mountains

Die Vumba Mountains sind 30 km südöstlich vom 1100 m hoch gelegenen Mutare auf guter Teerstraße erreichbar. Sie bilden einen Teil des auf 300 km Länge an der Grenze zu Moçambique sich hinziehenden Hochlandes und erreichen eine Höhe von etwa 1900 m (Castle Beacon). Ein Teil des Gebirges wurde als Vumba Botanical Gardens ausgewiesen, mit einem natürlichen Bergwald, Baumfarnen, Kräutergärten, Aloen und einem Teegarten. Der Rest des Gebietes ist mit Bananen-, Kaffee- und Teeplantagen bestanden. Wegen der Höhe und der damit einhergehenden relativen Kühle im Sommer ist Vumba eines der Hauptferiengebiete der Zimbabwer. Vom Luxushotel bis zur einfachen Unterkunft, von der Pension bis zum Chalet für Selbstversorger findet man alles, auch einen sehr schönen in den Wäldern des botanischen Gartens gelegenen Zeltplatz. Vumba heißt übersetzt „Nebel". Häufig schwebt dieser morgens über der Landschaft, bis die Sonne durchbricht und die Seelen wärmt. Manchmal verzieht sich der Nebel aber auch nicht. Mit 1400 mm Niederschlag pro Jahr gehören die Vumba Mountains zu den am besten mit Wasser versorgten Gebieten des Landes. Nur so konnten die lianenumrankten Wälder in den Schluchten entstehen. Im Winter kann es in den Bergen sehr kalt werden, sogar Minusgrade werden erreicht und die Besucher in dieser Zeit sind gut beraten, warme Kleidung mitzunehmen.

Geschichte

Die ersten Weißen in den Vumba Mountains waren Portugiesen. Berichte über ihre Ansiedlung datieren aus der ersten Hälfte des 17. Jahrhunderts. Zu dieser Zeit soll schon eine Kirche hier gestanden haben, es fehlte jedoch ein Priester, was man nach Portugal schrieb. Im 18. und 19. Jahrhundert versorgten die Portugiesen ihre Niederlassungen an der Küste mit Nahrungsmitteln aus den fruchtbaren Bergen.

Die ersten Bewohner, von denen man etwas weiß, waren die Negomasha, die laut ihrer Überlieferung aus der Gegend um das heutige Chipinge einwanderten, Ackerbau betrieben und Vieh züchteten. Sie besaßen einen Regenkult, dessen Erfolgsquote auch bei anderen Stämmen berühmt war, denn schließlich regnete es ja häufig in den Vumba Mountains. Menschen von kamen weit her und opferten, um es auch in ihrer Gegend regnen zu lassen. Nach den Negomasha wanderte ein Stamm ein, den man Chirara nannte und dessen Nachfolger das Land regierten, als die ersten englischen Siedler kamen.

Pflanzenwelt

Die Vumba Mountains werden in vier Zonen eingeteilt, jede mit einer für sie typischen Vegetation: Berggrasland, afrikanischer immergrüner Bergwald, Miombowald, Savannenwald. Das Grasland war vor Hunderten von Jahren wohl auch bewaldet. Feuer hat aber die Bäume zerstört und heute wächst hier vornehmlich eine Grasart, die sich sehr gut zum Decken von Hütten eignet. Auch Aloen, Strelitzien und Proteen sind zu finden. Der afrikanische immergrüne Bergwald war früher die vorherrschende Flora in Vumba. Er besteht aus einer Vielzahl unterschiedlicher Baumarten, unter ihnen: Zitronenbaum, echter Drachenbaum, afrikanische Stechpalme, Feigenbaumarten und Mahagoni. Das Untergehölz besteht aus Sträuchern, Farnen und Kräutern. Überall ranken sich Lianen um die Bäume. Eines der schönsten Beispiele für diese Vegetation ist der Bunga Forest unmittelbar vor dem Eingang zum botanischen Garten. Die Miombowälder ähneln denjenigen, die in den regenreichen Gegenden von Südost- und Zentralafrika stehen. In ihnen wachsen viele Farne und Orchideen unter dem Prince-of-Wales-Federbaum, Leberwurstbaum und anderen *brachystegia*-Arten. Der Savannenwald der Eastern Highlands steht auf weniger fruchtbarem Land, das vielleicht früher sehr waldreich waren, durch Erosion aber seine Böden verlor. Akazien, Eukalypten und Guavenbäume herrschen hier vor.

Vumba Botanical Gardens

1926 kaufte ein Geschäftsmann aus Mutare die Farm Manchester in den Bergen. Seine Frau, eine passionierte Gärtnerin, rodete den Busch und ließ die Bäume stehen, um einen Park zu schaffen. Ein Damm wurde errichtet, der bald den See westlich des Teegartens schuf. Um 1940 wurde der Garten auf die Bitte von Freunden hin öffentlich zugänglich. Man nannte ihn Manchester Park. Nach dem Tod der Dame des Hauses verkaufte man den Park teilweise an die Regierung und 1958 wurde er zum Nationalpark. 1975 widmete man den Park um in „Vumba Botanical Gardens".

Im **botanischen Garten** stehen Baumfarne, Azaleen wachsen an den Wanderpfaden und immer wieder stößt man auf Beete, in denen je nach Jahreszeit passend die Blüten in heller Pracht stehen. Ein Kräutergarten zeigt einheimische und exotische Heilpflanzen, Rosenbüsche, Proteen, Fuchsien und Aloen erfreuen das Auge. Der Park ist perfekt unterhalten und man kann sich stundenlang an der Flora erfreuen. Der Teegarten neben einem kleinen Bächlein und einem Seerosenteich serviert Frühstück und leichte Mittagessen, unweit liegt der saubere Zeltplatz unter den Bäumen mit guter Infrastruktur und einer weiten Sicht über die Täler und Berge.

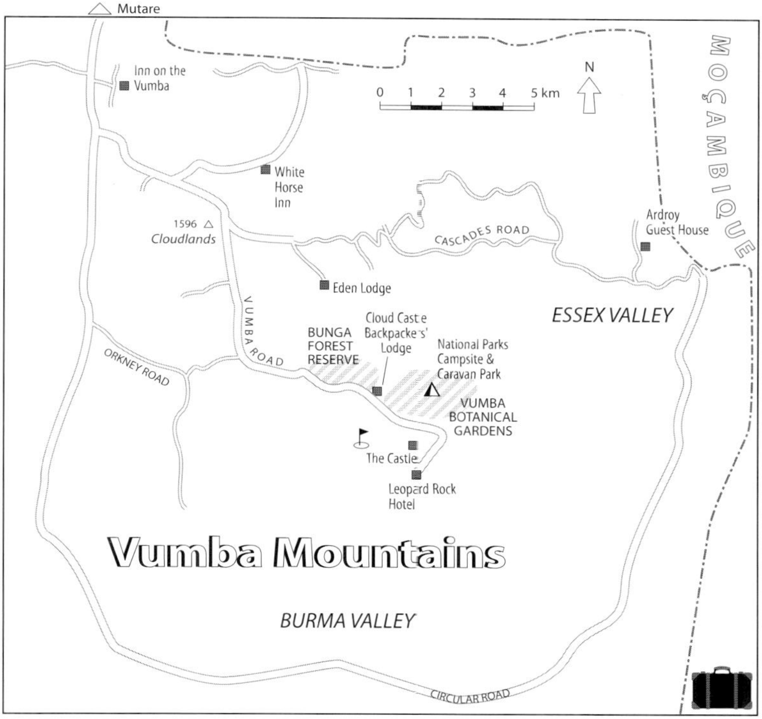

Das **botanische Reservat** von Vumba nimmt des östlichen und größeren Teil des Parks ein. Es liegt an einem Hang, der sanft nach Norden abfällt und dicht bewaldet ist. Durch ihn führt ein Fahrweg nach unten durch Schluchten, über Bäche und immer im Halbdunkel der hohen Bäume und der Lianenwelt. Schöner als mit dem Auto ist das Reservat aber zu Fuß zu erkunden. Ein Netz von Wanderwegen bringt Farne und Orchideen näher, man weicht den Lianen aus, die teilweise Dornen tragen, und sieht vielleicht auch eine Antilope. Affen werden einen auf alle Fälle begleiten.

🕒 tgl. 9–17 Uhr. Auch Übernachtungsgäste müssen vor 17 Uhr anreisen. Eintritt US$2 p.P. Unterkunft s. weiter unten bei Camping

Der Bunga Forest

Der Bunga Forest entstand als Schutzgebiet ebenfalls durch eine Schenkung an den Staat. Ein früherer Parlamentssprecher vermachte ihn dem Volk unter folgender Bedingung: Die drei zerstörerischsten Einflüsse seien von dem Gebiet fernzuhalten – Menschen, Feuer und Pflanzen, die nicht heimisch sind. Heute führen einige Wege durch den Wald, die verhalten markiert sind.

Man sieht ein typisches Beispiel für den afrikanischen Immergrünen Bergwald.

Die Wege führen an zwei Wasserfällen vorbei zu Aussichtspunkten. Eintritt frei, Zugang von Sonnenauf- bis -untergang.

Bananenplantagen in einem Tal der Vumba Mountains

Leopard Rock

Fährt man an den botanischen Gärten von Vumba südlich vorbei, weist ein Schild zum Leopard Rock, einem monolithischen Felsgebilde, das auch Chinyakwaremba genannt wird. Man kann hinaufsteigen und den Rundblick genießen. Auf der Teerstraße weiter nach Süden kommt man zum Leopard Rock Hotel mit einem Goldplatz. Die Luxusherberge ist einzigartig unterhalb des Felsens gelegen und man hat das Vergnügen auf einem der höchsten Golfplätze der Welt mit einer unvergleichlichen Aussicht zu spielen.

Burma Valley

Fährt man von den botanischen Gärten zurück und bei der T-Kreuzung nach Mutare nicht rechts, sondern links, gelangt man auf die Rundstraße um die Vumba Mountains durch die Täler von Burma und Essex. Auf 20 km von insgesamt 70 km ist die Straße nicht geteert (in der Regenzeit ist deshalb ein Geländewagen angebracht). Es geht hinunter in das Burma-Tal an Tabakplantagen und Lagerhäusern vorbei, in denen die Blätter getrocknet werden, bis Bananenpflanzen die Nikotingewächse langsam verdrängen. Grün und gelb hängen die Früchte in dicken Bündeln unter den Blättern, feucht glitzernd in der Sonne, da sie permanent mit Wasser besprüht werden. Auf den Plantagen herrscht geschäftiges Treiben, in den kleinen Weilern sind nur noch die Kinder, alles pflückt, trägt, bewässert und lagert die leckeren Früchte, die um so viel besser schmecken als die konfektionierte amerikanische Ware von United Fruit. Neben den Plantagen ist die Viehwirtschaft bedeutend und in ganz Zimbabwe gilt der Käse aus Vumba als Delikatesse. Kurz nach Ende der Teerstraße erreicht man ein kleines Dorf, wo man im *Vumba Cheese Shop* (Crake Valley Farm, ✆ 217122) Käse kaufen kann.

Übernachtung

UNTERE UND MITTLERE PREISKLASSE –
Eden Lodge, P.O. Box 881, Mutare, ✆ 62000, 📠 62001. Nette Cottages für 2 Personen US$50.

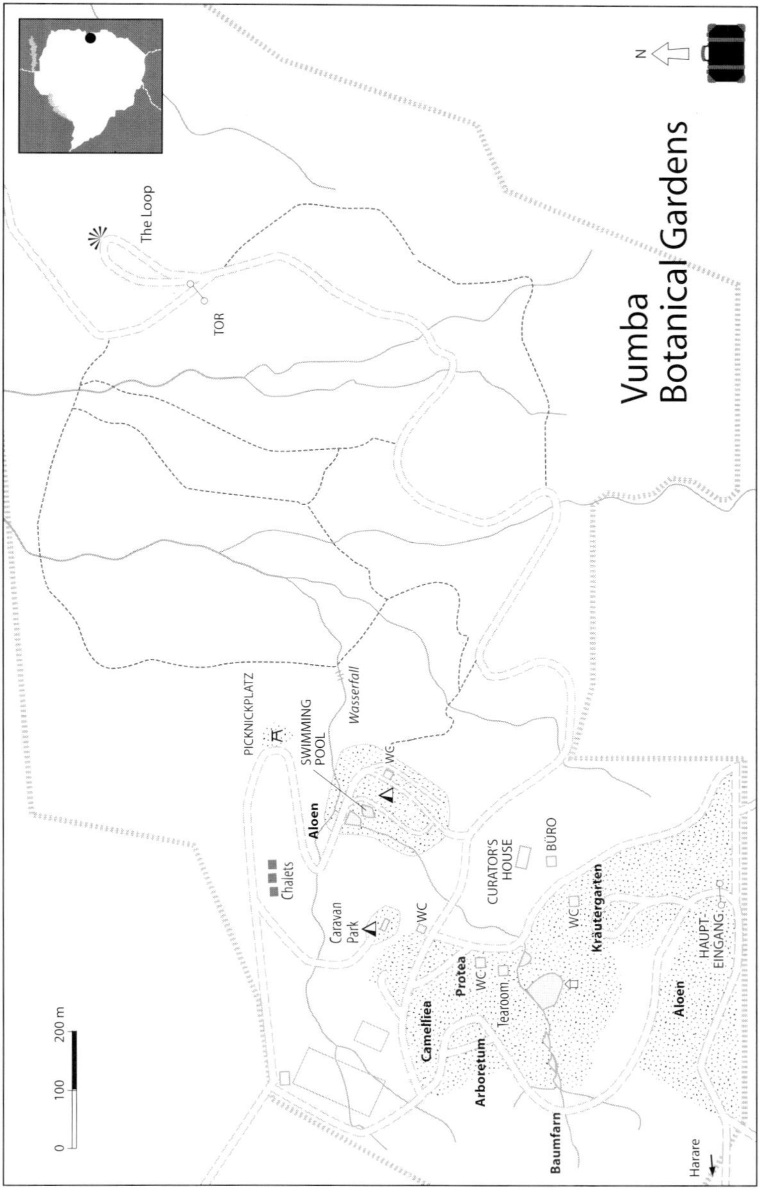

MUTARE UND DER OSTEN

Inn on the Vumba, P.O. Box 524, Mutare, ✆ 67449, ✆ 60722. DZ 20 US$p.P. inkl. Frühstück und Abendessen. Berechnung in Z$.
White Horse Inn, P.O. Box 3193, Paulington, Mutare, ✆ 60138, ✆ 60325. 17 km außerhalb von Mutare Richtung Vumba Botanical Gardens an der Laurenceville Road, DZ US$60 inkl. Frühstück, Inn im englischen Stil, Garten, auf Etikette wird geachtet.
Androy's Guesthouse, P.O. Box 3150, Paulington, ✆ 217121, ✆ 63743. Im Crake Valley an der Grenze auf dem Circular Dive nahe dem Vumba Cheese Shop, DZ US$10 p.P., Selbstversorgung.
Ndundu Lodge, P.O. Box 62, Mutare, ✆ 21760, ✉ ndundulodge@yahoo.com. Unweit der botanischen Gärten, Selbstversorgung, Restaurant (Frühstück, Dinner), Bett US$5 p.P., Zelten US$3 p.P., nebenan ist Tony's Coffee Shop mit guten Süßigkeiten.

OBERE PREISKLASSE – ***Leopard Rock Hotel***, P.O. Box 1322, Mutare, ✆ 60192, ✆ 61165. Luxushotel südlich des botanischen Gartens über den grünen Wiesen des Golfplatzes, Fernsicht, Schwimmbad, Kasino, stilgerechte Sesselbezüge in Leopardenmuster, DZ ab US$120 p.P. inkl. Frühstück.
The Castle, P.B. V7401, Mutare, ✆ 81341, ✆ 66726. Unweit vom Leopard Rock Hotel, Schlosscharakter, feine Übernachtung zu US$60 p.P. inkl. Frühstück.

FERIENHÄUSER – ***Mavusa Farm***, P.O. Box 545, Mutare, ✆ 210310. Von Mutare 30 km auf der Vumba Road dann 2 km nach rechts und wieder 4 km nach links, Feriencottages für US$40.
Seldomseen Cottages, P.O. Box 441, Mutare, ✆ 68402, ✆ 62837. Westlich des botanischen Gartens an der Nyamheni Road, Cottage zur Selbstversorgung US$15, geführte ornithologische Wanderungen gegen Berechnung.

CAMPING – ***Vumba Botanical Gardens***, Buchungen über Tourism Provincial Warden Manicaland, P.B. Q7763, Mutare, ✆ 63907, ✆ 63955. Wunderschöner Zeltplatz in den botanischen Gärten, Grillmöglichkeit, kein Laden, Teehaus mit Frühstück und Lunch, Zelten US$2 p.P. zuzüglich Eintritt US$2 p.P.
Ndundu Lodge, P.O. Box 62, Mutare, ✆ 21760, ✉ ndundulodge@yahoo.com. Unweit der botanischen Gärten, Selbstversorgung, Restaurant (Frühstück, Dinner), Zelten US$3 p.P.

Sonstiges

GOLF – ***Leopard Rock Golf Course***, P.O. Box 1322, Mutare, ✆ 60115. 18-Loch-Platz auf den Gipfeln der Vumba Mountains, spektakuläre Szenerie, neben dem Luxushotel Leopard Rock.

INFORMATIONEN – ***National Parks & Wildlife Management***, Vumba Botanical Garden, P.B. V7472, Mutare, ✆ 81293, ✆ 63955.

VORWAHL – 020.

Die Region von Nyanga

Der 33 000 ha große Nationalpark von Nyanga ist über Teerstraße von Harare aus über Rusape direkt zu erreichen (90 km). Von Mutare aus sind es – ebenfalls Teerstraße – 100 km. Der Park liegt auf einer Höhe zwischen 2000 und 2300 m, seine höchste Erhebung ist der Mount Inyangani mit 2593 m. Die sanft gewellten Hügel liegen mit sattgrünem Gras bewachsen am Horizont, Pinien heben sich malerisch vom knallblauen Himmel ab, tiefe Schluchten durchziehen die Landschaft, bewachsen mit urwaldähnlichem saftigem Busch, immer wieder sprudeln Wasserfälle in die Tiefe. Die Pisten passieren archäologische Ausgrabungsstätten, Angler holen sich Forellen aus den Dämmen und Bächen, Reiter dringen tief in die Bergwelt vor und Golfer schwingen ihre Schläger. Schon Cecil Rhodes war von der Landschaft begeistert und richtete sich in den Nyanga Mountains eine Farm ein (heute ein Museum).

Die Nächte können besonders im Winter sehr kalt werden, Minusgrade werden erreicht, warme Kleidung sollte man unbedingt im Gepäck haben, besonders wenn man in den Hütten im Park schläft.

Der Nyanga National Park ist in zwei Einheiten geteilt. Der Annex im Süden heißt Mtarazi National Park, der Eintritt für den Park gilt auch dort. Um ihn zu erreichen, muss man den Park verlassen und über Pisten fahren. Mtarazi bietet lediglich die gleichnamigen Fälle.

Die beiden kleinen Orte südlich und nördlich des Parks – Juliasdale und Nyanga – bieten Versorgungsmöglichkeiten und Unterkünfte.

Juliasdale

Der Weiler Juliasdale ist nicht viel mehr als ein Handelsposten für die Umgebung mit einer Tankstelle, Hotels in der Nähe, Post, einigen Läden und einer pittoresken Szenerie mit vielen Pinien. Ringsum wird Forstwirtschaft getrieben und Obst angebaut.

Übernachtung

Mont Clair Hotel, P.O. Box 10, Juliasdale, ✆ 2441, ℻ 2447. Luxushotel mit Kasino und Golfplatz, DZ US$60 p.P. inkl. Frühstück, Ferienherberge mit entsprechendem Aktivitätenangebot, wie Reiten, Tennis etc.

Pine Tree Inn, P.O. Box 1, Juliasdale, ✆ 225916, ℻ 2388. In einem Pinienwald wenige Kilometer westlich von Juliasdale, DZ US$40 p.P. inkl. Frühstück und Abendessen. Berechnung in Z$, für die gute Küche bekannt.

Inn on Rupara, P.O. Box 337, Juliasdale, ✆ 3021, ℻ 3025. DZ US$25 p.P. inkl. Frühstück und Abendessen. Berechnung in Z$.

Kasipite Cottages, P.O. Box 316, Juliasdale, ✆ 2382. Cottage für 2 Personen US$30.

York Cottages, Forestry Commission, P.B. 31, Juliasdale, ✆ 2360. Schöne 6-Personen-Hütten für US$25.

Punch Rock Cottages, P.O. Box 30, Juliasdale, ✆ 224424. Eingerichtete Cottages zur Selbstversorgung US$12 p.P.

Silver Rocks Farm, P.O. Box 27, Juliasdale, ✆ 394. Voll eingerichtete Cottages auch tageweise, Selbstversorgung, Cottage ab US$25.

Juliasdale Camp & Cabin, P.O. Box 99, Juliasdale, ✆ 2202, ℻ 2202. Einfache Hütten US$4 p.P., Zelten US$2 p.P.

Sonstiges

GOLF – ***Claremont Golf Club***, P.O. Box 67, Juliasdale, ✆ 469. 9-Loch-Platz in Juliasdale.

TOUREN – ***Far and Wide Zimbabwe***, P.O. Box 14, Juliasdale, ✆ 2440, ℻ 3011, ✉ farnwide@pci.co.zw. Unternehmungen im Nyanga und Mtarazi National Park.

VORWAHL – 029.

Nyanga Ort

Nyanga ist ein schmuckes Dorf mit hübschen Gärten um die Häuser. Es ist das Verwaltungszentrum des Nyanga National Parks. Zeugnisse aus der Vergangenheit gibt es um Nyanga viele. Nicht nur im Nationalpark, auch außerhalb liegen im Norden Ausgrabungsstätten, die einfach zu besuchen sind: die Ruinen von Ziwa und Nyahokwe.

Ziwa und Nyahokwe

Die Fahrt geht in das kommunale Land von Nyanga. Man verlässt Nyanga Richtung Norden – kurz hinter der Stadt hört der Asphalt auf. Nach 13,5 km erreicht man eine Abzweigung nach links. Von dort sind es 5 km zur 1 km langen Stichstraße nach Nyahokwe. 7 km westlich der Stichstraße und an einer Kreuzung nach Norden liegt das National Monument Ziwa.

Die Region war schon vor 350 000 Jahren von Steinzeitmenschen bewohnt – man fand viele Steinwerkzeuge und die Felsmalereien werden denselben Kulturen zugeschrieben. Im 3. Jahrhundert n.Chr. wanderten Bauern ein, die feste Dörfer errichteten und die Eisenverarbeitung kannten. Sie wurden um das 15. Jahrhundert wahrscheinlich von Tonga verdrängt, die aus dem Zambezital kamen und die heute noch zu sehenden Baustrukturen schufen. Sie werden dem gleichen Kulturkreis zugerechnet, der auch Great Zimbabwe entstehen ließ. Bevölkerungsdruck und die starken Gruppierungen um die Region herum, die eine Expansion nicht zuließen, zwangen die Bewohner, den hügeligen Boden optimal zu nutzen und so entstanden Terrassen, die die Anbauflächen erweiterten. Die Ruinen sind auf einer Fläche von mehreren tauscnd Quadratkilometern zu bestaunen. Die Ruinen westlich des Berges Ziwa, früher Van Niekerk Ruins genannt, nach dem Farmer, auf desssen Grund sie lagen, sind weit in die Landschaft verstreut und man kann sich stundenlang auf schmalen Pfaden durch sie hindurch bewegen. Ein kleines Museum (🕓 tgl. von 8–17 Uhr) gibt einen Eindruck von der Größe des Siedlungsgebietes. Im Gegensatz zu den Ruinen von Ziwa ist Nyahokwe eine kompaktere Anlage.

Die Terrassierung schuf nicht nur Flächen für die landwirtschaftliche Nutzung sondern auch Ablageplätze für die Steine und Felsen. Sie folgen den Landschaftslinien entlang den Hügeln und Tälern. Die meist in der Mitte der Terrassen befindlichen Grubenbauten dienten als Ställe. Man betrat sie durch tunnelartige Eingänge, die Gefahr der Überschwemmung bei starkem Regen wurde durch Abflusslöcher gebannt. Um die Ställe standen Hütten und Kornspeicher, deren Fundamente noch zu sehen sind. Diese Komplexe wurden durch Steinmauern geschützt. Ziwa wurde im 18. Jahrhundert verlassen, man nimmt an, weil der Boden wegen Erosion und Auslaugung immer unfruchtbarer wurde. Nyahokwe war wohl noch bis weit in das 19. Jahrhundert besiedelt. Funde belegen, dass die Bewohner mit den Portugiesen Handel trieben.

World's View

Fährt man von Nyanga zur Hauptstraße zurück und dort nach Norden, kommt man nach 10 km zum Troutbeck Inn am gleichnamigen See. Am Golfplatz vorbei führt eine Piste 10 km durch die Gebirgslandschaft steil hinauf zum World's View. Ein kleiner Turm (Eintritt 25¢) steht als Monument am Rande der Klippe. Der Blick schweift weit über die Ebene und auf der gemauerten Brüstung sind Tafeln eingelassen, die die Richtung und die Entfernung den wichtigsten Orten Zimbabwes weisen, u.a. Kariba, Victoria Falls, Harare und Bulawayo. Am frühen Morgen, wenn die Luft noch klar ist, ist der Blick am besten. Die Picknickeinrichtungen laden dann zum Frühstück ein.

Übernachtung

Troutbeck Inn, P.B. 2000, Nyanga, ✆ 305, 📠 474, ✉ troutbeck@zimsun.gaia.co.zw. Wunderschön an einem See in den Höhen der Eastern Highlands gelegen, DZ US$64 p.P. inkl. Frühstück, Golfplatz, Schwimmbad, Forellenfischen, Reiten.

Village Inn, P.O. Box 19, Nyanga, ✆ 336, 📠 335. In Nyanga, DZ mit Halbpension US$40 p.P., einfache Zimmer ohne Bad US$30 p.P.

Ezulwini Holiday Farm, P.O. Box 12, Troutbeck, ✆ 61121. 12 km nördlich von Troutbeck geht auf 4 km eine Piste nach Westen von der Teerstraße ab, DZ ab US$20 p.P., schön gelegen mit Blick über die Berge auf einer Farm.

Follies Mountain Haven, P.O. Box 101, Kopje, Harare, ✆ 04-721696, 📠 721696. Nahe dem World's View, Ferienhaus, Selbstversorgung.

Angler's Rest, ✆ 890, 📠 713. 2 km nördlich Nyanga auf 2 km Piste erreichbar, Zelten US$2 p.P., DZ US$30, Selbstversorgung.

Sonstiges

EINKAUFEN – ***Zuwa Women's Cooperative,*** P.O. Box 2 Nyanga, ✆ 293. Verkauf von Webarbeiten, Decken aus Wolle und Baumwolle.

GOLF – ***Troutbeck Golf Club***, P.O. Box 1, Troutbeck, ✆ 305. 18-Loch-Platz am Hotel Troutbeck Inn.

INFORMATIONEN – ***Nyanga Tourist Association,*** P.O. Box 110, Nyanga, ✆ 435.

NOTFALL – **Polizei** ✆ 211.
Krankenhaus: ***District Hospital***, ✆ 373.
Apotheke: ***Nyanga Pharmacy***, ✆ 899.

VORWAHL – 0298.

Das Toposkop bei World's View nördlich des Nyanga National Park

Nyanga National Park

Der 33 000 ha große Gebirgspark liegt auf einer Höhe von 2000 bis 2300 m. Die höchste Erhebung ist der Mount Inyangani, den man besteigen kann. Die vielen Wasserfälle laden zur Besichtigung ein, an einigen stehen Lodges. Man kann zu Fuß gehen, in den seltensten Fällen wird man Tieren begegnen. Die Nationalparkverwaltung bietet Pony-Ausritte an. Neben den Naturerlebnissen im Park findet der Besucher zahlreiche archäologischen Ausgrabungsstätten. Das satte Grün der Hügel erinnert an Irland, die tiefen Schluchten sind dicht bewachsen und besitzen fast einen Dschungel-Charakter. Im Sommer kann man sich am Nyanga Dam in die kühlenden Wasserfluten stürzen, das Ufer besteht aus weißem Sandstrand, auf dem die Leute in der Sonne brutzeln (was nicht empfehlenswert ist, die UV-Strahlung ist unglaublich hoch).

Die Hauptstraße von Juliasdale nach Nyanga Ort durchschneidet den Park. Zwischen den beiden Orten geht es östlich zum Headquarter des Parks und dem Eingangstor ab, wo die Tagesbesucher Eintritt zahlen und die Übernachtungsgäste sich anmelden. Die Pisten im Park sind während der Trockenzeit recht gut, in der Regenzeit und bis sie ausgebessert sind, kann teilweise ein Geländewagen nötig sein.

Archäologisches um den Nyanga Dam

Berühmt ist der Nyangapark für die Grubenruinen *(pit structures)* von denen sich eindrucksvolle Beispiele unweit des Park-Headquarter befinden. Sie können alleine stehen, normalerweise sind sie aber zu vieren oder fünfen gruppiert, manchmal auch zu zwanzig. Sie sind annähernd rund mit einem Durchmesser zwischen sechs und sieben Meter und zwischen zwei und drei Metern tief im Boden verankert. Ihre Wände sind ohne die Verwendung von Mörtel aus Steinen geschichtet. Der Grubenbau stand meist in der Mitte einer dörflichen Struktur auf einer Plattform von 20–25 Metern Durchmesser, die auch in einen Hang hinein gegraben sein kann. Um den Grubenbau standen einige Hütten, die bewohnt wurden, und einige Kornspeicher. Von der Hügelseite war ein schmaler Tunnel in das Erdreich in Richtung des Grubenbaus gegraben, der unter der Hauptwohnhütte durch führte, von der aus über einen schmale Öffnung im Boden der Zugang gesperrt werden konnte. Der Komplex soll aus dem 16. Jahrhundert stammen.

Ein schönes Beispiel für die Forts der Region – ebenfalls wahrscheinlich aus dem 16. Jahrhundert – ist Nyangwe Fort unweit des Mare Dam. Die Festungen standen an prominenter Stelle auf einem Hügel, so dass das Umland gut zu überwachen war. Die Trockenmauern umschlossen mehrere Hütten, die zum Wohnen und zur Getreidelagerung genutzt wurden. Die Zugänge zu den Forts waren sehr niedrig. Das Hauptfort ist von fünf kleineren umgeben und weist noch 19 Steinfundamente auf, auf denen einst die Hütten standen.

Terrassen sind die am häufigsten vorkommende Ruinenart in Nyanga. Sie wurden erschaffen, um die Anbaufläche zu vergrößern und der Erosion des Bodens vorzubeugen. An den steilen Hängen sind die Mauern durchschnittlich einen Meter hoch und stehen in einem Abstand von bis zu drei Metern. Sie folgen der Hanglinie, werden aber immer wieder von schmalen gepflasterten und breiteren ungepflasterten Wegen unterbrochen. Sie dienten wohl der Entwässerung der Terrassen und der Bewässerung der Wohnanlagen.

Rhodes Museum und Hotel

Das Museum und das Hotel (s. Übernachtung) nahe dem Eingangstor befinden sich in einem Gebäudekomplex, den Cecil Rhodes selbst bewohnt hatte. Neben Erinnerungsgegenständen aus seinem Leben sind auch Ausstellungsstücke aus der Kolonoialzeit zu sehen. Ein Teil des Museums ist dem Unabhängigkeitskampf gewidmet und dem lokalen Vertreter – Chief Rekayi Tangwena, der wegen seiner Unterstützung Robert Mugabes bei dessen Flucht nach Moçambique 1975 sogar einen Ehrenplatz auf dem Heroes' Acre in Harare erhielt. ⌚ tgl. außer Montag 9–13 und 14–17 Uhr.

Zu den Nyangombe-Fällen und Udu Dam

Die Nyangombe-Fälle liegen direkt an der Westgrenze des Parks und sind nur über diesen zu erreichen. Man fährt vom Haupteingang einen guten Kilometer nach Norden und biegt links ab. Nach 2 km geht es zum schön gelegenen Udu Dam in einer grasbewachsenen Talkuhle (wo man in Lodges nächtigt und Ruderboote mieten kann), nach weiteren 3 km muss man den Wagen abstellen und einen steilen und schlüpfrigen Pfad zu den Fällen hinunter wandern. Flussabwärts von den Hauptfällen ist ein weiter Wasserfall zu finden, der nicht weniger schön anzuschauen ist, an den sich aber nur wenige verirren.

Trout Research Centre

Wer an der Züchtung von Forellen interessiert ist, kann dem Forschungszentrum nahe dem Mare Dam einen Besuch abstatten (P.B. 2050, Nyanga, ✆ 0298-274). Nachmittags, wenn die Ranger Zeit haben, machen sie kleine Führungen durch ihr Areal. Hauptsächlich zur Forschung entstanden, produziert das Zentrum aber inzwischen so viel Brut, dass die Flüsse und Dämme des Parks von hier aus bestockt werden. Die Station stellt spezielle Futterpläne zusammen, und Männchen und Weibchen werden im richtigen Moment zur Befruchtung zusammengeführt (nur drei Tage im Jahr ist das Weibchen empfängnisbereit), die befruchteten Eier spült man immer wieder durch, um die gesunden von den abgestorbenen zu trennen, die Jungfische werden vor ihren Feinden geschützt und schließlich ab einer bestimmten Größe in die Seen und Flüsse ausgesetzt. Nachmittags werden Führungen angeboten.

Nyamziwa Falls

Die Fälle liegen vom ParkHeadquarter 12 km östlich über schlechte Piste entfernt. Folgt man der Piste weiter, erreicht man nach 5 km den Parkplatz am Mount Inyangani, kann dort aufsteigen und/oder an seinen Flanken auf einem privaten Einsprengsel zu den Pungwe Falls weiterfahren (s. dort). Die Nyamziwa Falls sind einige Meter unterhalb eines einfachen Chalets

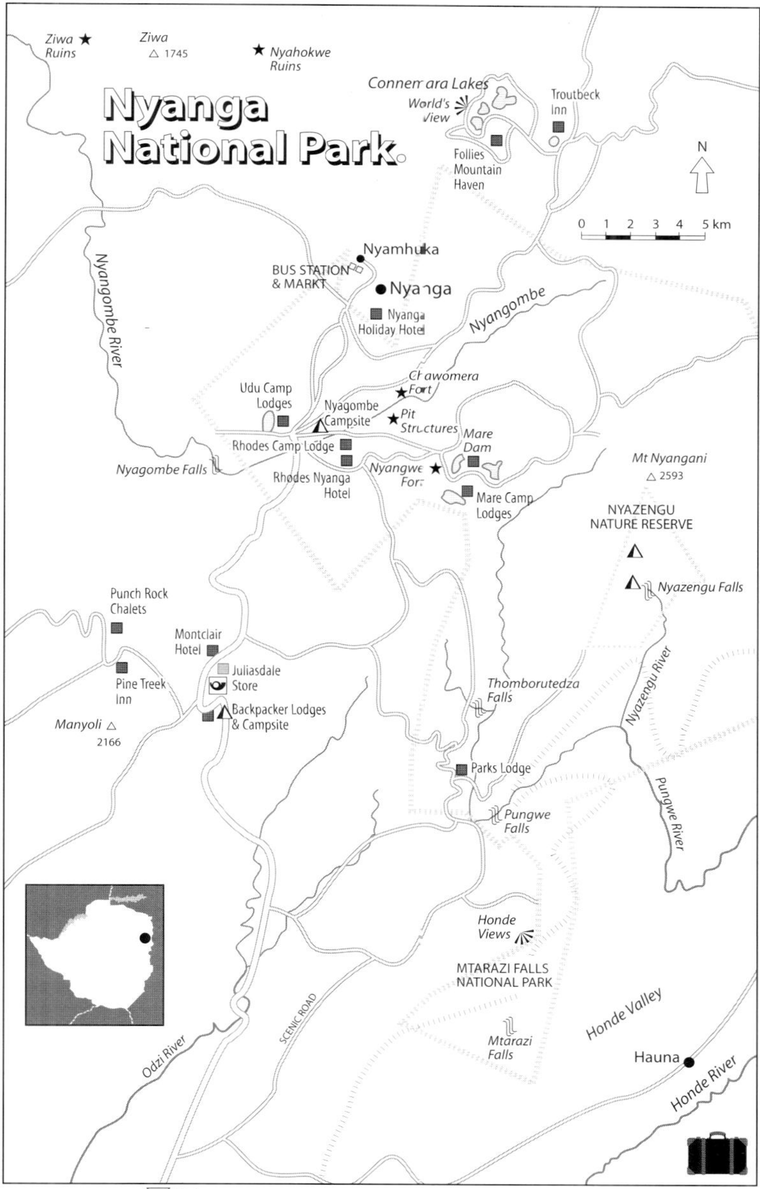

Nyanga National Park
Ziwa Ruins
Ziwa 1745
Nyahokwe Ruins
Connemara Lakes
World's View
Troutbeck Inn
Follies Mountain Haven
N
0 1 2 3 4 5 km
Nyamhuka
BUS STATION & MARKT
Nyanga
Nyanga Holiday Hotel
Nyangombe
Nyangombe River
Chawomera Fort
Udu Camp Lodges
Nyagombe Campsite
Pit Structures
Rhodes Camp Lodge
Mare Dam
Nyagombe Falls
Rhodes Nyanga Hotel
Nyangwe Fort
Mt Nyangani 2593
Mare Camp Lodges
NYAZENGU NATURE RESERVE
Nyazengu Falls
Rusape & Brondesbury Park Hotel
Punch Rock Chalets
Montclair Hotel
Juliasdale Store
Pine Treek Inn
Thomborutedza Falls
Nyazengu River
Backpacker Lodges & Campsite
Manyoli 2166
Parks Lodge
Silver Rocks Holiday Farm
Pungwe Falls
Pungwe River
Aberfoyle Plantations
Honde Views
MTARAZI FALLS NATIONAL PARK
Honde Valley
SCENIC ROAD
Odzi River
Mtarazi Falls
Hauna
Honde River
Mutare

MUTA-

gelegen (beim Headquarter nachfragen, ob eine Übernachtung möglich ist, da es noch nicht renoviert wurde). Sie sprudeln über glattgeschliffene Steine nach unten. Man kann dem Ufer ein Stück Weges flussabwärts folgen.

Mount Inyangani

15 km vom ParkHeadquarter an den Nyamziwa Falls vorbei, liegt der Parkplatz am höchsten Berg Zimbabwes – dem Mount Inyangani mit 2593 m. Steil führt ein Weg nach oben, für Fahrzeuge verboten. Der Aufstieg muss mit zwei Stunden kalkuliert werden, vorzugsweise wird er für die frühen Dämmerungsstunden geplant, so dass der Abstieg noch vor der größten Tageshitze erfolgt und man den Sonnenaufgang am höchsten Punkt erlebt. Festes Schuhwerk, Hut, Sonnenbrille, Sonnenschutz und ausreichend Getränke sollten mitgenommen werden. Häufig liegt der Berg auch in den Wolken, so dass ein Regenschutz und ein warmer Pullover nicht verkehrt sind. Ein Hinweisschild untersagt Kindern die Teilname an der Besteigung. Die Tour muss beim Headquarter an- und abgemeldet werden. Wie um jeden prominenten Berg ranken sich auch um den Mount Inyangani Legenden: Er sei ein heiliger Platz, dem man sich mit Respekt nähern müsse, jeder Laut würde die Ruhe der Geister stören, gar ein Menschenfresser sei er und ein Wanderer schon spurlos verschwunden, kein Shona aus der Region würde ihn besteigen, zu gefährlich wären die Folgen. Wenn man auch den Untoten nicht begegnet, Wolken und Nebel können den Alpinisten auch hier in unangenehme Situationen bringen.

Pungwe Falls

Zwei Wege führen nach Pungwe. 25 km südlich vom Haupteingang zum Park von der Hauptstraße führt eine 12 km lange Piste auf zu den Fällen. Der schönere Weg geht an den Flanken des Mount Inyangani entlang über ein im Park liegendes privates Schutzgebiet – Nyazengu Travel & Nature Reserve. Vom Parkplatz des Mount Inyangani geht eine Piste, die nur für geländegängige Fahrzeug geeignet ist, nach Süden in ein Tal hinein. Am Beginn steht eine Tafel, die die Zufahrt verbietet. Diese kann man jedoch getrost ignorieren, die Ranger akzeptieren dies. Der Weg führt durch blühende Wiesen am Hang entlang zu einer Forellenzuchtstation (5 km), wo man ein Tor passiert. Der Wegzoll beträgt Z$60.

Nach weiteren 18 km sind die Lodges bei Pungwe Drift erreicht. Kurz vorher kann man einen Abstecher zu den Pungwe Falls unternehmen und sieht sie von der östlichen Seite. Jenseits der Drift, die während der Regenzeit, wenn das Wasser hoch steht, auch für Geländewagen schwierig werden kann, kommt eine Schranke mit einem Wachmann der Nationalparkverwaltung. 4 km weiter Richtung Mtarazi Falls führt ein Loop zum Pungwe View. Von dort reicht der Blick weit in das Pungwe Tal oberhalb der Fälle hinein. Man kann nun 18 km bis zur Hauptstraße in Richtung Mutare weiterfahren oder 2 km vom Pungwe View zu den Mtarazi Fällen abbiegen.

Nyazengu Private Nature Reserve

Anfahrt s. oben unter Pungwe Falls. In dem privaten Schutzgebiet (geringer Eintritt) kann man mehrere Wanderungen unternehmen. Die Wege sind gekennzeichnet und führen durch unberührte Landschaft und seit Jahrhunderten unveränderte Wälder an natürlichen Seen vorbei, an denen man seine Angel auswerfen kann. Am Eingang gibt es eine kleine Karte mit den eingezeichneten Pfaden.

Übernachtung

Zeltplätze: Inyagombe, Mare (nur Caravans) mit Ablution Blocks, heißem Wasser, Feuerholz.
Lodges: Mare Dam, Rhodes Dam, Udu Camp, Pungwe Drift.
Buchungen über die zentralen Reservierungsbüros in Harare und Bulawayo. Verpflegung ist mitzubringen, Einkaufsmöglichkeit in Nyanga und Juliasdale.
Rhodes Nyanga Hotel, P.O. Box 192, Nyanga, ✆ 0298-377, 📠 477. Im Nyanga National Park zwischen Eichen und Kastanien gelegen, ehemaliger Besitz von Cecil Rhodes im Kolonialstil, DZ inkl. Frühstück US$60.

Aktivitäten

ANGELN – Forellenfischen ist das ganze Jahr über möglich. Angelausrüstung wird nicht mehr vermietet. Nur Fliegenfischen ist erlaubt. Geschlossen sind: Jan-März Udu Dam; Mai Rhodes Dam; Juni/Juli Rhodes Dam und die Flüsse; Aug Gulliver Dam, Purdon Dam und die Flüsse; Sep Gulliver Dam, Mare Dam, Purdon Dam und die Flüsse; Okt/Nov Mare Dam. Eine Genehmigung muss beim Eintritt in den Park besorgt werden. Die Angellizenzen kosten zwischen US$3 und 7, je nach Revier. Angeln nur von Sonnenauf- bis -untergang.

BOOTSVERLEIH – Ruderboote werden zwischen 7.30 und 17 Uhr an folgenden Dämmen vermietet: Mare, Udu und Rhodes. Eigene Boote dürfen mitgebracht und dort (nicht am Rhodes Dam) benutzt, müssen aber vorher in Harare registriert werden.

REITEN – Pony-Ausritte werden von der Verwaltung jeweils morgens und am Nachmittag organisiert. Sie führen durch den Park und streifen auch die archäologischen Stätten. Sie dauern etwa eineinhalb Stunden (US$10). Buchungen am Tag vorher, keine Kinder unter 7, Kinder bis 16 Jahre müssen von einem Erwachsenen begleitet werden. Ganztagesritte sind auch möglich; nur für erfahrene Reiter, Verpflegung ist mitzubringen (US$25).

SONSTIGES – **Tennisplätze** gibt es beim Headquarter.
Schwimmen kann man in den natürlichen Pools unterhalb der Nyangomba River Bridge und unterhalb des Damms beim Udu Camp. Das Baden in den Flüssen und sonstigen Dämmen ist verboten.
Far and Wide Zimbabwe, P.O. Box 14, Juliasdale, ✉ farnwide@pci.co.zw, ✆ 029-2440, ☏ 3011, Rafting und Kajakfahrten, Abseiling und Fahrten mit dem Mountainbike im Park.

INFORMATIONEN – ***National Parks & Wildlife Management***, Nyanga National Park, The Warden, P.B. 2050, Nyanga, ✆ 0298-274, ☏ 778.

Mtarazi Falls National Park

Mtarazi ist ein Appendix des Nyanga Falls National Park im Süden. Er ist von der Hauptstraße auf 23 km Piste erreichbar, oder über den Nyanga National Park am Mount Inyangani und den Pungwe Falls vorbei (s. dort).

Auf dem Weg zu den Fällen kommt man vom Abzweig auf der Hälfte des Weges am Honde View vorbei. An einem Parkplatz kann man aussteigen und tief in das Honde Tal hineinschauen (s. weiter unten). Tafeln weisen darauf hin, dass man den Wagen absperren soll. Bei den Mtarazi Falls muss man einen Spaziergang am Rande des Abbruchs machen, um einen Blick auf die Fälle zu erhaschen. Je weiter man geht – zwischen 1,5 und 2 km – desto besser ist die Sicht auf das schmale Wasserrinnsal in der Ferne auf der anderen Seite des hufeisenförmigen Einschnittes in das Hochplateau. Hinunter in die Ebene kann man nicht, so dass der Blick auf die Fälle nicht so spektakulär ist, wie es die 750 m Fallhöhe versprechen.

Aktivitäten

Far and Wide Zimbabwe, P.O. Box 14, Juliasdale, ✉ farnwide@pci.co.zw, ✆ 029-2440, ☏ 3011. Wildniserlebniscamp (!) im Park, Vorausbuchung notwendig.

Informationen

National Parks & Wildlife Management, Nyanga National Park, The Warden, P.B. 2050, Nyanga, ✆ 0298-274, ☏ 778.

Honde Valley

20 km südlich Juliasdale geht von der Hauptstraße nach Mutare eine Teerstraße in Serpentinen steil hinunter in das Tal des Honde. Das Honde Valley ist wegen der intensiven Regenfälle und der starken Sonneneinstrahlung äußerst fruchtbar. Erst fallen einem die Bananen am Wegesrand auf, später kommt Kaffee hinzu und im Norden des Tales an der Grenze zu Moçambique stehen bei den Makopana

Hills die Teeplantagen. Das breite Tal ist kommunales Land und dicht besiedelt. Ein Dorf schließt an das andere an, in der Mitte liegt der Hauptort Hauna. Von hier aus kann man zu Fuß das Wasserbassin erreichen, in dem die Mtarazi Falls enden (der Weg ist nicht leicht zu finden, fragen!).

Noch weiter in das Tal hinein, kommt man zu zwei Übernachtungsmöglichkeiten: Aberfoyle Country Club und Red Dragon Lodge. Bei Ersterem kann man Spaziergänge in den Teeplantagen unternehmen. Nach 60 km im Tal ist die Fahrt zu Ende und man muss auf dem gleichen Weg zurückkehren. Etwa 10 km südlich von Hauna hat man die Möglichkeit auf Piste und durch schöne Landschaften direkt zum Penhalonga-Tal bei Mutare zu fahren.

Übernachtung

Aberfoyle Country Club, P.B. R7680, Mutare, ✆ 028-385, Honde Valley nördlich Hauna, DZ US$30 inkl. Halbpension, Schwimmbad, Wanderungen.

Red Dragon Lodge, P.B. R7676, Mutare, ✆ 028-256, 📠 254. Honde Valley nördlich Hauna, DZ US$60 inkl. Mahlzeiten, Zelten US$5 p.P.

Von Mutare nach Süden

Chimanimani

Der Ort Chimanimani liegt in 1555 m Höhe gegenüber den Chimanimani Mountains, die die Grenze zu Moçambique bilden, und 150 km südlich von Mutare, 65 km nördlich Chipinge. Der Ort ist auf Teerstraße zu erreichen, wer aber die Pistenfahrerei noch nicht über hat, kann die raue, gewellte Piste durch die schöne Gebirgslandschaft östlich der Teerstraße über Cashel nach Chimanimani nehmen und die Weiterfahrt nach Chipinge über Tilbury einplanen.

Die Ortschaft wurde von Thomas Moodie, einem Pionier, dessen Grab südlich in Richtung Chipinge liegt, 1892 gegründet und hieß zuerst Melsetter nach seinem Familienstammsitz in England. Sie ist ein Zentrum der Forstwirtschaft, und auf den Straßen begegnen einem immer wieder mit Stämmen beladene Lkws und Kolonnen von mit Schutzhelmen und Kettensägen gerüsteter Arbeiter. Unterhalb des Ortes liegen ein großes Sägewerk, in und um den Ort Unterkünfte für die Touristen, die sich auf ein- oder mehrtägige Wanderungen in den Bergen vorbereiten oder sich von ihren Strapazen auf den steilen Pfaden erholen.

Die **Bridal Veils** befinden sich im Nationalpark und sind durch ein eigenes Zufahrtstor zugänglich. Die Fälle liegen vormittags im Halbdunkel einer dicht bewaldeten Schlucht, nachmittags kommt die Sonne um die Berge und die Fälle gleißen im Licht. Picknickeinrichtungen sind vorhanden. Man kann den Platz mit dem Wagen erreichen, es ist aber auch schön, die 6 km zu Fuß zu gehen. Der Weg ist schattig und es herrscht fast kein Verkehr. Die Fälle sind 50 m hoch und bilden einen durchgehenden Schleier – daher ihr Name. Der Eintritt beträgt ca. US$5 und berechtigt auch zum Betreten des Eland Sanctuaries am selben Tag.

Das **Chimanimani Eland Sanctuary** liegt nördlich des Ortes. Der Eintritt beträgt ca. US$5, die Karte gilt am selben Tag auch für die Bridal Veils. Ein Fahrweg führt 400 Höhenmeter hinauf zur Spitze des Pork Pie Hill (Nyamzure). Er kann auch zu Fuß erklommen werden. Das Schutzgebiet wurde für die Antilopen der Umgebung geschaffen, die der Forstwirtschaft zunehmend schadeten, da sie die Jungpflanzungen anfraßen. Aber auch Wilderer aus dem Nachbarland haben sich bei ihnen mit Fleisch versorgt. Im 1800 ha großen Reservat leben Zebras, Klippspringer, kleinere Antilopenarten und eben die Elenantilope *(eland)*, die größte Antilope Afrikas, die bis zu einer Tonne wiegen kann. Die scheuen Tiere wird man aber nur selten zu Gesicht bekommen. Ganz oben hat man eine herrliche Sicht über die Chimanimani Mountains und nach Moçambique. Der Weg verlässt den Ort beim Postgebäude nach Norden und führt am Gebäude der Nationalparkverwaltung vorbei hinauf zum Nyamzure.

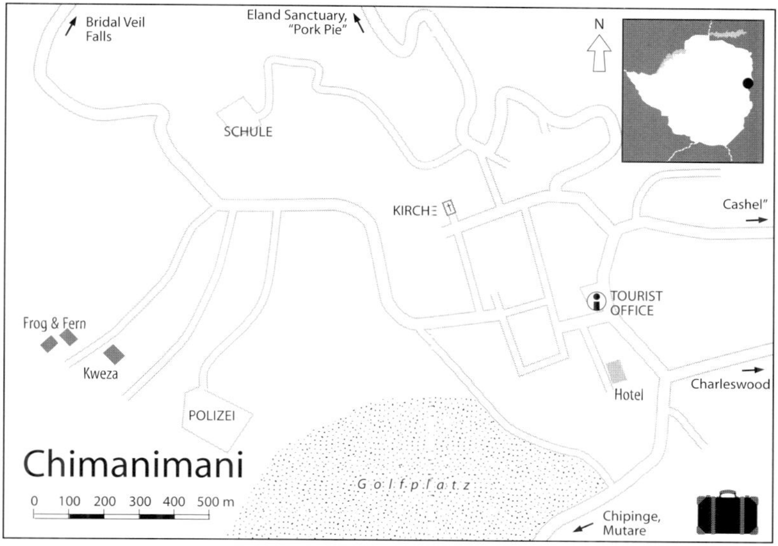

Das **Arboretum**, ein Kleinstschutzgebiet für Bäume, befindet sich vor dem Touristenbüro und besitzt einige einheimische und exotische Baumarten und Vögel, die sich am frühen Morgen gut beobachten lassen. Wer auf die Öffnung des Büros wartet, mag sich hier seine Zeit vertreiben.

Auf den 1840 m hohen **Greenmount** südlich von Chimanimani Ort kann man mehrere Spaziergänge unterschiedlicher Länge unternehmen (3-8 km). Von oben hat man einen Rundumblick und sieht die Täler von Haroni und Rusitu.

Information

Chimanimani Tourist Association, c/o Frog & Fern, P.O. Box 75, Chimanimani, ✆ 2294. Informationskiosk an der Bushaltestelle im Ort, Verkauf von Wanderkarten. ⏲ Mo–Fr 10–12 und 14–16 Uhr.

Übernachtung

Frog & Fern Cottages, P.O. Box 75, Chimanimani, ✆ 2840, ℻ 2294. Ein bisschen außerhalb gelegen, sind die 4 hübschen Cottages ein Labsal für den erschöpften Reisenden. US$25 p.P. bei Selbstversorgung.

Chimanimani Hotel, P.O. Box 5, Chimanimani, ✉ reservations@rainbowtgrp.co.zw, ✆ 2511, ℻ 2515. DZ US$60 inkl. Frühstück, Hotel der Rainbow-Kette im Kolonialstil mit Blick auf die Berge, Schwimmbad, Camping für US$4 p.P.

Heaven Lodge, P.O. Box 62, Chimanimani, ✆ 2701, ✉ heaven@harare.iafrica.com. Schlafsaal US$2,50, Chalet US$10 (2 Personen), Zelten US$1,50 p.P., sehr laut und betriebsam, die billigen Mahlzeiten werden in der Atmosphäre eines Schullandheimes eingenommen (Lunch US$1, Dinner US$2,50).

Country Club Rest House, ✆ 2266. Hütten für 2 Personen US$5.

Moriah Cottage, P.O. Box 1, Chimanimani, ✆ 2595, ☏ 2884. Eine Hütte für 6 max. Personen, US$20 p.P.
Mawenje Lodge, P.O. Box 160, Chimanimani, ✆ 25449, ☏ 2886. Zwischen Chimanimani und dem Basecamp am Fuß der Berge gelegen, schöne Anlage, die Holzbrücken über einen kleinen Fluss zu den Cottages sind nachts von Fackeln erleuchtet, natürliches Schwimmbecken, garantiert ohne Bilharziose und Krokodile, gute Küche, die Speisen werden mit den Besitzern zusammen eingenommen, DZ US$105 p.P. alles inklusive, auch ein Pferderitt und der Besuch der Kaffeeproduktion. Keine Kinder unter 12 Jahren.
Chimanimani National Park Base Camp, Zeltplatz, Buchungen über die zentralen Reservierungsstellen in Bulawayo und Harare und vor Ort unter ✆ 25442.
The Corner, neuer, sehr idyllisch gelegener Zeltplatz im nördlichsten Teil des Parks auf dem Weg nach Cashel, Buchungen über Chimanimani Bush Walking Company.

Essen

Msasa Café, tgl. außer Sonntag gutes Lunch und Dinner zu günstigen Preisen.

Aktivitäten

ANGELN – Im Bundi River wurden Forellen ausgesetzt. Die Angelgenehmigung ist im Base Camp des Nationalparks erhältlich (✆ 2555).

SCHWIMMEN – Wer nicht im Pool des Chimanimani Hotels plantschen will, kann nach Rücksprache mit dem Outward Bound Centre (eine Einrichtung zur Ausbildung der Ranger, ✆ 25440) Tessa's Pool besuchen, 3 km vom Base Camp entfernt. Ein Wasserfall füllt die natürliche Senke.
Eine weitere neue Möglichkeit zu schwimmen ist im nördlichsten Teil des Parks bei „The Corner" (Info über Chimanimani Bush Walking Company) auf dem Weg nach Cashel (auch Camping).

REITEN – Reitausflüge auf Polo-Ponys, Informationen unter ✆ 2294 oder 2840, nur für erfahrene Reiter.

WANDERN – ***Chimanimani Bush Walking Company***, P.O. Box 169, Chimanimani, ✆ 2932, ☏ 2932, ✉ bushwalk@syscom.co.zw. Geführte Wanderungen in den Chimanimani Mountains. Transfers zum Basecamp, Tagesausflüge in die Berge und mehrtägige Wanderungen (ein Tag US$25, vier Tage/drei Nächte inkl. Mahlzeiten und Führung US$80).

SONSTIGES – ***Chimanimani Country Club,*** P.O. Box 10, Chimanimani, ✆ 2266, Golf, Tennis und Squash.

Sonstiges

NOTFALL – **Polizei**, ✆ 2411.
Chimanimani Clinic, ✆ 2565.
C+E Pharmacy, P.O. Box 79, Chimanimani, ✆ 2997.
Chimanimani Mountain Rescue Team, ✆ 25440.
Base Camp National Park Chimanimani, ✆ 25442.

VORWAHL – 026.

Transport

Von Harare nach Mutare ist die beste Möglichkeit der Übernachtzug. Von MUTARE fährt beim südlichen Busbahnhof Sakubva um 8 Uhr ein Bus nach Chimanimani (ca. US$3). Von MASVINGO geht täglich ein Bus ohne reguläre Zeiten nach Chimanimani.
Man kann auch die täglich häufige Verbindung von Mutare nach Chiredzi nehmen, bei Wengezi Junction aussteigen und von dort einen Pendler-Bus nehmen.

Chimanimani National Park

Der Park umfasst den südlichen Rand der Eastern Highlands und umfasst Erhebungen bis zu 2440 m.

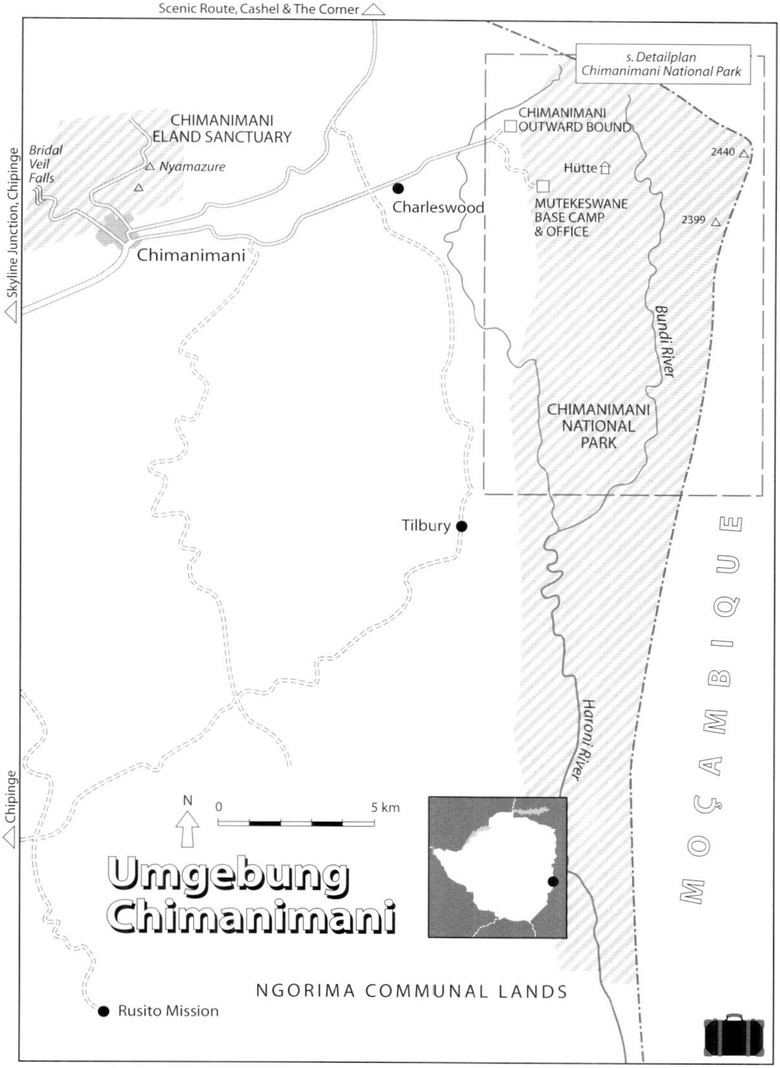

Das Gesteinsmassiv erstreckt sich über 171 km² und wirkt bei der Anfahrt wie ein unwirtlicher Klotz. Tatsächlich besteht der Park aus zwei in nordsüdlicher Richtung parallel verlaufenden Gebirgszügen, die ein lang gestrecktes, grünes Tal einrahmen.

Die 19 km lange Piste vom Ort zum Basecamp ist in schlechtem Zustand und während und nach der Regenzeit von Pkw kaum zu schaffen. Fahrzeuge müssen beim Basislager der Parkverwaltung anhalten, ab dort gibt es nur noch schmale Wanderpfade.

Der Chimanimani National Park ist ein Paradies für Wanderer. Wer hier nach einer Übernachtung auf dem sauberen Zeltplatz zum Aufstieg aufbricht, begibt sich ins Hochgebirge. Bis auf eine Schutzhütte existiert keinerlei Infrastruktur, alles muss mitgenommen werden. Die Ausrüstung sollte auf Hochgebirgstouren abgestimmt sein: Bergstiefel, wetterfeste Kleidung, warmer Schlafsack, Biwaksack etc. Es ist nicht angeraten, alleine unterwegs zu sein. Am besten wandert man zu dritt; sollte jemand verunglücken, kann einer beim Verletzten bleiben und einer Hilfe holen.

Wer Glück hat sieht Rappenantilopen, Elenantilopen oder Buschböcke. Auch von Leoparden wurde berichtet – dies aber sehr selten, so dass eine Begegnung relativ sicher ausgeschlossen werden kann. Schlangen hingegen kann man durchaus sehen. Also Vorsicht, wenn man sich durch den Busch schlägt. Aber auch wenn die Berge eine reiche Fauna besitzen, hierher kommt man nicht zur Wildbeobachtung, sondern um die Bergwelt zu genießen und sich an den vielfältigen Pflanzen zu erfreuen. In den Bergen wachsen Proteen, Aloen, Farne, Hibiskus und Orchideen unter Zedern und Gelbholzbäumen. Wasserfälle, Flüsse, Täler und Höhlen sorgen für reiche Abwechslung für diejenigen, die von der majestätischen Bergwelt noch nicht genügend beeindruckt sind. Der Quarzit der Felsen ist durch Wind und Wetter zu weißem Boden geworden, der sich in den Tälern gesammelt hat und die Grundlage für die Vielfalt der Pflanzen bildet.

Wanderungen

Wer die Berge besteigt, muss sich im Basecamp an- und abmelden. Aus diesem Grund ist das Lager der einzige Zugang. Die meisten Wanderer machen einen Tagesausflug zur Schutzhütte hinauf über den kürzesten Weg: **Bailey's Folly**. Er ist nicht zu verfehlen und geht gerade hoch durch Wälder, über ein Hochplateau, durch eine bizarre Felsenlandschaft und schließlich ein Stück des Weges hinunter zur Schutzhütte, die oberhalb des von den Bergketten eingeschlossenen liegt. Hier hat man einen fantastischen Blick über den Bundi. Bis zur Hütte muss man 2–3 Stunden rechnen. Man kann nun in nördlicher Richtung wandern. Nach 45 Minuten kommt die **North Cave** und ein Abstecher über 10 Minuten endet bei der **Red Wall Cave**. Vor hier sind es va. 2 Stunden über die Outward Bound School hinunter und zurück zum Basislager. Von der Schutzhütte zum **Skeleton Pass** – früher ein Versorgungsübergang der Guerilla, heute sind hier Schmuggler zugange – geht man gemütlich eine Dreiviertelstunde.

Die Besteigung des **Mount Binga** von der Schutzhütte aus dauert 2–3 Stunden. Wer gut zu Fuß ist, kann bei Aufbruch im Morgengrauen die Gesamtstrecke vom Basislager zum Gipfel und zurück gut bewältigen. Oben angekommen steht man auf dem höchsten Gipfel der Chimanimani Mountains und auf dem höchsten des Nachbarlandes. Er wird Moçambique zugerechnet. Bei klarem Wetter kann man in der Ferne am Horizont den Indischen Ozean erahnen.

Warnhinweis Als Erinnerung an den Bürgerkrieg im Nachbarland besteht immer noch Unsicherheit, ob nahe der Grenze nicht doch noch **Minen** liegen. Es gibt drei Passagen, die nach Moçambique hinüber führen, im Norden der Skeleton Pass und der Weg auf den Mount Binga, der tatsächlich jenseits der Grenze liegt, im Süden „The Saddle". Die Grenze darf offiziell nicht überschritten werden – nur am Mount Binga wird dies toleriert. Die Grenzverletzung spielt dabei eine mindere Rolle, immer wieder wird aber auf die Minengefahr hingewiesen. Deshalb sollte man auch am Mount Binga auf den Wegen bleiben.

Die Erwanderung der südlichen Regionen des Parks erfordert zumindest eine Übernach-

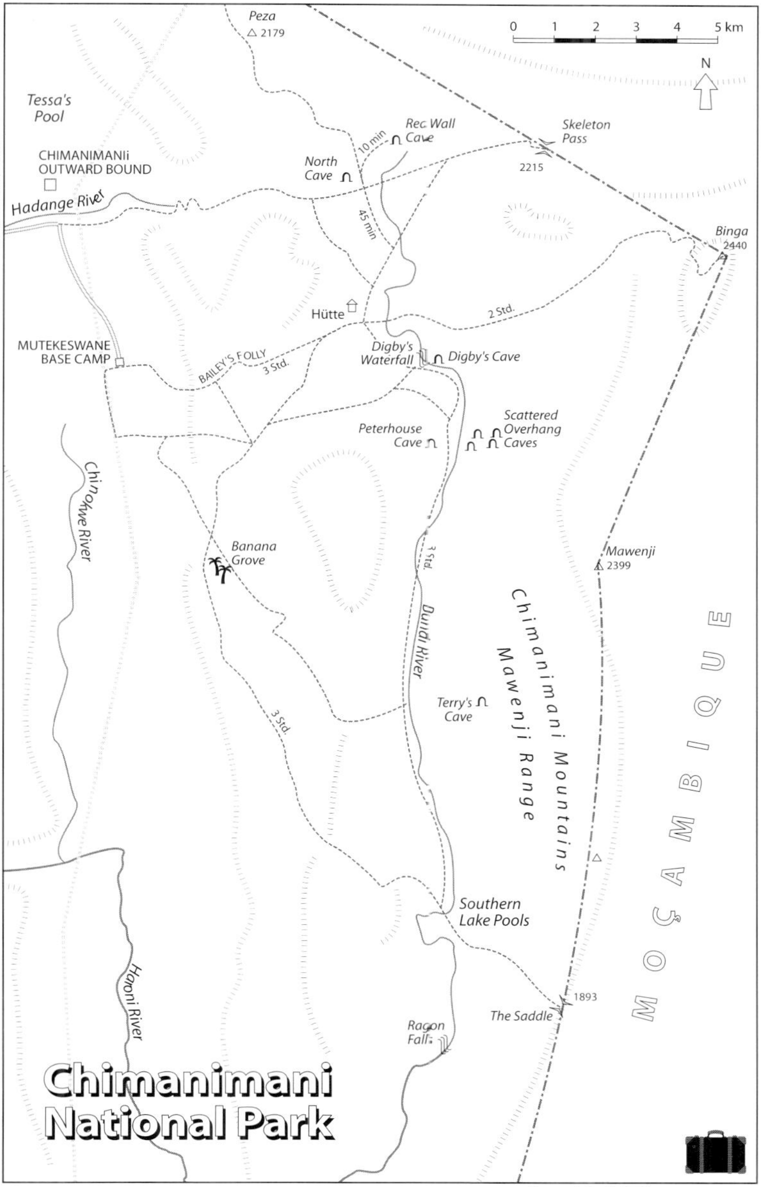
Peza
2179
0 1 2 3 4 5 km
N
Tessa's Pool
Chimanimani
CHIMANIMANIi OUTWARD BOUND
Hadange River
Rec Wall Cave
10 min
North Cave
Skeleton Pass
2215
45 min
Binga
2440
Hütte
2 Std.
MUTEKESWANE BASE CAMP
BAILEY'S FOLLY
3 Std.
Digby's Waterfall
Digby's Cave
Scattered Overhang Caves
Peterhouse Cave
Chinokwe River
Banana Grove
3 Std.
Mawenji
2399
Bundi River
Chimanimani Mountains
Mawenji Range
MOÇAMBIQUE
Terry's Cave
3 Std.
Southern Lake Pools
1893
The Saddle
Haroni River
Ragon Fall
Chimanimani National Park
Dragon's Tooth

Die Bridal Veils bei Chimanimani

tung in den Bergen, wer die erste Nacht in der Schutzhütte verbringt, kann in der zweiten z.B. bei den **Southern Lake Pools** nächtigen. Die reine Wanderzeit beträgt von der Schutzhütte dorthin 3 Stunden, will man aber die Höhlen auf dem Weg dahin erforschen, kann man mit 4–5 Stunden rechnen. Teilweise eignen sich die Höhlen auch gut zur Übernachtung. Von den Southern Lakes geht man etwa 2 Stunden hoch zu **The Saddle**, der Grenze, die nicht überschritten werden darf.

Die meisten Besucher der Southern Lakes kommen über die Schutzhütte hierher und wandern zurück zum Basislager über den **Banana Grove Track**. Von den Southern Lakes zum Basislager muss man 3–4 Stunden kalkulieren.

Eine der schönsten Regionen ist das **Haroni-Tal**, das aber nicht einfach zu erreichen ist. Es gibt einen Weg über The Saddle, der aber offiziell nicht benutzt werden darf, da er auf mehreren Kilometern die Grenze verletzt. So bleibt nur der Weg querfeldein entlang des Bundi durch dichtes Gestrüpp. Belohnt wird die Expedition mit blühenden Orchideen, Gelbholzbäumen, Zedern, Farnwedeln, Regenwald und absoluter Einsamkeit. Der Weg ist nicht ausgewiesen und nur erfahrene Wanderer sollten ihn ohne einheimischen Führer einschlagen. Eine zusätzliche Übernachtung im Haroni-Tal ist notwendig.

Übernachtung

Versorgungsmöglichkeit nur in Chimanimani Ort. Buchungen für die Berghütte und das Basislager sind nicht über die Reservierungsbüros in Bulawayo und Harare möglich, sondern nur vor Ort für den gleichen Tag. Im ganzen Park ist Zelten erlaubt und wird – bis auf das Basislager – nicht berechnet.

Basislager Mutekeswane: 19 km von Chimanimani Ort, keine Caravans; heiße Duschen, Grillplätze.

Berghütte: Nur Schutzhütte ohne Einrichtung, drei Marschstunden vom Basislager.

Sonstiges

INFORMATIONEN – ***National Parks & Wildlife Management***, Chimanimani National Park, Senior Ranger. P.B. 2063, Chimanimani, ✆ 026-2555.
Im Informationskiosk in Chimanimani Ort sind Karten im Maßstab 1:50 000 erhältlich, die zwar sehr alt sind und die neuen Wanderwege nicht ausweisen, aber wenn man sich an markanten Punkten orientiert, eine wertvolle Hilfe sein können.

GEFÜHRTE WANDERUNGEN – ***Chimanimani Bush Walking Company,*** P.O. Box 169, Chimanimani, ✉ bushwalk@syscom.co.zw, ✆ 026-2932, ✆ 2932. Im Ort hinter dem Hauptplatz, Transfers zum Basecamp, Tagesausflüge in die Berge und mehrtägige Wanderungen.

Transport

Die Nationalparkverwaltung oder die ***Chimanimani Bush Walking Company,*** ✆ 026-2932, können für einen Transfer von Chimanimani Ort bis zum Basecamp sorgen, auch die Hotels, Camps und Lodges kümmern sich um die Anfahrt.

Haroni / Rusitu Forest

Die beiden geschützten Wälder schließen im Süden an den Chimanmani National Park an und liegen im kommunalen Land von Bvimba. Der im Lowland liegende Regenwald besitzt einige sehr seltene Pflanzenarten, u.a. Wilden Kaffee. Wegen seines Vogelreichtums kommen besonders ornithologisch Interessierte auf ihre Kosten.

Übernachtung und Informationen

Eine neue Lodge ist bei den Forsten im Aufbau und soll Ende 1999 eröffnen. Informationen und Buchungen über: ***Chimanimani Bush Walking Company***, P.O. Box 169, Chimanimani, ✉ bushwalk@syscom.co.zw, ✆ 026-2932, ✆ 2932. Geführte Tagestouren US$50.

Birchenough Bridge

Birchenough Bridge ist lediglich als Übergang über den Save interessant, als der er gegründet wurde. Die Brücke wurde 1935 errichtet, vorfabriziert in England. Zu dieser Zeit war sie die weltweit drittgrößte Hängebrücke, ein technisches Wunder, das in Bauweise und Ausführung – nicht in der Länge – der Harbour Bridge in Sydney entspricht. Über 1500 Tonnen Stahl wurden verbaut und die Leistungsfähigkeit entsprach dem damaligen Stand der Technik. Heute sind ihre 40 Tonnen Tragfähigkeit bei weitem nicht mehr ausreichend und Schranken regeln den Vekehr, um das Bauwerk zu schützen. Nur für jeweils einen Bus oder Lkw werden die Schlagbäume geöffnet und dahinter schnell wieder geschlossen. Erst wenn das Fahrzeug auf der anderen Seite die Brücke verlassen hat, ist das nächste Fahrzeug an der Reihe.

Heute ist Birchenough Bridge das Subzentrum der Kleinfarmen der Umgebung. Die heißen Quellen von Nyanyadzi liegen nördlich von Birchenough Bridge auf dem Weg nach Mutare. In einem Pool kann man in dem an Sulfaten und Bikarbonaten reichen Wasser baden und seine Arthritis und den Rheumatismus heilen (so man beides hat). Für die heißen Tage gibt es auch ein Becken mit kaltem Wasser.

Übernachtung

Birchenough Bridge Hotel, P.O. Box 29, Birchenough Bridge, ✆ 0248-2244. Einfaches Hotel, DZ US$30 inkl. Frühstück, Campingmöglichkeit.
Enda Guesthouse, P.O. Box 152, Birchenough Bridge, ✆ 0248-2221. Sechs 2-Bett-Bungalows, auf einer Farm 3 km in Richtung Masvingo, DZ US$20, Restaurant, Grillmöglichkeit.
Mapari Farm, P.O. Box 352, Mutare, ✆ 020-62671 oder 0248-2218, ✆ 62671. Die Farm liegt 15 km westlich des Ortes und biete verschiedene Übernachtungsmöglichkeiten. Für Selbstversorger das 16 km von der Hauptstraße entfernte Sabi River Safari Camp (DZ US$30), sowie das Devuli River Bush Camp, das

komplett angemietet werden muss (ca. US$50) und beliebig viele Leute beherbergt, The Stop-in an der Hauptstraße mit Bungalows für je 5 Leute (2 Personen US$25). Beim Stop-in gibt es auch ein Restaurant und einen Zeltplatz (pro Person US$2).

Hotsprings Mineral Spa, P.O. Box 190, Nyanyadzi, ✉ loanda@hotspring.icon.co.zw, ✆ 026-2361, 📠 2328. 23 km nördlich der Straßenkreuzung Chiredzi, Birchenough Bridge und Mutare. Heiße Quellen in ein Schwimmbecken gefasst, Tagesbesucher US$0,75, Bungalow für 2 Personen US$40, Restaurant.

Savuli Camp, P.B. 7011, Chiredzi, ✆ 031-2653, 📠 2653. Von Birchenough Bridge 27 km Richtung Masvingo, dann 41 km nach links und wieder 13 km nach rechts. Vorausbuchung obligatorisch. Wilderness Camp für Selbstversorger in der Save River Conservation Area, 2-Bett-Chalet ca. US$50.

Golf

Middle Sabi Country Club, P.B. C7364, Mutare, ✆ 024-308. 9-Loch-Platz, bei Chipangayi, 40 km südlich.

Transport

Express-Busse nach Masvingo, Chiredzi, Mutare und Harare fahren regelmäßig, Chimanimani und Chipinge sind ebenfalls, aber nicht so häufig, mit Birchenough Bridge verbunden.

Chipinge

Der kleine Ort in einem Tal liegt 35 km abseits der Hauptstraße von Mutare nach Masvingo. Mutare ist 170 km, Masvingo 240 km entfernt. Wer zum Chirinda Forest will, muss durch Chipinge fahren und 32 km weiter nach Süden in Richtung Grenze. Diese besitzt für die Wirtschaft auch eine gewisse Bedeutung, kommt doch einiges an Transitverkehr durch den Ort.

Früher lebte Chipinge von der Landwirtschaft, in der Stadt wurden Molkereiprodukte hergestellt. In den 70er Jahren wurde die Produktion großteils auf Tee- und Kaffeeanbau umgestellt. Zusätzlich werden Macadamianüsse angebaut, die aus den australischen Regenwäldern eingeführt wurden und im regenreichen Klima gut gedeihen.

Moodie's Grave liegt 9 km außerhalb von Chipinge an der Kreuzung nach Chimanimani und Birchenough Bridge. Moodie war der Gründer von Chimanimani und Chipinge, der als Führer eines Trecks 1893 aus Südafrika kam und sich mit seinen Leute in der Region ansiedelte. Bis 1907 hieß der Ort nach Moodies Familienstammsitz (South)-Melsetter, wurde dann aber nach einem Häuptling der Region umbenannt.

Übernachtung

Chipinge Hotel, P.O. Box 27, Chipinge, ✆ 027-2888. Einfaches Hotel mit Restaurant, DZ mit Bad US$35.

Buffelsdrift Guest Cottages, P.O. Box 69, Chipinge, ✆ 027-22112. 2 Cottages auf einer Farm, für 2 Personen US$12, Selbstversorgung.

Kiledo Lodge, P.O. Box 11, Chipinge, ✆ 027-2944, 📠 2944. DZ 35 US$p.P. inkl. Frühstück und Abendessen. Berechnung in Z$. Lodge für 20 Gäste 18 km östlich Chipinge an der Straße zur Grenze auf dem Gebiet einer Tee- und Kaffeefarm am Rand eines Regenwaldes.

Sonstiges

Apotheke: ***C & E Pharmacy***, Main Road, ✆ 027-2491.

Krankenhaus: ***Chipinge Clinic***, ✆ 027-2792.

Polizei ✆ 027-2414

Chirinda Forest

Chirinda ist ein von Teeplantagen umgebener tropischer Regenwald, der südlichste auf der südlichen Halbkugel. Er ist von Chipinge auf 32 km Teerstraße Richtung Süden erreichbar und liegt direkt an der Grenze nach Moçambique. Bekannt ist der Park für seine Baumgiganten – vor allem Roter Mahagoni *(khaya nyasica)* –, die über 60 m hoch werden. Ein

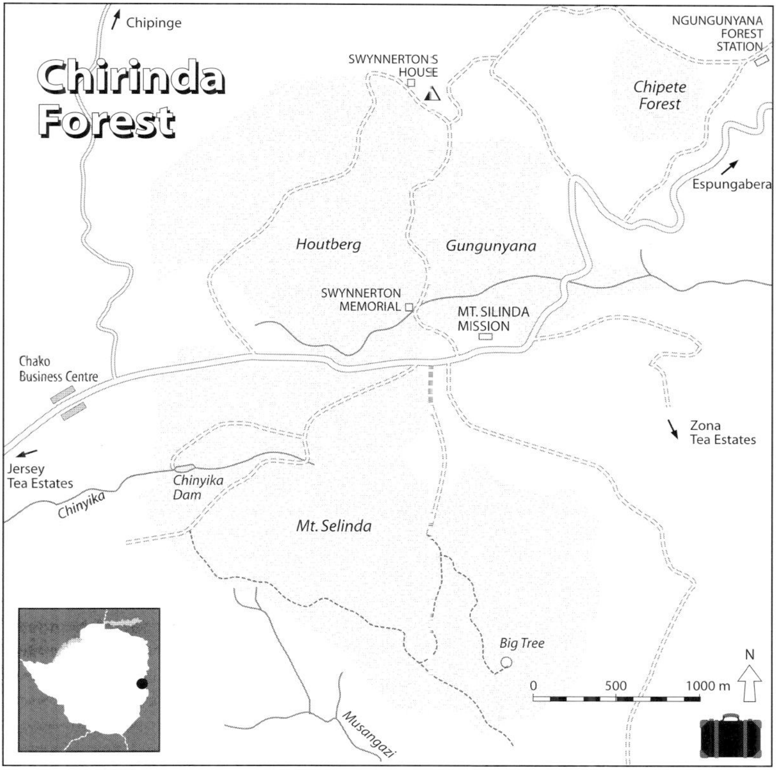

Camp im Park erlaubt die Übernachtung auf einer Lichtung und man kann zu Fuß durch das Dickicht des Dschungels streunen. Eisenholz, Feigen, Farne, Orchideen und Lianen schaffen ein Halbdunkel, in dem die Tierstimmen unheimlich klingen, nicht zu orten, nah oder fern, Rascheln im Rücken, Knarzen von der Seite, der Blick bleibt sofort in dem Pflanzengewirr hängen und vermag es nicht zu durchdringen. Auch wächst hier die äußerst seltene, blau blühende Orchideenart *callantius natalensis*. Viele Pflanzen entlang der Hauptstraße und auf dem Spazierweg zum „Big Tree" sind mit nummerierten Täfelchen gekennzeichnet. Ein im Camp erhältliches Infoblatt listet die lateinischen und die einheimischen Namen.

Der Wald wird durch die Straße zum Nachbarland durchschnitten. Im nördlichen Teil liegt das Camp mit Zeltplatz und Chalets, im südlichen wachsen die schönsten Exemplare. An der Hauptstraße, einige Meter in den nördlichen Teil hinein, steht das **Swynnerton Memorial** zur Erinnerung an den Naturforscher Charles Swynnerton der zum Ende des 19. Jahrhunderts den Wald erforschte. Er legte die Grundlagen dafür, dass der Park zum Schutzgebiet erklärt wurde. Ein Fahrweg führt von der Hauptstraße 600 m in den Wald hinein zu einem Parkplatz. Von dort sind es 1000 m zu Fuß zum **Big Tree**, einem gewaltigen, jahrhundertealten Roten Mahagoni. Die Wache am Eingang an der Hauptstraße sollte mitkommen und während des Spazierganges den Wagen bewachen, oder man lässt den Wagen im Camp und wandert die 1200 m zur Hauptstraße und weiter in den südlichen Teil (1 Stunde hin- und zurück). Eine ganze Gruppe der Roten Mahagonibäume steht im „Valley of the Giants". Nach dem Parkplatz geht ein Spazierweg ab, der als Rundgang ausgelegt ist (2–3 Stunden). Der Wachmann des Camps verkauft auch ein informatives Büchlein – *Chirinda Forest, A Vistor's Guide*. Es erklärt aufs Genaueste die Geologie, die Pflanzen- und Tierwelt, inklusive der Insekten und der Schmetterlinge, die im Park zu sehen sind.

Übernachtung

Chirinda Forest Restcamp, Chalet für 2 Personen US$4, für 4 Personen US$6, Camping US$1 p.P., sehr sauber und wenig besucht.

Chiredzi

Chiredzi liegt im Lowveld 200 km Teerstraße südöstlich von Masvingo und ist an die Eisenbahnverbindung von Gweru nach Maputo in Moçambique durch eine Stichstrecke angebunden. Die Stadt entstand erst in den 60er Jahren, als man das Lowveld entwickeln wollte. Basierend auf den Erfahrungen aus den 20er Jahren, die Murray MacDougall (s. bei Triangle weiter unten) mit der künstlichen Bewässerung in der heißen und trockenen Region gemacht hatte, begann man hauptsächlich Zuckerrohr anzubauen. Das Wasser dafür kommt vom Save und vom Runde. Da das Gebiet aber nicht vollständig bewässert werden kann, haben viele Farmen inzwischen auf Tourismus umgestellt.

Die **Save River Conservation Area** entstand als Wildschutzgebiet. Mehr als 30 Farmen sind zusammengeschlossen und versuchen eine einheitliche Vorgehensweise zu entwickeln und sich gemeinsam zu vermarkten. Das Projekt steckt aber immer noch in den Kinderschuhen, und jede Farm arbeitet bislang noch als Einzelkämpfer.

Chiredzi merkt man seine kurze Vergangenheit an. Der Ort selbst ist ohne Interesse für Touristen, es sei denn sie wollen sich an der langen, modernen Ladenzeile versorgen oder übernachten.

Den Reiz der grellhelle Landschaft um Chiredzi machen die in der Sonne gleißenden Böden und die vielen Baobabs aus, die die Landschaft akzentuieren. Am Straßenrand stehen Kinder und verkaufen die wohl schmeckenden Früchte dieser uralten Bäume und in Stücke geschnittenes, Durst löschendes Zuckerrohr, auf dem die Reisenden an den Bushaltestellen mit Begeisterung herumkauen.

Übernachtung

The Nesbitt Arms, P.O. Box 94, Chiredzi, 238 Marula Drive, ✆ 031-5071, ℻ 2345. Zum Nesbitt Castle in Bulawayo gehörig, mit diesem aber keinesfalls vergleichbar. Das Nesbitt Arms ist ein einfaches Landhotel, DZ US$40. inkl. Frühstück.

Hippo Valley Country Club, P.O. Box 1, Chiredzi, ✆ 031-5151, ℻ 3363. Auf der Hippo Valley Zuckerrohrfarm, DZ US$25 inkl. Frühstück.

Mteri Lodge, P.O. Box 1, Chiredzi, ✆ 031-3360, ℻ 3363. Im Hippo Valley gelegen, an den Ufern des Mteri-Sees. DZ US$180 p.P. inkl. Mahlzeiten.

Mukwazi Safari Lodge, P.O. Box 11, Chipinge, ✆ 027-2944, ℻ 2944. DZ US$40 p.P. inkl. Frühstück und Abendessen. Berechnung in Z$. Safari Lodge in der Save River Conservation Area mit fünf 2-Bett-Bungalows. Anfahrt: vom Abzweig nach Chiredzi von der Hauptstraße 12 km nach Osten, dann 30 km nach Norden, hinter dem Viehgatter 9,5 km nach Nordwesten, an der Kreuzung 11 km nach Norden und dann 2 km nach Osten.

Mahenye Safari Lodge, P.B. 7013, Chiredzi, ✆ 031-3129, ℻ 3179. Auf einer Insel im Save am nordöstlichen Rand des Gonarezhou National Park, DZ US$200 p.P. alles inkl., Transfer ab Great Zimbabwe einfache Strecke US$21 p.P.

Riesenbäume im Chirinda Forest

Chilo Gorge Safari Lodge, P.B. 7013, Chiredzi, ✆ 031-3129, ℻ 3179. In der Schlucht des Save nordöstlich von Gonarezhou, DZ US$215 p.P. alles inklusive, Transfer ab Great Zimbabwe einfache Strecke US$21 p.P., auch mit dem eigenen Kfz erreichbar (Voranmeldung notwendig).

Senuko Safari Lodge, P.O. Box 160, Chiredzi, ✉ senuko@svc.icon.co.zw, ✆ 031-7241, ℻ 7244. In der Save River Conservation Area, 70 km von Chiredzi, Voranmeldung erforderlich, Anfahrtsplan mit Buchungsbestätigung, DZ US$215 p.P. alles inklusive.

Turgwe River Lodge, 12 Derby Road, Avondale West, Harare, ✉ bushveld@mail.pci.co.zw, ✆ 04-307945, ℻ 307921. Auf einer Farm in der Save River Conservation Area mit Mopane-Wäldern, einem 3000 Jahre alten Baobab und Savannenlandschaft, Luxuslodge für US$175 p.P. im 2-Bett-Bungalow all-inclusive außer Getränke, Flugzeugtransfer möglich. Vorausbuchung obligatorisch, Anfahrtsplan mit Buchungsbestätigung (100 km nördlich von Chiredzi).

Malilalangwe Wildlife Reserve / Conservation Trust: Das Gebiet umfasst den gesamten Bereich südöstlich Chiredzi zwischen der Hauptstraße und der Grenze des Gonarezhou National Park. Wer zu den Chilojo Cliffs fährt, muss das Gebiet durchqueren und es wird streng darauf geachtet, dass die Hauptpiste nicht verlassen wird (ein Passierschein wird ausgegeben).

Der Conservation Trust wurde mit US-amerikanischem Geld aufgebaut und führt Gewinne aus dem Betrieb der beiden auf dem Gebiet befindlichen Lodges teilweise an die hiesige Bevölkerung zur Entwicklung von Infrastrukturprojekten ab. Das Management möchte die 40 000 ha große Wildfarm sozial und ökologisch verträglich führen. Auf der Farm finden sich mehr Tiere als im Nationalpark, da die Wilderei effektiver unterbunden wird.

Für beide Lodges ist eine Reservierung absolut obligatorisch: Malilalangwe Wildlife Reserve / Conservation Trust, P.B. 7085, Chiredzi, ✉ mctsales@africaonline.co.zw, ✆ 04-722983, ℻ 735530.

Nduna Safari Lodge, US$200 p.P. alles inklusive, 3-Sterne-Lodge am Nduna See.
Pamushana Lodge, US-$480 p.P. alles inklusive, Luxuslodge oberhalb des Malilangwe-Sees mit 6 Villen (jede mit Schlafzimmer, Wohnzimmer, riesigem Bad und eigenem kleinen Pool), der Verkehr findet mit kleinen Elektrowagen statt.

Essen

Continental Restaurant, 370 Marula Drive, Chiredzi, ✆ 031-2270.
The Nesbitt Arms, 238 Marula Drive, ✆ 031-5071.

Sonstiges

FLUGZEUGCHARTER – ***Eagle Air Services***, P.O. Box 108, Chiredzi, Hippo Airfield, ✆ 031-4073, 📠 3093.

REISEBÜRO – ***Lowveld Time Savers,*** P.O. Box 354, Chiredzi, neben dem Nesbitt Arms Hotel, ✆ 031-3399, 📠 3399. Buchungen für Unterkünfte in der Umgebung.

NOTFALL – **Polizei** ✆ 031-2333
Apotheke: ***Chiredzi Pharmacy,*** Shop 3, Inyati Road, ✆ 031-2471.
Krankenhaus: Chiredzi Hospital, ✆ 031-2388.

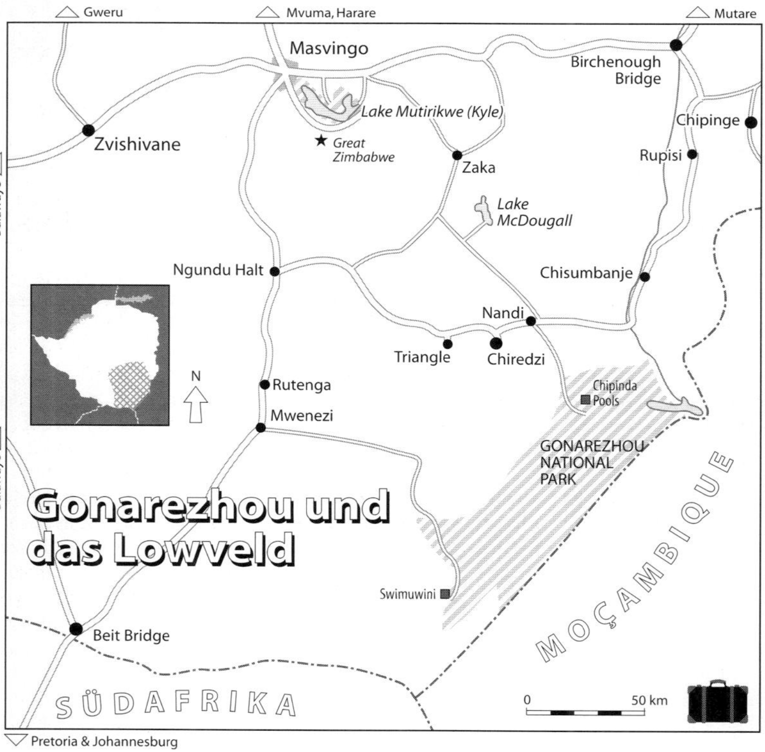

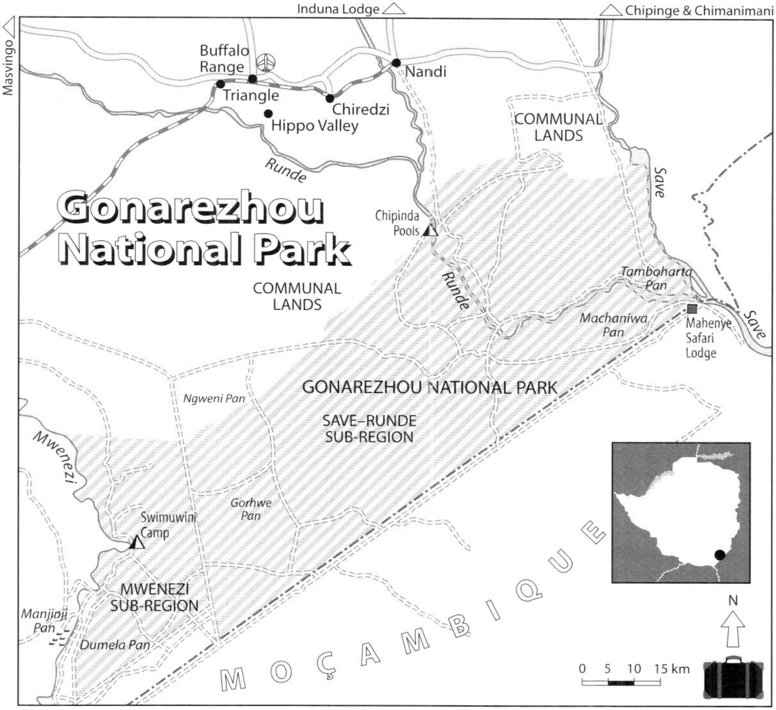

GOLF – ***Hippo Valley Golf Club***, P.O. Box 1, Chiredzi, ✆ 031-2381. 9-Loch-Platz, 10 km außerhalb im Hippo Valley.
Mkwasine Country Club, P.B. 7012, Chiredzi, ✆ 031-2811. 9-Loch-Platz, 40 km nördlich Chiredzi.

Gonarezhou National Park

Gonarezhou bedeckt eine Fläche von fast 5000 km² – der zweitgrößte Park in Zimbabwe – und liegt im südöstlichsten Teil von Zimbabwe an der Grenze zu Moçambique. 1968 wurde das Gebiet auf Betreiben und unter der Mitarbeit des bekannten Bezirkskommissars Allan Wright zum Tierreservat erklärt und 1975 bekam es schließlich den Status eines Nationalparks.

Gonarezhou bedeutet „Ort der vielen Elefanten", dies trifft allerdings nicht mehr zu. Wilddiebe vornehmlich aus Moçambique haben in den 80er und 90er Jahren die Elefantenpopulation drastisch verringert. Nach einem gnadenlosen Kampf der zimbabwischen Administration unter Einsatz von Militär und Polizei gegen die „Poacher" (bei dem in 10 Jahren 300 Poacher getötet wurden – das sind nur die offiziellen Zahlen) konnte sich der Elefantenbestand zwar wieder erholen, aber mit der schlechten sozialen Situation auch im Nachbarland nehmen die Übergriffe wieder zu und die Elefanten werden wieder weniger. Ein Nebeneffekt der Wilddieberei ist die Aggressivität der Dickhäuter, die in dem Menschen einen Killer sehen, der ihre Artgenossen erschießt. Deshalb ist bei Begegnungen mit den Elefanten

Chiloyo Cliffs

größte Vorsicht angebracht. Auch die übrige Tierwelt hat in den letzten Dekaden stark gelitten – unter anderem wegen eines Projektes zur Bekämpfung der Tsetsefliege, bei dem in mehreren Jahren über 55 000 Tiere erschossen werden mussten, alleine 12 000 Kudus.

Es bestehen Überlegungen, den Gonarezhou National Park mit dem Kruger National Park und mit noch nicht geschützten Grenzregionen von Moçambique zu einem großen Schutzgebiet über die internationale Grenzen hinweg zusammenzulegen und gemeinsam zu verwalten. Die technischen Fragen der Administration werden aber wohl erst in einigen Jahren geklärt sein – es dauert also noch, bis das weltweit größte Naturreservat entsteht.

Der Park ist in zwei Verwaltungseinheiten aufgeteilt, die nördliche heißt **Chipinda Pools Area**, die südliche **Mabalauta Area**. Herausragende – im wahrsten Sinne des Wortes – Sehenswürdigkeit sind die **Chiloyo Cliffs**, ein Escarpment mit rotem Sandstein, das mehrere hundert Meter aus dem Tal von Runde herausragt. Sie glühen im Abendlicht rot auf, und man kann hervorragend die Schichtung sehen. Die besten Punkte zur Tierbeobachtung sind die östlich des Runde gelegenen Camps, die allerdings nur mit Geländewagen zu erreichen sind, sowohl von Chipinda Pools auf dem direkten Weg nach Osten (außerdem ist der Runde an den Furten nur in der Trockenzeit durchfahrbar), als auch von oben von den Klippen, da man ein steiles Stück hinab zum Bopomela Camp bewältigen muss.

Der Südteil des Parks ist für seine Pfannen und Pools bekannt, an denen man nicht nur die großen Tiere bewundern kann; dies ist auch die Welt der Vögel. Berühmt ist auch der Ironwood Panoramic View Point, der bei klarem Wetter Sicht bis nach Moçambique und Südafrika erlaubt.

Generell ist das Lowveld durch milde Winter und extrem heiße Sommer (bis 40 °C und darüber) gekennzeichnet.

Tierwelt

Neben Elefanten gibt es Giraffen, Zebras und verschiedene Antilopenarten, wie Suni, Kudu,

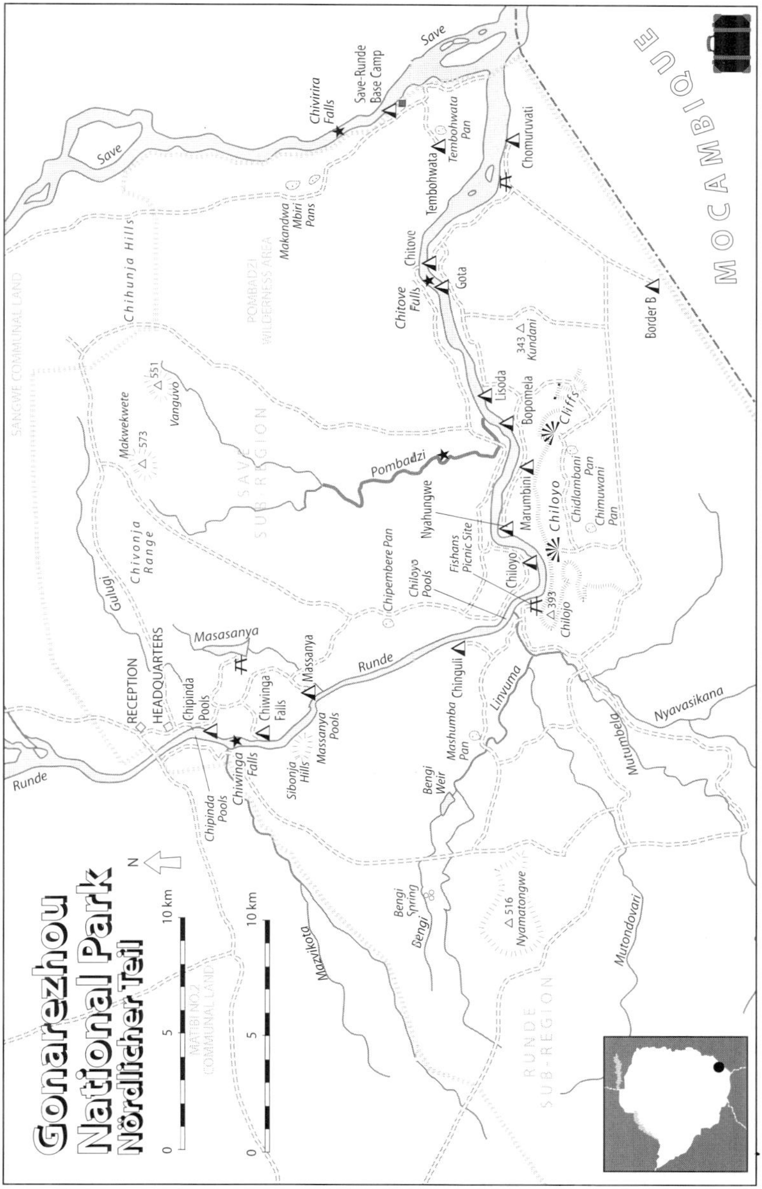

MUTARE UND DER OSTEN

Rappenantilope und die größte Konzentration an Nyalas in Zimbabwe. Auch Löwen, Leoparden und Geparden sind zu sehen. Über 400 Vogelarten sind im Park vertreten, wobei das außerhalb des Parks im Süden gelegene **Manjini Pan Bird Sanctuary** sicherlich zur Beobachtung besser geeignet ist als Gonarezhou selbst.

Pflanzenwelt

Die Pflanzen sind für das Lowveld typisch: Es wachsen Eisenholz *(androstachys johnsonii)*, Falscher Mopane *(guibourtia conjugata)*, Mahagoni *(afzelia quanzensis)*, Tambuti *(spirostachys africana)*, und natürlich der Baobab *(adansonia digitata)*. Am Ufer des Mwenezi wachsen, bedingt durch seine mineralischen Ablagerungen, einige für die Region unübliche Pflanzen: Wilde Mango *(cordyla africana)*, Ebenholz *(diospyros mespiliformis)*, Natalamahagoni *(trichelia emetica)*, der Leberwurstbaum *(kigelia africana)* und der Fieberbaum *(acacia xanthophloea)*.

Anfahrt

Um den Nordteil von Gonarezhou zu erreichen, biegt man von der Teerstraße Chiredzi–Birchenough Bridge bei dem kleinen Ort Nandi (Tankstelle mit Handpumpe) auf eine festen Piste Richtung Süden ab, die über 35 durch das private Malilalangwe Tierreservat führt. Bei Einfahrt in dieses Reservat wird ein Laufzettel ausgefüllt, der bei Ausfahrt abgegeben werden muss. Ein Verlassen der Hauptpiste ist nicht erlaubt, die Uhrzeiten werden kontrolliert.

Die Mabalauta Area sollte wegen der Straßenverhältnisse nur von der Hauptstraße Masvingo – Beitbridge angefahren werden (Abzweig 20 km südlich von Rutenga bei Mwenezi). Vor dort bis zum Park sind es 105 km. Da ein Teil der Strecke sehr felsig ist, muss man ein Fahrzeug mit hoher Bodenfreiheit benutzen.

Organisatorisches

Im Park gibt es keinerlei Versorgungsmöglichkeit, auch Wasser ist teilweise nicht verfügbar, das Einzige, was verkauft wird ist Feuerholz. Von Chipinda aus ist **Treibstoff** an der Hauptstraße bei Nandi erhältlich (allerdings kann es sein, dass diese Tankstelle einmal nicht versorgt wird, also sollte man sicherheitshalber bis Chiredzi kommen). Von Mabalauta aus muss man wieder Rutenga erreichen können. Jeglicher Abfall ist wieder aus dem Park wieder mitzunehmen.

Gonarezhou ist **Malariagebiet**, eine Prophylaxe ist angeraten. Auch sollte nicht in den Flüssen gebadet werden, sie sind mit Bilharziose verseucht.

Generell sollte man den Park nur mit einem **vierradgetriebenen Fahrzeug** oder wenigstens mit einem Wagen mit hoher Bodenfreiheit (Pick-up) befahren.

Wie in allen Parks ist die **Öffnungszeit** von 6 Uhr morgens bis 6 Uhr abends. Außerhalb dieser Zeit kann man den Park nicht befahren, die Camps im Park dürfen nicht verlassen werden. Der Hauptübernachtungsplatz bei Chipinda Pools, der Zeltplatz Mabalauta und die Swimuwini Chalets sind ganzjährig zugänglich. Während der Regenzeit von November bis April können Teile des Parks gesperrt sein, dazu muss man bei den Rangern die neuesten Informationen einholen. Bei starken Regenfällen sind die Pisten binnen weniger Minuten überschwemmt, es bilden sich Sturzbäche und wenn man Pech hat, steckt man für Tage fest.

Übernachtung

Buchungen über die zentralen Reservierungsstellen in Bulawayo und Harare.

CHIPINDA POOLS AREA – Chipinda Pools,
Duschen, Toiletten, 9 Stellflächen (jede max. 6 Personen), mit einfachen Hütten
Chinguli: Duschen, Toiletten, 4 Stellflächen (jede max. 6 Personen)
Picknickplätze: Masasanya, Machiniwa
Die folgenden **Campingplätze** besitzen keine Einrichtungen, Feuerholz darf gesammelt werden, sofern es „totes Holz" ist (max. 10 Personen pro Platz): Nyahungwe, Marumbini, Bopomela, Lisoda, Gota, Chitove, Chomuruvati, Chilojo, Fishans Picnic Site (als Übernachtungs-

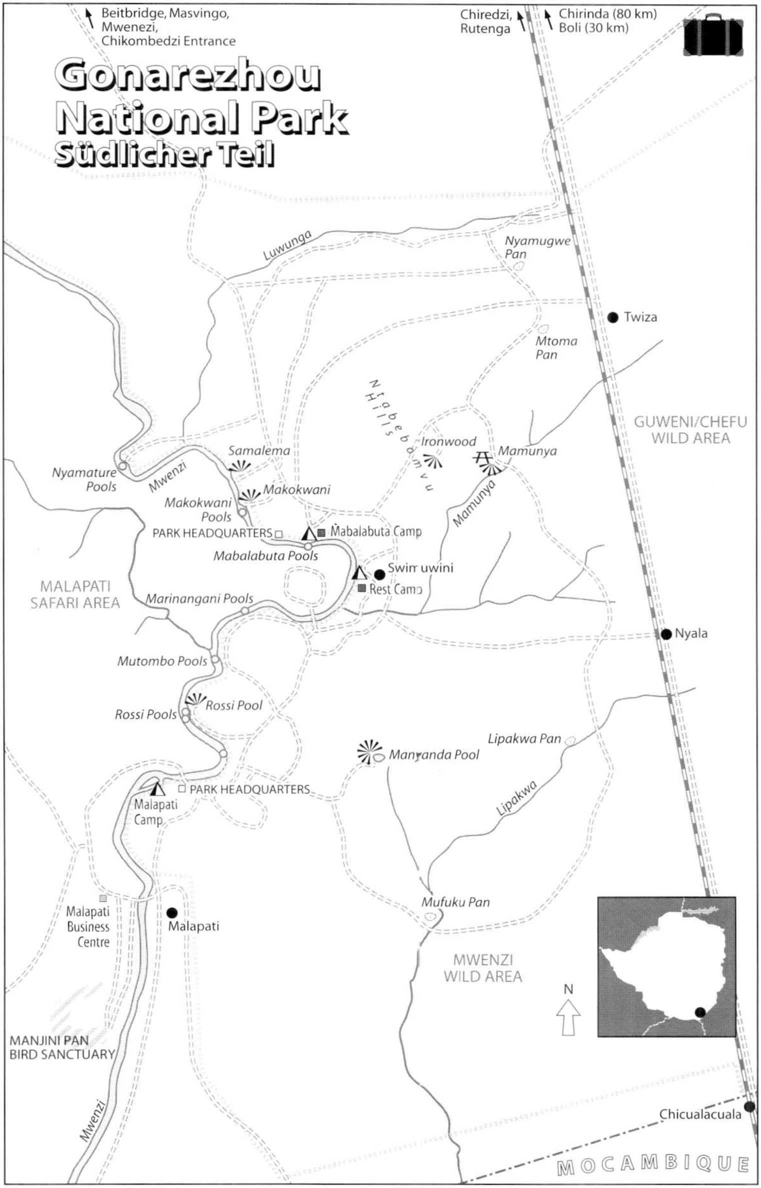
Gonarezhou
National Park
Südlicher Teil
Beitbridge, Masvingo,
Mwenezi,
Chikombedzi Entrance
Chiredzi,
Rutenga
Chirinda (80 km)
Boli (30 km)
Luwunga
Nyamugwe
Pan
Twiza
Mtoma
Pan
Ntabebomvu
Hills
GUWENI/CHEFU
WILD AREA
Ironwood
Mamunya
Samalema
Nyamature
Pools
Mwenzi
Makokwani
Makokwani
Pools
Mamunya
PARK HEADQUARTERS
Mabalabuta Camp
Mabalabuta Pools
Swimuwini
Rest Camp
MALAPATI
SAFARI AREA
Marinangani Pools
Nyala
Mutombo Pools
Rossi Pool
Rossi Pools
Lipakwa Pan
Manyanda Pool
Lipakwa
PARK HEADQUARTERS
Malapati
Camp
Mufuku Pan
Malapati
Business
Centre
Malapati
MWENZI
WILD AREA
N
MANJINI PAN
BIRD SANCTUARY
Mwenzi
Chicualacuala
MOCAMBIQUE

platz ausgewiesen). Benji Viewpoint hat eine Hütte, Grillplatz und eine Buschtoilette.

MABALAUTA AREA – ***Swimuwini Rest Camp,*** Drei 5-Bett-Chalets, zwei 3-Bett-Chalets, alle mit Kühlschrank und einfachen Kochgeräten; Ablution Block im Camp; fünf Stellflächen, jede mit Braaiplatz und Wasser.
Rossi Pools Viewpoint: Übernachtungsplatz ohne Einrichtungen.
Manyanda Pan besitzt eine Beobachtungsplattform, Spültoilette und Waschbecken.

Informationen

Chipinde Pools, National Parks & Wildlife Management, P.B. 7003, Chiredzi, ✆ 031-2980.
Manjirenji Bird Sanctuary, National Parks & Wildlife Management, P.B. 7102, Chiredzi, ✆ 031-237923.
Mabalauta, National Parks & Wildlife Management, P.B. 7017, Chiredzi, ✆ 014-2156.

Triangle

82 km südöstlich von Chiredzi liegt der von Murray MacDougall gegründete Ort. Das **Murray MacDougall Museum**, ein Kilometer von der Hauptstraße auf einem Hügel (beschildert) erinnert an ihn. Das Museum ist ein Nationalmonument. Es war das Wohnhaus von Thomas Murray MacDougall, der als Pionier in das Land kam und in den 20er Jahren erste Versuche zur Bewässerung großer Gebiete unternahm.

🕓 tgl. außer Montag 8.30–9.30 und 15.30–16.30 Uhr, Eintritt US$0,75.

Zwei Erholungsparks liegen abseits der Hauptstrecken nördlich von Triangle in einem wahren *hinterland:* **Manjrenji Recreational Park** und **Bangala Recreational Park**. Sie werden lediglich von Anglern genutzt, die ein Wochenende dort verbringen wollen, und von Leuten aus der Region, die ihren Speiseplan mit Fischen aufbessern.

Übernachtung

Triangle Country Club, P.O. Box 97, Triangle, ✆ 033-6493, 📠 6480. DZ US$20 inkl. Frühstück, einfache Mahlzeiten.
Manjrenji Recreational Park, National Parks & Wildlife Management, P.B. 7102, Chiredzi, ✆ 031-237923. Einfache Hütten, Picknickplätze, Zeltmöglichkeit.
Bangala Recreational Park, National Parks & Wildlife Management, P.B. 7102, Chiredzi, ✆ 031-237923. Zeltmöglichkeit.

Sonstiges

Triangle Golf Club, P.O. Box 97, Triangle, ✆ 033-6492. 11-Loch-Platz im Ort.
Mtilikwe Golf Club, P.O. Box, Renco Mine, ✆ 039-63601. 10-Loch-Platz, 55 km Richtung Masvingo und dann 30 km nach Renco Richtung Nordosten.

NOTFALL – **Polizei** ✆ 033-6677.
Krankenhaus ✆ 033-6255.

Anhang

Kleiner Sprachführer

Setswana

Mit Englisch kommt man in **Botswana** fast überall zurecht, trotzdem mag es als Achtungszeichen gegenüber den Batswana hilfreich sein, einige Worte in Setswana zu beherrschen.

Deutsch	**Setswana**
Ja	Ee
Nein	Nnyaa
Danke	Kea itumela
Bitte	Tsweestwee
Hallo (zu einer Einzelperson)	Dumela
Hallo (zu einer Gruppe)	Dumelang
Wie geht es Ihnen?	A o sa tsogile sentle?
Danke, mir geht es gut.	Ee, ke sa tsogile.
Es ist alles in Ordnung.	Go siame.
Auf Wiedersehen (wenn man selbst geht)!	Sala sentle!
Auf Wiedersehen (wenn der andere geht)!	Tsamayo sentle!
Sprechen Sie Englisch?	A o bua seenglish?
Wie heißen Sie?	Leina la gago ke mang?
Ich heiße …	Leina la me …
Wo sind Sie geboren?	O tswa kae?
Ich komme aus Deutschland.	Ke tswa kwa germany.
Wo wohnen Sie?	O nna kae?
Ich wohne in …	Ke nna kwa …
Wie komme ich zum Hotel?	Tsela hotele e kae?
Wie komme ich nach Nata?	Tsela Nata e kae?

Ndebele und Shona

Auch in **Zimbabwe** kommt man im Allgemeinen mit Englisch zurecht. Auf dem Land kann es aber durchaus passieren, dass man auf Menschen trifft, die nur Shona oder Ndebele sprechen.

Deutsch	**Ndebele**	**Shona**
Ja	Yebo	Ehe
Nein	Hayi	Aiw
Danke	Syabonga kakulu	Masvita
Bitte	Uxolo	Ndapota
Hallo (Erstgrüßender)	Salibonani	Mhoro
Hallo (Zweitgrüßender)	Yebo	Ahoi
Wie geht es Ihnen?	Kunjani?	Makadini?
Danke, mir geht es gut.	Sikona	Ndiripo
Es ist alles in Ordnung.		Ndaguta
Auf Wiedersehen (wenn man selbst geht)!	Uhambe Kuhle!	Fambai zvakanaka!
Auf Wiedersehen (wenn der andere geht)!	Lisalekuhle!	Chisarai zvanaka!
Sprechen Sie Englisch?	Uyakwazi ukukuluma isilungu?	Unodziva kutawura chirungu?
Wie heißen Sie?	Ibizo lakho ngubani?	Unonzi ani zita rako?
Ich heiße …	Elami igama ngingu …	Ndini …
Wo sind Sie geboren?	Uvelaphi?	Munobva kupi?
Ich komme aus …	Ngivela e …	Ndinobva ku …
Wie komme ich zum Hotel?	Ungaphi Hotel?	Uri kupi Hotel?
Wie komme ich nach Gweru?	Uphi umgwaco loya e-Gweru?	Mugwagwa unoenda kuGweru uri kupi?

Sachindex

ANHANG

ANHANG

M

N

O

P

Ortsindex

D

E

F

G

H

I

J

K

ANHANG

Über die Autoren

Friedrich Köthe, geboren in München, Studium der Entwicklungsländersoziologie, langjährig Reiseleiter in Tunesien und Algerien, Fotojournalist und Reisebuchautor seit 1992. **Daniela Schetar**, geboren in Marburg / Drau, lebt seit 1960 in München. Nach einer Buchhändlerlehre Studium der Ethnologie; zahlreiche Reisen nach Nord- und Westafrika und in das südliche Afrika. Seit 1987 freiberuflich tätig als Reisejournalistin. Zusammen haben **Daniela Schetar** und **Friedrich Köthe** zahlreiche Reiseführer über Tunesien, Marokko, Namibia, Sizilien, Madeira und Slowenien veröffentlicht.

Südafrika

Travel Handbuch
Richard Everist,
Jon Murray, Jeff Williams
2. Auflage 1998,
ISBN 3-9220025-80-3
DM 44,80
22,91 €

Kenya

Travel Handbuch,
Richard Trillo
3. Auflage 1997
ISBN 3-922025-69-2
DM 39,80
20,35 €

Notizen

FIRST COMFORT
LTU FIRST COMFORT
Relaxen auf höchstem Niveau: LTU bietet Ihnen jetzt auf fast allen Fernstrecken die Vorzüge der LTU First Comfort. Mit noch mehr Service, noch mehr Komfort – und mehr Sitzabstand als bei jedem anderen deutschen Ferienflieger. Wenn Sie gern mehr erfahren möchten, kommen Sie doch einfach mal vorbei! Ihr Reisebüro freut sich auf Ihren Besuch.
LTU
INTERNATIONAL AIRWAYS
SO FLIEG ICH GERN
BMZ! FCA
KURZFRISTANGEBOTE: Fax&Fly 02 11/9 27 00 00 Videotext SAT.1 S. 433/444 Tel. 01 90/21 17 67 (1,21 DM/Min.) Internet www.ltu.de

Reisen in Europa, Nordafrika und Südamerika mit Reisebüchern aus dem Michael Müller Verlag

Wer bei Fernreisen ein Travel Handbuch aus dem Stefan Loose Verlag benutzt, sollte bei Trips innerhalb Europas, nach Nordafrika und Südamerika nicht weniger anspruchsvoll sein. Aktuelle und umfassend vor Ort recherchierte Reisebücher aus dem Michael Müller Verlag gibt es zu den Ländern/Regionen/Städten:

Osteuropa
- *Ungarn*
- *Tschech./Slow. Rep.*
- *Polen*
- *Baltische Länder*
- *Slowenien und Istrien*
- *Kroatische Inseln & Küste*
- *Kroatien - Kvarner Bucht*

Türkei
- *gesamt*
- *Mittelmeerküste*

Italien
- *gesamt*
- *Oberitalien*
- *Sizilien*
- *Toscana*
- *Toscana Infokarte*
- *Rom/Latium*
- *Sardinien*
- *Apulien*
- *Italienische Riviera/ Cinque Terre*
- *Gardasee*
- *Liparische Inseln*

Malta

Nordwesteuropa
- *Niederlande*
- *Amsterdam*
- *England*
- *Schottland*
- *Irland*
- *Norwegen*
- *Island*

Griechenland
- *gesamt*
- *Griechische Inseln*
- *Nord- und Mittelgriechenland*
- *Kreta*
- *Kreta Infokarte*
- *Peloponnes*
- *Korfu und Ionische Inseln*
- *Kykladen*
- *Rhodos und Dodekanes*
- *Kos*
- *Karpathos*
- *Samos, Chios, Lesbos und Ikaria*
- *Lesbos*
- *Samos*
- *Chalkidiki*
- *Nördl. Sporaden*
- *Amorgos & Kleine Ostkykladen*

Zypern
- *Südlicher Landesteil*
- *Nordzypern*

Spanien
- *gesamt*
- *Andalusien*
- *Nordspanien*
- *Katalonien*
- *Mallorca*
- *Mallorca Infokarte*

Kanarische Inseln
- *La Palma*
- *La Palma Infokarte*
- *Gomera*
- *Lanzarote*
- *Teneriffa*
- *Gran Canaria*

Portugal
- *gesamt*
- *Algarve*
- *Lissabon und Umgebung*

Mit der Eisenbahn durch Europa
- *Südwest*
- *Skandinavien/Dänemark*
- *Frankreich/Benelux/ Großbritannien/Irland*

Deutschland
- *Franken*
- *Fränkische Schweiz*
- *Altmühltal und Fränkisches Seenland*
- *Berlin*
- *Nürnberg und Fürth*
- *Mainfranken*
- *Bodensee*
- *Oberbayerische Seen*
- *Donau von der Quelle bis Passau*

Frankreich
- *Südwestfrankreich*
- *Bretagne*
- *Korsika*
- *Provence & Côte d'Azur*

Nordafrika
- *Tunesien*

Südamerika !Neu!
- *Ecuador*

in Vorbereitung: *Azoren, Côte d'Azur, Domenikanische Republik, Elsaß, Golf von Neapel, Madeira, Madrid, Naxos, Provence Infokarte, Südnorwegen, Tessin, Thassos & Samothraki.*

Michael Müller Verlag GmbH
Gerberei 19
D-91054 Erlangen
Tel.: 0 91 31 / 2 16 11
Fax: 0 91 31 / 20 75 41
e-mail: mmv@michael-mueller-verlag.de

Kartenverzeichnis

Stadtpläne

Übersichtskarten